北京理工大学学科（专业）发展史丛书

# 信系寰宇

## 北京理工大学信息与电子学院学科（专业）发展史（下）

《北京理工大学学科（专业）发展史丛书》编委会　编

北京理工大学出版社
BEIJING INSTITUTE OF TECHNOLOGY PRESS

版权专有　侵权必究

### 图书在版编目（CIP）数据

信系寰宇：北京理工大学信息与电子学院学科（专业）发展史．上下册/《北京理工大学学科（专业）发展史丛书》编委会编．—北京：北京理工大学出版社，2020.9
ISBN 978-7-5682-9001-2

Ⅰ.①信…　Ⅱ.①北…　Ⅲ.①北京理工大学信息与电子学院-校史　Ⅳ.①G649.281

中国版本图书馆 CIP 数据核字（2020）第 165128 号

出版发行 / 北京理工大学出版社有限责任公司
社　　址 / 北京市海淀区中关村南大街 5 号
邮　　编 / 100081
电　　话 / (010) 68914775（总编室）
　　　　　 (010) 82562903（教材售后服务热线）
　　　　　 (010) 68948351（其他图书服务热线）
网　　址 / http://www.bitpress.com.cn
经　　销 / 全国各地新华书店
印　　刷 / 保定市中画美凯印刷有限公司
开　　本 / 710 毫米 × 1000 毫米　1/16
印　　张 / 71.5
字　　数 / 1252 千字
版　　次 / 2020 年 9 月第 1 版　2020 年 9 月第 1 次印刷
定　　价 / 196.00 元（上下册）

出版人 / 丛　磊
责任编辑 / 梁铜华
　　　　　 王俊洁
文案编辑 / 梁铜华
　　　　　 王俊洁
责任校对 / 周瑞红
责任印制 / 李志强

图书出现印装质量问题，请拨打售后服务热线，本社负责调换

# 北京理工大学学科（专业）发展史丛书编委会

主　任　赵长禄

副主任　包丽颖

委　员　（按姓氏笔画排序）

　　　　王　伟　王　征　王亚斌　王兆华　左正兴
　　　　龙　腾　冯慧华　曲　虹　安建平　李寿平
　　　　张　瑜　陈鹏万　胡更开　侯　晓　姜　曼
　　　　姜　澜　蔺　伟　颜志军　薛正辉　魏一鸣

# 信系寰宇

## ——北京理工大学信息与电子学院学科（专业）发展史

## 编 委 会

**离退休人员**（按姓氏笔画排序）

于在镐　马启光　毛二可　邓次平　刘天庆　苏广川
李品生　李印增　李鸿屺　李淑云　吴祈耀　尚洪臣
周思永　赵长水　胡启俊　柯有安　高本庆　郭志芬
曾禹村　谢珺堂　戴润林

**在职人员**（按姓氏笔画排序）

王晓静　王兴华　龙　腾　仲顺安　任丽香　刘　莲
刘志文　刘苏仪　安建平　孙厚军　吴莎莎　吴海霞
张　笈　张延军　陆　军　罗森林　周荣花　高梅国
郭俊芳　陶　然　曹安琪　崔　嵬　董礼静　韩　力
傅雄军　谢　湘　谢珺堂　薛正辉

# 丛书序 Foreword

庚子仲秋，丹桂馨香。2020年9月，北京理工大学迎来建校80周年。作为中国共产党创办的第一所理工科大学、新中国第一所国防工业院校，学校自延安创校以来，始终传承"延安根、军工魂"红色基因，坚守初心、报国图强，砥砺求索、薪火相传，以扎根中国大地建设世界一流大学的实际行动，在中国共产党创办和领导新型高等教育的征程中留下了厚重的、值得纪念的足迹。

时至今日，北京理工大学已成为一所"地信天"融合、工理管文多学科协调发展的高水平研究型大学。经过"985工程""211工程"和"双一流"建设，特别是经过近五年的发展，学校主要办学指标位居国内高水平研究型大学前列，若干学科跻身世界一流行列，建设世界一流大学的基本格局初步形成。学校构建了优势工科引领带动、特色理科融合推动、精品文科辅助联动、前沿交叉创新互动的学科布局，以学科建设为龙头有效带动了教育事业内涵发展、特色发展、高质量发展。一流学科的发展建设，不是一日之功，更不能一蹴而就。底蕴深厚的背后，离不开一代代北理工人的精耕细作，正是前人的积累沉淀奠定了今天一流学科建设的坚实基础。开展学科专业发展史研究学习，传承前人的宝贵经验，弘扬北理工独特的精神气质和文化内涵，对更好地推进一流大学和一流学科建设有十分重要的意义。

建设一流大学，培养一流人才，必须要有一流大学文化作为支撑。校史研究是一流大学文化建设的一条重要工作主线，而学科专业发展史正是校史的重要组成部分，对其进行挖掘整理更具紧迫性。2018年，学校全面启动学科专业史研究和编写工作。历时两年，相关学院、学科广泛搜集整理资料，创新工作机制，在80周年校庆之际推出《时空航宇——北京理工大学航空宇航科学与技术学科（专业）发展史》《力学笃行——北京理工大学力学学科（专业）发展史》《兵之利器——北京理工大学机电学院学科（专业）发展史》《精工重器——北京理工大学机械制造学科（专业）发展史》《信系寰宇——北京理工大学信息与电子学院学科（专业）发展史》《经管征程——北京理工大学管理与经济学院学科（专业）发展史》《理公明法——北京理工大学法学学科（专业）发展史》等7册学科专业发展史系列丛书。这批全新的研究成果，立足对相关学科专业办学情况的总结整理，形成史料的新时代表达，不仅展现了学校的办学实力与特点，也为一流学科、一流专业的高质量发展提供了有力支撑。

衷心感谢参与本次学科专业发展史系列丛书编写的干部、教师辛勤的付出和艰苦的努力，在建校80周年之际，为学校留下了这批承载着北京理工大学精神的宝贵文化财富。新时代、新使命、新征程，这些珍贵学科专业发展史，必将激励全体北理工人接续奋进、继往开来，传承传统、开拓创新，为建设中国特色世界一流大学而努力奋斗！

赵长禄

**2020 年 9 月**

# 前言 Preface

  1953年，在新生的中华人民共和国首都北京，从延安走来的北京工业学院（前身为1940年诞生于延安的自然科学院，现北京理工大学）诞生了雷达设计与制造专业，即今天的信息与电子学院，至今已经走过了60余年的岁月。60余年的征程中铭刻下一个个深深的印记：她是电子信息教育的"肇始之地"，建立了我国普通高校的第一个雷达设计与制造专业；她是教育教学改革的"引领之地"，获得了学校史上第一个国家级教学成果特等奖和一等奖；她是科学探索研究的"前沿之地"，创造了我国科技史上多个第一并牵头获得14项国家科研奖；她是领军领导人才的"孕育之地"，培养了6位院士及30余名省部级以上党政领导（将军）。

  古今中外的许多先贤哲人都指出了"历史"和"修史"的重要性，"前事不忘，后事之师""以人为鉴可以知得失，以史为鉴可以知兴替""历史好比一艘船，装载着现代人的记忆驶往未来""历史应是人类的教师"，等等。同时，梳理学科发展史也是学科专业建设的一个重要组成部分，在大学文化建设中处于龙头地位。因此，信息与电子学院的广大校友和师生员工热切期盼本院也能有一本自己的院史，记载自己的来路，照亮自己的前程！

  不过，当真正动手写院史时才体会到"修史"的艰难！信息与电子学院院史的编写工作始于大约10年前，也就是北京理工大学建校70周年前夕的2009年左右，其时刚刚以原电子工程系为基础组建了信息与电子学院。时至今日，已过去了10年之久。在这10年中，院史的编写过程主要经历了四个阶段。

  第一阶段是从2009年学院决定组织力量修订院史到2016年，万事开头难，这一阶段学院先后委托高教出版社和学校管理学院的教师开展工作，其后组织了以离退休老同志为主要队伍的院史撰写小组，广泛收集学校学院档案材料、校志及校史丛书中相关内容、老同志的回忆录等素材，先后有周思永、刘天庆、马启光、高本庆等几位老同志作为主笔，这些老同志大都已是耄耋之年，他们克服了

——北京理工大学信息与电子学院学科（专业）发展史（下）

历史档案材料匮乏、记载矛盾冲突多、个人回忆不准确、自身精力不济和身体欠佳等重重困难，做出了非常有价值的整理和初稿撰写工作；其间学院领导班子和学院机关工作人员，尤其是担任学院党委书记的张笈、安建平等领导和李淑云、郭俊芳等老师也积极筹划、精心组织，为老同志们的工作提供后勤保障和支持。在大家的共同努力下，于2016年10月初步汇总了院史的第一稿（素材稿，V1.0），为后续的编辑补充完善奠定了重要的基础。

其后，由于痛感到相关老同志健在的越来越少，再不抢救性地记录院史，可能会导致永远不可能梳理清楚，当时学院党委做出决定，加速院史的撰写工作，由学院党委书记薛正辉牵头，把院史撰写工作的任务转移到学院机关年轻同志身上，由此进入了院史撰写的第二阶段。在这个阶段中，学院制定了《信息与电子学院学科发展史编撰工作方案》，重新规划了院史编撰原则、内容分集与历史时期、编撰规范、工作安排等，重新梳理了《信息与电子学院学科发展史提纲》，设想按照学科建设、人才培养、科学研究、社会服务与交流合作、党团建设与群团工作以及14个附录的结构，每部分按照大的历史时期进行编年叙事的体例进行院史编撰。在就上述编撰工作思路广泛征求意见之后，学院组织了由党委书记薛正辉、宣传干事郭俊芳、校友干事曹安琪和学院学生社团——红雨新闻社成员组成的学院院史工作组，在V1.0版本的基础上，按照新的结构重新编辑，并逐一走访数十位离退休老同志，记录口述历史并不断补充完善院史，直到2018年7月汇集完成院史的第二稿（V2.0）。

之后进入第三阶段，主要是依据学校历史档案和老同志们提供的史料，对V2.0版本中的存疑之处进行核实和修订，查漏补缺，不断补充、完善主体内容，不断充实附录的数据资料，同时把信息与电子学院建立以来的工作，以年度为单位进行整理编辑，加入院史。工作队伍仍然以第二阶段的为主，加入了学院党政办公室主任刘莲、党务干事王晓静等，于2019年12月汇集完成院史的第三稿（V3.0）。

第四阶段是2019年年底到2020年上半年，这时已经明确了学院学科发展史要在2020年下半年学校建校80周年之际出版的时间后墙，于是根据前三阶段收集的材料和欠缺内容的情况，考虑到完全按照2016年撰写提纲的想法，想做到面面俱到，已经很不现实，工作小组调整了工作思路，按照三个部分重新编辑院史：第一部分为"学科发展综述"，按照编年顺序综合论述学科建设、人才培养、科学研究、社会服务与交流合作、党团建设与群团工作各方向，不再细分领域，由工作小组编辑完善；第二部分为"各组成部分的发展分述"，请学院各职能办公室及基层单位负责人参加编撰；第三部分为"附录"，由工作小组编辑完善。由此，形成了院史的第四稿（V4.0），也就是大家现在看到的这个版本。

# 前　言

　　以上就是信息与电子学院院史编撰走过的大致路程，耗时10年，不可谓不艰难。但是，仅仅10年时间还不足以道尽个中困难，还有很多因素影响了这本院史作为一本史料的质量，导致存在很多遗憾。回首整个编撰过程，至少存在以下几方面的困难，使这本院史存在明显的不足之处。

　　第一，真实准确史料的缺乏导致院史准确性不够。由于学校的发展经历多个不同的历史时期，经历复杂的时空变迁，学院的建立和发展尽管都发生在中华人民共和国成立后的北京，但是其间的经历也非常复杂，甚至坎坷，机构和人员变动很大。学校级的档案保存和学志记载还是比较规范的，使校史编撰基本能做到有据可依，成为"信史"，但是院系级这方面的机制并不健全，没有专门的制度、机构和人员来归集档案，也就必然缺乏可靠的史料，有些甚至完全空白，校史中的论述也不可能照顾到各个院系的细节。这些就造成了编辑院史只能主要依靠亲身经历的老同志们的回忆，部分辅以有据可查的档案，尽管老同志们呕心沥血，尽其所能，但某些客观因素及个人的主观因素会导致出现无意的失误，有时甚至完全矛盾。尽管工作组已经尽可能地查找资料，多方印证对比进行核实，也尽可能追求客观公正，但必然还存在错漏、粗陋之处，包括张冠李戴、时序颠倒、空间错位、逻辑不清，等等。

　　第二，史料不平衡导致院史详略不当。目前院史中记载的历史事件，多数来自老同志们从不同渠道、不同角度提供的材料，首先肯定没有做到覆盖学院发展的各个方面和各个时间，有些重要事件还可能因重要当事人过世导致没有任何材料。本着"无据不立"的原则，编撰院史时，只能有什么材料写什么材料，原始材料详细的，写进院史就详细一些，原始材料粗略的，写进院史就粗略一些，有些没有原始材料，撰写者不知道情况，只能不写，因此肯定做不到以是否涉及和内容详略反映重要性程度。而且，有时考虑到辛苦收集来的资料非常宝贵，即便不见得很重要，也尽可能放进院史，这就导致不平衡情况出现。这不能不说是挺大的遗憾，不过现阶段也没有好的办法避免。

　　第三，修史的能力不够导致院史的说服力不够。撰写历史需要很高的素养和才能，要在记述基本历史事实的基础上，依据历史背景和环境对各个历史时期的事件进行归纳提炼，形成历史性的结论，揭示历史告诉我们的规律，才能体现历史对后世的启迪。但显然，尽管这是我们追求的目标，但限于我们目前工作小组的个人教育背景和工作性质，还没有具备这种能力，导致写出来的院史基本上是流水账式的记录，缺乏总结评述，有时也不敢贸然总结评述。

　　第四，文字功底不足导致院史的感染力不够。这是显然的，古今中外的史家大都是大文学家，能够让历史展现于文字，又以文字的力量烘托历史和感染大众，而这是我们工作小组的先天缺陷。在编撰过程中，也曾经考虑邀请文字功底

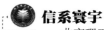

深厚的专业人士参与工作,但又苦于这些专家对学院学科内涵和变迁的不了解而造成另外一方面的不足。真是难以发掘到兼具对我们学科的了解和文字功力的前辈大家,即便有一些,例如我们的老系主任周思永教授,科技贡献巨大,又是家学渊源、诗文俱佳、文字功夫一流,令我辈自叹不如,可无奈斯人已逝。

不过,尽管有着这么多不足,但我们还是鼓足勇气、硬着头皮完成了这本信息与电子学院院史,也做好了迎接批评的准备。我们的目的无非两点:一是抛砖引玉,使这本院史能成为大家讨论批评的载体、后续修改完善的引子,期待着之后能发掘出更加准确丰富的史料,在此基础上修订院史,一段时间之后再版一本更加高质量的院史;二是激励我们在院系层级建立好学科发展历史档案归集的机制,初步确立一个模板,形成一个体系,例如每十年汇集整理一本史料,为后世留下一些可供参考的记载。如能做到这两点,也不枉费这番心血。

在这本院史即将成书之际,我们的心中有些惶惶,但同时也有满满的感动,我们不时回想起老先生们手写给我们的工工整整的回忆录、批改作业般地对文字一点一滴地修改、口述历史中虽沙哑但充满温情的嗓音、研讨会上严谨认真甚至激烈争论的场景,也能回想起广大师生、校友和关心关爱学院的人为院史出谋划策、构思书名的热烈场景。

十年的修史工作即将告一段落,我们要衷心感谢为我们院史作序的各位大家!

衷心感谢为这本院史付出过辛苦努力的院史编写委员会的各位老师,他们是:

离退休老教师(按姓氏笔画为序):于在镐、毛二可、邓次平、刘天庆、苏广川、李印增、李鸿妃、李淑云、吴祈耀、尚洪臣、周思永、赵长水、胡启俊、柯有安、高本庆、郭志芬、曾禹村、戴润林。

在职教师(按姓氏笔画为序):王晓静、龙腾、仲顺安、任丽香、刘莲、刘志文、安建平、孙厚军、吴莎莎、张笈、张延军、罗森林、周荣花、高梅国、郭俊芳、陶然、曹安琪、崔嵬、韩力、傅雄军、薛正辉。

具体撰稿工作人员包括:

第一部分学科发展综述:学院院史工作组薛正辉、安建平、曹安琪、刘莲、王晓静、郭俊芳、李淑云。

第二部分各组成部分的发展分述:

第七章 专业与本科人才培养:傅雄军;

第八章 学科与研究生培养:崔嵬、吴莎莎;

第九章 教学科研单位

9.1 信号与图像处理研究所:刘志文;

9.2 通信技术研究所：周荣花，谢湘；

9.3 微波技术研究所：孙厚军、董李静；

9.4 应用电磁研究所：盛新庆；

9.5 微电子技术研究所：仲顺安、王兴华；

9.6 专用处理器研究所：张延军；

9.7 雷达技术研究所：任丽香；

9.8 雷达与对抗技术研究所：高梅国；

9.9 信息安全与对抗技术研究所：罗森林；

9.10 分数域信号与系统研究所：陶然；

9.11 电路与系统研究所：傅雄军；

9.12 电工电子教学实验中心：韩力；

9.13 信息系统及安全对抗实验中心：罗森林；

9.14 电子信息技术教学实验中心：刘志文；

9.15 图像制导研究室：郭志芬；

9.16 生物医学电子工程教研室：吴祈耀；

9.17 506 教研室：李品生。

......

第三部分附录：学院院史工作组薛正辉、安建平、曹安琪、刘莲、王晓静、郭俊芳、李淑云。

感谢参与院史编写工作的信息与电子学院学子们（按姓氏笔画为序）：王书亚、卢心竹、朱盼盼、孙启峰、杜海琳、李洁、李帅、肖琪、吴函天、吴佳霓、张曰义、范琛衔、赵佩芸、徐玫、徐少文、舒晴。

也感谢为本书成书做出很大贡献的北京理工大学党委宣传部的各位同事，北京理工大学出版社责任编辑梁铜华、王俊洁，感谢各位专家为审稿付出的辛勤工作。

本书编委会<br>
2020 年 5 月 8 日

# 目录

## 第一部分　学科发展综述

- 第一章　专业初创时期（1946—1953 年）　/ 3

- 第二章　专业大发展时期（1954—1965 年）　/ 13

- 第三章　专业曲折发展时期（1966—1976 年）　/ 61

- 第四章　专业恢复及蓬勃发展初期（1977—2000 年）　/ 74

　　4.1　70 年代调整和恢复工作　/ 75

　　4.2　80 年代建设及提升工作　/ 82

　　4.3　90 年代巩固及发展工作　/ 98

- 第五章　进入新世纪（2001—2008 年）　/ 113

- 第六章　跨越发展时期（2009—2018 年）　/ 120

## 第二部分　各组成部分的发展分述

- 第七章　专业与本科人才培养　/ 197

　　7.1　电子信息工程专业　/ 197

7.2 电子科学与技术专业 / 329
7.3 通信工程专业 / 436
7.4 信息对抗技术专业 / 465
7.5 电子中英班 / 514
7.6 电磁场与微波技术专业 / 523
7.7 计算机工程专业 / 526

## 第八章 学科与研究生培养 /527

8.1 研究生培养的历史沿革 / 527
8.2 电子科学与技术一级学科 / 540
8.3 信息与通信工程一级学科 / 542
8.4 研究生培养方案 / 544

## 第九章 教学科研单位 /703

9.1 信号与图像处理研究所 / 703
9.2 通信技术研究所 / 711
9.3 微波技术研究所 / 727
9.4 应用电磁研究所 / 776
9.5 微电子技术研究所 / 778
9.6 专用处理器研究所 / 786
9.7 雷达技术研究所 / 787
9.8 雷达与对抗技术研究所 / 842
9.9 信息安全与对抗技术研究所 / 856
9.10 分数域信号与系统研究所 / 875
9.11 电路与系统研究所 / 881
9.12 电工电子教学实验中心 / 881
9.13 信息系统及安全对抗实验中心 / 889
9.14 电子信息技术教学实验中心 / 901
9.15 图像制导研究室 / 902
9.16 生物医学电子工程教研室 / 905
9.17 506 教研室 / 907

## 附 录

附录1：历任党政领导（党总支、党委）／912
附录2：历任党政领导（行政）／914
附录3：教职工名录（在职A系列）／917
附录4：教职工名录（在职B系列）／925
附录5：教职工名录（退休、离职、调出人员）／928
附录6：博士生导师名录／936
附录7：入选各级各类人才工程教师名录／940
附录8：博士后人员名录／943
附录9：学生名录（本科）／947
附录10：学生名录（硕士）／1016
附录11：学生名录（博士）／1057
附录12：牵头科研获奖列表（国家级）／1067
附录13：牵头科研获奖列表（省部级）／1069
附录14：教学成果获奖列表／1083

• 结语／1106

# 第八章 学科与研究生培养

信息与电子学院现建有 4 个一级学科、14 个二级学科（研究方向）。电子科学与技术一级学科（代码：080900，全部建在信息与电子学院）：电磁场与微波技术、微电子与集成电路、医学电子与信号处理、电路与系统、物理电子学。信息与通信工程一级学科（代码：081000，全部建在信息与电子学院）：通信与信息系统、信号与信息处理、目标探测与识别、雷达与对抗、分数域信号与系统、信息安全与对抗。网络空间安全一级学科（代码：083900，部分建在信息与电子学院）：网络情报分析与决策。电子信息一级学科（代码：085400，全部建在信息与电子学院）：电子与通信工程、集成电路工程。

学院现按照一级学科进行研究生培养。

## 8.1 研究生培养的历史沿革

1955 年，学校成为我国第一批招收研究生的单位。专业招收来自清华大学、南京工学院的本科毕业生，研究生招生专业名称为雷达设计和电视，学制两年，学生包括来自清华大学的蒋云庭和尤巩圻、南京工学院的李振声。其后又指派周思永为俞宝传老师的研究生，并由即将归国的苏联专家帮助制订培养计划；指派邓次平为张德齐老师的研究生；在此之前，还曾指派柯有安为校外雷达专家、十院总工程师罗沛霖老师的研究生。这些研究生也成为今后可靠的师资来源。当时学习苏联把研究生课程设置分成三个部分：政治、俄语、专业。专业包括专业基础和专业课两部分。

1957 年开始招收本校毕业生为研究生，当年招收研究生共 6 名。

1960 年 9 月，五系培养研究生的专业为雷达设计和遥控遥测，培养目标确定为培养又红又专的高等学校师资，当年招收研究生 8 名，52 专业有张振宇、郭宗祥、刘瑞祥、赵廷赞、朱贵明、郭志芬，53 专业有李宝云、刘醒凡等，学制三年。其中郭志芬和郭宗祥由 521 教研室负责，俞宝传担任指导教师。朱贵明由

522教研室负责,刘鹤鸣协助指导。后来刘瑞祥转到53专业,张德齐担任指导教师。根据学校加强研究生管理的方案(1960年11月),研究生的培养改在系(所)组(研究室)的集体领导下,采取集体指导和指导教师个人负责相结合的原则。要求对每位研究生都要指定负责培养的教研室和指导教师。

当年也对研究生培养计划中的课程设置提出了新的要求。政治课程包括自然辩证法、实践论、矛盾论、正确处理人民内部矛盾和形势任务学习。掌握两门外国语,分别要求能正确阅读及翻译专业书刊,能初步阅读专业书刊。学习1~2门较为高深的数、理、化、力等基本理论课程。学习1~3门较为高深的专业基础和专业理论课程。安排公益劳动和生产实习。

当时仍然没有学位制度。这些研究生按期毕业后留校任教,郭宗祥毕业后被分配到成都电讯工程学院任教。

1962年经调整后,五系的研究生培养专业为雷达技术、无线电遥控遥测、雷达结构与工艺和无线电技术。当年全国首次统一招收研究生,全校共招研究生4人,即五系2人(罗伟雄、卢允中)、六系1人、三系1人。

1963年,经教育部批准,学校10名教师有资格带研究生,包括五系李育珍、俞宝传、陶栻等教师。

1978年研究生招生专业为雷达和计算机,共招生5人。

1981年11月,国务院批准学校博士和硕士学位授予权,由此学校成为我国首批学位授予单位之一。国务院批准学校首批博士学位授予学科和专业3个。硕士学位授予学科和专业24个,包括设置在五系的通信与电子系统和电磁场与微波技术。

1983年,学校制定了研究生培养规定,规定攻读硕士学位的学习年限为两年半,其中课程学习一年半,科学研究和撰写论文一年。在职硕士生学习年限可延长一年。规定硕士研究生的培养方式采取指导教师负责和教研室(研究室)集体培养相结合的办法。充分发挥指导教师和研究生两方面的积极性,师生合作,教学相长。这一规定执行到1992年。

硕士生的课程分必修课和选修课(包括任选课),硕士生的课程学习实行学分制。硕士生在规定的学习年限内,必须累计学满34~40学分(选修本科生高年级课程学分不得超过3学分)。学分分配如下:自然辩证法5学分;第一外国语6学分;专业基础和专业课10~12学分;文献阅读、选题报告4学分;选修课任选课9~13学分;教学实践2学分。

1984年1月,国务院第二批批准学校7个博士学位授权点,包括设置在五系的通信与电子系统,柯有安教授获批为通信与电子系统专业博士生导师,成为第二批13位博士生导师之一。

1984年,对于硕士研究生的培养,学校根据教育部规定对硕士生的课程进行了调整：规定每位研究生必须学习足够学分的学位课程；学位课程由自然辩证法、第一外国语和 12~16 学分的其他学位课程组成；除学位课程外，每个专业还设有多门选修课程。学校鼓励研究生选修其他专业的研究生课程。关于博士生的课程设置，《北京工业学院攻读博士学位研究生培养工作暂行规定》（以下简称《暂行规定》）要求，博士生的课程设置包括三个方面：马列主义理论课程、基础理论和专业理论课程、外国语。关于博士学位论文，《暂行规定》要求：博士学位论文应对国民经济具有重要的实用价值或理论意义，应在科学或专门技术上做出创造性的成果，并反映出作者在本门学科上掌握了坚实宽广的基础理论和系统深入的专门知识。在时间安排上，要求博士生在第一学期或第二学期写出学位论文选题报告，并初拟论文题目。

1984 年 10 月 13 日，学校成立研究生院，是我国首批批准建立研究生院的 22 所高校之一。

1985 年 11 月，当时的国家科委确定在全国 73 个单位建立博士后流动站，学校成为首批建站单位之一。

1986 年 4 月，国务院学位委员会第六次会议决定逐步试行在一定学科范围内下放硕士学位授权学科、专业审批权，我校成为首批试点院校之一，在 7 个一级学科范围内有权自行审批硕士学位授权学科，五系的电子学与通信也在此列。当年，首次自行审定 3 个学科专业硕士点，获得兵器工业部初审通过并上报国务院学位委员会获准备案，包括设置在五系的半导体物理与器件，并在 1986 年 7 月 28 日被国务院学位委员会批准为第三批硕士学位授权学科专业。同时，国务院学位委员会批准第三批博士生导师，学校增列 14 位博士生导师，包括五系的通信与电子系统专业毛二可教授和电磁场与微波技术专业李世智教授（当时兼职于北京邮电学院电磁场与微波技术专业）。

从 1986 年起，学校实施从优异生中推荐免试攻读硕士学位研究生制度，第一批 1983 级有 82.6% 的优异生被推荐为免试入学的硕士研究生。选拔优异生制度的实施有利于优秀人才脱颖而出。

当年，五系通信与电子系统学科在制定硕士研究生研究方向时共列出 10 个方向，包括：

（1）信号处理：研究近代信号处理理论、信号处理系统、信号处理技术及应用。

（2）信号处理理论与信号处理：信号波形最优设计、信号最优综合和处理。

（3）数据处理：雷达、语音、图像信号、地下信号、洪水预报数据处理。

（4）系统理论与应用：对系统描述、建模、辨识、仿真及应用于电子系统。

（5）数字图像处理：图像处理与识别、图像处理系统、图像处理技术及应用。

（6）通信技术：扩频数字通信技术，以及在战术通信台网、移动通信系统中的应用。

（7）生物医学电子工程：生物信息提取、处理、反馈，电子医疗仪器研制。

（8）模拟电路自动故障诊断：故障模拟、字典法、算法、微处理器实现。

（9）智能仪器：仪器智能化、自动化新型方案探索。

（10）微型计算机信息处理及应用：用硬－软件系统完成各类信息处理。

当年学校进一步确定，硕士研究生学位课程的设置要求体现二级学科对基础和专业基础的必要和重要的内容。学位课程包括数学基础、专业基础、高级实验或实践性课程。考虑现行学科专业目录还不尽合理，学位课程设置可一专业设一套多门课或3~4套课。根据这个要求，1986年五系通信与电子系统学科硕士研究生的课程设置变为表8.1所示情况。

表8.1 1986年五系通信与电子系统学科硕士研究生的课程设置

| 类别 | 课程名称 | 学分数 | 考核方式 | 学期分配 |
| --- | --- | --- | --- | --- |
| 公共学位课程 | 自然辩证法 | 3 | 考试 | 1 |
|  | 第一外国语 | 6 | 考试 | 1、2 |
| 基础和专业学位课程 | 矩阵理论 | 3 | 考试 | 2 |
|  | 非线性规划 | 3 | 考试 | 1 |
|  | 实变函数与泛函分析 | 3 | 考试 | 1 |
|  | 信号检测与参量估计理论 | 2 | 考试 | 1 |
|  | 统计信号处理 | 2 | 考试 | 2 |
|  | 线性系统理论 | 2 | 考试 | 1 |
|  | 信息论 | 2 | 考试 | 1 |
|  | 近代电子测量与实验技术 | 2 | 考试 | 1 |
| 选修课程 | 信号理论 | 2 |  | 2、3 |
|  | 系统理论 | 2 |  |  |
|  | 卡尔曼滤波理论及应用 | 2 |  | 2 |
|  | 离散系统模拟 | 2 |  | 1 |
|  | 非线性电子线路分析基础 | 2 |  | 1 |
|  | 锁相技术及其应用 | 3 |  | 3 |
|  | 数字图像处理 | 3 |  | 2 |
|  | 电路的计算机辅助设计 | 3 |  | 2 |
|  | 网络图论及其应用 | 3 |  | 1 |

续表

| 类别 | 课程名称 | 学分数 | 考核方式 | 学期分配 |
|---|---|---|---|---|
| 选修课程 | 线性网络分析 | 3 | | 1 |
| | 信号处理专题 | 3 | | 2 |
| | 编码理论 | 2 | | 2 |
| | 信息率——失真函数 | 2 | | 2 |
| | 移动通信 | 2 | | 2 |
| | 生命科学概论 | 2 | | 2 |
| | 生物医学电子系统 | 2 | | 2 |
| | 生物电学与磁学 | 2 | | 2 |
| | 微型计算机系统与应用 | 3 | 考试 | 1 |
| | 数据组织 | 3 | 考试 | 1 |
| | 自动语音分析和识别 | 3 | | |
| | 通信原理 | 2 | | 1 |
| | 文献选读 | 2 | 报告讨论 | |
| | 教学实践 | 2 | 视具体情况而定 | 2、3 |
| | 实习调研 | 2周 | | 2、3 |
| | 学位论文 | | 答辩 | 3—5 |

1987年5月，学校发布博士生培养工作规范。对基础理论和专业理论课程的规定为：一般不少于两门，且应以加深拓宽基础理论和专业知识及吸收扩展边缘学科、交叉学科知识为目的。同时，要求博士生的论文工作计划要包括选题、开题报告、阶段性工作报告、预期结果及完成论文的时间等。在论文选题上要求：博士生的学位论文选题可以是对学科发展有重要意义的基础理论性的，也可以是对国民经济建设有重要价值的工程性的，课题应来源于科研生产实践。博士生可以自己选题，而且博士生在学位论文过程中的某些专题可作为硕士生、本科生的学位论文内容。

1988年开始，国务院学位委员会在审定第三批学位授予学科专业的同时，开始调整专业、修订专业目录。1988年10月公布修订草案，1990年10月正式公布首份《授予博士、硕士学位和培养研究生的学科、专业目录》，有一批专业拓宽了专业面，调整、充实了专业和内涵，同时删掉或者归并了一些划分过细、过窄的专业，增加了一批新专业。学校前三批授予硕士学位的学科专业中有 16 个做了调整充实，五系的"半导体物理与器件"改名为"半导体器件与微电子技术"。

1990 年 10 月，国务院学位委员会批准第四批硕士学位授权学科专业，学校有 3 个专业获得批准，包括五系从通信与电子系统专业中独立出来的信号与信息处理专业。

11 月，学校自行审批的 5 个硕士学位授权学科专业获得国务院学位委员会批准备案，包括设置在五系的电路与系统。电路与系统学科包括了三个研究方向：功率电子学、电路理论和电路监控仪器。

12 月，国务院学位委员会批准学校新增第四批博士点 3 个，包括设在五系的电磁场与微波技术和信号与信息处理，也被列为部级重点学科，获得招收博士后研究人员的授权。批准 13 位教授为博士生导师，包括五系电磁场与微波技术专业的李世智教授（结束北京邮电学院兼职）和信号与信息处理专业的顾怀瑾研究员（兼职）。

1990 年，经过深入讨论，五系通信与电子系统学科调整了硕士研究生研究方向，相对集中到 5 个方向，包括：

（1）信号处理：研究信号理论、信号检测与最佳估计、近代谱分析、信号波形设计、语音合成、语音识别、数字语音编码、汉字识别、雷达信号处理、地下信号处理、自适应信号处理、目标识别与成像技术等。

（2）数字图像处理：综合通信、电视、计算机等技术的二维信号处理。主要研究：图像识别理论及应用、图像制导、无破损探伤、生产检验自动化、汉字识别、指纹与人面的鉴别等。

（3）生物医学电子工程：用现代电子学理论、技术和方法研究生命现象及效应。主要研究：生物医学信息处理、生物医学电子技术、生物电磁学、智能化电子医疗仪器系统等。

（4）通信技术：现代通信技术是通信技术与计算机技术新结合的产物。主要研究：数字移动通信、扩频移动通信、图像压缩编码与传输、光纤局部网、单片机在通信系统中的应用等。

（5）微型计算机信息处理及应用：用硬-软件系统完成各类信息处理。主要研究：文字信息处理、汉字识别、语音信号处理、图像信号处理、多处理机研究、特殊外围设备研究、小型信息处理网络、智能仪器等。

同时，对硕士研究生课程进行了压缩，并重点增加反映现代科学技术理论与实践的课程。1990 年五系通信与电子系统学科硕士研究生的课程由 32 门压缩为 21 门（表 8.2）。

表 8.2　1990 年五系通信与电子系统学科研究生课程设置

| 类别 | | 课程名称 | 学分数 | 考核方式 | 讲授方式 | 学期分配 |
|---|---|---|---|---|---|---|
| 学位课 | 校设公共课 | 自然辩证法 | 3 | 考试 | 讲授 | 1 |
| | | 科学社会主义理论与实践 | 1.5 | 考试 | 讲授 | 1、2 |
| | | 第一外国语 | 6 | 考试 | 讲授 | 2 |
| | 系设公共课 | 实变函数与泛函分析 | 3 | 考试 | 讲授 | 1 |
| | 其他基础和专业基础课 | 统计信号处理与 | 3 | 考试 | 讲授 | 1 |
| | | 信息论二者选一 | 3 | 考试 | 讲授 | 1 |
| | | 近代电子测量与实验技术 | 3 | 考试 | 讲授实验 | 1 |
| 选修课 | | 线性系统理论 | 2 | 考试或考查 | 讲授 | 2 |
| | | 信号理论与应用 | 2 | 同上 | 讲授 | 2 |
| | | 信号处理专题 | 2 | 同上 | 讲授 | 2 |
| | | 卡尔曼滤波理论与应用 | 2 | 同上 | 讲授 | 2 |
| | | 移动通信 | 2 | 同上 | 讲授 | 2 |
| | | 生物医学信号处理 | 2 | 同上 | 讲授 | 2 |
| | | 微机系统结构分析及程序设计 | 3 | 同上 | 讲授实验 | 1 |
| | | 单片机应用系统设计 | 2 | 同上 | 讲授实验 | 2 |
| | | 数字图像处理 | 3 | 同上 | 讲授 | 2 |
| | | 锁相技术及其应用 | 2 | 同上 | 讨论 | 2 |
| | | 最优化设计 | 3 | 同上 | 讲授 | 2 |
| | | 矩阵分析 | 2 | 同上 | 讲授 | 1 |
| | | 第二外语 | 3 | 同上 | 讲授 | 2 |
| | | 科技文献检索 | 2 | 同上 | 讲授 | 1 |
| | | 教学实践 | 2 | 考查 | | 3 |
| | | 实习调研 | 两周 | | | 3 |
| | | 学位论文 | 8 | 答辩 | | 3—5 |

1992 年，学校进一步规定硕士生的学位论文工作时间一般不少于一年零两个月，并在研究生教育中逐步建立学科领导下的导师负责制。为发挥学科的优势和特色，瞄准学科前沿，五系进一步调整了通信与电子系统学科硕士研究生的研究方向为三个，包括：

（1）信号处理：研究信号理论、信号检测与最佳估计、近代谱分析、信号波形设计、语音合成、语音识别、数字语音编码、汉字识别、雷达信号处理、地下信号处理、自适应信号处理、目标识别与成像技术、神经网络的研究及应用等。

（2）通信技术：以现代通信理论为基础，对各种通信技术及其信号采集、传输与处理等方面的新技术进行研究。主要研究内容：数字移动通信、扩频移动通信、卫星通信、图像压缩编码与传输、电磁兼容、单片机应用等。

（3）数字图像处理：图像识别理论及其应用、适时图像处理技术、图像制导、二维或三维图像处理的有效算法研究、遥感图像处理及分析等。其他专业学科的硕士研究生研究方向，也类似地经历了1986年、1990年和1992年三次修改和完善。

同时，学校规定硕士研究生的课程学习实行学分制，每学分大致相当于20课内学时，每门课不超过3学分。学位课程按二级学科设置，由校设公共课、系设公共课和专业基础课三部分组成。1992年五系通信与电子系统学科硕士研究生的课程设置如表8.3所示。

表8.3 1992年五系通信与电子系统学科硕士研究生的课程设置

| 类别 | | 课程编码 | 课程名称 | 课内学时 | 学分 | 开课学期 |
| --- | --- | --- | --- | --- | --- | --- |
| 学位课 | 校设公共课 | 116001 | 自然辩证法 | 60 | 3 | 1 |
| | | 116002 | 科学社会主义理论与实践 | 36 | 1.5 | 2 |
| | | 115000 | 外语（英、日、德、俄） | 240 | 6 | 1、2 |
| | 系设公共课 | 105001 | 近代电子测量与实验技术 | 60 | 3 | 1 |
| | 专业基础课 | 111006 | 应用泛函分析 | 60 | 3 | 1 |
| | | 105002 | 统计信号处理与 | 60 | 3 | 2 |
| | | 105003 | 信息论二者选一 | 60 | 3 | 1 |
| 选修课 | | 005011 | 信号处理专题 | 40 | 2 | 2 |
| | | 005012 | 通信与电子系统专题 | 40 | 2 | 2 |
| | | 005013 | 信号理论与应用 | 40 | 2 | 2 |
| | | 005014 | 卡尔曼滤波理论与应用 | 40 | 2 | 2 |
| | | 005015 | 移动通信 | 40 | 2 | 2 |
| | | 005016 | 卫星通信 | 40 | 2 | 1 |
| | | 005017 | 生物医学信号处理与应用 | 40 | 2 | 2 |
| | | 005018 | 微机系统结构分析及程序设计 | 60 | 3 | 1 |
| | | 005019 | 单片机应用系统设计 | 40 | 2 | 2 |
| | | 005020 | 数字图像处理 | 60 | 3 | 2 |
| | | 005021 | 锁相技术及其应用 | 40 | 2 | 2 |
| | | 111007 | 矩阵分析 | 40 | 2 | 2 |

续表

| 类别 | 课程编码 | 课程名称 | 课内学时 | 学分 | 开课学期 |
|---|---|---|---|---|---|
| 选修课 | 020001 | 文献检索与利用 | 40 | 2 | 2 |
| 实践环节 | | 教学（科研）实践 | | 2 | |
| | | 实习调研 | 2周 | | |

规定硕士研究生培养计划中的学位论文工作要点是：学位论文工作是使硕士研究生在科学研究方面受到较全面的基本训练，着重培养研究生文献查阅与总结的能力；实验技能；分析和解决问题的能力；综合运用所学知识的能力，以达到具有从事科学研究或独立担负专门技术工作的能力。研究生的论文工作计划在导师指导下由研究生拟订。在广泛调查研究的基础上，在第三学期内与导师共同商定或由导师指定论文题目。论文选题应来源于生产和科研实践，可以是理论研究，也可以是解决工程实际问题的。论文题目确定后，研究生在导师指导下制订出论文工作计划，论文需在导师指导下，由研究生本人独立完成。导师在指导研究生选题和进行论文工作时只把握方向和可行性，放手让研究生工作。这实际上是从1981年5月《中华人民共和国学位条例暂行实施办法》颁布后，至20世纪90年代多次修订完善的。

同年，学校发布对博士生课程的基础要求是：

（1）马克思主义理论课程。较好地掌握马克思主义的基本理论，要根据规定开设有关课程。在自学原著和选读代表作的基础上，进行专题研讨或讲授，撰写课程论文。

（2）外国语。第一外国语要求能熟练地阅读本专业的外文资料，有一定的写作能力和初步的听说能力；第二外国语要求有阅读本专业外文资料的初步能力。

（3）基础理论课和专业课。在硕士课程基础上，设置有关基础理论课和专业学位课程和其他课程，包括拓宽专业基础需要的理论课和实验课；为进入学科前沿或结合研究课题需要的理论专著、文献、专题；适应学科交叉，学习跨学科的课程。

1993年7月，学校规定博士生（全日制）学习年限一般为三年，在职博士生学习年限为四年，博士生可提前毕业或延长学习年限，延长期不得超过一年。

1993年8月，国务院学位委员会同意学校在电子学与通信一级学科点内开展自行审批增列博士生指导教师工作。

1993年12月，国务院学位委员会批准第五批博士生导师，加上自行审批的13位，学校共有23位教授获聘博士生导师，包括五系通信与电子系统专业王越和匡镜明教授，信号与信息处理专业韩月秋教授以及电磁场与微波技术专业费元

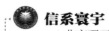

春教授。至此，五系共有博士学位授权点3个，博士生导师8名（含兼职1名），部级以上重点学科3个。有硕士学位授权点5个：通信与电子系统、信号与信息处理、电磁场与微波技术、半导体器件与微电子技术、电路与系统。

1994年，学校获准自行审批增列博士学位授权学科、专业和博士生指导教师。1994年11月，高本庆教授获批为电磁场与微波技术专业博士生导师。

1995年，五系增列物理电子学与光电子学硕士学位授权点。

1996年10月，罗伟雄（通信与电子系统）、王小谟（兼职，通信与电子系统）和刘鲁勤（兼职，信号与信息处理）获批为博士生导师。

1997年12月，经国务院学位办批准，五系电子与信息工程获得工程硕士专业学位授予权，成为首批获批的8个工程领域之一。

1998年6月，经国务院学位委员会第七次学位授权点审批，五系信息与通信工程学科获得一级学科的博士、硕士学位授予权，成为首批5个一级学科点之一。

1998年9月，苏广川（通信与电子系统）、何佩坤（信号与信息处理）和徐晓文（电磁场与微波技术）获批为博士生导师。

2000年12月，陶然（通信与信息系统）、安建平（通信与信息系统）、龙腾（信号与信息处理）、高梅国（信号与信息处理）、吴嗣亮（信号与信息处理）、袁起（兼职，信号与信息处理）、陈定昌（兼职，信号与信息处理）、赵宏康（兼职，信号与信息处理）获聘为博士生导师。

2002年11月，刘志文（通信与信息系统）、沈庭芝（通信与信息系统）和吕昕（电磁场与微波技术）获聘为博士生导师。

2003年9月，学校增列自设学科硕士点5个，包含目标探测与识别。国务院学位委员会批准增列3个博士学位一级学科授权点，包含电子科学与技术。

2004年11月，廖波（微电子学与固体电子学）获聘为博士生导师。至此，五系共26位导师获聘为博士生导师。

之后的博士生导师聘任基本常规化，自1984年11月至2019年9月，信息与电子学院博士学位授权学科专业和博士生导师汇总情况如表8.4所示。

表8.4 博士学位授权学科专业和博士生导师

| 时间 | 博士学位授权学科专业 | 博士生指导教师 | 审批单位 | 学校批次 |
|---|---|---|---|---|
| 1984年11月 | 通信与电子系统 | 柯有安 | 国务院学位委员会 | 第二批 |
| 1986年7月 | 通信与电子系统 | 毛二可 | 国务院学位委员会 | 第三批 |

续表

| 时间 | 博士学位授权学科专业 | 博士生指导教师 | 审批单位 | 学校批次 |
|---|---|---|---|---|
| 1990年10月 | 电磁场与微波技术<br>信号与信息处理 | 李世智<br>顾怀瑾（兼职） | 国务院学位委员会 | 第四批 |
| 1993年12月 | 通信与电子系统<br>信号与信息处理<br>电磁场与微波技术<br>电子科学与技术 | 王越、匡镜明<br>韩月秋<br>费元春<br>辛建国 | 国务院学位委员会 | 第五批 |
| 1994年11月 | 电磁场与微波技术 | 高本庆 | 北京理工大学 | 第六批 |
| 1996年10月 | 通信与电子系统<br>通信与电子系统<br>信号与信息处理 | 罗伟雄<br>王小谟（兼职）<br>刘鲁勤（兼职） | 北京理工大学 | 第七批 |
| 1998年9月 | 通信与电子系统<br>信号与信息处理<br>电磁场与微波技术 | 苏广川<br>何佩琨<br>徐晓文 | 北京理工大学 | 第八批 |
| 2000年12月 | 通信与信息系统<br>通信与信息系统<br>信号与信息处理<br>信号与信息处理<br>信号与信息处理<br>信号与信息处理<br>信号与信息处理<br>电磁场与微波技术 | 陶然<br>安建平<br>龙腾<br>高梅国<br>吴嗣亮<br>袁起（兼职）<br>陈定昌（兼职）<br>赵宏康 | 北京理工大学 | 第九批 |
| 2002年11月 | 通信与信息系统<br>通信与信息系统<br>电磁场与微波技术 | 刘志文<br>沈庭芝<br>吕昕 | 北京理工大学 | 第十批 |
| 2004年11月 | 微电子学与固体电子学<br>信息与通信工程<br>信息与通信工程 | 廖波<br>王忠勇（兼职）<br>赵保军 | 北京理工大学 | 第十一批 |
| 2005年6月 | 电子科学与技术 | 盛新庆 | 北京理工大学 | 年度增列 |
| 2006年7月 | 电子科学与技术 | 仲顺安 | 北京理工大学 | 年度增列 |

续表

| 时间 | 博士学位授权学科专业 | 博士生指导教师 | 审批单位 | 学校批次 |
|---|---|---|---|---|
| 2007年1月 | 电子科学与技术<br>电子科学与技术<br>电子科学与技术<br>电子科学与技术<br>信息与通信工程 | 蔡树军（兼职）<br>李石（兼职）<br>王卫东（兼职）<br>张卫平（兼职）<br>陈禾 | 北京理工大学 | 第十二批 |
| 2008年4月 | 电子科学与技术<br>信息与通信工程<br>信息与通信工程<br>信息与通信工程<br>信息与通信工程<br>信息与通信工程<br>网络空间安全 | 孙厚军<br>单涛<br>梅文博<br>吴枫（兼职）<br>颜永红（兼职）<br>罗森林<br>罗森林 | 北京理工大学 | 第十三批 |
| 2010年4月 | 电子科学与技术<br>电子科学与技术<br>电子科学与技术<br>信息与通信工程<br>信息与通信工程<br>信息与通信工程 | 何芒<br>王学田<br>张彦梅<br>卜祥元<br>崔嵬<br>高飞 | 北京理工大学 | 第十四批 |
| 2010年10月 | 电子科学与技术 | 刘大可 | 北京理工大学 | 年度增列 |
| 2011年6月 | 电子科学与技术<br>电子科学与技术<br>信息与通信工程<br>信息与通信工程<br>信息与通信工程<br>信息与通信工程 | 李慧琦<br>徐友根<br>费泽松<br>李海<br>李祥明<br>王华 | 北京理工大学 | 第十五批 |
| 2011年9月 | 电子科学与技术 | 郝阳（兼职） | 北京理工大学 | 年度增列 |
| 2013年5月 | 电子科学与技术<br>电子科学与技术<br>信息与通信工程<br>信息与通信工程<br>信息与通信工程 | 潘小敏<br>于伟华<br>付佗<br>吴一戎（兼职）<br>杨小鹏 | 北京理工大学 | 第十六批 |

续表

| 时间 | 博士学位授权学科专业 | 博士生指导教师 | 审批单位 | 学校批次 |
|---|---|---|---|---|
| 2013年5月 | 信息与通信工程<br>信息与通信工程<br>信息与通信工程 | 原进宏（兼职）<br>刘峰<br>曾大治 | 北京理工大学 | 第十六批 |
| 2014年7月 | 电子科学与技术<br>信息与通信工程<br>信息与通信工程<br>信息与通信工程<br>信息与通信工程 | 胡伟东<br>傅雄军<br>胡程<br>王爱华<br>邢成文 | 北京理工大学 | 第十七批 |
| 2015年6月 | 信息与通信工程 | 尹浩（兼职） | 北京理工大学 | 年度增列 |
| 2015年10月 | 电子科学与技术<br>电子科学与技术<br>电子科学与技术<br>信息与通信工程<br>信息与通信工程<br>信息与通信工程 | 薛正辉<br>丁英涛<br>周建明<br>胡进<br>武楠<br>张峰 | 北京理工大学 | 第十八批 |
| 2016年9月 | 电子科学与技术 | 林峰 | 北京理工大学 | 年度增列 |
| 2017年1月 | 信息与通信工程<br>信息与通信工程<br>电子科学与技术<br>信息与通信工程 | 邓宸伟<br>王帅<br>司黎明<br>樊邦奎（兼职） | 北京理工大学 | 第十九批 |
| 2017年9月 | 信息与通信工程 | 夏香根 | 北京理工大学 | 年度增列 |
| 2017年10月 | 电子科学与技术 | 金城 | 北京理工大学 | 年度增列 |
| 2018年3月 | 电子科学与技术<br>电子科学与技术<br>电子科学与技术<br>信息与通信工程<br>信息与通信工程<br>信息与通信工程 | 郭琨毅<br>陈志铭<br>李世勇<br>丁泽刚<br>王永庆<br>杨凯 | 北京理工大学 | 第二十批 |
| 2018年5月 | 信息与通信工程<br>信息与通信工程<br>电子科学与技术 | 田静<br>董锡超<br>邓长江 | 北京理工大学 | 年度增列 |

续表

| 时间 | 博士学位授权学科专业 | 博士生指导教师 | 审批单位 | 学校批次 |
|---|---|---|---|---|
| 2018年5月 | 信息与通信工程<br>电子科学与技术 | 王锐<br>叶初阳 | 北京理工大学 | 年度增列 |
| 2018年9月 | 电子科学与技术<br>信息与通信工程<br>电子科学与技术 | 王业亮<br>于季弘<br>刘立巍 | 北京理工大学 | 年度增列 |
| 2018年11月 | 信息与通信工程<br>信息与通信工程<br>电子科学与技术 | 王沙飞（兼职）<br>陆军（兼职）<br>陆军（兼职） | 北京理工大学 | 年度增列 |
| 2019年1月 | 信息与通信工程<br>信息与通信工程<br>信息与通信工程 | 张中山<br>胡晗<br>何元智（兼职） | 北京理工大学 | 年度增列 |
| 2019年3月 | 信息与通信工程<br>信息与通信工程<br>信息与通信工程<br>信息与通信工程<br>电子科学与技术 | 陈亮<br>魏国华<br>刘泉华<br>刘珩<br>王卫江 | 北京理工大学 | 第二十一批 |
| 2019年6月 | 信息与通信工程<br>信息与通信工程<br>信息与通信工程<br>电子科学与技术 | 郑重<br>郭婧<br>李伟<br>孙家涛 | 北京理工大学 | 年度增列 |
| 2019年9月 | 电子科学与技术<br>电子科学与技术<br>电子科学与技术<br>信息与通信工程 | 马建军<br>张伟锋<br>叶修竹<br>沈清 | 北京理工大学 | 年度增列 |

## 8.2 电子科学与技术一级学科

### 8.2.1 历史沿革

北京理工大学电子科学与技术学科1989年2月获批设立博士后科研流动站。2003年9月获得一级学科博士授予权。2010年设立电子科学与技术研究生全英文专业。2012年电子科学与技术学科获批一级学科北京市重点学科。2012年在教育部学位与研究生教育发展中心发布的学科评估结果中，电子科学与技术学科并列第15名。2008年完成电子科学与技术学科的学科方向设置，2010年开始设置学科方向责任教授，并完成了首次学科责任教授遴选。2014年完成电子科学与技术学科方向设置及学科责任教授遴选。2015年，辛建国教授获聘国务院学位委员会第七届学科评议组成员。2017年，根据学校《一流大学建设方案》，电子科学与技术学科重点参与复杂系统感知与控制一流学科群建设。此外，电子科学与技术学科参与医工融合学科群建设。2017年12月28日，教育部学位与研究生教育发展中心公布了全国第四轮学科评估结果，电子科学与技术学科评估结果为B+。

### 8.2.2 电磁场与微波技术

1981年11月获批硕士学位授予权。1990年12月，国务院学位委员会批准学校新增第四批博士点3个，其中包括电磁场与微波技术。1993年年底，电磁场与微波技术学科可招收博士后研究人员。2002年8月获批国防科工委重点学科，同时也被确定为国防特色学科。2004年，盛新庆教授入选长江学者奖励计划特聘教授。2008年4月获批北京市重点二级学科。

### 8.2.3 电路与系统

1990年11月，学校自行审批的5个硕士学位授权学科专业获得国务院学位委员会批准备案，包括设置在五系的电路与系统。电路与系统学科包括了三个研究方向：功率电子学、电路理论和电路监控仪器。

### 8.2.4 微电子学与固体电子学

微电子学与固体电子学专业的前身是半导体物理与器件专业。1986年，首次自行审定了3个学科专业硕士点，获得兵器工业部初审通过并上报国务院学位委员会获准备案，包括设置在五系的半导体物理与器件，并在1986年7月28日被国务院学位委员会批准为第三批硕士学位授权学科专业。1990年，半导体物理与器件专业改名为半导体器件与微电子技术专业。2014年，获批硅基高速片上系统北京市工程技术研究中心。2015年7月获教育部批准筹备建设示范性微电子学院，2015年12月25日微电子学院正式挂牌成立。

### 8.2.5 生命信息工程

生命信息工程学科是2005年12月在电子科学与技术一级学科下通过自行设

置增列的博士、硕士点，它是以我校原信息科学技术学院（包括原电子工程系、光学工程系、自动控制系、计算机系）为主，原生命科学与技术学院（现生命学院）和解放军总医院（激光医学科、生物医学工程保障中心）参与，发挥三方各自所长，充分利用我们在信息学科、生命科学以及医学等学科上的综合优势，在整合原先分散在通信与信息系统、物理电子学、电磁场与微波技术、生物医学工程四个学科的相关学科方向的基础上，通过交叉融合发展建立起来的一个新兴的交叉科学。2006 年开始招收硕士生、博士生、博士后。2015 年，本学科兼职博导 301 医院顾瑛教授入选中国科学院院士（随后按照学校学科布局调整，转为光学工程学科兼职博士生导师）。2008 年，生命信息工程二级学科作为电子科学与技术一级学科下设的医学电子与信号处理学科方向，开始招收硕士生、博士生、博士后。

### 8.2.6 微纳光电子学院与激光光电子学

2018 年，增设微纳光电子学与激光光电子学专业，首次招收研究生，主要包括三个研究方向：纳米电子学、物理电子学、激光光电子学。教师包括国家杰出青年基金获得者辛建国教授和王业亮教授。2018 年王业亮教授入选科技部中青年科技创新领军人才。2019 年，王业亮教授入选国家"万人计划"科技创新领军人才，获得中国物理学会胡刚复物理奖；成立了北京理工大学微纳量子光子实验中心，并获批低维量子结构与器件工业和信息化部重点实验室。

## 8.3 信息与通信工程一级学科

### 8.3.1 历史沿革

本学科点始于 1953 年建立的雷达专业和遥控遥测专业，是我国首批从事雷达、遥控遥测领域科研与专业人才培养的单位之一，是我国第一个完成电视发射和接收试验系统并拥有我国第一频道的学科点。1956 年开始招收两年制研究生。1978 年，恢复招收硕士研究生。1984 年建立通信与电子系统博士点，1998 年 6 月获批一级学科的博士、硕士学位授予权，成为首批 5 个一级学科点之一。1989 年被批准建设信号采集与处理国家专业实验室。1999 年 2 月获批设立博士后科研流动站。1987 年、2002 年均被评为国家重点学科。2002 年 6 月，学校参加全国一级学科整体水平评估工作取得好成绩，五系信息与通信工程学科位居全国第 7 名。2003 年春，批准自行增设两个二级学科：信息安全与对抗、目标探测与识别。2007 年 8 月被评为国家一级重点学科。在 2012 年教育部学位与研究生教育发展中心发布学科评估结果中，信息与通信工程并列第 8 名。2013 年信息与通信工程获批工业和信息化部重点学科两化融合类学科。2013 年信息与通信工程专业博士毕业生武楠获全国优秀博士学位论文，孟祥意获全国优秀博士学位论文提名论文。信息与通信工程学科龙腾教授入选 2013 年科技部"创新人才推进计划"。2015 年，龙腾教授获聘国务院学位委员会第七届学科评议组成员，吴嗣亮教授入选 2014 年度国家百千万人才工程并获评"有突出贡献中青年专家"。2017 年，根据学校《一流大学建设方案》，信息与通信工程牵头建设信息科学与技术一流学科群。2017 年 12 月 28 日，教育部学位与研究生教育发展中心公布了全国第四轮学科评估结果，信息与通信工程学科评估结果为 A－。2017 年，信息与通信工程学科新增院士 1 人（校长张军院士由北京航空航天大学调入，学科归入信息与通信工程），邢成文获国家自然科学基金优秀青年科学基金资助，胡程入选国家"万人计划"青年拔尖人才。

### 8.3.2 通信与信息系统

1984 年通信与信息系统获批建立博士点。1987 年被评为国家级重点学科。1997 年学校调整 4 个国家级重点学科点，调整后包括通信与信息系统。1999 年 3 月，教育部公布了获准设置"长江学者奖励计划"第二批岗位的 110 所高校的 302 个学科，五系通信与信息系统学科获准设岗，成为全校 4 个学科之一。2002 年 1 月，教育部公布《教育部关于公布高等学校重点学科点名单的通知》，明确通信与信息系统学科点入选全国重点学科，成为全校 11 个学科点之一。2002 年 8 月获批国防科工委重点学科，同时也被确定为国防特色学科。

### 8.3.3 信号与信息处理

从 1986 年上半年开始，学校进行七五期间学科建设规划，选择 31 个学科作为重点建设学科，其中 14 个作为第一批重点建设学科，包括设置在五系的"信号与信息处理"。1990 年 10 月，国务院学位委员会批准第四批硕士学位授权学科专业，学校有 3 个专业获得批准，包括五系从"通信与电子系统"专业中独立出来的"信号与信息处理"专业。1990 年 12 月获批博士点。1993 年年底，信号与信息处理学科可招收博士后研究人员。1994 年被评为部级重点学科。2002 年 5 月，北京市教育委员会下发《北京市教育委员会关于公布普通高等学校北京市重点学科点名单的通知》，明确信号与信息处理学科点入选北京市重点学科，成为全校 5 个学科点之一。2002 年 8 月获批国防科工委重点学科，同时也被确定为国防特色学科。分数阶傅里叶变换信号与信息处理创新团队入选 2010 年度教育部创新团队发展计划。2012 年，龙腾教授入选长江学者奖励计划特聘教授。2014 年，学院获批分数域信号与信息处理及其应用国家自然科学基金创新研究群体。

### 8.3.4 信息安全与对抗

2003年春，获批自行增设信息安全与对抗二级学科。2008年入选国防特色学科，同年"信息系统与安全对抗教学团队"入选国家级教学团队。

陶然教授于2006年入选杰出青年基金获得者，2009年入选长江学者奖励计划特聘教授。2009年王越院士牵头的"信息安全与对抗"团队入选国防科技创新团队；2010年，本学科主导的分数阶傅里叶变换信号与信息处理创新团队入选教育部创新团队发展计划；2014年，本学科主导的获批分数域信号与信息处理及其应用国家自然科学基金创新研究群体；2017年，信息安全与对抗教师团队入选全国高校黄大年式教师团队。

### 8.3.5 目标探测与识别

2003年春，获批自行增设目标探测与识别二级学科。

学科方向长期从事一维高分辨率雷达、二维高分辨成像雷达、实时信息处理等领域的研究，包括新体制雷达系统、航天遥感、卫星导航、图像处理等，承担完成了来自国防"973"计划、国家"863"计划、高分专项、原总装预研、民用航天、型号研制等多项重要科研任务，实现了我国首个遥感卫星在轨实时处理系统，首个星载合成孔径雷达实时快视处理系统，首个高光谱卫星实时光谱复原系统等多项第一。

2010年以来，该学科方向研究成果获得国家技术发明奖一等奖1项、二等奖2项（其中1项已通过终评），发表SCI文章200余篇，获授权发明专利200余项。曾获国防科技创新团队、北斗二号卫星工程建设突出贡献集体等荣誉，并获首届国防科技创新团队奖。

## 8.4 研究生培养方案

### 8.4.1 2009版培养方案

**物理电子学**

**（080901）**

（一级学科：电子科学与技术）

本学科博士点于1993年由国务院学位委员会批准建立，2001年批准为国家重点学科，具有博士后科研流动站。物理电子学是近代物理学、电子学、光学、光电子学、量子电子学及相关技术与学科的交叉与融合，产生了光电子学、等离子体光电子学、导波光学和光子学等新兴学科分支，并已成为电子科学发展新技术的基础。近年来本学科发展迅速，促进了电子科学与技术、物理学、信息与通信工程、光学工程等相关一级学科的拓展，形成了许多新的科学技术增长点。

本学科的主要研究方向有：

1. 新型激光器技术与应用

该研究方向以光电子技术在信息科学和材料科学、国防和科研中的应用为背景，开展新型激光器技术及相关技术的研究。主要包括新型气体激光器技术、固体激光器技术、光纤激光器技术、高次谐波激光器技术和极端紫外激光器技术等方面的研究，以及相关激光技术和参数测试技术研究等。

2. 自适应光学与空间光学仪器

该研究方向主要研究自适应光学理论、波前检测和波面校正等自适应光学技术，自适应光学在空间光学遥感器上的应用研究，微小型自适应光学系统理论、方法与技术研究，甚高分辨率空间遥感器的光学理论与方法，精密光电测试技术与仪器等。

3. 光电子信息技术与系统

该研究方向以信息获取、传输、处理与对抗等光电子信息技术与系统在国防、工业、通信、交通、能源、农业和环保等领域的应用为背景，主要开展光学精确制导、光学雷达、新型惯性光电器件技术，新型光纤及光电传感器件技术，高速光信号处理及其器件技术，空间高分辨率红外场景生成技术和微波（毫米波）/红外复合目标源技术等方面的研究。

4. 多电子高激发态结构和光谱研究

该研究方向主要研究原子的电子结构和光谱、激光光谱、Auger 电子谱和多电子高激发态等问题，探求原子与分子态的能级结构和多电子高激发光谱规律，为光学材料的研制提供依据。

一、培养目标

掌握坚实的光学、光子学和光电子学的基础理论和系统的专门知识，具有从事科学研究和独立担负专门技术工作的能力，能够胜任科研、企业单位和高等院校的科研、教学、开发和管理等方面的工作。

二、学制

硕士研究生基本学制为 2.5 年，最长学习年限为 3 年。原则上硕士研究生应在一学年内完成课程学习。

## 三、课程设置

课程设置如表 8.5 所示。

表 8.5　课程设置

| 类别 | 课程编码 | 课程名称 | 学时 | 学分 | 学期 | 考核方式 | 备注 |
|---|---|---|---|---|---|---|---|
| 公共必修课 | 21－000001－101－22 | 科学技术哲学 | 54 | 2 | 1、2 | 考试 | 必选 |
| | 21－000001－102－22 | 科学社会主义理论与实践 | 36 | 1 | 1、2 | 考试 | |
| | 21－000002－10＊－24 | 第一外国语（外语Ⅰ） | 54＋54 | 3 | 1、2 | 考试 | |
| 学科基础理论课 | 21－000003－101－17 | 数值分析 | 36 | 2 | 1、2 | 考试 | 任选一门 |
| | 21－000003－105－17 | 随机过程 | 36 | 2 | 1 | 考试 | |
| | 21－000003－109－17 | 最优化新方法 | 36 | 2 | 1、2 | 考试 | |
| 专业基础课 | 21－080901－105－04 | 现代光电子学实验 | 54 | 3 | 1 | 考试 | 必选 |
| 专业课 | 21－080901－101－04 | 量子电子学 | 54 | 3 | 1 | 考试 | 必选 |
| | 21－080901－102－04 | 非线性光学 | 54 | 3 | 1 | 考试 | |
| | 21－080901－103－04 | 导波光学 | 54 | 3 | 1 | 考试 | |
| | 21－080901－104－04 | 光电传感基础 | 54 | 3 | 1 | 考试 | |
| 选修课 | 20－080901－101－04 | 光电子信息系统 | 36 | 2 | 2 | 考试 | 任选 |
| | 20－080901－102－04 | 原子、分子和光学物理 | 36 | 2 | 2 | 考试 | |
| | 20－080901－103－04 | 量子光学导论 | 36 | 2 | 2 | 考试 | |
| | 20－080901－104－04 | 光通信技术 | 36 | 2 | 2 | 考试 | |
| | 20－080901－105－04 | 光纤传感技术与系统 | 36 | 2 | 2 | 考试 | |
| | 20－080901－106－04 | 自适应光学与空间光学 | 36 | 2 | 2 | 考试 | |
| | 20－080901－107－04 | 光电探测中的噪声分析理论 | 36 | 2 | 2 | 考试 | |
| | 20－080901－108－04 | 微纳光电子器件/系统制造导论 | 36 | 2 | 2 | 考试 | |

**四、必修环节**

1. 专业外语（1学分）

使研究生了解、熟悉外语论文的写作及如何在国际会议上发表论文和进行学术报告。由指导教师负责指导研究生选读和笔译相关专业外文文献，第三学期期末学院组织考试。

2. 文献综述报告（1学分）

本学科硕士学位研究生的文献阅读要结合课题研究方向和具体的研究领域进行，参考文献应在20篇以上，文献综述报告要反映国际和国内在本领域的研究历史、现状和发展趋势。文献综述应不少于4 000字。应于第三学期第十五周前完成文献综述。

3. 学术活动（1学分）

学生在学期间至少应参加6次以上学术活动，其中本人进行正规性的学术报告或学位论文阶段性报告1次以上。每次参加学术活动要有500字左右的总结报告，注明参加学术活动的时间、地点、报告人、学术报告题目，简述内容并阐明自己对相关问题的学术观点或看法。

4. 科学研究训练与创新能力培养（2学分）

由指导教师负责讲授或指导与硕士生学习与学位论文相关的课程，进行实验技能训练、科学研究及创新能力培养。第三学期期末根据学生的课程学习情况、实验能力与水平由导师考核。

**五、科学研究与学位论文**

1. 学位论文选题和开题报告

论文选题应基于国内外本学科领域的发展动态和前沿研究。涉及基础和应用基础的研究内容，应具有一定的创新性或重点解决关键性的技术问题，涉及工程应用的研究内容，应具有明确的工程实用价值和技术上的先进性。应于第三学期第15周前完成开题报告。

2. 中期检查

中期检查由学院负责，对课程学习、文献综述、开题报告及学位论文工作的研究进展情况等进行检查。应于第四学期第8周前完成。

3. 发表论文

符合学校学位委员会相关规定。

4. 学位论文

硕士学位论文应当表明作者具有从事科学研究工作或独立担负专门技术工作的能力，反映出作者在科学研究或专门技术上的新见解。

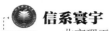
——北京理工大学信息与电子学院学科（专业）发展史（下）

## 电路与系统
### （080902）
（一级学科：电子科学与技术）

电路与系统学科研究电路与系统的理论、分析、测试、设计和物理实现，它是信息与通信工程和电子科学与技术两个学科之间的桥梁，它又是信号与信息处理、通信、控制、计算机乃至电力、电子等诸方面研究和发展的理论与技术基础。由于电路与系统学科的基础性支持，才可能有效地利用现代的电子科学技术和最新的器件实现复杂的、高性能的各种信息和通信网络与系统。

近几十年来因为信息与系统产业的高速发展以及微电子器件集成规模的迅速增大，电子电路与系统走向数字化、集成化、多维化。电路与系统的经典理论向现代化理论过渡，而且与信息和通信工程、计算机学科与技术、生物电子学等学科交叠，相互渗透，形成一系列的边缘、交叉学科。本学科注重应用基础性研究。

本学科的主要研究方向有：
1. 通信与网络
数字带宽调制解调、编译码理论、多维信息传输理论与技术、软件无线电技术。
2. 信号处理与仿真
语音图像信号处理、阵列信号处理、雷达与卫星信号模拟技术。
3. 电子学与集成电路设计
模数混合电路与系统、电路系统芯片化仿真与器件建模、Nano – CMOS 集成电路设计技术科学、器件封装技术科学、消费电子学。
4. 功率电子学与电力电子技术
电力电子装置、电器经济运行、电气网络控制、绿色电源技术科学。

### 一、培养目标

本专业培养德、智、体全面发展的电路与系统领域的专门人才。本专业硕士学位获得者应在电路与系统学科上掌握坚实的基础理论与系统的专门知识，深入了解本学科的发展状况和发展趋势，具有从事科学研究和独立担负专门技术工作的能力，能够胜任电路与系统的教学、科研、系统与软件开发等工作。

### 二、学制

硕士研究生基本学制为 2.5 年，最长学习年限为 3 年。原则上硕士研究生应在一学年内完成课程学习。

## 三、课程设置

课程设置如表 8.6 所示。

表 8.6 课程设置

| 类别 | 课程编码 | 课程名称 | 学时 | 学分 | 学期 | 考核方式 | 备注 |
|---|---|---|---|---|---|---|---|
| 公共必修课 | 21-000001-101-22 | 科学技术哲学 | 54 | 2 | 1、2 | 考试 | 必选 |
| | 21-000001-102-22 | 科学社会主义理论与实践 | 36 | 1 | 1、2 | 考试 | |
| | 21-000002-10*-24 | 第一外国语（外语Ⅰ） | 54+54 | 3 | 1、2 | 考试 | |
| 学科基础理论课 | 21-000003-102-17 | 矩阵分析 | 36 | 2 | 1、2 | 考试 | 任选一门 |
| | 21-000003-111-17 | 应用泛函分析 | 54 | 3 | 1、2 | 考试 | |
| 专业基础课 | 21-080902-101-05 | 现代电路与网络理论 | 54 | 3 | 1 | 考试 | 必选 |
| 专业课 | 21-080902-102-05 | 现代电子测量技术 | 54 | 3 | 2 | 考试 | 必选 |
| | 21-080902-103-05 | FPGA 与 SOPC 设计基础 | 54 | 3 | 2 | 考试 | |
| | 21-080903-103-05 | 混合信号集成电路 | 54 | 3 | 1 | 考试 | |
| | 21-080904-105-05 | 微波电路设计理论与技术 | 54 | 3 | 2 | 考试 | |
| 选修课 | 20-080902-101-05 | 空间信号处理理论 | 36 | 2 | 2 | 考试 | 任选 |
| | 20-080902-102-05 | 通信系统建模与仿真 | 36 | 2 | 2 | 考试 | |
| | 20-080902-103-05 | ARM 嵌入式系统原理与设计 | 36 | 2 | 2 | 考试 | |
| | 20-080902-104-05 | PLC 系统设计与应用 | 36 | 2 | 2 | 考试 | |

### 四、必修环节

1. 专业外语（1 学分）

使研究生了解、熟悉外语论文的写作及如何在国际会议上发表论文和进行学术报告。由指导教师负责指导研究生选读和笔译相关专业外文文献，第三学期期末学院组织考试。

2. 文献综述报告（1 学分）

本学科硕士学位研究生的文献阅读要结合课题研究方向和具体的研究领域进

行，参考文献应在 20 篇以上，文献综述报告要反映国际和国内在本领域的研究历史、现状和发展趋势。文献综述报告应不少于 4 000 字。硕士研究生最迟应于第三学期第 15 周前完成文献综述。

3. 学术活动（1 学分）

学生在学期间应参加 6 次以上学术活动，其中本人进行正规性的学术报告或学位论文阶段性报告 1 次以上。每次参加学术活动要有 500 字左右的总结报告，注明参加学术活动的时间、地点、报告人、学术报告题目，简述内容并阐明自己对相关问题的学术观点或看法。

4. 科学研究训练与创新能力培养（2 学分）

由指导教师负责讲授或指导与硕士生学习与学位论文相关的课程，进行实验技能训练、科学研究及创新能力培养。第三学期期末根据学生的课程学习情况、实验能力与水平由导师考核。

**五、科学研究与学位论文**

1. 学位论文选题和开题报告

论文选题应根据当前国内外在本学科方向科学技术的发展水平和趋势进行。选题涉及基础理论或应用基础的研究内容，应具有一定的新见解，一般应有相应的实验数据支持；选题涉及工程与技术应用的研究内容，应具有工程实用价值或在技术上具有先进性，至少要经过初步的实践检验。硕士研究生最迟应于第三学期第 15 周前完成开题报告。

2. 中期检查

中期检查由学院负责，对课程学习、文献综述、开题报告及学位论文工作的研究进展情况等进行检查。应于第四学期第 8 周前完成。

3. 发表论文

提交符合学术期刊要求的论文，满足校学位评定委员会的有关要求。

4. 学位论文

硕士学位论文应当表明作者在本学科具有坚实的基础理论和有关学术领域系统的专门知识，具有从事科学研究工作或独立担负专门技术工作的能力，并在科学研究或专门技术上有新见解或取得成果。

## 微电子学与固体电子学
### (080903)
（一级学科：电子科学与技术）

微电子学与固体电子学是电子科学与技术一级学科下属的二级学科，本学科 1985 年获得硕士学位审批权，2003 年被获准为博士学位授予点。

以半导体集成电路为主要标志的微电子技术，因其应用的普遍性，已经成为电子科学技术与信息科学技术乃至整个科学技术体系发展不可或缺的重要技术基础之一。同时，微电子技术的飞速发展也已成为带动计算机、通信及网络等信息技术快速发展的最主要的因素之一。

建立在固体物理理论基础之上的微电子技术，在经历了从分立器件到集成电路的发展过程后，现已进入超大规模集成电路和系统集成时代。微电子技术已经成为整个信息时代的标志和基础，是一门涉及固体物理、电子器件、电子线路以及计算机科学的综合性学科。

本学科的主要研究方向有：

1. 电子系统与 ASIC 设计

研究各种数字与模拟系统专用集成电路的设计方法与其芯片开发应用，包括设计原理与方法、敏感器件及其信号处理电路系统的集成化技术、专用集成电路的计算机辅助设计与辅助测试技术等的研究。

2. 微波集成技术

硅基微波（毫米波）集成电路的设计与工艺实现的研究，硅基光集成回路的设计与工艺实现的研究，微波器件与微波集成电路光控特性的研究，微波－光波相互作用机理的研究、开发及应用。

3. 新型固体材料与器件

基于微电子学基础，结合化学、物理、材料等学科，研制新型热、电、光、磁效应材料、纳米材料，设计耐高温且抗辐射的新型器件，研究器件机理，进行仿真优化、工艺实现、可靠性及性能研究和测试等。

4. 微电子机械系统与传感器

半导体传感器件的研究，包括光、电、热、磁、声、力等多种智能传感器的工作原理、结构设计、制备工艺、性能测试方法的研究，微机电系统的系统设计、仿真技术和制备工艺等。

一、培养目标

本专业培养德、智、体全面发展的微电子学与固体电子学领域的专门人才。本专业硕士学位获得者应在微电子学与固体电子学学科上掌握坚实的基础理论与系统的专门知识，深入了解本学科的发展状况和发展趋势，具有从事科学研究和独立担负专门技术工作的能力，能够胜任微电子学与固体电子学的教学、科研、系统与软件开发等工作。

二、学制

硕士研究生基本学制为 2.5 年，最长学习年限为 3 年。原则上硕士研究生应在一学年内完成课程学习。

## 三、课程设置

课程设置如表8.7所示。

表8.7 课程设置

| 类别 | 课程编码 | 课程名称 | 学时 | 学分 | 学期 | 考核方式 | 备注 |
|---|---|---|---|---|---|---|---|
| 公共必修课 | 21-000001-101-22 | 科学技术哲学 | 54 | 2 | 1、2 | 考试 | 必选 |
| | 21-000001-102-22 | 科学社会主义理论与实践 | 36 | 1 | 1、2 | 考试 | |
| | 21-000002-10*-24 | 第一外国语（外语Ⅰ） | 54+54 | 3 | 1、2 | 考试 | |
| 学科基础理论课 | 21-000003-101-17 | 数值分析 | 36 | 2 | 1、2 | 考试 | 任选一门 |
| | 21-000003-102-17 | 矩阵分析 | 36 | 2 | 1、2 | 考试 | |
| | 21-000003-109-17 | 最优化新方法 | 36 | 2 | 1、2 | 考试 | |
| 专业基础课 | 21-080903-101-05 | 半导体器件物理 | 54 | 3 | 1 | 考试 | 必选 |
| 专业课 | 21-080903-102-05 | VLSI设计方法学 | 54 | 3 | 1 | 考试 | 必选 |
| | 21-080903-103-05 | 混合信号集成电路 | 54 | 3 | 1 | 考试 | |
| | 21-080903-104-05 | 超大规模集成电路 | 54 | 3 | 2 | 考试 | |
| | 21-080903-105-05 | MEMS设计与制造 | 54 | 3 | 2 | 考试 | |
| 选修课 | 20-080903-101-05 | 集成电路版图技术 | 36 | 2 | 2 | 考试 | 任选 |
| | 20-080903-102-05 | CMOS射频集成电路分析与设计 | 36 | 2 | 2 | 考试 | |
| | 20-080903-103-05 | 深亚微米数字集成电路设计 | 36 | 2 | 2 | 考试 | |
| | 20-080903-104-05 | 集成电路可靠性 | 36 | 2 | 2 | 考试 | |
| | 20-080903-105-05 | 专用集成电路设计 | 36 | 2 | 2 | 考试 | |
| | 20-080903-106-05 | 高性能模拟集成电路设计 | 36 | 2 | 2 | 考试 | |
| | 20-080903-107-05 | VLSI可测试设计 | 36 | 2 | 1 | 考试 | |
| | 20-080903-108-05 | 低功耗集成电路设计 | 36 | 2 | 2 | 考试 | |
| | 20-080903-109-05 | 数字信号处理系统设计 | 36 | 2 | 2 | 考试 | |

### 四、必修环节

1. 专业外语（1学分）

使研究生了解、熟悉外语论文的写作及如何在国际会议上发表论文和进行学术报告。由指导教师负责指导研究生选读和笔译相关专业外文文献，第三学期期末学院组织考试。

2. 文献综述报告（1学分）

本学科硕士学位研究生的文献阅读要结合课题研究方向和具体的研究领域进行，参考文献应在20篇以上，文献综述报告要反映国际和国内在本领域的研究历史、现状和发展趋势。文献综述报告应不少于4 000字。硕士研究生最迟应于第三学期第15周前完成文献综述。

3. 学术活动（1学分）

学生在学期间应参加6次以上学术活动，其中本人进行正规性的学术报告或学位论文阶段性报告1次以上。每次参加学术活动要有500字左右的总结报告，注明参加学术活动的时间、地点、报告人、学术报告题目，简述内容并阐明自己对相关问题的学术观点或看法。

4. 科学研究训练与创新能力培养（2学分）

由指导教师负责讲授或指导与硕士生学习与学位论文相关的课程，进行实验技能训练、科学研究及创新能力培养。第三学期期末根据学生的课程学习情况、实验能力与水平由导师考核。

### 五、科学研究与学位论文

1. 学位论文选题和开题报告

论文选题应根据当前国内外在本学科方向科学技术的发展水平和趋势进行。选题涉及基础理论或应用基础的研究内容，应具有一定的新见解，一般应有相应的实验数据支持；选题涉及工程与技术应用的研究内容，应具有工程实用价值或在技术上具有先进性，至少要经过初步的实践检验。硕士研究生最迟应于第三学期第15周前完成开题报告。

2. 中期检查

中期检查由学院负责，对课程学习、文献综述、开题报告及学位论文工作的研究进展情况等进行检查。应于第四学期第8周前完成。

3. 发表论文

提交符合学术期刊要求的论文，满足校学位评定委员会的有关要求。

4. 学位论文

硕士学位论文应当表明作者在本学科具有坚实的基础理论和有关学术领域系统的专门知识，具有从事科学研究工作或独立担负专门技术工作的能力，并在科

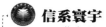

学研究或专门技术上有新见解或取得成果。

## 电磁场与微波技术
### （080904）
（一级学科：电子科学与技术）

本学科是电子科学与技术一级学科下属的二级学科，是1990年由国务院学位办批准的博士学位授予点，同时承担接收博士后研究人员的任务。2003年被批准为国防科工委委级重点学科，2008年被批准为北京市重点学科。本学科专业内容涉及电磁场理论、微波毫米波技术及其应用，主要领域包括电磁波的产生、传播、辐射、散射的理论和技术，微波和毫米波电路系统的理论、分析、仿真、设计及应用，以及环境电磁学、光电子学、电磁兼容等交叉学科内容。多年来在多种军事和国民经济应用的推动下，本学科在天线理论与技术、电磁散射与逆散射、电磁隐身技术、微波毫米波理论与技术、电磁兼容、计算电磁学与电磁仿真技术、微波毫米波系统工程与集成应用等方面的研究形成了鲜明的特色，取得了显著成果。

本学科的主要研究方向有：

1. 计算电磁学及其应用

设计、研究、开发高精度、高效率电磁计算算法；研究高效精确电磁计算算法在目标特性、微波成像及遥感、电磁环境预测、天线分析和设计等方面的应用。

2. 微波/毫米波电路设计理论与技术

研究有源元器件与电路模型、与微电子/微机械工艺相关的材料器件等模型的建立及参数提取；研究低相噪频率源技术，微波/毫米波单片集成电路设计，基于微机械（MEMS）的微波/毫米波开关、移相器和滤波器设计，亚毫米波理论与技术。

3. 电磁辐射与散射

研究天线设计理论与技术、电磁散射和逆散射算法、军事装备目标特性测试技术、隐身目标测试技术、目标散射中心三维成像技术、等离子体中波的传播特性；研究轻质、宽频、自适应智能隐身材料。

4. 微波/毫米波系统理论与集成应用技术

设计、研究、开发特殊环境下的微波/毫米波系统；研究微波/毫米波测试技术、综合孔径成像技术、太赫兹频段雷达技术。

### 一、培养目标

本专业培养德、智、体全面发展的电磁场与微波技术领域的专门人才。本专业硕士学位获得者应在电磁场与微波技术学科上掌握坚实的基础理论与系统的专门知识，深入了解本学科的发展状况和发展趋势，具有从事科学研究和独立担负专门技术工作的能力，能够胜任电磁场与微波技术的教学、科研、系统与软件开发等工作。

## 二、学制

硕士研究生基本学制为 2.5 年，最长学习年限为 3 年。原则上硕士研究生应在一学年内完成课程学习。

## 三、课程设置

课程设置如表 8.8 所示。

表 8.8　课程设置

| 类别 | 课程编码 | 课程名称 | 学时 | 学分 | 学期 | 考核方式 | 备注 |
|---|---|---|---|---|---|---|---|
| 公共必修课 | 21－000001－101－22 | 科学技术哲学 | 54 | 2 | 1、2 | 考试 | 必选 |
| | 21－000001－102－22 | 科学社会主义理论与实践 | 36 | 1 | 1、2 | 考试 | |
| | 21－000002－10＊－24 | 第一外国语（外语Ⅰ） | 54＋54 | 3 | 1、2 | 考试 | |
| 学科基础理论课 | 21－000003－101－17 | 数值分析 | 36 | 2 | 1、2 | 考试 | 任选一门 |
| | 21－000003－102－17 | 矩阵分析 | 36 | 2 | 1、2 | 考试 | |
| | 21－000003－104－17 | 数学物理方法 | 54 | 3 | 1 | 考试 | |
| | 21－000003－111－17 | 应用泛函分析 | 54 | 3 | 1、2 | 考试 | |
| 专业基础课 | 21－080904－101－05 | 高等电磁场理论 | 54 | 3 | 1 | 考试 | 必选 |
| 专业课 | 21－080904－102－05 | 电磁学中的数值方法 | 54 | 3 | 1 | 考试 | 必选 |
| | 21－080904－103－05 | 现代微波网络基础 | 54 | 3 | 1 | 考试 | |
| | 21－080904－104－05 | 现代天线理论与技术 | 54 | 3 | 2 | 考试 | |
| | 21－080904－105－05 | 微波电路设计理论与技术 | 54 | 3 | 2 | 考试 | |
| 选修课 | 20－080904－101－05 | 微波信号产生理论与技术 | 54 | 3 | 2 | 考试 | 任选 |
| | 20－080904－102－05 | 微波接收机理论与技术 | 36 | 2 | 2 | 考试 | |
| | 20－080904－103－05 | 电磁兼容原理与应用 | 36 | 2 | 2 | 考试 | |

续表

| 类别 | 课程编码 | 课程名称 | 学时 | 学分 | 学期 | 考核方式 | 备注 |
|---|---|---|---|---|---|---|---|
| 选修课 | 20-080904-104-05 | 阵列天线分析与综合 | 36 | 2 | 2 | 考试 | 任选 |
|  | 20-080904-105-05 | 微波通信技术 | 54 | 3 | 2 | 考试 |  |
|  | 20-080904-106-05 | 微波遥感与成像 | 36 | 2 | 2 | 考试 |  |
|  | 20-080904-107-05 | 现代无线导航定位技术 | 36 | 2 | 2 | 考试 |  |

**四、必修环节**

1. 专业外语（1学分）

使研究生了解、熟悉外语论文的写作及如何在国际会议上发表论文和进行学术报告。由指导教师负责指导研究生选读和笔译相关专业外文文献，第三学期期末学院组织考试。

2. 文献综述报告（1学分）

本学科硕士学位研究生的文献阅读要结合课题研究方向和具体的研究领域进行，参考文献应在20篇以上，文献综述报告要反映国际和国内在本领域的研究历史、现状和发展趋势。文献综述报告应不少于4 000字。硕士研究生最迟应于第三学期第15周前完成文献综述。

3. 学术活动（1学分）

学生在学期间应参加6次以上学术活动，其中本人进行正规性的学术报告或学位论文阶段性报告1次以上。每次参加学术活动要有500字左右的总结报告，注明参加学术活动的时间、地点、报告人、学术报告题目，简述内容并阐明自己对相关问题的学术观点或看法。

4. 科学研究训练与创新能力培养（2学分）

由指导教师负责讲授或指导与硕士生学习与学位论文相关的课程，进行实验技能训练、科学研究及创新能力培养。第三学期期末根据学生的课程学习情况、实验能力与水平由导师考核。

**五、科学研究与学位论文**

1. 学位论文选题和开题报告

论文选题应根据当前国内外在本学科方向科学技术的发展水平和趋势进行。选题涉及基础理论或应用基础的研究内容，应具有一定的新见解，一般应有相应的实验数据支持；选题涉及工程与技术应用的研究内容，应具有工程实用价值或在技术上具有先进性,至少要经过初步的实践检验。硕士研究生最迟应于第三学期第 15 周前完成开题报告。

2. 中期检查

中期检查由学院负责,对课程学习、文献综述、开题报告及学位论文工作的研究进展情况等进行检查。应于第四学期第 8 周前完成。

3. 发表论文

提交符合学术期刊要求的论文,满足校学位评定委员会的有关要求。

4. 学位论文

硕士学位论文应当表明作者在本学科具有坚实的基础理论和有关学术领域系统的专门知识,具有从事科学研究工作或独立担负专门技术工作的能力,并在科学研究或专门技术上有新见解或取得成果。

## 生命信息工程
### (080920)
### (一级学科:电子科学与技术)

生命信息工程是以生命信息学为基础,运用现代信息技术、生物技术和医学手段,研究生命现象与生命过程中信息的获取、传输、处理与利用的一门工程技术学科。本学科是 2005 年 12 月在电子科学与技术一级学科下自主设置的二级学科,具有博士学位和硕士学位授予权。它是以我校信息与电子学院为主,我校光电学院、生命科学与技术学院和解放军总医院参与,利用四方在信息学科、生命科学以及医学等学科上的综合优势,并对通信与信息系统、物理电子学、电磁场与微波技术、生物医学工程等学科相关研究方向进行整合的基础上,通过学科的交叉融合发展建立起来的一门新兴的交叉学科。本学科的优势特色是集信息科学、生命科学与医学于一体,以生物医学信息的获取、传输、处理与利用为研究重点,发展面向医学临床诊断与治疗的数字医疗核心技术与装备,造福于社会。

本学科的主要研究方向有:

1. 信号与图像处理及应用

多传感器阵列信号处理,自适应信号处理,生物医学信号处理,医学图像处理与分析,视频图像处理,盲信号与图像处理,图像检测、跟踪与识别,二维条码图像处理与识别,实时数字信号处理技术,生物特征识别技术等。

2. 嵌入式系统开发及应用

嵌入式系统设计、嵌入式操作系统移植与接口驱动程序开发、嵌入式应用软件开发、嵌入式系统与技术在数字医疗领域的应用等。

3. 数字医疗技术与装备

生物系统的建模与仿真，生物医学信息提取，永磁型开放式高场强核磁共振影像技术与系统，脑电信号处理，数字医疗仪器，生物医学数据的存储、传输、查询、处理，数字医疗信息系统，磁导航系统与技术，生命体征检测技术等。

4. 生物光电子学

生物自发发光，生物受激发光，组织光学特征，视觉生理学，生物医学光谱检测技术，医学中的光学成像技术及其图像处理，光生物学效应，生物医学特征的光学识别，无损或微创光医学诊断和治疗，激光诊断与治疗技术等。

一、培养目标

本专业培养德、智、体全面发展的生命信息工程领域的专门人才。本专业硕士学位获得者应在生命信息工程学科上掌握坚实的基础理论与系统的专门知识，深入了解本学科的发展状况和发展趋势，具有从事科学研究和独立担负专门技术工作的能力，能够胜任本学科及相关领域的教学、科研、系统与软件开发等工作。

二、学制

硕士研究生基本学制为 2.5 年，最长学习年限为 3 年。原则上硕士研究生应在一学年内完成课程学习。

三、课程设置

课程设置如表 8.9 所示。

表 8.9　课程设置

| 类别 | 课程编码 | 课程名称 | 学时 | 学分 | 学期 | 考核方式 | 备注 |
|---|---|---|---|---|---|---|---|
| 公共必修课 | 21－000001－101－22 | 科学技术哲学 | 54 | 2 | 1、2 | 考试 | 必选 |
| | 21－000001－102－22 | 科学社会主义理论与实践 | 36 | 1 | 1、2 | 考试 | |
| | 21－000002－10＊－24 | 第一外国语（外语Ⅰ） | 54＋54 | 3 | 1、2 | 考试 | |
| 学科基础理论课 | 21－000003－102－17 | 矩阵分析 | 36 | 2 | 1、2 | 考试 | 任选一门 |
| | 21－000003－105－17 | 随机过程 | 36 | 2 | 1 | 考试 | |
| | 21－000003－109－17 | 最优化新方法 | 36 | 2 | 1、2 | 考试 | |
| | 21－000003－111－17 | 应用泛函分析 | 54 | 3 | 1、2 | 考试 | |
| 专业基础课 | 21－080920－101－05 | 统计信号处理 | 54 | 3 | 1 | 考试 | 必选 |

续表

| 类别 | 课程编码 | 课程名称 | 学时 | 学分 | 学期 | 考核方式 | 备注 |
|---|---|---|---|---|---|---|---|
| 专业课 | 21-080920-102-05 | 多传感器阵列信号处理 | 54 | 3 | 1 | 考试 | 必选 |
| | 21-080920-103-05 | 医学图像处理与分析 | 54 | 3 | 1 | 考试 | |
| | 21-080920-104-05 | 嵌入式系统与应用 | 54 | 3 | 1 | 考试 | |
| | 21-080920-105-05 | 生物医学信号处理 | 54 | 3 | 1 | 考试 | |
| 选修课 | 20-080920-101-05 | 现代谱估计理论 | 54 | 3 | 2 | 考试 | 任选 |
| | 20-080920-102-05 | 无线传感器网络技术 | 54 | 3 | 2 | 考试 | |
| | 20-080920-103-05 | 自适应信号处理与应用 | 54 | 3 | 2 | 考试 | |
| | 20-080920-104-05 | 数据挖掘理论与技术 | 54 | 3 | 2 | 考试 | |
| | 20-080920-105-05 | 生物信息学导论 | 54 | 3 | 2 | 考试 | |
| | 20-080920-106-05 | 医学影像物理学 | 54 | 3 | 2 | 考试 | |
| | 20-080920-107-16 | 生命科学与光电子技术 | 54 | 3 | 2 | 考试 | |
| | 20-080920-108-04 | 激光医学导论 | 54 | 3 | 2 | 考试 | |
| | 20-080920-109-04 | 生物医学光电子学 | 54 | 3 | 2 | 考试 | |

**四、必修环节**

1. 专业外语（1学分）

使研究生了解、熟悉外语论文的写作及如何在国际会议上发表论文和进行学术报告。由指导教师负责指导研究生选读和笔译相关专业外文文献，第三学期期末学院组织考试。

2. 文献综述报告（1学分）

学科硕士学位研究生的文献阅读要结合课题研究方向和具体的研究领域进行，参考文献应在20篇以上，文献综述报告要反映国际和国内在本领域的研究历史、现状和发展趋势。文献综述报告应不少于4 000字。硕士研究生最迟应于第三学期第15周前完成文献综述。

### 3. 学术活动（1学分）

学生在学期间应参加6次以上学术活动，其中本人进行正规性的学术报告或学位论文阶段性报告1次以上。每次参加学术活动要有500字左右的总结报告，注明参加学术活动的时间、地点、报告人、学术报告题目，简述内容并阐明自己对相关问题的学术观点或看法。

### 4. 科学研究训练与创新能力培养（2学分）

由指导教师负责讲授或指导与硕士生学习与学位论文相关的课程，进行实验技能训练、科学研究及创新能力培养。第三学期期末根据学生的课程学习情况、实验能力与水平由导师考核。

## 五、科学研究与学位论文

### 1. 学位论文选题和开题报告

论文选题应根据当前国内外在本学科方向科学技术的发展水平和趋势进行。选题涉及基础理论或应用基础的研究内容，应具有一定的新见解，一般应有相应的实验数据支持；选题涉及工程与技术应用的研究内容，应具有工程实用价值或在技术上具有先进性，至少要经过初步的实践检验。硕士研究生最迟应于第三学期第15周前完成开题报告。

### 2. 中期检查

中期检查由学院负责，对课程学习、文献综述、开题报告及学位论文工作的研究进展情况等进行检查。应于第四学期第8周前完成。

### 3. 发表论文

提交符合学术期刊要求的论文，满足校学位评定委员会的有关要求。

### 4. 学位论文

硕士学位论文应当表明作者在本学科具有坚实的基础理论和有关学术领域系统的专门知识，具有从事科学研究工作或独立担负专门技术工作的能力，并在科学研究或专门技术上有新见解或取得成果。

## 信息与通信工程
## （081000）

### （一级学科：信息与通信工程）

信息与通信工程一级学科包含4个二级学科：通信与信息系统、信号与信息处理、信息安全与对抗、目标探测与识别。

本一级学科于1956年开始招收两年制研究生，1978年恢复招收硕士研究生。其中"通信与信息系统"和"信号与信息处理"学科分别于1984年和1991年被批准建立博士点,并于 1987 年和 1994 年分别被评为国家级重点学科和部级重点学科;1988 年建立了博士后流动站;1989 年建立信号采集与处理国家专业实验室;1998 年 5 月获一级学科博士学位授权。2003 年春批准自行增设两个二级学科:信息安全与对抗、目标探测与识别。本学科是我校"211"工程和"985"工程重点建设学科。

本一级学科从事各类电子信息与通信系统的原理、体制与处理方法研究,包括信息获取、传输、处理、存储、变换、识别、对抗等。

本学科的主要研究方向有:

1. 通信系统理论与技术

主要研究军用和民用通信系统理论及其关键技术,包括宽带无线通信、抗干扰通信、卫星通信、通信信号处理、通信网络理论与技术、软件无线电技术等。

2. 移动通信理论与技术

主要从事未来移动通信的关键技术(包括信源编码、信道编码、高效调制解调、自适应传输技术和技术体制等)、新型军用移动通信系统的网络结构、传输技术等方面的研究工作。

3. 信号与图像处理

主要研究信号与图像处理在通信、雷达、卫星导航等领域的应用,包括非平稳、非线性系统处理,时空二维信号处理,阵列信号处理,自适应信号处理,制导信号处理,实时图像处理,遥感图像处理,成像理论与技术,实时数字信号处理技术等。

4. 信息处理理论与技术

主要包括信息获取技术,信源编码理论与数据压缩技术,语音、视觉、听觉信息处理,多媒体信息处理,高速并行信息处理系统设计与软件编程,人工神经网络与智能信息处理,信息处理系统在单片集成等领域的研究。

5. 信息安全与对抗理论与技术

主要从事复杂信息系统理论、信息与信息系统体系结构及安全、信息科学技术与安全对抗、雷达对抗、通信对抗、网络安全与对抗等方面的研究工作。

6. 目标探测与识别理论与技术

主要研究利用电、红外或可见光等多种传感器获取目标信息、检测与识别目标的新理论和新技术,包括:雷达与多谱段图像系统等信息系统新体制、新方法,各种时空环境下信息获取与处理,雷达对抗,干扰与反干扰,多传感器数据融合、智能信息处理与目标识别等领域的研究。

## 一、培养目标

本专业培养热爱祖国，有社会主义觉悟和较高道德修养，德、智、体全面发展的信息与通信工程领域的专门人才。本专业硕士学位获得者应掌握坚实的通信科学、信息科学方面的基础理论，系统的信息与通信工程领域的专门知识，具有从事科学研究工作和独立担负专门技术工作的能力。

## 二、学制

硕士研究生基本学制为2.5年，最长学习年限为3年。原则上硕士研究生应在一学年内完成课程学习。

## 三、课程设置

课程设置如表8.10所示。

表8.10　课程设置

| 类别 | 课程编码 | 课程名称 | 学时 | 学分 | 学期 | 考核方式 | 备注 |
|---|---|---|---|---|---|---|---|
| 公共必修课 | 21-000001-101-22 | 科学技术哲学 | 54 | 2 | 1、2 | 考试 | 必选 |
| | 21-000001-102-22 | 科学社会主义理论与实践 | 36 | 1 | 1、2 | 考试 | |
| | 21-000002-10*-24 | 第一外国语（外语Ⅰ） | 54+54 | 3 | 1、2 | 考试 | |
| 学科基础理论课 | 21-000003-102-17 | 矩阵分析 | 36 | 2 | 1、2 | 考试 | 任选一门 |
| | 21-000003-105-17 | 随机过程 | 36 | 2 | 1 | 考试 | |
| | 21-000003-111-17 | 应用泛函分析 | 54 | 3 | 1、2 | 考试 | |
| 专业基础课 | 21-081000-101-05 | 信息论 | 54 | 3 | 1 | 考试 | 任选一门 |
| | 21-081000-110-05 | 统计信号处理 | 54 | 3 | 1 | 考试 | |
| 专业课 | 21-081000-102-05 | 通信网络基础 | 54 | 3 | 1 | 考试 | 必选 |
| | 21-081000-103-05 | 近代信号处理 | 54 | 3 | 1 | 考试 | |
| | 21-081000-104-05 | 现代电子测量 | 54 | 3 | 1 | 考试 | |
| | 21-081000-105-05 | 数字图像处理与模式识别 | 54 | 3 | 1 | 考试 | |
| | 21-081000-106-05 | 雷达系统导论 | 54 | 3 | 1 | 考试 | |

续表

| 类别 | 课程编码 | 课程名称 | 学时 | 学分 | 学期 | 考核方式 | 备注 |
|---|---|---|---|---|---|---|---|
| 专业课 | 21－081000－107－05 | 信息系统及其安全对抗 | 54 | 3 | 1 | 考试 | 必选 |
| | 21－081000－108－05 | 高等数字通信 | 54 | 3 | 1 | 考试 | |
| | 21－081000－109－05 | 现代控制理论基础 | 54 | 3 | 1 | 考试 | |
| 选修课 | 20－081000－101－05 | 多抽样率信号处理 | 36 | 2 | 1 | 考试 | 任选 |
| | 20－081000－102－05 | 信号时频分析及应用 | 36 | 2 | 2 | 考试 | |
| | 20－081000－103－05 | 现代计算机结构及其应用 | 54 | 3 | 2 | 考试 | |
| | 20－081000－104－05 | 移动通信 | 36 | 2 | 2 | 考试 | |
| | 20－081000－105－05 | 卫星通信 | 36 | 2 | 2 | 考试 | |
| | 20－081000－106－05 | 扩频通信 | 36 | 2 | 2 | 考试 | |
| | 20－081000－107－05 | 语音信号数字处理 | 36 | 2 | 2 | 考试 | |
| | 20－081000－108－05 | 基于FPGA的数字信号处理技术 | 54 | 3 | 2 | 考试 | |
| | 20－081000－109－05 | 数据融合原理 | 36 | 2 | 2 | 考查 | |
| | 20－081000－110－05 | 通信协议设计基础 | 36 | 2 | 2 | 考试 | |
| | 20－081000－111－05 | 数字视频技术 | 36 | 2 | 2 | 考试 | |
| | 20－081000－112－05 | 高速实时信号处理器结构与系统 | 54 | 3 | 2 | 考试 | |
| | 20－081000－114－05 | 高性能DSP系统软件技术 | 36 | 2 | 2 | 考试 | |
| | 20－081000－116－05 | 信息安全对抗系统工程与实践 | 36 | 2 | 2 | 考试 | |
| | 20－081000－118－05 | 无线网络通信原理 | 36 | 2 | 2 | 考试 | |
| | 20－081000－120－05 | 电子对抗原理 | 54 | 3 | 1 | 考试 | |
| | 20－081000－122－05 | 网络安全与对抗 | 36 | 2 | 1 | 考试 | |
| | 20－081000－124－05 | 信道编码 | 36 | 2 | 2 | 考试 | |
| | 20－081000－125－05 | 卫星导航定位理论与方法 | 54 | 3 | 2 | 考查 | |

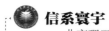

**四、必修环节**

1. 专业外语（1学分）

使研究生了解、熟悉外语论文的写作及如何在国际会议上发表论文和进行学术报告。由指导教师负责指导研究生选读和笔译相关专业外文文献，第三学期期末学院组织考试。

2. 文献综述报告（1学分）

本学科硕士学位研究生的文献阅读要结合课题研究方向和具体的研究领域进行，参考文献应在20篇以上，文献综述报告要反映国际和国内在本领域的研究历史、现状和发展趋势。文献综述报告应不少于4 000字。硕士研究生最迟应于第三学期第15周前完成文献综述。

3. 学术活动（1学分）

学生在学期间应参加6次以上学术活动，其中本人进行正规性的学术报告或学位论文阶段性报告1次以上。每次参加学术活动要有500字左右的总结报告，注明参加学术活动的时间、地点、报告人、学术报告题目，简述内容并阐明自己对相关问题的学术观点或看法。

4. 科学研究训练与创新能力培养（2学分）

由指导教师负责讲授或指导与硕士生学习与学位论文相关的课程，进行实验技能训练、科学研究及创新能力培养。第三学期期末根据学生的课程学习情况、实验能力与水平由导师考核。

**五、科学研究与学位论文**

1. 学位论文选题和开题报告

论文选题应根据当前国内外在本学科方向科学技术的发展水平和趋势进行。选题涉及基础理论或应用基础的研究内容，应具有一定的新见解，一般应有相应的实验数据支持；选题涉及工程与技术应用的研究内容，应具有工程实用价值或在技术上具有先进性，至少要经过初步的实践检验。硕士研究生最迟应于第三学期第15周前完成开题报告。

2. 中期检查

中期检查由学院负责，对课程学习、文献综述、开题报告及学位论文工作的研究进展情况等进行检查。应于第四学期第8周前完成。

3. 发表论文

提交符合学术期刊要求的论文，满足校学位评定委员会的有关要求。

4. 学位论文

硕士学位论文应当表明作者在本学科具有坚实的基础理论和有关学术领域系

统的专门知识,具有从事科学研究工作或独立担负专门技术工作的能力,并在科学研究或专门技术上有新见解或取得成果。

## 电子科学与技术
### (080900)

(一级学科:电子科学与技术)

电子科学与技术一级学科包含5个二级学科:物理电子学、电路与系统、微电子学与固体电子学、电磁场与微波技术、生命信息工程。

本一级学科2003年获得一级学科博士学位授予权,其中物理电子学为国家重点学科,电磁场与微波技术为北京市重点学科,建有国家级实验教学示范中心(电工电子)、信号采集与处理国家专业实验室(共建)、信息光学基础教育部开放实验室(共建)和多元信息系统国防科工委重点学科实验室(共建)。

本学科的主要研究方向有:

1. 新型光电子器件技术与系统

(1) 新型激光器技术与应用:以光电子技术在信息科学、材料科学和国防科研中的应用为背景,开展新型激光器技术及相关技术的研究。主要包括新型气体激光器技术、固体激光器技术、光纤激光器技术、高次谐波激光器技术和极端紫外激光器技术等方面的研究,以及相关激光技术和参数测试技术研究等。

(2) 自适应光学与空间光学仪器:主要研究自适应光学理论、波前检测和波面校正等自适应光学技术,自适应光学在空间光学遥感器上的应用研究,微小型自适应光学系统理论、方法与技术研究,高分辨率空间遥感器的光学理论与方法,精密光电测试技术与仪器等。

(3) 光电子信息技术与系统:以信息获取、传输、处理与对抗等光电子信息技术与系统在国防、工业、通信、交通、能源、农业和环保等领域的应用为背景,主要开展光学精确制导、光学雷达、新型惯性光电器件技术、新型光纤及光电传感器件技术、高速光信号处理及其器件技术、空间高分辨率红外场景生成技术和微波(毫米波)/红外复合目标源技术等方面的研究。

(4) 多电子高激发态结构和光谱研究:主要研究原子的电子结构和光谱、激光光谱、Auger电子谱和多电子高激发态等问题,探求原子与分子态的能级结构和多电子高激发态光谱规律,为光学材料的研制提供依据。

2. 计算电磁学及其应用

(1) 电磁场数值计算方法:研究矩量法、时域有限差分法、有限元法和集成各种数值计算方法优点的混合算法与并行算法,以及电磁场数值计算方法的工程应用技术。

(2) 天线理论与技术:研究天线理论与技术、电磁散射、分层媒质中电波传播、宽带微带天线等。

(3) 电磁兼容分析与预测技术:研究大型复杂移动电子信息平台顶层 EMC 分析与预测技术、在密集空间中多频段/多组天线布阵的仿真技术、多层非均匀媒质中电磁场分布的数值计算技术。

3. 微波、毫米波电路与系统

(1) 微波/毫米波系统工程:重点研究星载毫米波辐射相机,毫米波导引头,宽带、高可靠微波/毫米波通信数据链路和亚毫米波与太赫兹技术。

(2) 微波固态源:研究毫米波、亚毫米波固态源和低相位噪声放大器设计技术。

(3) 隐身技术研究:研究雷达目标特性和轻质、宽频、自适应智能隐身材料。

4. 微电子电路与系统

(1) 电子系统与专用集成电路设计:研究各种数字与模拟系统专用集成电路芯片的设计方法及芯片的应用技术。

(2) 射频集成技术:硅基微波(毫米波)集成电路的设计与工艺实现,硅基光集成电路的设计与工艺实现,微波器件与微波集成电路光控特性。

(3) 微电子机械系统与传感器:光、电、热、磁、力、声等多种智能传感器、微机电系统的系统设计、仿真技术和制造技术,SOC 的理论及设计方法。

(4) 集成电路与电子系统的可靠性理论、可靠性设计及实现方法研究。

5. 电子信息电路与系统

(1) 信息处理与传输:信号采集与处理、网络数据融合、现代通信传输理论与技术研究。

(2) 应用电子电路与系统:智能与虚拟仪器技术、综合传感器检测技术、嵌入式技术、电路系统集成技术的应用性研究。

(3) 功率电子学:功率控制与驱动技术、电力伺服传动技术、现代电源理论与应用技术研究。

6. 生命信息工程与技术:

(1) 信号与图像处理及应用:多传感器阵列信号处理、生物医学信号处理、医学影像处理与分析、二维条码图像处理与识别、实时数字信号处理技术。

(2) 嵌入式系统开发及应用:嵌入式系统设计、嵌入式操作系统移植与接口驱动程序开发、嵌入式应用软件开发、嵌入式系统与技术在数字医疗领域的应用等。

（3）数字医疗技术与装备：生物医学信息提取，数字医疗仪器，生物医学数据的存储、传输、查询、处理，无线监护系统与技术，数字医疗信息系统等。

（4）生物光电子学：生物医学光谱检测技术、医学中的光学成像技术及其图像处理、光生物学效应、无损或微创光医学诊断和治疗、激光诊断与治疗技术等。

（5）生物医学检测技术：重大疾病的病因学及临床检测指标与检测技术、基于人类蛋白质组学研究的临床检测新技术、生物快检技术等。

## 一、培养目标

本专业培养的人才要热爱祖国，有社会主义觉悟和较高道德修养，在电子科学与技术学科上掌握坚实宽广的基础理论和系统深入的专门知识，深入了解本学科的发展状况和发展趋势，具有独立从事科学研究和创新能力，并在科学或专门技术上做出创造性的成果，能够胜任本学科领域的教学、科研和管理等工作。

## 二、学制

硕士起点博士研究生学制4年，最长学习年限不超过6年。本科毕业起点博士研究生（含本科毕业直接攻博和硕博连读）学制5.5年，最长学习年限不超过7年。原则上博士研究生应在一学年内完成课程学习。

## 三、课程设置

1. 硕士起点博士生课程设置如表8.11所示。

表8.11 硕士起点博士生课程设置

| 类别 | 课程编码 | 课程名称 | 学时 | 学分 | 学期 | 考核方式 | 备注 |
|---|---|---|---|---|---|---|---|
| 公共必修课 | 11-000001-101-22 | 科学技术与社会 | 54 | 2 | 1 | 考试 | 必选 |
|  | 11-000002-101-24 | 外语ⅡA 口语与写作 | 27 | 1 | 1、2 | 考试 |  |
|  | 11-000002-102-24 | 外语ⅡB 综合英语 | 27 | 1 | 1、2 | 考试 |  |
| 学科基础理论课 | 11-000003-102-17 | 科学与工程计算 | 54 | 3 | 1 | 考试 | 任选一门 |
|  | 11-000003-103-17 | 近代数学基础Ⅰ | 54 | 3 | 1 | 考试 |  |
|  | 11-000003-104-17 | 近代数学基础Ⅱ | 54 | 3 | 1 | 考试 |  |
| 专业基础课 | 11-080900-104-05 | 电子与光电子科学技术进展 | 54 | 3 | 1 | 考试 | 必选 |

续表

| 类别 | 课程编码 | 课程名称 | 学时 | 学分 | 学期 | 考核方式 | 备注 |
|---|---|---|---|---|---|---|---|
| 专业课 | 11-080900-101-04 | 现代激光医学 | 54 | 3 | 1 | 考试 | 任选3门 |
| | 11-080900-101-05 | 生命信息工程学 | 54 | 3 | 1 | 考试 | |
| | 11-080900-102-04 | 高等光电子学 | 54 | 3 | 1 | 考试 | |
| | 11-080900-102-05 | 矢量传感器信号处理 | 54 | 3 | 1 | 考试 | |
| | 11-080900-103-04 | 光电子信息探测技术与应用 | 54 | 3 | 2 | 考试 | |
| | 11-080900-103-05 | 现代医学影像物理学 | 54 | 3 | 1 | 考试 | |
| | 11-080900-104-04 | 新型光电子器件 | 54 | 3 | 2 | 考试 | |
| | 11-080900-105-04 | 原子分子光谱 | 54 | 3 | 2 | 考试 | |
| | 11-080900-105-05 | 现代电磁场理论 | 54 | 3 | 2 | 考试 | |
| | 11-080900-106-05 | 现代计算电磁学 | 54 | 3 | 2 | 考试 | |
| | 11-080900-107-05 | 现代微波、毫米波技术及应用 | 54 | 3 | 2 | 考试 | |
| | 11-080900-108-05 | 非线性微波电路分析与设计 | 54 | 3 | 2 | 考试 | |
| | 11-080900-109-05 | SOC 理论与设计 | 54 | 3 | 2 | 考试 | |
| | 11-080900-110-05 | 高等半导体物理 | 54 | 3 | 2 | 考试 | |
| | 11-080900-111-05 | 数字 VLSI 系统 | 54 | 3 | 2 | 考试 | |
| | 11-080900-112-05 | 现代功率电子学 | 54 | 3 | 2 | 考试 | |
| | 11-080900-113-05 | MIMO 系统与空时编码原理 | 54 | 3 | 2 | 考试 | |

续表

| 类别 | 课程编码 | 课程名称 | 学时 | 学分 | 学期 | 考核方式 | 备注 |
|---|---|---|---|---|---|---|---|
| 选修课 | 10-080900-101-04 | 激光检测与测量技术 | 36 | 2 | 2 | 考试 | 任选 |
| | 10-080900-101-05 | 无线通信技术 | 36 | 2 | 2 | 考试 | |
| | 10-080900-102-04 | 光电成像系统特性分析 | 36 | 2 | 2 | 考试 | |
| | 10-080900-102-05 | 微波导航通信系统 | 36 | 2 | 2 | 考查 | |
| | 10-080900-103-04 | 自适应光学理论与应用 | 36 | 2 | 2 | 考试 | |
| | 10-080900-103-05 | 微波频率源理论与设计 | 36 | 2 | 2 | 考查 | |
| | 10-080900-104-05 | 微波成像理论与技术 | 36 | 2 | 2 | 考查 | |
| | 10-080900-105-05 | 集成电路可靠性 | 36 | 2 | 2 | 考查 | |
| | 10-080900-106-05 | 微电子学关键工艺技术 | 36 | 2 | 2 | 考查 | |

2. 本科起点博士生课程设置如表 8.12 所示。

表 8.12　本科起点博士生课程设置

| 类别 | 课程编码 | 课程名称 | 学时 | 学分 | 学期 | 考核方式 | 备注 |
|---|---|---|---|---|---|---|---|
| 公共必修课 | 11-000001-101-22 | 科学技术与社会 | 54 | 2 | 1 | 考试 | 必选 |
| | 11-000002-101-24 | 外语ⅡA 口语与写作 | 27 | 1 | 1、2 | 考试 | |
| | 11-000002-102-24 | 外语ⅡB 综合英语 | 27 | 1 | 1、2 | 考试 | |
| | 21-000001-101-22 | 科学技术哲学 | 54 | 2 | 1、2 | 考试 | |

续表

| 类别 | 课程编码 | 课程名称 | 学时 | 学分 | 学期 | 考核方式 | 备注 |
|---|---|---|---|---|---|---|---|
| 公共必修课 | 21-000002-10*-24 | 第一外国语（外语Ⅰ） | 54+54 | 3 | 1、2 | 考试 | 必选 |
| 学科基础理论课 | 21-000003-101-17 | 数值分析 | 36 | 2 | 1、2 | 考试 | 任选一门 |
| | 21-000003-102-17 | 矩阵分析 | 36 | 2 | 1、2 | 考试 | |
| | 21-000003-104-17 | 数学物理方法 | 54 | 3 | 1 | 考试 | |
| | 21-000003-105-17 | 随机过程 | 36 | 2 | 1 | 考试 | |
| | 21-000003-109-17 | 最优化新方法 | 36 | 2 | 1、2 | 考试 | |
| | 21-000003-111-17 | 应用泛函分析 | 54 | 3 | 1、2 | 考试 | |
| | 11-000003-102-17 | 科学与工程计算 | 54 | 3 | 1 | 考试 | |
| | 11-000003-103-17 | 近代数学基础Ⅰ | 54 | 3 | 1 | 考试 | |
| | 11-000003-104-17 | 近代数学基础Ⅱ | 54 | 3 | 1 | 考试 | |
| 专业基础课 | 21-080901-105-04 | 现代光电子学实验 | 54 | 3 | 1 | 考试 | 任选一门 |
| | 21-080902-101-05 | 现代电路与网络理论 | 54 | 3 | 1 | 考试 | |
| | 21-080903-101-05 | 半导体器件物理 | 54 | 3 | 1 | 考试 | |
| | 21-080904-101-05 | 高等电磁场理论 | 54 | 3 | 1 | 考试 | |
| | 21-080920-101-05 | 统计信号处理 | 54 | 3 | 1 | 考试 | |
| | 11-080900-104-05 | 电子与光电子科学技术进展 | 54 | 3 | 1 | 考试 | 必选 |
| 专业课 | 21-080901-101-04 | 量子电子学 | 54 | 3 | 1 | 考试 | 任选4门 |
| | 21-080901-102-04 | 非线性光学 | 54 | 3 | 1 | 考试 | |
| | 21-080901-103-04 | 导波光学 | 54 | 3 | 1 | 考试 | |
| | 21-080901-104-04 | 光电传感基础 | 54 | 3 | 1 | 考试 | |
| | 21-080902-102-05 | 现代电子测量技术 | 54 | 3 | 2 | 考试 | |
| | 21-080902-103-05 | FPGA与SOPC设计基础 | 54 | 3 | 2 | 考试 | |
| | 21-080903-102-05 | VLSI设计方法学 | 54 | 3 | 1 | 考试 | |
| | 21-080903-103-05 | 混合信号集成电路 | 54 | 3 | 1 | 考试 | |
| | 21-080903-104-05 | 超大规模集成电路 | 54 | 3 | 2 | 考试 | |

续表

| 类别 | 课程编码 | 课程名称 | 学时 | 学分 | 学期 | 考核方式 | 备注 |
|---|---|---|---|---|---|---|---|
| 专业课 | 21－080903－105－05 | MEMS 设计与制造 | 54 | 3 | 2 | 考试 | 任选4门 |
| | 21－080904－102－05 | 电磁学中的数值方法 | 54 | 3 | 1 | 考试 | |
| | 21－080904－103－05 | 现代微波网络基础 | 54 | 3 | 1 | 考试 | |
| | 21－080904－104－05 | 现代天线理论与技术 | 54 | 3 | 2 | 考试 | |
| | 21－080904－105－05 | 微波电路设计理论与技术 | 54 | 3 | 2 | 考试 | |
| | 21－080920－102－05 | 多传感器阵列信号处理 | 54 | 3 | 1 | 考试 | |
| | 21－080920－103－05 | 医学图像处理与分析 | 54 | 3 | 1 | 考试 | |
| | 21－080920－104－05 | 嵌入式系统与应用 | 54 | 3 | 1 | 考试 | |
| | 21－080920－105－05 | 生物医学信号处理 | 54 | 3 | 1 | 考试 | |
| | 11－080900－101－04 | 现代激光医学 | 54 | 3 | 1 | 考试 | 任选3门 |
| | 11－080900－101－05 | 生命信息工程学 | 54 | 3 | 1 | 考试 | |
| | 11－080900－102－04 | 高等光电子学 | 54 | 3 | 1 | 考试 | |
| | 11－080900－102－05 | 矢量传感器信号处理 | 54 | 3 | 1 | 考试 | |
| | 11－080900－103－04 | 光电子信息探测技术与应用 | 54 | 3 | 2 | 考试 | |
| | 11－080900－103－05 | 现代医学影像物理学 | 54 | 3 | 1 | 考试 | |
| | 11－080900－104－04 | 新型光电子器件 | 54 | 3 | 2 | 考试 | |
| | 11－080900－105－04 | 原子分子光谱 | 54 | 3 | 2 | 考试 | |
| | 11－080900－105－05 | 现代电磁场理论 | 54 | 3 | 2 | 考试 | |
| | 11－080900－106－05 | 现代计算电磁学 | 54 | 3 | 2 | 考试 | |
| | 11－080900－107－05 | 现代微波、毫米波技术及应用 | 54 | 3 | 2 | 考试 | |
| | 11－080900－108－05 | 非线性微波电路分析与设计 | 54 | 3 | 2 | 考试 | |
| | 11－080900－109－05 | SOC 理论与设计 | 54 | 3 | 2 | 考试 | |
| | 11－080900－110－05 | 高等半导体物理 | 54 | 3 | 2 | 考试 | |
| | 11－080900－111－05 | 数字 VLSI 系统 | 54 | 3 | 2 | 考试 | |

续表

| 类别 | 课程编码 | 课程名称 | 学时 | 学分 | 学期 | 考核方式 | 备注 |
|---|---|---|---|---|---|---|---|
| 专业课 | 11-080900-112-05 | 现代功率电子学 | 54 | 3 | 2 | 考试 | |
| | 11-080900-113-05 | MIMO系统与空时编码原理 | 54 | 3 | 2 | 考试 | |
| 选修课 | 10-080900-101-04 | 激光检测与测量技术 | 36 | 2 | 2 | 考试 | 任选 |
| | 10-080900-101-05 | 无线通信技术 | 36 | 2 | 2 | 考试 | |
| | 10-080900-102-04 | 光电成像系统特性分析 | 36 | 2 | 2 | 考试 | |
| | 10-080900-102-05 | 微波导航通信系统 | 36 | 2 | 2 | 考查 | |
| | 10-080900-103-04 | 自适应光学理论与应用 | 36 | 2 | 2 | 考试 | |
| | 10-080900-103-05 | 微波频率源理论与设计 | 36 | 2 | 2 | 考查 | |
| | 10-080900-104-05 | 微波成像理论与技术 | 36 | 2 | 2 | 考查 | |
| | 10-080900-105-05 | 集成电路可靠性 | 36 | 2 | 2 | 考查 | |
| | 10-080900-106-05 | 微电子学关键工艺技术 | 36 | 2 | 2 | 考查 | |
| | 20-080901-101-04 | 光电子信息系统 | 36 | 2 | 2 | 考试 | |
| | 20-080901-102-04 | 原子、分子和光学物理 | 36 | 2 | 2 | 考试 | |
| | 20-080901-103-04 | 量子光学导论 | 36 | 2 | 2 | 考试 | |
| | 20-080901-104-04 | 光通信技术 | 36 | 2 | 2 | 考试 | |
| | 20-080901-105-04 | 光纤传感技术与系统 | 36 | 2 | 2 | 考试 | |
| | 20-080901-106-04 | 自适应光学与空间光学 | 36 | 2 | 2 | 考试 | |
| | 20-080901-107-04 | 光电探测中的噪声分析理论 | 36 | 2 | 2 | 考试 | |
| | 20-080901-108-04 | 微纳光电子器件/系统制造导论 | 36 | 2 | 2 | 考试 | |

续表

| 类别 | 课程编码 | 课程名称 | 学时 | 学分 | 学期 | 考核方式 | 备注 |
|---|---|---|---|---|---|---|---|
| 选修课 | 20-080902-101-05 | 空间信号处理理论 | 36 | 2 | 2 | 考试 | 任选 |
| | 20-080902-102-05 | 通信系统建模与仿真 | 36 | 2 | 2 | 考试 | |
| | 20-080902-103-05 | ARM嵌入式系统原理与设计 | 36 | 2 | 2 | 考试 | |
| | 20-080902-104-05 | PLC系统设计与应用 | 36 | 2 | 2 | 考试 | |
| | 20-080903-101-05 | 集成电路版图技术 | 36 | 2 | 2 | 考试 | |
| | 20-080903-102-05 | CMOS射频集成电路分析与设计 | 36 | 2 | 2 | 考试 | |
| | 20-080903-103-05 | 深亚微米数字集成电路设计 | 36 | 2 | 2 | 考试 | |
| | 20-080903-104-05 | 集成电路可靠性 | 36 | 2 | 2 | 考试 | |
| | 20-080903-105-05 | 专用集成电路设计 | 36 | 2 | 2 | 考试 | |
| | 20-080903-106-05 | 高性能模拟集成电路设计 | 36 | 2 | 2 | 考试 | |
| | 20-080903-107-05 | VLSI可测试设计 | 36 | 2 | 1 | 考试 | |
| | 20-080903-108-05 | 低功耗集成电路设计 | 36 | 2 | 2 | 考试 | |
| | 20-080903-109-05 | 数字信号处理系统设计 | 36 | 2 | 2 | 考试 | |
| | 20-080904-101-05 | 微波信号产生理论与技术 | 54 | 3 | 2 | 考试 | |
| | 20-080904-102-05 | 微波接收机理论与技术 | 36 | 2 | 2 | 考试 | |
| | 20-080904-103-05 | 电磁兼容原理与应用 | 36 | 2 | 2 | 考试 | |
| | 20-080904-104-05 | 阵列天线分析与综合 | 36 | 2 | 2 | 考试 | |
| | 20-080904-105-05 | 微波通信技术 | 54 | 3 | 2 | 考试 | |
| | 20-080904-106-05 | 微波遥感与成像 | 36 | 2 | 2 | 考试 | |
| | 20-080904-107-05 | 现代无线导航定位技术 | 36 | 2 | 2 | 考试 | |
| | 20-080920-101-05 | 现代谱估计理论 | 54 | 3 | 2 | 考试 | |

续表

| 类别 | 课程编码 | 课程名称 | 学时 | 学分 | 学期 | 考核方式 | 备注 |
|---|---|---|---|---|---|---|---|
| 选修课 | 20-080920-102-05 | 无线传感器网络技术 | 54 | 3 | 2 | 考试 | 任选 |
| | 20-080920-103-05 | 自适应信号处理与应用 | 54 | 3 | 2 | 考试 | |
| | 20-080920-104-05 | 数据挖掘理论与技术 | 54 | 3 | 2 | 考试 | |
| | 20-080920-105-05 | 生物信息学导论 | 54 | 3 | 2 | 考试 | |
| | 20-080920-106-05 | 医学影像物理学 | 54 | 3 | 2 | 考试 | |
| | 20-081000-107-05 | 语音信号数字处理 | 36 | 2 | 2 | 考试 | |

### 四、必修环节

1. 专业外语（1学分，硕士起点博士生不做此项要求）

使研究生了解、熟悉外语论文的写作及如何在国际会议上发表论文和进行学术报告。由指导教师负责指导研究生选读和笔译相关专业外文文献，第三学期期末学院组织考试。

2. 文献综述报告（1学分）

本学科博士学位研究生的文献阅读要结合课题研究方向和具体的研究领域进行。文献综述报告要反映国际和国内在本领域的研究历史、现状和发展趋势。文献综述报告应不少于5 000汉字的内容，参考文献不少于50篇。

3. 学术活动（1学分）

学生在学期间应参加8次以上学术活动，其中本人进行正规性的学术报告或学位论文阶段性报告2次以上。每次参加学术活动要有500字左右的总结报告，注明参加学术活动的时间、地点、报告人、学术报告题目，简述内容并阐明自己对相关问题的学术观点或看法。

4. 教学实践

博士研究生必须完成至少36学时的教学实践。教学实践包括授课、答疑和指导学生实验等，教学对象为本科以上学生。

### 五、科学研究与学位论文

1. 学位论文选题和开题报告

学位论文选题应根据当前世界和中国在本学科方向科学技术的发展水平和趋势进行，选题涉及基础理论的研究内容应紧跟国际发展前沿，具有较高的理论价值和创新性并具有国际先进性，一般应有相应的实验数据支持；选题涉及工程应用的研究内容应具有明显的工程实用价值，在技术上具有国内先进性，至少要经过初步的实践检验。硕士起点博士研究生应于第四学期的第 15 周前完成文献综述和开题报告，本科起点博士研究生应于第六学期的第 15 周前完成文献综述和开题报告。

2. 中期检查

中期检查由学院负责组织，应对博士生的课程学习、文献综述、开题报告及学位论文工作的研究进展情况等进行检查。硕士起点博士研究生应于第五学期期末完成，本科起点博士研究生应于第七学期期末完成。

3. 发表论文

应满足校学位评定委员会的要求，并符合信息学部关于博士生毕业发表论文的要求。

4. 学位论文

博士学位论文应当表明作者具有独立从事科学研究工作的能力，并在科学或专门技术上做出创造性成果。

## 信息与通信工程
### （081000）
（一级学科：信息与通信工程）

信息与通信工程一级学科包含 4 个二级学科：通信与信息系统、信号与信息处理、信息安全与对抗、目标探测与识别。

本一级学科于 1956 年开始招收两年制研究生，1978 年恢复招收硕士研究生。其中"通信与信息系统"和"信号与信息处理"学科分别于 1984 年和 1991 年被批准建立博士点，并于 1987 年和 1994 年分别被评为国家级重点学科和部级重点学科；1988 年建立了博士后流动站；1989 年建立信号采集与处理国家专业实验室；1998 年 5 月获一级学科博士学位授权。2003 年春批准自行增设两个二级学科：信息安全与对抗、目标探测与识别。目前本学科是我校"211"工程和"985"工程重点建设学科。

本一级学科从事各类电子信息与通信系统的原理、体制与处理方法研究，包括信息获取、传输、处理、存储、交换、识别、对抗等。

本学科的主要研究方向有：

1. 通信系统理论与技术

主要研究军用和民用通信系统理论及其关键技术，包括宽带无线通信、抗干扰通信、卫星通信、通信信号处理、通信网络理论与技术、软件无线电技术等。

2. 移动通信理论与技术

主要从事未来移动通信的关键技术（包括信源编码、信道编码、高效调制解调、自适应传输技术和技术体制等）、新型军用移动通信系统的网络结构、传输技术等方面的研究工作。

3. 信号与图像处理

主要研究信号与图像处理在通信、雷达、卫星导航等领域的应用，包括非平稳、非线性系统处理，时空二维信号处理，阵列信号处理，自适应信号处理，制导信号处理，实时图像处理，遥感图像处理，成像理论与技术，实时数字信号处理技术等。

4. 信息处理理论与技术

主要包括信息获取技术，信源编码理论与数据压缩技术，语音、视觉、听觉信息处理，多媒体信息处理，高速并行信息处理系统设计与软件编程，人工神经网络与智能信息处理，信息处理系统在单片集成等领域的研究。

5. 信息安全与对抗理论与技术

主要从事复杂信息系统理论、信息与信息系统体系结构及安全、信息科学技术与安全对抗、雷达对抗、通信对抗、网络安全与对抗等方面的研究工作。

6. 目标探测与识别理论与技术

主要研究利用电、红外或可见光等多种传感器获取目标信息、检测与识别目标的新理论和新技术，包括：雷达与多谱段图像系统等信息系统新体制、新方法，各种时空环境下的信息获取与处理，雷达对抗，干扰与反干扰，多传感器数据融合、智能信息处理与目标识别等领域的研究。

一、培养目标

本专业培养的人才要热爱祖国，有社会主义觉悟和较高道德修养；掌握坚实宽广的通信科学、信息科学方面的基础理论，系统深入的信息与通信工程领域的专门知识，具有独立从事科学研究工作的能力；在科学或专门技术上做出创造性成果。

二、学制

硕士起点博士研究生学制4年，最长学习年限不超过6年。本科毕业起点博士研究生（含本科毕业直接攻博和硕博连读）学制5.5年，最长学习年限不超过7年。原则上博士研究生应在一学年内完成课程学习。

三、课程设置

1. 硕士起点博士生课程设置如表8.13所示。

表8.13 硕士起点博士生课程设置

| 类别 | 课程编码 | 课程名称 | 学时 | 学分 | 学期 | 考核方式 | 备注 |
|---|---|---|---|---|---|---|---|
| 公共必修课 | 11-000001-101-22 | 科学技术与社会 | 54 | 2 | 1 | 考试 | 必选 |
| | 11-000002-101-24 | 外语ⅡA口语与写作 | 27 | 1 | 1、2 | 考试 | |
| | 11-000002-102-24 | 外语ⅡB综合英语 | 27 | 1 | 1、2 | 考试 | |
| 学科基础理论课 | 11-000003-103-17 | 近代数学基础Ⅰ | 54 | 3 | 1 | 考试 | 任选一门 |
| | 11-000003-104-17 | 近代数学基础Ⅱ | 54 | 3 | 1 | 考试 | |
| 专业基础课 | 11-081000-102-05 | 现代信号处理 | 54 | 3 | 1 | 考试 | 任选一门 |
| | 11-081000-103-05 | 系统理论与人工系统设计学 | 54 | 3 | 1 | 考试 | |
| 专业课 | 11-081000-101-05 | 现代数字通信技术 | 54 | 3 | 2 | 考试 | 任选3门 |
| | 11-081000-104-05 | 高分辨雷达 | 54 | 3 | 2 | 考试 | |
| | 11-081000-105-05 | 高级图像处理 | 54 | 3 | 2 | 考试 | |
| | 11-081000-106-05 | 信息安全工程学 | 54 | 3 | 1 | 考试 | |
| 选修课 | 10-081000-101-05 | 多维阵列信号处理 | 54 | 3 | 2 | 考查 | 任选 |
| | 10-081000-102-05 | 现代移动通信技术 | 36 | 2 | 2 | 考试 | |

2. 本科起点博士生课程设置如表8.14所示。

表8.14 本科起点博士生课程设置

| 类别 | 课程编码 | 课程名称 | 学时 | 学分 | 学期 | 考核方式 | 备注 |
|---|---|---|---|---|---|---|---|
| 公共必修课 | 11-000001-101-22 | 科学技术与社会 | 54 | 2 | 1 | 考试 | 必选 |
| | 11-000002-101-24 | 外语ⅡA口语与写作 | 27 | 1 | 1、2 | 考试 | |
| | 11-000002-102-24 | 外语ⅡB综合英语 | 27 | 1 | 1、2 | 考试 | |
| | 21-000001-101-22 | 科学技术哲学 | 54 | 2 | 1、2 | 考试 | |
| | 21-000002-10*-24 | 第一外国语（外语Ⅰ） | 54+54 | 3 | 1、2 | 考试 | |

续表

| 类别 | 课程编码 | 课程名称 | 学时 | 学分 | 学期 | 考核方式 | 备注 |
|---|---|---|---|---|---|---|---|
| 学科基础理论课 | 21-000003-102-17 | 矩阵分析 | 36 | 2 | 1、2 | 考试 | 任选一门 |
| | 21-000003-105-17 | 随机过程 | 36 | 2 | 1 | 考试 | |
| | 21-000003-111-17 | 应用泛函分析 | 54 | 3 | 1、2 | 考试 | |
| | 11-000003-103-17 | 近代数学基础Ⅰ | 54 | 3 | 1 | 考试 | 任选一门 |
| | 11-000003-104-17 | 近代数学基础Ⅱ | 54 | 3 | 1 | 考试 | |
| 专业基础课 | 21-081000-101-05 | 信息论 | 54 | 3 | 1 | 考试 | 任选一门 |
| | 21-081000-110-05 | 统计信号处理 | 54 | 3 | 1 | 考试 | |
| | 11-081000-102-05 | 现代信号处理 | 54 | 3 | 1 | 考试 | 任选一门 |
| | 11-081000-103-05 | 系统理论与人工系统设计学 | 54 | 3 | 1 | 考试 | |
| 专业课 | 21-081000-102-05 | 通信网络基础 | 54 | 3 | 1 | 考试 | 任选四门 |
| | 21-081000-103-05 | 近代信号处理 | 54 | 3 | 1 | 考试 | |
| | 21-081000-104-05 | 现代电子测量 | 54 | 3 | 1 | 考试 | |
| | 21-081000-105-05 | 数字图像处理与模式识别 | 54 | 3 | 1 | 考试 | |
| | 21-081000-106-05 | 雷达系统导论 | 54 | 3 | 1 | 考试 | |
| | 21-081000-107-05 | 信息系统及其安全对抗 | 54 | 3 | 1 | 考试 | |
| | 21-081000-108-05 | 高等数字通信 | 54 | 3 | 1 | 考试 | |
| | 21-081000-109-05 | 现代控制理论基础 | 54 | 3 | 1 | 考试 | |
| | 11-081000-101-05 | 现代数字通信技术 | 54 | 3 | 2 | 考试 | 任选三门 |
| | 11-081000-104-05 | 高分辨雷达 | 54 | 3 | 2 | 考试 | |
| | 11-081000-105-05 | 高级图像处理 | 54 | 3 | 2 | 考试 | |
| | 11-081000-106-05 | 信息安全工程学 | 54 | 3 | 1 | 考试 | |

续表

| 类别 | 课程编码 | 课程名称 | 学时 | 学分 | 学期 | 考核方式 | 备注 |
|---|---|---|---|---|---|---|---|
| 选修课 | 10－081000－101－05 | 多维阵列信号处理 | 54 | 3 | 2 | 考查 | 任选 |
| | 10－081000－102－05 | 现代移动通信技术 | 36 | 2 | 2 | 考试 | |
| | 20－081000－101－05 | 多抽样率信号处理 | 36 | 2 | 1 | 考试 | |
| | 20－081000－102－05 | 信号时频分析及应用 | 36 | 2 | 2 | 考试 | |
| | 20－081000－103－05 | 现代计算机结构及其应用 | 54 | 3 | 2 | 考试 | |
| | 20－081000－104－05 | 移动通信 | 36 | 2 | 2 | 考试 | |
| | 20－081000－105－05 | 卫星通信 | 36 | 2 | 2 | 考试 | |
| | 20－081000－106－05 | 扩频通信 | 36 | 2 | 2 | 考试 | |
| | 20－081000－107－05 | 语音信号数字处理 | 36 | 2 | 2 | 考试 | |
| | 20－081000－108－05 | 基于FPGA的数字信号处理技术 | 54 | 3 | 2 | 考试 | |
| | 20－081000－109－05 | 数据融合原理 | 36 | 2 | 2 | 考查 | |
| | 20－081000－110－05 | 通信协议设计基础 | 36 | 2 | 2 | 考试 | |
| | 20－081000－111－05 | 数字视频技术 | 36 | 2 | 2 | 考试 | |
| | 20－081000－112－05 | 高速实时信号处理器结构与系统 | 54 | 3 | 2 | 考试 | |
| | 20－081000－114－05 | 高性能DSP系统软件技术 | 36 | 2 | 2 | 考试 | |
| | 20－081000－116－05 | 信息安全对抗系统工程与实践 | 36 | 2 | 2 | 考试 | |
| | 20－081000－118－05 | 无线网络通信原理 | 36 | 2 | 2 | 考试 | |
| | 20－081000－120－05 | 电子对抗原理 | 54 | 3 | 1 | 考试 | |
| | 20－081000－122－05 | 网络安全与对抗 | 36 | 2 | 1 | 考试 | |
| | 20－081000－124－05 | 信道编码 | 36 | 2 | 2 | 考试 | |
| | 20－081000－125－05 | 卫星导航定位理论与方法 | 54 | 3 | 2 | 考查 | |

### 四、必修环节

1. 专业外语（1 学分，硕士起点博士生不作此项要求）

使研究生了解、熟悉外语论文的写作及如何在国际会议上发表论文和进行学术报告。由指导教师负责指导研究生选读和笔译相关专业外文文献，第三学期期末学院组织考试。

2. 文献综述报告（1 学分）

本学科博士学位研究生的文献阅读要结合课题研究方向和具体的研究领域进行。参考文献应在 50 篇以上，文献综述报告要反映国际和国内在本领域的研究历史、现状和发展趋势。文献综述报告应不少于 5 000 汉字的内容。

3. 学术活动（1 学分）

学生在学期间应参加 8 次以上学术活动，其中本人进行正规性的学术报告或学位论文阶段性报告 2 次以上。每次参加学术活动要有 500 字左右的总结报告，注明参加学术活动的时间、地点、报告人、学术报告题目，简述内容并阐明自己对相关问题的学术观点或看法。

4. 教学实践

博士研究生必须完成至少 36 学时的教学实践。教学实践包括授课、答疑和指导学生实验等，教学对象为本科以上学生。

### 五、科学研究与学位论文

1. 学位论文选题和开题报告

学位论文选题应根据当前本学科方向科学技术的发展水平和趋势进行，选题涉及基础理论的研究内容应紧跟技术发展前沿，具有较高的理论价值和创新性并具有先进性，一般应有相应的实验数据支持；选题涉及工程应用的研究内容应具有明显的工程实用价值，在技术上具有先进性。硕士起点博士研究生应于第四学期的第 15 周前完成文献综述和开题报告，本科起点博士研究生应于第六学期的第 15 周前完成文献综述和开题报告。

2. 中期检查

中期检查由学院负责组织，应对博士生的课程学习、文献综述、开题报告及学位论文工作的研究进展情况等进行检查。硕士起点博士研究生应于第五学期期末完成，本科起点博士研究生应于第七学期期末完成。

3. 发表论文

应满足校学位评定委员会的要求，并符合信息与电子学院关于博士生毕业发表论文的要求。

4. 学位论文

博士学位论文应当表明作者具有独立从事科学研究工作的能力，并在科学研究或专门技术上做出创造性成果。

### 8.4.2　2012 版培养方案

**电子科学与技术**

**（080900）**

**一、学科简介与研究方向**

北京理工大学电子科学与技术学科2003年获得一级学科博士授予权，建有5个二级学科、2个博士后流动站和2个长江学者岗位。其中物理电子学为国家重点学科，电磁场与微波技术为国防科工委和北京市重点学科，电子科学与技术为北京市重点学科，建有毫米波及太赫兹北京市重点实验室，建有国家级电工电子实验教学示范中心。本学科师资力量雄厚，有专职教师115名（其中外聘院士2人、千人计划特聘教授1人、长江学者特聘教授2人、国家杰出青年基金获得者1人、教育部新世纪人才3人、国防科技工业"511人才工程"1人、教授26名）。年均科研经费3 000多万元，年均SCI论文30余篇。

学科以发展核心技术和培养人才为目标，面向国际学术前沿和国家需求，注重营造良好的基础性研究氛围，尤其注重与数学、物理、计算机、信息、生命等学科的交叉，强调科研与教学结合，形成以下6个主要研究方向：

1. 新型光电子器件与系统

主要研究内容：新型固体激光器、气体激光器、光纤激光器与各种新型激光技术与应用系统；微小光学及微光机电器件及技术、导波光学、光纤陀螺、光纤传感技术与系统；激光雷达、光学制导、光电对抗、光电仿真、光通信等方面光电子信息系统；自适应光学理论、自适应光学系统设计方法与仿真，信标、波前探测、处理与控制方法与技术，部分校正、多层共轭校正自适应光学、空间在轨波前探测与控制的理论、方法和技术等。

2. 电磁仿真与天线

主要研究内容：瞄准电磁仿真与天线领域的学术前沿，面向国家在雷达、隐身、电磁兼容、大规模集成电路等领域的需求，以研究电磁仿真与天线关键技术为核心，开展三个层面的科研和教学：在基础研究层面，开展电磁计算理论和方法、天线设计理论和分析方法的研究；在应用基础层面，针对雷达、隐身、电磁兼容、大规模集成电路等领域的挑战性问题，开展针对解决这些问题的电磁仿真和天线技术的研发；在应用层面，开展电磁仿真软件和天线分析设计软件的

研发。

3. 毫米波太赫兹技术与系统

主要研究内容：微波毫米波与太赫兹集成电路、天线与系统。在无线系统领域，研究毫米波与红外复合探测技术与系统、毫米波卫星通信模拟转发器和物联网无线传感器等；在太赫兹技术领域，研究太赫兹器件、太赫兹天线和太赫兹集成前端等；在集成技术领域，开展硅基 CMOS、砷化镓基单片、MEMS、LTCC 和 MCM 等集成射频多种设计技术研究。

4. 微电子与集成电路

主要研究内容：微电子与集成电路：超大规模集成电路设计理论、专用处理器芯片设计、高性能模拟集成电路设计与应用、新型 MEMS 传感器设计与应用、集成电路测试与可靠性分析、集成电路系统集成等技术；专用处理器设计：专用处理器设计理论和方法论、专用处理器汇编编程工具链和编程方法、嵌入式并行处理器并行编程工具链和方法、专用处理器自动综合技术、通信专用处理器、多媒体专用处理器、游戏机专用处理器、软件无线电数字综合收发机、植入体内微系统。

5. 医学电子与信号处理

主要研究内容：信号与图像处理及应用、多传感器阵列信号处理及应用、生物医学信号处理、医学影像处理与计算机辅助诊断（细胞视频图像处理、眼科医学图像处理与应用等）、三维图像分割与重建技术等；医学电子系统与技术：嵌入式与半实物仿真系统、植入式和可穿戴式医学电子装置与技术、便携式移动医学信息智能终端技术、实时数字信号处理技术等；数字医疗技术与装备：数字医疗设备、生物医学信息提取技术、移动数字医疗系统与技术等；生物医学光子学：生物医学光谱检测技术、医学中的光学成像技术、光生物学效应、无损或微创光医学诊断和治疗、激光诊断与治疗技术等。

6. 复杂电路系统研究与应用

主要研究内容：超高速和分布式采样电路技术、新型电路接口技术、大规模可编程数字系统实现与算法映射、信号获取新理论与电路实现、信号稀疏分解与应用、高性能探测与信号处理、高速图像识别与处理。

二、培养目标

本专业培养的人才要坚持党的基本路线，热爱祖国，遵纪守法，品行端正，诚实守信，身心健康，具有良好的科研道德和敬业精神。

掌握本学科坚实的基础理论和系统的专门知识，掌握本学科的现代实验方法和技能，具有从事科学研究工作或独立担负专门技术工作的能力，在科学研究或专门工程技术工作中具有一定的组织和管理能力，有良好的合作精神和较强的交流能力。

### 三、基本修业年限

普通硕士研究生基本修业年限为 2.5 年,最长修业年限不超过 3 年。原则上普通硕士研究生应在第一学年内完成全部课程学习,学位论文工作时间不少于一年。

普通硕士研究生应在学校规定的修业年限内完成学业,不允许提前毕业。

### 四、课程设置与学分要求

课程设置与学分要求如表 8.15 所示。

**表 8.15 课程设置与学分要求**

| 类别 | 课程编码 | 课程名称 | 学时 | 学分 | 学期 | 考核方式 | 是否必选 | 备注 |
|---|---|---|---|---|---|---|---|---|
| 公共必修课 | 21-000001-A01-22 | 中国特色社会主义理论与实践研究 | 36 | 2 | 1、2 | 考试 | 必选 | ≥7学分 |
| | 21-000001-A02-22 | 自然辩证法概论 | 18 | 1 | 1、2 | 考试 | 必选 | |
| | 21-000002-A0*-24 | 硕士英语 | 54+54 | 3 | 1、2 | 考试 | 必选 | |
| | 21-000001-A01-00 | 科学道德与学术诚信 | 18 | 1 | 1、2 | 考试 | 必选 | |
| 学科基础理论课 | 21-000003-A02-17 | 矩阵分析 | 36 | 2 | 1、2 | 考试 | 任选 | ≥2学分 |
| | 21-000003-A01-17 | 数值分析 | 36 | 2 | 1、2 | 考试 | 任选 | |
| | 21-000003-A05-17 | 应用泛函分析 | 54 | 3 | 1、2 | 考试 | 任选 | |
| | 21-000003-A03-17 | 随机过程 | 36 | 2 | 1、2 | 考试 | 任选 | |
| | 21-000003-A04-17 | 数学建模 | 36 | 2 | 1、2 | 考试 | 任选 | |
| 专业必修课 | 21-080900-B01-04 | 量子电子学 | 54 | 3 | 1 | 考试 | 任选 | ≥13学分 |
| | 21-080900-B19-04 | 非线性光学 | 54 | 3 | 2 | 考试 | 任选 | |
| | 21-080900-B02-04 | 导波光学 | 54 | 3 | 1 | 考试 | 任选 | |
| | 21-080900-B03-04 | 光电传感基础 | 54 | 3 | 1 | 考试 | 任选 | |

续表

| 类别 | 课程编码 | 课程名称 | 学时 | 学分 | 学期 | 考核方式 | 是否必选 | 备注 |
|---|---|---|---|---|---|---|---|---|
| 专业必修课 | 21-080900-B04-04 | 现代光电子学实验 | 54 | 3 | 2 | 考试 | 任选 | ≥13学分 |
| | 21-080900-B05-05 | 高等电磁场理论 | 54 | 3 | 1 | 考试 | 任选 | |
| | 21-080900-B06-05 | 计算电磁学基础 | 36 | 2 | 1 | 考试 | 任选 | |
| | 21-080900-B07-05 | 现代天线理论与技术 | 54 | 3 | 2 | 考试 | 任选 | |
| | 21-080900-B08-05 | 微波网络理论与新技术 | 54 | 3 | 1 | 考试 | 任选 | |
| | 21-080900-B09-05 | 微波毫米波电路集成技术 | 54 | 3 | 2 | 考试 | 任选 | |
| | 21-080900-B10-05 | 微电子技术进展 | 54 | 3 | 1 | 考试 | 任选 | |
| | 21-080900-B11-05 | 混合信号集成电路 | 54 | 3 | 1 | 考试 | 任选 | |
| | 21-080900-B12-05 | 超大规模集成电路设计导论 | 54 | 3 | 1 | 考试 | 任选 | |
| | 21-080900-B13-05 | 统计信号处理 | 54 | 3 | 1 | 考试 | 任选 | |
| | 21-080900-B14-05 | 多传感器阵列信号处理 | 54 | 3 | 1 | 考试 | 任选 | |
| | 21-080900-B15-05 | 医学图像处理与分析 | 54 | 3 | 1 | 考试 | 任选 | |
| | 21-080900-B16-05 | 现代电路与网络理论 | 54 | 3 | 1 | 考试 | 任选 | |
| | 21-080900-B17-05 | 现代电子测量技术 | 54 | 3 | 2 | 考试 | 任选 | |
| | 21-080900-B18-05 | FPGA与SOPC设计基础 | 54 | 3 | 2 | 考查 | 任选 | |
| 专业选修课 | 21-080900-C01-04 | 光电子信息系统 | 54 | 3 | 2 | 考试 | 任选 | ≥6学分 |
| | 21-080900-C02-04 | 光纤传感技术与系统 | 36 | 2 | 2 | 考试 | 任选 | |

续表

| 类别 | 课程编码 | 课程名称 | 学时 | 学分 | 学期 | 考核方式 | 是否必选 | 备注 |
|---|---|---|---|---|---|---|---|---|
| 专业选修课 | 21-080900-C03-04 | 量子光学导论 | 36 | 2 | 2 | 考试 | 任选 | ≥6学分 |
| | 21-080900-C04-04 | 微纳光电子器件/系统制造导论 | 36 | 2 | 2 | 考试 | 任选 | |
| | 21-080900-C05-05 | 阵列天线分析与综合 | 36 | 2 | 2 | 考试 | 任选 | |
| | 21-080900-C06-05 | 雷达目标特性分析方法 | 54 | 3 | 2 | 考试 | 任选 | |
| | 21-080900-C07-05 | 并行计算导论 | 54 | 3 | 2 | 考试 | 任选 | |
| | 21-080900-C08-05 | 无线技术与系统 | 36 | 2 | 2 | 考试 | 任选 | |
| | 21-080900-C09-05 | 电磁兼容原理与应用 | 36 | 2 | 2 | 考试 | 任选 | |
| | 21-080900-C10-05 | 太赫兹技术与应用 | 36 | 2 | 2 | 考试 | 任选 | |
| | 21-080900-C11-05 | CMOS射频集成电路分析与设计 | 36 | 2 | 2 | 考试 | 任选 | |
| | 21-080900-C12-05 | 高性能模拟集成电路设计 | 36 | 2 | 2 | 考试 | 任选 | |
| | 21-080900-C13-05 | 集成电路版图技术 | 36 | 2 | 2 | 考试 | 任选 | |
| | 21-080900-C14-05 | 专用处理器设计与综合 | 54 | 3 | 2 | 考试 | 任选 | |
| | 21-080900-C15-05 | 现代谱估计理论 | 54 | 3 | 2 | 考试 | 任选 | |
| | 21-080900-C16-05 | 自适应信号处理与应用 | 54 | 3 | 2 | 考试 | 任选 | |
| | 21-080900-C17-05 | 无线传感器网络技术 | 54 | 3 | 2 | 考试 | 任选 | |
| | 21-080900-C18-05 | 生物医学信号处理 | 54 | 3 | 1 | 考试 | 任选 | |
| | 21-080900-C19-05 | 嵌入式系统与实时半实物仿真 | 36 | 2 | 2 | 考查 | 任选 | |

续表

| 类别 | 课程编码 | 课程名称 | 学时 | 学分 | 学期 | 考核方式 | 是否必选 | 备注 |
|---|---|---|---|---|---|---|---|---|
| 专业选修课 | 21-080900-C20-05 | 空间信号处理理论 | 36 | 2 | 2 | 考试 | 任选 | ≥6学分 |
| | 21-080900-C21-05 | ARM嵌入式系统原理与设计 | 36 | 2 | 2 | 考查 | 任选 | |
| | 21-080900-C22-05 | PLC系统设计与应用 | 36 | 2 | 2 | 考查 | 任选 | |
| 校公共选修课 | 21-000001-D01-00 | 文献检索和数据库利用 | 18 | 1 | 1、2 | 考试 | 任选 | ≥1学分 |
| | 21-000001-D02-00 | 专利及知识产权保护 | 18 | 1 | 1、2 | 考试 | 任选 | |

注：硕士英语为英语的普通硕士研究生，达到入学当年免修条件的，可以申请免修硕士英语。硕士英语为非英语的普通硕士研究生必须选修英语（二外）作为第二外国语课，3学分（可作为选修课学分）。

**五、必修环节（2学分）**

1. 文献综述（0.5学分）

普通硕士研究生在学期间应结合学位论文任务，阅读至少30篇研究领域内的国内外文献，了解、学习本领域的新技术、新工艺、新方法、新材料的研究进展，并在此基础上撰写不少于4 000字的文献综述报告。

普通硕士研究生最迟应于第三学期第15周前完成文献综述。

2. 开题报告（0.5学分）

开题报告以文献综述报告为基础，主要介绍课题研究的目的、意义、技术路线、实施方案、计划安排和预期成果。

普通硕士研究生最迟应于第三学期第15周前完成开题报告。

3. 学术活动（0.5学分）

普通硕士研究生在学期间应参加不少于6次学术活动，其中本人进行正规性的学术报告不少于1次。每次学术活动要有500字左右的总结报告，注明参加学术活动的时间、地点、报告人、学术报告题目，简述报告内容并阐明自己对相关问题的学术观点或看法。学校提倡研究生尽可能多地参加跨学科的学术活动。

4. 专业外语（0.5学分）

指导教师负责指导普通硕士研究生选读和笔译相关专业外文文献，使研究生了解、熟悉外语论文的写作及在国际会议发表论文和进行学术报告的要求。指导教师负责组织专业外语的考核。据学科特点，学院也可以统一安排该环节内容并进行考核。

5. 实践环节

由指导教师负责讲授或指导与学术型硕士生学习与学位论文密切相关的课程，进行实验等相关技能训练、科学研究及创新能力培养，由导师负责考核。

**六、学位论文相关工作**

1. 中期考核

学院具体负责对普通硕士研究生的课程学习、文献综述、开题报告、发表科技论文及学位论文工作的研究进展情况等进行中期检查。

普通硕士研究生的中期检查应于第四学期的第 8 周前完成。

2. 培养环节审查

普通硕士研究生学习期满，修满培养方案规定的课程学分，完成专业外语、学术活动、科学研究训练及创新能力培养等必修环节以及文献综述、开题报告等学位论文相关工作，通过培养环节审查后，可申请学位论文答辩。

普通硕士研究生的培养环节审查一般在第五学期第 3 周前完成。

3. 论文撰写与论文答辩

普通硕士研究生必须在导师指导下完成一篇达到硕士学位要求的学位论文。学位论文要反映硕士研究生在本学科领域研究中达到的学术水平，表明本人较好地掌握了本学科的基础理论、专门知识和基本技能，具有从事本学科或相关学科科学研究或独立担负专门技术工作的能力。

普通硕士研究生学位论文答辩时间距提交开题报告时间至少为 12 个月。

普通硕士研究生在申请答辩前，必须达到《北京理工大学关于博士、硕士学位申请者发表学术论文的规定》的要求。普通硕士研究生学位论文答辩工作按照《北京理工大学学位授予工作细则》进行。

**七、教学大纲与课程简介**

普通硕士研究生培养方案确定的必修课（包括公共必修课、学科基础理论课、专业必修课）必须制定教学大纲。教学大纲内容包括课程编码、课程名称、学时、学分、教学方式、考试方式、适用专业、先修课程、各章节主要教学内容和学时分配、参考文献等。

普通硕士研究生培养方案确定的选修课需制定课程简介。课程简介内容包括课程编码、课程名称、学时、学分、教学方式、考试方式、适用专业、先修课程、内容概要、参考文献等。

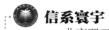

信系寰宇
——北京理工大学信息与电子学院学科（专业）发展史（下）

# 信息与通信工程
## （081000）

### 一、学科简介与研究方向

信息与通信工程一级学科包含 4 个二级学科：通信与信息系统、信号与信息处理、信息安全与对抗、目标探测与识别。

本一级学科始建于 1953 年，1956 年开始招收两年制研究生，"通信与信息系统"和"信号与信息处理"学科分别于 1984 年和 1991 年被批准建立博士点，并于 1987 年和 1994 年分别被评为国家级重点学科和部级重点学科；1988 年建立博士后流动站；1989 年建立信号采集与处理国家专业实验室；1998 年 5 月获一级学科博士学位授予权。2007 年被评为国家一级重点学科。本学科是我校"211"工程和"985"工程重点建设学科。

本一级学科从事各类电子信息与通信系统的原理、体制与处理方法研究，包括信息获取、传输、处理、存储、交换、识别、对抗等。主要研究方向有：

1. 通信系统理论与技术

主要研究军用和民用通信系统理论及其关键技术，包括宽带无线通信、抗干扰通信、空间与卫星通信、通信信号处理、通信网络理论与技术、导航与测控技术等。

2. 移动通信理论与技术

主要从事未来移动通信的关键技术（包括信源编码、信道编码、高效调制解调、自适应传输技术和技术体制等），新型军用移动通信系统的网络结构、传输技术等方面的研究工作。

3. 信号与图像处理

主要研究信号与图像处理在通信、雷达、卫星导航等领域的应用，包括非平稳、非线性系统处理，时空二维信号处理，阵列信号处理，自适应信号处理，制导信号处理，实时图像处理，遥感图像处理，成像理论与技术，实时数字信号处理技术等。

4. 信息处理理论与技术

主要包括信息获取技术，信源编码理论与数据压缩技术，语音、视觉、听觉信息处理，多媒体信息处理，高速并行信息处理系统设计与软件编程，人工神经网络与智能信息处理，信息处理系统在单片集成等领域的研究。

5. 信息安全与对抗理论与技术

主要从事复杂信息系统理论、信息系统体系结构及安全、信息科学技术与安全对抗、雷达对抗、通信对抗、网络安全与对抗等方面的研究工作。

6. 目标探测与识别理论与技术

以航天遥感、雷达探测和卫星导航为主要应用领域，研究利用微波、光电等多种传感器感知目标和环境信息的理论及关键技术研究。包括信息获取系统的新体制及优化设计技术、高分辨信号处理方法、机器学习及智能信息处理理论与方法和嵌入式实时信号处理技术等。

## 二、培养目标

本专业培养的人才要坚持党的基本路线，热爱祖国，遵纪守法，品行端正，诚实守信，身心健康，具有良好的科研道德和敬业精神。

掌握本学科坚实的基础理论和系统的专门知识，掌握本学科的现代实验方法和技能，具有从事科学研究工作或独立担负专门技术工作的能力，在科学研究或专门工程技术工作中具有一定的组织和管理能力，有良好的合作精神和较强的交流能力。

## 三、基本修业年限

普通硕士研究生基本修业年限为 2.5 年，最长修业年限不超过 3 年。原则上普通硕士研究生应在第一学年内完成全部课程学习，学位论文工作时间不少于一年。

普通硕士研究生应在学校规定的修业年限内完成学业，不允许提前毕业。

## 四、课程设置与学分要求

课程设置与学分要求如表 8.16 所示。

表 8.16 课程设置与学分要求

| 类别 | 课程编码 | 课程名称 | 学时 | 学分 | 学期 | 考核方式 | 是否必选 | 备注 |
|---|---|---|---|---|---|---|---|---|
| 公共必修课 | 21-000001-A01-22 | 中国特色社会主义理论与实践研究 | 36 | 2 | 1、2 | 考试 | 必选 | ≥7学分 |
| | 21-000001-A02-22 | 自然辩证法概论 | 18 | 1 | 1、2 | 考试 | 必选 | |
| | 21-000002-A0*-24 | 硕士英语 | 54+54 | 3 | 1、2 | 考试 | 必选 | |
| | 21-000001-A01-00 | 科学道德与学术诚信 | 18 | 1 | 1、2 | 考试 | 必选 | |
| 学科基础理论课 | 21-000003-A02-17 | 矩阵分析 | 36 | 2 | 1、2 | 考试 | 任选 | ≥2学分 |
| | 21-000003-A05-17 | 应用泛函分析 | 54 | 3 | 1、2 | 考试 | 任选 | |
| | 21-000003-A03-17 | 随机过程 | 36 | 2 | 1、2 | 考试 | 任选 | |
| 专业选修课 | 21-081000-B01-05 | 信息论 | 54 | 3 | 1 | 考试 | 任选 | ≥13学分 |
| | 21-081000-B02-05 | 通信网络基础 | 54 | 3 | 1 | 考试 | 任选 | |

续表

| 类别 | 课程编码 | 课程名称 | 学时 | 学分 | 学期 | 考核方式 | 是否必选 | 备注 |
|---|---|---|---|---|---|---|---|---|
| 专业选修课 | 21-081000-B03-05 | 近代信号处理 | 54 | 3 | 1 | 考试 | 任选 | ≥13学分 |
| | 21-081000-B04-05 | 现代控制理论基础 | 54 | 3 | 1 | 考试 | 任选 | |
| | 21-081000-B05-05 | 现代电子测量 | 54 | 3 | 1 | 考试 | 任选 | |
| | 21-081000-B06-05 | 数字图像处理与模式识别 | 54 | 3 | 1 | 考试 | 任选 | |
| | 21-081000-B07-05 | 雷达系统导论 | 54 | 3 | 1 | 考试 | 任选 | |
| | 21-081000-B08-05 | 信息系统及其安全对抗 | 54 | 3 | 1 | 考试 | 任选 | |
| | 21-081000-B09-05 | 高等数字通信 | 54 | 3 | 1 | 考试 | 任选 | |
| | 21-081000-B10-05 | 信号检测与估计理论 | 54 | 3 | 1 | 考试 | 任选 | |
| | 21-081000-B11-05 | 多抽样率信号处理 | 36 | 2 | 1 | 考试 | 任选 | |
| | 21-081000-B12-05 | 基于FPGA的数字信号处理技术 | 54 | 3 | 2 | 考试 | 任选 | |
| 专业选修课 | 21-081000-C01-05 | 移动通信 | 36 | 2 | 2 | 考试 | 任选 | ≥6学分 |
| | 21-081000-C02-05 | 信号时频分析及应用 | 36 | 2 | 2 | 考试 | 任选 | |
| | 21-081000-C03-05 | 卫星通信 | 36 | 2 | 2 | 考试 | 任选 | |
| | 21-081000-C04-05 | 扩频通信 | 36 | 2 | 2 | 考试 | 任选 | |
| | 21-081000-C05-05 | 通信协议设计基础 | 36 | 2 | 2 | 考试 | 任选 | |
| | 21-081000-C06-05 | 高速实时信号处理器结构与系统 | 54 | 3 | 2 | 考试 | 任选 | |
| | 21-081000-C07-05 | 高性能DSP系统软件技术 | 36 | 2 | 2 | 考试 | 任选 | |

续表

| 类别 | 课程编码 | 课程名称 | 学时 | 学分 | 学期 | 考核方式 | 是否必选 | 备注 |
|---|---|---|---|---|---|---|---|---|
| 专业选修课 | 21-081000-C08-05 | 无线网络通信原理 | 36 | 2 | 2 | 考试 | 任选 | ≥6学分 |
| | 21-081000-C09-05 | 电子对抗原理 | 54 | 3 | 1 | 考试 | 任选 | |
| | 21-081000-C10-05 | 网络安全与对抗 | 36 | 2 | 1 | 考试 | 任选 | |
| | 21-081000-C11-05 | 信道编码 | 36 | 2 | 2 | 考试 | 任选 | |
| | 21-081000-C12-05 | 卫星导航定位理论与方法 | 54 | 3 | 2 | 考查 | 任选 | |
| | 21-081000-C13-05 | 数字视频技术 | 36 | 2 | 2 | 考试 | 任选 | |
| | 21-081000-C14-05 | 数据融合原理 | 36 | 2 | 2 | 考试 | 任选 | |
| | 21-081000-C15-05 | 语音信号数字处理 | 36 | 2 | 2 | 考试 | 任选 | |
| | 21-081000-C16-05 | 信息安全对抗系统工程与实践 | 36 | 2 | 2 | 考试 | 任选 | |
| | 21-081000-C17-05 | 现代计算机结构及其应用 | 54 | 3 | 2 | 考试 | 任选 | |
| 校公共选修课 | 21-000001-D01-00 | 文献检索和数据库利用 | 18 | 1 | 1、2 | 考试 | 任选 | ≥1学分 |
| | 21-000001-D02-00 | 专利及知识产权保护 | 18 | 1 | 1、2 | 考试 | 任选 | |

注：硕士英语为英语的普通硕士研究生，达到入学当年免修条件的，可以申请免修硕士英语。硕士英语为非英语的普通硕士研究生必须选修英语（二外）作为第二外国语课，3学分（可作为选修课学分）。

**五、必修环节（2学分）**

1. 文献综述（0.5学分）

普通硕士研究生在学期间应结合学位论文任务，阅读至少30篇研究领域内的国内外文献，了解、学习本领域的新技术、新工艺、新方法、新材料的研究进展，并在此基础上撰写不少于4 000字的文献综述报告。本环节计0.5学分，最迟应于第三学期第15周前完成。

2. 开题报告（0.5学分）

开题报告以文献综述报告为基础，主要介绍课题研究的目的、意义、技术路线、实施方案、计划安排和预期成果。本环节计0.5学分，最迟应于第三学期第

15周前完成。

3. 学术活动（0.5学分）

普通硕士研究生在学期间应参加不少于6次学术活动，其中本人进行正规性的学术报告不少于1次。每次学术活动要有500字左右的总结报告，注明参加学术活动的时间、地点、报告人、学术报告题目，简述报告内容并阐明自己对相关问题的学术观点或看法。本环节计0.5学分，最迟应于第五学期第3周前完成。

4. 专业外语（0.5学分）

指导教师负责指导普通硕士研究生选读和笔译相关专业外文文献，使研究生了解、熟悉外语论文的写作及在国际会议发表论文和进行学术报告的要求。指导教师负责组织专业外语的考核。根据学科特点，学院也可以统一安排该环节内容并进行考核。本环节计0.5学分，最迟应于第四学期第8周前完成。

5. 实践环节

由指导教师负责讲授或指导与学术型硕士生学习与学位论文密切相关的课程，进行实验等相关技能训练、科学研究及创新能力培养，由导师负责考核。

### 六、学位论文相关工作

1. 中期考核

学院具体负责对普通硕士研究生的课程学习、文献综述、开题报告、发表科技论文及学位论文工作的研究进展情况等进行中期检查。

普通硕士研究生的中期检查应于第四学期的第8周前完成。

2. 培养环节审查

普通硕士研究生学习期满，修满培养方案规定的课程学分，完成专业外语、学术活动、科学研究训练及创新能力培养等必修环节以及文献综述、开题报告等学位论文相关工作，通过培养环节审查后，可申请学位论文答辩。普通硕士研究生的培养环节审查一般在第五学期第3周前完成。

3. 论文撰写与论文答辩

普通硕士研究生必须在导师指导下完成一篇达到硕士学位要求的学位论文。学位论文要反映硕士研究生在本学科领域研究中达到的学术水平，表明本人较好地掌握了本学科的基础理论、专门知识和基本技能，具有从事本学科或相关学科科学研究或独立担负专门技术工作的能力。

普通硕士研究生学位论文答辩时间距提交开题报告时间至少为12个月。

普通硕士研究生在申请答辩前，必须达到《北京理工大学关于博士、硕士学位申请者发表学术论文的规定》的要求。普通硕士研究生学位论文答辩工作按照《北京理工大学学位授予工作细则》进行。

### 七、教学大纲与课程简介

针对普通硕士研究生培养方案确定的必修课（包括公共必修课、学科基础理论课、专业必修课）必须制定教学大纲。教学大纲内容包括课程编码、课程名称、学时、学分、教学方式、考试方式、适用专业、先修课程、各章节主要教学内容和学时分配、参考文献等。

普通硕士研究生培养方案确定的选修课需制定课程简介。课程简介内容包括课程编码、课程名称、学时、学分、教学方式、考试方式、适用专业、先修课程、内容概要、参考文献等。

## 电子与通信工程领域工程硕士
### （085208）

### 一、学科简介

北京理工大学信息与电子学院的前身是北京工业学院电子工程系，是我国首批建立的从事雷达、遥感遥测专业教学与科研工作的单位之一。

北京理工大学电子与通信工程专业涉及信息与电子学院所含信息与通信工程和电子科学与技术两个一级学科，包括通信与信息系统、信号与信息处理、信息安全与对抗、目标探测与识别、电路与系统、电磁场与微波技术、微电子学与固体电子学、信号处理与医学电子7个二级学科，主要研究信号的产生、交换、传播、传输、发射、接收、测试等有关理论、技术及相应的电路与系统，以信号与信息处理为主体的获取、变换、存储、传输、交换、识别、显示等应用环节中的处理理论、技术及相应的电路与系统等。所涉及的范围包括通信、雷达、导航、遥感、卫星、电子对抗等。

北京理工大学信息与电子学院拥有一支很强的师资队伍，有教职工201人，包括教授25人（含科学院院士和工程院院士2人）、博士生导师43人、硕士生导师132人，其中不少人是国内同行业的知名专家。

学院建有电工电子国家级实践教学示范中心、电子信息教学实验中心以及"985"和"211"学科建设实验室，还有十多个校企联合实验室，为研究生提供了良好的实验条件。

学院科学研究实力雄厚，覆盖领域宽，应用基础潜力大，年科研经费近2亿元。1981年以来，获国家发明奖9项，国家级和部委重大科技进步奖50余项，在国内外学术刊物和会议上发表论文1 500余篇，在全国公开出版发行的专著、教科书等各类书籍共70余种，其中有的参加了国外举办的中国图书展，并获得多种奖励。

学院拥有博士后流动站2个、博士点8个、硕士点7个。自建立以来，为国家培养了大批硕士学位以上的高级技术人才。

北京理工大学电子与通信工程专业的主要研究方向如下:

1. 信息与通信工程

研究内容主要包括通信系统理论与技术、移动通信理论与技术、信号与图像处理、信息处理理论与技术、信息安全与对抗理论与技术和目标探测与识别理论与技术。

2. 电子科学与技术

研究内容主要包括计算电磁学及其应用,微波、毫米波电路与系统,微电子电路与系统,电子信息电路与系统和信号处理与医学电子。

二、培养目标

本专业培养热爱祖国,遵纪守法,具有科学严谨和求真务实的学习态度和工作作风,品行端正、身心健康,积极为社会主义现代化建设服务,掌握电子与通信工程领域坚实的基础理论和专业知识,具有较强的分析、解决实际问题的能力,能够承担专业技术或管理工作,具有创新能力、创业能力、实践能力和良好的职业素养的高层次应用型专门人才。

三、培养方式

(1) 采用全日制研究生管理模式,实行集中在校学习和社会实践相结合的培养方式。

(2) 实行双导师负责制或导师指导小组负责制。双导师制是指1名校内学术导师和1名校外社会实践部门的导师共同指导学生,其中以校内导师指导为主,校外导师参与实践过程、项目研究、部分课程与论文等环节的指导工作。导师指导小组负责制是由3~5人组成的指导小组进行合作指导制度。导师指导小组中必须有1人为首席导师,主要负责研究生的业务指导和思想政治教育,其余导师参与实践过程、项目研究、部分课程与论文等环节的指导工作。

四、学习年限

硕士研究生基本修业年限为2年,最长修业年限不超过3年,不允许提前毕业。

五、课程设置与学分要求

课程设置与学分要求如表8.17所示。

表8.17 课程设置与学分要求

| 类别 | 课程编号 | 课程名称 | 学时 | 学分 | 学期 | 考核方式 | 备注 |
|---|---|---|---|---|---|---|---|
| 公共必修课 | 22-000001-A01-22 | 中国特色社会主义理论与实践研究 | 36 | 2 | 1、2 | 考试 | 必修 |

续表

| 类别 | 课程编号 | 课程名称 | 学时 | 学分 | 学期 | 考核方式 | 备注 |
|---|---|---|---|---|---|---|---|
| 公共必修课 | 22-000001-A02-22 | 自然辩证法概论 | 18 | 1 | 1、2 | 考试 | 必修 |
| | 22-000002-A01-24 | 硕士公共英语 | 54 | 3 | 1、2 | 考试 | |
| 专业必修课 | 22-085208-B01-05 | VLSI分析与设计 | 54 | 3 | 1 | 考试 | ≥12学分 |
| | 22-085208-B02-05 | 电磁学中的数值方法 | 54 | 3 | 1 | 考试 | |
| | 22-085208-B03-05 | 微波电路设计理论与技术 | 54 | 3 | 2 | 考试 | |
| | 22-085208-B04-05 | 统计信号处理 | 54 | 3 | 1 | 考试 | |
| | 22-085208-B05-05 | 信息论 | 54 | 3 | 1 | 考试 | |
| | 22-085208-B06-05 | 现代电子测量 | 54 | 3 | 1 | 考试 | |
| | 22-085208-B07-05 | 通信网络基础 | 54 | 3 | 1 | 考试 | |
| 专业选修课 | 22-085208-C01-05 | FPGA与SOPC设计基础 | 54 | 3 | 2 | 考试 | ≥6学分 |
| | 22-085208-C02-05 | 半导体器件物理 | 54 | 3 | 1 | 考试 | |
| | 22-085208-C03-05 | 嵌入式系统与应用 | 54 | 3 | 1 | 考试 | |
| | 22-085208-C04-05 | 移动通信 | 36 | 2 | 2 | 考试 | |
| | 22-085208-C05-05 | 数字图像处理与模式识别 | 54 | 3 | 1 | 考试 | |
| | 22-085208-C06-05 | 信息系统及其安全对抗 | 54 | 3 | 1 | 考试 | |
| | 22-085208-C07-05 | 卫星导航定位理论与方法 | 54 | 3 | 2 | 考查 | |

### 六、必修环节

1. 文献综述

文献综述应结合论文选题,以电子与通信工程领域技术发展与工程应用为主,阅读20篇以上在研究领域内以行业技术发展与工程应用为主要内容的国内外文献,了解、学习本领域新技术、新工艺、新方法、新材料的应用进展,并在此基础上撰写3 000字以上的文献综述,综述与本研究课题相关的国内外研究进展,包括研究现状、水平、发展趋势和有待进一步研究的问题。

研究生最迟应在第二学期第15周前完成文献综述。

2. 学术活动

学生在学期间应参加3次以上学术活动,其中本人进行正规性学术报告或学位论文阶段性报告1次以上。每次参加学术活动应有500字左右的总结报告,需注明活动地点、时间、报告人、报告题目,并简要阐述自己的学术观点或看法。

### 七、实践环节

(1)电子与通信工程专业学位研究生在学期间,必须保证不少于半年的实践教学,其中应届本科生原则上不少于1年。实践环节可采用集中实践与分段实践相结合的方式。

(2)研究生的专业实践考核最迟应于第四学期第8周前完成。

(3)在导师指导下,研究生要制订并提交实习(实践)计划,提交实习(实践)基地负责人的评价意见,撰写实习(实践)总结报告。研究生不参加专业实践或未通过专业实践考核的,不得申请毕业和学位论文答辩。

专业实践可采取以下几种方式灵活进行:

(1)校内导师结合自身所承担的科研课题,安排学生的专业实践环节。

(2)充分发挥校外导师的作用,利用企业或研究院所的科研资源,由双导师协商、校外导师负责安排指导相应专业实践环节。

(3)依托于研究生联合培养基地,由学院统一组织和选派学生去企业或研究院所进行专业实践。

专业实践的考核:

(1)专业实践环节是全日制硕士专业学位研究生培养的一个特色和重要环节,研究生不参加专业实践或专业实践考核未通过,不得申请毕业和学位论文答辩。

(2)专业实践考核最迟应于第四学期第12周前完成。

(3)专业实践半年累计工作量不得少于320学时(每周20学时,按16周计算),应届毕业生原则上不少于640学时(每周20学时,按32周计算)。

(4)学院负责组织校内外专家、企业或研究院所等实践单位负责人组成考核小组,以专题报告会形式对研究生专业实践进行考核。研究生汇报本人的专业实践工作，指导教师应根据研究生的专业实践工作量、综合表现和实践单位的反馈意见等，按优秀、良好、及格和不及格四个等级评定成绩，并将成绩汇总后交研究生院。

**八、论文开题与中期检查**

1. 开题报告

学位论文选题应直接来源于工程实际或具有明确的工程技术背景和应用价值。开题报告应以文献综述报告为基础，主要介绍课题研究的目的、意义、技术路线、实施方案、计划安排和预期成果。

研究生最迟应在第二学期期末完成开题报告。

2. 中期检查

学院负责从课程学习、必修环节、开题报告、学位论文工作的进展情况等多方面对研究生进行中期检查。

中期检查最迟应于第三学期第 8 周前完成。

**九、学位论文与毕业**

学位论文应表明作者在本专业领域掌握了坚实的基础理论和宽广的专业知识，具有较强的解决实际问题的能力。

论文应由校内外各 1 名具有高级职称的相关专业的专家进行评审，写出评语并明确表示通过或不通过意见。上述两名专家意见一致通过的，则论文通过；两名专家意见均不通过的，则论文不通过；一名专家意见不通过的，可另请一名专家重审，若意见通过，则论文通过，反之，论文不通过。

研究生学位论文答辩时间距提交开题报告时间应至少为 12 个月。

研究生学习期满，修满培养方案规定的学分，完成文献综述、学术活动等必修环节，完成实践环节，通过学位论文答辩，并经过学校学位评定委员会审议通过后，可授予北京理工大学全日制硕士专业学位毕业证书和学位证书。

## 集成电路工程领域工程硕士
### （085209）

**一、学科简介**

北京理工大学集成电路工程专业涉及信息与电子学院所含信息与通信工程和电子科学与技术两个一级学科，包括通信与信息系统、信号与信息处理、信息安全与对抗、电路与系统、电磁场与微波技术、微电子学与固体电子学、生命信息工程 7 个二级学科，研究内容包括信息传输、信息交换、信息处理、信号检测、集成电路设计与制造、MEMS 设计与制造、专用微处理器设计、电子元器件、DSP 应用、微波与天线、仪器仪表技术、计算机工程与应用等。

北京理工大学信息与电子学院拥有一支教学、科研实力雄厚的师资队伍，有教职工202人，包括教授28人（含科学院院士和工程院院士2人）、博士生导师42人，其中不少人是国内同行业的知名专家。

学院建有电工电子国家级实践教学示范中心、电子信息教学实验中心以及"985"和"211"学科建设实验室，还有十多个校企联合实验室，为研究生教学和研究提供了良好的实验条件。

学院科学研究实力雄厚，覆盖领域宽，应用基础潜力大，年科研经费近1亿元。1981年以来，获国家发明奖9项，国家级和部委级重大科技进步奖50余项，在国内外学术刊物和会议上发表论文1 200余篇，在全国公开出版发行的专著、教科书等各类书籍共70余种，其中有的参加了国外举办的中国图书展，并获得多种奖励。

学院拥有博士后流动站2个、博士点8个、硕士点7个。自建立以来，为国家培养了大批硕士学位以上的高级技术人才。

北京理工大学集成电路工程专业的主要研究方向如下：

1. 信号与信息处理

研究内容主要包括通信系统理论与技术、移动通信理论与技术、信号与图像处理、信息处理理论与技术、信息安全与对抗理论与技术和目标探测与识别理论与技术。

2. 电子科学与技术

研究内容主要包括计算电磁学及其应用，微波、毫米波电路与系统，集成电路设计与系统，电子信息电路与系统和生命信息工程与技术。

二、培养目标

集成电路工程专业学位硕士研究生的培养目标是，掌握本领域坚实的基础理论和宽广的专业知识，较熟练地掌握一门外国语，掌握解决工程问题的先进技术方法和现代技术手段，具有创新意识和独立承担工程技术或工程管理等领域的能力。具体而言，本专业主要为通信与信息系统、信号与信息处理、电路与系统、电磁场与微波技术、微电子学与固体电子学等学科领域培养从事光纤通信、计算机与数据通信、卫星通信、移动通信、多媒体通信、信号与信息处理、通信网设计与管理、集成电路设计与制造、电子元器件、电磁场与微波技术等方面集成电路系统、芯片设计、测试、可靠性验证、应用等工作的高级工程技术和管理人才。

三、培养方式

（1）采用全日制研究生管理模式，实行集中在校学习和社会实践相结合的培养方式。

（2）在专业培养方面实行双导师负责制或导师指导小组负责制。双导师负责制是指 1 名校内学术导师和 1 名校外社会实践部门的导师共同指导学生,其中以校内导师指导为主,校外导师参与实践过程、项目研究、课程与论文等多个环节的指导工作。导师指导小组负责制是指由 3~5 人组成的指导小组进行合作指导的制度。导师指导小组中必须有 1 人为首席导师,主要负责研究生的业务指导和学术道德教育,其余导师参与实践过程、项目研究、课程与论文等多个环节的指导工作。

**四、学习年限**

硕士研究生基本修业年限为 2 年,最长修业年限为 3 年,不允许提前毕业。

**五、课程设置与学分要求**

课程设置与学分要求如表 8.18 所示。

表 8.18 课程设置与学分要求

| 类别 | 课程编号 | 课程名称 | 学时 | 学分 | 学期 | 考核方式 | 备注 |
|---|---|---|---|---|---|---|---|
| 公共必修课 | 22-000001-A01-22 | 中国特色社会主义理论与实践研究 | 36 | 2 | 1、2 | 考试 | 必修 |
| | 22-000001-A02-22 | 自然辩证法概论 | 18 | 1 | 1、2 | 考试 | |
| | 22-000002-A01-24 | 硕士公共英语 | 54 | 3 | 1、2 | 考试 | |
| 专业必修课 | 22-000003-B01-17 | 数值分析 | 36 | 2 | 1 | 考试 | ≥2学分 |
| | 22-000003-B02-17 | 矩阵分析 | 36 | 2 | 1 | 考试 | |
| | 22-000003-B03-17 | 应用泛函分析 | 54 | 3 | 1 | 考试 | |
| | 22-000003-B04-17 | 随机过程 | 36 | 2 | 1 | 考试 | |
| | 22-000003-B05-17 | 数学物理方法 | 54 | 3 | 1 | 考试 | |
| | 22-085209-B06-05 | 现代电路与网络理论 | 54 | 3 | 1 | 考试 | ≥12学分 |
| | 22-085209-B07-05 | 现代电子测量技术 | 36 | 2 | 2 | 考试 | |
| | 22-085209-B08-05 | 混合信号集成电路 | 54 | 3 | 1、2 | 考试 | |
| | 22-085209-B09-05 | 半导体器件物理 | 54 | 3 | 1 | 考试 | |

续表

| 类别 | 课程编号 | 课程名称 | 学时 | 学分 | 学期 | 考核方式 | 备注 |
|---|---|---|---|---|---|---|---|
| 专业必修课 | 22-085209-B10-05 | 信号检测与估计理论 | 54 | 3 | 1 | 考试 | ≥12学分 |
| | 22-085209-B11-05 | 超大规模集成电路 | 54 | 3 | 1 | 考试 | |
| | 22-085208-B03-05 | 微波电路设计理论与技术 | 54 | 3 | 2 | 考试 | |
| 专业选修课 | 22-085209-C01-05 | VLSI设计方法学 | 36 | 2 | 2 | 考试 | ≥6学分 |
| | 22-085209-C02-05 | MEMS设计与制造 | 36 | 2 | 2 | 考试 | |
| | 22-085209-C03-05 | CMOS射频集成电路设计 | 36 | 2 | 2 | 考试 | |
| | 22-085209-C04-05 | 多传感器阵列信号处理 | 54 | 3 | 1 | 考试 | |
| | 22-085209-C05-05 | 深亚微米数字集成电路设计 | 36 | 2 | 2 | 考试 | |
| | 22-085209-C06-05 | 高性能模拟集成电路设计 | 54 | 3 | 2 | 考试 | |
| | 22-085209-C07-05 | 高速实时信号处理器结构与系统 | 54 | 3 | 2 | 考试 | |

**六、必修环节**

1. 文献综述

研究生在学期间应结合学位论文任务，至少阅读20篇在研究领域内以行业技术发展与工程应用为主要内容的国内外文献，了解、学习本领域新技术、新工艺、新方法、新材料的应用进展，并在此基础上撰写3 000字以上的文献综述，综述本研究课题相关的国内外研究进展，包括研究现状、水平、发展趋势和有待进一步研究的问题。

研究生最迟应在第二学期第15周前完成文献综述。

2. 学术活动

研究生在学期间应至少参加3次学术活动，每次学术活动需提交500字左右的总结报告，其报告内容需阐明自己对相关问题的学术观点或看法。

### 七、实践环节

（1）研究生在学期间，必须保证不少于半年的实践教学，其中应届本科生原则上不少于 1 年。实践环节可采用集中实践与分段实践相结合的方式。

（2）在导师指导下，研究生要制订并提交实习（实践）计划，撰写实习（实践）总结报告。不参加专业实践或未通过专业实践考核的，不得申请毕业和学位论文答辩。

（3）专业实践的具体环节、要求和考核工作规定参照《北京理工大学全日制硕士专业学位研究生专业实践工作要求及考核工作规定》。

（4）专业实践考核最迟应于第四学期第 8 周前完成。

### 八、论文开题与中期检查

1. 开题报告

开题报告主要介绍学位论文选题的技术路线、实施方案、预期成果和计划安排。开题报告应以文献综述报告为基础，主要介绍课题研究的目的、意义、技术路线、实施方案、计划安排和预期成果。课题要求直接来源于生产实际或具有明确的生产背景和应用价值的课题，包括技术引进、技术改造、技术攻关等生产关键任务，新技术、新工艺、新设备、新材料和新产品的研发方面的课题。

开题报告应明确学位论文形式，原则上，论文形式一经确定，不允许修改。研究生最迟应在第二学期期末完成开题报告。

2. 中期检查

学院负责从课程学习、必修环节、开题报告、学位论文工作的进展情况等多方面对研究生进行中期检查，研究生的中期检查最迟应于第三学期第 8 周前完成。

### 九、学位论文与毕业

研究生应在校内外导师或导师指导小组的指导下完成一篇达到全日制硕士专业学位毕业要求的学位论文。论文必须强化应用导向，形式可多种多样。鼓励采用调研报告、规划设计、产品开发、案例分析、项目管理、文学艺术作品等多种形式，重在考查学生综合运用理论、方法和技术解决实际问题的能力。

研究生学位论文答辩时间距提交开题报告时间应至少为 12 个月。

研究生学习期满，修满培养方案规定的学分，完成文献综述、学术活动等必修环节，完成实践环节，通过学位论文答辩，并经过学校学位评定委员会审议通过后，可授予北京理工大学全日制硕士专业学位毕业证书和学位证书。

**信系寰宇**
——北京理工大学信息与电子学院学科（专业）发展史（下）

# 电子科学与技术
## （080900）

### 一、学科简介与研究方向

北京理工大学电子科学与技术学科2003年获得一级学科博士授予权，建有5个二级学科、2个博士后流动站和2个长江学者岗位。其中物理电子学为国家重点学科，电磁场与微波技术为国防科工委和北京市重点学科，电子科学与技术为北京市重点学科，建有毫米波及太赫兹北京市重点实验室，建有国家级电工电子实验教学示范中心。本学科师资力量雄厚，有专职教师115名（其中外聘院士2人、千人计划特聘教授1人、长江学者特聘教授2人、国家杰出青年基金获得者1人、教育部新世纪人才3人、国防科技工业"511人才工程"1人、教授26名）。年均科研经费3 000多万元，年均SCI论文30余篇。

学科以发展核心技术和培养人才为目标，面向国际学术前沿和国家需求，注重营造良好的基础性研究氛围，尤其注重与数学、物理、计算机、信息、生命等学科的交叉，强调科研与教学结合，形成以下6个主要研究方向：

1. 新型光电子器件与系统

主要研究内容：新型固体激光器、气体激光器、光纤激光器与各种新型激光技术与应用系统；微小光学及微光机电器件及技术、导波光学、光纤陀螺、光纤传感技术与系统；激光雷达、光学制导、光电对抗、光电仿真、光通信等方面光电子信息系统；自适应光学理论、自适应光学系统设计方法与仿真，信标、波前探测、处理与控制方法与技术，部分校正、多层共轭校正自适应光学、空间在轨波前探测与控制的理论、方法和技术等。

2. 电磁仿真与天线

主要研究内容：瞄准电磁仿真与天线领域的学术前沿，面向国家在雷达、隐身、电磁兼容、大规模集成电路等领域的需求，以研究电磁仿真与天线关键技术为核心，开展三个层面的科研和教学：在基础研究层面，开展电磁计算理论和方法、天线设计理论和分析方法的研究；在应用基础层面，针对雷达、隐身、电磁兼容、大规模集成电路等领域的挑战性问题，开展针对解决这些问题的电磁仿真和天线技术的研发；在应用层面，开展电磁仿真软件和天线分析设计软件的研发。

3. 毫米波太赫兹技术与系统

主要研究内容：微波毫米波与太赫兹集成电路、天线与系统。在无线系统领域，研究毫米波与红外复合探测技术与系统、毫米波卫星通信模拟转发器和物联网无线传感器等；在太赫兹技术领域，研究太赫兹器件、太赫兹天线和太赫兹集成前端等；在集成技术领域，开展硅基CMOS、砷化镓基单片、MEMS、LTCC和

MCM 等集成射频多种设计技术研究。

4. 微电子与集成电路

主要研究内容：微电子与集成电路：超大规模集成电路设计理论、专用处理器芯片设计、高性能模拟集成电路设计与应用、新型 MEMS 传感器设计与应用、集成电路测试与可靠性分析、集成电路系统集成等技术；专用处理器设计：专用处理器设计理论和方法论、专用处理器汇编编程工具链和编程方法、嵌入式并行处理器并行编程工具链和方法、专用处理器自动综合技术、通信专用处理器、多媒体专用处理器、游戏机专用处理器、软件无线电数字综合收发机、植入体内微系统。

5. 医学电子与信号处理

主要研究内容：信号与图像处理及应用：多传感器阵列信号处理及应用、生物医学信号处理、医学影像处理与计算机辅助诊断（细胞视频图像处理、眼科医学图像处理与应用等）、三维图像分割与重建技术等；医学电子系统与技术：嵌入式与半实物仿真系统、植入式和可穿戴式医学电子装置与技术、便携式移动医学信息智能终端技术、实时数字信号处理技术等；数字医疗技术与装备：数字医疗设备、生物医学信息提取技术、移动数字医疗系统与技术等；生物医学光子学：生物医学光谱检测技术、医学中的光学成像技术、光生物学效应、无损或微创光医学诊断和治疗、激光诊断与治疗技术等。

6. 复杂电路系统研究与应用

主要研究内容：超高速和分布式采样电路技术、新型电路接口技术、大规模可编程数字系统实现与算法映射、信号获取新理论与电路实现、信号稀疏分解与应用、高性能探测与信号处理、高速图像识别与处理。

二、培养目标

本专业培养的人才应坚持党的基本路线，热爱祖国，遵纪守法，品行端正，诚实守信，身心健康，具有良好的科研道德和敬业精神。掌握本学科坚实宽广的基础理论和系统深入的专门知识；掌握本学科的现代实验方法和技能；熟练地掌握一门外国语，具有一定的国际学术交流能力；具有独立地、创造性地从事科学研究的能力，并有良好的合作精神；能够在科学研究或专门技术上做出创造性的成果。

三、基本修业年限

硕士起点博士研究生基本修业年限为 4 年，最长修业年限为 6 年。

本科起点博士研究生基本修业年限为 5.5 年，最长修业年限为 7 年。

原则上硕士起点博士研究生应在第一学年内完成课程学习，本科起点博士研究生应在两学年内完成课程学习，博士研究生的学位论文工作时间不应少于一年。

## 四、课程设置与学分要求

1. 硕士起点博士生课程设置与学分要求如表 8.19 所示。

**表 8.19 硕士起点博士生课程设置与学分要求**

| 类别 | 课程编码 | 课程名称 | 学时 | 学分 | 学期 | 考核方式 | 是否必选 | 备注 |
|---|---|---|---|---|---|---|---|---|
| 公共必修课 | 31-000001-A01-22 | 中国马克思主义与当代 | 36 | 2 | 1、2 | 考试 | 必选 | ≥5学分 |
| | 31-000002-A0*-24 | 博士英语 | 54 | 2 | 1、2 | 考试 | 必选 | |
| | 21-000001-A01-00 | 科学道德与学术诚信 | 18 | 1 | 1、2 | 考试 | 必选 | |
| | 31-000001-D03-22 | 马克思主义经典著作选读 | 18 | 1 | 1、2 | 考试 | 任选 | |
| 学科基础理论课 | 31-000003-A02-17 | 近代数学基础Ⅰ | 54 | 3 | 1、2 | 考试 | 任选 | ≥3学分 |
| | 31-000003-A03-17 | 近代数学基础Ⅱ | 54 | 3 | 1、2 | 考试 | 任选 | |
| | 31-000003-A01-17 | 科学与工程计算 | 54 | 3 | 1、2 | 考试 | 任选 | |
| 专业必修课 | 31-080900-B01-04 | 高等光电子学 | 54 | 3 | 1 | 考试 | 任选 | ≥8学分 |
| | 31-080900-B02-04 | 光电子信息探测技术与应用 | 54 | 3 | 2 | 考试 | 任选 | |
| | 31-080900-B03-04 | 新型光电子器件 | 54 | 3 | 2 | 考试 | 任选 | |
| | 31-080900-B04-05 | 现代计算电磁学 | 54 | 3 | 2 | 考试 | 任选 | |
| | 31-080900-B05-05 | 现代微波网络导论 | 54 | 3 | 2 | 考试 | 任选 | |
| | 31-080900-B06-05 | 高等半导体物理 | 54 | 3 | 2 | 考试 | 任选 | |
| | 31-080900-B07-05 | SOC 理论与设计 | 54 | 3 | 2 | 考试 | 任选 | |
| | 31-080900-B08-05 | 数字 VLSI 系统 | 54 | 3 | 2 | 考试 | 任选 | |
| | 31-080900-B09-05 | 生命信息工程学 | 54 | 3 | 1 | 考试 | 任选 | |

续表

| 类别 | 课程编码 | 课程名称 | 学时 | 学分 | 学期 | 考核方式 | 是否必选 | 备注 |
|---|---|---|---|---|---|---|---|---|
| 专业必修课 | 31-080900-B10-05 | 矢量传感器信号处理 | 54 | 3 | 1 | 考试 | 任选 | ≥8学分 |
| | 31-080900-B11-05 | 现代医学影像物理学 | 54 | 3 | 1 | 考试 | 任选 | |
| 专业选修课 | 31-080900-C01-04 | 激光检测与测量技术 | 36 | 2 | 2 | 考试 | 任选 | 不做学分要求 |
| | 31-080900-C02-04 | 自适应光学理论与应用 | 36 | 2 | 2 | 考试 | 任选 | |
| | 31-080900-C03-05 | 并行计算导论 | 54 | 3 | 2 | 考试 | 任选 | |
| | 31-080900-C04-05 | 微波毫米波系统理论与应用 | 36 | 2 | 2 | 考试 | 任选 | |
| | 31-080900-C05-05 | 射频阵列理论与技术 | 36 | 2 | 2 | 考试 | 任选 | |
| | 31-080900-C06-05 | 高等模拟电路设计 | 36 | 2 | 2 | 考试 | 任选 | |
| | 31-080900-C07-05 | 微电子学关键工艺技术 | 36 | 2 | 2 | 考查 | 任选 | |
| | 31-080900-C08-05 | 集成电路可靠性 | 36 | 2 | 2 | 考查 | 任选 | |
| | 31-080900-C09-05 | 片上多核处理器及编程 | 54 | 3 | 2 | 考试 | 任选 | |
| 校公共选修课 | 21-000001-D01-00 | 文献检索和数据库利用 | 18 | 1 | 1、2 | 考试 | 任选 | ≥1学分 |
| | 21-000001-D02-00 | 专利及知识产权保护 | 18 | 1 | 1、2 | 考试 | 任选 | |

注：①第一外国语为英语的博士研究生，达到入学当年免修条件的，可以申请免修第一外国语。第一外国语为非英语的博士研究生必须选修英语（二外）作为第二外国语，2学分。

②硕士起点博士研究生已在其硕士阶段获得科学道德与学术诚信课程1学分的，公共选修课1学分的，博士研究生阶段可申请免修。

**2. 本科起点博士生课程设置与学分要求如表 8.20 所示。**

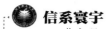

表 8.20　本科起点博士生课程设置与学分要求

| 类别 | 课程编码 | 课程名称 | 学时 | 学分 | 学期 | 考核方式 | 是否必选 | 备注 |
|---|---|---|---|---|---|---|---|---|
| 公共必修课 | 21-000001-A01-22 | 中国特色社会主义理论与实践研究 | 36 | 2 | 1、2 | 考试 | 必选 | ≥10学分 |
| | 31-000001-A01-22 | 中国马克思主义与当代 | 36 | 2 | 1、2 | 考试 | 必选 | |
| | 21-000002-A0*-24 | 硕士英语 | 54+54 | 3 | 1、2 | 考试 | 必选 | |
| | 31-000002-A0*-24 | 博士英语 | 54 | 2 | 1、2 | 考试 | 必选 | |
| | 21-000001-A01-00 | 科学道德与学术诚信 | 18 | 1 | 1、2 | 考试 | 必选 | |
| | 21-000001-A02-22 | 自然辩证法概论 | 18 | 1 | 1、2 | 考试 | 任选 | |
| | 31-000001-D03-22 | 马克思主义经典著作选读 | 18 | 1 | 1、2 | 考试 | 任选 | |
| 学科基础理论课 | 21-000003-A02-17 | 矩阵分析 | 36 | 2 | 1、2 | 考试 | 任选 | ≥2学分 |
| | 21-000003-A01-17 | 数值分析 | 36 | 2 | 1、2 | 考试 | 任选 | |
| | 21-000003-A05-17 | 应用泛函分析 | 54 | 3 | 1、2 | 考试 | 任选 | |
| | 21-000003-A04-17 | 数学建模 | 36 | 2 | 1、2 | 考试 | 任选 | |
| | 21-000003-A03-17 | 随机过程 | 36 | 2 | 1、2 | 考试 | 任选 | |
| | 31-000003-A02-17 | 近代数学基础Ⅰ | 54 | 3 | 1、2 | 考试 | 任选 | ≥3学分 |
| | 31-000003-A03-17 | 近代数学基础Ⅱ | 54 | 3 | 1、2 | 考试 | 任选 | |
| | 31-000003-A01-17 | 科学与工程计算 | 54 | 3 | 1、2 | 考试 | 任选 | |
| 专业必修课 | 21-080900-B01-04 | 量子电子学 | 54 | 3 | 1 | 考试 | 任选 | ≥13学分 |
| | 21-080900-B19-04 | 非线性光学 | 54 | 3 | 2 | 考试 | 任选 | |

续表

| 类别 | 课程编码 | 课程名称 | 学时 | 学分 | 学期 | 考核方式 | 是否必选 | 备注 |
|---|---|---|---|---|---|---|---|---|
| 专业必修课 | 21-080900-B02-04 | 导波光学 | 54 | 3 | 1 | 考试 | 任选 | ≥13学分 |
| | 21-080900-B03-04 | 光电传感基础 | 54 | 3 | 1 | 考试 | 任选 | |
| | 21-080900-B04-04 | 现代光电子学实验 | 54 | 3 | 1 | 考试 | 任选 | |
| | 21-080900-B05-05 | 高等电磁场理论 | 54 | 3 | 1 | 考试 | 任选 | |
| | 21-080900-B06-05 | 计算电磁学基础 | 36 | 2 | 1 | 考试 | 任选 | |
| | 21-080900-B07-05 | 现代天线理论与技术 | 54 | 3 | 2 | 考试 | 任选 | |
| | 21-080900-B08-05 | 微波网络理论与新技术 | 54 | 3 | 1 | 考试 | 任选 | |
| | 21-080900-B09-05 | 微波毫米波电路集成技术 | 54 | 3 | 2 | 考试 | 任选 | |
| | 21-080900-B10-05 | 微电子技术进展 | 54 | 3 | 1 | 考试 | 任选 | |
| | 21-080900-B11-05 | 混合信号集成电路 | 54 | 3 | 1 | 考试 | 任选 | |
| | 21-080900-B12-05 | 超大规模集成电路设计导论 | 54 | 3 | 1 | 考试 | 任选 | |
| | 21-080900-B13-05 | 统计信号处理 | 54 | 3 | 1 | 考试 | 任选 | |
| | 21-080900-B14-05 | 多传感器阵列信号处理 | 54 | 3 | 1 | 考试 | 任选 | |
| | 21-080900-B15-05 | 医学图像处理与分析 | 54 | 3 | 1 | 考试 | 任选 | |
| | 21-080900-B16-05 | 现代电路与网络理论 | 54 | 3 | 1 | 考试 | 任选 | |
| | 21-080900-B17-05 | 现代电子测量技术 | 54 | 3 | 2 | 考试 | 任选 | |
| | 21-080900-B18-05 | FPGA与SOPC设计基础 | 54 | 3 | 2 | 考查 | 任选 | |

续表

| 类别 | 课程编码 | 课程名称 | 学时 | 学分 | 学期 | 考核方式 | 是否必选 | 备注 |
|---|---|---|---|---|---|---|---|---|
| 专业必修课 | 31-080900-B01-04 | 高等光电子学 | 54 | 3 | 1 | 考试 | 任选 | ≥8学分 |
| | 31-080900-B02-04 | 光电子信息探测技术与应用 | 54 | 3 | 2 | 考试 | 任选 | |
| | 31-080900-B03-04 | 新型光电子器件 | 54 | 3 | 2 | 考试 | 任选 | |
| | 31-080900-B04-05 | 现代计算电磁学 | 54 | 3 | 2 | 考试 | 任选 | |
| | 31-080900-B05-05 | 现代微波网络导论 | 54 | 3 | 2 | 考试 | 任选 | |
| | 31-080900-B06-05 | 高等半导体物理 | 54 | 3 | 2 | 考试 | 任选 | |
| | 31-080900-B07-05 | SOC理论与设计 | 54 | 3 | 2 | 考试 | 任选 | |
| | 31-080900-B08-05 | 数字VLSI系统 | 54 | 3 | 2 | 考试 | 任选 | |
| | 31-080900-B09-05 | 生命信息工程学 | 54 | 3 | 1 | 考试 | 任选 | |
| | 31-080900-B10-05 | 矢量传感器信号处理 | 54 | 3 | 1 | 考试 | 任选 | |
| | 31-080900-B11-05 | 现代医学影像物理学 | 54 | 3 | 1 | 考试 | 任选 | |
| 专业选修课 | 21-080900-C01-04 | 光电子信息系统 | 54 | 3 | 2 | 考试 | 任选 | ≥6学分 |
| | 21-080900-C02-04 | 光纤传感技术与系统 | 36 | 2 | 2 | 考试 | 任选 | |
| | 21-080900-C03-04 | 量子光学导论 | 36 | 2 | 2 | 考试 | 任选 | |
| | 21-080900-C04-04 | 微纳光电子器件/系统制造导论 | 36 | 2 | 2 | 考试 | 任选 | |
| | 21-080900-C05-05 | 阵列天线分析与综合 | 36 | 2 | 2 | 考试 | 任选 | |
| | 21-080900-C06-05 | 雷达目标特性分析方法 | 54 | 3 | 2 | 考试 | 任选 | |

续表

| 类别 | 课程编码 | 课程名称 | 学时 | 学分 | 学期 | 考核方式 | 是否必选 | 备注 |
|---|---|---|---|---|---|---|---|---|
| 专业选修课 | 21-080900-C07-05 | 并行计算导论 | 54 | 3 | 2 | 考试 | 任选 | ≥6学分 |
| | 21-080900-C08-05 | 无线技术与系统 | 36 | 2 | 2 | 考试 | 任选 | |
| | 21-080900-C09-05 | 电磁兼容原理与应用 | 36 | 2 | 2 | 考试 | 任选 | |
| | 21-080900-C10-05 | 太赫兹技术与应用 | 36 | 2 | 2 | 考试 | 任选 | |
| | 21-080900-C11-05 | CMOS射频集成电路分析与设计 | 36 | 2 | 2 | 考试 | 任选 | |
| | 21-080900-C12-05 | 高性能模拟集成电路设计 | 36 | 2 | 2 | 考试 | 任选 | |
| | 21-080900-C13-05 | 集成电路版图技术 | 36 | 2 | 2 | 考试 | 任选 | |
| | 21-080900-C14-05 | 专用处理器设计与综合 | 54 | 3 | 2 | 考试 | 任选 | |
| | 21-080900-C15-05 | 现代谱估计理论 | 54 | 3 | 2 | 考试 | 任选 | |
| | 21-080900-C16-05 | 自适应信号处理与应用 | 54 | 3 | 2 | 考试 | 任选 | |
| | 21-080900-C17-05 | 无线传感器网络技术 | 54 | 3 | 2 | 考试 | 任选 | |
| | 21-080900-C18-05 | 生物医学信号处理 | 54 | 3 | 1 | 考试 | 任选 | |
| | 21-080900-C19-05 | 嵌入式系统与实时半实物仿真 | 36 | 2 | 2 | 考查 | 任选 | |
| | 21-080900-C20-05 | 空间信号处理理论 | 36 | 2 | 2 | 考试 | 任选 | |
| | 21-080900-C21-05 | ARM嵌入式系统原理与设计 | 36 | 2 | 2 | 考查 | 任选 | |
| | 21-080900-C22-05 | PLC系统设计与应用 | 36 | 2 | 2 | 考查 | 任选 | |
| | 31-080900-C01-04 | 激光检测与测量技术 | 36 | 2 | 2 | 考试 | 任选 | |

续表

| 类别 | 课程编码 | 课程名称 | 学时 | 学分 | 学期 | 考核方式 | 是否必选 | 备注 |
|---|---|---|---|---|---|---|---|---|
| 专业选修课 | 31-080900-C02-04 | 自适应光学理论与应用 | 36 | 2 | 2 | 考试 | 任选 | ≥6学分 |
| | 31-080900-C03-05 | 并行计算导论 | 54 | 3 | 2 | 考试 | 任选 | |
| | 31-080900-C04-05 | 微波毫米波系统理论与应用 | 36 | 2 | 2 | 考试 | 任选 | |
| | 31-080900-C05-05 | 射频阵列理论与技术 | 36 | 2 | 2 | 考试 | 任选 | |
| | 31-080900-C06-05 | 高等模拟电路设计 | 36 | 2 | 2 | 考试 | 任选 | |
| | 31-080900-C07-05 | 微电子学关键工艺技术 | 36 | 2 | 2 | 考查 | 任选 | |
| | 31-080900-C08-05 | 集成电路可靠性 | 36 | 2 | 2 | 考查 | 任选 | |
| | 31-080900-C09-05 | 片上多核处理器及编程 | 54 | 3 | 2 | 考试 | 任选 | |
| 校公共选修课 | 21-000001-D01-00 | 文献检索和数据库利用 | 18 | 1 | 1、2 | 考试 | 任选 | ≥1学分 |
| | 21-000001-D02-00 | 专利及知识产权保护 | 18 | 1 | 1、2 | 考试 | 任选 | |

注：第一外国语为英语的博士研究生，达到入学当年免修条件的，可以申请免修第一外国语。第一外国语为非英语的博士研究生必须选修英语（二外）作为第二外国语，2学分。

**五、必修环节（硕士起点博士1.5学分，本科起点博士2学分）**

1. 文献综述（0.5学分）

博士研究生应在导师指导下根据选定的研究方向，阅读不少于50篇国内外文献（其中外文文献应不少于20篇），撰写出不少于5 000字的文献综述报告。博士研究生应在文献综述报告中对本学科、专业及其研究方向和研究课题目前的国内外研究现状、动态有充分的了解和掌握，并对其进行深刻的分析和详细的评述，以保证所掌握的资料和文献以及所选课题和拟解决问题的先进性。

硕士起点博士研究生完成文献综述时间范围为第三学期第1周至第六学期第15周。

本科起点博士研究生完成文献综述时间范围为第五学期第1周至第八学期第15周。

2. 开题报告（0.5 学分）

开题报告以文献综述报告为基础，主要介绍课题研究的目的、意义、技术路线、实施方案、计划安排和预期成果。

硕士起点博士研究生完成开题报告时间范围为第三学期第 1 周至第六学期第 15 周。

本科起点博士研究生完成开题报告时间范围为第五学期第 1 周至第八学期第 15 周。

3. 学术活动（0.5 学分）

博士研究生在学期间参加不少于 8 次学术活动，其中本人进行正规性的学术报告不少于 2 次。每次学术活动要有 500 字左右的总结报告，注明参加学术活动的时间、地点、报告人、学术报告题目，简述报告内容并阐明自己对相关问题的学术观点或看法。学校提倡研究生尽可能多地参加跨学科的学术活动。

4. 专业外语（0.5 学分）

指导教师负责指导本科起点博士研究生选读和笔译相关专业外文文献，使研究生了解、熟悉外语论文的写作及在国际会议发表论文和进行学术报告的要求。指导教师负责组织专业外语的考核。根据学科特点，学院也可以统一安排该环节内容并进行考核。

指导教师可以根据具体情况对硕士起点博士研究生提出更高专业外语要求。

5. 实践环节

由指导教师负责讲授或指导与博士生学习与学位论文密切相关的课程，进行实验等相关技能训练、科学研究及创新能力培养，由导师负责考核。

**六、学位论文相关工作**

1. 中期考核

学院具体负责对博士研究生的课程学习、文献综述、开题报告、发表科技论文及学位论文工作的研究进展情况等进行中期检查。

硕士起点博士研究生的中期检查应于第七学期期末完成。

本科起点博士研究生的中期检查应于第九学期期末完成。

2. 培养环节审查

博士研究生学习期满，修满培养方案规定的课程学分，完成专业外语、学术活动、科学研究训练及创新能力培养等必修环节以及文献综述报告、开题报告等学位论文相关工作，通过培养环节审查后，可申请学位论文答辩。

硕士起点博士研究生的培养环节审查一般在第八学期第 3 周前完成。

本科起点博士研究生的培养环节审查一般在第十一学期第 3 周前完成。

### 3. 论文撰写与论文答辩

博士研究生必须在导师指导下完成一篇达到博士学位要求的学位论文。博士学位论文应当表明作者具有独立从事科学研究工作的能力，并在科学或专门技术上做出创造性成果。

在完成学科专业培养方案中的课程学习且成绩合格后，博士研究生要有一定的科研成果，具体要求可参见学校对于博士研究生申请学位科研成果的相关规定。达到学分和科研成果要求的研究生方可进入论文评审和答辩程序。

博士研究生学位论文答辩时间距提交开题报告时间至少为12个月。

博士研究生在申请答辩前，必须达到《北京理工大学关于博士、硕士学位申请者发表学术论文的规定》的要求。博士研究生学位论文答辩工作按照《北京理工大学学位授予工作细则》进行。

### 七、教学大纲与课程简介

对博士研究生培养方案确定的必修课（包括公共必修课、学科基础理论课和专业课）必须制定教学大纲。教学大纲内容包括课程编码、课程名称、学时、学分、教学方式、考试方式、适用专业、先修课程、各章节主要教学内容和学时分配、参考文献等。

博士研究生培养方案确定的选修课需制定课程简介。课程简介内容包括课程编码、课程名称、学时、学分、教学方式、考试方式、适用专业、先修课程、内容概要、参考文献等。

## 信息与通信工程
## （081000）

### 一、学科简介与研究方向

我校信息与通信工程一级学科包含4个二级学科：通信与信息系统、信号与信息处理、信息安全与对抗、目标探测与识别。

本一级学科始建于1953年，1956年开始招收二年制研究生，"通信与信息系统"和"信号与信息处理"学科分别于1984年和1991年被批准建立博士点，并于1987年和1994年分别被评为国家级重点学科和部级重点学科；1988年建立了博士后流动站；1989年建立信号采集与处理国家专业实验室；1998年5月获一级学科博士学位授予权。2007年被评为国家一级重点学科。本学科是我校"211"工程和"985"工程重点建设学科。

本一级学科从事各类电子信息与通信系统的原理、体制与处理方法研究，包括信息获取、传输、处理、存储、交换、识别、对抗等。主要研究方向有：

1. 通信系统理论与技术

主要研究军用和民用通信系统理论及其关键技术，包括宽带无线通信、抗干扰通信、空间与卫星通信、通信信号处理、通信网络理论与技术、导航与测控技术等。

2. 移动通信理论与技术

主要从事未来移动通信的关键技术（包括信源编码、信道编码、高效调制解调、自适应传输技术和技术体制等），新型军用移动通信系统的网络结构、传输技术等方面的研究工作。

3. 信号与图像处理

主要研究信号与图像处理在通信、雷达、卫星导航等领域的应用，包括非平稳、非线性系统处理，时空二维信号处理，阵列信号处理，自适应信号处理，制导信号处理，实时图像处理，遥感图像处理，成像理论与技术，实时数字信号处理技术等。

4. 信息处理理论与技术

主要包括信息获取技术，信源编码理论与数据压缩技术，语音、视觉、听觉信息处理，多媒体信息处理，高速并行信息处理系统设计与软件编程，人工神经网络与智能信息处理，信息处理系统在单片集成等领域的研究。

5. 信息安全与对抗理论与技术

主要从事复杂信息系统理论、信息系统体系结构及安全、信息科学技术与安全对抗、雷达对抗、通信对抗、网络安全与对抗等方面的研究工作。

6. 目标探测与识别理论与技术

以航天遥感、雷达探测和卫星导航为主要应用领域，研究利用微波、光电等多种传感器感知目标和环境信息的理论及关键技术研究。包括信息获取系统的新体制及优化设计技术、高分辨信号处理方法、机器学习及智能信息处理理论与方法和嵌入式实时信号处理技术等。

二、培养目标

本专业培养的人才要坚持党的基本路线，热爱祖国，遵纪守法，品行端正，诚实守信，身心健康，具有良好的科研道德和敬业精神。掌握本学科坚实宽广的基础理论和系统深入的专门知识；掌握本学科的现代实验方法和技能；熟练地掌握一门外国语，具有一定的国际学术交流能力；具有独立地、创造性地从事科学研究的能力，并有良好的合作精神；能够在科学研究或专门技术上做出创造性的成果。

三、基本修业年限

硕士起点博士研究生基本修业年限为 4 年，最长修业年限为 6 年。

本科起点博士研究生基本修业年限为 5.5 年，最长修业年限为 7 年。

原则上硕士起点博士研究生应在第一学年内完成课程学习,本科起点博士研究生应在两学年内完成课程学习,博士研究生的学位论文工作时间不应少于一年。

**四、课程设置与学分要求**

1. 硕士起点博士生课程设置与学分要求如表 8.21 所示。

表 8.21 硕士起点博士生课程设置与学分要求

| 类别 | 课程编码 | 课程名称 | 学时 | 学分 | 学期 | 考核方式 | 是否必选 | 备注 |
|---|---|---|---|---|---|---|---|---|
| 公共必修课 | 31-000001-A01-22 | 中国马克思主义与当代 | 36 | 2 | 1、2 | 考试 | 必选 | ≥5学分 |
| | 31-000002-A0*-24 | 博士英语 | 54 | 2 | 1、2 | 考试 | 必选 | |
| | 21-000001-A01-00 | 科学道德与学术诚信 | 18 | 1 | 1、2 | 考试 | 必选 | |
| | 31-000001-D03-22 | 马克思主义经典著作选读 | 18 | 1 | 1、2 | 考试 | 任选 | |
| 学科基础理论课 | 31-000003-A02-17 | 近代数学基础 I | 54 | 3 | 1、2 | 考试 | 任选 | 3学分 |
| | 31-000003-A03-17 | 近代数学基础 II | 54 | 3 | 1、2 | 考试 | 任选 | |
| 专业必修课 | 31-081000-B01-05 | 系统理论与人工系统设计学 | 54 | 3 | 1 | 考试 | 任选 | ≥8学分 |
| | 31-081000-B02-05 | 现代信号处理 | 54 | 3 | 1 | 考试 | 任选 | |
| | 31-081000-B03-05 | 现代数字通信技术 | 54 | 3 | 1 | 考试 | 任选 | |
| | 31-081000-B04-05 | 高分辨雷达 | 54 | 3 | 2 | 考试 | 任选 | |
| | 31-081000-B05-05 | 高级图像处理 | 54 | 3 | 2 | 考试 | 任选 | |
| | 31-081000-B06-05 | 信息安全工程学 | 54 | 3 | 1 | 考试 | 任选 | |
| 专业选修课 | 31-081000-C01-05 | 多维阵列信号处理 | 54 | 3 | 2 | 考查 | 任选 | 无学分要求 |
| | 31-081000-C02-05 | 现代移动通信技术 | 36 | 2 | 2 | 考试 | 任选 | |

续表

| 类别 | 课程编码 | 课程名称 | 学时 | 学分 | 学期 | 考核方式 | 是否必选 | 备注 |
|---|---|---|---|---|---|---|---|---|
| 校公共选修课 | 21-000001-D01-00 | 文献检索和数据库利用 | 18 | 1 | 1、2 | 考试 | 任选 | ≥1学分 |
| | 21-000001-D02-00 | 专利及知识产权保护 | 18 | 1 | 1、2 | 考试 | 任选 | |

注：①第一外国语为英语的博士研究生，达到入学当年免修条件的，可以申请免修第一外国语。第一外国语为非英语的博士研究生必须选修英语（二外）作为第二外国语，2学分。

②硕士起点博士研究生已在其硕士阶段获得科学道德与学术诚信课程1学分的，公共选修课1学分的，博士研究生阶段可申请免修。

2. 本科起点博士生课程设置与学分要求如表8.22所示。

表8.22　本科起点博士生课程设置与学分要求

| 类别 | 课程编码 | 课程名称 | 学时 | 学分 | 学期 | 考核方式 | 是否必选 | 备注 |
|---|---|---|---|---|---|---|---|---|
| 公共必修课 | 21-000001-A01-22 | 中国特色社会主义理论与实践研究 | 36 | 2 | 1、2 | 考试 | 必选 | ≥10学分 |
| | 31-000001-A01-22 | 中国马克思主义与当代 | 36 | 2 | 1、2 | 考试 | 必选 | |
| | 21-000002-A0*-24 | 硕士英语 | 54+54 | 3 | 1、2 | 考试 | 必选 | |
| | 31-000002-A0*-24 | 博士英语 | 54 | 2 | 1、2 | 考试 | 必选 | |
| | 21-000001-A01-00 | 科学道德与学术诚信 | 18 | 1 | 1、2 | 考试 | 必选 | |
| | 21-000001-A02-22 | 自然辩证法概论 | 18 | 1 | 1、2 | 考试 | 任选 | |
| | 31-000001-D03-22 | 马克思主义经典著作选读 | 18 | 1 | 1、2 | 考试 | 任选 | |

续表

| 类别 | 课程编码 | 课程名称 | 学时 | 学分 | 学期 | 考核方式 | 是否必选 | 备注 |
|---|---|---|---|---|---|---|---|---|
| 学科基础理论课 | 21-000003-A02-17 | 矩阵分析 | 36 | 2 | 1、2 | 考试 | 任选 | ≥2学分 |
| | 21-000003-A05-17 | 应用泛函分析 | 54 | 3 | 1、2 | 考试 | 任选 | |
| | 21-000003-A03-17 | 随机过程 | 36 | 2 | 1、2 | 考试 | 任选 | |
| | 31-000003-A02-17 | 近代数学基础Ⅰ | 54 | 3 | 1、2 | 考试 | 任选 | ≥3学分 |
| | 31-000003-A03-17 | 近代数学基础Ⅱ | 54 | 3 | 1、2 | 考试 | 任选 | |
| 专业必修课 | 21-081000-B01-05 | 信息论 | 54 | 3 | 1 | 考试 | 任选 | ≥13学分 |
| | 21-081000-B02-05 | 通信网络基础 | 54 | 3 | 1 | 考试 | 任选 | |
| | 21-081000-B03-05 | 近代信号处理 | 54 | 3 | 1 | 考试 | 任选 | |
| | 21-081000-B04-05 | 现代控制理论基础 | 54 | 3 | 1 | 考试 | 任选 | |
| | 21-081000-B05-05 | 现代电子测量 | 54 | 3 | 1 | 考试 | 任选 | |
| | 21-081000-B06-05 | 数字图像处理与模式识别 | 54 | 3 | 1 | 考试 | 任选 | |
| | 21-081000-B07-05 | 雷达系统导论 | 54 | 3 | 1 | 考试 | 任选 | |
| | 21-081000-B08-05 | 信息系统及其安全对抗 | 54 | 3 | 1 | 考试 | 任选 | |

续表

| 类别 | 课程编码 | 课程名称 | 学时 | 学分 | 学期 | 考核方式 | 是否必选 | 备注 |
|---|---|---|---|---|---|---|---|---|
| 专业必修课 | 21-081000-B09-05 | 高等数字通信 | 54 | 3 | 1 | 考试 | 任选 | ≥13学分 |
| | 21-081000-B10-05 | 信号检测与估计理论 | 54 | 3 | 1 | 考试 | 任选 | |
| | 21-081000-B11-05 | 多抽样率信号处理 | 36 | 2 | 1 | 考试 | 任选 | |
| | 21-081000-B12-05 | 基于FPGA的数字信号处理技术 | 54 | 3 | 2 | 考试 | 任选 | |
| | 31-081000-B01-05 | 系统理论与人工系统设计学 | 54 | 3 | 1 | 考试 | 任选 | ≥8学分 |
| | 31-081000-B02-05 | 现代信号处理 | 54 | 3 | 1 | 考试 | 任选 | |
| | 31-081000-B03-05 | 现代数字通信技术 | 54 | 3 | 2 | 考试 | 任选 | |
| | 31-081000-B04-05 | 高分辨雷达 | 54 | 3 | 2 | 考试 | 任选 | |
| | 31-081000-B05-05 | 高级图像处理 | 54 | 3 | 2 | 考试 | 任选 | |
| | 31-081000-B06-05 | 信息安全工程学 | 54 | 3 | 1 | 考试 | 任选 | |
| 专业选修课 | 31-081000-C01-05 | 多维阵列信号处理 | 54 | 3 | 2 | 考试 | 任选 | ≥6学分 |
| | 31-081000-C02-05 | 现代移动通信技术 | 36 | 2 | 2 | 考试 | 任选 | |
| | 21-081000-C02-05 | 信号时频分析及应用 | 36 | 2 | 2 | 考试 | 任选 | |
| | 21-081000-C01-05 | 移动通信 | 36 | 2 | 2 | 考试 | 任选 | |

续表

| 类别 | 课程编码 | 课程名称 | 学时 | 学分 | 学期 | 考核方式 | 是否必选 | 备注 |
|---|---|---|---|---|---|---|---|---|
| 专业选修课 | 21-081000-C03-05 | 卫星通信 | 36 | 2 | 2 | 考试 | 任选 | ≥6学分 |
| | 21-081000-C04-05 | 扩频通信 | 36 | 2 | 2 | 考试 | 任选 | |
| | 21-081000-C05-05 | 通信协议设计基础 | 36 | 2 | 2 | 考试 | 任选 | |
| | 21-081000-C06-05 | 高速实时信号处理器结构与系统 | 54 | 3 | 2 | 考试 | 任选 | |
| | 21-081000-C07-05 | 高性能DSP系统软件技术 | 36 | 2 | 2 | 考试 | 任选 | |
| | 21-081000-C08-05 | 无线网络通信原理 | 36 | 2 | 2 | 考试 | 任选 | |
| | 21-081000-C09-05 | 电子对抗原理 | 54 | 3 | 1 | 考试 | 任选 | |
| | 21-081000-C10-05 | 网络安全与对抗 | 36 | 2 | 1 | 考试 | 任选 | |
| | 21-081000-C11-05 | 信道编码 | 36 | 2 | 2 | 考试 | 任选 | |
| | 21-081000-C12-05 | 卫星导航定位理论与方法 | 54 | 3 | 2 | 考查 | 任选 | |
| | 21-081000-C13-05 | 数字视频技术 | 36 | 2 | 2 | 考试 | 任选 | |
| | 21-081000-C14-05 | 数据融合原理 | 36 | 2 | 2 | 考试 | 任选 | |
| | 21-081000-C15-05 | 语音信号数字处理 | 36 | 2 | 2 | 考试 | 任选 | |
| | 21-081000-C17-05 | 现代计算机结构及其应用 | 54 | 3 | 2 | 考试 | 任选 | |
| | 21-081000-C16-05 | 信息安全对抗系统工程与实践 | 36 | 2 | 2 | 考试 | 任选 | |

续表

| 类别 | 课程编码 | 课程名称 | 学时 | 学分 | 学期 | 考核方式 | 是否必选 | 备注 |
|---|---|---|---|---|---|---|---|---|
| 校公共选修课 | 21-000001-D01-00 | 文献检索和数据库利用 | 18 | 1 | 1、2 | 考试 | 任选 | ≥1学分 |
| | 21-000001-D02-00 | 专利及知识产权保护 | 18 | 1 | 1、2 | 考试 | 任选 | |

注：第一外国语为英语的博士研究生，达到入学当年免修条件的，可以申请免修第一外国语。第一外国语为非英语的博士研究生必须选修英语（二外）作为第二外国语，2学分。

**五、必修环节（硕士起点博士1.5学分，本科起点博士2学分）**

1. 文献综述（0.5学分）

博士研究生应在导师指导下根据选定的研究方向，阅读不少于50篇国内外文献（其中外文文献应不少于20篇），撰写出不少于5 000字的文献综述报告。博士研究生应在文献综述报告中对本学科、专业及其研究方向和研究课题目前的国内外研究现状、动态有充分的了解和掌握，并对其进行深刻的分析和详细的评述，以保证所掌握的资料和文献以及所选课题和拟解决问题的先进性。

硕士起点博士研究生完成文献综述时间范围为第三学期第1周至第六学期第15周。

本科起点博士研究生完成文献综述时间范围为第五学期第1周至第八学期第15周。

2. 开题报告（0.5学分）

开题报告以文献综述报告为基础，主要介绍课题研究的目的、意义、技术路线、实施方案、计划安排和预期成果。

硕士起点博士研究生完成开题报告时间范围为第三学期第1周至第六学期第15周。

本科起点博士研究生完成开题报告时间范围为第五学期第1周至第八学期第15周。

3. 学术活动（0.5学分）

博士研究生在学期间参加不少于8次学术活动，其中本人进行正规性的学术报告不少于2次。每次学术活动要有500字左右的总结报告，注明参加学术活动的时间、地点、报告人、学术报告题目，简述报告内容并阐明自己对相关问题的学术观点或看法。学校提倡研究生尽可能多地参加跨学科的学术活动。

4. 专业外语（0.5学分）

指导教师负责指导本科起点博士研究生选读和笔译相关专业外文文献，使研究生了解、熟悉外语论文的写作及在国际会议发表论文和进行学术报告的要求。指导教师负责组织专业外语的考核。据学科特点，学院也可以统一安排该环节内容并进行考核。

指导教师可以根据具体情况对硕士起点博士研究生提出更高专业外语要求。

5. 实践环节

由指导教师负责讲授或指导与博士研究生学习与学位论文密切相关的课程，进行实验等相关技能训练、科学研究及创新能力培养，由导师负责考核。

### 六、学位论文相关工作

1. 中期考核

学院具体负责对博士研究生的课程学习、文献综述、开题报告、发表科技论文及学位论文工作的研究进展情况等进行中期检查。

硕士起点博士研究生的中期检查应于第七学期末完成。

本科起点博士研究生的中期检查应于第九学期末完成。

2. 培养环节审查

博士研究生学习期满，修满培养方案规定的课程学分，完成专业外语、学术活动、科学研究训练及创新能力培养等必修环节以及文献综述报告、开题报告等学位论文相关工作，通过培养环节审查后，可申请学位论文答辩。

硕士起点博士研究生的培养环节审查一般在第八学期第3周前完成。

本科起点博士研究生的培养环节审查一般在第十一学期第3周前完成。

3. 论文撰写与论文答辩

博士研究生必须在导师指导下完成一篇达到博士学位要求的学位论文。博士学位论文应当表明作者具有独立从事科学研究工作的能力，并在科学或专门技术上做出创造性成果。

在完成学科专业培养方案中的课程学习并成绩合格后，博士研究生要有一定的科研成果，具体要求可参见学校对于博士研究生申请学位科研成果的相关规定。达到学分和科研成果要求的研究生方可进入论文评审和答辩程序。

博士研究生学位论文答辩时间距提交开题报告时间至少为12个月。

博士研究生在申请答辩前，必须达到《北京理工大学关于博士、硕士学位申请者发表学术论文的规定》的要求。博士研究生学位论文答辩工作按照《北京理工大学学位授予工作细则》进行。

### 七、教学大纲与课程简介

对博士研究生培养方案确定的必修课（包括公共必修课、学科基础理论课和专业课）必须制定教学大纲。教学大纲内容包括课程编码、课程名称、学时、学分、教学方式、考试方式、适用专业、先修课程、各章节主要教学内容和学时分配、参考文献等。

博士研究生培养方案确定的选修课需制定课程简介。课程简介内容包括课程编码、课程名称、学时、学分、教学方式、考试方式、适用专业、先修课程、内容概要、参考文献等。

### 8.4.3 2016年培养方案

## 电子科学与技术
### (080900)

#### 一、学科简介与研究方向

北京理工大学电子科学与技术学科2003年获得一级学科博士授予权，建有5个二级学科、2个博士后流动站和2个长江学者岗位。本学科作为北京市重点学科与工信部重点专业，已成为高水平创新人才培养和重大科研创新研究的多功能基地，拥有"物理电子学"国家重点学科，"电磁场与微波技术"北京市重点学科，突出国防特色与军民两用技术的电子科学与技术本科专业，拥有"电工电子基础教学团队"国家级教学团队，建设了"电工电子教学实验中心"国家实验教学示范中心、"多元信息系统"国防重点学科实验室、"毫米波与太赫兹技术"北京市重点实验室、"硅基高速片上系统"北京市工程技术研究中心等高水平教学与平台。学科每年承担国家"863"、"973"、自然科学基金、国防预研等重要科研项目10余项，横向科技合作项目数十项，年均科研经费近4000万元，发表SCI检索论文40余篇。

本学科始终注重师资队伍在质和量两方面的建设，满足高水平创新研究和高层次人才培养的需要。截至2015年12月，电子科学与技术学科共有专职教师及研究人员89人，其中具有正高级职称的23名，副高级职称的38名（含千人计划入选者1人，长江学者特聘教授2人，跨世纪/新世纪优秀人才4人），具有高级专业技术职务的比例为68.5%；具有博士学位的比例为95.4%；35岁以下教师占比为17%。

本学科在电磁计算、微波毫米波太赫兹波技术与系统、专用处理器设计与应用、极化敏感阵列信号处理、单频稳频激光器、微纳光电子器件和新型光电子器件与系统等领域已形成明显的特色与优势，形成以下6个主要研究方向：

1. 电磁仿真与天线

主要研究内容：瞄准电磁仿真与天线领域的学术前沿，面向国家在雷达、隐身、电磁兼容、大规模集成电路、人工电磁材料等领域的需求，以研究电磁仿真与天线关键技术为核心，开展三个层面的科研和教学：在基础研究层面，开展电磁计算理论和方法、天线设计理论和分析方法的研究；在应用基础层面，针对雷达、隐身、电磁兼容、大规模集成电路、人工电磁材料等领域的挑战性问题，开展针对解决这些问题的电磁仿真和天线技术的研发；在应用层面，开展电磁仿真软件和天线分析设计软件的研发。

2. 毫米波太赫兹技术与系统

主要研究内容：微波毫米波与太赫兹集成电路、天线与系统。在无线系统领域，研究毫米波与红外复合探测技术与系统、毫米波卫星通信模拟转发器和物联网无线传感器等；在太赫兹技术领域，以太赫兹波传输与调控、太赫兹探测与识别以及太赫兹目标特性为背景，开展太赫兹成像系统、太赫兹雷达系统、太赫兹通信系统、太赫兹关键功能器件、太赫兹天线和太赫兹集成前端等研究；在集成技术领域，开展硅基 CMOS、砷化镓基单片、MEMS、LTCC 和 MCM 等集成射频多种基础工艺与设计技术研究。

3. 微电子与集成电路

主要研究内容：微电子与集成电路：超大规模集成电路设计理论、专用处理器芯片设计、高性能模拟集成电路设计与应用、硅基射频/毫米波集成电路设计与片上系统集成、新型 MEMS 传感器设计与应用、三维集成与垂直互连、集成电路测试与可靠性分析、集成电路系统集成等技术；专用处理器设计：专用处理器设计理论和方法论、专用处理器汇编编程工具链和编程方法、嵌入式并行处理器并行编程工具链和方法、专用处理器自动综合技术、通信专用处理器、多媒体专用处理器、游戏机专用处理器、软件无线电数字综合收发机、植入体内微系统。

4. 医学电子与信号处理

主要研究内容：信号与图像处理及应用：多传感器阵列信号处理及应用、生物医学信号处理、医学影像处理与计算机辅助诊断（细胞视频图像处理、眼科医学图像处理与应用等）、三维图像分割与重建技术、视频图像目标识别与跟踪等；医学电子系统与技术：嵌入式与半实物仿真系统、植入式和可穿戴式医学电子装置与技术、便携式移动医学信息智能终端技术、实时数字信号处理技术等；数字医疗技术与装备：数字医疗设备、生物医学信息提取技术、移动数字医疗系统与技术等。

5. 复杂电路与系统

主要研究内容：雷达系统、雷达信号处理、雷达成像与目标识别、雷达对抗，基于天基雷达的空间多目标跟踪调度策略优化、旋转对称雷达目标的微多普勒特征提取与雷达系统相参性约束、全极化雷达的通道隔离与旁瓣抑制方法研究、叶尖间隙微波测量电路设计开发、超高速和分布式采样电路技术、新型电路接口技术、大规模可编程数字系统实现与算法映射、信号获取新理论与电路实现、信号稀疏分解与应用、高性能探测与信号处理、高速图像识别与处理，基于双目机器视觉的三维图像合成。

6. 物理电子学

主要研究内容：新型固体激光器、气体激光器、光纤激光器与各种新型激光技术与应用系统；微小光学及微光机电器件及技术、导波光学、光纤陀螺、光纤传感技术与系统；激光雷达、光学制导、光电对抗、光电仿真、光通信等方面光电子信息系统；自适应光学理论、自适应光学系统设计方法与仿真，信标、波前探测、处理与控制方法与技术，部分校正、多层共轭校正自适应光学、空间在轨波前探测与控制的理论、方法和技术等。

## 二、培养目标

1. 学术型硕士研究生培养目标

培养坚持党的基本路线，具有国家使命感和社会责任心，遵纪守法，品行端正，诚实守信，身心健康，具有良好的科研道德和敬业精神，富有科学精神和国际视野的高素质、高水平创新人才。

要求掌握本学科坚实的基础理论和系统的专门知识，掌握本学科（方向）的现代实验方法和技能，具有从事科学研究工作或独立担负专门技术工作的能力，在科学研究或专门工程技术工作中具有一定的组织和管理能力，有良好的合作精神和较强的交流能力。

2. 学术型博士研究生培养目标

培养坚持党的基本路线，具有国家使命感和社会责任心，遵纪守法，品行端正，诚实守信，身心健康，富有科学精神和国际视野的高素质、高水平创新人才。

要求掌握本学科坚实宽广的基础理论和系统深入的专门知识；掌握本学科的现代实验方法和技能；熟练地掌握一门外语，具有国际学术交流能力；具有独立地、创造性地从事科学研究的能力；能够在科学研究或专门技术上做出创造性的成果。

## 三、学制

学制如表 8.23 所示。

表 8.23　学制

| 学生类型 | 学制/年 |
| --- | --- |
| 硕士研究生 | 3（留学生 2 年） |
| 普博生（含留学研究生） | 4 |
| 本科直博生 | 5 |

续表

| 学生类型 | 学制/年 |
|---|---|
| 硕博连读生（硕一转） | 5（含硕士阶段1年） |
| 硕博连读生（硕二转） | 6（含硕士阶段2年） |

硕士生最长修业年限在基本学制基础上延长0.5年，博士生最长修业年限在基本学制基础上延长2年。原则上应在第一学年内完成全部课程学习，学位论文工作时间不少于2年。硕士研究生不允许提前毕业。

### 四、课程设置与学分要求

课程设置与学分要求如表8.24所示。

表8.24 课程设置与学分要求

| 类别 | 适用范围 | 编码 | 课程名称 | 学时 | 学分 | 学期 | 是否必修 | 备注 |
|---|---|---|---|---|---|---|---|---|
| 公共课 | M/D－B | 2700001 | 中国特色社会主义理论与实践研究 | 36 | 2 | 1/2 | 必修 | M≥7学分；D≥5学分；D－B≥7学分 |
| | M | 2700002 | 自然辩证法概论 | 18 | 1 | 1/2 | 必修 | |
| | D/D－B | 2700003 | 中国马克思主义与当代 | 36 | 2 | 1/2 | 必修 | |
| | D/D－B | 2700004 | 马克思主义经典著作选读 | 18 | 1 | 2 | 选修 | |
| | M | 240001* | 硕士英语 | 48 | 3 | 1/2 | 必修 | |
| | D/D－B | 240002* | 博士英语 | 48 | 2 | 1/2 | 必修 | |
| | F | 3700001 | 汉语 | 96 | 6 | 1+2 | 必修 | |
| | F | 3700002 | 中国概况 | 32 | 2 | 1/2 | 必修 | |
| | M/D/D－B | 2200001 | 科学道德与学术诚信 | 16 | 1 | 1/2 | 必修 | |
| 专业课 | M/D－B | 0500001 | 高等电磁场理论 | 48 | 3 | 1 | 必修 | M≥16学分；D≥6学分；D－B≥19学分 |
| | M/D－B | 0500002 | 计算电磁学基础 | 32 | 2 | 1 | 必修 | |
| | M/D－B | 0500003 | 现代天线理论与技术A | 48 | 3 | 2 | 必修 | |
| | M/D－B/F | 0500004 | 现代天线理论与技术B | 32 | 2 | 2 | 必修 | |
| | M/D－B | 0500005 | 现代微波网络理论与新技术 | 32 | 2 | 1 | 必修 | |
| | M/D－B | 0500006 | 微波毫米波电路与集成技术 | 48 | 3 | 2 | 必修 | |

续表

| 类别 | 适用范围 | 编码 | 课程名称 | 学时 | 学分 | 学期 | 是否必修 | 备注 |
|---|---|---|---|---|---|---|---|---|
| 专业课 | M/D-B/F | 0500007 | 射频电路设计理论与应用 | 48 | 3 | 2 | 必修 | M≥16学分；D≥6学分；D-B≥19学分 |
| | M/D-B | 0500008 | 电波与传播 | 32 | 2 | 2 | 必修 | |
| | M/D-B | 0500009 | 现代天线设计与实践（实验课） | 16 | 1 | 2 | 必修 | |
| | M/D-B | 0500010 | 现代微波集成电路设计与实践（实验课） | 16 | 1 | 2 | 必修 | |
| | M/D-B | 0500011 | 微电子技术进展 | 32 | 2 | 1 | 必修 | |
| | M/D-B | 0500012 | 混合信号集成电路 | 48 | 3 | 1 | 必修 | |
| | M/D-B | 0500013 | 超大规模集成电路设计导论A | 48 | 3 | 1 | 必修 | |
| | M/D-B/F | 0500014 | 超大规模集成电路设计导论B | 48 | 3 | 2 | 必修 | |
| | M/D-B | 0500015 | SOC的IP设计实现A | 48 | 3 | 2 | 必修 | |
| | M/D-B/F | 0500016 | SOC的IP设计实现B | 48 | 3 | 2 | 必修 | |
| | M/D-B | 0500017 | 统计信号处理A | 48 | 3 | 1 | 必修 | |
| | M/D-B/F | 0500018 | 统计信号处理B | 48 | 3 | 1 | 必修 | |
| | M/D-B | 0500019 | 阵列信号处理 | 48 | 3 | 1 | 必修 | |
| | M/D-B/F | 0500020 | 医学图像处理与分析 | 48 | 3 | 1 | 必修 | |
| | M/D-B | 0500021 | 生物医学信号处理 | 32 | 2 | 2 | 必修 | |
| | M/D-B | 0500022 | 现代电路与网络理论 | 48 | 3 | 1 | 必修 | |
| | M/D-B | 0500023 | 现代电子测量技术 | 32 | 2 | 2 | 必修 | |
| | M/D-B | 0500024 | 高速数字电路与系统设计 | 32 | 2 | 1 | 必修 | |
| | M/D-B | 0500025 | 嵌入式系统原理与设计 | 32 | 2 | 1 | 必修 | |
| | M/D-B/F | 0500026 | FPGA与SOPC设计基础 | 48 | 3 | 2 | 必修 | |
| | M/D-B | 0500027 | 基于FPGA设计的应用 | 32 | 2 | 2 | 必修 | |

续表

| 类别 | 适用范围 | 编码 | 课程名称 | 学时 | 学分 | 学期 | 是否必修 | 备注 |
|---|---|---|---|---|---|---|---|---|
| 专业课 | M/D－B | 0400059 | 量子电子学 | 48 | 3 | 1 | 必修 | M≥16学分；D≥6学分；D－B≥19学分 |
| | M/D－B | 0400060 | 导波光学 | 48 | 3 | 1 | 必修 | |
| | M/D－B | 0400015 | 光电传感基础 | 48 | 3 | 1 | 必修 | |
| | M/D－B | 0400063 | 现代光电子学实验 | 48 | 3 | 1 | 必修 | |
| | M/D－B | 0400014 | 非线性光学B | 32 | 2 | 1 | 必修 | |
| | D/D－B | 0500029 | 现代计算电磁学 | 32 | 2 | 2 | 必修 | |
| | D/D－B | 0500030 | 现代微波网络导论 | 32 | 2 | 2 | 必修 | |
| | D/D－B | 0500031 | SOC理论与设计 | 32 | 2 | 2 | 必修 | |
| | D/D－B | 0500032 | 数字VLSI系统 | 32 | 2 | 2 | 必修 | |
| | D/D－B | 0500033 | 医学电子与信号处理 | 32 | 2 | 1 | 必修 | |
| | D/D－B | 0500034 | 极化敏感阵列信号处理 | 32 | 2 | 1 | 必修 | |
| | D/D－B | 0400064 | 高等光电子学 | 48 | 3 | 1 | 必修 | |
| | D/D－B | 0400065 | 新型光电子器件 | 32 | 2 | 2 | 必修 | |
| | D/D－B | 0400066 | 光电子信息探测技术与应用 | 48 | 3 | 2 | 必修 | |
| | M/D－B | 0500038 | 阵列天线分析与综合 | 32 | 2 | 2 | 选修 | |
| | M/D－B | 0500039 | 雷达目标特性分析方法 | 32 | 2 | 2 | 选修 | |
| | M/D－B | 0500040 | 并行仿真技术基础 | 32 | 2 | 2 | 选修 | |
| | M/D－B | 0500041 | 无线技术与系统 | 32 | 2 | 2 | 选修 | |
| | M/D－B | 0500042 | 电磁兼容原理与应用 | 32 | 2 | 2 | 选修 | |
| | M/D－B | 0500043 | 太赫兹技术与应用 | 32 | 2 | 2 | 选修 | |
| | M/D－B | 0500044 | 毫米波雷达与成像技术 | 32 | 2 | 2 | 选修 | |
| | M/D－B | 0500045 | 英语科技论文写作 | 32 | 2 | 1 | 选修 | |
| | M/D－B | 0500046 | 高分辨阵列信号处理 | 32 | 2 | 2 | 选修 | |
| | M/D－B | 0500047 | 三维集成技术 | 48 | 3 | 2 | 选修 | |
| | M/D－B | 0500048 | 电子工程管理概论 | 16 | 1 | 2 | 选修 | |

续表

| 类别 | 适用范围 | 编码 | 课程名称 | 学时 | 学分 | 学期 | 是否必修 | 备注 |
|---|---|---|---|---|---|---|---|---|
| 专业课 | M/D-B | 0500049 | 现代谱估计 | 32 | 2 | 2 | 选修 | M≥16学分；D≥6学分；D-B≥19学分 |
| | M/D-B | 0500050 | 自适应信号处理与应用 | 32 | 2 | 2 | 选修 | |
| | M/D-B | 0400036 | 光电子信息系统 | 48 | 3 | 2 | 选修 | |
| | M/D-B | 0400061 | 光纤传感技术与系统 | 32 | 2 | 2 | 选修 | |
| | M/D-B | 0400038 | 量子光学导论 | 32 | 2 | 2 | 选修 | |
| | M/D-B | 0400062 | 微纳光电子器件/系统制造导论 | 32 | 2 | 2 | 选修 | |
| | M/D-B/F | 0500051 | 移动通信原理与实践 | 48 | 3 | 2 | 选修 | |
| | M/D-B/F | 0500052 | 扩频通信 | 32 | 2 | 2 | 选修 | |
| | M/D-B/F | 0500053 | 多源数据融合理论与应用 | 32 | 2 | 2 | 选修 | |
| | M/D-B/F | 0500054 | 语音信号数字处理 | 32 | 2 | 1 | 选修 | |
| | D/D-B | 0500055 | 高性能并行计算 | 32 | 2 | 2 | 选修 | |
| | D/D-B | 0500056 | 毫米波系统理论与技术 | 32 | 2 | 2 | 选修 | |
| | D/D-B | 0500057 | 集成电路可靠性 | 32 | 2 | 2 | 选修 | |
| | D/D-B | 0500058 | 电子科学及技术进展 | 32 | 2 | 1 | 选修 | |
| | D/D-B | 0400067 | 激光检测与测量技术 | 32 | 2 | 2 | 选修 | |
| | D/D-B | 0400068 | 自适应光学理论与应用 | 32 | 2 | 2 | 选修 | |

适用范围说明："D"表示博士生，"M"表示硕士生，"D-B"表示本科直博生，"F"表示所有留学生，"M/D"表示该门课程既适用于硕士生也适用于博士生，"M/D-B"表示该门课程既适用于硕士生也适用于本科直博生。

留学研究生（博士、硕士）除公共必修课与中国学生要求不同外，专业课程学分与中国学生要求一致。

硕博连读生在硕士阶段按照硕士研究生培养方案执行，博士阶段按照博士研究生培养方案执行。

学术型硕士研究生要求不少于16学分的专业课程，其中必修课不少于10学分，选修课不少于 6 学分（可有交叉学科课程 2 学分）。

普博生、硕博连读生的博士阶段要求不少于 6 学分的专业课程，其中必修课不少于 4 学分，可有交叉学科选修课 2 学分。

本科直博生要求不少于 19 学分的专业课程，其中必修课不少于 12 学分（博士层次的专业必修课不少于 4 学分），选修课不少于 7 学分（可有交叉学科课程 2 学分）

**五、必修环节**

以下各项必修环节均为我校研究生培养的最低要求，各类研究生均应在培养环节审核前完成各项必修环节。

1. 学术活动（0.5 学分）

硕士研究生在学期间参加不少于 6 次学术活动，其中本人进行正规性的学术报告不少于 1 次。博士研究生在学期间参加不少于 12 次学术活动，其中至少参加 1 次所在学科领域的全国或国际学术会议，并在学术会议上宣读自己撰写的论文。每次学术活动要有 500 字左右的总结报告。学校提倡研究生尽可能多地参加跨学科的学术活动。

2. 专业外语（0.5 学分）

指导教师负责指导硕士研究生以及本科直博生选读和笔译相关专业外文文献，使研究生了解、熟悉外语论文的写作及在国际会议发表论文和进行学术报告的要求。指导教师负责组织专业外语的考核，根据学科特点，学科也可以统一安排该环节内容并进行考核，指导教师可以根据具体情况对博士研究生提出更高的专业外语要求。外语专业对此项可不做要求。

3. 实践环节（0.5 学分）

由指导教师负责讲授或指导与研究生学习与学位论文密切相关的课程，进行实验、实践等相关技能训练、科学研究及创新能力培养，并由导师负责考核。

**六、培养环节及学位论文相关工作**

1. 文献综述（0.5 学分）

所有研究生应在导师指导下根据选定的研究方向，同时结合学位论文任务，阅读一定数量的国内外文献。

硕士研究生阅读至少 30 篇研究领域内的国内外文献，了解、学习本领域的新技术、新工艺、新方法、新材料的研究进展，并在此基础上撰写出不少于 4 000 字的文献综述报告。

博士研究生阅读不少于 50 篇研究领域内的国内外文献（其中外文文献应不少于 20 篇），撰写出不少于 5 000 字的文献综述报告。对本学科及其研究方向、研究课题的国内外研究现状、动态有深入的了解和系统的分析与评述。

2. 开题报告（0.5 学分）

开题报告以文献综述报告为基础，主要介绍课题研究的目的、意义、研究方法、技术路线、实施方案、计划安排和预期成果。

开题报告评审由导师负责组织完成，成立由 3~5 名本学科或相关学科的教授或副教授（其中半数以上为博士生导师）组成的小组。

3. 中期检查

学院具体负责对研究生的课程学习、文献综述、开题报告、发表科技论文及学位论文工作的研究进展情况等进行中期检查。

两年制硕士研究生中期检查在第三学期中期完成，三年制硕士研究生中期检查在第四学期末完成；普博生中期检查在第五学期末完成；本科直博生和硕博连读生（硕一转）在第七学期末、硕博连读生（硕二转）在第九学期末完成。

4. 培养环节审查

研究生学习期满，修满培养方案规定的课程学分，完成专业外语、学术活动、科学研究训练及创新能力培养等必修环节以及文献综述报告、开题报告等学位论文相关工作，通过培养环节审查后，可申请学位论文答辩。

培养环节由导师负责进行审查。

5. 论文撰写与论文答辩

所有研究生必须在导师指导下完成一篇达到学位要求的学位论文。硕士学位论文要反映硕士研究生在本学科领域研究中达到的学术水平，表明本人较好地掌握了本学科的基础理论、专门知识和基本技能，具有从事本学科或相关学科科学研究或独立担负专门技术工作的能力。博士学位论文应当表明作者具有独立从事科学研究工作的能力，并在科学或专门技术上做出创造性成果。

研究生通过培养环节审查后，可进入论文评审和答辩程序。

两年制硕士研究生学位论文答辩时间距开题报告提交时间至少为 9 个月；三年制硕士研究生学位论文答辩时间距开题报告提交时间至少为 12 个月；博士研究生学位论文答辩时间距开题报告提交时间至少为 18 个月。

研究生学位论文答辩工作按照《北京理工大学学位授予工作细则》进行。

博士学位论文预答辩由导师负责组织，成立由 3~5 名本学科或相关学科的教授或副教授（其中半数以上为博士生导师）组成的小组，并在学位论文提交评阅前一个月完成。

6. 学位授予

研究生在申请学位时的学术成果要求见《北京理工大学关于博士、硕士学位申请者发表学术论文的规定》。

本学科对符合要求的学位申请人授予工学硕士学位或工学博士学位。

——北京理工大学信息与电子学院学科（专业）发展史（下）

# 信息与通信工程
## （081000）

### 一、学科简介及研究方向

信息与通信工程一级学科包含4个二级学科：通信与信息系统、信号与信息处理、信息安全与对抗、目标探测与识别。

本学科点始于1953年建立的雷达专业和遥控遥测专业，是我国首批从事雷达、遥控遥测领域科研与专业人才培养的单位之一，是我国第一个完成电视发射和接收试验系统并拥有我国第一频道的学科点。1956年开始招收两年制研究生。1984年建立通信与电子系统博士点，1987年、2002年均被评为国家重点学科。2007年被评为国家一级重点学科。经过60余年的发展，本学科已成为我国在信息与通信工程学科领域承担国家和国防重大课题研究、高新技术研发与高层次人才培养的重要基地，在不同时期均产生了技术引领和带动作用显著的代表性研究成果，并为国家和国防科研部门等单位输送了大批优秀人才。

本学科从事各类电子信息与通信系统的原理、体制与处理方法研究，包括信息获取、传输、处理、存储、交换、识别、对抗等。主要研究方向有：

1. 通信与信息系统

该方向主要包括高效空间信号处理技术与信源编译码技术，高数据速率、低信噪比无线传输技术，复杂电磁环境下的无线传输技术，宽带卫星传输与网络技术，空天地一体化信息网络，无线宽带多媒体通信、处理、计算与存储一体化技术，移动通信和网络技术，分布式网络和信息系统等。该学科方向在下一代移动通信、空间通信信号处理方面的研究工作在国际和国内都具有较强的影响力。

2. 信号与信息处理

该方向主要研究信号处理基础理论及其在新体制雷达、航天测控通信、卫星导航定位、空间目标探测与识别、电子信号侦察等领域的应用。具体研究内容包括高速交会目标相对定位测量方法与技术、天基空间目标与环境感知技术、航天测控通信技术、卫星导航定位技术、空间目标探测与成像技术、复杂战场环境下目标探测信号处理技术、高灵敏度电子信号侦察处理技术等，在高速交会目标无线电相对定位测量和空间目标雷达探测方面处于国际领先水平。

3. 信息安全与对抗

该方向重点研究分数域信号处理理论与技术、信息安全与对抗中的复杂系统理论、网络空间安全与对抗、基于行为学习的认知对抗、基于压缩感知的宽带接收、大数据信息安全、信息系统漏洞挖掘、网络攻防与渗透、虚拟化安全技术、信息安全评估与测试。本学科的网络空间安全与对抗理论在信息系统漏洞挖掘、网络攻防与渗透技术方面处于国内领先水平。

4. 目标探测与识别

该方向致力于雷达、遥感、卫星导航等领域的目标探测与识别的系统体制和关键技术研究，在宽带脉冲多普勒雷达、双基地合成孔径雷达、遥感信息实时处理、北斗二代接收机技术等方面处于国内领先水平。具体研究内容包括雷达宽带信号检测跟踪、高分辨率雷达成像、高分辨率遥感信息获取与利用、感知雷达与信号处理、微波光子雷达。

二、培养目标

培养坚持党的基本路线，具有国家使命感和社会责任心，遵纪守法，品行端正，诚实守信，身心健康，富有科学精神和国际视野的高素质、高水平创新人才。

硕士研究生应掌握本学科坚实的基础理论和系统的专门知识，具有从事科学研究工作或独立担负专门技术工作的能力。

博士研究生应掌握本学科坚实宽广的基础理论和系统深入的专门知识，具有独立从事科学研究工作的能力，在科学或专门技术上做出创造性的成果。

三、学制

学制如表 8.25 所示。

表 8.25　学制

| 学生类型 | 学制/年 |
| --- | --- |
| 硕士研究生 | 3（留学生 2 年） |
| 普博生（含留学研究生） | 4 |
| 本科直博生 | 5 |
| 硕博连读生（硕一转） | 5（含硕士阶段 1 年） |
| 硕博连读生（硕二转） | 6（含硕士阶段 2 年） |

硕士生最长修业年限在基本学制基础上延长 0.5 年，博士生最长修业年限在基本学制基础上延长 2 年。原则上应在第一学年内完成全部课程学习，学位论文工作时间不少于 2 年。硕士研究生不允许提前毕业。

## 四、课程设置与学分要求

课程设置与学分要求如表 8.26 所示。

**表 8.26 课程设置与学分要求**

| 类别 | 适用范围 | 编码 | 课程名称 | 学时 | 学分 | 学期 | 是否必修 | 备注 |
|---|---|---|---|---|---|---|---|---|
| 公共课 | M/D-B | 2700001 | 中国特色社会主义理论与实践研究 | 36 | 2 | 1/2 | 必修 | M≥7学分；D≥5学分；D-B≥7学分 |
| | M | 2700002 | 自然辩证法概论 | 18 | 1 | 1/2 | 必修 | |
| | D/D-B | 2700003 | 中国马克思主义与当代 | 36 | 2 | 1/2 | 必修 | |
| | D/D-B | 2700004 | 马克思主义经典著作选读 | 18 | 1 | 2 | 选修 | |
| | M | 240001* | 硕士英语 | 48 | 3 | 1/2 | 必修 | |
| | D/D-B | 240002* | 博士英语 | 48 | 2 | 1/2 | 必修 | |
| | F | 3700001 | 汉语 | 96 | 6 | 1+2 | 必修 | |
| | F | 3700002 | 中国概况 | 32 | 2 | 1/2 | 必修 | |
| | M/D/D-B | 2200001 | 科学道德与学术诚信 | 16 | 1 | 1/2 | 必修 | |
| 专业课 | M/D-B | 0500061 | 矩阵理论及其应用 | 48 | 3 | 1 | 必修 | M≥16学分；D≥6学分；D-B≥19学分 |
| | M/D-B | 0500062 | 近现代数及其应用 | 32 | 2 | 1 | 必修 | |
| | M/D-B | 0500063 | 应用信息论 | 48 | 3 | 1 | 必修 | |
| | M/D-B/MF | 0500064 | 工程信息论 | 48 | 3 | 1 | 必修 | |
| | M/D-B/MF | 0500065 | 通信网络基础 | 48 | 3 | 1 | 必修 | |
| | M/D-B | 0500066 | 近代信号处理 | 48 | 3 | 1 | 必修 | |
| | M/D-B | 0500067 | 电子测量原理与应用 | 32 | 2 | 1 | 必修 | |
| | M/D-B | 0500068 | 数字图像处理与模式识别 | 32 | 2 | 1 | 必修 | |
| | M/D-B/MF | 0500069 | 雷达系统导论 | 32 | 2 | 1 | 必修 | |

续表

| 类别 | 适用范围 | 编码 | 课程名称 | 学时 | 学分 | 学期 | 是否必修 | 备注 |
|---|---|---|---|---|---|---|---|---|
| 专业课 | M/D–B | 0500070 | 信息系统及其安全对抗 | 48 | 3 | 1 | 必修 | M≥16学分；D≥6学分；D–B≥19学分 |
| | M/D–B/MF | 0500071 | 高等数字通信 | 32 | 2 | 1 | 必修 | |
| | M/D–B | 0500072 | 信号检测与估计理论 | 48 | 3 | 1 | 必修 | |
| | M/D/D–B/F | 0500073 | 统计信号参数估计理论 | 32 | 2 | 1 | 必修 | |

适用范围说明："D"表示博士生,"M"表示硕士生,"D–B"表示本科直博生,"F"表示所有留学生,"MF"表示硕士留学生,"DF"表示博士留学生,"M/D"表示该门课程既适用于硕士生也适用于博士生,"M/D–B"表示该门课程既适用于硕士生也适用于本科直博生。

留学研究生（博士、硕士）除公共必修课与中国学生要求不同外,专业课程学分与中国学生要求一致。

硕博连读生在硕士阶段按照硕士研究生培养方案执行,博士阶段按照博士研究生培养方案执行。

学术型硕士研究生要求不少于16学分的专业课程,其中必修课不少于10学分,选修课不少于6学分（可有交叉学科课程2学分）。

普博生、硕博连读生的博士阶段要求不少于6学分的专业课程,其中必修课不少于4学分,可有交叉学科选修课2学分。

本科直博生要求不少于19学分的专业课程,其中必修课不少于12学分（博士层次的专业必修课不少于4学分）,选修课不少于7学分（可有交叉学科课程2学分）。

**五、必修环节**

1. 学术活动（0.5学分）

硕士研究生在学期间参加不少于6次学术活动,其中本人进行正规性的学术报告不少于1次。博士研究生在学期间参加不少于12次学术活动,其中至少参加1次所在学科领域的全国或国际学术会议,并在学术会议上宣读自己撰写的论文。每次学术活动要有500字左右的总结报告。学校提倡研究生尽可能多地参加跨学科的学术活动。

2. 专业外语（0.5学分）

指导教师负责指导硕士研究生以及本科直博生选读和笔译相关专业外文文

献，使研究生了解、熟悉外语论文的写作及在国际会议发表论文和进行学术报告的要求。指导教师负责组织专业外语的考核。指导教师可以根据具体情况对博士研究生提出更高的专业外语要求。

3. 实践环节（0.5 学分）

由指导教师负责讲授或指导与研究生学习与学位论文密切相关的课程，进行实验、实践等相关技能训练、科学研究及创新能力培养，并由导师负责考核。

**六、培养环节及学位论文相关工作**

1. 文献综述（0.5 学分）

所有研究生应在导师指导下根据选定的研究方向，同时结合学位论文任务，阅读一定数量的国内外文献。

硕士研究生阅读至少 30 篇研究领域内的国内外文献，了解、学习本领域的新技术、新工艺、新方法、新材料的研究进展，并在此基础上撰写出不少于 4 000 字的文献综述报告。

博士研究生阅读不少于 50 篇研究领域内的国内外文献（其中外文文献应不少于 20 篇），撰写出不少于 5 000 字的文献综述报告。对本学科及其研究方向、研究课题的国内外研究现状、动态有深入的了解和系统的分析与评述。

2. 开题报告（0.5 学分）

开题报告以文献综述报告为基础，主要介绍课题研究的目的、意义、研究方法、技术路线、实施方案、计划安排和预期成果。

开题报告评审由导师负责组织完成。硕士研究生开题应成立由 3~5 名本学科或相关学科硕士生导师（半数以上）与副高级及以上职称专家组成的小组；博士研究生开题应成立由 3~5 名本学科或相关学科副高级及以上职称专家（其中半数以上为博士生导师）组成的小组。

3. 中期检查

学院具体负责对研究生的课程学习、文献综述、开题报告、发表科技论文及学位论文工作的研究进展情况等进行中期检查。

两年制硕士研究生（留学生）中期检查在第三学期中期完成，三年制硕士研究生中期检查在第四学期末完成；普博生中期检查在第五学期末完成；本科直博生和硕博连读生（硕一转）在第七学期末、硕博连读生（硕二转）在第九学期末完成。

4. 培养环节审查

研究生学习期满，修满培养方案规定的课程学分，完成专业外语、学术活动、科学研究训练及创新能力培养等必修环节以及文献综述报告、开题报告等学位论文相关工作，通过培养环节审查后，可申请学位论文答辩。

培养环节由导师负责进行审查。

5. 论文撰写与论文答辩

所有研究生必须在导师指导下完成一篇达到学位要求的学位论文。硕士学位论文要反映硕士研究生在本学科领域研究中达到的学术水平，表明本人较好地掌握了本学科的基础理论、专门知识和基本技能，具有从事本学科或相关学科科学研究或独立担负专门技术工作的能力。博士学位论文应当表明作者具有独立从事科学研究工作的能力，并在科学或专门技术上做出创造性成果。

研究生通过培养环节审查后，可进入论文评审和答辩程序。

两年制硕士研究生（留学生）学位论文答辩时间距开题报告提交时间至少为9个月；三年制硕士研究生学位论文答辩时间距开题报告提交时间至少为12个月；博士研究生学位论文答辩时间距开题报告提交时间至少为18个月。

研究生学位论文答辩工作按照《北京理工大学学位授予工作细则》进行。

博士学位论文预答辩由导师负责组织，成立由3~5名本学科或相关学科的副高级及以上职称专家（其中半数以上为博士生导师）组成的小组，并在学位论文提交评阅前一个月完成。

6. 学位授予

研究生在申请学位时的学术成果要求见《北京理工大学关于博士、硕士学位申请者发表学术论文的规定》。

本学科对符合要求的学位申请人授予工学硕士学位或工学博士学位。

## 电子与通信工程
### （085208）

一、培养目标

（1）热爱祖国，遵纪守法，具有科学严谨和求真务实的学习态度和工作作风，品行端正、身心健康，积极为社会主义现代化建设服务。

（2）掌握电子与通信工程领域坚实的基础理论和专业知识，具有较强的分析、解决实际问题的能力，能够承担专业技术或管理工作，具有创新能力、创业能力、实践能力和良好的职业素养的高层次应用型专门人才。

二、培养方式

（1）培养方式实行全日制和非全日制两种方式。对于全日制硕士专业学位研究生，实行集中在校学习和社会实践相结合的培养方式，并增强实践教学培养环节。对于非全日制硕士专业学位研究生，采取在职不脱产的学习方式。

（2）实行双导师负责制或导师指导小组负责制。双导师制是指1名校内学术导师和1名校外社会实践部门的导师共同指导学生，其中以校内导师指导为主，校外导师参与实践过程、项目研究、部分课程与论文等环节的指导工作。

导师指导小组负责制是由 3~5 人组成的指导小组进行合作指导制度。导师指导小组中必须有 1 人为首席导师，主要负责研究生的业务指导和思想政治教育，其余导师参与实践过程、项目研究、部分课程与论文等环节的指导工作。

### 三、学习年限

全日制硕士专业学位研究生基本修业年限一般为 2 年，最长修业年限一般不超过 3 年。全日制硕士专业学位研究生不允许提前毕业。

非全日制硕士专业学位研究生的培养年限为 3~5 年；课程学习实行学分制，课程学习成绩有效期不超过 5 年。

### 四、课程设置与学分要求

课程设置与学分要求如表 8.27 所示。

表 8.27  课程设置与学分要求

| 类别 | 编码 | 课程名称 | 学时 | 学分 | 学期 | 是否必修 | 备注 |
| --- | --- | --- | --- | --- | --- | --- | --- |
| 公共课 | 2700001 | 中国特色社会主义理论与实践研究 | 36 | 2 | 1/2 | 必修 | 全选 |
| | 2700002 | 自然辩证法概论 | 18 | 1 | 1/2 | 必修 | |
| | 240001* | 硕士英语 | 48 | 3 | 1/2 | 必修 | |
| 专业课 | 0500013 | 超大规模集成电路设计导论 A | 48 | 3 | 1 | 必修 | ≥12 学分 |
| | 0500014 | 超大规模集成电路设计导论 B | 48 | 3 | 2 | 必修 | |
| | 0500096 | 超大规模集成电路设计基础 | 32 | 2 | 2 | 必修 | |
| | 0500063 | 应用信息论 | 48 | 3 | 1 | 必修 | |
| | 0500065 | 通信网络基础 | 48 | 3 | 1 | 必修 | |
| | 0500071 | 高等数字通信 | 32 | 2 | 1 | 必修 | |
| | 0500067 | 电子测量原理与应用 | 32 | 2 | 1 | 必修 | |
| | 0500006 | 微波毫米波电路与集成技术 | 48 | 3 | 2 | 必修 | |
| | 0500003 | 现代天线理论与技术 A | 48 | 3 | 2 | 必修 | |
| | 0500017 | 统计信号处理 A | 48 | 3 | 1 | 必修 | |
| | 0500018 | 统计信号处理 B | 48 | 3 | 1 | 必修 | |
| | 0500020 | 医学图像处理与分析 | 48 | 3 | 1 | 必修 | |

续表

| 类别 | 编码 | 课程名称 | 学时 | 学分 | 学期 | 是否必修 | 备注 |
|---|---|---|---|---|---|---|---|
| 专业课 | 0500072 | 信号检测与估计理论 | 48 | 3 | 1 | 必修 | ≥12学分 |
| | 0500051 | 移动通信原理与实践 | 48 | 3 | 2 | 必修 | |
| | 0500074 | 多抽样率信号处理 | 32 | 2 | 1 | 必修 | |
| | 0500011 | 微电子技术进展 | 32 | 2 | 1 | 选修 | |
| | 0500023 | 现代电子测量技术 | 48 | 3 | 2 | 选修 | |
| | 0500015 | SOC 的 IP 设计实现 A | 48 | 3 | 2 | 选修 | |
| | 0500016 | SOC 的 IP 设计实现 B | 48 | 3 | 2 | 选修 | |
| | 0500042 | 电磁兼容原理与应用 | 32 | 2 | 2 | 选修 | |
| | 0500043 | 太赫兹技术与应用 | 32 | 2 | 2 | 选修 | |
| | 0500044 | 毫米波雷达与成像技术 | 32 | 2 | 2 | 选修 | |
| | 0500084 | 数字信号处理器结构与系统 | 32 | 2 | 2 | 选修 | |
| | 0500069 | 雷达系统导论 | 32 | 2 | 1 | 选修 | |
| | 0500085 | 电子对抗原理 | 32 | 2 | 1 | 选修 | |
| | 0500087 | 卫星导航定位理论与方法 | 32 | 2 | 2 | 选修 | |
| | 0500091 | 大数据分析 | 32 | 2 | 2 | 选修 | |
| | 0500094 | 高级机器学习 | 32 | 2 | 2 | 选修 | |

注：①全日制硕士专业学位研究生课程学习实行学分制。全日制硕士专业学位研究生课程总学分不低于18学分，由公共课、专业必修课和专业选修课组成，其中公共课不低于6学分，专业必修课不低于6学分，专业选修课不低于6学分。非全日制硕士专业学位研究生课程总学分不低于18学分，由公共课和专业必修课组成，其中公共课不低于6学分，专业课不低于12学分。

②允许学生在导师指导下自由选课，可有交叉学科修课2学分。

③鼓励专业学位研究生参加国家职业资格考试，全日制硕士专业学位研究生通过与本领域相关国家职业资格考试可免修或豁免考试的课程。免修或豁免考试课程由研究生提交申请，经导师确认后，报学院主管研究生教学的院领导审批。

④全日制硕士专业学位研究生应在1年内完成课程学习。

**五、必修环节**

1. 学术活动（1 学分）

研究生在学期间应参加 3 次以上学术活动，其中本人进行正规性学术报告或学位论文阶段性报告 1 次以上。每次参加学术活动应有 500 字左右的总结报告，简要阐述活动内容并阐明自己对相关问题的学术观点或看法。

2. 实践环节（6 学分）

（1）全日制硕士专业学位研究生必须保证不少于半年的实践环节，可采取集中实践和分段实践相结合的方式进行。通过实践环节应达到以下要求：基本熟悉本行业工作流程和相关职业及技术规范，具有实践研究和技术创新能力。

（2）全日制专业学位研究生实践环节可采用课程实验、企业实践、课题研究等形式，实践内容可根据不同的实践形式由校内导师或校内及企业导师决定。非全日制专业学位研究生，可根据研究生所在单位的特点，结合培养目标和选题意向，深化工程技术或工程管理的研究，提高技术创新能力。

（3）在导师指导下，研究生要制订并提交实践计划，撰写实践总结报告，提交实践基地负责人的评价意见。专业实践环节是全日制硕士专业学位研究生培养的一个特色和重要环节，全日制硕士专业学位研究生不参加专业实践或未通过专业实践考核的，不得申请毕业和学位论文答辩。

（4）专业实践的考核。全日制硕士专业学位研究生的专业实践考核最迟应于第四学期第 12 周前完成。

学院负责组织校内外专家、企业或研究院所等实践单位负责人组成考核小组，以专题报告会形式对研究生专业实践进行考核。研究生汇报本人的专业实践工作，指导教师应根据研究生的专业实践工作量、综合表现和实践单位的反馈意见等，按优秀、良好、及格和不及格四个等级评定成绩，并将成绩汇总后交研究生院。

**六、论文开题与中期检查**

1. 文献综述（1 学分）

文献综述应结合论文选题，以电子与通信工程领域技术发展与工程应用为主，阅读 20 篇以上在研究领域内以行业技术发展与工程应用为主要内容的国内外文献，了解、学习本领域新技术、新工艺、新方法、新材料的应用进展，并在此基础上撰写 3 000 字以上的文献综述，综述与本研究课题相关的国内外研究进展，包括研究现状、水平、发展趋势和有待进一步研究的问题。

全日制硕士专业学位研究生最迟应在第二学期期末完成文献综述。非全日制硕士专业学位研究生最迟应在第四学年年末完成文献综述。

## 2. 开题报告（1学分）

开题报告主要介绍学位论文选题的技术路线、实施方案、预期成果和计划安排。开题报告应以文献综述报告为基础，主要介绍课题研究的目的、意义、技术路线、实施方案、计划安排和预期成果。课题要求直接来源于生产实际或具有明确的生产背景和应用价值的课题，包括技术引进、技术改造、技术攻关等生产关键任务，新技术、新工艺、新设备、新材料和新产品研发方面的课题。

开题报告应明确学位论文形式，原则上，论文形式一经确定不允许修改。

全日制硕士专业学位研究生最迟应在第二学期期末完成开题报告，非全日制硕士专业学位研究生最迟应在第四学年年末完成开题报告。

## 3. 中期检查

全日制硕士专业学位研究生中期检查由学院负责，从课程学习、必修环节、开题报告、学位论文工作的进展情况等多方面进行检查。

非全日制硕士专业学位研究生的中期检查由学院组织 3~5 名具有高级技术职称的校内外教师组成中期检查小组进行，中期检查小组根据研究生的中期报告写出评语，并给出考核成绩，考核成绩分为通过和不通过两种。对未通过中期检查的工程硕士研究生，指导教师要帮助其分析原因，提出相应的改进措施和要求。研究生按照导师意见完成修改后，由导师提交新的评语，中期检查小组组长签字后通过。

全日制硕士专业学位研究生的中期检查最迟应于第三学期第 8 周前完成。非全日制硕士专业学位研究生的中期检查最迟应于第九学期第 8 周前完成。

## 七、学位论文与毕业

全日制硕士专业学位研究生学位论文答辩时间距提交开题报告时间应至少为 9 个月。非全日制硕士专业学位研究生学位论文答辩时间距提交开题报告时间应至少为 12 个月。

研究生学习期满，修满培养方案规定的课程学分，完成学术活动、专业实践等必修环节以及文献综述报告、开题报告等学位论文相关工作，通过培养环节审查后，可申请学位论文答辩。培养环节由导师负责进行审查。

非全日制硕士专业学位研究生学位论文在申请答辩前必须经过预答辩。参加预答辩的人员应该是本领域的专家，具有高级职称，并具有丰富的研究生培养经验，人数不少于 3 人，其中 1 人必须是校外专家。只有通过预审的论文才能提出申请学位论文答辩。

硕士专业学位研究生学位论文应由校内外各 1 名具有高级职称的相关专业的专家进行评审，写出评语并明确表示通过或不通过意见。上述两名专家意见一致通过的，则论文通过；两名专家意见均不通过的，则论文不通过；一名专

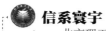

家意见不通过的,可另请一名专家重审,若意见通过则论文通过,反之论文不通过。

论文评审通过后才能组织学位论文答辩。学位论文应表明作者在本专业领域掌握了坚实的基础理论和宽广的专业知识,具有较强的解决实际问题的能力。

本领域对符合要求的学位申请人授予电子与通信工程领域工程硕士专业学位。

## 集成电路工程
### (085209)

一、培养目标

(1) 热爱祖国,遵纪守法,具有科学严谨和求真务实的学习态度和工作作风,品行端正、身心健康,积极为社会主义现代化建设服务。

(2) 掌握集成电路领域的基础理论和专业知识,熟练掌握一门外语,掌握解决工程问题的先进技术方法和现代技术手段,具有创新意识和独立承担工程技术或工程管理等领域的能力。

二、培养方式

(1) 培养方式实行全日制和非全日制两种方式。对于全日制硕士专业学位研究生,实行集中在校学习和社会实践相结合的培养方式,并增强实践教学培养环节。对于非全日制硕士专业学位研究生,采取在职不脱产的学习方式。

(2) 在专业培养方面实行双导师负责制或导师指导小组负责制。

双导师负责制是指1名校内学术导师和1名校外社会实践部门的导师共同指导学生,其中以校内导师指导为主,校外导师参与实践过程、项目研究、课程与论文等多个环节的指导工作。

导师指导小组负责制是指由3~5人组成的指导小组进行合作指导的制度。导师指导小组中必须有1人为首席指导,主要负责研究生的业务指导和学术道德教育,其余导师参与实践过程、项目研究、课程和论文等多个环节的指导工作。

三、学习年限

全日制硕士专业学位研究生基本修业年限一般为2年,最长修业年限一般不超过3年。全日制硕士专业学位研究生不允许提前毕业。

非全日制硕士专业学位研究生的培养年限为3~5年;课程学习实行学分制,课程学习成绩有效期不超过5年。

## 四、课程设置与学分要求

课程设置与学分要求如表 8.28 所示。

表 8.28 课程设置与学分要求

| 类别 | 编码 | 课程名称 | 学时 | 学分 | 学期 | 是否必修 | 备注 |
|---|---|---|---|---|---|---|---|
| 公共课 | 2700001 | 中国特色社会主义理论与实践研究 | 36 | 2 | 1/2 | 必修 | 全选 |
| | 2700002 | 自然辩证法概论 | 18 | 1 | 1/2 | 必修 | |
| | 240001* | 硕士英语 | 48 | 3 | 1/2 | 必修 | |
| 专业课 | 0500011 | 微电子技术进展 | 32 | 2 | 1 | 必修 | ≥12学分 |
| | 0500015 | SOC 的 IP 设计实现 A | 48 | 3 | 2 | 必修 | |
| | 0500097 | 集成电路设计实践 | 48 | 3 | 1 | 必修 | |
| | 0500096 | 超大规模集成电路设计基础 | 32 | 2 | 2 | 必修 | |
| | 0500012 | 混合信号集成电路 | 48 | 3 | 1 | 必修 | |
| | 0500042 | 电磁兼容原理与应用 | 32 | 2 | 2 | 必修 | |
| | 0500047 | 三维集成技术 | 48 | 3 | 2 | 必修 | |
| | 0500022 | 现代电路与网络理论 | 48 | 3 | 1 | 选修 | |
| | 0500023 | 现代电子测量技术 | 48 | 3 | 1 | 选修 | |
| | 0500072 | 信号检测与估计理论 | 48 | 3 | 1 | 选修 | |
| | 0500063 | 应用信息论 | 48 | 3 | 1 | 选修 | |
| | 0500065 | 通信网络基础 | 48 | 3 | 1 | 选修 | |
| | 0500067 | 电子测量原理与应用 | 32 | 2 | 1 | 选修 | |

注：①全日制硕士专业学位研究生课程学习实行学分制。全日制硕士专业学位研究生课程总学分不低于 18 学分，由公共课、专业必修课和专业选修课组成，其中公共课不低于 6 学分，专业必修课不低于 6 学分，专业选修课不低于 6 学分。非全日制硕士专业学位研究生课程总学分不低于 18 学分，由公共课和专业必修课组成，其中公共课不低于 6 学分，专业课不低于 12 学分。

②允许学生在导师指导下自由选课，可有交叉学科修课 2 学分。

③鼓励专业学位研究生参加国家职业资格考试，全日制硕士专业学位研究生通过与本领域相关国家职业资格考试可免修或豁免考试的课程。免修或豁免考试课程由研究生提交申请，经导师确认后，报学院主管研究生教学的院领导审批。

④全日制硕士专业学位研究生应在 1 年内完成课程学习。

## 五、必修环节

### 1. 学术活动（1学分）

研究生在学期间应至少参加3次学术活动，每次学术活动需提交500字左右的总结报告，其报告内容需阐明自己对相关问题的学术观点或看法。

### 2. 实践环节（6学分）

（1）全日制硕士专业学位研究生必须保证不少于半年的实践环节，可采取集中实践和分段实践相结合的方式进行。通过实践环节应达到以下要求：基本熟悉本行业工作流程和相关职业及技术规范，具有实践研究和技术创新能力。

（2）全日制专业学位研究生实践环节可采用课程实验、企业实践、课题研究等形式，实践内容可根据不同的实践形式由校内导师或校内及企业导师决定。非全日制专业学位研究生，可根据研究生所在单位的特点，结合培养目标和选题意向，深化工程技术或工程管理的研究，提高技术创新能力。

（3）在导师指导下，研究生要制订并提交实践计划，撰写实践总结报告，提交实践基地负责人的评价意见。专业实践环节是全日制硕士专业学位研究生培养的一个特色和重要环节，全日制硕士专业学位研究生不参加专业实践或未通过专业实践考核的，不得申请毕业和学位论文答辩。

（4）专业实践的考核。全日制硕士专业学位研究生的专业实践考核最迟应于第四学期第12周前完成。

学院负责组织校内外专家、企业或研究院所等实践单位负责人组成考核小组，以专题报告会形式对研究生专业实践进行考核。研究生汇报本人的专业实践工作，指导教师应根据研究生的专业实践工作量、综合表现和实践单位的反馈意见等，按优秀、良好、及格和不及格四个等级评定成绩，并将成绩汇总后交研究生院。

## 六、论文开题与中期检查

### 1. 文献综述（1学分）

研究生在学期间应结合学位论文任务，至少阅读20篇在研究领域内以行业技术发展与工程应用为主要内容的国内外文献，了解、学习本领域新技术、新工艺、新方法、新材料的应用进展，并在此基础上，撰写3 000字以上的文献综述，综述与本研究课题相关的国内外研究进展，包括研究现状、水平、发展趋势和有待进一步研究的问题。

研究生最迟应在第二学期期末完成文献综述。

### 2. 开题报告（1学分）

开题报告主要介绍学位论文选题的技术路线、实施方案、预期成果和计划安排。开题报告应以文献综述报告为基础，主要介绍课题研究的目的、意义、技路线、实施方案、计划安排和预期成果。课题要求直接来源于生产实际或具有明确的生产背景和应用价值的课题,包括技术引进、技术改造、技术攻关等生产关键任务,新技术、新工艺、新设备、新材料和新产品研发方面的课题。

开题报告应明确学位论文形式,原则上,论文形式一经确定不允许修改。

研究生最迟应在第二学期期末完成开题报告。

3. 中期检查

全日制硕士专业学位研究生中期检查由学院负责,从课程学习、必修环节、开题报告、学位论文工作的进展情况等多方面进行检查。

非全日制硕士专业学位研究生的中期检查由学院组织3~5名具有高级技术职称的校内外教师组成中期检查小组进行,中期检查小组根据研究生的中期报告写出评语,并给出考核成绩,考核成绩分为通过和不通过两种。对未通过中期检查的工程硕士研究生,指导教师要帮助其分析原因,提出相应的改进措施和要求。研究生按照导师意见完成修改后,由导师提交新的评语,中期检查小组组长签字后通过。

全日制硕士专业学位研究生的中期检查最迟应于第三学期第8周前完成。非全日制硕士专业学位研究生的中期检查最迟应于第九学期第8周前完成。

**七、学位论文与毕业**

全日制硕士专业学位研究生学位论文答辩时间距提交开题报告时间应至少为9个月。非全日制硕士专业学位研究生学位论文答辩时间距提交开题报告时间应至少为12个月。

研究生学习期满,修满培养方案规定的课程学分,完成学术活动、专业实践等必修环节以及文献综述报告、开题报告等学位论文相关工作,通过培养环节审查后,可申请学位论文答辩。培养环节由导师负责进行审查。

非全日制硕士专业学位研究生学位论文在申请答辩前必须经过预答辩。参加预答辩的人员应该是本领域的专家,具有高级职称,并具有丰富的研究生培养经验,人数不少于3人,其中1人必须是校外专家。只有通过预审的论文才能提出申请学位论文答辩。

硕士专业学位研究生学位论文应由校内外各一名具有高级职称的相关专业的专家进行评审,写出评语并明确表示通过或不通过意见。上述两名专家意见一致通过的,则论文通过;两名专家意见均不通过的,则论文不通过;一名专家意见不通过的,可另请一名专家重审,若意见通过则论文通过,反之论文不通过。

论文评审通过后才能组织学位论文答辩。学位论文应表明作者在本专业领域掌握了坚实的基础理论和宽广的专业知识,具有较强的解决实际问题的能力。

本领域对符合要求的学位申请人授予集成电路工程领域工程硕士专业学位。

### 8.4.4 2016年培养方案——修订版

## 电子科学与技术
### (080900)

**一、学科简介与研究方向**

北京理工大学电子科学与技术学科2003年获得一级学科博士授予权,建有5个二级学科、2个博士后流动站和2个长江学者岗位。本学科作为北京市重点学科与工信部重点专业,已成为高水平创新人才培养和重大科研创新研究的多功能基地,拥有"物理电子学"国家重点学科、"电磁场与微波技术"北京市重点学科,突出国防特色与军民两用技术的电子科学与技术本科专业,拥有"电工电子基础教学团队"国家级教学团队,建设了"电工电子教学实验中心"国家实验教学示范中心、"多元信息系统"国防重点学科实验室、"毫米波与太赫兹技术"北京市重点实验室、"硅基高速片上系统"北京市工程技术研究中心等高水平教学与科研平台。学科每年承担国家"863"、"973"、自然科学基金、国防预研等重要科研项目10余项,横向科技合作项目数十项,年均科研经费近4 000万元,发表SCI检索论文40余篇。

本学科始终注重师资队伍在质和量两方面的建设,满足高水平创新研究和高层次人才培养的需要。截至2015年12月,电子科学与技术学科共有专职教师及研究人员89人,其中具有正高级职称的23名、副高级职称的38名(含千人计划入选者1人,长江学者特聘教授2人,跨世纪/新世纪优秀人才4人),具有高级专业技术职务的比例为68.5%;具有博士学位的比例为95.4%;35岁以下教师占比为17%。

本学科在电磁计算、微波毫米波太赫兹波技术与系统、专用处理器设计与应用、极化敏感阵列信号处理、单频稳频激光器、微纳光电子器件和新型光电子器件与系统等领域已形成明显的特色与优势,形成以下6个主要研究方向:

1. 电磁仿真与天线

主要研究内容:瞄准电磁仿真与天线领域的学术前沿,面向国家在雷达、隐身、电磁兼容、大规模集成电路、人工电磁材料等领域的需求,以研究电磁仿真与天线关键技术为核心,开展三个层面的科研和教学。在基础研究层面,开展电磁计算理论和方法、天线设计理论和分析方法的研究;在应用基础层面,针对雷达、隐身、电磁兼容、大规模集成电路、人工电磁材料等领域的挑战性问题,开展针对解决这些问题的电磁仿真和天线技术的研发;在应用层面,开展电磁仿真软件和天线分析设计软件的研发。

## 第八章　学科与研究生培养

2. 毫米波太赫兹技术与系统

主要研究内容：微波毫米波与太赫兹集成电路、天线与系统。在无线系统领域，研究毫米波与红外复合探测技术与系统、毫米波卫星通信模拟转发器和物联网无线传感器等；在太赫兹技术领域，以太赫兹波传输与调控、太赫兹探测与识别以及太赫兹目标特性为背景，开展太赫兹成像系统、太赫兹雷达系统、太赫兹通信系统、太赫兹关键功能器件、太赫兹天线和太赫兹集成前端等研究；在集成技术领域，开展硅基 CMOS、砷化镓基单片、MEMS、LTCC 和 MCM 等集成射频多种基础工艺与设计技术研究。

3. 微电子与集成电路

主要研究内容：微电子与集成电路：超大规模集成电路设计理论、专用处理器芯片设计、高性能模拟集成电路设计与应用、硅基射频/毫米波集成电路设计与片上系统集成、新型 MEMS 传感器设计与应用、三维集成与垂直互连、集成电路测试与可靠性分析、集成电路系统集成等技术；专用处理器设计：专用处理器设计理论和方法论、专用处理器汇编编程工具链和编程方法、嵌入式并行处理器并行编程工具链和方法、专用处理器自动综合技术、通信专用处理器、多媒体专用处理器、游戏机专用处理器、软件无线电数字综合收发机、植入体内微系统。

4. 医学电子与信号处理

主要研究内容：信号与图像处理及应用：多传感器阵列信号处理及应用、生物医学信号处理、医学影像处理与计算机辅助诊断（细胞视频图像处理、眼科医学图像处理与应用等）、三维图像分割与重建技术、视频图像目标识别与跟踪等；医学电子系统与技术：嵌入式与半实物仿真系统、植入式和可穿戴式医学电子装置与技术、便携式移动医学信息智能终端技术、实时数字信号处理技术等；数字医疗技术与装备：数字医疗设备、生物医学信息提取技术、移动数字医疗系统与技术等。

5. 复杂电路与系统

主要研究内容：雷达系统、雷达信号处理、雷达成像与目标识别、雷达对抗，基于天基雷达的空间多目标跟踪调度策略优化、旋转对称雷达目标的微多普勒特征提取与雷达系统相参性约束、全极化雷达的通道隔离与旁瓣抑制方法研究、叶尖间隙微波测量电路设计开发、超高速和分布式采样电路技术、新型电路接口技术、大规模可编程数字系统实现与算法映射、信号获取新理论与电路实现、信号稀疏分解与应用、高性能探测与信号处理、高速图像识别与处理，基于双目机器视觉的三维图像合成。

6. 物理电子学

主要研究内容：新型固体激光器、气体激光器、光纤激光器与各种新型激光技术与应用系统；微小光学及微光机电器件及技术、导波光学、光纤陀螺、光纤传感技术与系统；激光雷达、光学制导、光电对抗、光电仿真、光通信等方面光电子信息系统；自适应光学理论、自适应光学系统设计方法与仿真，信标、波前探测、处理与控制方法与技术，部分校正、多层共轭校正自适应光学、空间在轨波前探测与控制的理论、方法和技术等。

### 二、培养目标

1. 学术型硕士研究生培养目标

培养坚持党的基本路线，具有国家使命感和社会责任心，遵纪守法，品行端正，诚实守信，身心健康，具有良好的科研道德和敬业精神，富有科学精神和国际视野的高素质、高水平创新人才。

要求掌握本学科坚实的基础理论和系统的专门知识，掌握本学科（方向）的现代实验方法和技能，具有从事科学研究工作或独立担负专门技术工作的能力，在科学研究或专门工程技术工作中具有一定的组织和管理能力，有良好的合作精神和较强的交流能力。

2. 学术型博士研究生培养目标

培养坚持党的基本路线，具有国家使命感和社会责任心，遵纪守法，品行端正，诚实守信，身心健康，富有科学精神和国际视野的高素质、高水平创新人才。

要求掌握本学科坚实宽广的基础理论和系统深入的专门知识；掌握本学科的现代实验方法和技能；熟练地掌握一门外国语，具有国际学术交流能力；具有独立地、创造性地从事科学研究的能力；能够在科学研究或专门技术上做出创造性的成果。

### 三、学制

学制如表 8.29 所示。

表 8.29　学制

| 学生类型 | 学制/年 |
| --- | --- |
| 硕士研究生 | 3（留学生 2 年） |
| 普博生（含留学研究生） | 4 |
| 本科直博生 | 5 |
| 硕博连读生（硕一转） | 5（含硕士阶段 1 年） |
| 硕博连读生（硕二转） | 6（含硕士阶段 2 年） |

全日制硕士生最长学习年限在基本学制基础上延长 0.5 年，非全日制硕士生最长学习年限不得超过 5 年，博士生最长学习年限在基本学制基础上延长 2 年。原则上应在第一学年内完成全部课程学习，学位论文工作时间不少于 2 年。硕士

研究生不允许提前毕业。

**四、课程设置与学分要求**

课程设置与学分要求如表 8.30 所示。

表 8.30 课程设置与学分要求

| 类别 | 适用范围 | 编码 | 课程名称 | 学时 | 学分 | 学期 | 是否必修 | 备注 |
|---|---|---|---|---|---|---|---|---|
| 公共课 | M/D-B | 2700001 | 中国特色社会主义理论与实践研究 | 36 | 2 | 1/2 | 必修 | M≥7学分；D≥5学分；D-B≥7学分 |
| | M | 2700002 | 自然辩证法概论 | 18 | 1 | 1/2 | 必修 | |
| | D | 2700003 | 中国马克思主义与当代 | 36 | 2 | 1/2 | 必修 | |
| | D/D-B | 2700004 | 马克思主义经典著作选读 | 18 | 1 | 2 | 选修 | |
| | M | 240001* | 硕士英语 | 48 | 3 | 1/2 | 必修 | |
| | D/D-B | 240002* | 博士英语 | 48 | 2 | 1/2 | 必修 | |
| | F | 3700001 | 汉语 | 96 | 6 | 1+2 | 必修 | |
| | F | 3700002 | 中国概况 | 32 | 2 | 1/2 | 必修 | |
| | M/D/D-B | 2200001 | 科学道德与学术诚信 | 16 | 1 | 1/2 | 必修 | |
| 专业课 | M/D-B/MF | 1700001 | 数值分析 | 32 | 2 | 1/2 | 必修 | M≥16学分；D≥6学分；D-B≥19学分 |
| | D/D-B/DF | 1700004 | 近代数学基础 | 48 | 3 | 1/2 | 必修 | |
| | M/D-B | 0500001 | 高等电磁场理论 | 48 | 3 | 1 | 必修 | |
| | M/D-B | 0500002 | 计算电磁学基础 | 32 | 2 | 1 | 必修 | |
| | M/D-B | 0500003 | 现代天线理论与技术 A | 48 | 3 | 2 | 必修 | |
| | M/D-B/F | 0500004 | 现代天线理论与技术 B | 32 | 2 | 2 | 必修 | |
| | M/D-B | 0500005 | 现代微波网络理论与新技术 | 32 | 2 | 1 | 必修 | |
| | M/D-B | 0500006 | 微波毫米波电路与集成技术 | 48 | 3 | 2 | 必修 | |
| | M/D-B/F | 0500007 | 射频电路设计理论与应用 | 48 | 3 | 2 | 必修 | |
| | M/D-B | 0500008 | 电波与传播 | 32 | 2 | 2 | 必修 | |
| | M/D-B | 0500009 | 现代天线设计与实践（实验课） | 16 | 1 | 2 | 必修 | |

续表

| 类别 | 适用范围 | 编码 | 课程名称 | 学时 | 学分 | 学期 | 是否必修 | 备注 |
|---|---|---|---|---|---|---|---|---|
| 专业课 | M/D－B | 0500010 | 现代微波集成电路设计与实践（实验课） | 16 | 1 | 2 | 必修 | M≥16学分；D≥6学分；D－B≥19学分 |
| | M/D－B | 0500011 | 微电子技术进展 | 32 | 2 | 1 | 必修 | |
| | M/D－B | 0500012 | 混合信号集成电路 | 48 | 3 | 1 | 必修 | |
| | M/D－B | 0500013 | 超大规模集成电路设计导论A | 48 | 3 | 1 | 必修 | |
| | M/D－B/F | 0500014 | 超大规模集成电路设计导论B | 48 | 3 | 2 | 必修 | |
| | M/D－B | 0500015 | SOC的IP设计实现A | 48 | 3 | 2 | 必修 | |
| | M/D－B/F | 0500016 | SOC的IP设计实现B | 48 | 3 | 2 | 必修 | |
| | M/D－B | 0500017 | 统计信号处理A | 48 | 3 | 1 | 必修 | |
| | M/D－B | 0500018 | 统计信号处理B | 48 | 3 | 1 | 必修 | |
| | M/D－B | 0500019 | 阵列信号处理 | 48 | 3 | 1 | 必修 | |
| | M/D－B/F | 0500020 | 医学图像处理与分析 | 48 | 3 | 1 | 必修 | |
| | M/D－B | 0500021 | 生物医学信号处理 | 32 | 2 | 2 | 必修 | |
| | M/D－B | 0500022 | 现代电路与网络理论 | 48 | 3 | 1 | 必修 | |
| | M/D－B | 0500023 | 现代电子测量技术 | 32 | 2 | 2 | 必修 | |
| | M/D－B | 0500024 | 高速数字电路与系统设计 | 32 | 2 | 1 | 必修 | |
| | M/D－B | 0500025 | 嵌入式系统原理与设计 | 32 | 2 | 1 | 必修 | |
| | M/D－B/F | 0500026 | FPGA与SOPC设计基础 | 48 | 3 | 2 | 必修 | |
| | M/D－B | 0400059 | 量子电子学 | 48 | 3 | 1 | 必修 | |
| | M/D－B | 0400060 | 导波光学 | 48 | 3 | 1 | 必修 | |
| | M/D－B | 0400015 | 光电传感基础 | 48 | 3 | 1 | 必修 | |

续表

| 类别 | 适用范围 | 编码 | 课程名称 | 学时 | 学分 | 学期 | 是否必修 | 备注 |
|---|---|---|---|---|---|---|---|---|
| 专业课 | M/D－B | 0400063 | 现代光电子学实验 | 48 | 3 | 1 | 必修 | M≥16学分；D≥6学分；D－B≥19学分 |
| | M/D－B | 0400014 | 非线性光学B | 32 | 2 | 1 | 必修 | |
| | D/D－B | 0500029 | 现代计算电磁学 | 32 | 2 | 2 | 必修 | |
| | D/D－B | 0500030 | 现代微波网络导论 | 32 | 2 | 2 | 必修 | |
| | D/D－B | 0500031 | SOC理论与设计 | 32 | 2 | 2 | 必修 | |
| | D/D－B | 0500032 | 数字VLSI系统 | 32 | 2 | 2 | 必修 | |
| | D/D－B | 0500033 | 医学电子与信号处理 | 32 | 2 | 1 | 必修 | |
| | D/D－B | 0500034 | 极化敏感阵列信号处理 | 32 | 2 | 1 | 必修 | |
| | D/D－B | 0400064 | 高等光电子学 | 48 | 3 | 1 | 必修 | |
| | D/D－B | 0400065 | 新型光电子器件 | 32 | 2 | 2 | 必修 | |
| | D/D－B | 0400066 | 光电子信息探测技术与应用 | 48 | 3 | 2 | 必修 | |
| | M/D－B | 0500038 | 阵列天线分析与综合 | 32 | 2 | 2 | 选修 | |
| | M/D－B | 0500039 | 雷达目标特性分析方法 | 32 | 2 | 2 | 选修 | |
| | M/D－B | 0500040 | 并行仿真技术基础 | 32 | 2 | 2 | 选修 | |
| | M/D－B | 0500041 | 无线技术与系统 | 32 | 2 | 2 | 选修 | |
| | M/D－B | 0500042 | 电磁兼容原理与应用 | 32 | 2 | 2 | 选修 | |
| | M/D－B | 0500043 | 太赫兹技术与应用 | 32 | 2 | 2 | 选修 | |
| | M/D－B | 0500098 | 毫米波雷达技术与应用 | 32 | 2 | 2 | 选修 | |
| | M/D－B | 0500099 | 近场毫米波成像技术 | 32 | 2 | 2 | 选修 | |
| | M/D－B | 0500045 | 英语科技论文写作 | 32 | 2 | 1 | 选修 | |
| | M/D－B | 0500046 | 高分辨阵列信号处理 | 32 | 2 | 2 | 选修 | |
| | M/D－B | 0500047 | 三维集成技术 | 48 | 3 | 2 | 选修 | |
| | M/D－B | 0500048 | 电子工程管理概论 | 16 | 1 | 2 | 选修 | |
| | M/D－B | 0500049 | 现代谱估计 | 32 | 2 | 2 | 选修 | |

续表

| 类别 | 适用范围 | 编码 | 课程名称 | 学时 | 学分 | 学期 | 是否必修 | 备注 |
|---|---|---|---|---|---|---|---|---|
| 专业课 | M/D-B | 0500050 | 自适应信号处理与应用 | 32 | 2 | 2 | 选修 | M≥16学分；D≥6学分；D-B≥19学分 |
| | M/D-B | 0400036 | 光电子信息系统 | 48 | 3 | 2 | 选修 | |
| | M/D-B | 0400061 | 光纤传感技术与系统 | 32 | 2 | 2 | 选修 | |
| | M/D-B | 0400038 | 量子光学导论 | 32 | 2 | 2 | 选修 | |
| | M/D-B | 0400062 | 微纳光电子器件/系统制造导论 | 32 | 2 | 2 | 选修 | |
| | M/D-B/F | 0500051 | 移动通信原理与实践 | 48 | 3 | 2 | 选修 | |
| | M/D-B/F | 0500052 | 扩频通信 | 32 | 2 | 2 | 选修 | |
| | M/D-B/F | 0500053 | 多源数据融合理论与应用 | 32 | 2 | 2 | 选修 | |
| | M/D-B/F | 0500054 | 语音信号数字处理 | 32 | 2 | 1 | 选修 | |
| | D/D-B | 0500055 | 高性能并行计算 | 32 | 2 | 2 | 选修 | |
| | D/D-B | 0500056 | 毫米波系统理论与技术 | 32 | 2 | 2 | 选修 | |
| | D/D-B | 0500057 | 集成电路可靠性 | 32 | 2 | 2 | 选修 | |
| | D/D-B | 0500058 | 电子科学及技术进展 | 32 | 2 | 1 | 选修 | |

适用范围说明："D"表示博士生,"M"表示硕士生,"D-B"表示本科直博生,"F"表示所有留学生,"MF"表示硕士留学生,"DF"表示博士留学生,"M/D"表示该门课程既适用于硕士生也适用于博士生,"M/D-B"表示该门课程既适用于硕士生也适用于本科直博生。

留学研究生（博士、硕士）除公共必修课与中国学生要求不同外，专业课程学分与中国学生要求一致。

硕博连读生在硕士阶段按照硕士研究生培养方案执行，博士阶段按照博士研究生培养方案执行。

学术型硕士研究生要求不少于16学分的专业课程（"数值分析"为必选课），其中必修课不少于10学分，选修课不少于6学分（可有交叉学科课程2学分）。

普博生、硕博连读生的博士阶段要求不少于6学分的专业课程（"近代数学基础"为必选课），其中必修课不少于 4 学分，可有交叉学科选修课 2 学分。

本科直博生要求不少于 19 学分的专业课程（"数值分析""近代数学基础"为必选课），其中必修课不少于 12 学分（博士层次的专业必修课不少于 4 学分），选修课不少于 7 学分（可有交叉学科课程 2 学分）。

**五、必修环节**

1. 学术活动（0.5 学分）

硕士研究生在学期间参加不少于 8 次学术活动，其中本人进行正规性的学术报告不少于 1 次。博士研究生在学期间参加不少于 20 次学术活动，其中至少参加 2 次所在学科领域的全国或国际学术会议，并在学术会议上宣读自己撰写的论文。每次学术活动要有 500 字左右的总结报告。学校提倡研究生尽可能多地参加跨学科的学术活动。

2. 专业外语（0.5 学分）

指导教师负责指导硕士研究生以及本科直博生选读和笔译相关专业外文文献，使研究生了解、熟悉外语论文的写作及在国际会议发表论文和进行学术报告的要求。指导教师负责组织专业外语的考核，可以根据具体情况对博士研究生提出更高的专业外语要求。

3. 实践环节（0.5 学分）

由指导教师负责讲授或指导与研究生学习与学位论文密切相关的课程，进行实验、实践等相关技能训练、科学研究及创新能力培养，并由导师负责考核。

博士研究生还需参加由学院安排的研究生思想政治教育工作，具体工作按《北京理工大学博士研究生从事研究生思想政治教育工作管理办法》执行。

**六、培养环节及学位论文相关工作**

1. 文献综述（0.5 学分）

所有研究生应在导师指导下根据选定的研究方向，同时结合学位论文任务，阅读一定数量的国内外文献。

硕士研究生阅读至少 30 篇研究领域内的国内外文献，了解、学习本领域的新技术、新工艺、新方法、新材料的研究进展，并在此基础上撰写出不少于 4 000 字的文献综述报告。

博士研究生阅读不少于 50 篇研究领域内的国内外文献（其中外文文献应不少于 20 篇），撰写出不少于 5 000 字的文献综述报告。对本学科及其研究方向、研究课题的国内外研究现状、动态有深入的了解和系统的分析与评述。

文献综述完成时间要求见表 8.31。

表8.31 相关环节时间节点要求

| 项目 | 两年制硕士 | 三年制硕士 | 普博生 | 本直博<br>硕一转博 | 硕二转博 |
|---|---|---|---|---|---|
| 学制/年 | 2 | 3 | 4 | 5 | 6 |
| 文献综述 | 第3学期<br>第5周前 | 第3学期<br>期末前 | 第4学期<br>期末前 | 第5学期<br>期末前 | 第7学期<br>期末前 |
| 开题报告 | 第3学期<br>第5周前 | 第3学期<br>期末前 | 第4学期<br>期末前 | 第5学期<br>期末前 | 第7学期<br>期末前 |
| 中期检查 | 第3学期<br>第10周前 | 第4学期<br>期末前 | 第5学期<br>期末前 | 第7学期<br>期末前 | 第9学期<br>期末前 |
| 培养环节审查 | 第3学期<br>期末前 | 第5学期<br>期末前 | 第7学期<br>期末前 | 第9学期<br>期末前 | 第11学期<br>期末前 |
| 答辩 | 距离开题至少9个月 | 距离开题至少12个月 | 距离开题至少18个月 | | |

2. 开题报告（0.5学分）

开题报告以文献综述报告为基础，主要介绍课题研究的目的、意义、研究方法、技术路线、实施方案、计划安排和预期成果。

开题报告评审由导师负责组织完成。硕士研究生开题应成立由3~5名本学科或相关学科硕士生导师（半数以上）与副高级及以上职称专家组成的小组；博士研究生开题应成立由3~5名本学科或相关学科副高级及以上职称专家（其中半数以上为博士生导师）组成的小组。

3. 中期检查

学院具体负责对研究生的课程学习、文献综述、开题报告、发表科技论文及学位论文工作的研究进展情况等进行中期检查。

中期检查完成时间要求见表8.31。

4. 培养环节审查

研究生学习期满，修满培养方案规定的课程学分，完成专业外语、学术活动、科学研究训练及创新能力培养等必修环节以及文献综述报告、开题报告等学位论文相关工作，通过培养环节审查后，可申请学位论文答辩。

培养环节由学院负责进行审查，完成时间要求见表8.31。

5. 论文撰写与论文答辩

所有研究生必须在导师指导下完成一篇达到学位要求的学位论文。硕士学位论文要反映硕士研究生在本学科领域研究中达到的学术水平，表明本人较好地掌握了本学科的基础理论、专门知识和基本技能，具有从事本学科或相关学科科学研究或独立担负专门技术工作的能力。博士学位论文应当表明作者具有独立从事科学研究工作的能力，并在科学或专门技术上做出创造性成果。

研究生通过培养环节审查后，可进入论文评审和答辩程序。

两年制硕士研究生（留学生）学位论文答辩时间距开题报告提交时间至少为9个月；三年制硕士研究生学位论文答辩时间距开题报告提交时间至少为12个月；博士研究生学位论文答辩时间距开题报告提交时间至少为18个月。

研究生学位论文答辩工作按照《北京理工大学学位授予工作细则》进行。

博士学位论文预答辩由导师负责组织，成立由3～5名本学科或相关学科的副高级及以上职称专家（其中半数以上为博士生导师）组成的小组，并在学位论文提交评阅前一个月完成。

6. 学位授予

研究生在申请学位时的学术成果要求见《北京理工大学关于博士、硕士学位申请者发表学术论文的规定》，留学研究生发表论文要求按校学位评定委员会十届二次会议精神执行。

本学科对符合要求的学位申请人授予工学硕士学位或工学博士学位。

## 信息与通信工程
### （081000）

一、学科简介及研究方向

信息与通信工程一级学科包含4个二级学科：通信与信息系统、信号与信息处理、信息安全与对抗、目标探测与识别。

本学科点始于1953年建立的雷达专业和遥控遥测专业，是我国首批从事雷达、遥控遥测领域科研与专业人才培养的单位之一，是我国第一个完成电视发射和接收试验系统并拥有我国第一频道的学科点。1956年开始招收两年制研究生。1984年建立通信与电子系统博士点，1987年、2002年均被评为国家重点学科。2007年被评为国家一级重点学科。经过60余年的发展，本学科已成为我国在信息与通信工程学科领域承担国家和国防重大课题研究、高新技术研发与高层次人才培养的重要基地，在不同时期均产生了技术引领和带动作用显著的代表性研究成果，并为国家和国防科研部门等单位输送了大批优秀人才。

本学科从事各类电子信息与通信系统的原理、体制与处理方法研究，包括信息获取、传输、处理、存储、交换、识别、对抗等。主要研究方向有：

1. 通信与信息系统

该方向主要包括高效空间信号处理技术与信源编译码技术，高数据速率、低信噪比无线传输技术，复杂电磁环境下的无线传输技术，宽带卫星传输与网络技术，空天地一体化信息网络，无线宽带多媒体通信、处理、计算与存储一体化技术，移动通信和网络技术，分布式网络和信息系统等。该学科方向在下一代移动通信、空间通信信号处理方面的研究工作在国际和国内都具有较强的影响力。

2. 信号与信息处理

该方向主要研究信号处理基础理论及其在新体制雷达、航天测控通信、卫星导航定位、空间目标探测与识别、电子信号侦察等领域的应用。具体研究内容包括高速交会目标相对定位测量方法与技术、天基空间目标与环境感知技术、航天测控通信技术、卫星导航定位技术、空间目标探测与成像技术、复杂战场环境下目标探测信号处理技术、高灵敏度电子信号侦察处理技术等，在高速交会目标无线电相对定位测量和空间目标雷达探测方面处于国际领先水平。

3. 信息安全与对抗

该方向重点研究分数域信号处理理论与技术、信息安全与对抗中的复杂系统理论、网络空间安全与对抗、基于行为学习的认知对抗、基于压缩感知的宽带接收、大数据信息安全、信息系统漏洞挖掘、网络攻防与渗透、虚拟化安全技术、信息安全评估与测试。本学科在网络空间安全与对抗理论在信息系统漏洞挖掘、网络攻防与渗透技术方面处于国内领先水平。

4. 目标探测与识别

该方向致力于雷达、遥感、卫星导航等领域的目标探测与识别的系统体制和关键技术研究，在宽带脉冲多普勒雷达、双基地合成孔径雷达、遥感信息实时处理、北斗二代接收机技术等方面处于国内领先水平。具体研究内容包括雷达宽带信号检测跟踪、高分辨率雷达成像、高分辨率遥感信息获取与利用、感知雷达与信号处理、微波光子雷达。

二、培养目标

培养坚持党的基本路线，具有国家使命感和社会责任心，遵纪守法，品行端正，诚实守信，身心健康，富有科学精神和国际视野的高素质、高水平创新人才。

硕士研究生应掌握本学科坚实的基础理论和系统的专门知识，具有从事科学研究工作或独立担负专门技术工作的能力。

博士研究生应掌握本学科坚实宽广的基础理论和系统深入的专门知识，具有独立从事科学研究工作的能力，在科学或专门技术上做出创造性的成果。

### 三、学制

学制如表 8.32 所示。

表 8.32　学制

| 学生类型 | 学制/年 |
|---|---|
| 硕士研究生 | 3（留学生 2 年） |
| 普博生（含留学研究生） | 4 |
| 本科直博生 | 5 |
| 硕博连读生（硕一转） | 5（含硕士阶段 1 年） |
| 硕博连读生（硕二转） | 6（含硕士阶段 2 年） |

全日制硕士研究生最长学习年限在基本学制基础上延长 0.5 年，非全日制硕士研究生最长学习年限不得超过 5 年，博士研究生最长学习年限在基本学制基础上延长 2 年。原则上应在第一学年内完成全部课程学习，学位论文工作时间不少于 2 年。硕士研究生不允许提前毕业。

### 四、课程设置与学分要求

课程设置与学分要求如表 8.33 所示。

表 8.33　课程设置与学分要求

| 类别 | 适用范围 | 编码 | 课程名称 | 学时 | 学分 | 学期 | 是否必修 | 备注 |
|---|---|---|---|---|---|---|---|---|
| 公共课 | M/D-B | 2200001 | 中国特色社会主义理论与实践研究 | 36 | 2 | 1/2 | 必修 | M≥7 学分；D≥5 学分；D-B≥7 学分 |
| | M | 2200002 | 自然辩证法概论 | 18 | 1 | 1/2 | 必修 | |
| | D/D-B | 2200003 | 中国马克思主义与当代 | 36 | 2 | 1/2 | 必修 | |
| | D/D-B | 2200004 | 马克思主义经典著作选读 | 18 | 1 | 1/2 | 选修 | |
| | M | 240001* | 硕士英语 | 48 | 3 | 1/2 | 必修 | |
| | D/D-B | 240002* | 博士英语 | 48 | 2 | 1/2 | 必修 | |
| | F | 3700001 | 汉语 | 96 | 6 | 1+2 | 必修 | |
| | F | 3700002 | 中国概况 | 32 | 2 | 1/2 | 必修 | |
| | M/D/D-B | 2200005 | 科学道德与学术诚信 | 16 | 1 | 1/2 | 必修 | |

续表

| 类别 | 适用范围 | 编码 | 课程名称 | 学时 | 学分 | 学期 | 是否必修 | 备注 |
|---|---|---|---|---|---|---|---|---|
| 专业课 | M/D－B | 0500061 | 矩阵理论及其应用 | 48 | 3 | 1 | 必修 | M≥16学分；D≥6学分；D－B≥19学分 |
| | M/D－B/D | 0500062 | 近世代数及其应用 | 32 | 2 | 1 | 必修 | |
| | M/D－B | 0500063 | 应用信息论 | 48 | 3 | 1 | 必修 | |
| | M/D－B/MF | 0500064 | 工程信息论 | 48 | 3 | 1 | 必修 | |
| | M/D－B/MF | 0500065 | 通信网络基础 | 48 | 3 | 1 | 必修 | |
| | M/D－B | 0500066 | 近代信号处理 | 48 | 3 | 1 | 必修 | |
| | M/D－B | 0500067 | 电子测量原理与应用 | 32 | 2 | 1 | 必修 | |
| | M/D－B | 0500068 | 数字图像处理与模式识别 | 32 | 2 | 1 | 必修 | |
| | M/D－B/MF | 0500069 | 雷达系统导论 | 32 | 2 | 1 | 必修 | |
| | M/D－B | 0500070 | 信息系统及其安全对抗 | 48 | 3 | 1 | 必修 | |
| | M/D－B/MF | 0500071 | 高等数字通信 | 32 | 2 | 1 | 必修 | |
| | M/D－B | 0500072 | 信号检测与估计理论 | 48 | 3 | 1 | 必修 | |
| | M/D/D－B/F | 0500073 | 统计信号参数估计理论 | 32 | 2 | 1 | 必修 | |
| | M/D－B | 0500074 | 多抽样率信号处理 | 32 | 2 | 1 | 必修 | |
| | D/D－B | 0500075 | 系统理论与人工系统设计学 | 48 | 3 | 1 | 必修 | |
| | D/D－B | 0500076 | 数字通信系统导论 | 48 | 3 | 2 | 必修 | |
| | D/D－B | 0500077 | 凸优化理论与应用 | 32 | 2 | 2 | 必修 | |

续表

| 类别 | 适用范围 | 编码 | 课程名称 | 学时 | 学分 | 学期 | 是否必修 | 备注 |
|---|---|---|---|---|---|---|---|---|
| 专业课 | D/D-B/DF | 0500078 | 量子雷达原理 | 32 | 2 | 1 | 必修 | M≥16学分；D≥6学分；D-B≥19学分 |
| | D/D-B/DF | 0500079 | 高分辨雷达 | 32 | 2 | 2 | 必修 | |
| | M/D/D-B | 0500080 | 图像分析、处理及机器视觉 | 32 | 2 | 1 | 必修 | |
| | D/D-B | 0500081 | 分数域信号处理及其应用 | 32 | 2 | 1 | 必修 | |
| | M/D-B/MF | 0500051 | 移动通信原理与实践 | 48 | 3 | 2 | 必修 | |
| | M/D-B | 0500082 | 现代信号分析 | 32 | 2 | 2 | 选修 | |
| | M/D-B | 0500083 | 卫星通信理论与应用 | 32 | 2 | 2 | 选修 | |
| | M/D-B/MF | 0500052 | 扩频通信 | 32 | 2 | 2 | 选修 | |
| | M/D-B | 0500084 | 数字信号处理器结构与系统 | 32 | 2 | 2 | 选修 | |
| | M/D-B | 0500085 | 电子对抗原理 | 32 | 2 | 1 | 选修 | |
| | M/D-B | 0500086 | 信道编码及其应用 | 32 | 2 | 2 | 选修 | |
| | M/D-B | 0500087 | 卫星导航定位理论与方法 | 32 | 2 | 2 | 选修 | |
| | M/D-B/MF | 0500053 | 多源数据融合理论与应用 | 32 | 2 | 2 | 选修 | |
| | M/D-B/MF | 0500054 | 语音信号数字处理 | 32 | 2 | 1 | 选修 | |
| | M/D-B | 0500088 | 无线网络和移动计算 | 32 | 2 | 2 | 选修 | |
| | M/D-B | 0500089 | 拓扑理论与网络 | 32 | 2 | 1 | 选修 | |
| | M/D-B | 0500090 | 认知电子战原理与技术 | 32 | 2 | 2 | 选修 | |
| | M/D-B | 0500091 | 大数据分析 | 32 | 2 | 2 | 选修 | |

续表

| 类别 | 适用范围 | 编码 | 课程名称 | 学时 | 学分 | 学期 | 是否必修 | 备注 |
|---|---|---|---|---|---|---|---|---|
| 专业课 | M/D-B | 0500092 | 可编程数字信号处理系统设计 | 32 | 2 | 1 | 选修 | M≥16学分；D≥6学分；D-B≥19学分 |
| | M/D-B | 0500093 | 高性能嵌入式可重构并行计算方法 | 32 | 2 | 2 | 选修 | |
| | M/D-B | 0500094 | 高级机器学习 | 32 | 2 | 2 | 选修 | |
| | M/D-B | 0500095 | 信号与信息处理综合实验课 | 48 | 3 | 1/2 | 选修 | |

适用范围说明："D"表示博士生,"M"表示硕士生,"D-B"表示本科直博生,"F"表示所有留学生,"MF"表示硕士留学生,"DF"表示博士留学生,"M/D"表示该门课程既适用于硕士生也适用于博士生,"M/D-B"表示该门课程既适用于硕士生也适用于本科直博生。

留学研究生(博士、硕士)除公共必修课与中国学生要求不同外,专业课程学分与中国学生要求一致。

硕博连读生在硕士阶段按照硕士研究生培养方案执行,博士阶段按照博士研究生培养方案执行。

学术型硕士研究生要求不少于16学分的专业课程("矩阵理论及其应用"和"近世代数及其应用"必须二选一),其中必修课不少于10学分,选修课不少于6学分(可有交叉学科课程2学分)。

普博生、硕博连读生的博士阶段要求不少于6学分的专业课程,其中必修课不少于4学分,可有交叉学科选修课2学分。

本科直博生要求不少于19学分的专业课程,其中必修课不少于12学分(博士层次的专业必修课不少于4学分),选修课不少于7学分(可有交叉学科课程2学分)。

**五、必修环节**

1. 学术活动(0.5学分)

硕士研究生在学期间参加不少于8次学术活动,其中本人进行正规性的学术报告不少于1次。博士研究生在学期间参加不少于20次学术活动,其中至少参加2次所在学科领域的全国或国际学术会议,并在学术会议上宣读自己撰写的论文。每次学术活动要有500字左右的总结报告。学校提倡研究生尽可能多地参加跨学科的学术活动。

2. 专业外语（0.5 学分）

指导教师负责指导硕士研究生以及本科直博生选读和笔译相关专业外文文献，使研究生了解、熟悉外语论文的写作及在国际会议发表论文和进行学术报告的要求。指导教师负责组织专业外语的考核。指导教师可以根据具体情况对博士研究生提出更高的专业外语要求。

3. 实践环节（0.5 学分）

由指导教师负责讲授或指导与研究生学习与学位论文密切相关的课程，进行实验、实践等相关技能训练、科学研究及创新能力培养，并由导师负责考核。

博士生还需参加由学院安排的研究生思想政治教育工作，具体工作按《北京理工大学博士研究生从事研究生思想政治教育工作管理办法》执行。

**六、培养环节及学位论文相关工作**

1. 文献综述（0.5 学分）

所有研究生应在导师指导下根据选定的研究方向，同时结合学位论文任务，阅读一定数量的国内外文献。

硕士研究生阅读至少 30 篇研究领域内的国内外文献，了解、学习本领域的新技术、新工艺、新方法、新材料的研究进展，并在此基础上撰写出不少于 4 000 字的文献综述报告。

博士研究生阅读不少于 50 篇研究领域内的国内外文献（其中外文文献应不少于 20 篇），撰写出不少于 5 000 字的文献综述报告。对本学科及其研究方向、研究课题的国内外研究现状、动态有深入的了解和系统的分析与评述。

文献综述完成时间要求见表 8.34。

2. 开题报告（0.5 学分）

开题报告以文献综述报告为基础，主要介绍课题研究的目的、意义、研究方法、技术路线、实施方案、计划安排和预期成果。

开题报告评审由导师负责组织完成。硕士研究生开题应成立由 3~5 名本学科或相关学科硕士生导师（半数以上）与副高级及以上职称专家组成的小组；博士研究生开题应成立由 3~5 名本学科或相关学科副高级及以上职称专家（其中半数以上为博士生导师）组成的小组。

开题报告完成时间要求见表 8.34。

3. 中期检查

学院具体负责对研究生的课程学习、文献综述、开题报告、发表科技论文及学位论文工作的研究进展情况等进行中期检查。

中期检查完成时间要求见表 8.34。

表 8.34 相关环节时间节点要求

| 项目 | 两年制硕士生 | 三年制硕士生 | 普博生 | 本直博<br>硕一转博 | 硕二转博 |
| --- | --- | --- | --- | --- | --- |
| 学制/年 | 2 | 3 | 4 | 5 | 6 |
| 文献综述 | 第3学期<br>第5周前 | 第3学期<br>期末前 | 第4学期<br>期末前 | 第5学期<br>期末前 | 第7学期<br>期末前 |
| 开题报告 | 第3学期<br>第5周前 | 第3学期<br>期末前 | 第4学期<br>期末前 | 第5学期<br>期末前 | 第7学期<br>期末前 |
| 中期检查 | 第3学期<br>第10周前 | 第4学期<br>期末前 | 第5学期<br>期末前 | 第7学期<br>期末前 | 第9学期<br>期末前 |
| 培养环节审查 | 第3学期<br>期末前 | 第5学期<br>期末前 | 第7学期<br>期末前 | 第9学期<br>期末前 | 第11学期<br>期末前 |
| 论文撰写与论文答辩 | 距离开题至少9个月 | 距离开题至少12个月 | 距离开题至少18个月 | | |

4. 培养环节审查

研究生学习期满，修满培养方案规定的课程学分，完成专业外语、学术活动、科学研究训练及创新能力培养等必修环节以及文献综述报告、开题报告等学位论文相关工作，通过培养环节审查后，可申请学位论文答辩。

培养环节由学院负责进行审查，完成时间要求见表8.34。

5. 论文撰写与论文答辩

所有研究生必须在导师指导下完成一篇达到学位要求的学位论文。硕士学位论文要反映硕士研究生在本学科领域研究中达到的学术水平，表明本人较好地掌握了本学科的基础理论、专门知识和基本技能，具有从事本学科或相关学科科学研究或独立担负专门技术工作的能力。博士学位论文应当表明作者具有独立从事科学研究工作的能力，并在科学或专门技术上做出创造性成果。

研究生通过培养环节审查后，可进入论文评审和答辩程序。

两年制硕士研究生（留学生）学位论文答辩时间距开题报告提交时间至少为9个月；三年制硕士研究生学位论文答辩时间距开题报告提交时间至少为12个月；博士研究生学位论文答辩时间距开题报告提交时间至少为18个月。

研究生学位论文答辩工作按照《北京理工大学学位授予工作细则》进行。

博士学位论文预答辩由导师负责组织，成立由3~5名本学科或相关学科的副高级及以上职称专家（其中半数以上为博士生导师）组成的小组，并在学位论文提交评阅前一个月完成。

6. 学位授予

研究生在申请学位时的学术成果要求见《北京理工大学关于博士、硕士学位申请者发表学术论文的规定》，留学研究生发表论文要求按校学位评定委员会十届二次会议精神执行。

本学科对符合要求的学位申请人授予工学硕士学位或工学博士学位。

## 电子与通信工程
### (085208)

**一、培养目标**

培养热爱祖国，遵纪守法，具有科学严谨和求真务实的学习态度和工作作风，品行端正、身心健康，积极为社会主义现代化建设服务。掌握电子与通信工程领域坚实的基础理论和专业知识，具有较强的分析、解决实际问题的能力，能够承担专业技术或管理工作，具有创新能力、创业能力、实践能力和良好的职业素养的高层次应用型专门人才。

**二、培养方式**

（1）培养方式实行全日制和非全日制两种方式。对于全日制硕士专业学位研究生，实行集中在校学习和社会实践相结合的培养方式，并增强实践教学培养环节。对于非全日制硕士专业学位研究生，采取在职不脱产的学习方式。

（2）实行双导师负责制或导师指导小组负责制。双导师制是指1名校内学术导师和1名校外社会实践部门的导师共同指导学生，其中以校内导师指导为主，校外导师参与实践过程、项目研究、部分课程与论文等环节的指导工作。

导师指导小组负责制是由3~5人组成的指导小组进行合作指导制度。导师指导小组中必须有1人为首席导师，主要负责研究生的业务指导和思想政治教育，其余导师参与实践过程、项目研究、部分课程与论文等环节的指导工作。

**三、学制**

全日制硕士专业学位研究生学制一般为2年，最长学习年限在基本学制基础上延长0.5年；非全日制硕士专业学位研究生学制一般为3年，最长学习年限在基本学制基础上延长2年。专业学位教育指导委员会的指导性培养方案对此有其他明确要求的，学制、最长学习年限以指导性培养方案中规定为准。硕士专业学位研究生不允许提前毕业。

**四、课程设置与学分要求**

课程设置与学分要求如表8.35所示。

表 8.35 课程设置与学分要求

| 类别 | 编码 | 课程名称 | 学时 | 学分 | 学期 | 是否必修 | 备注 |
|---|---|---|---|---|---|---|---|
| 公共课 | 2200001 | 中国特色社会主义理论与实践研究 | 36 | 2 | 1/2 | 必修 | 全选 |
| | 2200002 | 自然辩证法概论 | 18 | 1 | 1/2 | 必修 | |
| | 240001* | 硕士公共英语 | 48 | 3 | 1/2 | 必修 | |
| 专业课 | 1700001 | 数值分析 | 32 | 2 | 1/2 | 必修 | ≥12学分 |
| | 0500061 | 矩阵理论及其应用 | 48 | 3 | 1 | 必修 | |
| | 0500013 | 超大规模集成电路设计导论 A | 48 | 3 | 1 | 必修 | |
| | 0500014 | 超大规模集成电路设计导论 B | 48 | 3 | 1 | 必修 | |
| | 0500096 | 超大规模集成电路设计基础 | 32 | 2 | 2 | 必修 | |
| | 0500063 | 应用信息论 | 48 | 3 | 1 | 必修 | |
| | 0500065 | 通信网络基础 | 48 | 3 | 1 | 必修 | |
| | 0500071 | 高等数字通信 | 32 | 2 | 1/2 | 必修 | |
| | 0500067 | 电子测量原理与应用 | 32 | 2 | 1 | 必修 | |
| | 0500006 | 微波毫米波电路与集成技术 | 48 | 3 | 2 | 必修 | |
| | 0500003 | 现代天线理论与技术 A | 48 | 3 | 2 | 必修 | |
| | 0500017 | 统计信号处理 A | 48 | 3 | 1 | 必修 | |
| | 0500018 | 统计信号处理 B | 48 | 3 | 1 | 必修 | |
| | 0500020 | 医学图像处理与分析 | 48 | 3 | 1 | 必修 | |
| | 0500072 | 信号检测与估计理论 | 48 | 3 | 1 | 必修 | |
| | 0500051 | 移动通信原理与实践 | 48 | 3 | 2 | 必修 | |
| | 0500074 | 多抽样率信号处理 | 32 | 2 | | 必修 | |
| | 0500011 | 微电子技术进展 | 32 | 2 | 1 | 选修 | |
| | 0500023 | 现代电子测量技术 | 32 | 2 | 2 | 选修 | |
| | 0500015 | SOC 的 IP 设计实现 A | 48 | 3 | 2 | 选修 | |
| | 0500016 | SOC 的 IP 设计实现 B | 48 | 3 | 2 | 选修 | |

续表

| 类别 | 编码 | 课程名称 | 学时 | 学分 | 学期 | 是否必修 | 备注 |
|---|---|---|---|---|---|---|---|
| 专业课 | 0500042 | 电磁兼容原理与应用 | 32 | 2 | 2 | 选修 | ≥12学分 |
| | 0500043 | 太赫兹技术与应用 | 32 | 2 | 2 | 选修 | |
| | 0500044 | 毫米波雷达与成像技术 | 32 | 2 | 2 | 选修 | |
| | 0500084 | 数字信号处理器结构与系统 | 32 | 2 | 2 | 选修 | |
| | 0500069 | 雷达系统导论 | 32 | 2 | 1 | 选修 | |
| | 0500085 | 电子对抗原理 | 32 | 2 | 1 | 选修 | |
| | 0500087 | 卫星导航定位理论与方法 | 32 | 2 | 2 | 选修 | |
| | 0500091 | 大数据分析 | 32 | 2 | 2 | 选修 | |
| | 0500094 | 高级机器学习 | 32 | 2 | 2 | 选修 | |

注：①同一课程名称后缀 A 与 B 的限二选一。

②全日制硕士专业学位研究生课程学习实行学分制，数值分析和矩阵理论及其应用必须任选一门。全日制硕士专业学位研究生课程总学分不低于 18 学分，由公共课、专业必修课和专业选修课组成，其中公共课不低于 6 学分，专业必修课不低于 6 学分，专业选修课不低于 6 学分。非全日制硕士专业学位研究生课程总学分不低于 18 学分，由公共课和专业必修课组成，其中公共课不低于 6 学分，专业课不低于 12 学分。

③允许学生在导师指导下自由选课，可有交叉学科修课 2 学分。

④鼓励专业学位研究生参加国家职业资格考试，全日制硕士专业学位研究生通过与本领域相关国家职业资格考试可免修或豁免考试的课程。免修或豁免考试课程由研究生提交申请，经导师确认后，报学院主管研究生教学的院领导审批。

⑤在导师的指导下，研究生可根据需要选修该领域相应本科专业的专业核心课作为研究生专业选修课的有益补充。若选修一门课程，则按所选课程的学分折半计入；若选修多门课程，则按所选课程学分折半计入，累计不超过 2 学分，或按照所选课程中单门课程最高学分折半计入。选修本科生课程超过以上折算标准的部分，不计入研究生课程学分，但可以计入课程成绩档案。

⑥全日制硕士专业学位研究生应在 1 年内完成课程学习。

**五、必修环节**

1. 学术活动（0.5 学分）

在学期间应参加 4 次以上学术活动，其中本人进行正规性学术报告或学位论文阶段性报告 1 次以上。每次参加学术活动应有 500 字左右的总结报告，简要阐述活动内容并阐明自己对相关问题的学术观点或看法。

## 2. 实践环节（6学分）

（1）全日制硕士专业学位研究生必须保证不少于半年的实践环节，可采取集中实践和分段实践相结合的方式进行。通过实践环节应达到以下要求：基本熟悉本行业工作流程和相关职业及技术规范，具有实践研究和技术创新能力。

（2）全日制专业学位研究生实践环节可采用课程实验、企业实践、课题研究等形式，实践内容可根据不同的实践形式由校内导师或校内及企业导师决定。非全日制专业学位研究生，可根据研究生所在单位的特点，结合培养目标和选题意向，深化工程技术或工程管理的研究，提高技术创新能力。

（3）在导师指导下，研究生要制订并提交实践计划，撰写实践总结报告，提交实践基地负责人的评价意见。专业实践环节是全日制硕士专业学位研究生培养的一个特色和重要环节，全日制硕士专业学位研究生不参加专业实践或未通过专业实践考核的，不得申请毕业和学位论文答辩。

（4）专业实践的考核。全日制硕士专业学位研究生的专业实践考核最迟应于第四学期第12周前完成。

学院负责组织校内外专家、企业或研究院所等实践单位负责人组成考核小组，以专题报告会形式对研究生专业实践进行考核。研究生汇报本人的专业实践工作，指导教师应根据研究生的专业实践工作量、综合表现和实践单位的反馈意见等，按优秀、良好、及格和不及格四个等级评定成绩，并将成绩汇总后交研究生院。

### 六、培养环节及学位论文相关工作

#### 1. 文献综述（0.5学分）

文献综述应结合论文选题，以电子与通信工程领域技术发展与工程应用为主，阅读20篇以上在研究领域内以行业技术发展与工程应用为主要内容的国内外文献，了解、学习本领域新技术、新工艺、新方法、新材料的应用进展，并在此基础上撰写3 000字以上的文献综述，综述与本研究课题相关的国内外研究进展，包括研究现状、水平、发展趋势和有待进一步研究的问题。

文献综述完成时间要求见表8.36。

#### 2. 开题报告（0.5学分）

开题报告主要介绍学位论文选题的技术路线，实施方案，预期成果和计划安排。开题报告应以文献综述报告为基础，主要介绍课题研究的目的、意义、技术路线、实施方案、计划安排和预期成果。课题要求直接来源于生产实际或具有明确的生产背景和应用价值的课题，包括技术引进、技术改造、技术攻关等生产关键任务，新技术、新工艺、新设备、新材料和新产品研发方面的课题。

开题报告应明确学位论文形式，原则上，论文形式一经确定不允许修改。

开题报告完成时间要求见表 8.36。

表 8.36 相关环节时间节点要求

| 项目 | 两年制全日制专硕 | 三年制全日制专硕、非全日制专硕 |
| --- | --- | --- |
| 学制/年 | 2 | 3 |
| 文献综述 | 第 3 学期第 5 周前 | 第 3 学期期末前 |
| 开题报告 | 第 3 学期第 5 周前 | 第 3 学期期末前 |
| 中期检查 | 第 3 学期第 10 周前 | 第 4 学期期末前 |
| 培养环节审查 | 第 3 学期期末前 | 第 5 学期期末前 |
| 答辩 | 距离开题至少 9 个月 | 距离开题至少 12 个月 |

3. 中期检查

全日制硕士专业学位研究生中期检查由学院负责，从课程学习、必修环节、开题报告、学位论文工作的进展情况等多方面进行检查。

非全日制硕士专业学位研究生的中期检查由学院组织 3~5 名具有高级技术职称的校内外教师组成中期检查小组进行，中期检查小组根据研究生的中期报告写出评语，并给出考核成绩，考核成绩分为通过和不通过两种。对未通过中期检查的工程硕士研究生，指导教师要帮助其分析原因，提出相应的改进措施和要求。研究生按照导师意见完成修改后，由导师提交新的评语，中期检查小组组长签字后通过。

中期检查完成时间见表 8.36。

4. 培养环节审查

研究生学习期满，修满培养方案规定的课程学分，完成学术活动、专业实践等必修环节以及文献综述报告、开题报告等学位论文相关工作，通过培养环节审查后，可申请学位论文答辩。

培养环节由学院负责进行审查，完成时间见表 8.36。

5. 论文撰写与论文答辩

全日制硕士专业学位研究生学位论文答辩时间距提交开题报告时间应至少为 9 个月。非全日制硕士专业学位研究生学位论文答辩时间距提交开题报告时间应至少为 12 个月。

研究生学习期满，修满培养方案规定的课程学分，完成学术活动、专业实践等必修环节以及文献综述报告、开题报告等学位论文相关工作，通过培养环节审查后，可申请学位论文答辩。培养环节由导师负责进行审查。

非全日制硕士专业学位研究生学位论文在申请答辩前必须经过预答辩。参加预答辩的人员应该是本领域的专家，具有高级职称，并具有丰富的研究生培养经验，人数不少于3人，其中1人必须是校外专家。只有通过预审的论文才能提出申请学位论文答辩。

硕士专业学位研究生学位论文应由校内外各1名具有高级职称的相关专业的专家进行评审，写出评语并明确表示通过或不通过意见。上述两名专家意见一致通过的，则论文通过；两名专家意见均不通过的，则论文不通过；一名专家意见不通过的，可另请一名专家重审，若意见通过则论文通过，反之论文不通过。

论文评审通过后才能组织学位论文答辩。学位论文应表明作者在本专业领域掌握了坚实的基础理论和宽广的专业知识，具有较强的解决实际问题的能力。

本领域对符合要求的学位申请人授予电子与通信工程领域工程硕士学位。

## 集成电路工程
### (085209)

**一、培养目标**

培养热爱祖国，遵纪守法，具有科学严谨和求真务实的学习态度和工作作风，品行端正、身心健康，积极为社会主义现代化建设服务。掌握集成电路领域坚实的基础理论和专业知识，具有较强的分析、解决实际问题的能力，能够承担专业技术或管理工作，具有创新能力、创业能力、实践能力和良好的职业素养的高层次应用型专门人才。

**二、培养方式**

（1）培养方式实行全日制和非全日制两种方式。对于全日制硕士专业学位研究生，实行集中在校学习和社会实践相结合的培养方式，并增强实践教学培养环节。对于非全日制硕士专业学位研究生，采取在职不脱产的学习方式。

（2）在专业培养方面实行双导师负责制或导师指导小组负责制。

双导师负责制是指1名校内学术导师和1名校外社会实践部门的导师共同指导学生，其中以校内导师指导为主，校外导师参与实践过程、项目研究、部分课程与论文等多个环节的指导工作。

导师指导小组负责制是指由3~5人组成的指导小组进行合作指导的制度。导师指导小组中必须有1人为首席指导，主要负责研究生的业务指导和学术道德教育，其余导师参与实践过程、项目研究、部分课程和论文等多个环节的指导工作。

### 三、学制

全日制硕士专业学位研究生学制一般为 2 年，最长学习年限在基本学制基础上延长 0.5 年；非全日制硕士专业学位研究生学制一般为 3 年，最长学习年限在基本学制基础上延长 2 年。专业学位教育指导委员会的指导性培养方案对此有其他明确要求的，学制、最长学习年限以指导性培养方案中规定为准。硕士专业学位研究生不允许提前毕业。

### 四、课程设置与学分要求

课程设置与学分要求如表 8.37 所示。

表 8.37　课程设置与学分要求

| 类别 | 编码 | 课程名称 | 学时 | 学分 | 学期 | 是否必修 | 备注 |
|---|---|---|---|---|---|---|---|
| 公共课 | 2700001 | 中国特色社会主义理论与实践研究 | 36 | 2 | 1/2 | 必修 | 全选 |
| | 2700002 | 自然辩证法概论 | 18 | 1 | 1/2 | 必修 | |
| | 240001* | 硕士英语 | 48 | 3 | 1/2 | 必修 | |
| 专业课 | 1700001 | 数值分析 | 32 | 2 | 1/2 | 必修 | 任选一门 |
| | 0500061 | 矩阵理论及其应用 | 48 | 3 | 1 | 必修 | |
| | 0500011 | 微电子技术进展 | 32 | 2 | 1 | 必修 | ≥12 学分 |
| | 0500015 | SOC 的 IP 设计实现 A | 48 | 3 | 2 | 必修 | |
| | 0500097 | 集成电路设计实践 | 48 | 3 | 1 | 必修 | |
| | 0500096 | 超大规模集成电路设计基础 | 32 | 2 | 2 | 必修 | |
| | 0500012 | 混合信号集成电路 | 48 | 3 | 1 | 必修 | |
| | 0500042 | 电磁兼容原理与应用 | 32 | 2 | 2 | 必修 | |
| | 0500047 | 三维集成技术 | 48 | 3 | 2 | 必修 | |
| | 0500022 | 现代电路与网络理论 | 48 | 3 | 1 | 选修 | |
| | 0500023 | 现代电子测量技术 | 32 | 2 | 2 | 选修 | |
| | 0500072 | 信号检测与估计理论 | 48 | 3 | 1 | 选修 | |
| | 0500063 | 应用信息论 | 48 | 3 | 1 | 选修 | |
| | 0500065 | 通信网络基础 | 48 | 3 | 1 | 选修 | |
| | 0500067 | 电子测量原理与应用 | 32 | 2 | 1 | 选修 | |

（1）全日制硕士专业学位研究生课程学习实行学分制。全日制硕士专业学位研究生课程总学分不低于18学分，由公共课、专业必修课和专业选修课组成，其中公共课不低于6学分，专业必修课不低于6学分，专业选修课不低于6学分。非全日制硕士专业学位研究生课程总学分不低于18学分，由公共课和专业必修课组成，其中公共课不低于6学分，专业课不低于12学分。

（2）允许学生在导师指导下自由选课，可有交叉学科修课2学分。

（3）鼓励专业学位研究生参加国家职业资格考试，全日制硕士专业学位研究生通过与本领域相关国家职业资格考试可免修或豁免考试的课程。免修或豁免考试课程由研究生提交申请，经导师确认后，报学院主管研究生教学的院领导审批。

（4）在导师的指导下，研究生可根据需要选修该领域相应本科专业的专业核心课作为研究生专业选修课的有益补充。若选修一门课程，则按所选课程的学分折半计入；若选修多门课程，则按所选课程学分折半计入，累计不超过2学分，或按照所选课程中单门课程最高学分折半计入。选修本科生课程超过以上折算标准的部分，不计入研究生课程学分，但可以计入课程成绩档案。

（5）全日制硕士专业学位研究生应在1年内完成课程学习。

**五、必修环节**

1. 学术活动（0.5学分）

研究生在学期间应至少参加4次学术活动，其中本人进行正规性学术报告或学位论文阶段性报告1次以上。每次学术活动需提交500字左右的总结报告，其报告内容需阐明自己对相关问题的学术观点或看法。

2. 实践环节（6学分）

（1）全日制硕士专业学位研究生必须保证不少于半年的实践环节，可采取集中实践和分段实践相结合的方式进行。通过实践环节应达到以下要求：基本熟悉本行业工作流程和相关职业及技术规范，具有实践研究和技术创新能力。

（2）全日制专业学位研究生实践环节可采用课程实验、企业实践、课题研究等形式，实践内容可根据不同的实践形式由校内导师或校内及企业导师决定。非全日制专业学位研究生，可根据研究生所在单位的特点，结合培养目标和选题意向，深化工程技术或工程管理的研究，提高技术创新能力。

（3）在导师指导下，研究生要制订并提交实践计划，撰写实践总结报告，提交实践基地负责人的评价意见。专业实践环节是全日制硕士专业学位研究生培养的一个特色和重要环节，全日制硕士专业学位研究生不参加专业实践或未通过专业实践考核的，不得申请毕业和学位论文答辩。

(4) 专业实践的考核。全日制硕士专业学位研究生的专业实践考核最迟应于第四学期第 12 周前完成。

学院负责组织校内外专家、企业或研究院所等实践单位负责人组成考核小组，以专题报告会形式对研究生专业实践进行考核。研究生汇报本人的专业实践工作，指导教师应根据研究生的专业实践工作量、综合表现和实践单位的反馈意见等，按"优秀、良好、及格和不及格"四个等级评定成绩，并将成绩汇总后交研究生院。

**六、培养环节及学位论文相关工作**

1. 文献综述（0.5 学分）

研究生在学期间应结合学位论文任务，以集成电路工程领域技术发展与工程应用为主，至少阅读 20 篇在研究领域内以行业技术发展与工程应用为主要内容的国内外文献，了解、学习本领域新技术、新工艺、新方法、新材料的应用进展，并在此基础上，撰写 3 000 字以上的文献综述，综述与本研究课题相关的国内外研究进展，包括研究现状、水平、发展趋势和有待进一步研究的问题。

文献综述完成时间要求见表 8.38。

2. 开题报告（0.5 学分）

开题报告主要介绍学位论文选题的技术路线、实施方案、预期成果和计划安排。开题报告应以文献综述报告为基础，主要介绍课题研究的目的、意义、技术路线、实施方案、计划安排和预期成果。课题要求直接来源于生产实际或具有明确的生产背景和应用价值的课题，包括技术引进、技术改造、技术攻关等生产关键任务，新技术、新工艺、新设备、新材料和新产品研发方面的课题。

开题报告应明确学位论文形式，原则上，论文形式一经确定不允许修改。

开题报告完成时间要求见表 8.38。

3. 中期检查

全日制硕士专业学位研究生中期检查由学院负责，从课程学习、必修环节、开题报告、学位论文工作的进展情况等多方面进行检查。

非全日制硕士专业学位研究生的中期检查由学院组织 3~5 名具有高级技术职称的校内外教师组成中期检查小组进行，中期检查小组根据研究生的中期报告写出评语，并给出考核成绩，考核成绩分为通过和不通过两种。对未通过中期检查的工程硕士研究生，指导教师要帮助其分析原因，提出相应的改进措施和要求。研究生按照导师意见完成修改后，由导师提交新的评语，中期检查小组组长签字后通过。

中期检查完成时间要求见表 8.38。

表 8.38  相关环节时间节点要求

| 项目 | 两年制全日制专硕 | 三年制全日制专硕、非全日制专硕 |
| --- | --- | --- |
| 学制/年 | 2 | 3 |
| 文献综述 | 第 3 学期第 5 周前 | 第 3 学期期末前 |
| 开题报告 | 第 3 学期第 5 周前 | 第 3 学期期末前 |
| 中期检查 | 第 3 学期第 10 周前 | 第 4 学期期末前 |
| 培养环节审查 | 第 3 学期期末前 | 第 5 学期期末前 |
| 论文撰写与论文答辩 | 距离开题至少 9 个月 | 距离开题至少 12 个月 |

4. 培养环节审查

研究生学习期满，修满培养方案规定的课程学分，完成学术活动、专业实践等必修环节以及文献综述报告、开题报告等学位论文相关工作，通过培养环节审查后，可申请学位论文答辩。

培养环节由学院负责进行审查，完成时间要求见表 8.38。

5. 论文撰写与论文答辩

全日制硕士专业学位研究生学位论文答辩时间距提交开题报告时间应至少为 9 个月。非全日制硕士专业学位研究生学位论文答辩时间距提交开题报告时间应至少为 12 个月。

研究生学习期满，修满培养方案规定的课程学分，完成学术活动、专业实践等必修环节以及文献综述报告、开题报告等学位论文相关工作，通过培养环节审查后，可申请学位论文答辩。培养环节由导师负责进行审查。

非全日制硕士专业学位研究生学位论文在申请答辩前必须经过预答辩。参加预答辩的人员应该是本领域的专家，具有高级职称，并具有丰富的研究生培养经验，人数不少于 3 人，其中 1 人必须是校外专家。只有通过预审的论文才能提出申请学位论文答辩。

硕士专业学位研究生学位论文应由校内外各一名具有高级职称的相关专业的专家进行评审，写出评语并明确表示通过或不通过意见。上述两名专家意见一致通过的，则论文通过；两名专家意见均不通过的，则论文不通过；一名专家意见不通过的，可另请一名专家重审，若意见通过则论文通过，反之论文不通过。

论文评审通过后才能组织学位论文答辩。学位论文应表明作者在本专业领域掌握了坚实的基础理论和宽广的专业知识，具有较强的解决实际问题的能力。

本领域对符合要求的学位申请人授予集成电路工程领域工程硕士学位。

### 8.4.5　2018年培养方案

**电子科学与技术**

**（080900）**

#### 一、学科简介与研究方向

北京理工大学电子科学与技术学科2003年获得一级学科博士授予权，建有6个二级学科、2个博士后流动站和2个长江学者岗位。本学科作为北京市重点学科与工信部重点专业，已成为高水平创新人才培养和重大科研创新研究的多功能基地，拥有"电磁场与微波技术"北京市重点学科，突出国防特色与军民两用技术的电子科学与技术本科专业，拥有"电工电子基础"国家级教学团队，建设了"电工电子国家级实验教学示范中心"、"多元信息系统"国防重点学科实验室、"毫米波与太赫兹技术"北京市重点实验室、"硅基高速片上系统"北京市工程技术研究中心等高水平教学与科研平台。学科每年承担国家"863"、"973"、自然科学基金、国防预研等重要科研项目10余项，横向科技合作项目数十项，年均科研经费近4 000万元，发表SCI检索论文40余篇。

学科始终注重师资队伍在质和量两方面的建设，满足高水平创新研究和高层次人才培养的需要。截至2018年4月，电子科学与技术学科共有教师90人，其中正高级职称16人，副高级职称34人，高级专业技术职务占比55.6%；具有博士学位的比例为76.7%；35岁以下教师占比为14%。队伍含千人计划入选者1人，长江学者特聘教授1人，跨世纪/新世纪优秀人才2人，北京市教学名师2人。

学科在电磁计算、微波毫米波太赫兹波技术与系统、专用处理器设计与应用、阵列信号处理等领域已形成明显的特色与优势，形成以下6个主要研究方向：

1. 电磁仿真与天线

主要研究内容：瞄准电磁仿真与天线领域的学术前沿，面向国家在雷达、隐身、电磁兼容、大规模集成电路、人工电磁材料等领域的需求，以研究电磁仿真与天线关键技术为核心，开展三个层面的科研和教学：在基础研究层面，开展电磁计算理论和方法、天线设计理论和分析方法的研究；在应用基础层面，针对雷达、隐身、电磁兼容、大规模集成电路、人工电磁材料等领域的挑战性问题，开展针对解决这些问题的电磁仿真和天线技术的研发；在应用层面，开展电磁仿真软件和天线分析设计软件的研发。

2. 毫米波太赫兹技术与系统

主要研究内容：微波毫米波与太赫兹集成电路、天线与系统。在无线系统领域，研究毫米波与红外复合探测技术与系统、毫米波卫星通信模拟转发器和物联网无线传感器等；在太赫兹技术领域，以太赫兹波传输与调控、太赫兹探测与识别以及太赫兹目标特性为背景，开展太赫兹成像系统、太赫兹雷达系统、太赫兹通信系统、太赫兹关键功能器件、太赫兹天线和太赫兹集成前端等研究；在集成技术领域，开展硅基 CMOS、砷化镓基单片、MEMS、LTCC 和 MCM 等集成射频多种基础工艺与设计技术研究。

3. 微电子与集成电路

主要研究内容：微电子与集成电路：超大规模集成电路设计理论、专用处理器芯片设计、高性能模拟集成电路设计与应用、硅基射频/毫米波集成电路设计与片上系统集成、新型 MEMS 传感器设计与应用、三维集成与垂直互连、集成电路测试与可靠性分析、集成电路系统集成等技术；专用处理器设计：专用处理器设计理论和方法论、专用处理器汇编编程工具链和编程方法、嵌入式并行处理器并行编程工具链和方法、专用处理器自动综合技术、通信专用处理器、多媒体专用处理器、游戏机专用处理器、软件无线电数字综合收发机、植入体内微系统。

4. 医学电子与信号处理

主要研究内容：信号处理及应用：多传感器阵列信号处理、生物医学信号处理、智能感知与导航等；图像与视频处理及应用：智能医学影像分析、医学影像处理与计算机辅助诊断（细胞视频图像处理、眼科医学图像处理与应用等）、三维图像分割与重建技术、视频图像目标识别与跟踪等；电子系统与技术：植入式和可穿戴式医学电子装置与技术、便携式移动医学信息智能终端技术、医学成像系统、智能无人航行器等；数字医疗技术与装备：数字医疗设备、生物医学信息提取技术、移动数字医疗系统与技术等。

5. 复杂电路与系统

主要研究内容：雷达系统、雷达信号处理、雷达成像与目标识别、雷达对抗，基于天基雷达的空间多目标跟踪调度策略优化、旋转对称雷达目标的微多普勒特征提取与雷达系统相参性约束、全极化雷达的通道隔离与旁瓣抑制方法研究、叶尖间隙微波测量电路设计开发，超高速和分布式采样电路技术、新型电路接口技术、大规模可编程数字系统实现与算法映射、信号获取新理论与电路实现、信号稀疏分解与应用、高性能探测与信号处理、高速图像识别与处理，基于双目机器视觉的三维图像合成。

6. 微纳光电子学与激光光电子学

本学科方向以在信息科学、材料科学、能源科学、生物科学和海洋科学中的应用为背景,开展新型激光器件、新型光电子器件、光电子传感器件、微纳光电子器件和微波光电子学器件的基础和应用研究。

二、培养目标

1. 学术型硕士研究生培养目标

培养坚持党的基本路线,具有国家使命感和社会责任心,遵纪守法,品行端正,诚实守信,身心健康,具有良好的科研道德和敬业精神,富有科学精神和国际视野的高素质、高水平创新人才。

要求掌握本学科坚实的基础理论和系统的专门知识,掌握本学科(方向)的现代实验方法和技能,具有从事科学研究工作或独立担负专门技术工作的能力,在科学研究或专门工程技术工作中具有一定的组织和管理能力,有良好的合作精神和较强的交流能力。

2. 学术型博士研究生培养目标

培养坚持党的基本路线,具有国家使命感和社会责任心,遵纪守法,品行端正,诚实守信,身心健康,富有科学精神和国际视野的高素质、高水平创新人才。

要求掌握本学科坚实宽广的基础理论和系统深入的专门知识;掌握本学科的现代实验方法和技能;熟练地掌握一门外语,具有国际学术交流能力;具有独立地、创造性地从事科学研究的能力;能够在科学研究或专门技术上做出创造性的成果。

三、学制

学制如表8.39所示。

表8.39 学制

| 学科门类 | 学术型硕士 | 学术型博士 | |
|---|---|---|---|
| | | 硕士起点 | 本科起点(含硕士阶段) |
| 工学 [08] | 3年 | 4年 | 6年 |

注:①学术型硕士最长修业年限在基本学制基础上增加0.5年;
②学术型博士最长修业年限在基本学制基础上增加2年;
③特别优秀并提前完成学位论文的博士最多可提前1年毕业。

四、课程设置与学分要求

课程设置与学分要求如表8.40所示。

表 8.40　课程设置与学分要求

| 类别 | 课程代码 | 课程名称 | 学时 | 学分 | 学期 | 是否必修 | 课程层次 | 学分要求 |
|---|---|---|---|---|---|---|---|---|
| 公共课 | 2700001 | 中国特色社会主义理论与实践研究 | 36 | 2 | 1/2 | 必修 | 硕士本博 | 硕士≥7学分；普博≥6学分；本博≥9学分 |
| | 2700002 | 自然辩证法概论 | 18 | 1 | 1/2 | 必修 | 硕士本博 | |
| | 2700003 | 中国马克思主义与当代 | 32 | 0 | 1/2 | 必修 | 博士 | |
| | 2700004 | 马克思主义经典著作选读 | 18 | 1 | 1/2 | 选修 | 博士 | |
| | 240003* | 硕士公共英语中级 | 48 | 2 | 1/2 | 分级选一 | 硕士 | |
| | 240004* | 硕士公共英语高级 | 48 | 2 | 1/2 | | 硕士 | |
| | 240005* | 博士公共英语中级 | 48 | 2 | 1/2 | 分级选一 | 博士 | |
| | 240006* | 博士公共英语高级 | 48 | 2 | 1/2 | | 博士 | |
| | 0000002 | 学术道德与综合素质 | 32 | 2 | 1/2 | 必修 | 硕士/博士 | |
| 基础课 | 1700001 | 数值分析 | 32 | 2 | 1/2 | 选修 | 硕士本博 | 硕士≥2学分；普博≥3学分；本博≥5学分 |
| | 1700002 | 矩阵分析 | 32 | 2 | 1/2 | 选修 | 硕士本博 | |
| | 1700003 | 科学与工程计算 | 48 | 3 | 1/2 | 选修 | 博士 | |
| | 1700004 | 近代数学基础 | 48 | 3 | 1/2 | 选修 | 博士 | |

续表

| 类别 | | 课程代码 | 课程名称 | 学时 | 学分 | 学期 | 是否必修 | 课程层次 | 学分要求 |
|---|---|---|---|---|---|---|---|---|---|
| 前沿交叉课 | | 0000001 | 学科前沿交叉课 | 32 | 2 | 1/2 | 必修 | 硕士本博 | 硕士≥2学分；本博≥2学分 |
| 选修课 | 核心课 | 0500001 | 高等电磁场理论 | 48 | 3 | 1 | 选修 | 硕士本博 | 硕士≥2学分；本博≥2学分 |
| | | 0500110 | 统计信号处理基础 | 48 | 3 | 1 | 选修 | | |
| | | 0501001 | （英）统计信号处理基础 | 48 | 3 | 1 | 选修 | | |
| | | 0500022 | 现代电路与网络理论 | 48 | 3 | 1 | 选修 | | |
| | | 0500112 | 毫米波系统理论、技术及应用 | 48 | 3 | 2 | 选修 | | |
| | | 0500113 | 半导体器件理论 | 48 | 3 | 1 | 选修 | | |
| | 专业课 | 0500002 | 计算电磁学基础 | 32 | 2 | 1 | 选修 | 硕士/本博 | 硕士≥11学分；本博≥11学分 |
| | | 0500114 | 现代天线理论与技术 | 48 | 3 | 2 | 选修 | 硕士/本博 | |
| | | 0501004 | （英）现代天线理论与技术 | 48 | 3 | 2 | 选修 | 硕士/本博 | |
| | | 0500005 | 现代微波网络理论与新技术 | 32 | 2 | 1 | 选修 | 硕士/本博 | |
| | | 0500116 | 微波毫米波电路与集成技术 | 32 | 2 | 2 | 选修 | 硕士/本博 | |
| | | 0501005 | （英）射频电路设计理论与应用 | 48 | 3 | 2 | 选修 | 硕士/本博 | |
| | | 0500008 | 电波与传播 | 32 | 2 | 2 | 选修 | 硕士/本博 | |
| | | 0500012 | 混合信号集成电路 | 48 | 3 | 1 | 选修 | 硕士/本博 | |
| | | 0500118 | 超大规模集成电路设计导论 | 48 | 3 | 1 | 选修 | 硕士/本博 | |
| | | 0500119 | CMOS模拟集成电路设计 | 48 | 3 | 2 | 选修 | 硕士/本博 | |
| | | 0501006 | （英）CMOS模拟集成电路设计 | 48 | 3 | 2 | 选修 | 硕士/本博 | |

续表

| 类别 | | 课程代码 | 课程名称 | 学时 | 学分 | 学期 | 是否必修 | 课程层次 | 学分要求 |
|---|---|---|---|---|---|---|---|---|---|
| 选修课 | 专业课 | 0500019 | 阵列信号处理 | 48 | 3 | 1 | 选修 | 硕士/本博 | 硕士≥11学分；本博≥11学分 |
| | | 0500020 | 医学图像处理与分析 | 48 | 3 | 1 | 选修 | 硕士/本博 | |
| | | 0501008 | （英）医学图像处理与分析 | 48 | 3 | 2 | 选修 | 硕士/本博 | |
| | | 0500021 | 生物医学信号处理 | 32 | 2 | 2 | 选修 | 硕士/本博 | |
| | | 0500024 | 高速数字电路与系统设计 | 32 | 2 | 1 | 选修 | 硕士/本博 | |
| | | 0500025 | 嵌入式系统原理与设计 | 32 | 2 | 1 | 选修 | 硕士/本博 | |
| | | 0500026 | FPGA与SOPC设计基础 | 48 | 3 | 2 | 选修 | 硕士/本博 | |
| | | 0501009 | （英）FPGA与SOPC设计基础 | 48 | 3 | 2 | 选修 | 硕士/本博 | |
| | | 0500038 | 阵列天线分析与综合 | 32 | 2 | 2 | 选修 | 硕士/本博 | |
| | | 0500039 | 雷达目标特性分析方法 | 32 | 2 | 2 | 选修 | 硕士/本博 | |
| | | 0500123 | 并行技术与应用 | 32 | 2 | 2 | 选修 | 硕士/本博 | |
| | | 0500124 | 无线系统分析与设计 | 32 | 2 | 2 | 选修 | 硕士/本博 | |
| | | 0500042 | 电磁兼容原理与应用 | 32 | 2 | 2 | 选修 | 硕士/本博 | |
| | | 0500043 | 太赫兹技术与应用 | 32 | 2 | 2 | 选修 | 硕士/本博 | |
| | | 0500045 | 英语科技论文写作 | 32 | 2 | 1 | 选修 | 硕士/本博 | |

续表

| 类别 | | 课程代码 | 课程名称 | 学时 | 学分 | 学期 | 是否必修 | 课程层次 | 学分要求 |
|---|---|---|---|---|---|---|---|---|---|
| 选修课 | 专业课 | 0500047 | 三维集成技术 | 48 | 3 | 2 | 选修 | 硕士/本博 | 硕士≥11学分;本博≥11学分 |
| | | 0500048 | 电子工程管理概论 | 16 | 1 | 2 | 选修 | 硕士/本博 | |
| | | 0500049 | 现代谱估计 | 32 | 2 | 1 | 选修 | 硕士/本博 | |
| | | 0500125 | 毫米波与太赫兹成像技术 | 32 | 2 | 2 | 选修 | 硕士/本博 | |
| | | 0500126 | 微波测量方法与技术 | 32 | 2 | 2 | 选修 | 硕士/本博 | |
| | | 0500127 | 纳电子学基础 | 32 | 2 | 2 | 选修 | 硕士/本博 | |
| | | 0500128 | 微波遥感 | 32 | 2 | 1 | 选修 | 硕士/本博 | |
| | | 0500129 | 毫米波传感器及应用 | 32 | 2 | 1 | 选修 | 硕士/本博 | |
| | | 0500130 | MIMO天线与应用 | 32 | 2 | 2 | 选修 | 硕士/本博 | |
| | | 0500131 | 先进电磁算法及应用 | 32 | 2 | 2 | 选修 | 硕士/本博 | |
| | | 0500132 | 医学成像系统 | 48 | 3 | 2 | 选修 | 硕士/本博 | |
| | | 0500135 | 脑机接口技术与实践 | 32 | 2 | 2 | 选修 | 硕士/本博 | |
| | | 0500136 | 医工融合概论 | 32 | 2 | 2 | 选修 | 硕士/本博 | |
| | | 0500137 | 智能可穿戴医学系统与技术 | 32 | 2 | 2 | 选修 | 硕士/本博 | |

续表

| 类别 | | 课程代码 | 课程名称 | 学时 | 学分 | 学期 | 是否必修 | 课程层次 | 学分要求 |
|---|---|---|---|---|---|---|---|---|---|
| 选修课 | 专业课 | 0500138 | MRI原理与图像重建 | 32 | 2 | 2 | 选修 | 硕士/本博 | 硕士≥11学分;本博≥11学分 |
| | | 0500139 | 医学数据挖掘 | 32 | 2 | 2 | 选修 | 硕士/本博 | |
| | | 0500140 | 集成光学基础 | 48 | 3 | 2 | 选修 | 硕士/本博 | |
| | | 0500143 | 信息论 | 48 | 3 | 1 | 选修 | 硕士/本博 | |
| | | 0501002 | （英）信息论 | 48 | 3 | 1 | 选修 | 硕士/本博 | |
| | | 0501003 | （英）雷达系统导论 | 32 | 2 | 1 | 选修 | 硕士/本博 | |
| | | 0500070 | 信息系统及其安全对抗 | 48 | 3 | 1 | 选修 | 硕士/本博 | |
| | | 0501010 | （英）移动通信原理与实践 | 48 | 3 | 2 | 选修 | 硕士/本博 | |
| | | 0501011 | （英）多源数据融合理论与应用 | 32 | 2 | 2 | 选修 | 硕士/本博 | |
| | | 0501012 | （英）语音信号数字处理 | 48 | 3 | 1 | 选修 | 硕士/本博 | |
| | | 0501013 | （英）通信网络基础 | 48 | 3 | 2 | 选修 | 硕士/本博 | |
| | | 0500066 | 近代信号处理 | 48 | 3 | 1 | 选修 | 硕士/本博 | |
| | | 0500150 | 现代电子测量原理与应用 | 32 | 2 | 1 | 选修 | 硕士/本博 | |
| | | 0500068 | 数字图像处理与模式识别 | 32 | 2 | 1 | 选修 | 硕士/本博 | |

续表

| 类别 | | 课程代码 | 课程名称 | 学时 | 学分 | 学期 | 是否必修 | 课程层次 | 学分要求 |
|---|---|---|---|---|---|---|---|---|---|
| 选修课 | 专业课 | 0501014 | （英）高等数字通信 | 32 | 2 | 1 | 选修 | 硕士/本博 | 硕士≥11学分；本博≥11学分 |
| | | 0500074 | 多抽样率信号处理 | 32 | 2 | 1 | 选修 | 硕士/本博 | |
| | | 0500080 | 图像分析、处理及机器视觉 | 32 | 2 | 1 | 选修 | 硕士/本博 | |
| | | 0500082 | 现代信号分析 | 32 | 2 | 2 | 选修 | 硕士/本博 | |
| | | 0500083 | 卫星通信理论与应用 | 32 | 2 | 2 | 选修 | 硕士/本博 | |
| | | 0500084 | 数字信号处理器结构与系统 | 32 | 2 | 2 | 选修 | 硕士/本博 | |
| | | 0500085 | 电子对抗原理 | 32 | 2 | 1 | 选修 | 硕士/本博 | |
| | | 0500155 | 信道编码及其应用 | 48 | 3 | 2 | 选修 | 硕士/本博 | |
| | | 0500087 | 卫星导航定位理论与方法 | 32 | 2 | 2 | 选修 | 硕士/本博 | |
| | | 0500088 | 无线网络和移动计算 | 32 | 2 | 2 | 选修 | 硕士/本博 | |
| | | 0500089 | 拓扑理论与网络 | 32 | 2 | 2 | 选修 | 硕士/本博 | |
| | | 0500090 | 认知电子战原理与技术 | 32 | 2 | 1 | 选修 | 硕士/本博 | |
| | | 0500091 | 大数据分析 | 32 | 2 | 2 | 选修 | 硕士/本博 | |
| | | 0500092 | 可编程数字信号处理系统设计 | 32 | 2 | 1 | 选修 | 硕士/本博 | |

续表

| 类别 | | 课程代码 | 课程名称 | 学时 | 学分 | 学期 | 是否必修 | 课程层次 | 学分要求 |
|---|---|---|---|---|---|---|---|---|---|
| 选修课 | 专业课 | 0500093 | 高性能嵌入式可重构并行计算方法 | 32 | 2 | 2 | 选修 | 硕士/本博 | 硕士≥11学分；本博≥11学分 |
| | | 0500094 | 高级机器学习 | 32 | 2 | 2 | 选修 | 硕士/本博 | |
| | | 0500156 | 合成孔径雷达理论与应用 | 32 | 2 | 2 | 选修 | 硕士/本博 | |
| | | 0500157 | 雷达目标智能识别 | 48 | 3 | 1/2 | 选修 | 硕士/本博 | |
| | | 0500158 | 空天通信系统 | 32 | 2 | 2 | 选修 | 硕士/本博 | |
| | | 0500159 | 未来网络技术 | 32 | 2 | 2 | 选修 | 硕士/本博 | |
| | | 0500160 | 通信前沿技术专题 | 32 | 2 | 2 | 选修 | 硕士/本博 | |
| | | 0501018 | （英）通信前沿技术专题 | 32 | 2 | 2 | 选修 | 硕士/本博 | |
| | | 0500162 | 人工智能程序设计与软件实现 | 32 | 2 | 2 | 选修 | 硕士/本博 | |
| | | 0500034 | 极化敏感阵列信号处理 | 32 | 2 | 1 | 选修 | 普博/本博 | 普博≥2学分；本博≥2学分 |
| | | 0500058 | 电子科学及技术进展 | 32 | 2 | 1 | 选修 | 普博/本博 | |
| | | 0500133 | 智能医学影像分析 | 32 | 2 | 2 | 选修 | 普博/本博 | |
| | | 0500134 | 分子影像系统与技术 | 32 | 2 | 2 | 选修 | 普博/本博 | |
| | | 0500075 | 系统理论与人工系统设计学 | 48 | 3 | 2 | 选修 | 普博/本博 | |

续表

| 类别 | | 课程代码 | 课程名称 | 学时 | 学分 | 学期 | 是否必修 | 课程层次 | 学分要求 |
|---|---|---|---|---|---|---|---|---|---|
| 选修课 | 专业课 | 0500152 | 现代数字通信理论与技术 | 48 | 3 | 2 | 选修 | 普博/本博 | 普博≥2学分；本博≥2学分 |
| | | 0501016 | （英）量子雷达原理 | 32 | 2 | 2 | 选修 | 普博/本博 | |
| | | 0501017 | （英）高分辨雷达 | 32 | 2 | 2 | 选修 | 普博/本博 | |
| | | 0500081 | 分数域信号处理及其应用 | 32 | 2 | 1 | 选修 | 普博/本博 | |
| | 全英文课 | | （从留学生培养方案中选修） | | | 1/2 | 选修 | 硕士本博 | 硕士≥2学分；本博≥2学分 |
| 合计 | | | 硕士≥26学分；普博≥11学分；本博≥33学分 | | | | | | |

注：

1. 公共课。

（1）外语课：外语为英语的学术型研究生，根据入学考试或英语水平考试成绩进行划分，以确定所修课程内容，达到免修条件者可申请免修研究生公共英语。英语免修条件按照研究生院每年发布的有关文件执行。

（2）学术道德与综合素质。已在硕士阶段获得此课程学分的博士研究生，可申请免修。

2. 前沿交叉课。前沿交叉课主要指反映学科前沿研究方向、多学科交叉融合的专业课程，包括量子科学、生命科学、人工智能、机器人与智能制造、材料科学和管理经济共6个模块，每个模块8个学时，模块学习过程不分先后顺序，任意选修4个模块。

3. 选修课。

（1）核心课。硕士研究生和本博研究生至少必修一门学科核心课。

（2）专业课。学术型硕士至少选修2门本学科课程。

（3）全英文课。学术型硕士生至少应选修1门全英文课程，可从留学研究生培养方案中选修。

4. 本硕博课程贯通。在导师指导下，硕士生根据需要可选修本科生核心课程，学分按照本科课程学分的一半计算，也可选修博士生课程，学分按照博士课程学分计算；硕士起点博士根据需要可选修硕士生课程，学分按照硕士课程学分记入成绩档案，但不计入博士培养计划要求学分。

5. 硕博连读生在硕士阶段按硕士研究生培养方案执行，博士阶段按照博士研究生培养方案执行。课程层次中的"博士"是指包括普博、硕博连读的博士阶段、本博在内的所有博士。

### 五、实践环节

1. 学术活动（1 学分）

包括参加国际国内学术会议、学术论坛、学术报告，以及在国际学术会议上做口头报告等。

2. 实践活动（1 学分）

包括科技实践、社会实践以及研究生思想政治教育工作等。

具体要求见《北京理工大学学术型研究生实践、培养环节实施细则》。

### 六、培养环节及学位论文相关工作

（1）博士资格考核。

（2）文献综述与开题报告。

（3）中期检查。

（4）博士论文预答辩。

（5）论文答辩。

（6）学位申请。

培养环节时间节点要求见表 8.41。

表 8.41　培养环节时间节点要求

| 学制 | 三年制学硕 | 硕士起点博士 | 本科起点博士 |
| --- | --- | --- | --- |
| 博士资格考核 | / | 博士阶段一年后 | 研究生阶段两年后 |
| 文献综述与开题报告 | 第 4 学期 第 1 周（含）前 | 第 5 学期 第 1 周（含）前 | 第 8 学期 第 1 周（含）前 |
| 中期检查 | 第 5 学期第 11—12 周 | 第 7 学期第 1 周前 | 第 10 学期第 1 周前 |
| 博士论文预答辩 | / | 论文评阅送审前完成 | |
| 论文答辩 | 距离开题 至少 12 个月 | 距离开题 至少 18 个月 | |
| 学位申请 | 答辩后在规定时间内提出申请 | 答辩后在规定时间内提出申请 | |

本学科对符合要求的硕士学位申请人和博士学位申请人分别授予工学硕士和工学博士学位。

具体要求见《北京理工大学学术型研究生实践、培养环节实施细则》《北京理工大学博士学位论文预答辩细则》以及《北京理工大学学位授予工作细则》。

**七、课程教学大纲要求**

课程教学大纲内容包括课程编码、课程名称、学时、学分、教学目标、教学方式、考核方式、适用学科专业、先修课程、主要教学内容和学时分配、参考文献等。

## 信息与通信工程
### (081000)

**一、学科简介及研究方向**

信息与通信工程一级学科包含4个二级学科：通信与信息系统、信号与信息处理、信息安全与对抗、目标探测与识别。

本学科点始于1953年建立的雷达专业和遥控遥测专业，是我国首批从事雷达、遥控遥测领域科研与专业人才培养的单位之一，是我国第一个完成电视发射和接收试验系统并拥有我国第一频道的学科点。1956年开始招收两年制研究生。1984年建立通信与电子系统博士点，1987年、2002年均被评为国家重点学科。2007年被评为国家一级重点学科。经过60余年的发展，本学科已成为我国在信息与通信工程学科领域承担国家和国防重大课题研究、高新技术研发与高层次人才培养的重要基地，在不同时期均产生了技术引领和带动作用显著的代表性研究成果，并为国家和国防科研部门等单位输送了大批优秀人才。

本学科从事各类电子信息与通信系统的原理、体制与处理方法研究，包括信息获取、传输、处理、存储、交换、识别、对抗等。主要研究方向有：

1. 通信与信息系统

该方向主要包括高效空间信号处理技术与信源编译码技术，高数据速率、低信噪比无线传输技术，复杂电磁环境下的无线传输技术，宽带卫星传输与网络技术，空天地一体化信息网络，无线宽带多媒体通信、处理、计算与存储一体化技术，移动通信和网络技术，分布式网络和信息系统等。该学科方向在下一代移动通信、空间通信信号处理方面的研究工作在国际和国内都具有较强的影响力。

2. 信号与信息处理

该方向主要研究信号处理基础理论及其在新体制雷达、航天测控通信、卫星导航定位、空间目标探测与识别、电子信号侦察等领域的应用。具体研究内容包括高速交会目标相对定位测量方法与技术、天基空间目标与环境感知技术、航天测控通信技术、卫星导航定位技术、空间目标探测与成像技术、复杂战场环境下目标探测信号处理技术、高灵敏度电子信号侦察处理技术等，在高速交会目标无线电相对定位测量和空间目标雷达探测方面处于国际领先水平。

### 3. 信息安全与对抗

该方向重点研究分数域信号处理理论与技术、信息安全与对抗中的复杂系统理论、网络空间安全与对抗、基于行为学习的认知对抗、基于压缩感知的宽带接收、大数据信息安全、信息系统漏洞挖掘、网络攻防与渗透、虚拟化安全技术、信息安全评估与测试。本学科在网络空间安全与对抗理论在信息系统漏洞挖掘、网络攻防与渗透技术方面处于国内领先水平。

### 4. 目标探测与识别

该方向致力于雷达、遥感、卫星导航等领域的目标探测与识别的系统体制和关键技术研究，在宽带脉冲多普勒雷达、双基地合成孔径雷达、遥感信息实时处理、北斗二代接收机技术等方面处于国内领先水平。具体研究内容包括雷达宽带信号检测跟踪、高分辨率雷达成像、高分辨率遥感信息获取与利用、感知雷达与信号处理、微波光子雷达。

## 二、培养目标

培养坚持党的基本路线，具有国家使命感和社会责任心，遵纪守法，品行端正，诚实守信，身心健康，富有科学精神和国际视野的高素质、高水平创新人才。

硕士研究生应掌握本学科坚实的基础理论和系统的专门知识，具有从事科学研究工作或独立担负专门技术工作的能力。

博士研究生应掌握本学科坚实宽广的基础理论和系统深入的专门知识，具有独立从事科学研究工作的能力，在科学或专门技术上做出创造性的成果。

## 三、学制

学制如表 8.42 所示。

表 8.42 学制

| 学科门类 | 学术型硕士 | 学术型博士 | |
|---|---|---|---|
| | | 硕士起点 | 本科起点（含硕士阶段） |
| 工学 [08] | 3 年 | 4 年 | 6 年 |

注：①学术型硕士最长修业年限在基本学制基础上增加 0.5 年；
②学术型博士最长修业年限在基本学制基础上增加 2 年；
③特别优秀并提前完成学位论文的博士最多可提前 1 年毕业。

## 四、课程设置与学分要求

课程设置与学分要求如表 8.43 所示。

表 8.38　课程设置与学分要求

| 类别 | 课程代码 | 课程名称 | 学时 | 学分 | 学期 | 是否必修 | 课程层次 | 学分要求 |
|---|---|---|---|---|---|---|---|---|
| 公共课 | 2700001 | 中国特色社会主义理论与实践研究 | 36 | 2 | 1/2 | 必修 | 硕士本博 | 硕士≥7学分；普博≥6学分；本博≥9学分 |
| | 2700002 | 自然辩证法概论 | 18 | 1 | 1/2 | 必修 | 硕士本博 | |
| | 2700003 | 中国马克思主义与当代 | 32 | 0 | 1/2 | 必修 | 博士 | |
| | 2700004 | 马克思主义经典著作选读 | 18 | 1 | 1/2 | 选修 | 博士 | |
| | 240003* | 硕士公共英语中级 | 48 | 2 | 1/2 | 分级选一 | 硕士 | |
| | 240004* | 硕士公共英语高级 | 48 | 2 | 1/2 | | 硕士 | |
| | 240005* | 博士公共英语中级 | 48 | 2 | 1/2 | 分级选一 | 博士 | |
| | 240006* | 博士公共英语高级 | 48 | 2 | 1/2 | | 博士 | |
| | 0000002 | 学术道德与综合素质 | 32 | 2 | 1/2 | 必修 | 硕士/博士 | |
| 基础课 | 0500061 | 矩阵理论及其应用 | 48 | 3 | 1 | 选修 | 硕士/本博 | 硕士≥3学分；普博≥3学分；本博≥6学分 |
| | 0500141 | 近世代数及其应用 | 48 | 3 | 2 | 选修 | 硕士/本博 | |
| | 1700001 | 数值分析 | 32 | 2 | 1/2 | 选修 | 硕士/本博 | |
| | 1700003 | 科学与工程计算 | 48 | 3 | 1/2 | 选修 | 博士 | |
| | 0500142 | 最优化理论与方法 | 48 | 3 | 2 | 选修 | 博士 | |
| | 1700004 | 近代数学基础 | 48 | 3 | 1/2 | 选修 | 博士 | |
| 前沿交叉课 | 0000001 | 学科前沿交叉课 | 32 | 2 | 1/2 | 必修 | 硕士/本博 | 硕士≥2学分；本博≥2学分 |

续表

| 类别 | | 课程代码 | 课程名称 | 学时 | 学分 | 学期 | 是否必修 | 课程层次 | 学分要求 |
|---|---|---|---|---|---|---|---|---|---|
| 选修课 | 核心课 | 0500143 | 信息论 | 48 | 3 | 1 | 选修 | 硕士/本博 | 硕士≥2学分；本博≥2学分 |
| | | 0501002 | （英）信息论 | 48 | 3 | 1 | 选修 | | |
| | | 0501003 | （英）雷达系统导论 | 32 | 2 | 1 | 选修 | | |
| | | 0500070 | 信息系统及其安全对抗 | 48 | 3 | 1 | 选修 | | |
| | | 0500110 | 统计信号处理基础 | 48 | 3 | 1 | 选修 | | |
| | | 0501001 | （英）统计信号处理基础 | 48 | 3 | 1 | 选修 | | |
| | 专业课 | 0501010 | （英）移动通信原理与实践 | 48 | 3 | 2 | 选修 | 硕士/本博 | 硕士≥11学分；本博≥11学分 |
| | | 0501011 | （英）多源数据融合理论与应用 | 32 | 2 | 2 | 选修 | 硕士/本博 | |
| | | 0501012 | （英）语音信号数字处理 | 48 | 3 | 1 | 选修 | 硕士/本博 | |
| | | 0501013 | （英）通信网络基础 | 48 | 3 | 2 | 选修 | 硕士/本博 | |
| | | 0500066 | 近代信号处理 | 48 | 3 | 1 | 选修 | 硕士/本博 | |
| | | 0500150 | 现代电子测量原理与应用 | 32 | 2 | 1 | 选修 | 硕士/本博 | |
| | | 0500068 | 数字图像处理与模式识别 | 32 | 2 | 1 | 选修 | 硕士/本博 | |
| | | 0501014 | （英）高等数字通信 | 32 | 2 | 1 | 选修 | 硕士/本博 | |
| | | 0500074 | 多抽样率信号处理 | 32 | 2 | 1 | 选修 | 硕士/本博 | |
| | | 0500080 | 图像分析、处理及机器视觉 | 32 | 2 | 1 | 选修 | 硕士/本博 | |
| | | 0500082 | 现代信号分析 | 32 | 2 | 2 | 选修 | 硕士/本博 | |
| | | 0500083 | 卫星通信理论与应用 | 32 | 2 | 2 | 选修 | 硕士/本博 | |
| | | 0500084 | 数字信号处理器结构与系统 | 32 | 2 | 2 | 选修 | 硕士/本博 | |

续表

| 类别 | | 课程代码 | 课程名称 | 学时 | 学分 | 学期 | 是否必修 | 课程层次 | 学分要求 |
|---|---|---|---|---|---|---|---|---|---|
| 选修课 | 专业课 | 0500085 | 电子对抗原理 | 32 | 2 | 1 | 选修 | 硕士/本博 | 硕士≥11学分；本博≥11学分 |
| | | 0500155 | 信道编码及其应用 | 48 | 3 | 2 | 选修 | 硕士/本博 | |
| | | 0500087 | 卫星导航定位理论与方法 | 32 | 2 | 2 | 选修 | 硕士/本博 | |
| | | 0500088 | 无线网络和移动计算 | 32 | 2 | 2 | 选修 | 硕士/本博 | |
| | | 0500089 | 拓扑理论与网络 | 32 | 2 | 2 | 选修 | 硕士/本博 | |
| | | 0500090 | 认知电子战原理与技术 | 32 | 2 | 1 | 选修 | 硕士/本博 | |
| | | 0500091 | 大数据分析 | 32 | 2 | 2 | 选修 | 硕士/本博 | |
| | | 0500092 | 可编程数字信号处理系统设计 | 32 | 2 | 1 | 选修 | 硕士/本博 | |
| | | 0500093 | 高性能嵌入式可重构并行计算方法 | 32 | 2 | 2 | 选修 | 硕士/本博 | |
| | | 0500094 | 高级机器学习 | 32 | 2 | 2 | 选修 | 硕士/本博 | |
| | | 0500156 | 合成孔径雷达理论与应用 | 32 | 2 | 2 | 选修 | 硕士/本博 | |
| | | 0500157 | 雷达目标智能识别 | 48 | 3 | 1/2 | 选修 | 硕士/本博 | |
| | | 0500158 | 空天通信系统 | 32 | 2 | 2 | 选修 | 硕士/本博 | |
| | | 0500159 | 未来网络技术 | 32 | 2 | 2 | 选修 | 硕士/本博 | |

续表

| 类别 | | 课程代码 | 课程名称 | 学时 | 学分 | 学期 | 是否必修 | 课程层次 | 学分要求 |
|---|---|---|---|---|---|---|---|---|---|
| 选修课 | 专业课 | 0500160 | 通信前沿技术专题 | 32 | 2 | 2 | 选修 | 硕士/本博 | 硕士≥11学分；本博≥11学分 |
| | | 0501018 | （英）通信前沿技术专题 | 32 | 2 | 2 | 选修 | 硕士/本博 | |
| | | 0500162 | 人工智能程序设计与软件实现 | 32 | 2 | 2 | 选修 | 硕士/本博 | |
| | | 0500135 | 脑机接口技术与实现 | 32 | 2 | 2 | 选修 | 硕士/本博 | |
| | | 0500001 | 高等电磁场理论 | 48 | 3 | 1 | 选修 | 硕士/本博 | |
| | | 0500022 | 现代电路与网络理论 | 48 | 3 | 1 | 选修 | 硕士/本博 | |
| | | 0500112 | 毫米波系统理论、技术及应用 | 48 | 3 | 2 | 选修 | 硕士/本博 | |
| | | 0500113 | 半导体器件理论 | 48 | 3 | 1 | 选修 | 硕士/本博 | |
| | | 0500002 | 计算电磁学基础 | 32 | 2 | 1 | 选修 | 硕士/本博 | |
| | | 0500114 | 现代天线理论与技术 | 48 | 3 | 2 | 选修 | 硕士/本博 | |
| | | 0501004 | （英）现代天线理论与技术 | 48 | 3 | 2 | 选修 | 硕士/本博 | |
| | | 0500005 | 现代微波网络理论与新技术 | 32 | 2 | 1 | 选修 | 硕士/本博 | |
| | | 0500116 | 微波毫米波电路与集成技术 | 32 | 2 | 2 | 选修 | 硕士/本博 | |
| | | 0501005 | （英）射频电路设计理论与应用 | 48 | 3 | 2 | 选修 | 硕士/本博 | |

续表

| 类别 | | 课程代码 | 课程名称 | 学时 | 学分 | 学期 | 是否必修 | 课程层次 | 学分要求 |
|---|---|---|---|---|---|---|---|---|---|
| 选修课 | 专业课 | 0500008 | 电波与传播 | 32 | 2 | 2 | 选修 | 硕士/本博 | 硕士≥11学分；本博≥11学分 |
| | | 0500012 | 混合信号集成电路 | 48 | 3 | 1 | 选修 | 硕士/本博 | |
| | | 0500013 | 超大规模集成电路设计导论 | 48 | 3 | 1 | 选修 | 硕士/本博 | |
| | | 0500119 | CMOS模拟集成电路设计 | 48 | 3 | 2 | 选修 | 硕士/本博 | |
| | | 0501006 | （英）CMOS模拟集成电路设计 | 48 | 3 | 2 | 选修 | 硕士/本博 | |
| | | 0500019 | 阵列信号处理 | 48 | 3 | 1 | 选修 | 硕士/本博 | |
| | | 0500020 | 医学图像处理与分析 | 48 | 3 | 1 | 选修 | 硕士/本博 | |
| | | 0501008 | （英）医学图像处理与分析 | 48 | 3 | 2 | 选修 | 硕士/本博 | |
| | | 0500021 | 生物医学信号处理 | 32 | 2 | 2 | 选修 | 硕士/本博 | |
| | | 0500024 | 高速数字电路与系统设计 | 32 | 2 | 1 | 选修 | 硕士/本博 | |
| | | 0500025 | 嵌入式系统原理与设计 | 32 | 2 | 1 | 选修 | 硕士/本博 | |
| | | 0500026 | FPGA与SOPC设计基础 | 48 | 3 | 2 | 选修 | 硕士/本博 | |
| | | 0501009 | （英）FPGA与SOPC设计基础 | 48 | 3 | 2 | 选修 | 硕士/本博 | |
| | | 0500038 | 阵列天线分析与综合 | 32 | 2 | 2 | 选修 | 硕士/本博 | |

续表

| 类别 | | 课程代码 | 课程名称 | 学时 | 学分 | 学期 | 是否必修 | 课程层次 | 学分要求 |
|---|---|---|---|---|---|---|---|---|---|
| 选修课 | 专业课 | 0500039 | 雷达目标特性分析方法 | 32 | 2 | 2 | 选修 | 硕士/本博 | 硕士≥11学分；本博≥11学分 |
| | | 0500123 | 并行技术与应用 | 32 | 2 | 2 | 选修 | 硕士/本博 | |
| | | 0500124 | 无线系统分析与设计 | 32 | 2 | 2 | 选修 | 硕士/本博 | |
| | | 0500042 | 电磁兼容原理与应用 | 32 | 2 | 2 | 选修 | 硕士/本博 | |
| | | 0500043 | 太赫兹技术与应用 | 32 | 2 | 2 | 选修 | 硕士/本博 | |
| | | 0500045 | 英语科技论文写作 | 32 | 2 | 1 | 选修 | 硕士/本博 | |
| | | 0500047 | 三维集成技术 | 48 | 3 | 2 | 选修 | 硕士/本博 | |
| | | 0500048 | 电子工程管理概论 | 16 | 1 | 2 | 选修 | 硕士/本博 | |
| | | 0500049 | 现代谱估计 | 32 | 2 | 1 | 选修 | 硕士/本博 | |
| | | 0500125 | 毫米波与太赫兹成像技术 | 32 | 2 | 2 | 选修 | 硕士/本博 | |
| | | 0500127 | 纳电子学基础 | 32 | 2 | 2 | 选修 | 硕士/本博 | |
| | | 0500126 | 微波测量方法与技术 | 32 | 2 | 2 | 选修 | 硕士/本博 | |
| | | 0500128 | 微波遥感 | 32 | 2 | 1 | 选修 | 硕士/本博 | |
| | | 0500129 | 毫米波传感器及应用 | 32 | 2 | 1 | 选修 | 硕士/本博 | |

续表

| 类别 | | 课程代码 | 课程名称 | 学时 | 学分 | 学期 | 是否必修 | 课程层次 | 学分要求 |
|---|---|---|---|---|---|---|---|---|---|
| 选修课 | 专业课 | 0500130 | MIMO 天线与应用 | 32 | 2 | 2 | 选修 | 硕士/本博 | 硕士≥11学分；本博≥11学分 |
| | | 0500131 | 先进电磁算法及应用 | 32 | 2 | 2 | 选修 | 硕士/本博 | |
| | | 0500132 | 医学成像系统 | 48 | 3 | 2 | 选修 | 硕士/本博 | |
| | | 0500136 | 医工融合概论 | 32 | 2 | 2 | 选修 | 硕士/本博 | |
| | | 0500137 | 智能可穿戴医学系统与技术 | 32 | 2 | 2 | 选修 | 硕士/本博 | |
| | | 0500138 | MRI 原理与图像重建 | 32 | 2 | 2 | 选修 | 硕士/本博 | |
| | | 0500139 | 医学数据挖掘 | 32 | 2 | 2 | 选修 | 硕士/本博 | |
| | | 0500140 | 集成光学基础 | 48 | 3 | 2 | 选修 | 硕士/本博 | |
| | | 0500075 | 系统理论与人工系统设计学 | 48 | 3 | 2 | 选修 | 普博/本博 | 普博≥2学分；本博≥2学分 |
| | | 0500152 | 现代数字通信理论与技术 | 48 | 3 | 2 | 选修 | 普博/本博 | |
| | | 0501016 | （英）量子雷达原理 | 32 | 2 | 2 | 选修 | 普博/本博 | |
| | | 0501017 | （英）高分辨雷达 | 32 | 2 | 2 | 选修 | 普博/本博 | |
| | | 0500081 | 分数域信号处理及其应用 | 32 | 2 | 1 | 选修 | 普博/本博 | |
| | | 0500034 | 极化敏感阵列信号处理 | 32 | 2 | 1 | 选修 | 普博/本博 | |

续表

| 类别 | | 课程代码 | 课程名称 | 学时 | 学分 | 学期 | 是否必修 | 课程层次 | 学分要求 |
|---|---|---|---|---|---|---|---|---|---|
| 选修课 | 专业课 | 0500058 | 电子科学及技术进展 | 32 | 2 | 1 | 选修 | 普博/本博 | 普博≥2学分；本博≥2学分 |
| | | 0500133 | 智能医学影像分析 | 32 | 2 | 2 | 选修 | 普博/本博 | |
| | | 0500134 | 分子影像系统与技术 | 32 | 2 | 2 | 选修 | 普博/本博 | |
| | 全英文课 | | （从留学生培养方案中选修） | | | | 选修 | 硕士本博 | 硕士≥2学分；本博≥2学分 |
| 合计 | | | 硕士≥27学分；普博≥11学分；本博≥34学分 | | | | | | |

注：

1. 公共课。

（1）外语课：外语为英语的学术型研究生，根据入学考试或英语水平考试成绩进行划分，以确定所修课程内容，达到免修条件者可申请免修研究生公共英语。英语免修条件按照研究生院每年发布的有关文件执行。

（2）学术道德与综合素质。已在硕士阶段获得此课程学分的博士研究生，可申请免修。

2. 前沿交叉课。前沿交叉课主要指反映学科前沿研究方向、多学科交叉融合的专业课程，包括量子科学、生命科学、人工智能、机器人与智能制造、材料科学和管理经济共6个模块，每个模块8个学时，模块学习过程不分先后顺序，任意选修4个模块。

3. 选修课。

（1）核心课。硕士研究生和本博研究生至少必修一门学科核心课。

（2）专业课。学术型硕士至少选修2门本学科课程。

（3）全英文课。学术型硕士生至少应选修1门全英文课程，可从留学研究生培养方案中选修。

4. 本硕博课程贯通。在导师指导下，硕士生根据需要可选修本科生核心课程，学分按照本科课程学分的一半计算，也可选修博士生课程，学分按照博士课程学分计算；硕士起点博士根据需要可选修硕士生课程，学分按照硕士课程学分记入成绩档案，但不计入博士培养计划要求学分。

5. 硕博连读生在硕士阶段按照硕士研究生培养方案执行，博士阶段按照博士研究生培养方案执行。课程层次中的"博士"是指包括普博、硕博连读的博士阶段、本博在内的所有博士。

**五、实践环节**

1. 学术活动（1学分）

包括参加国际国内学术会议、学术论坛、学术报告，以及在国际学术会议上做口头报告等。

## 2. 实践活动（1学分）

包括科技实践、社会实践以及研究生思想政治教育工作等。

具体要求见《北京理工大学学术型研究生实践、培养环节实施细则》。

### 六、培养环节及学位论文相关工作

（1）博士资格考核。

（2）文献综述与开题报告。

（3）中期检查。

（4）博士论文预答辩。

（5）论文答辩。

（6）学位申请。

培养环节时间节点要求见表8.44。

表8.44 培养环节时间节点要求

| 学制 | 三年制学硕 | 硕士起点博士 | 本科起点博士 |
| --- | --- | --- | --- |
| 博士资格考核 | / | 博士阶段一年后 | 研究生阶段两年后 |
| 文献综述与开题报告 | 第4学期<br>第1周（含）前 | 第5学期<br>第1周（含）前 | 第8学期<br>第1周（含）前 |
| 中期检查 | 第5学期第11—12周 | 第7学期第1周前 | 第10学期第1周前 |
| 博士论文预答辩 | / | 论文评阅送审前完成 | |
| 论文答辩 | 距离开题<br>至少12个月 | 距离开题<br>至少18个月 | |
| 学位申请 | 答辩后在规定时间内提出申请 | 答辩后在规定时间内提出申请 | |

本学科对符合要求的硕士学位申请人和博士学位申请人分别授予工学硕士和工学博士学位。

具体要求见《北京理工大学学术型研究生实践、培养环节实施细则》《北京理工大学博士学位论文预答辩细则》《北京理工大学学位授予工作细则》。

### 七、课程教学大纲要求

课程教学大纲内容包括课程编码、课程名称、学时、学分、教学目标、教学方式、考核方式、适用学科专业、先修课程、主要教学内容和学时分配、参考文献等。

——北京理工大学信息与电子学院学科（专业）发展史（下）

## 电子与通信工程
### （085208）

**一、专业学位类别（领域）简介**

电子与通信工程专业依托在信息与电子学院，是我国首批建立的从事雷达、遥感遥测专业教学与科研工作的单位之一。

本专业现设两个主要研究方向：信息与通信工程、电子科学与技术。信息与通信工程：主要包括通信系统理论与技术，移动通信理论与技术，信号与图像处理，信息处理理论与技术，信息安全、对抗理论与技术和目标探测、识别理论与技术。电子科学与技术：主要包括计算电磁学及其应用，微波、毫米波电路与系统，微电子电路与系统，电子信息电路与系统和信号处理与医学电子。在2015年QS世界大学学科排名中，学校电气与电子工程进入世界前100强。

学院有教师227人，其中博士生导师73人，硕士生导师185人。师资队伍包括两院院士3人、千人计划入选者2人、长江学者特聘教授3人、国家杰出青年基金获得者3人、"973"首席科学家1人、"万人计划"领军和青年拔尖各1人、百千万人才国家级人选4人、优青1人、型号总师1人、新世纪优秀人才6人、国防"511人才工程"学术技术带头人2人、国家级教学名师1人、北京市教学名师3人。建有国家级教学团队2个、国家自然科学基金委创新研究群体1个、"长江学者"创新团队2个、教育部创新团队2个、国防科技创新团队2个、黄大年式教师团队1个。

学院教学科研实验室面积约1.8万平方米，配备的仪器设备总值超过2亿元。建有1个国家级实验教学示范中心、4个国家级校企联合工程实践教育中心、1个工业和信息化部实验教学示范中心、1个北京市校外人才培养基地。建有1个教育部重点实验室、1个工信部协同创新中心、1个国防重点学科实验室、1个国家重点专业实验室、1个高等学校学科创新引智基地以及3个北京市重点实验室、1个北京市工程技术研究中心等科研平台，为科学研究和人才培养提供了良好的支撑。

学院始终突出自身特点，秉承学科优势，通过发挥科研与教学结合的优势，着力培养具有鲜明特色的高水平研究型创新人才。在建立60余年来培养的1万余名毕业生中，有国家最高科技奖获得者王小谟院士，还有毛二可院士、吴一戎院士、尹浩院士、樊邦奎院士、王沙飞院士以及澳大利亚新南威尔士大学首席教授原进宏、北京理工大学前校长匡镜明、南开大学校长龚克和一批科技领军人才。曾获得国家级教学成果奖特等奖、二等奖和一批省部级教学成果奖励。学院当时有全日制在校生3 000余人，其中本科生1 775人，硕士研究生862人，博士研究生367人，留学生48人。

学院始终坚持面向国家重大战略需求和世界科技发展前沿，在不同时期均产生了技术引领和带动作用显著的代表性科研成果。曾创造了我国科技史上多个"第一"：第一台电视发射接收装置、第一部低空测高雷达、第一部星载空间目标测量雷达等。"十二五"以来，学院年均到校科研经费超过2亿元，年人均科研经费超过100万元；年均发表SCI检索论文130余篇，2017年发表ESI高被引论文4篇；年均授权发明专利100余项，取得了海/陆/空系列高速交会相对定位测量雷达、空天对地探测实时信息处理体系结构、空间目标探测雷达增程信号处理系统等多项重大成果，获得国家科学技术一等奖1项、二等奖1项，省部级科技奖励20余项。

## 二、培养目标和培养方式

1. 培养目标

热爱祖国，遵纪守法，具有科学严谨和求真务实的学习态度和工作作风，品行端正、身心健康，积极为社会主义现代化建设服务；掌握电子与通信工程领域坚实的基础理论和专业知识，具有较强的分析、解决实际问题的能力，能够承担专业技术或管理工作，具有创新能力、创业能力和良好的职业素养。

2. 培养方式

（1）培养方式实行全日制和非全日制两种方式。对于全日制硕士专业学位研究生，实行集中在校学习和社会实践相结合的培养方式，并增强实践教学培养环节。对于非全日制硕士专业学位研究生，采取在职不脱产的学习方式。

（2）实行双导师负责制或导师指导小组负责制。双导师负责制是指1名校内学术导师和1名校外社会实践部门的导师共同指导学生，其中以校内导师指导为主，校外导师参与实践过程、项目研究、部分课程与论文等环节的指导工作。导师指导小组负责制是由3~5人组成的指导小组进行合作指导制度。导师指导小组中必须有1人为首席导师，主要负责研究生的业务指导和思想政治教育，其余导师参与实践过程、项目研究、部分课程与论文等环节的指导工作。

## 三、学制

基本学制为3年，全日制专业学位硕士最长修业年限在基本学制基础上增加0.5年；非全日制专业学位硕士最长修业年限在基本学制基础上增加2年。全国专业学位教育指导委员会有明确规定时，学制、最长修业年限以规定为准。

## 四、课程设置与学分要求（表8.45）

表8.45 课程设置与学分要求

| 类别 | | 课程代码 | 课程名称 | 学时 | 学分 | 学期 | 是否必修 | 学分要求 |
|---|---|---|---|---|---|---|---|---|
| 公共课 | | 2700001 | 中国特色社会主义理论与实践研究 | 36 | 2 | 1/2 | 必修 | 2学分 |
| | | 2700002 | 自然辩证法概论 | 18 | 1 | 1/2 | 必修 | 1学分 |
| | | 240003* | 硕士公共英语中级 | 48 | 2 | 1/2 | 分级选一 | 2学分 |
| | | 240004* | 硕士公共英语高级 | 48 | 2 | 1/2 | | |
| | | 0000003 | 工程伦理与综合素质 | 32 | 2 | 1/2 | 必修 | 2学分 |
| 基础课 | | 1700001 | 数值分析 | 32 | 2 | 1/2 | 选修 | ≥2学分 |
| | | 1700002 | 矩阵分析 | 32 | 2 | 1/2 | 选修 | |
| 前沿交叉课 | | 0000001 | 学科前沿交叉课 | 32 | 2 | 1/2 | 必修 | 2学分 |
| 选修课 | 核心课 | 0500001 | 高等电磁场理论 | 48 | 3 | 1/2 | 选修 | ≥14学分（其中核心课≥2学分） |
| | | 0500113 | 半导体器件理论 | 48 | 3 | 1 | 选修 | |
| | | 0500150 | 现代电子测量原理与应用 | 32 | 2 | 1 | 选修 | |
| | | 0500110 | 统计信号处理基础 | 48 | 3 | 1 | 选修 | |
| | 专业课 | 0500114 | 现代天线理论与技术 | 48 | 3 | 2 | 选修 | |
| | | 0501004 | （英）现代天线理论与技术 | 48 | 3 | 2 | 选修 | |
| | | 0500116 | 微波毫米波电路与集成技术 | 32 | 2 | 2 | 选修 | |
| | | 0500012 | 混合信号集成电路 | 48 | 3 | 1 | 选修 | |
| | | 0500119 | CMOS模拟集成电路设计 | 48 | 3 | 2 | 选修 | |
| | | 0500019 | 阵列信号处理 | 48 | 3 | 1 | 选修 | |

续表

| 类别 | | 课程代码 | 课程名称 | 学时 | 学分 | 学期 | 是否必修 | 学分要求 |
|---|---|---|---|---|---|---|---|---|
| 选修课 | 专业课 | 0500021 | 生物医学信号处理 | 32 | 2 | 2 | 选修 | |
| | | 0500024 | 高速数字电路与系统设计 | 32 | 2 | 1 | 选修 | |
| | | 0500025 | 嵌入式系统原理与设计 | 32 | 2 | 1 | 选修 | |
| | | 0500026 | FPGA 与 SOPC 设计基础 | 48 | 3 | 2 | 选修 | |
| | | 0500042 | 电磁兼容原理与应用 | 32 | 2 | 2 | 选修 | |
| | | 0500043 | 太赫兹技术与应用 | 32 | 2 | 2 | 选修 | |
| | | 0500047 | 三维集成技术 | 48 | 3 | 2 | 选修 | |
| | | 0500048 | 电子工程管理概论 | 16 | 1 | 2 | 选修 | |
| | | 0501011 | （英）多源数据融合理论与应用 | 32 | 2 | 2 | 选修 | |
| | | 0501013 | （英）通信网络基础 | 48 | 3 | 2 | 选修 | |
| | | 0500066 | 近代信号处理 | 48 | 3 | 1 | 选修 | |
| | | 0501003 | （英）雷达系统导论 | 32 | 2 | 1 | 选修 | |
| | | 0500070 | 信息系统及其安全对抗 | 48 | 3 | 1 | 选修 | |
| | | 0501014 | （英）高等数字通信 | 32 | 2 | 1 | 选修 | |
| | | 0500074 | 多抽样率信号处理 | 32 | 2 | 1 | 选修 | |
| | | 0500080 | 图像分析、处理及机器视觉 | 32 | 2 | 1 | 选修 | |
| | | 0500083 | 卫星通信理论与应用 | 32 | 2 | 2 | 选修 | |
| | | 0500084 | 数字信号处理器结构与系统 | 32 | 2 | 2 | 选修 | |
| | | 0500085 | 电子对抗原理 | 32 | 2 | 1 | 选修 | |
| | | 0500087 | 卫星导航定位理论与方法 | 32 | 2 | 2 | 选修 | |
| | | 0500092 | 可编程数字信号处理系统设计 | 32 | 2 | 1 | 选修 | |
| | | 0500093 | 高性能嵌入式可重构并行计算方法 | 32 | 2 | 2 | 选修 | |
| | | 0500094 | 高级机器学习 | 32 | 2 | 2 | 选修 | |
| | | 0500158 | 空天通信系统 | 32 | 2 | 2 | 选修 | |

续表

| 类别 | 课程代码 | 课程名称 | 学时 | 学分 | 学期 | 是否必修 | 学分要求 |
|---|---|---|---|---|---|---|---|
| 总计学分 | | ≥25 | | | | | |

注：

（1）外语课：外语为英语的专业学位研究生，根据入学考试或英语水平考试成绩进行划分，以确定所修课程内容，达到免修条件者可申请免修研究生公共英语。英语免修条件按照研究生院每年发布的有关文件执行。

（2）前沿交叉课：前沿交叉课主要指反映学科前沿研究方向、多学科交叉融合的专业课程，包括量子科学、生命科学、人工智能、机器人与智能制造、材料科学和管理经济共6个模块，每个模块8个学时，模块学习过程不分先后顺序，任意选修4个模块。

（3）选修课：专业课至少选修2门本专业学位（领域）课程。在导师指导下，硕士生根据需要可选修本科生课程，学分按照本科课程学分的一半计算。

**五、必修环节**

1. 实践环节（7学分）

研究生需到校外部门、企业或本校进行专业实践，时间不少于6个月（其中不满2年工作经历的工程硕士专业实践不少于1年）。

2. 创新训练（1学分）

创新训练包括科技竞赛、科技创新项目及创新创业相关活动等；需完成一份创新训练总结报告，不少于3 000字；获得省部级及以上科技竞赛奖项前三名的研究生可申请免修该环节。

必修环节具体要求见《北京理工大学专业型研究生必修、培养环节实施细则》。

**六、培养环节及学位论文相关工作**

（1）文献综述与开题报告。

（2）中期检查。

（3）论文答辩。

（4）学位申请。

相关环节时间节点要求见表8.46。

具体要求见《北京理工大学专业型研究生必修、培养环节实施细则》以及《北京理工大学学位授予工作细则》。

本专业学位类别（领域）对符合要求的硕士学位申请人授予电子与通信工程领域硕士专业学位。

表 8.46　相关环节时间节点要求

| 培养环节及相关工作 | 三年制专硕 |
|---|---|
| 文献综述与开题报告 | 第 3 学期期末前 |
| 中期检查 | 通过论文开题答辩评审后 3~6 个月内 |
| 论文答辩 | 距离开题至少 12 个月 |
| 学位申请 | 答辩后在规定时间内提出申请 |

**七、课程教学大纲要求**

教学大纲内容包括课程编码、课程名称、学时、学分、教学目标、教学方式、考核方式、适用学科专业、先修课程、主要教学内容和学时分配、参考文献等。

## 集成电路工程
### （085209）

**一、专业学位类别（领域）简介**

集成电路工程专业培养集成电路设计与应用高级工程技术人才和集成电路制造、测试、封装、材料与设备的高级工程技术人才。集成电路高密度、小尺度、高性能的特点，使得集成电路工程技术成为当今最具有渗透性和综合性的工程技术领域之一，是培育发展战略性新兴产业、推动信息化和工业化深度融合的基础，是保障国家信息安全的重要支撑。

**二、培养目标和培养方式**

1. 培养目标

热爱祖国，遵纪守法，具有科学严谨和求真务实的学习态度和工作作风，品行端正、身心健康，积极为社会主义现代化建设服务；掌握集成电路工程领域坚实的基础理论和专业知识，具有较强的分析、解决实际问题的能力，能够承担专业技术或管理工作，具有创新能力、创业能力、实践能力和良好的职业素养。

2. 培养方式

（1）培养方式实行全日制和非全日制两种方式。对于全日制硕士专业学位研究生，实行集中在校学习和社会实践相结合的培养方式，并增强实践教学培养环节。对于非全日制硕士专业学位研究生，采取在职不脱产的学习方式。

（2）实行双导师负责制或导师指导小组负责制。

双导师负责制是指 1 名校内学术导师和 1 名校外社会实践部门的导师共同指导学生，其中以校内导师指导为主，校外导师参与实践过程、项目研究、部分课程与论文等环节的指导工作。

导师指导小组负责制是由 3~5 人组成的指导小组进行合作指导的制度。导师指导小组中必须有 1 人为首席导师，主要负责研究生的业务指导和思想政治教育，其余导师参与实践过程、项目研究、部分课程与论文等环节的指导工作。

### 三、学制

基本学制为 3 年，全日制专业学位硕士最长修业年限在基本学制基础上增加 0.5 年；非全日制专业学位硕士最长修业年限在基本学制基础上增加 2 年。全国专业学位教育指导委员会有明确规定时，学制、最长修业年限以规定为准。

### 四、课程设置与学分要求

课程设置与学分要求如表 8.47 所示。

表 8.47　课程设置与学分要求

| 类别 | | 课程代码 | 课程名称 | 学时 | 学分 | 学期 | 是否必修 | 学分要求 |
|---|---|---|---|---|---|---|---|---|
| 公共课 | | 2700001 | 中国特色社会主义理论与实践研究 | 36 | 2 | 1/2 | 必修 | 2 学分 |
| | | 2700002 | 自然辩证法概论 | 18 | 1 | 1/2 | 必修 | 1 学分 |
| | | 240003* | 硕士公共英语中级 | 48 | 2 | 1/2 | 分级选一 | 2 学分 |
| | | 240004* | 硕士公共英语高级 | 48 | 2 | 1/2 | | |
| | | 0000003 | 工程伦理与综合素质 | 32 | 2 | 1/2 | 必修 | 2 学分 |
| 基础课 | | 1700001 | 数值分析 | 32 | 2 | 1/2 | 选修 | ≥2 学分 |
| | | 1700002 | 矩阵分析 | 32 | 2 | 1/2 | 选修 | |
| 前沿交叉课 | | 0000001 | 学科前沿交叉课 | 32 | 2 | 1/2 | 必修 | 2 学分 |
| 选修课 | 核心课 | 0500113 | 半导体器件理论 | 48 | 3 | 1 | 选修 | ≥14 学分（其中核心课≥2 学分） |
| | | 0500116 | 微波毫米波电路与集成技术 | 32 | 2 | 2 | 选修 | |
| | | 0500022 | 现代电路与网络理论 | 48 | 3 | 2 | 选修 | |
| | 专业课 | 0500012 | 混合信号集成电路 | 48 | 3 | 1 | 选修 | |
| | | 0500118 | 超大规模集成电路设计导论 | 48 | 3 | 1 | 选修 | |
| | | 0500119 | CMOS 模拟集成电路设计 | 48 | 3 | 2 | 选修 | |
| | | 0500110 | 统计信号处理基础 | 48 | 3 | 1 | 选修 | |
| | | 0501001 | （英）统计信号处理基础 | 48 | 3 | 1 | 选修 | |
| | | 0500024 | 高速数字电路与系统设计 | 32 | 2 | 1 | 选修 | |

续表

| 类别 | | 课程代码 | 课程名称 | 学时 | 学分 | 学期 | 是否必修 | 学分要求 |
|---|---|---|---|---|---|---|---|---|
| 选修课 | 专业课 | 0500025 | 嵌入式系统原理与设计 | 32 | 2 | 2 | 选修 | ≥14学分（其中核心课≥2学分） |
| | | 0500026 | FPGA与SOPC设计基础 | 48 | 3 | 2 | 选修 | |
| | | 0501009 | （英）FPGA与SOPC设计基础 | 48 | 3 | 2 | 选修 | |
| | | 0500042 | 电磁兼容原理与应用 | 32 | 2 | 2 | 选修 | |
| | | 0500043 | 太赫兹技术与应用 | 32 | 2 | 2 | 选修 | |
| | | 0500047 | 三维集成技术 | 48 | 3 | 2 | 选修 | |
| | | 0500048 | 电子工程管理概论 | 16 | 1 | 2 | 选修 | |
| | | 0500143 | 信息论 | 48 | 3 | 1 | 选修 | |
| | | 0501002 | （英）信息论 | 48 | 3 | 1 | 选修 | |
| | | 0501013 | （英）通信网络基础 | 48 | 3 | 2 | 选修 | |
| | | 0500066 | 近代信号处理 | 48 | 3 | 1 | 选修 | |
| | | 0500150 | 现代电子测量原理与应用 | 32 | 2 | 1 | 选修 | |
| | | 0501003 | （英）雷达系统导论 | 32 | 2 | 1 | 选修 | |
| | | 0500092 | 可编程数字信号处理系统设计 | 32 | 2 | 1 | 选修 | |
| | | 0500097 | 集成电路设计实践 | 48 | 3 | 1 | 选修 | |
| 总计学分 | | | | ≥25学分 | | | | |

注：

（1）外语课：外语为英语的专业学位研究生，根据入学考试或英语水平考试成绩进行划分，以确定所修课程内容，达到免修条件者可申请免修研究生公共英语。英语免修条件按照研究生院每年发布的有关文件执行。

（2）前沿交叉课：前沿交叉课主要指反映学科前沿研究方向、多学科交叉融合的专业课程，包括量子科学、生命科学、人工智能、机器人与智能制造、材料科学和经济管理共6个模块，每个模块8个学时，模块学习过程不分先后顺序，任意选修4个模块。

（3）选修课：专业课至少选修2门本专业学位（领域）课程。在导师指导下，硕士生根据需要可选修本科生课程，学分按照本科课程学分的一半计算。

## 五、必修环节

1. 实践环节（7学分）

研究生需到校外部门、企业或本校进行专业实践，时间不少于6个月（其中不满2年工作经历的工程硕士专业实践不少于1年）。

2. 创新训练（1学分）

创新训练包括科技竞赛、科技创新项目及创新创业相关活动等；需完成一份创新训练总结报告，不少于3 000字；获得省部级及以上科技竞赛奖项前三名的研究生可申请免修该环节。

必修环节具体要求见《北京理工大学专业型研究生必修、培养环节实施细则》。

## 六、培养环节及学位论文相关工作

（1）文献综述与开题报告。
（2）中期检查。
（3）论文答辩。
（4）学位申请。

相关环节时间节点要求见表8.48。

表8.48 相关环节时间节点要求

| 培养环节及相关工作 | 三年制专硕 |
| --- | --- |
| 文献综述与开题报告 | 第3学期期末前 |
| 中期检查 | 通过论文开题答辩评审后3~6个月内 |
| 论文答辩 | 距离开题至少12个月 |
| 学位申请 | 答辩后在规定时间内提出申请 |

具体要求见《北京理工大学专业型研究生必修、培养环节实施细则》《北京理工大学学位授予工作细则》。

本专业学位类别（领域）对符合要求的硕士学位申请人授予集成电路工程领域硕士专业学位。

## 七、课程教学大纲要求

教学大纲内容包括课程编码、课程名称、学时、学分、教学目标、教学方式、考核方式、适用学科专业、先修课程、主要教学内容和学时分配、参考文献等。

# 第九章 教学科研单位

信息与电子学院目前下设12个教学科研单位,包括11个研究所和1个教学实验中心,还建设了2个非实体教学实验中心。11个研究所基本与一级学科下设的二级学科(研究方向)平行设置,但是也存在一定交叉。这些教学科研单位多数是由信息与电子学院历史上的基层教学科研单位演化发展而来的。此外,还存在一些曾经设置的教学科研单位后续没有继承发展,或者拆分重组后消失的情况。

在本科教学方面,学院本科专业与各个研究所(中心)之间是典型的"经纬交织"关系,即各个本科专业学生接受来自所有研究所(中心)教师的开课,各个研究所(中心)教师也为所有本科专业学生开课;所有研究所(中心)均支撑每个专业,所有专业均受到每个研究所(中心)支撑。

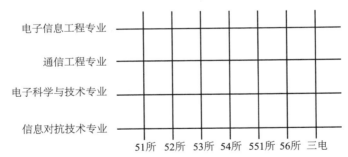

**学院本科专业与各个研究所(中心)之间的关系**

在研究生教学和培养方面,以各个研究所为主体。

## 9.1 信号与图像处理研究所

### 9.1.1 历史沿革

信号与图像处理研究所的前身是成立于1953年的雷达教研组,后改称雷达教研室（即 51 教研室）。20 世纪 80 年代初，随着雷达研究室（雷达技术研究所的前身）从 51 教研室分出，教研室名称变更为电子工程教研室（对应本科电子工程专业），依然简称 51 教研室。陶栻教授、林茂庸教授和苏坤隆副教授先后任教研室主任。

1993 年，王越院士来学校担任校长，其科研团队（包括周思永教授、王士宏副教授等）加入 51 教研室。王世一教授任教研室主任，不久后刘志文副教授任副主任，并兼任信号采集与处理国家专业实验室副主任。

1997—2001 年，原 501 教研室信号与系统课程组和原生物医学电子工程教研室（56 教研室）并入 51 教研室。51 教研室对外名称变更为信号处理与信息系统教研室。刘志文教授任合并后的 51 教研室主任，张宝俊教授任主管教学的副主任，吴祈耀教授和王世一教授随后退休。不久后，经学院同意，唐晓英副教授任教研室教学秘书（相当于副主任），协助张宝俊教授管理部分教学工作，随后陶然副教授任副主任兼实验室主任。

2001 年，随着学院建设"信息对抗技术"本科专业，王越院士团队（包括陶然教授等）负责在计算机应用技术教研室（505 教研室）的基础上，组建相应的信息安全与对抗教研室（即新 56 教研室），整体从 51 教研室分出来。

2002 年，随着教研室部分教师进一步分流到校内其他学院或院内的其他教研室（比如，唐晓英副教授调到新成立的生命科学与技术学院，周荣花副研究员调到 52 教研室），51 教研室对外名称变更为信号与图像处理教研室。刘志文教授任教研室主任，2009 年起徐友根副教授任教研室副主任。

近年来，随着学校建设国际一流研究型大学的推进，信号与图像处理教研室相应更名为信号与图像处理研究所，简称 51 研究所。刘志文教授任研究所所长，徐友根教授任副所长（2016 年晋升为教授），2019 年增补周治国副教授为副所长。

2005 年及以前，51 教研室在学科上隶属于"通信与电子系统"学科或"通信与信息系统"学科。尤其是 20 世纪 80 年代初期到 90 年代中期，51 教研室一直是"通信与电子系统"学科或"通信与信息系统"学科的主要支撑教研室，柯有安教授为学科负责人。1999 年 51 教研室受系里委托牵头向教育部申报设置"长江学者奖励计划""通信与信息系统"学科特聘教授岗位并获得批准，使"通信与信息系统"学科成为早期我校为数不多的几个设置有"长江学者奖励计划"特聘教授岗位的学科之一。

2006 年，由 51 教研室主任刘志文教授负责牵头，联合我校原信息科学技术学院（包括现在的信息与电子学院、光电学院、自动化学院、计算机学院）、原生命科学与技术学院（现生命学院）和解放军总医院（激光医学科、生物医学工程保障中心），将原先分散在各单位的通信与信息系统、物理电子学、电磁场与微波技术、生物医学工程4个学科的相关学科方向进行整合，在电子科学与技术一级学科成功增列了"生命信息工程"博士、硕士点。原51教研室教师梅文博教授和沈庭芝教授科研组选择留在"通信与信息系统"学科，并一起加入52教研室。自此以后，51教研室/研究所成为"生命信息工程"二级学科或"医学电子与信号处理"学科方向的支撑实体单位，隶属于电子科学与技术一级学科。

### 9.1.2 人才培养

2006年以前，51教研室在学科上隶属于"通信与电子系统"学科或"通信与信息系统"学科，因此也是按照上述两个二级学科招收和培养博士生和硕士生。

1978年，柯有安副教授、毛二可副教授等开始招收硕士生，当年招收硕士生4人（包括匡镜明、姜东波等）。

1982年，51教研室招收硕士生5名（王东宇、李宏、林钢、史林、周东），导师有柯有安、王中、毛二可、林茂庸、苏坤隆等5位副教授。

1983年，51教研室招收硕士生5名（刘长金、刘志文、杜江凌、孙伟民、栾成强），导师有柯有安、王中、毛二可、林茂庸、周思永等5位副教授。

1984年，柯有安教授获批"通信与电子系统"学科博士生导师，是学院第一个获国务院学位委员会批准的博士生导师。

1985年，柯有安教授开始招收博士生3名（王东宇、林海、吉明），毛二可教授和林茂庸教授作为副导师，分别具体指导博士生林海和吉明。

1986年，柯有安教授招收博士生6名（3月：刘长金、周晓琪、刘志文、杜江凌、史林；9月：庄钊文），王中教授、林茂庸教授、周思永教授作为副导师，分别具体指导博士生刘志文、杜江凌、史林。

1987年，柯有安教授招收博士生4名（3月：赵亦工、赵巍、金子建、高俊），王中教授作为副导师，具体指导博士生高俊。

1988年，柯有安教授首次招收博士后1名（赵强福），招收博士生3名（3月：杨树林、梁旭明/硕博连读；9月：许俊刚）。

1989年，柯有安教授招收博士生1名（刘家康），林茂庸教授作为副导师，具体指导博士生刘家康。

1990年，柯有安教授招收博士生1名（李海舟），周思永教授作为副导师，具体指导博士生李海舟。

1991年，柯有安教授招收博士生3名（王卫东、张润宁、谢凯），林茂庸教授、周思永教授作为副导师，具体指导博士生张润宁、谢凯。

1992年，柯有安教授招收博士生2名（余越、原进红），匡镜明教授作为副导师，具体指导博士生原进红。

1993年，柯有安教授招收博士生2名（姜文利、唐白玉）。

1994年，柯有安教授招收博士后1名（宋柳平），招收博士生3名（邓元木/1994.03、徐朝伦/1994.09、王晓湘/1994.09）。

1995年，柯有安教授招收博士生1名（邹燕明/本科直博）。

1996年，柯有安教授招收博士生4名（于明、徐可斌、张瑞峰，沈海戈/本科直博），刘志文副教授作为副导师协助指导博士生张瑞峰（该生1997年退学出国读博）。

1997年，柯有安教授因离退休不再招收研究生。

2001年，招收博士生1名（徐友根，招生时挂在罗伟雄教授名下，实际指导教师是刘志文教授，2003年经批准正式转到刘志文教授名下）。

2002年，刘志文教授和沈庭芝教授增列为通信与信息系统学科博士生导师，并于次年开始招收博士生。

2003年，刘志文教授被学校确定为校聘关键岗"信息与通信工程"一级学科研究生教学主讲教授。

2006年及以后，51教研室/研究所学科上隶属于电子科学与技术一级学科，并按照"生命信息工程"二级学科或"医学电子与信号处理"学科方向招收和培养博士生和硕士生。

### 9.1.3 主要教学与科研情况

1980年，吴祈耀、朱华、黄辉宁等编的国家统编教材《统计无线电技术》由国防工业出版社出版，是国内相关课程第一本公开出版的教材。

1981年，林茂庸、柯有安同编的《雷达信号理论》由国防工业出版社出版，是国内相关领域第一本公开出版的著作。1984年出版修订版。1988年，被评为首届全国高等学校优秀教材。

1984年，吴祈耀编的《随机过程》由国防工业出版社出版，是国内面向工科本科相关课程最早公开出版的一批教材之一。

1986年，周思永、王士宏等编的《反馈与控制》由国防工业出版社出版，是国内相关课程最早出版的一批教材之一。

1987年，王世一编著的《数字信号处理》由北京理工大学出版社出版，是国内相关课程最早出版的一批教材之一，1992年被评为电子工业部优秀教材。1997年出版了修订版，随后多次再版。

1990年，林茂庸编著的《信号理论与应用》由电子工业出版社出版，是国内相关课程最早出版的一批教材之一。

朱华、黄辉宁、李永庆、梅文博等编的《随机信号分析》由北京理工大学出版社出版，是国内相关课程最早出版的一批教材之一。随后多次再版。

1992 年，曾禹村、张宝俊、吴鹏翼编著的《信号与系统》由北京理工大学出版社出版，是国内相关课程较早出版的一批教材之一。随后多次再版，2018 年出版了第 4 版。

1993 年，刘志文副教授被学校确定为青年学科带头人。

1995 年，刘志文副教授被授予北京市优秀青年教师称号。

1996 年，柯有安教授和周思永教授分别担任国际雷达会议技术程序委员会主席和副主席，刘志文副教授作为大会秘书长，成功组织承办了首次在中国举行的五年一轮回国际雷达会议——CIE ICR'96 国际雷达会议（北京香山饭店，1996 年），并负责编辑由 IEEE 出版社出版的会议文集。

2001 年，"建设高水平信号与系统课群的改革与实践"获北京市高等教育教学成果一等奖（刘志文、张宝俊、沈庭芝、唐晓英、王士宏）。

2002 年，刘志文教授申报的国家自然科学基金面上项目"矢量传感器阵列信号波达方向估计方法研究"获得资助（经费 18 万元）。

2002 年，王士宏、周思永编著的《控制理论基础》由北京理工大学出版社出版，是国内相关课程较早出版的一批教材之一。

2005 年，"信号与系统"课程被评为北京市精品课程（课程负责人沈庭芝教授）。

2006 年，硕士生学位课"统计信号处理"被评为学校首批六门"研究生优秀课程"之一（课程负责人刘志文教授）。

2009 年，"数字信号处理"课程评为校级精品课程（课程负责人刘志文教授）。

2013 年，徐友根、刘志文、龚晓峰编著的原国防科工委特色教材《极化敏感阵列信号处理》由北京理工大学出版社出版，是国内该领域公开出版的主要著作之一。

2013 年，徐友根教授申报的国家自然科学基金重点项目"电磁矢量传感器信号处理理论与方法"获得资助（经费 285 万元）。

2014 年，刘志文教授申报的国家自然科学基金重大项目（课题）"雷达极化敏感阵列信号处理"获得资助（经费 440 万元）。

### 9.1.4　学术带头人柯有安教授

柯有安，教授、博士生导师。青年柯有安 1951 年由武汉地区考入北京理工大学的前身——华北大学工学院学习，时年不满 18 岁。当时的武汉刚刚解放不到1年的时间，百废待兴，而他当时也面临着是升学还是就业的选择，但他更愿意上大学。由于家庭贫困，几经比较后，他最终选择了当时在武汉地区进行招生宣传的华北大学工学院。当时华北大学工学院最吸引他的是学校实行"包干制"，即学校不但免学费，而且管吃住，免费提供衣物。当时华北大学工学院的老师薛寿章（音译）在湖南和湖北地区负责招生。到校后，青年柯有安才发现班级内有很多同学都和自己选择的理由类似。

尽管家人不放心，但青年柯有安还是一个人坐上了去北京的火车。父母送他到火车站，由于不放心他一人外

柯有安教授

出，托同车的大人帮忙照顾。看到父母的身影，青年柯有安想到了朱自清的《背影》。当时火车的终点站是前门火车站，下车后，青年柯有安一个人背着行李卷，提着箱子，还背着一个书包，雇了一辆三轮车到学校。当时学校校址在现在的东皇城根儿。

从1951年入校到1956年毕业，大学生柯有安一直没有回过家，中间只是互通信件。1956年，青年柯有安大学毕业，留校当了助教，1956年带学生去实习，到1957年年初才从南京坐船绕道回到了阔别6年多的武汉。

当年刚入校上大学，学校就为新生发放了衣服：男生干部服，女生列宁装，都是灰色；还有土布衬衣。由于当时的班级管理不规范，有很多同学转学或者退学，班级人数经常发生变化，班级人数最多时有40多人，女生6人。时至今日，柯有安教授还能记得的同学大约有20%已不在人世。其中有正常死亡的，也有非正常死亡的。

当时青年柯有安填报的专业志愿有三个，都是华北大学工学院，一、二、三志愿分别是机电系、航空系、机械系。之所以第一志愿选择机电系，是因为青年柯有安听到了列宁的一句话：苏维埃加电机化就是工业化。由于当时父母只是中专学历，并不了解大学专业选择的事情，所以志愿的填报都是由青年柯有安自己做主。当时的专业学制为5年。

由于当时学校还在建设中，学生们住在工棚里面，条件虽苦，但柯有安有着热血青年的情怀，欣然接受了当时的条件。1951—1953年，机电系的学生学的都是基础课。数学和物理教材都是由学校老师自己编写的，专业教材《机电学（4卷本）》是苏联的教材，作者是朴德洛夫斯基。1953年学校正式转向军工方向，青年柯有安当时所在的9511班学生转向了雷达专业，由当时学校的团委书记刚玉芳向同学们宣布。至今柯有安教授都记得当时自己的学号是510429。当时青年柯有安担任班级的团支部宣传委员，负责联系老师向同学们介绍大家都不熟

悉的雷达专业。当时请到两位老师——陶棫和戚叔纬。陶老师在英国学过雷达，手头有一套雷达丛书，给同学们讲雷达；戚老师是浙大的毕业生，在英国学过飞机导航，给同学们讲导航。

1953年年底，苏联专家来到学校，当时来系里的专家叫库里科夫斯基，是苏联列宁格勒电工学院的副教授，他主要研究的是电视机。1954年2月5日，班级挑选出三个学生跟随这位苏联专家学习，名义上是苏联专家的研究生。青年柯有安是其中之一，另外两位是彭定知和常茂生。这三位同学依然继续和班级一起上课，其余时间跟苏联专家学习。当时苏联专家的具体任务是：给学校老师上课，帮助学校建立实验室。当时青年柯有安开始拿工资，每月49元7角5分，有了自己的积蓄，就可以买书了。

柯有安，1956—1959年担任助教，1959—1978年任讲师，1978—1981年任副教授，1981年被评为教授。1984年被批准为博士生导师，是当时学校的第一批博士生导师。

1984年负责组建了学校研究生部，并担任研究生部主任。随后学校获教育部批准，首批试办研究生院（全国共22所），柯有安教授出任北京工业学院第一任研究生院院长。1984年10月，任北京工业学院副院长，并于同年创办《学位与研究生教育》杂志，担任主编。

1985年，学校改名为北京理工大学，柯有安教授任北京理工大学副校长，兼北京理工大学研究生院院长，同年组建研究生工作协会。

1986年，受国家教育部委托，牵头组建学位与研究生教育评估所，并担任第一任所长。

从1984年10月至1989年2月，前后共做了5年行政工作，先后担任北京工业学院副院长/北京理工大学副校长兼研究生院院长，主管研究生院、图书馆、外事处。他白天工作，晚上从事科学研究。

因为不擅长做行政工作，也不愿意继续做行政工作，1989年从学校副校长岗位退下来，开始担任北京理工大学学位委员会主任，1997年办理离退休。

柯有安教授研究领域广泛，包括雷达系统、雷达信号理论、文字与语音识别及图像处理等。他曾参与多种雷达总体方案论证，负责"863-308"主题的"逆合成孔径雷达成像及运动补偿的研究"，负责"雷达目标识别理论和方法"的研究，还领导了语音识别技术的研究。他所参与的科研项目获多项部级以上科技奖。他是国内外著名的雷达系统理论专家。柯有安教授曾任国务院学位委员会学科评议组第二届至第四届"电子学与通信""信息与通信工程""电子科学与技术"的召集人，是国内第一位担任IEEE AES学会理事会（Board of Governors）理事和雷达系统组（Radar Panel）委员的国内雷达专家，曾多次出国访问，1990

年 5—10 月在柏林工业大学合作进行汉字识别的研究，1993 年 6 月在美国斯坦福大学附属眼科研究所进行为期一个月的信号处理的合作研究，1994 年又赴美国 INSI 公司参加系列研讨会，进行讲学和交流图像处理方面的经验。1996 年在南洋理工大学学术访问 1 年，1998—2002 年在国立新加坡大学做访问教授 4 年。

### 9.1.5　学术带头人刘志文教授

刘志文，工学博士、教授、博士生导师。1979.9—1983.7，在西安电子科技大学电子工程系信息处理专业读本科，获工学学士学位。1983.9—1986.2，在北京理工大学通信与电子系统专业攻读硕士研究生，获工学硕士学位。1986.3—1989.10，在北京理工大学通信与电子系统专业攻读博士研究生，获工学博士学位。

刘志文教授

1989.10 至今，在北京理工大学信息与电子学院（原电子工程系）任教，先后任讲师（1989—1993.6）、副教授（1993.7—1997.6）、教授（1997.7 至今）。目前任信号与图像处理研究所所长、多元信息系统国防重点学科实验室主任、电子信息技术校级实验示范中心主任、电子科学与技术学科责任教授，中国电子学会生命电子学分会常务理事兼秘书长，中国仪器仪表学会医疗仪器分会理事，中国医疗器械行业协会现场快速检测（POCT）分会常务委员等。

先后主讲本科课程"数字信号处理""信号检测与估计""专业英语"等，主讲硕士生课程"统计信号处理""统计信号处理基础"，主讲博士生课程"阵列信号处理专题""生命信息工程学""医学电子与信号处理"等。培养出博士后 3 名、博士 20 余名、硕士 80 余名，目前指导在站博士后 1 人、在读博士生 6 人、在读硕士生 5 人。

主要研究方向是，阵列信号处理及在雷达和电子侦察中的应用、医学信号与图像处理、可穿戴医学电子等。先后承担各类科研项目 10 余项，包括国家自然科学基金项目 6 项［其中重大项目（课题）1 项、重点项目（合作）1 项］、国防科技创新特区项目 1 项、军口"863"项目 1 项、博士点基金项目 2 项、兵器预研项目 1 项等；合作出版著作 1 部，合作编辑出版国际会议文集 1 部，发表论文 200 余篇，其中 SCI 收录 50 余篇、EI 收录 80 余篇，发明专利 5 项。多次获校优秀教师/三育人先进个人、中青年学科带头人称号，1995 年获北京市优秀青年教师称号，2001 年、2008 年两次获北京市优秀教学成果奖一等奖（分别排名第一、第五）、2009 年获国家级教学成果奖二等奖（排名第五）。

曾任原国防科工委第二届专家咨询委员会成员、国家国防科工局首届科技委成员、原国防科工委"十五"和"十一五"教材/专著建设立项信息与通信技术专家组专家/组长、国家自然科学基金委项目(重点、重大、面—青—地)会评专家、国家科技部重点研发计划项目会评专家、科技评估中心评估咨询专家、《高技术通信(英文版)》杂志特邀编辑、校学报编委、学校生命信息工程学科带头人/首席教授、校聘关键岗信息与通信工程学科研究生教学主讲教授等。

## 9.2 通信技术研究所

### 9.2.1 概述

通信技术研究所(以下简称研究所)的前身是电子工程系的遥控遥测教研室(52教研室),后改为通信工程教研室,成立时隶属于2002年由电子工程系、光电工程系、自动控制系和计算机学院合并组成的信息科学技术学院。2007年6月13日,通信工程教研室更名为通信技术研究所,时任校长匡镜明教授担任所长,周荣花任党支部书记,谢湘任常务副所长。

**通信技术研究所揭牌仪式**

通信技术研究所所属一级学科为"信息与通信工程",二级学科为"通信与信息系统",均为国家重点学科。研究所主要研究方向包括宽带移动通信与网络、多媒体技术及人机交互、空天地通信与信息处理、空间太赫兹通信、卫星隐蔽通信、人工智能与大数据技术等。研究所紧密结合国家建设的迫切需求,紧跟未来技术发展趋势,以"军民融合、国际合作"为研究特色,已承担国家"863"计划、国家科技重大专项、国家自然科学基金、国防基础科研计划重大项目、国防预研等国家级、省部级项目300余项,与航天五院西安分院、中国空间技术研究院、瑞典查尔姆斯大学等成立了联合实验室；与瑞典爱立信公司、中国移动通信有限公司研究院、华为技术有限公司等单位在 4G/5G/6G 移动通信关键技术研发领域建立了长期合作关系，并与瑞典爱立信公司联合建立了"数字通信技术研究中心"。

截至 2020 年 4 月，研究所在职教职工 40 人，其中教授 16 人，副教授 17 人，博士生导师 19 人。通信技术研究所作为重要的教学科研型机构，在通信与信息系统重点学科方向上承担本科生和研究生培养工作，已培养博士生 214 名，硕士生 977 名，在读研究生 300 余名，已成为我国培养通信高技术专业人才和研究通信新技术的重要科研与学术交流基地，为国家培养和输送了一大批具有坚实理论基础、工程实践能力强的高层次人才。

研究所包含两大科研团队：一个是匡镜明教授领导的团队（现代通信实验室），另一个是安建平教授领导的团队（通信与网络实验室）。

现代通信实验室在匡镜明教授带领下，紧密结合军事和民用通信关键技术进行科学研究及科技转化，在宽带无线通信基本理论和关键技术、军用无线通信与网络技术、语音与音频信号处理等方面取得了大量成果。已在国际著名期刊上发表 SCI 检索论文 120 余篇，其中 ESI 高被引论文 4 篇，多篇论文获得国际学术会议最佳论文奖；获省部级科技奖 2 项；出版专著 16 部；获批国际专利 2 项，国内专利 160 项。培育国家自然科学基金优秀青年基金获得者 1 名；培养全国百篇优秀博士论文获得者 1 名；指导 2 名硕士生获得中国电子学会优秀学位论文嘉奖；指导本科生获得首届全国大学生物联网大赛一等奖。

现代通信实验室坚持国际合作，保持国际前沿研究水平。自 1996 年起，实验室与全球最大的电信设备制造商之一——瑞典爱立信公司开展了数字移动通信领域的合作，并进一步建立了数字通信技术研究中心。1996 年，瑞典首相 Persson 访华期间，北京理工大学与瑞典爱立信公司的国际合作计划被列入中瑞两国政府合作备忘录，得到中瑞两国政府的重视和支持。双方合作在宽带无线接入和语音信号处理领域取得了大量成果。在 2006 年获得国际电信联盟（ITU）授权成为国际语音编码技术评测单位，承担了 ITU、3GPP 等国际标准化组织的委托项目。在这些国际项目中，北京理工大学不仅是唯一的中方单位，而且是所有评测单位中唯一的高校，为国际标准化工作做出了重要贡献。经过 20 余年的合作，研究中心已成为国内研究移动通信新技术的重要科研中心和国际交流基地，培养出中国科学院院士尹浩、澳大利亚新南威尔士大学通信工程学科首席教授原进宏、华为无线通信首席专家万蕾等一大批优秀人才。

通信与网络实验室坚持以国家重大需求和国际学术前沿为导向，积极为国家战略服务，在"智能空天信息网络""卫星通信""空间信号处理"等领域开展

# 第九章 教学科研单位

了卓有成效的科研工作。在北京理工大学张军校长、北京理工大学信息与电子学院安建平院长的领导下，实验室汇聚了一大批国内空天通信领域专家和中青年拔尖人才，现有中国工程院院士1名，国家百千万人才1名，青年千人计划入选者1名，青年人才托举工程入选者1名。

经过多年建设，目前，实验室承担国家、部委、国际合作科研项目数十项，包括国家高技术研究发展计划、国家重点基础研究发展计划、国家科技重大专项、国家自然基金项目、国防基础预研等，年均科研经费超过2 000万元。相关科研成果被应用于多个国家重大型号中，并获得国家技术发明奖一项、国家科技进步奖一项、省部级科研奖励多项；发表学术论文300余篇，授权国家发明专利150余项。

### 9.2.2 学术带头人匡镜明教授

匡镜明，男，无线通信专家，北京理工大学教授，博士生导师。1966年7月北京工业学院电子工程系雷达专业本科毕业。1981年10月北京工业学院电子工程系信息与信号处理专业硕士研究生毕业，获工学硕士学位。1988年8月西德西柏林工业大学电工系通信技术研究所博士研究生毕业，获工学博士学位。1989年9月晋升教授。1993年国务院评聘为博导。1993年7月—1999年6月任北京理工大学副校长兼研究生院常

匡镜明教授

务副院长，1999年7月—2007年8月任北京理工大学校长兼研究生院院长、校学位委员会主席。

匡镜明教授主要从事数字移动通信及信号处理技术的研究，特别是在数字语音编码、信道编码及无线通信领域取得了突出成绩。1992年获得德国国际合作研究中心（GTZ）资助，在北京理工大学建立了现代通信实验室。1996年与瑞典爱立信公司合作建立了"北京理工大学—瑞典爱立信公司数字通信技术研究中心"，该合作项目列入中瑞合作备忘录。他所领导的现代通信实验室于2007年被国际电信联盟（ITU）确定为中国首家国际数字语音编码评测单位。匡镜明教授培养了出站博士后4人，毕业博士生78名，硕士生40余名；主持承担了30多项国际合作、国家自然科学基金、国家重大科技专项等科研项目，获得多项科技进步一、二、三等奖；已出版专著2部，发表论文180余篇，授权发明专利20余项。

匡镜明教授于1990年11月任《通信学报》编委委员，1994年12月受聘为武警学院兼职教授，1995年12月受聘为电子工业部科技进步奖评委，1996年1

月受聘为全国工科电子类专业教学指导委员会委员，1996年受聘为北京市学位委员会副主任委员，1996年7月受聘为全国高等教育自学考试指导委员会副主任委员，1997年4月、2001年2月两次担任中国电子学会通信分会副主任，1997年12月受聘为国家教育委员会科技委第四届委员，1998年3月受聘为国防科技大学兼职教授，1998年12月受聘为全国工程硕士教学指导委员会副主任委员，1999年受聘为国防科工委科技进步奖评委会评委，1999年8月任《学位与研究生教育》杂志主编，2000年1月、2007年3月两次受聘为中国人民解放军总装备部科技委委员，2000年3月受聘为国务院学科评议组电子科学与技术学科成员，2000年7月受聘为中国通信学会常务理事，2000年12月受聘为北京市人民政府专家顾问团顾问，2002年7月担任全国学位与研究生教育学会副会长兼评估委员会主任，2003年当选中国兵工学会第六届理事会副理事长，2003年4月、2007年4月先后担任北京理工大学第七、八届学位评定委员会主席，2003年6月、2008年12月两次受聘为国务院学科评议组信息与通信工程学科召集人，2003年7月、2007年7月先后担任北京理工大学高级专业技术职务评审委员会主任，2007年9月担任多元信息系统国防重点学科实验室主任，2007年9月—2013年12月担任北京理工大学学术委员会主任、校研究生教育督导组组长，2008年4月担任国防科工委"一提三优"工程研究生教育总督导，2012年3月受聘为国家工业和信息化部通信科技委委员，2013年12月担任国家移动超声探测工程技术研究中心第一届技术委员会主任委员，2014年11月担任中国通信学会科学技术奖评审委员会委员。

1993年国务院授予"政府特殊津贴"，1995年12月兵器工业部授予科技进步三等奖，1997年12月兵器工业部授予科技进步一等奖，1997年9月"加强军工专业重点学科建设，培养国防高级科技人才"荣获北京市普通高校教学成果奖二等奖，1997年国家教委、国家人事部联合授予"全国优秀留学回国人员"称号，1999年国家人事部授予"有突出贡献中青年专家"称号，2001年国家人事部、国防科工委联合授予"全国国防科技工业系统先进工作者"称号，2001年9月"研究、探索、实践，创出一条为军工企业培养高质量的工程型高层次人才的新路"荣获北京市教育教学成果（高等教育）奖二等奖，2002年北京市授予"依靠教职工办好学校的优秀校长"称号，2003年国务院学位委员会授予"学位与研究生教育突出贡献奖"，2004年获北京理工大学"研究生指导教师名师"奖，2004年获国务院学位委员会、教育部"全国工程硕士研究生教育工作突出贡献奖"，2006年获解放军总装备部、国防科工委"高技术装备发展建设工程"荣誉奖章，2014年3月获教育部、国务院学位委员会"全国优秀博士学位论文指导教师"荣誉证书。2014年获中国学位与研究生教育学会"突出贡献奖"，

2015年获中国学位与研究生教育学会评估委员会"突出贡献奖",2018年获中国学位与研究生教育学会评估委员会"荣誉贡献奖",2018年获中国学位与研究生教育学会"工作贡献奖",2002年俄罗斯萨马那航空航天大学授予"荣誉博士"称号,2003年美国斯蒂文斯大学授予"荣誉博士"称号,2004年英国西英格兰大学授予"名誉教授"称号。

### 9.2.3 学术带头人安建平教授

安建平,男,北京理工大学信息与通信工程学科教授、博士生导师,北京市优秀博士论文指导教师,美国圣地亚哥加州大学高级访问学者。现任"信息与通信工程"国家一级重点学科首席教授,国防科工委重点专业"通信工程"专业负责人,信息与电子学院院长。曾获教育部首届优秀青年教师奖、光华科技基金三等奖,享受国务院"政府特殊津贴"。1999年入选国家"百千万人才工程",2016年当选中国电子学会会士。

安建平教授

任IEEE北京分会执委会委员、FEIAP亚太工程组织联合会信息专委会委员,工信部通信科学技术委员会第二届委员会委员,国际CONASENSE学会中国区主席,"空间飞行器在轨服务与维护"国家重大专项专家委员会专家,"高分辨率对地观测系统"国家重大专项专家委员会地面系统组专家,战略支援部队TJ载荷专业组专家,空间微波技术国家重点实验室学术委员,国家自然科学基金会评专家组长,国家科学技术奖励评审专家,国防科学技术奖励评审专家,中国电子学会空间电子学分会第六届委员会副主任,第四届中国青年科协委员,中国通信学会第八届理事会理事,《兵工学报》《电子与信息学报》《电子科学学刊(英文版)》《数据采集与处理》等期刊编委。

主要从事卫星与空间通信、无线宽带通信与网络、空间信号处理领域的研究,在极低信噪比检测与接收、高动态信号检测与跟踪、星载高效信号处理、深空网络协议等方面取得了多项技术突破。先后主持了国家"863"主题、载人航天国家重大专项、"探索一代"国家重大专项、国家自然科学基金仪器专项、国家自然科学基金国际合作重点项目、民用航天等30余项课题。获得国家科技进步三等奖一项(排名1),部级科技进步一等奖一项(排名1),部级科技发明一等奖一项(排名1),部级科技进步二等奖一项(排名1);近5年来发表SCI/EI学术论文100余篇,已授权国家发明专利44项,出版译著1部。

### 9.2.4 队伍组成

通信技术研究所人员情况如表9.1所示。

表9.1 通信技术研究所人员情况

| 序号 | 姓名 | 性别 | 出生年月 | 入校时间 | 离所时间 | 岗位/职称 | 导师资格 |
|---|---|---|---|---|---|---|---|
| 1 | 匡镜明 | 男 | 1943.06 | 1966.09 |  | 教授 | 博导 |
| 2 | 高飞 | 女 | 1959.06 | 2000.06 | 2020.01 退休 | 教授 | 博导 |
| 3 | 沈英 | 女 | 1961.06 | 1982.01 |  | 高级实验师 |  |
| 4 | 周荣花 | 女 | 1963.09 | 1985.07 |  | 副研 | 硕导 |
| 5 | 刘家康 | 男 | 1964.04 | 1988.09 |  | 教授 | 硕导 |
| 6 | 何遵文 | 男 | 1964.11 | 1989.04 |  | 副教授 | 硕导 |
| 7 | 卜祥元 | 男 | 1965.04 | 2002.04 |  | 教授 | 博导 |
| 8 | 安建平 | 男 | 1965.05 | 1995.08 |  | 教授 | 博导 |
| 9 | 杨杰 | 女 | 1965.10 | 2002.08 |  | 副教授 | 硕导 |
| 10 | 王爱华 | 女 | 1965.11 | 2001.09 |  | 教授 | 博导 |
| 11 | 闫雪梅 | 女 | 1966.03 | 2001.04 |  | 工程师 |  |
| 12 | 田步宁 | 男 | 1966.03 | 2020.08 |  | 长聘研究员 |  |
| 13 | 王华 | 男 | 1966.03 | 2002.08 |  | 教授 | 博导 |
| 14 | 聂青 | 女 | 1969.04 | 1997.03 |  | 讲师 | 硕导 |
| 15 | 李祥明 | 男 | 1970.02 | 2008.02 |  | 教授 | 博导 |
| 16 | 赵胜辉 | 男 | 1970.10 | 1999.08 |  | 副教授 | 硕导 |
| 17 | 薛艳明 | 女 | 1971.03 | 2005.03 |  | 讲师 | 硕导 |
| 18 | 张宇 | 男 | 1972.03 | 2007.09 |  | 讲师 | 硕导 |
| 19 | 张中山 | 男 | 1974.07 | 2018.09 |  | 准聘教授 | 博导 |
| 20 | 孙磊 | 男 | 1975.04 | 2007.09 | 2017.12 | 副教授 | 硕导 |
| 21 | 马永锋 | 男 | 1975.09 | 2004.09 |  | 讲师 | 硕导 |
| 22 | 谢湘 | 男 | 1976.01 | 2004.09 |  | 副教授 | 硕导 |
| 23 | 王凤玲 | 女 | 1976.12 | 2006.12 |  | 外聘 |  |
| 24 | 吴浩 | 男 | 1977.07 | 2002.03 |  | 讲师 | 硕导 |

续表

| 序号 | 姓名 | 性别 | 出生年月 | 入校时间 | 离所时间 | 岗位/职称 | 导师资格 |
|---|---|---|---|---|---|---|---|
| 25 | 费泽松 | 男 | 1977.10 | 2004.08 | | 教授 | 博导 |
| 26 | 卢继华 | 女 | 1978.07 | 2003.04 | 2018.09 | 讲师 | 硕导 |
| 27 | 杨德伟 | 男 | 1979.11 | 2006.03 | | 高实 | 硕导 |
| 28 | 王晶 | 女 | 1980.10 | 2007.04 | | 副教授 | 硕导 |
| 29 | 刘珩 | 女 | 1981.01 | 2006.09 | | 副教授 | 博导 |
| 30 | 武楠 | 男 | 1981.07 | 2011.06 | | 教授 | 博导 |
| 31 | 邢成文 | 男 | 1981.11 | 2010.12 | | 教授 | 博导 |
| 32 | 张万成 | 男 | 1982.02 | 2013.06 | | 讲师 | 硕导 |
| 33 | 刘策伦 | 男 | 1983.03 | 2014.12 | | 高级实验师 | 硕导 |
| 34 | 张焱 | 男 | 1983.05 | 2013.06 | | 副教授 | 博导 |
| 35 | 杨凯 | 男 | 1983.10 | 2014.09 | | 教授 | 博导 |
| 36 | 王帅 | 男 | 1983.11 | 2012.07 | | 副教授 | 博导 |
| 37 | 范戎飞 | 男 | 1984.07 | 2014.12 | | 副教授 | 硕导 |
| 38 | 郑重 | 男 | 1984.09 | 2019.01 | | 预聘副教授 | 博导 |
| 39 | 樊芳芳 | 女 | 1985.01 | 2009.03 | | 科研助理（B系列） | |
| 40 | 胡晗 | 男 | 1985.06 | 2018.10 | | 教授 | 博导 |
| 41 | 韩航程 | 男 | 1985.07 | 2012.07 | 2020.01 | 副教授 | 硕导 |
| 42 | 高翔 | 男 | 1985.08 | 2020.02 | | 准聘教授 | 博导 |
| 43 | 叶建宏 | 男 | 1985.11 | 2020.04 | | 准聘教授 | 博导 |
| 44 | 武光辉 | 男 | 1986.09 | 2018.11 | | 教学科研（B系列） | |
| 45 | 肖金玲 | 女 | 1987.04 | 2017.11 | 2020.03 | 科研助理（B系列） | |
| 46 | 于季弘 | 男 | 1987.06 | 2018.09 | | 准聘教授 | 博导 |
| 47 | 韩龙勃 | 男 | 1988.03 | 2017.09 | | 教学科研（B系列） | |
| 48 | 于珊平 | 女 | 1989.01 | 2020.03 | | 博士后 | |

续表

| 序号 | 姓名 | 性别 | 出生年月 | 入校时间 | 离所时间 | 岗位/职称 | 导师资格 |
|---|---|---|---|---|---|---|---|
| 49 | 刘晗 | 女 | 1989.03 | 2019.12 | | 博士后 | |
| 50 | 李彬 | 男 | 1989.03 | 2019.12 | | 预聘助理教授 | 硕导 |
| 51 | 郭亚爽 | 女 | 1989.06 | 2018.04 | 2020.05 | 博士后 | |
| 52 | 曾鸣 | 女 | 1989.06 | 2019.04 | | 预聘助理教授 | 硕导 |
| 53 | 史文彬 | 女 | 1989.07 | 2018.08 | | 预聘助理教授 | 硕导 |
| 54 | 申文倩 | 女 | 1989.07 | 2020.07 | | 预聘副教授 | |
| 55 | 郭婧 | 女 | 1989.12 | 2019.04 | | 预聘副教授 | 博导 |
| 56 | 王富 | 男 | 1990.01 | 2020.07 | | 博士后 | |
| 57 | 俞楚翘 | 女 | 1990.06 | 2018.12 | | 博士后 | |
| 58 | 郭栋 | 男 | 1990.07 | 2019.10 | | 博士后 | |
| 59 | 张天 | 女 | 1990.07 | 2017.11 | | 科研助理（B系列） | |
| 60 | 宋金鹏 | 男 | 1991.01 | 2019.03 | | 博士后 | |
| 61 | 李娟 | 女 | 1991.08 | 2016.06 | | 科研助理（B系列） | |
| 62 | 张瑞 | 女 | 1992.03 | 2019.03 | | 博士后 | |
| 63 | 常欢 | 女 | 1993.11 | 2020.07 | | 博士后 | |

### 9.2.5 教学工作

通信技术研究所的老师们主要承担通信工程本科专业、通信与信息系统二级学科的教学工作，所开设的课程如表 9.2 所示。

表 9.2 通信技术研究所开设课程

| 序号 | 课程名称 | 授课对象 | 授课人 |
|---|---|---|---|
| 1 | 程控交换原理 | 本科生 | 卜祥元 |
| 2 | 多媒体通信 | 本科生 | 赵胜辉 |
| 3 | 光纤通信 | 本科生 | 杨德伟、何遵文 |
| 4 | 数字通信网 | 本科生 | 杨杰、王晶、于季弘、曾鸣 |

续表

| 序号 | 课程名称 | 授课对象 | 授课人 |
|---|---|---|---|
| 5 | 移动通信 | 本科生 | 谢湘、张焱、邢成文、张万成、赵胜辉 |
| 6 | 现代通信系统 | 本科生 | 刘家康、卜祥元、韩航程、卢继华 |
| 7 | 信息论与编码 | 本科生 | 安建平、周荣花、杨杰、孙磊、史文彬、胡晗 |
| 8 | 数据通信基础 | 本科生 | 刘家康、张中山、曾鸣 |
| 9 | 数字通信原理 | 本科生 | 安建平、王爱华、王帅、杨凯、费泽松、武楠、赵胜辉、李祥明、范戎飞、张焱、王华、邢成文 |
| 10 | 数字通信原理实验 | 本科生 | 杨德伟、刘策伦、费泽松、范戎飞 |
| 11 | 通信与网络系统前沿技术 | 本科生 | 安建平 |
| 12 | 通信网理论基础 | 本科生 | 刘珩、郑重 |
| 13 | 通信与网络基础理论及应用Ⅰ | 本科生 | 杨杰 |
| 14 | 通信与网络基础理论及应用Ⅱ | 本科生 | 安建平、王帅 |
| 15 | 通信与网络基础理论及应用Ⅲ | 本科生 | 杨杰、刘珩 |
| 16 | 信息与通信工程概论 | 本科生 | 周荣花 |
| 17 | 智能语音交互技术 | 本科生 | 谢湘 |
| 18 | 工程创新设计Ⅰ | 本科生 | 吴浩 |
| 19 | 工程创新设计Ⅲ | 本科生 | 吴浩 |
| 20 | 通信系统综合设计 | 本科生 | 刘策伦 |
| 21 | 信息与通信工程学科前沿与进展 | 本科生 | 于季弘、胡晗 |
| 22 | 电子通信系统（全英文） | 本科生 | 刘家康 |
| 23 | 工程创新设计Ⅱ | 本科生 | 聂青 |

续表

| 序号 | 课程名称 | 授课对象 | 授课人 |
|---|---|---|---|
| 24 | 现代通信技术概论 | 本科生 | 谢湘、张焱、邢成文、张万成、赵胜辉 |
| 25 | 基于FPGA平台的电信传输系统设计实验 | 本科生 | 刘策伦 |
| 26 | 多体制数字移动通信技术 | 本科生 | 杨德伟 |
| 27 | C语言程序设计 | 本科生 | 高飞、陈朔鹰、吴浩、田黎育、李云杰、聂青 |
| 28 | 数据结构与算法设计（C描述） | 本科生 | 高飞、聂青、薛艳明、吴浩、胡进、李岩 |
| 29 | 数据结构与算法设计（C++描述） | 本科生 | 高飞、白霞、吴浩、胡进、聂青、薛艳明 |
| 30 | 面向对象程序设计 | 本科生 | 高飞、白霞 |
| 31 | 计算机基础 | 本科生 | 高飞、薛艳明、聂青、吴浩、王耀威 |
| 32 | 计算机科学导论 | 本科生 | 高飞、薛艳明 |
| 33 | 计算机网络技术 | 本科生 | 高飞、赵娟、冯远 |
| 34 | 矩阵理论及其应用 | 研究生 | 邢成文、郑重 |
| 35 | 卫星通信理论与应用 | 研究生 | 王爱华、杨凯 |
| 36 | 无线网络和移动计算 | 研究生 | 张宇 |
| 37 | 拓扑理论与网络 | 研究生 | 刘珩 |
| 38 | 空间信息网络与现代通信技术 | 研究生 | 张中山 |
| 39 | 近世代数及其应用 | 研究生 | 李祥明 |
| 40 | 最优化理论与方法 | 研究生 | 范戎飞 |
| 41 | 信息论 | 研究生 | 杨杰、孙磊 |
| 42 | 现代电子测量原理与应用 | 研究生 | 卜祥元、韩航程 |
| 43 | 现代数字通信理论与技术 | 研究生 | 安建平、胡晗 |
| 44 | 信道编码及其应用 | 研究生 | 何遵文 |

续表

| 序号 | 课程名称 | 授课对象 | 授课人 |
|---|---|---|---|
| 45 | 空天通信系统 | 研究生 | 王帅 |
| 46 | 通信前沿技术专题 | 研究生 | 张中山 |
| 47 | 高等数字通信 | 研究生 | 费泽松、张焱 |
| 48 | 智能信息处理 | 研究生 | 胡晗 |
| 49 | 通信与网络技术前沿 | 研究生 | 安建平、马建军 |
| 50 | 工程伦理 | 研究生 | 薛艳明 |
| 51 | (英)语音信号数字处理 | 研究生 | 王晶、张万成、谢湘、赵胜辉 |
| 52 | (英)通信网络基础 | 研究生 | 刘家康 |
| 53 | (英)高等数字通信 | 研究生 | 郑重 |
| 54 | (英)移动通信 | 研究生 | 王华、杨德伟 |
| 55 | (英)概率、随机过程和随机几何及其应用 | 研究生 | 郭婧 |
| 56 | 扩频通信 | 研究生 | 刘珩、王帅、安建平 |
| 57 | 无线网络通信原理 | 研究生 | 高飞 |

### 9.2.6 成果与荣誉

通信技术研究所的老师们在教学与科研岗位上悉心育人，勤恳钻研，团结奋进，取得了一系列成果与荣誉，如表9.3~表9.6所示。

表9.3 通信技术研究所科研成果

| 序号 | 项目名称 | 获奖人（排名） | 奖励类别 | 奖励等级 | 年份 |
|---|---|---|---|---|---|
| 1 | 石油管道运销调度监控系统（PNCS）的汉化 | 匡镜明（1） | 中国兵器工业部科技进步奖 | 三等奖 | 1995 |
| 2 | 1.2 GHz 低相噪数字锁相稳频源 | 安建平（2） | 部级科技进步奖 | 三等奖 | 1995 |
| 3 | 低相噪高分辨率直接数字频率合成器（DDS） | 安建平（1） | 部级科技进步奖 | 一等奖 | 1996 |

续表

| 序号 | 项目名称 | 获奖人（排名） | 奖励类别 | 奖励等级 | 年份 |
|---|---|---|---|---|---|
| 4 | 全数字扩频多业务通信系统 | 匡镜明（1） | 中国兵器工业部科技进步奖 | 一等奖 | 1997 |
| 5 | 低相噪高分辨率直接数字频率合成器（DDS） | 安建平（1） | 国家科技进步奖 | 三等奖 | 1997 |
| 6 | 高稳定高精度频率源技术研究 | 安建平（2） | 国防科技进步奖 | 三等奖 | 1997 |
| 7 | ×××半实物高速仿真系统 | 何遵文（2） | 国防科学技术奖 | 三等奖 | 2000 |
| 8 | ×××抗干扰性能改进 | 何遵文（9） | 国家科学技术进步奖 | 二等奖 | 2001 |
| 9 | ××系统指挥能力仿真系统 | 安建平（1） | 国防科技进步奖 | 三等奖 | 2008 |
| 10 | 基于SOC的××扩频抗干扰传输技术 | 安建平（1） | 国防科技进步奖 | 二等奖 | 2009 |
| 11 | ××系统指控通信能力评估方法研究 | 安建平（2） | 军队科技进步奖 | 三等奖 | 2009 |
| 12 | OFDM无线通信若干基础理论研究 | 李祥明（4） | 教育部自然科学奖 | 二等奖 | 2011 |
| 13 | 无线网络去结构化设计理论与方法 | 邢成文（2） | 中国通信学会科学技术奖 | 自然科学二等奖 | 2016 |
| 14 | 逼近香农限的OFDM信号处理理论与方法 | 李祥明（4） | 中国电子学会科学技术奖 | 一等奖 | 2017 |
| 15 | 卫星通信大规模阵列测量技术与应用 | 安建平（1） | 中国通信学会科学技术奖 | 一等奖 | 2018 |
| 16 | 卫星通信阵列测量技术与应用 | 安建平（1） | 国家技术发明奖 | 二等奖 | 2019 |
| 17 | 面向分布式网络的鲁棒传输理论与方法 | 费泽松（1）、武楠（2）、邢成文（4） | 中国电子学会科学技术奖 | 自然科学二等奖 | 2019 |

表9.4  通信技术研究所出版著作

| 序号 | 名称 | 出版单位 | 作者 | 出版年份 |
|---|---|---|---|---|
| 1 | 《C++与数据结构》 | 北京理工大学出版社 | 高飞、聂青、李惠芳、薛艳明 | 2006 |
| 2 | 《C++与数据结构实验教程》 | 北京理工大学出版社 | 苏京霞、高飞 | 2006 |
| 3 | 《物联网核心技术－RFID原理与应用》 | 人民邮电出版社 | 高飞、薛艳明、王爱华 | 2010 |
| 4 | 《C++与数据结构（第2版）》 | 电子工业出版社 | 高飞 | 2011 |
| 5 | 《超高频射频识别原理与应用》 | 电子工业出版社 | 安建平、高飞、薛艳明 | 2013 |
| 6 | 《通信信号调制识别：原理与算法》 | 人民邮电出版社 | 杨杰、刘珩、卜祥元、孙钢灿、袁莹莹 | 2014 |
| 7 | 《C++与数据结构（第3版）》 | 电子工业出版社 | 高飞、薛艳明、白霞、聂青 | 2015 |
| 8 | 《算法与高级语言程序设计》 | 电子工业出版社 | 高飞、白霞 | 2015 |
| 9 | 《计算机网络技术及应用》 | 中国铁道出版社 | 高飞、赵娟、冯远、路晶、王庆荣 | 2015 |
| 10 | 《C++与数据结构（第4版）》 | 电子工业出版社 | 高飞、白霞、胡进、吴浩、聂青 | 2018 |
| 11 | 《数字通信接收机同步、信道估计和信号处理－带通信号》 | 北京理工大学出版社 | 杨德伟、武楠、王华、匡镜明 | 2018 |
| 12 | 《卫星通信接收机同步技术》 | 北京理工大学出版社 | 武楠、匡镜明、王华 | 2018 |
| 13 | 《数字通信接收机同步、信道估计和信号处理—基础知识与基带通信》 | 北京理工大学出版社 | 武楠、王华、匡镜明 | 2018 |

表9.5 通信技术研究所教育成果奖

| 序号 | 项目名称 | 获奖人（排名） | 奖励类别 | 奖励等级 | 获奖年份 |
|---|---|---|---|---|---|
| 1 | 加强军工专业重点学科建设，培养国防高级科技人才 | 匡镜明（1） | 北京市普通高校教学成果奖 | 二等奖 | 1997 |
| 2 | 研究、探索、实践，创出一条为军工企业培养高质量的工程型高层次人才的新路 | 匡镜明（1） | 北京市教育教学成果（高等教育）奖 | 二等奖 | 2001 |
| 3 | "信息工程"专业人才素质要求与培养模式的改革与实践 | 安建平（1） | 中国电子教育学会 | 教育研究论文一等奖 | 2004 |
| 4 | 数据结构与算法设计 | 高飞（1） | 北京市 | 北京高等教育市精品课程 | 2007 |
| 5 | 数据结构与算法设计 | 高飞（1） | 教育部 | 国家级精品课程（网络教育） | 2008 |
| 6 | C语言程序设计 | 高飞（2） | 教育部 | 国家级精品课程 | 2009 |
| 7 | 基于案例教学的程序设计教学方法研究与实践 | 高飞（4） | 北京市教育教学成果（高等教育）奖 | 二等奖 | 2009 |
| 8 | C++与数据结构教程 | 高飞（1） | 北京市 | 获北京市高等教育精品教材 | 2011 |
| 9 | A Unified Linear MSE Minimization MIMO Beamforming Design Based on Quadratic Matrix Programming | 邢成文 | IEEE WCSP | 最佳论文奖 | 2012 |
| 10 | On the Performance of two-Way Relaying with Dirty Paper coding | 李秉权（导师：费泽松） | CHINACOM | 最佳论文奖 | 2012 |

续表

| 序号 | 项目名称 | 获奖人（排名） | 奖励类别 | 奖励等级 | 获奖年份 |
|---|---|---|---|---|---|
| 11 | The Optimization of Parameters Configuration for AMR Codec in Mobile Networks | 哈楠（导师：费泽松） | CHINACOM | 最佳论文奖 | 2013 |
| 12 | C语言程序设计 | 高飞（2） | 教育部 | 国家级精品资源课程 | 2013 |
| 13 | 以能力培养为核心的计算机公共课分类教学体系研究与课群改革实践 | 高飞（3） | 北京市高等教育教学成果奖 | 一等奖 | 2013 |
| 14 | 多模式卫星接收机中的同步技术研究 | 武楠（导师：匡镜明） | 教育部、国务院学位委员会 | 全国百篇优秀博士学位论文 | 2013 |
| 15 | 长码、带限 MS–DS–CDMA 系统的信道估计与多用户检测 | 王帅（导师：安建平） | 北京市 | 北京市优秀博士论文 | 2013 |
| 16 | 算法与高级语言程序设计 | 高飞（1） | 教育部 | 教育部大学计算机课程改革项目优秀成果 | 2015 |
| 17 | 计算机网络技术及应用 | 高飞（1） | 教育部 | 教育部大学计算机课程改革项目优秀成果 | 2015 |
| 18 | Matrix-field Water-filling Architecture for MIMO Transceiver Designs with Mixed Power Constraints | 邢成文 | IEEE PIMRC | 最佳论文奖 | 2015 |

续表

| 序号 | 项目名称 | 获奖人（排名） | 奖励类别 | 奖励等级 | 获奖年份 |
|---|---|---|---|---|---|
| 19 | 基于随机几何的无线协作Ad hoc网络性能分析 | 丁海川（导师：费泽松） | 电子学会 | 优秀硕士学位论文 | 2016 |
| 20 | Energy-efficient Resource Allocation and Power Control for Downlink Multi-cell OFDMA Networks | 高晓铮（导师：安建平） | IEEE Globecom | 最佳论文奖 | 2017 |
| 21 | 大规模无线网络中协作定位的性能界研究 | 熊一枫（导师：武楠） | 电子学会 | 优秀硕士学位论文 | 2018 |
| 22 | Relaxed Polar Codes Under AWGN Channels with Low Complexity and Low Latency | 王新奕（导师：费泽松） | IEEE WOCC | 最佳论文奖 | 2019 |

表9.6 通信技术研究所人才荣誉奖项

| 序号 | 姓名 | 颁发部门 | 荣誉名称 | 年份 |
|---|---|---|---|---|
| 1 | 匡镜明 | 国务院 | 政府特殊津贴 | 1993 |
| 2 | 匡镜明 | 国家教委、国家人事部 | 全国优秀留学回国人员 | 1997 |
| 3 | 安建平 | 光华科技基金 | 光华科技奖（三等奖） | 1997 |
| 4 | 匡镜明 | 国家人事部 | 中青年有突出贡献专家 | 1999 |
| 5 | 安建平 | 教育部 | 青年教师奖 | 2000 |
| 6 | 匡镜明 | 国家人事部、国防科工委 | 全国国防科技工业系统先进工作者 | 2001 |
| 7 | 安建平 | 国务院 | 政府特殊津贴 | 2001 |
| 8 | 匡镜明 | 北京市 | 依靠教职工办好学校的优秀校长 | 2002 |
| 9 | 匡镜明 | 国务院学位委员会 | 学位与研究生教育突出贡献奖 | 2003 |
| 10 | 匡镜明 | 北京理工大学 | 研究生指导教师名师 | 2004 |

续表

| 序号 | 姓名 | 颁发部门 | 荣誉名称 | 年份 |
|---|---|---|---|---|
| 11 | 匡镜明 | 国务院学位委员会、教育部 | 全国工程硕士研究生教育工作突出贡献奖 | 2004 |
| 12 | 匡镜明 | 解放军总装备部、国防科工委 | "高技术装备发展建设工程"荣誉奖章 | 2006 |
| 13 | 谢湘 | 北京市 | 科技新星 | 2007 |
| 14 | 匡镜明 | 教育部、国务院学位委员会 | 全国优秀博士学位论文指导教师 | 2014 |
| 15 | 匡镜明 | 中国学位与研究生教育学会 | 突出贡献奖 | 2014 |
| 16 | 匡镜明 | 中国学位与研究生教育学会评估委员会 | 突出贡献奖 | 2015 |
| 17 | 邢成文 | 国家自然科学基金委 | 优秀青年基金 | 2017 |
| 18 | 匡镜明 | 中国学位与研究生教育学会评估委员会 | 荣誉贡献奖 | 2018 |
| 19 | 匡镜明 | 中国学位与研究生教育学会 | 工作贡献奖 | 2018 |
| 20 | 于季弘 | 中国科协 | 青年人才托举工程 | 2018 |
| 21 | 胡晗 | 教育部、科技部 | 青年千人计划 | 2019 |
| 22 | 郭婧 | 中国科协 | 青年人才托举工程 | 2019 |

## 9.3 微波技术研究所

### 9.3.1 历史沿革

微波技术研究所（以下简称研究所或微波所）最早起源于1957年暑假为新建的"雷达结构设计及工艺"专业配套设立的雷达结构设计与工艺教研组（称第二教研组）。当时开设了几门课程——无线电元件、结构与工艺、微波元件，并设置了一个陈列室和四个实验室——无线电零件部件陈列室、高压实验室、材料实验室、工艺实验室和环境实验室。

1957年12月，在无线电系筹建了北京工业学院无线电系无线电工厂，产品以电子仪器为主，这是在当时系仪表组的电子仪器维修和机械加工车间的基础上筹建的，后以雷达结构设计及工艺专业的工艺材料实验室为主扩建成工艺车间，称为二车间。厂址在四号教学楼一层西侧,由系主管副主任戚叔纬负责组织,赵顺福为厂长。

1959年,学校确定了系、专业和教研室名称代号。无线电系代号为五系,雷达结构设计及工艺专业代号为53专业,雷达结构设计及工艺教研组代号为531。

1961年10月,531教研组第一副组长为楼仁海,第二副组长为周思永。

1962年5月12日,将学校各教研组统一改称教研室,原教研组长、副组长统一改称教研室正、副主任。531教研室主任为楼仁海,副主任为周思永。

1962年,设立512教研室,前身是雷达设计与制造专业中的天线馈电教研组,主要从事全系的电磁场理论、天线、超高频技术与电波传播等课程的教学工作和相应的科研工作。曾经设想成立天线专门化,后实际未建立。

1964年3月天线技术512教研室人员包括张德齐、高本庆、蒋坤华、刘静贞、李鸿屹、林金健、史国华、尚洪臣、甘翠英、卢荣章、王华、方子文、邓次平、陆振兴、姬文越、邢惠礼、李英惠、毕万钧、谭正平、刘瑞祥、卢锦等。雷达结构设计及工艺531教研室人员包括楼仁海、周思永、李士功、区健昌、赵希鹤、吴涓涓、贺白眉、许德华、刘鹤林、陆宗逸、刘继华、闫润卿。

1971年,系改成大队,专业改为中队。五系为五大队,包括三中队(53):精密机械结构设计与制造专业中队。

1972—1973年,在五系建立了微波工程专业,同步成立了微波工程专业教研室,由老53专业(雷达结构设计及制造专业)教研室与512教研室(天线专门化)合并而成,代号仍然为53,合并时由周思永担任负责人,但专业成立不久,他即离开53专业。新53专业建立时,除老53专业的楼仁海、闫润卿、512教研室成员加入外,还有一系的黎钜泉、汪家藩以及基础部的金圣谟、计志孝、马爱玲、周瑞珍、杨志全,物理组的惠和兴,外语组的王继祥、刘述忠,以及刚由外校毕业分配来的崔正勤(来自兰州大学)、周殿斌(来自北京大学)、刘侃等,共同组建专业联队形式。

专业成立后,从1972年开始招收工农兵学员,共招4届工农兵学员,即1972级两个班,1973级、1974级、1976级各一个班,每班30人左右。

工农兵学员所上的专业课包括电磁场、微波技术、天线、测量等,还有下厂实习(如去768厂)和毕业设计环节。

从工农兵学员中留校的有:1972级李盼兴、苗德山、李明刚、杨仕明、赵秀珍(调系做团总支书记),1973级赵川东,1974级邵展眉等。

1975年,任命张德齐为53专业教研室主任(兼),刘静贞和尚洪臣为副主任,杨继安担任53分总支书记。

1977年专业联队形式解除，分总支撤销，按常态进行教学工作。

1978年3月，53专业恢复招生1977级53771班25人。

1978年，53专业名称为"微波技术"。

1980年4月，楼仁海任53教研室主任，刘静贞、李英惠任副主任。53专业教师包括邓次平、卢荣章、甘翠英、史国华、蒋坤华、高本庆、闫润卿、尚洪臣、李鸿屺、刘瑞祥、李英惠、方子文。

之后，53专业教师逐渐获得补充，包括1977级留校的陈重、孙明云、梁晓鹏，1978级吕昕，1979级姚慧文、王学田（工作后回校读博士，毕业后留校），1983级李镇（硕士毕业后留校），1987级孙厚军（博士毕业后留校）、田正蓉，1988级薛正辉（硕士毕业后留校），1994级任武、何芒、赵国强，由外校进入博士后流动站后留校的夏军、徐晓文，外单位调入的康行健，为适应教学需要从本系其他教研室调入的汤世贤教授、潘儒沧、刁育才老师等，李世智教授从国外进修回来后也加入53专业。

教研室分三个课程组：电磁场、天线和微波技术。还有一个加工间，由丁世昌、王丽强、张荫荣等负责。

1981年，专业名称改为"电磁场与微波技术"，专业代号仍然为53。在专业教学计划中，专业基础课和专业课主要包括电磁场理论、微波技术基础、微波网络、微波测量、高频电子线路（微波有源器件）、天线以及课程设计等。

实验室主要是电磁场、微波技术和天线实验室。从事实验室工作的，除毕万钧外（谭正平"文化大革命"中即调走），还有刘东成、王丽强、金亚英等。

这一时期，有多所学校派教师来到本专业进修，包括沈阳工学院、西军电、北京邮电学院、北京广播学院、大连工学院、华中工学院等。其中1980年第一学期，北京广播学院馈电系龚克副主任带领两位教师和一位实验员到教研室进修，其间要求53教研室帮他们编写教学大纲，并为他们编写一套微波教材，其中包括《微波技术基础》《微波元件》《微波测量》等共4册，这套教材1981年由北广油印出版。这事由邓次平老师和方子文两位老师负责，并聘请他们去讲第一次课，后来长时间选用了闫润卿老师和李英惠老师主编的《微波技术基础》，并请闫润卿老师去上课。

2007年，电磁场与微波技术教研室改为微波技术研究所。第一任所长是徐晓文教授，书记是王学田教授，教学副所长为陈重老师（兼实验室主任），科研副所长为任武副研究员；目前的所长是孙厚军教授，书记是任武副研究员，教学副所长是刘埆副教授，科研副所长是任武副研究员，实验室主任是胡冰副教授。

### 9.3.2 老一代学术带头人

**1. 张德齐教授（1922—2015 年）**

张德齐，河南固始人，1941 年考入原西北工业学院电机系，1945 年毕业留校任教，1954 年由原西北工业学院调至本校工作，历任副教授、教授。1958 年加入中国共产党。曾担任原北京工业学院无线电系教研组长、副系主任、系主任、院学术委员会副主任委员，工科电子类电磁场与微波技术教材编委会主任委员，中国电子学会第一届至第三届常务理事、学术委员会委员，中国人民政治协商会议北京市第五届至第七届委员会委员。1960 年被授予北京市文教战线先进工作者称号，经原兵器部批准享受司局级离休待遇，为国务院政府特殊津贴获得者。

张德齐教授一直从事无线电微波技术等方面的教学、科研工作。曾担任有线电原理、无线电原理、电信工程、电子管、电源设备、微波天线、宽频带天线等课程的讲授及实验指导工作，指导了无线电系第一批研究生，后来他们都成了系里的教学科研骨干；编写出版了《微波天线基础》《微波天线》《天线与馈电设备》《天线与馈电设备实验指导书》4 部教材；曾参与 582 低空雷达天线的设计、相控阵天线的研制，指导了 UHF 宽频带电视发射天线的研制。

张德齐教授在北京理工大学的建校过程中发挥了巨大作用，是信息与电子学院的建系功臣，领导制订了无线电系的各专业教学计划、教学大纲、实验室建设规划，特别是手把手地带领大家，开创了天线专门化、微波技术专业的建设，并带领全系教师，勤勤恳恳、教书育人。在张德齐教授的领导下，原北京工业学院无线电系在国内同类学科中享有崇高的声誉。张德齐教授长期参与全国性无线电学科多类教学、科研的规划建设等方面的领导工作，参加与指导统一教材编审工作，以其高深的学术造诣、公平无私的品质，在全国同行中享有崇高的威望。

**2. 楼仁海教授**

楼仁海，1920 年 4 月出生于义乌稠城东门庆云巷 3 号，1945 年 7 月毕业于浙江大学，1946—1947 年赴美国留学。1948 年拒赴台湾，1949 年 9 月参加革命，任北京理工大学电子学与通信工程学教授，中国通信学会第一届理事、荣誉会员，全国高等学校工科电子类电磁场与微波技术教材编委会编委，电磁场理论编审小组组长，《通信学报》第二、三届编委，《北京理工大学学报》编委。现任北京理工大学老干部咨询委员会成员、北京理工大学校友总会第四届理事。

楼仁海主持完成国家自然科学基金项目"电磁理论计算方法的研究"和"开式谐振腔理论和应用的研究"的科研任务。在《电子学报》《通信学报》《北京理工大学学报》和国际学术会议及其论文集上发表论文 10 余篇。出版著作主要有研究生教材《工程电磁理论》《电磁理论解题指导》《工程电磁理论（新版)》《电磁理论》等 4 本。教材《工程电磁理论》于 1987 年由电子工业部授予优秀教材二等奖，《电磁理论解题指导》1988 年版、《电磁理论》1996 年版分别于 1990 年、1998 年由北京理工大学授予优秀教材二等奖。论文《应用开腔测试毫米波各向异性介质的介电常数》被国际三大检索系统引用，于 1994 年由北京理工大学授予优秀论文特等奖。

1990 年 12 月由国家教委授予"从事高校科技工作四十年成绩显著，特此表彰"荣誉证书，1996 年 1 月由电子工业部授予"荣誉证书"。

**3. 汤世贤教授**

汤世贤（1924 —），教授，曾任中国计量及测试学会常务理事兼电子专业委员会主任委员、中国电子学会电子测量及仪器专业学会委员、国防科工委计量测试规划组副组长。

1948 年毕业于西北工学院电机系，长期从事无线电测量技术的教学、科研工作，是我国计量及测试学会的主要创建人之一，经常主持我国计量和测量方面的重大技术攻关项目的规划和鉴定工作，在无线电测量、微波测量技术的理论和实践两方面均有很深的造诣。编写过 10 余种教材和专著，其中多种被选为全国通用教材，编著的《微波测量》一书为国内外学术界所重视。

汤世贤教授

**4. 李世智教授**

李世智教授，原电子工程系主任，是电磁场与微波技术学科第一位博士生导师，为学科的发展做出了重要的贡献；电磁辐射与散射的国内外知名专家，出版有《电磁辐射与散射问题的矩量法》等专著，获得多项国防科技成果奖。

李世智教授

### 5. 邓次平教授（1932—）

1951年考入北京工业学院仪器系雷达专业，毕业后留校任教，从事教学、科研和人才培养方面的工作。1960年1月—1963年7月到苏联留学，获得数学物理副博士学位。长期担任53教研室主任，为电磁场与微波技术专业的发展做出了突出贡献。

作为课程组长，组织编写了《微波技术基础》，后由闫润卿老师主编，该书先后出版4版，共印了10 000多册，被许多学校选用，获得多次奖励。《现代微波网络导论》一书是邓次平教授在从事多年教学工作的基础上编写的，它具有取材新颖、填补空白的特点，经校内外多位学术界前辈的推荐，成为一本可用作研究生教材的专著，也获得了奖励，并被外校选用。

邓次平教授作为教材规划、编审委员会成员和教材指导委员会主任，参与高校电子技术类教材的规划和组织编审工作；作为部级、国家级发明奖，科技进步奖专业评审组成员，参与多种科技成果的鉴定评审和奖励级别评审；作为多种学术专业委员会成员（最长时间是航空学会的电子技术专业委员会），参与国内、国际学术会议的组织工作（主要是审稿、组织会议和出论文集）；作为科技期刊的编委会成员或特约审稿人，参与稿件评审；另外还参与过一些单位的职称资格评审和项目投标评审，等等。

本科毕业设计阶段结合我国实际研究了大型天线方向性图垂直波瓣的缩比测量，研究成果在第一期《北京工业学院学报》上发表；在改革开放前参加了1958年的中苏联合日环食观测（属国际合作科研）、"大跃进"时期的"科研创新大比武"、"文化大革命"时期的"110"和"7701"等重要科研项目；1980

年代表我校和北京市计量局、清华大学、一机部自动化所及其他协作单位联合研制电子回旋加速器,作为计量局25兆电子伏特级的辐射剂量标杆,在其中负责制作微波系统中最为关键的加速腔和传输、调控系统,填补了国内空白;参与了毛二可院士、吴嗣亮团队早期脱靶量项目的工作,在方案论证、样机研制、实验验证等各个方面做出了贡献(吴嗣亮教授开拓该领域,获得国家发明奖一等奖);与毛二可院士合作,在国内最早开展多传感器复合探测方面的研究工作,目前也是微波技术研究所的一个重要科研方向,获得了两项国防科技进步奖,为复合探测的发展做出了突出的贡献。

在培养传承与发展学科的人才方面倾注了心血,从物色人选开始,因势利导地逐步把多位年轻教师送上学科传承与发展的工作岗位,他们在自己的工作岗位上都有出色表现,并建立了自己的专业团队,为相关学科的传承发展做出了重要贡献。

**6. 高本庆教授(1936—)**

高本庆,1954年考入北京工业学院仪器系雷达专业,1959年毕业后留校从事教学和科研工作,历任讲师、副教授。1988年进入西安外国语学院出国人员培训部学习。1989年年初,受国家公派,以高级访问学者身份赴美国华盛顿大学进修微波和生物电磁学。1989年9月—1991年9月,以副研究员身份,在美国犹他大学进修和工作。1992年后,任北京理工大学电子工程系教授和博士生导师,教授电磁兼容原理、近代电子与通信技术进展等课程,进行毫米波技术与系统、生物电磁学、电磁兼容等10多项课题研究,是部级重点学科电磁场与微波技术的学科带头人。在教学和科研中的成绩:出版的专著有《时域有限差分法》《椭圆函数及其应用》;与他人合作出版的著作和教材有《Proceeding of the International Conference on Computation Electromagnetics and Its Application》《微波元件和电路》《天线与馈电系统》;与他人合作出版的译作有《微波系统工程原理》。其科研成果通过部级鉴定的有1988年1项、1995年3项、1996年2项;1991年获国家发明专利1项。1979—1996年,在国内外发表的论文有42篇。

在各学术团体的职务有:北京理工大学信息工程学院常务委员兼学术学位委员会委员、全国工科电子类电磁场与微波技术专业教学指导委员会副主任、国际电子与电气工程学会高级会员、中国电子学会会士、微波学会委员、电磁兼容学会委员、微波电磁兼容专业委员会主任、微波生物医学工程学者委员、国际会议ICCEA-94程序委员会秘书、国际会议EMC-97程序委员会委员兼秘书长,等等。

### 7. 费元春教授（1938.3—2013.1）

费元春，1960年7月毕业于北京工业学院（现为北京理工大学）无线电系雷达专业。研究方向为微波、毫米波系统工程（微波雷达、微波通信），微波毫米波理论与技术（微波、毫米波集成电路，微波频率合成技术，MMIC设计等）。45年来，在微波频率合成、微波电路与系统、雷达与通信等研究方向不懈开拓进取，先后完成40多项科研课题，其中多项为创新成果，达到国际先进水平，获得国家发明奖3项、国家科技进步奖1项、部级科技进步奖10余项（其中部级一、二等奖6项）、北京国际发明金奖2项、光华科技基金奖1项、国家发明专利2项。这些成果已获广泛应用。正承担UWB雷达技术、射频与微波信号合成与控制、MMIC设计等多项课题。出版学术专著3本：《固态倍频》《微波固态频率源理论、设计、应用》《宽带雷达信号产生技术》，已发表学术论文80余篇。1988年被授予国家级有突出贡献的专家称号；1989—1996年担任机电部、电子部雷达测控专业科技进步奖评委、1991—1999年是兵总光电火控指控专业专家组成员、1989—1998年担任校电子类学科高级职称评委，曾任《兵工学报》常务编委、中国电子学会会士、信息科技学院学术委员会委员。1991年获得政府特殊津贴；1993年被授予北京市三八劳动能手称号；1994年被授予全国教育系统巾帼建功标兵称号。

### 9.3.3 队伍组成

微波技术研究所人员情况如表9.7所示。

表9.7 微波技术研究所人员情况

| 姓名 | 性别 | 出生年月 | 入校时间 | 入所时间 | 离所时间 | 岗位系列 | 职务/职称 | 指导研究生 |
|---|---|---|---|---|---|---|---|---|
| 孙厚军 | 男 | 1968.11 | 1997.04 | 2000.10 | / | A | 所长/教授 | 博导 |
| 吕昕 | 男 | 1960.08 | 1982.06 | 1982.07 | / | A | 教授 | 博导 |
| 薛正辉 | 男 | 1970.03 | 1995.04 | 1995.04 | / | A | 学院党委书记/教授 | 博导 |
| 王学田 | 男 | 1961.07 | 2001.08 | 2001.08 | / | A | 教授 | 博导 |
| 李镇 | 男 | 1965.06 | 1990.04 | 1990.04 | / | A | 研究员 | 硕导 |
| 章传芳 | 女 | 1961.12 | 2010.07 | 2010.07 | / | A | 研究员 | 硕导 |

续表

| 姓名 | 性别 | 出生年月 | 入校时间 | 入所时间 | 离所时间 | 岗位系列 | 职务/职称 | 指导研究生 |
|---|---|---|---|---|---|---|---|---|
| 何 芒 | 男 | 1976.06 | 2003.08 | 2003.08 | / | A | 教授 | 博导 |
| 李伟明 | 男 | 1967.01 | 2001.04 | 2001.04 | / | A | 副教授 | 硕导 |
| 任 武 | 男 | 1976.12 | 2003.09 | 2003.09 | / | A | 支部书记/副研究员 | 硕导 |
| 高洪民 | 男 | 1969.03 | 2005.01 | 2005.01 | / | A | 讲师 | 硕导 |
| 郭德淳 | 男 | 1967.01 | 2001.07 | 2001.07 | / | A | 副教授 | 硕导 |
| 周建明 | 男 | 1976.12 | 2004.04 | 2004.04 | / | A | 讲师 | / |
| 陈 宁 | 男 | 1975.08 | 2003.04 | 2003.04 | / | A | 讲师 | 硕导 |
| 胡伟东 | 男 | 1975.05 | 2004.08 | 2004.08 | / | A | 副教授 | 博导 |
| 于伟华 | 女 | 1978.11 | 2005.03 | 2005.03 | / | A | 副教授 | 博导 |
| 刘 埔 | 男 | 1977.10 | 2009.09 | 2009.09 | / | A | 副教授 | 博导 |
| 司黎明 | 男 | 1981.02 | 2012.07 | 2012.07 | / | A | 副院长/副教授 | 博导 |
| 李 斌 | 男 | 1978.10 | 2007.07 | 2007.07 | / | A | 副教授 | 硕导 |
| 邓长江 | 男 | 1988.08 | 2016.07 | 2016.07 | / | A | 助理教授 | 博导 |
| 吴昱明 | 女 | 1984.05 | 2013.08 | 2013.08 | / | A | 副教授 | 硕导 |
| 胡 冰 | 男 | 1975.11 | 2001.07 | 2001.07 | / | A | 副教授 | 硕导 |
| 赵国强 | 男 | 1976.01 | 2004.04 | 2004.04 | / | A | 副教授 | 硕导 |
| 李世勇 | 男 | 1979.07 | 2010.12 | 2010.12 | / | A | 副教授 | 博导 |
| 林 峰 | 男 | 1986.04 | 2016.02 | 2016.02 | / | A | 预聘副教授 | 博导 |
| 房丽丽 | 女 | 1980.04 | 2007.08 | 2007.08 | / | A | 讲师 | 硕导 |
| 董李静 | 女 | 1988.01 | 2015.09 | 2015.09 | / | B | 工程师 | / |
| 刘建勋 | 男 | 1974.04 | 2017.10 | 2017.10 | / | B | 工程师 | / |
| 李 维 | 女 | 1979.06 | 2019.05 | 2019.05 | / | B | 工程师 | / |
| 黄文健 | 女 | 1986.03 | 2019.03 | 2019.03 | / | B | / | / |

续表

| 姓名 | 性别 | 出生年月 | 入校时间 | 入所时间 | 离所时间 | 岗位系列 | 职务/职称 | 指导研究生 |
|---|---|---|---|---|---|---|---|---|
| 马丹 | 女 | 1980.05 | 2020.06 | 2020.06 | / | B | / | / |
| 王军虎 | 男 | 1974.10 | 2020.01 | 2020.01 | / | B | 研究员 | 硕导 |
| 徐晓文 | 男 | 1957.02 | 1992.12 | 1992.12 | 2017.03 | A | 教授 | 博导 |
| 杨仕明 | 男 | 1949.04 | 1975.12 | 1975.12 | 2009.09 | A | 科研副主任/研究员 | 硕导 |
| 陈重 | 男 | 1954.01 | 1982.02 | 1982.02 | 2014.03 | A | 副所长/副教授 | 硕导 |
| 葛亚芬 | 女 | 1956.04 | 1999.10 | 1999.10 | 2016.09 | A | 高级工程师 | / |
| 倪鸿宾 | 男 | 1959.8 | 1980.10 | 1995.10 | 2019.08 | A | 高级技师 | / |
| 孔德昭 | 女 | 1958.04 | 1980.01 | 1997.12 | 2018.09 | A | 高级实验师 | / |
| 许湛 | 男 | 1987.07 | 2016.07 | 2016.07 | / | | 博士后 | / |
| 卢宏达 | 男 | 1987.09 | 2018.08 | 2018.08 | / | | 博士后 | / |
| 罗浩 | 男 | 1990.11 | 2019.09 | 2019.09 | / | | 博士后 | / |
| 马建军 | 男 | 1986.08 | 2019.06 | 学科交叉中心 | / | A | 教授 | 博导 |

### 9.3.4 人才培养

微波技术研究所老师积极参与学院本科教学和研究生教学工作，开设和讲授的课程如表 9.8 所示，每年度还负责少量的本科毕业设计工作。研究所有 11 位博士生导师、14 位硕士生导师，至今培养了硕士研究生约 1 000 名（1995—2020 年入学 913 名），培养博士研究生约 300 名（1995—2020 年入学 274 名），每年培养的硕士研究生和博士研究生数见表 9.9。王雅薇、张萌、张庆乐、周颖、吴蒙达、江海鑫、刘文强等学生毕业论文获北京理工大学优秀硕士学位论文，牟进超、郭大路、王斌斌、刘凡、张毅等的博士学位论文获北京理工大学优秀学位论文。优秀毕业生有牟进超、郭大路、王斌斌、刘凡、张毅、乔海东、王雅薇、张萌、张庆乐、周颖、张迪、吴蒙达、杰日珂、江海鑫、刘文强等。

表 9.8　微波技术研究所开设和讲授的课程

| 序号 | 课程名称 | 授课对象 | 授课人 |
|---|---|---|---|
| 1 | 导航通信技术与应用 | 本科 | 高洪民 |
| 2 | 电磁场理论<br>（2001—2018 年） | 本科 | 陈重、李厚民、郭琨毅、胡冰、胡伟东、李世勇、刘埇、潘小敏、司黎明、王学田、房丽丽 |
| 3 | 电磁场理论 A | 本科 | 胡冰、任武 |
| 4 | 电磁场理论 B | 本科 | 房丽丽、郭琨毅、何芒、李世勇、刘埇、潘小敏、司黎明、宋巍 |
| 5 | 电磁场理论与微波工程实验（全英文） | 本科 | 董李静、李厚民、司黎明、王学田、吴昱明 |
| 6 | 电磁场与微波课程设计 | 本科 | 王学田 |
| 7 | 电磁场与微波课程设计（全英文） | 本科 | 王学田 |
| 8 | 电磁场与微波实验（Ⅰ） | 本科 | 胡冰 |
| 9 | 电磁场与微波实验（Ⅱ） | 本科 | 胡冰、董李静 |
| 10 | 电磁兼容基础 | 本科 | 王学田 |
| 11 | 电磁学数值计算基础<br>（2006—2009 年） | 本科 | 徐晓文 |
| 12 | 电路分析基础 B<br>（2010—2013 年） | 本科 | 高洪民 |
| 13 | 电子科学与技术学科前沿与进展 | 本科 | 吕昕、孙厚军 |
| 14 | 工程概论<br>（2012—2013 年） | 本科 | 薛正辉 |
| 15 | 计算电磁学基础 | 本科 | 何芒、宋巍 |
| 16 | 近代电子测量技术<br>（2005—2011 年） | 本科 | 陈宁、周建明、郭德淳 |
| 17 | 数字收发通信模块原理与设计<br>（2011—2014 年） | 本科 | 高洪民、李世勇 |

续表

| 序号 | 课程名称 | 授课对象 | 授课人 |
|---|---|---|---|
| 18 | 天线理论与技术 | 本科 | 李伟明 |
| 19 | 微波测量基础 | 本科 | 陈宁、董李静、葛亚芬 |
| 20 | 微波电路设计（2015—2018 年） | 本科 | 于伟华 |
| 21 | 微波电子线路 | 本科 | 薛正辉、任武 |
| 22 | 微波工程导论（2011—2018 年） | 本科 | 郭德淳、王学田、孙厚军、李斌、周建明、薛正辉、徐晓文、金城、于伟华 |
| 23 | 微波工程导论（双语）（2011—2013 年） | 本科 | 李斌 |
| 24 | 微波工程基础（2001—2011 年） | 本科 | 郭德淳、何芒、吕昕、于伟华、薛正辉 |
| 25 | 微波技术基础（2011—2018 年） | 本科 | 徐晓文、薛正辉 |
| 26 | 微波技术基础 A | 本科 | 吕昕、孙厚军 |
| 27 | 微波技术基础 A（本硕博）（2011—2013 年） | 本科 | 吕昕 |
| 28 | 微波技术基础 B | 本科 | 郭德淳、李斌、林峰、薛正辉、于伟华、赵国强、周建明、章传芳 |
| 29 | 微波频率源设计 | 本科 | 高洪民、郭德淳 |
| 30 | 微波天线（2001—2006 年） | 本科 | 李伟明 |
| 31 | 微波通信技术（2001—2012 年） | 本科 | 孙厚军、赵国强 |
| 32 | 微波网络基础 | 本科 | 孙厚军、吕昕、许湛 |
| 33 | 微波网络与 CAD（2001—2012 年） | 本科 | 吕昕、张伟、葛亚芬 |

续表

| 序号 | 课程名称 | 授课对象 | 授课人 |
|---|---|---|---|
| 34 | 微波系统设计 | 本科 | 赵国强、孙厚军 |
| 35 | 文献检索（2011—2017年） | 本科 | 高洪民、金城、周建明 |
| 36 | 文献检索与学术写作 | 本科 | 高洪民、金城、吴昱明 |
| 37 | 无线通信系统中的射频电路的研制实验（2012—2013年开课） | 本科 | 孔德昭 |
| 38 | 现代电子测量技术 | 本科 | 陈宁、周建明 |
| 39 | 信息与电子专业导论（2010—2013年） | 本科 | 薛正辉 |
| 40 | 灾害成因检测技术与应用 | 本科 | 高洪民 |
| 41 | 阵列天线分析与综合 | 研究生 | 薛正辉 |
| 42 | 现代微波网络理论与新技术 | 研究生 | 胡伟东 |
| 43 | 现代微波电路与器件 | 研究生 | 林峰 |
| 44 | 现代天线理论与技术 | 研究生 | 刘埔、卢宏达 |
| 45 | 现代电路与网络理论 | 研究生 | 王文华、吕昕 |
| 46 | 无线系统分析与设计 | 研究生 | 周建明、郭德淳 |
| 47 | 微波遥感 | 研究生 | 吴昱明、胡伟东 |
| 48 | 微波系统理论、技术及应用 | 研究生 | 孙厚军 |
| 49 | 微波毫米波电路与集成技术 | 研究生 | 于伟华、邓长江 |
| 50 | 微波测量方法与技术 | 研究生 | 陈宁 |
| 51 | 太赫兹技术与应用 | 研究生 | 司黎明 |
| 52 | 人工智能程序设计与软件实现 | 研究生 | 潘小敏、叶修竹 |
| 53 | 毫米波与太赫兹成像技术 | 研究生 | 李世勇 |
| 54 | 毫米波系统理论、技术及应用 | 研究生 | 孙厚军 |
| 55 | 毫米波传感器及应用 | 研究生 | 赵国强 |

续表

| 序号 | 课程名称 | 授课对象 | 授课人 |
|---|---|---|---|
| 56 | 高速数字电路与系统设计 | 研究生 | 吴琼之、房丽丽 |
| 57 | 高等电磁场理论 | 研究生 | 徐晓文、何芒、胡冰、盛新庆、任武、杨明林 |
| 58 | 电子科学与技术前沿 | 研究生 | 吕昕 |
| 59 | 电子科学及技术进展 | 研究生 | 吕昕、辛建国、陈志铭、马建军、于伟华、丁英涛、李慧琦、徐友根、胡伟东、潘小敏 |
| 60 | 电磁兼容原理与应用 | 研究生 | 王学田 |
| 61 | 电波与传播 | 研究生 | 李伟明 |
| 62 | MIMO天线与应用 | 研究生 | 邓长江 |
| 63 | （英）现代天线理论与技术 | 研究生 | 李斌、叶修竹 |
| 64 | （英）射频电路设计理论与应用 | 研究生 | 高洪民 |
| 65 | 现代无线导航定位技术（已停课） | 研究生 | 高洪民 |
| 66 | 现代微波网络基础（已停课） | 研究生 | 胡伟东，吕昕 |
| 67 | 微波导航通信系统（已停课） | 研究生 | 孙厚军 |
| 68 | 现代微波网络导论（已停课） | 研究生 | 胡伟东、吕昕 |
| 69 | 微波成像理论与技术（已停课） | 研究生 | 王学田 |
| 70 | 现代电磁场理论（已停课） | 研究生 | 潘小敏、李斌 |
| 71 | 无线通信技术（已停课） | 研究生 | 孙厚军 |
| 72 | 电磁学中的数值方法（已停课） | 研究生 | 何芒、李厚民 |
| 73 | 微波遥感与成像（已停课） | 研究生 | 房丽丽 |
| 74 | 微波电路设计理论与技术（已停课） | 研究生 | 高洪民、周建明 |

续表

| 序号 | 课程名称 | 授课对象 | 授课人 |
|---|---|---|---|
| 75 | 非线性微波电路分析与设计（已停课） | 研究生 | 高洪民 |
| 76 | 电子与光电子科学技术进展（已停课） | 研究生 | 徐晓文 |

表9.9 硕士研究生和博士研究生每年入学人数　　　　　人

| 年级 | 硕士 | 博士 | 年级 | 硕士 | 博士 |
|---|---|---|---|---|---|
| 1995 | 9 | 3 | 2008 | 39 | 10 |
| 1996 | 8 | 4 | 2009 | 38 | 7 |
| 1997 | 8 | 6 | 2010 | 35 | 8 |
| 1998 | 9 | 5 | 2011 | 39 | 6 |
| 1999 | 10 | 6 | 2012 | 57 | 7 |
| 2000 | 15 | 5 | 2013 | 61 | 9 |
| 2001 | 19 | 5 | 2014 | 53 | 40 |
| 2002 | 36 | 8 | 2015 | 54 | 12 |
| 2003 | 28 | 7 | 2016 | 57 | 13 |
| 2004 | 28 | 18 | 2017 | 58 | 15 |
| 2005 | 28 | 10 | 2018 | 57 | 23 |
| 2006 | 34 | 10 | 2019 | 46 | 14 |
| 2007 | 32 | 10 | 2020 | 55 | 13 |

### 9.3.5　知名校友

**1. 王小谟院士（1938.11.11—）**

王小谟，中国著名雷达专家，中国现代预警机事业的开拓者和奠基人，被誉为"中国预警机之父"。

1961年毕业于北京工业学院（现北京理工大学），1995年当选为中国工程院院士，2009年获国家科技进步奖特等奖，2010年获全国百名优秀共产党员称号，

2011年荣获五一劳动奖章，2013年1月18日荣获2012年度国家最高科学技术奖。

王小谟从事雷达研制工作50余年，先后主持研制过中国第一部三坐标雷达等多部世界先进雷达，在国内率先力主发展国产预警机装备，提出中国预警机技术发展路线图，构建预警机装备发展体系，主持研制中国第一代机载预警系统，引领中国预警机事业实现跨越式、系列化发展，并迈向国际先进水平。

曾任电子工业部38所所长、信息产业部电子科学研究院常务副院长等职，现为中国电子科技集团公司科技委副主任、中国电子科技集团公司电子科学研究院名誉院长，西安电子科技大学通信与信息系统学教授、博士生导师，北京理工大学信号处理专业、电磁场与微波技术专业博士生导师，电子工业部电子科学研究院（现中国电子科技集团公司电子科学研究院）研究员级高级工程师，工业与信息化部科技委副主任，原中国电子科学研究院院长。

第九、十届全国人民代表大会代表。

**2. 吴一戎院士**

中国科学院院士，1985年7月毕业于北京理工大学电磁场与微波专业。现任中国科学院电子学研究所所长，微波遥感与成像带头人。

**3. 龚克教授**

原清华大学副校长、天津大学校长、南开大学校长，现任世界工程组织联合会主席。

1982年1月毕业于北京理工大学电子工程系电磁与微波技术专业。

**4. 陈彬少将**

解放军理工大学教授、博士、技术少将军衔。1982年7月毕业于北京理工大学电子工程系电磁场理论与微波技术专业，1987年5月获得硕士学位。

### 9.3.6 科学研究

研究所主要承担的科研项目和开展的研究工作如下：

**1. 太赫兹技术**

我国的太赫兹研究工作是以2005年11月香山会议的召开为标志全面展开的。总装备部、科技部、自然科学基金委、"863"计划、"973"计划等都将太赫兹科学技术列为研究主题和内容。国内相关科研机构及高校，如中科院紫金山天文台、南京大学、电子科技大学、天津大学、中科院上海微系统所、北京理工大学、首都师范大学、中科院微电子所等，都是最早进入太赫兹技术领域、开展太赫兹研究的科研院所，并取得了一系列研究成果。

在太赫兹研究之初，我国的太赫兹源主要以电真空器件为主，太赫兹接收机以低温制冷接收机为主，吕昕教授敏锐地意识到相对于传统的太赫兹收发系统，发展可常温工作的太赫兹固态器件、电路和系统对于太赫兹技术应用和推广至关重要，但此时我国还从未有太赫兹常温固态器件报道。吕昕教授带领于伟华等青年教师深入国内主流半导体工艺线，指导博士研究生牟进超、安大伟、袁勇、李明迅等进行太赫兹核心器件设计与工艺研发，于2009年研制出0.65太赫兹平面GaAs肖特基势垒二极管，并开展了太赫兹器件精确建模和提参技术、基于物理模型的工艺器件协同仿真技术研究；经过器件和工艺优化，2010年研制出截至频率到2太赫兹以上的肖特基势垒二极管。这些成果证明了基于国内工艺能力提升、基于自主知识产权的器件优化设计，我国有能力在太赫兹固态电子系统领域开拓一条完全自主可控的技术路线，自此国内的室温固态器件开始不断涌现，吕昕教授团队培养的硕士、博士研究生也进入各大科研单位开展太赫兹技术和系统研究工作。

吕昕教授带领团队在太赫兹核心器件、太赫兹接收阵列、太赫兹通信/成像芯片、太赫兹天线、太赫兹焦平面成像系统、太赫兹气象雷达探测等领域开展了关键技术研究，国内首次研制成功了频率高达340吉赫兹的检波成像阵列，并将其应用于太赫兹精细目标成像中。在2015年吕昕、胡伟东获得国家重大科研仪器研制项目毫米波太赫兹波双频共孔径联合相参云雷达仪的攻关任务，不断将自主可控的太赫兹芯片、电路推向系统应用；2019年以来，吕昕、于伟华面向未来（6G/6G+）高速大容量通信系统正在开展太赫兹关键芯片、封装、系统层面关键技术研究。

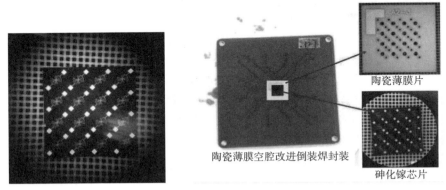

340吉赫兹阵列接收芯片及封装系统

## 2. 在安检成像方面

在太赫兹MEMS集成封装天馈技术研究方面，研究所主要围绕硅基MEMS和异质异构三维构架核心技术开展研究工作。自2005年太赫兹技术香山会议以来，开展了多项"863"和"973"项目公关，在国内较早开发了可工作于太赫兹频段的矩形波导传输线、相关功能器件以及天线。目前已经形成覆盖220~900吉赫兹的天馈模块和系统，有力地支撑了国内太赫兹技术、系统和装备发展。

太赫兹 MEMS 天馈系统封装

### 3. 毫米波/太赫兹大气遥感

微波技术研究所是国内高校中最早开展太赫兹大气遥感研究的单位之一，参与了我国风云四号气象卫星太赫兹载荷的研制。

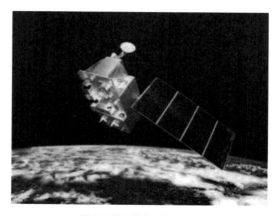

风云四号遥感卫星效果

胡伟东副教授承担的科研项目"风云四号气象卫星遥感分辨率增强技术"，通过深度学习技术和数据驱动的思想来训练卷积神经网络（CNN）对风云卫星图像进行复原，取得了很好的图像复原效果，峰值信噪比提升3~5分贝，此项技术应用于风云四号卫星遥感图像处理，可将卫星遥感地面分辨率从70千米提高到38千米，可以大大提高天气预报的精度。应用该技术，大气遥感辐射计的可展开天线的口径可从5米缩减为3米，大大减小了有效载荷的体积和质量。此项技术打破了欧空局垄断，为我国节约了大量资金。

同时，针对空间大型天线的形变问题，搭建了风云四号毫米波太赫兹成像仪的系统仿真与评估平台，建模分析空间环境或天线形变等因素导致了遥感图像变化的趋势和量化特征。针对反射面天线可能发生的各种形式的形变提前进行了仿真,对于后续天线发生各种状况的预判提供了理论指导。结合分辨率增强算法,对成像结果进行了修正,保证了系统的最佳工作状态,同时为系统定标和载荷故障定位及运行保障提供了依据。

北京理工大学在大气遥感方面的研究处于国内前列,在太赫兹测云雷达方面获得了国家自然基金委重大科研仪器项目支持。

**4. 毫米波探测技术**

邓次平教授、李镇研究员和孙厚军教授从"八五"开始从事特种毫米波探测器的探索性研究工作,这一时期主要解决系统方案、工作体制以及关键技术验证,"八五"期间完成了 LFMCW 毫米波样机研制;"九五"期间完成了圆锥扫描频率步进毫米波探测器研制,验证试验表明系统性能良好,具备了继续开展工程化研究的技术基础。

孙厚军教授、赵国强副教授、于伟华副教授、张伟研究员(已调入中科院系统工作)在"十五"和"十一五"期间,着重解决了制约毫米波探测器工程化应用的小型化和发射功率不足的问题。在"211"和"985"建设计划支持下,微波所购置了急需的毫米波测量仪表和毫米波集成电路装配工艺平台,利用毫米波集成电路芯片和微带传输线突破毫米波前端小型平面化集成技术,实现了微带和缝隙低剖面毫米波平板天线,大大降低了毫米波探测器的尺寸和质量,满足了平台搭载要求。

孙厚军教授、赵国强副教授在"十一五"提出了用基带数字和差波束形成替代毫米波和差网络的单脉冲技术方案,利用空间功率合成增大了发射功率,克服了毫米波和差器的损耗,提高了接收机的灵敏度。完成了 8 毫米探测器样机研制和挂飞实验,充分验证了上述技术的可行性和工程可靠性。

孙厚军教授从"十五"开始就宽带极化雷达开展了探索性研究工作,构建了实验系统,获取了外场对坦克、装甲车等 4 种目标全极化一维距离像,初步验证了目标极化信息具有增强目标识别的潜力。孙厚军教授、赵国强副教授在"十二五"以某型号背景需求为牵引,开展了毫米波全极化探测器的研究,在数字单脉冲技术积累基础上,创新提出了基于顺序旋转线极化子阵全极化单脉冲探测方案,提出了宽带一维像联合 $H/\alpha$ 极化分解目标识别方法。实验验证可有效改善近距探测离角闪烁、增强目标检测和目标识别的能力。"十二五"期间,孙厚军、赵国强多年潜心攻关和技术积累的数字单脉冲和全极化技术用于毫米波雷达探测器竞标方案,助力北理工型号竞标成功。

"十三五"是微波技术研究所毫米波探测技术快速发展的时期,实现了毫米波分系统到毫米波整机系统研制的跨域发展,承担了装发多项毫米波探测预研课题,与兵器和航天主要领域研究单位开展了广泛合作。

2016 年与航天三院某单位组成联合竞标单位，针对某型复合探测需求，开展空间紧约束条件下的多模共口径复合探测技术攻关。2017 年 12 月完成第一轮样机研制，2018 年 5 月在辽宁朝阳完成国内首型探测器运 12 挂飞验证试验，2019 年 10 月完成第二轮样机小批量试制，2020 年 5 月在内蒙古阿拉善成功完成了国内首型靶试。

20 多年来，在邓次平、孙厚军、赵国强老中青三代人不断努力下，科学策划，逐步实现了制约国内毫米波探测的系统方案、体制、毫米波小型化集成和信息处理关键技术突破，为我军空地通用型和智能型武器装备发展和应用提供了强有力的支撑。

**5. 近场安检成像理论与技术**

毫米波成像技术在人体安全检查领域具有广阔的应用前景。李世勇、孙厚军、赵国强等几位老师在 2010 年左右开始研究毫米波人体安检成像技术。在北京市科委阶梯计划项目支持下研制了单站 W 波段成像演示系统；在联参项目支持下研制了 W 波段 MIMO 成像演示系统；与公安部第一研究所合作研制了 Ka 波段阵列成像样机系统，获得了良好的成像效果。

近期针对国家对高通量安检的迫切需求，研究了基于可重构电磁表面的新型成像体制。另外，为进一步提高成像分辨率，研制了 340 吉赫兹成像系统。

 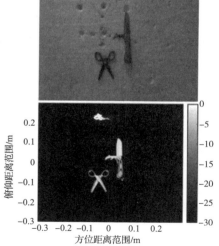

单站 W 波段成像演示系统

**6. 77 吉赫兹汽车雷达**

77 吉赫兹车载雷达是目前和今后无人驾驶汽车的主要传感器之一，用来感知与其他车辆的位姿、道路和障碍物信息。2017 年在北京市科委科技计划"用于无人驾驶的小型化毫米波环境感知系统开发"项目的支持下，孙厚军教授等人研制了 77 吉赫兹车载毫米波雷达系统样机、E 波段 GaAs MMIC 收发变频多功能芯片；基于该项目，在 2019 年陆军某型雷达实物竞标中取得第二名。

**77 吉赫兹车载毫米波雷达系统样机**

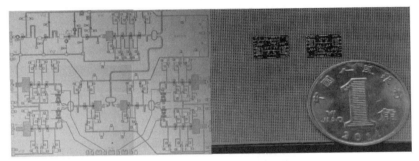

**E 波段 GaAs MMIC 收发变频多功能芯片**

为了实现更高级别的无人驾驶技术，由于传统的毫米波车载雷达只能得到雷达观测区域内所有目标在水平面上的投影，不能区分探测物体的形状，较难检测非金属和静止物体，所以针对现有雷达的缺陷，目前在与国内优势单位联合研发下一代 4D 车载雷达。

**7. 天线理论与技术**

"十五"期间，以杨仕明研究员为项目负责人、李伟明副教授为技术负责人实现了卫星应用系统单兵站 Ka/Ku 双频段天馈系统，该系统通过更换馈源的方式实现了 Ka/Ku 双频段工作，达到了高增益、高收发隔离、高圆极化轴比和低交叉极化电平等性能。经过初样、正样的研究及部队使用试验，于 2007 年 10 月通过总参通信部通信和指挥自动化军工产品定型委员会办公室组织的一级装备型号研制设计定型评审。

以薛正辉教授为主展开了对端射天线的研究，为实现轻型预警机前后补盲的需要，开展了机载预警雷达应用的端射天线的研究，这种天线由于其最大辐射方向指向振子排列的轴向而不是法向，因此在最大辐射方向上没有与方向性系数成正比例的口径尺寸，适合应用在需要较小风阻、较低安装高度的场合，特别是在各种高速移动载体，如飞机、战车等电子设备的天线应用方面。目前已经完成初步原型样机的研制，单元端射增益达到20分贝以上，组阵端射增益达到24分贝以上。先后针对端射阵列天线辐射机理、端射阵列天线馈电技术、端射阵列天线幅相加权与扫描技术、端射天线阵共形技术及俯仰扫描技术展开了深入研究。在此基础上，端射天线目前已经在弹载天线等多个领域得到应用，目前重点在研究圆极化端射天线。

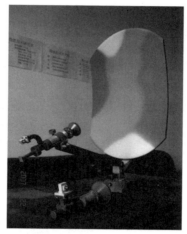

单兵站 Ka/Ku 双频段天馈系统

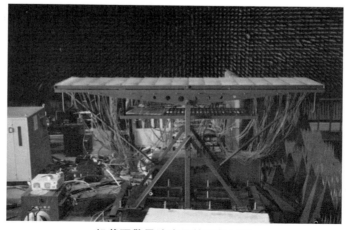

机载预警雷达应用的端射天线

以任武老师为主,近期主要针对多频共口径天线展开了研究,具有尺寸小、质量轻等特点,可以在保证各波段增益的前提下,最小化天线总体尺寸和质量,使多波段共口径天线在折叠后可适应现有平台上的需求。目前已经针对多个组成频段、不同频率比、不同极化方向图要求提出了天线设计,为下一步天线小型化、射频一体化发展提供了技术。

在多极化相控阵天线研究方面,刘埇副教授围绕多平台技术背景开展了极化敏感相控阵天线、MIMO 相控阵天线、三极化相控阵天线等相关研究工作,为低慢小目标探测识别系统、地面多极化卫星通信系统、多极化测控系统、舰艇相控阵雷达及通信指挥系统提供了有力的技术支撑。

**多极化相控阵天线**

结合制导、通信、电子对抗等领域的需求,深入开展了微波/毫米波段极化天线、双极化相控阵雷达天线、宽带数字相控阵的研发,在双极化天线和相控阵技术方面取得了丰硕的研究成果,工作频段覆盖了 X—W 波段,采用了 MEMS 等先进的加工工艺。

**8. 电磁仿真与计算**

自 20 世纪 90 年代中高本庆教授从美国引进时域有限差分法(FDTD 法)以来,本专业在时域有限差分法方面展开了长达近 20 年的发展,在国内比较早地开展了该方面的计算电磁学研究。高本庆教授于 1995 年由国防工业出版社出版了专著《时域有限差分法 FDTD Method》,该专著是国内早期介绍时域有限差分法的专著,很有影响力。在高本庆教授的带领下,实验室开展了算法研究,针对波导系列、微带系列、曲线坐标系、R-FDTD 等方面积累了完善的算法,形成了相应应用软件包,其成果获得部级三等奖 1 项。

以薛正辉教授为主,针对大规模复杂电磁问题进行了电磁场数值计算,开展了复杂电大尺寸算法研究、FDTD 数值并行运算的基本理论和技术研究，包括并行平台技术、并行操作系统技术、并行编程环境技术和并行算法技术等，组建了适用于工程电磁问题分析的低成本的多节点 COW 并行计算实验系统，为低成本、高效率的大规模并行计算系统的实现提供了科学的技术途径，最后组建了一套"FDTD + COW + GPU"的大规模数值计算系统，应用于飞机在雷电冲击下的效应分析中，取得了很好的效果，后来获批 2 项专利。

### 9. 电磁超材料

自 2009 年开始，任武副研究员带领研究生针对左手材料展开了一些研究，提出包括"DGS + SRR"复合结构左手材料结构，结合史密斯环的简化结构和 P 形结构的左手材料，设计出应用 CRLH 传输线结构构成的双频天线。2015 年在承接的中国运载火箭技术研究院项目"基于周期结构的 S 频段天线样机研制"中，有效利用了超材料结构，提高了 10 分贝的隔离度。近期研究覆盖基于超材料的高增益微带天线的宽带 RCS 缩减设计、相位梯度超表面结构设计与优化、基于超材料的反射阵天线单元结构、基于超材料的宽波段吸波结构研究。

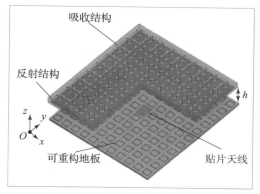
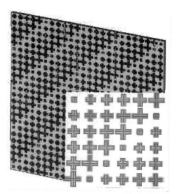

**可重构高增益低 RCS 微带天线结构示意图**

自 2016 年开始，由薛正辉教授牵头对频率选择表面展开了深入研究；同时也承担了航天二院北京电子工程总体研究所项目"发射筒频率选择结构研制"、中国人民解放军 92537 部队"综合集成桅杆隐身设计及带通材料设计技术研究"等相关项目，根据研制需求，在仪器舱对应的发射筒筒段要进行频率选择透波设计，以满足仪器舱段各天线信号的有效传输，同时满足发射筒的电磁屏蔽要求。

**发射筒频率选择表面结构**

从 2007 年开始,司黎明副教授一直从事微波、太赫兹波超材料电磁特性及其应用研究,在可调谐超材料、太赫兹超材料传输器件、超材料天线单元、超材料 5G 通信 MIMO 天线等方面开展了相关工作。2019 年,基于天线电磁辐射与干扰特性,对 5G MIMO 通信天线极近距离去耦合、通信容量、波束调控、天线 ECC 等的内部联系开展了研究,在非常近的距离下抑制了 MIMO 天线间互耦,同时增加了 5G MIMO 天线系统的工作带宽和辐射增益。2020 年在医工融合的大背景下,提出了智能生物超材料的概念,通过合成生物学、超材料与人工智能的融合,发展出生物超材料/超生物材料、智能超材料、智能合成生物学/生物人工智能、智能生物超材料的新概念,该综述论文发表在中国科学技术协会主办的《科技导报》上。

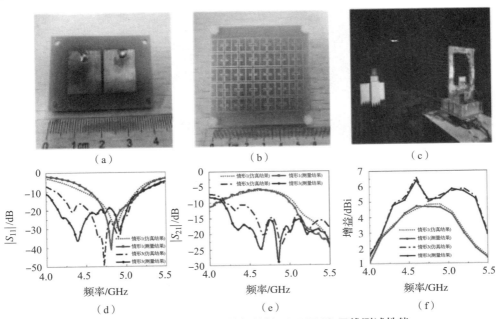

**研制的极近距离的各向异性超材料 5G MIMO 天线测试性能**

## 10. 可重构微波电路

依托自然科学基金（青年项目）等项目，围绕现代通信系统多频/多模、低能耗、小体积、高集成需求，为实现射频前端智能化响应，基于可重构和功能融合技术，林峰副教授带领硕士和博士研究生在多功能可重构微波理论与电路方面进行了创新，研制了多款高集成、性能电调的可重构射频前端核心器件。主要研究内容包括三方面，即可重构传输线研究、可重构微波器件设计、可重构功率分配电路的集成化设计；提出了宽范围电调控频率、功率比、带宽和相位的方法，多功能融合的可重构功率分配电路设计方法。2016年入职以来，林峰副教授在可重构微波电路方向共指导了4名硕士研究生和1名博士研究生，相关研究成果以第一或通讯作者发表了13篇SCI论文（IEEE期刊12篇），其中7篇发表在本领域顶级期刊 *IEEE Transactions on Microwave Theory and Techniques* 上。

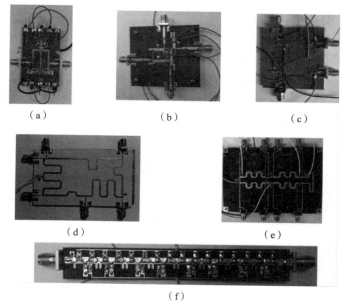

**可重构微波器件**

（a）频率可重构滤波器；（b）可重构滤波耦合器；（c）可重构耦合器；
（d）可重构平衡功分器；（e）吸收式可重构平衡耦合器；（f）连续调节型真时延移相器

## 11. 隐身技术及工程

从1988年开始，陈重、崔正勤老师研究隐身涂料和隐身测试技术。1993年，在天津蓟县（今为蓟州区）完成了国内第一辆隐身坦克的涂装工作。1998年开始陆续与兵器53所合作，完成了三代坦克涂装；与59所合作，完成了重弹车涂装。1999年，两位老师的研究工作分别获得了国防科工委"国防科学技术一等奖"——MMA-Ⅱ吸波涂料及涂装技术研究,"国防科学技术二等奖"——8毫米波隐身材料应用研究。其中两种隐身改装后的兵器参加了1999年国庆50周年阅兵,为国防事业做出了杰出贡献。

2000年,陈重、崔正勤、胡冰等老师又开始了"航天用轻质宽频吸波材料"的研制工作。2010年起,该材料成功应用到"载人飞船交会对接"工程中。通过将飞船头部全部包裹,抑制了飞船舱体多径反射对微波雷达测量精度的影响。该材料的衰减性能、空间环境适应性和工艺特性均满足航天工程要求,确保了交会对接飞行试验任务的顺利完成,在神舟飞船发射工程中发挥了重要作用。

吸波材料

**12. 电磁兼容预测技术**

自20世纪90年代开始,以高本庆教授为主的研究团队就开始展开电磁兼容分析与预测技术研究。

从1994年至1996年中期,受电科院系统工程总体部的委托,承担了预警机短波通信天线的电磁兼容性研究工作,其主要研究内容是进行预警机短波通信系统与其他机载电子系统的电磁兼容性分析、以天线为基本耦合对象的电磁兼容性指标计算、以隔离度为主要目标的机载设备天线布局优化及完成机载天线电磁兼容分析软件包等。从1996年至1998年中期,先后承担了电子部电科院系统工程总体部和电子部十所的两项预警机超短波与L波段通信系统电磁兼容性研究工作,其研究内容为超短波通信系统的电磁兼容研究及与L波段机载电子设备的兼容性研究。1998年2—9月,受中国科学院电子学研究所的委托,开展了关于L-SAR(L波段合成孔径雷达)系统电磁兼容设计与实施的课题,先后进行了如下工作:系统电磁兼容性分析和设计规范;系统电磁兼容性预测(含屏蔽效能预测、馈线传导耦合预测、接收机互调与交调分析);系统EMC测试大纲(接收系统测试大纲和发射系统测试大纲);系统EMC测试及其结果分析等。2001—

2005年，承接了海军装备论证中心的项目，展开了舰载系统电磁兼容性分析论证工作，其涉及051舰和054舰的总体电磁兼容分析，为平台总体设计和电子设备加改装提供了技术参考。2012年承接了沈阳601所"飞机瞬态电磁环境仿真分析技术"研究，对军用飞机在诸如雷电、静电、核电磁脉冲等照射下机身表面和仪器舱内电磁场分布的计算与分析进行基于电大尺寸数值计算技术的平台级电磁兼容预测技术研究。后续包括屏蔽门的电磁兼容分析、高功率信号对电子设备的干扰效能研究、与西安212所联合进行的引信电磁兼容分析等都属于本领域。

**13. 目标特性测试技术**

微波技术研究所是国内参与目标特性测试较早的单位之一，陈重老师和崔正勤老师作为总体，帮助中国兵器59所在北京市南口镇建立了第一个针对大型地面武器装备目标特性的测试场地（以下简称南口测试场地），孙厚军教授、胡伟东副教授、李世勇副教授、赵国强副教授承担了该测试场散射仪的研制，可以完成大幅角、全方位的目标特性的测试或隐身装备的评估，之后又承担了X/Ka集成二维成像散射仪的研制，并交付59所。南口测试场地为59所的发展起到了强有力的支撑作用。针对南口测试场地的特点，开展了近场远场变换的理论和算法研究，通过近场RCS一维、二维、三维、SAR、ISAR成像测量，经近远场变换算法得到目标远场条件下的RCS，所取得的成果获2011年国防科学技术进步奖三等奖。

目前已研制了十几套目标特性测试设备，频率覆盖X波段至340吉赫兹太赫兹频段，有的设备采用了全极化测量技术，进一步提高了目标特性数据获取的完备性和效率。

大型目标特性测试场地

**14. 时域近场测试技术**

自1994年国际上首次提出时域近场测试技术后，以高本庆教授为首的科研团队就进行了近场测试基础理论研究跟踪，后来经历了三个五年研究计划，在项目负责人杨仕明研究员、技术负责人薛正辉教授的带领下，分层次、分阶段开展了系统的研究工作，搭建了国内第一套时域平面近场测量技术测试系统，研究结果表明整套技术体系已经基本完成。其中"九五"计划期间，项目名称为"超低副瓣天线测试技术"，项目代号为"7.4.9.3"；"十五"计划期间，项目名称为"宽带超低副瓣天线时域近场测试技术"，项目代号为"41307050506"；"十一五"计划期间，项目名称为"天线测试与校准技术－相控阵天线时域近场诊断与测试技术"，项目代号为"51307060102"。

在上述基础上除了继续进行相控阵天线的测试技术研究外，已经和中电科技集团38所、中科院电子学研究所等单位进行了工程测试推广的合作研究，为时域近场测试技术的大规模工程推广奠定了基础。

除了传统的时域近场测试外，还向散射特性测量展开了拓展研究。本课题组2015年和中国科学院电子学研究所微波成像技术国防科技重点实验室在目前已经建设完成的"轨道及精密运动控制系统"基础上，开展了"目标双基RCS频域近场测试系统及典型试验"项目的研究，目标是经过对系统的改造和必要的升级，使之能够实现对目标电磁散射和双站RCS的频域近场测试开展深入的机理研究和实现技术研究，掌握在频域进行近场双站RCS测试的关键技术，完成系统必要的升级改造，并开展针对典型目标的实际测试，获取测试结果。

目前，本研究领域正在由薛正辉教授牵头拓展基于里德堡量子相干效应的高精度电磁近场测试技术；由任武老师牵头拓展基于无人机的时频域近场测试技术研究。

**15. 目标模拟器技术**

2003—2007年，陈宁博士与航天二院二部开展了密切合作，结合××引战系统的自身特点，设计研制了国内首套引战配合半实物试验系统，用于评估研试阶段无线电引信的总体性能。团队通过技术攻关，解决了10通道散射中心信号幅度、频率、延时特性的精准合成、多个组合的实时同步控制及电磁兼容等技术难题，实现了对实际弹目交会过程中目标回波信号的精确模拟，满足了系统对准确性、实时性和实用性的要求，填补了国内该项技术领域的空白。

以此合作为基础，与航天二院二部又陆续深入开展了无线电引信全数字仿真及评估系统（2011—2012年）、武器系统精度评估系统（2017—2019年）等项目的设计与开发，上述研究成果及应用软件对导弹系统总体设计过程中快速、准确、合理地分析系统总的精度设计需求，准确把握影响交班精度的重要环节、制定各环节误差指标，对分系统和系统精度指标进行合理验证，规避型号研制中存在的系统闭合风险，缩短研制周期，提升装备性能均起到了较好的支持作用。

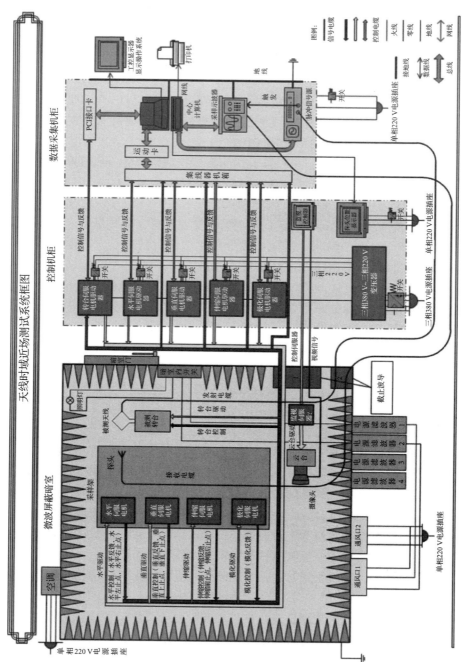

2009—2011 年，针对航天八院八部在海××型号研制过程中亟须反舰导弹雷达信号在海面上的传输特性、杂波特性和多路径特性的信号进行实时模拟的要求，研制了被动微波/红双模复合目标中的微波目标模拟器。通过对红外/微波共口径条件下的结构设计与集成技术、基于四元组的微波目标位置精确模拟技术的研究，实现了两个目标通道、一个杂波干扰通道及多路径干扰通道的实时微波目标模拟。

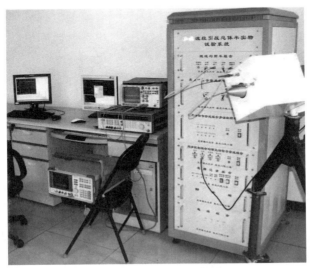

××波段引战总体半实物试验系统

2013—2017 年，与中航航空电子有限公司合作针对某航电综合测试设备，前后两期开发了小型集成化的无线电罗盘天线模仿仪及塔康信号模拟器，分别用于模拟罗盘天线产生的电磁感应信号及塔康的测角与测距激励信号，支持罗盘收讯灵敏度、定向灵敏度、定向准确度、定向速度和塔康距离测量范围、距离跟踪速率、距离测量精度、方位测量精度等自动测试功能。

### 9.3.7　实验室建设

**1. 电磁场与微波技术实验室（教学平台）**

电磁场与微波技术实验室成立于1956 年，至今已有64 年的历史，实验室经过国家教委、北京市教委、北京理工大学和信息与电子学院等各级部门的多年投资建设，目前共积累了 S 波段矢量（标量）网络分析仪、频谱分析仪、信号源、微波通信实验箱、微带电路制版机、X 微波分光仪、天线设计与测量实验系统、S 波段和 X 波段微波测量线系统等多台套本科和研究生教学实验仪器，实验室总面积达到359 平方米。

实验室目前有专职人员 2 名，兼职人员 3 名，主要承担信息与电子学院的大类基础课和电磁场与微波技术专业课实验环节的教学工作，分别为电磁场理论、微波技术基础（微波工程导论）、天线理论与技术、计算电磁学基础、微波测量基础、微波系统设计、微波电子线路、微波频率源设计和微波工程软件设计等课程提供了实验教学保障。这些实验内容将课程中深奥的概念充分感性化，使之成为可以清晰触碰到的实验数据，有助于学生从空间图像上认知抽象的课程内容，加深对学习内容的理解。根据不同的教学内容，各实验课程分别在微波教学综合实验室、微波电路设计与仿真实验室、微波微带电路制版间、微波系统测量实验室 4 个分实验室中完成。

实验室的主要本科教学实验设备包括：

1）微波分光仪（10 套）

设备模块：X 波段信号源、选频放大器、分光仪支架、收发天线、频率计等。

支撑课程：电磁场与微波实验（Ⅰ）。

微波分光仪

2）S 波段波导测量线系统（10 套）

设备模块：X 波段信号源、选频放大器、X 波段波导测量线、衰减器、匹配负载等。

支撑课程：电磁场与微波实验（Ⅰ）。

3）X 波段波导测量线系统（10 套）

设备模块：X 波段信号源、选频放大器、X 波段波导测量线、衰减器、频率计、匹配负载等。

支撑课程：电磁场与微波实验（Ⅱ）。

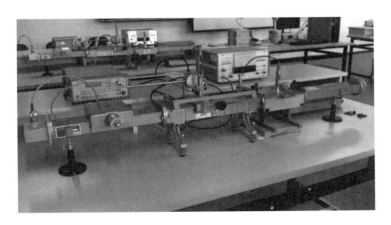

**S 波段波导测量线系统**

**X 波段波导测量线系统**

4）S 微波测量系统（7 套）

设备模块：信号源、频谱仪、矢量网络分析仪、微波系统设计套件等。

支撑课程：微波测量基础、微波电子线路、微波系统设计、微波网络基础、电磁场与微波课程设计等本科课程；同时，系统中信号源、频谱仪、矢量网络分析仪还是研究生教学和毕业设计常用设备，使用频率很高。

**2. 远场微波暗室**

为适应国防现代化和信息社会化发展的需要，2006 年微波技术研究所建成了现代化的微波暗室，建设费用由"985"工程二期技改经费资助，主要为微波毫米波电路与系统、天线测量、电磁环境与电磁兼容技术、目标特性测试和隐身技术等研究方向提供了完善的支持与保障。

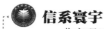

信系寰宇
——北京理工大学信息与电子学院学科（专业）发展史（下）

**S 微波测量系统**

经过多年的不断技术升级与软件完善，通过多方面的资助建设，积累了一批先进仪器设备，专用仪器设备总价值 500 余万元，测量频率上端达到 110 吉赫兹，覆盖天线参数测量、频谱测量、目标 RCS 测量、S 参数测量、材料参数测量等，已具备支持相关科研和教学演示的基本功能与条件。

    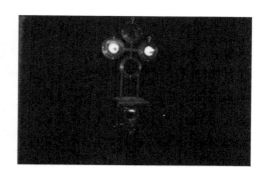

**微波暗室外景**　　　　　　　　　　　　**暗室内部全景**

下图为自筹经费建设的天线近场测量系统，它是一套 1~40 吉赫兹（可扩展至 110 吉赫兹）的强方向性无源天线、有源相控阵天线的幅相校准及方向图测量系统，它包括微波暗室部分、平面近场扫描架部分、微波射频部分和校准测量软件四大部分，可进行相控阵天线单元、子阵的自动幅度、相位校准和相控阵天线的多频点多波位的自动化测量，通过一次扫描得出所有频点和波位的三维方向图信息。

天线近场测量系统

## 9.3.8 荣誉和成果

微波技术研究所的老师们在科研上获得的成果奖励如表 9.10 所示。

表 9.10 科技成果奖励

| 序号 | 获奖姓名（排名） | 获奖单位 | 奖励证书号 | 奖励类别名称 | 获奖项目名称 | 获奖日期 | 奖励等级 |
|---|---|---|---|---|---|---|---|
| 1 | 费元春（1） | 北京理工大学 | 3153 | 国家发明奖 | 10公分微波晶体管压控振荡器 | 1982.04 | 三等奖 |
| 2 | 费元春（2） | 北京理工大学 | 3154 | 国家发明奖 | 高稳定本振源 | 1982.04 | 三等奖 |
| 3 | 费元春（1） | 北京理工大学 | / | 国家发明奖 | X波段高稳定本振源 | 1990.12 | 四等奖 |
| 4 | 费元春（2） | 北京理工大学 | / | 国家科技进步奖 | 低相噪高分辨率直接数字频率合成器（DDS） | 1997.12 | 三等奖 |
| 5 | 费元春（6） | 北京理工大学 | / | 重大技术改进奖 | 用CCD做对消器的微波雷达动目标显示系统 | 1981.10 | 二等奖 |

续表

| 序号 | 获奖姓名（排名） | 获奖单位 | 奖励证书号 | 奖励类别名称 | 获奖项目名称 | 获奖日期 | 奖励等级 |
|---|---|---|---|---|---|---|---|
| 6 | 崔正勤（3） | 北京理工大学 | / | 重大技术改进奖 | 10公分微带环流器 | 1982.08 | 一等奖 |
| 7 | 万景献、蒋坤华、杜光 | 北京理工大学 | / | 电子工业科技进步奖 | 电磁波综合测试仪 | 1986.10 | 二等奖 |
| 8 | 罗一鸣、田守志、吴禹舟 | 北京理工大学 | / | 北京市科学技术进步奖 | 六单元全向高增益天线阵 | 1986.03 | 三等奖 |
| 9 | 蒋坤华、闫振华、王锦昆 | 北京理工大学 | / | 北京市科学技术进步奖 | 电磁波半自动综合测试系统 | 1988.03 | 三等奖 |
| 10 | 费元春（1） | 北京理工大学 | / | 科学技术进步奖 | X波段砷化镓场效应管压控振荡器及其计算机辅助设计 | 1988.12 | 三等奖 |
| 11 | 费元春（1） | 北京理工大学 | 09862 | 科学技术进步奖 | X波段高稳定本振源 | 1988.12 | 三等奖 |
| 12 | 李世智（1） | 北京理工大学 | / | 科学技术进步奖 | 8毫米吸波材料基本测试设备的研究 | 1991.12 | 二等奖 |
| 13 | 李世智（1） | 北京理工大学 | / | 科学技术进步奖 | 轴对称卡塞格伦天线低副瓣CAD技术 | 1991.12 | 三等奖 |
| 14 | 费元春（1）、杨仕明（3） | 北京理工大学 | 94-BM02-3-18 | 科学技术进步奖 | 1.2吉赫兹低相噪数字锁相稳频源 | 1995.01 | 三等奖 |

续表

| 序号 | 获奖姓名（排名） | 获奖单位 | 奖励证书号 | 奖励类别名称 | 获奖项目名称 | 获奖日期 | 奖励等级 |
|---|---|---|---|---|---|---|---|
| 15 | 费元春（2）、杨仕明（3） | 北京理工大学 | 94-BJ03-2-004-1 | 科学技术进步奖 | L波段低相位噪声压控振荡器 | 1995.01 | 二等奖 |
| 16 | 费元春（1） | 北京理工大学 | 94-BM02-3-17 | 科学技术进步奖 | X波段无线电图像传输高频头 | 1995.01 | 三等奖 |
| 17 | 费元春（1）、周建明（2）、李殷乔 | 北京理工大学 | 2010GFJBJ2191 | 国防科学技术进步奖 | 基于LTCC KU波段相控阵T/R组件 | 2010.12 | 二等奖 |
| 18 | 费元春（2） | 北京理工大学 | / | 科学技术进步奖 | 低相噪高分辨率直接数字频率合成器（DDS） | 1996.12 | 一等奖 |
| 19 | 费元春（1） | 北京理工大学 | 96-BJ03-3-038-1 | 兵器工业部级科技进步奖 | 高稳定高精度频率源技术研究 | 1997.03 | 三等奖 |
| 20 | 陈重（1） | 北京理工大学 | 1999GFJ1046-2 | 国防科学技术奖 | MMA-Ⅱ吸波涂料及涂装技术研究 | 1999.11 | 一等奖 |
| 21 | 高本庆、薛正辉 | 北京理工大学 | 国防科学技术工业委员会 | 国防科技进步奖 | 时域超宽带计算电磁理论与技术 | 2001.12 | 三等奖 |
| 22 | 孙厚军（3） | 兵器203所、北京理工大学 | 2003GFJ2122-3 | 省部级 | 耐高高过载×××复合制导技术 | 2009.10 | 二等奖 |
| 23 | 薛正辉 | 北京理工大学 | 中国船舶重工集团公司 | 省部级 | 大规模EMC分析的并行FDTD数值算法研究 | 2006.10 | 三等奖 |

续表

| 序号 | 获奖姓名（排名） | 获奖单位 | 奖励证书号 | 奖励类别名称 | 获奖项目名称 | 获奖日期 | 奖励等级 |
|---|---|---|---|---|---|---|---|
| 24 | 薛正辉 | 北京理工大学 | 北京理工大学 | 校级 | 大规模EMC分析的并行FDTD数值算法研究 | 2006.12 | 二等奖 |
| 25 | 杨仕明 | 北京理工大学 | 北京理工大学 | 校级 | 通信干扰弹总体及实现技术 | 2006.12 | 一等奖 |
| 26 | 高本庆 | 北京理工大学 | 北京理工大学 | 校级 | 时域超宽带计算电磁理论技术及应用 | 2006.12 | 一等奖 |
| 27 | 高本庆（2）、任武（6） | 北京理工大学 | / | 北京市科学技术奖 | 电磁计算快速精确算法及其应用 | 2011.02 | 一等奖 |
| 28 | 赵国强（5） | 北京理工大学 | 2011GFJBJ3251-R05 | 中国工业和信息化部科技进步奖 | ××××成像测试系统 | 2011.12 | 三等奖 |
| 29 | 孙厚军（2） | 兵器203所、北京理工大学 | 2012-BQJ-2-0075-2 | 中国兵器工业集团公司科技进步二等奖 | 反××导弹××××复合制导技术 | 2012.11 | 二等奖 |
| 30 | 孙厚军（2） | 兵器203所、北京理工大学 | 2012GFJB2084-R02 | 中国工业和信息化部科技进步奖 | 反××导弹××××复合制导技术 | 2012.12 | 二等奖 |

获得的教学成果奖如表9.11所示。

表 9.11 教学成果奖

| 获奖项目名称 | 获奖人 | 颁奖部门 | 奖励级别 | 奖励等级 | 获奖年份 |
|---|---|---|---|---|---|
| 《微波固态电路》 | 薛正辉 | 北京市教育委员会 | 省部级精品教材奖 | 其他 | 2007 |
| 《微波固态电路》("十二五"工信部规划教材) | 薛正辉 | 北京理工大学 | 校级精品教材奖 | 二等奖 | 2017 |
| 《阵列天线分析与综合》("十一五"国防特色教材) | 薛正辉 | 北京理工大学 | 校级精品教材奖 | 一等奖 | 2014 |
| 构建以德育小导师为主的学生交互式辅导体系探索与实践 | 薛正辉 | 北京理工大学 | 校级教学成果奖 | 二等奖 | 2012 |
| 电子信息领域人才差异化培养模式实践 | 薛正辉 | 北京理工大学 | 校级教学成果奖 | 二等奖 | 2012 |
| 融合个性和全面发展的"54321"工程与创新教育体系研究与实践 | 薛正辉（第5） | 北京市人民政府 | 北京市教育教学成果奖 | 二等奖 | 2018 |
| 融合个性和全面发展的"54321"工程与创新教育体系研究与实践 | 薛正辉（第5） | 北京理工大学 | 校级教学成果奖 | 特等奖 | 2017 |
| 用国际实质等效认证对接世界一流专业和课程 | 薛正辉（第3） | 北京理工大学 | 校级教学成果奖 | 特等奖 | 2017 |
| 用国际实质等效认证对接世界一流专业和课程 | 薛正辉（第3） | 北京市人民政府 | 北京市教育教学成果奖 | 一等奖 | 2018 |
| 《"通信与接口"实验改革研究与实践》 | 匡镜明、石岩、范宁军、吕昕、冯淑华 | 北京理工大学 | 省部级 | | 1996 |

续表

| 获奖项目名称 | 获奖人 | 颁奖部门 | 奖励级别 | 奖励等级 | 获奖年份 |
|---|---|---|---|---|---|
| 《加强军工专业重点学科建设，培养国防高级科技人才》 | 吕昕、刘天庆、罗伟雄、刘志文、张宝俊 | 北京理工大学 | 校级 | | 1998 |
| 第16届"世纪杯"学生课外学术科技作品竞赛 | 卢宏达 | 北京理工大学 | 校级 | | 2019 |
| 北京理工大学中国电子科技集团公司第十三研究所——产教融合国防特色工程实践教育中心 | 孙厚军 | 北京理工大学 | 学院 | | 2019 |
| 北京理工大学中国电子科技集团公司第五十四研究所——产教融合国防特色工程实践教育中心 | 孙厚军 | 北京理工大学 | 学院 | | 2019 |
| 校基本功比赛三等奖 | 任武 | 北京理工大学 | 校级 | 三等奖 | 2015 |
| 校基本功比赛三等奖 | 刘埔 | 北京理工大学 | 校级 | 三等奖 | 2015 |
| 教案奖 | 任武 | 北京理工大学 | 校级 | | 2015 |
| 校基本功比赛二等奖 | 任武 | 北京理工大学 | 校级 | 二等奖 | 2017 |
| 获教案奖 | 任武 | 北京理工大学 | 校级 | | 2017 |
| 《微波测量》 | 汤士贤 | | 国家级/省部级 | 电子工业部级优秀教材奖二等奖、国防通信优秀科技图书二等奖 | 1987 |

续表

| 获奖项目名称 | 获奖人 | 颁奖部门 | 奖励级别 | 奖励等级 | 获奖年份 |
|---|---|---|---|---|---|
| 《微波天线》 | 张德齐 | | 国家级 | 第二届全国高等学校优秀教材奖、电子工业部优秀教材特等奖 | 1991 |
| 《现代微波网络导论》 | 邓次平 | | 省部级 | 电子工业部特等奖 | 1995 |
| 《信号理论与应用》 | 费元春、陈世伟、孙燕玲、杨仕明 | | 省部级 | 电子工业部优秀教材一等奖 | 1995 |

出版的专著如表9.12所示。

表9.12 出版专著

| 名称 | 出版单位 | 出版年份 | 所有作者※ | 级别 |
|---|---|---|---|---|
| 《微波固态电路》（工信部"十二五"规划教材） | 电子工业出版社 | 2015 | 薛正辉、任武、李伟明 | 省部级规划教材 |
| 《端射天线》（"十二五"国家重点图书出版规划项目） | 电子工业出版社 | 2015 | 薛正辉、刘姜玲、曹佳 | 国家重点图书规划 |
| 《阵列天线分析与综合》（"十一五"国防特色教材） | 北京航空航天大学出版社 | 2011 | 薛正辉、李伟明、任武 | 国防特色规划教材 |
| 《微波固态电路》 | 北京理工大学出版社 | 2004 | 薛正辉、李伟明、任武 | 北京市精品教材 |

续表

| 名称 | 出版单位 | 出版年份 | 所有作者※ | 级别 |
| --- | --- | --- | --- | --- |
| 《天线测量实用手册》 | 人民邮电出版社 | 2013 | 王玖珍、薛正辉 | |
| 《微波技术基础（修订版）》（"十五"国家级规划教材） | 科学出版社 | 2012 | 徐锐敏、唐璞、薛正辉、雷振亚 | 国家级规划教材 |
| 《微波网络及其应用》（"十五"国家级规划教材） | 科学出版社 | 2010 | 徐锐敏、王锡良、方宙奇、谢拥军、薛正辉 | 国家级规划教材 |
| 《微波技术基础》（"十五"国家级规划教材） | 科学出版社 | 2009 | 徐锐敏、唐璞、薛正辉、雷振亚 | 国家级规划教材 |
| 《微波技术基础概念题解与自测》 | 北京理工大学出版社 | 2005 | 尚洪臣、薛正辉、闫润卿 | |
| 《天线测量实用手册（第1版）》 | 人民邮电出版社 | 2018 | 王玖珍、薛正辉 | |
| 《超宽带雷达理论与技术》 | | 2010 | 费元春 | |
| 《ANSYS信号完整性分析与仿真实例》 | 中国水利水电出版社 | 2013 | 房丽丽 | |
| 《ANSYS信号完整性分析与仿真实例（第2版）》 | 中国水利水电出版社 | 2018 | 房丽丽、章传芳 | |

续表

| 名称 | 出版单位 | 出版年份 | 所有作者※ | 级别 |
|---|---|---|---|---|
| 《微波测量》 | 国防工业出版社 | | 汤士贤 | 电子工业部级优秀教材奖二等奖、国防通信优秀科技图书二等奖 |
| 《微波天线》 | 北京工业学院出版社 | | 张德齐 | 第二届全国高等学校优秀教材奖、电子工业部优秀教材特等奖 |
| 《现代微波网络导论》 | 国防工业出版社 | 1994 | 邓次平 | 电子工业部特等奖 |

获得的荣誉有：
- 孙厚军，北京理工大学师德先进个人，2019年。
- 董李静，北京理工大学优秀共产党员，2019年。

### 9.3.9 学术带头人

**1. 吕昕教授**

吕昕教授1978年考入北京工业学院（今北京理工大学）电磁场与微波技术专业；1982年毕业后留校任教；1988年获得工学硕士学位；1993年获得工学博士学位；1999年被评聘为教授；2003年被聘为博士生导师，电磁场与微波技术学科带头人。历任北京理工大学信息科学技术学院院长、北京理工大学研究生院常务副院长、校长助理。现为北京理工大学学术委员会信息与电子学部委员、理学部跨学科委员，毫米波与太赫兹技术北京市重点实验室主任，第一批国防"511人才"学科带头人，中国电子学会微波专业委员会副主任委员，中国计量测试学会电子计量专业委员会副主任委员，中国电子学会会士。

在科研方面，主要从事电磁场与微波技术的研究和教学工作，在无线新技术、毫米波/太赫兹技术、天线理论与技术、集成封装系统（SoP）、射频集成电路（RFIC）、信息系统设计、物联网等方面取得了丰硕的科研成果。作为负责人，主持国家自然科学基金重大项目（高灵敏度毫米波太赫兹波双频共孔径联合相参云雷达仪）、国家自然科学基金面上项目（太赫兹频段InP基HEMT器件模型研究）、军口"863"项目（××太赫兹被动探测××技术研究）、民用航天"十二五"预研项目（亚毫米波××××多通道全极化接收机）、军口"973"项目（太赫兹××天线技术的研制和开发）、国防科工委"十五"重点预研项目（多模复合××××技术）、总参某部重大和重点项目（×× 400千米图像传输系统、×××图像侦察扩频数据链）等多项国家和省部级科研项目。作为总指挥，负责主持和完成了航天八院某试验卫星有效载荷雷达散射仪的总体指挥、系统设计及研制工作。现已发表学术论文200余篇，其中SCI/EI检索100余篇，申请专利30余项，获省部级教学科研奖3项。

在教学和人才培养方面，主讲微波网络、现代微波网络基础、微波技术基础等多门本科生和研究生课程。已培养众多硕士和博士研究生，毕业后一直工作在航天、航空、兵器、船舶等国防科研第一线，以及是德科技有限公司（原安捷伦）、ANSYS、Cadence等国际著名的信息电子类公司。组织并参与了本学科与美国ANSYS公司合作建立培训基地，与德国共建了CST软件测试中心，推动并建立了与是德科技有限公司（原安捷伦）、中国电子科技集团公司第四十一研究所的联合实验室。

### 2. 孙厚军教授

孙厚军分别于1991年、1994年和1997年获得北京理工大学工学学士学位、电磁场与微波技术专业工学硕士学位、通信与电子系统工学博士学位，1997年进入北京理工大学兵器与科学技术博士后流动站工作，出站后于2000年10月留校从事教学与科研工作至今。

目前是北京理工大学教授，博士生导师，微波技术研究所所长，信息与电子学院党委委员，电子学会高级会员，兵工学会电磁专业委员会副主任委员、兵工学会太赫兹技术专业委员会委员、毫米波与太赫兹技术北京市重点实验室学术委员会委员，军委科技委某专家组成员，全国警务保障专家，科技部专家库专家，国外重要期刊《IEEE MTT》《IEEE AP》《TPS》审稿人。

目前主要从事毫米波/太赫兹系统集成与应用、毫米波/亚毫米波安检成像理论与技术、毫米波阵列天线等方面的研究。曾获得国防科技进步奖二等奖2项、三等奖1项，取得授权国家发明专利20多项，发表SCI/EI检索论文100多篇。

### 3. 薛正辉教授

薛正辉，上海市人，1970年3月出生于山西省长治市。

1992年7月毕业于北京理工大学电子工程系无线电技术专业，获工学学士学位；1995 年毕业于北京理工大学电磁场与微波技术专业，获工学硕士学位；2002 年毕业于北京理工大学电磁场与微波技术专业，获工学博士学位；2009 年 1 月—2010 年 1 月赴美国伊利诺伊大学香槟分校做访问学者。

1995 年 4 月留校工作，历任电磁场与微波技术教研室（微波技术研究所）助教（1995 年）、讲师（1997 年）、副教授（2002 年）、教授（2017 年），2015 年起担任电子科学与技术学科博士生导师。

1997—2001 年，任北京理工大学电子工程系工会常务副主席。1999 年 9 月—2001 年 8 月，任北京理工大学电子工程系电磁场与微波技术教研室副主任。2010 年 3 月—2011 年 3 月，任北京理工大学信息与电子学院院长助理。2011 年 3 月—2016 年 6 月，任北京理工大学信息与电子学院副院长，分管学院本科教学工作和合作办学工作。2016 年 7 月起任信息与电子学院党委书记。

先后主讲 6 门本科生和研究生课程。主持和参与国家级、北京市和校级教改项目 6 项。获得北京市教学成果奖二等奖 2 项，北京理工大学教学成果奖特等奖 2 项、二等奖 1 项。主编教材 3 部、参编教材 4 部，获得优秀教材奖 3 项。

先后主持和参与国家自然科学基金重点项目、国防预研课题、国防重点实验室基金课题和其他横向科研合作课题 50 余项，主要的研究方向为计算电磁学、微波毫米波天线与天线测试技术、微波毫米波系统，获得部级以上科技进步奖 2 项、校级科技进步奖 4 项。申请和获得国防专利 7 项，出版专著 2 部，先后发表文章 200 余篇，SCI、EI 检索收录 100 余篇，多篇论文获奖。

担任中国电子学会高级会员、中国通信学会高级会员、中国电子学会微波分会委员、中国电子学会遥感遥测遥控分会委员、中国电子学会电磁兼容分会委员、中国通信学会电磁兼容委员会副主任委员、中国电子学会微波分会电磁兼容专业委员会副主任委员、电磁兼容性国防科技重点实验室兼职教授、电磁环境效应航空科技重点实验室学术委员会委员。担任《微波学报》《无线电工程》编委，《IEEE Trans. on AP》《电子学报》《电子与信息学报》《电波科学学报》《兵工学报》等学术刊物审稿人。

**4. 王学田教授**

王学田，1986 年毕业于北京理工大学电子工程系，获工学硕士学位；1986—2001 年在中国兵器工业第二一二研究所工作，历任项目组长、第二和第十研究室主任、科研处处长、副总工程师；2001 年起在北京理工大学工作，2002 年毕业于北京理工大学信息科学技术学院，获工学博士学位；现任北京理工大学教授，博士研究生导师。

工作以来，先后主持军口"863"、国防型号装备与预先研究、"934"引进项目 20 余项，获得部级科技进步奖二等奖 4 项、三等奖 3 项，获得国家发明专

利授权 10 项，软件著作权 5 项，发表学术论文 200 余篇。

目前主要从事电磁兼容与防护技术、目标电磁特性与武器系统作战效能预测、太赫兹频段关键器件与雷达系统设计等研究工作。

现兼任军委装备发展部某共性技术专业组顾问，中国信息与电子工程科技发展战略研究中心专家委员会特聘专家，中国电子学会微波分会委员，中国电子学会微波分会军事微波学组组长，《装备环境工程》期刊编委。

### 9.3.10 学术骨干

**1. 章传芳研究员**

章传芳，1989 年毕业于南京航空航天大学电子工程系，获工学硕士学位；1983—2010 年 6 月在中国航空工业第 607 研究所工作，自 2010 年 7 月调入北京理工大学信息与电子学院工作。

工作以来，从事航空电子设备的研究工作，先后参加和主持了国防型号装备、预先研究项目 10 余项，获得发明专利 9 项，获得国防科学技术进步奖一等奖 1 项、二等奖 4 项。参加研制的"先进机载合成孔径雷达关键技术与装备的开发及应用"项目获 2006 年国家科学技术进步奖一等奖。主持研制的××相控阵雷达样机与试飞验证项目获 2009 年国家科学技术进步奖二等奖，2008 年获政府特殊津贴。

目前主要从事微波天线与馈电系统、有源相控阵系统、微波收发组件与控制、电磁和射频隐身技术等研究工作。

**2. 何芒教授**

何芒，男，1976 年生于安徽省安庆市，分别于 1998 年和 2003 年在北京理工大学电子工程系取得工学学士和博士学位。2003—2004 年在香港城市大学任 Research Associate，2008—2009 年在日本东北大学（Tohoku University）任 Postdoctoral Research Fellow。现任北京理工大学教授、博士生导师、IEEE senior member、中国电子学会天线学会委员、中国电子学会天线分会电磁散射与逆散射专业委员会副主任委员。在包括 IEEE Trans. on Antennas and Propagation, IEEE Antennas and Wireless Propagation, IEEE Trans. on Microwave Theory and Techniques 等顶级期刊的专业杂志和国际国内会议上发表学术论文 80 余篇。担任 IEEE Trans. on AP, IEEE AWPL, IEEE Trans. on MTT, IEEE Access, IEEE/OSA Journal of Lightwave Technology, IEEE Access, Electronic Letters, IET MAP, ACES Journal, PIERs,《电子学报》等国内外专业期刊审稿人。目前从事的研究领域包括天线理论与技术、计算电磁学及其应用，以及高超飞行器通信黑障效应等。主讲过包括本科生课程电磁场理论、微波技术基础，研究生课程计算电磁学基础、电磁学中的数值方法等在内的课程共6门。培养的研究生获得多项奖励，包括2017年亚太天线与传播国际会议（APCAP2017）最佳学生论文奖、2018年北京理工大学优秀博士论文奖，获得研究生国家奖学金6人次。作为项目负责人主持包括多项国家自然科学基金项目在内的纵向和横向科研项目数10项，开发出具有自主知识产权的高性能电磁仿真软件HEMS 1.0版本，主要用于大型复杂电磁目标散射特性的分析、大规模天线阵列特性的分析，以及天线—天线罩一体化特性的快速分析。

**3. 任武副研究员**

汉族，籍贯山西省孝义市，中共党员，于1994年9月进入北京理工大学电子工程系53941班学习，专业为电磁场与微波技术，班主任为徐晓文教授；1998年保送研究生，班级为五系98研，班主任为安建平教授，导师为高本庆教授；2000年提前攻博，班级为五系2000博，导师为高本庆教授。2003年9月博士毕业留校参加工作，2006年升为副研究员，2003年9月—2009年4月担任微波技术研究所工会组长，自2009年4月起担任微波技术研究所科研副所长、党支部组织委员，自2018年5月起担任微波技术研究所党支部书记。

留校后一直承担和参与科研项目，来源包括国家武器装备预研项目、国家自然科学基金项目和部分横向科研协作项目，主要科研方向：计算电磁学、复杂电磁环境效应和新型电磁结构，主持和承担的科研项目共30余项。截至目前，共发表论文80多篇（以第一作者发表的有40篇），其中IEEE 5篇。上述论文中，被美国《科学引文索引》（SCI）检索7篇，被美国《工程索引》（EI）检索45篇。多篇论文获奖，如论文《时变媒质边界条件与局部吸收负载的设置与应用》获第二届中国科协期刊优秀学术论文奖，论文《新型弹载毫米波微带天线阵的设计》在全国电磁兼容会议上被评为优秀论文，论文《新型结构左手材料的仿真设计与实现》在第十三届全国遥感遥测遥控学术年会获优秀论文三等奖。科研多次获奖，2006年获中国船舶工业集团公司国防科技三等奖1项、2011年获北京市科学技术奖一等奖1项，还有多项北京理工大学科技成果奖，获国防专利6项。

目前为中国电子学会高级会员，电子学会遥感遥测遥控分会第四届、第五届委员会委员，同时担任多个期刊审稿专家。

**4. 胡伟东副教授**

胡伟东，男，1975年出生，1993年考入北京理工大学电子工程系，2004年毕业后留校任教，2010年到香港城市大学国家毫米波重点实验室做访问学者，现为北京理工大学毫米波与太赫兹技术北京市重点实验室博士生导师，主要研究领域是毫米波/太赫兹空间探测与遥感技术。

承担国家自然科学基金重大科学仪器项目（61527805），主持"十二五"民用航天太赫兹成像重大项目，目前已有三项成果通过部级鉴定，填补国内空白。2011年获中华人民共和国国防科学技术进步奖，排名第一；2012年，研制国内第一部220吉赫兹太赫兹雷达，并取得良好的实验结果，2016年在敦煌和新疆率先开展了太赫兹雷达远距离探测研究。在期刊和国际会议上发表论文30篇，SCI检索6篇，EI检索14篇。

在学术兼职方面，担任国际CONASENSE协会中国区副主席，工信部频率规划专家组专家，中欧气象雷达学术论坛组委会主席、天线系统产业联盟理事，多次担任国际会议Session Chair，以及 *IEEE Transaction on Antenna and Propagation* 和《电子学报》审稿专家。

### 5. 于伟华副教授

于伟华，北京理工大学信息与电子学院博士，副教授，博士生导师。2005年北京理工大学电磁场与微波技术学科博士学位毕业，留校任教，一直从事毫米波与太赫兹波器件、电路和系统研究，先后发表SCI/EI论文50余篇，长期开展太赫兹固态芯片/组件/太赫兹片上系统应用研究，目前从事太赫兹高速通信宽带芯片和空间功率合成技术攻关，主持自然科学基金太赫兹领域面上项目1项，太赫兹"863"课题1项，子课题1项，"973"项目子课题2项，基础加强基金1项，作为技术骨干，参加民用航天等多项课题攻关。

### 6. 司黎明副教授

司黎明，北京理工大学工学博士，博士生导师，信息与电子学院副院长。2012年北京理工大学信息学院电磁场与微波技术专业博士毕业留校任教，2013年认定为硕士生导师，2014年晋升为副教授，2016年评定为博士生导师，同年任命为北京理工大学信息与电子学院副院长。从事电磁场与微波技术的教学和研究工作，涉及电磁场理论、太赫兹技术与应用、天线理论与技术、超材料和雷达仿真与目标识别领域。主讲本科生课程电磁场理论基础和研究生课程太赫兹技术与应用。主持和参与国家自然科学基金、"973"、"863"、民用航天等科研项目30余项。在国内外学术刊物上发表SCI/EI收录学术论文100余篇，申请专利20余项。现为《天线学报》编委会成员，国家自然科学基金通信评议人，北京市科委科技专家，中国计量测试协会电子计量专业委员会委员，中国材料研究学会超材料分会青年理事以及多个国际期刊审稿人。

### 7. 刘埠副教授

刘埠，信息与电子学院院长助理，微波技术研究所副所长，博士生导师，副教授。1999年获得理学学士学位（吉林大学物理系），2009年获得工学博士学位（北京理工大学信息学院），2012年评聘为副教授。2007—2008年留学国立莫斯科鲍曼技术大学激光与无线电系。

从事毫米波/太赫兹天馈系统理论与技术研究。主要研究方向为太赫兹集成天线与系统技术、微波/毫米波阵列天线技术。

**8. 赵国强副教授**

赵国强，北京理工大学工学博士，副教授，硕士生导师。2004年北京理工大学信息学院电磁场与微波技术专业硕士毕业留校任教，从事电磁场与微波技术的教学和研究工作。主讲本科生课程微波技术基础、微波系统设计和研究生课程毫米波传感器与应用。主要科研方向：毫米波和太赫兹技术与应用、雷达目标特性和智能信号处理领域。主持和参与装备型号、装备纵向预研、国家自然科学基金、"973"等科研项目30余项。在国内外学术刊物上发表SCI/EI收录学术论文40余篇，申请专利10余项。

**9. 李世勇副教授**

李世勇，1979年生于山东德州。2002年在山东大学获得工学学士学位，2008年于北京理工大学获得工学博士学位。2008—2009年在北京经纬恒润科技有限公司工作，2009—2010年在北京大学做博士后研究，2010年年底至今，在北京理工大学工作，2017—2018年在美国Villanova大学做访问学者。现任北京理工大学副教授，博士研究生导师。担任国家自然科学基金项目评阅人，担任IEEE Transactions on Antennas and Propagation，IEEE Antennas and Propagation Letters，IEEE Transactions on Signal Processing，IEEE Sensors Journal等学术期刊审稿人。主讲过本科生课程数字收发通信模块原理与设计、电磁场理论，研究生课程微波毫米波系统理论与应用、毫米波与太赫兹成像技术。

主持国家自然科学基金项目2项，发表SCI论文10余篇。

**10. 林峰预聘副教授**

林峰，2008年7月毕业于华南理工大学信息工程专业，获工学学士学位；2013年7月毕业于华南理工大学电磁场与微波技术专业，获工学博士学位；2013年9月—2015年8月在密歇根大学（安娜堡）做博士后研究；2018年7—10月在香港城市大学任访问副教授。

2016年2月加入信息与电子学院微波技术研究所，任预聘副教授，博士生导师。主要从事新型微波电路与器件设计；任IET Electronics Letters和IEEE Access副编辑，IEEE senior member；第一作者或通讯作者发表SCI论文20余篇（其中IEEE Trans 13篇）。

**11. 邓长江助理教授**

邓长江，北京理工大学信息与电子学院助理教授，博士生导师。2011年在北京邮电大学通信工程专业获得学士学位，2016年在清华大学电磁场与微波技术专业获得博士学位，同年加入北京理工大学微波技术研究所。长期从事微波毫米波天线设计，尤其是 4G/5G 移动终端天线设计。先后发表 SCI 检索论文 30 余篇，EI 检索论文 20 余篇。获得国家发明专利授权 8 项。出版个人学术专著 1 部。负责或参与包括国家自然科学基金在内的多个项目。担任 IET Microwave Antenna & Propagation 杂志副主编。曾获得首届中国电子学会优秀博士学位论文、EMTS 国际电磁峰会 2019 年青年科学家奖、2019 年度顶级期刊 TAP 优秀审稿人等。

**12. 马建军教授**

马建军，北京理工大学信息电子学院教授、博士生导师。2015 年于美国新泽西理工学院、罗格斯新泽西州立大学获得应用物理学博士学位，2016—2019 年于美国布朗大学从事博士后研究。研究领域包括太赫兹无线通信、太赫兹室内外信道建模、太赫兹无线物理层安全、太赫兹器件、太赫兹光谱检测等。先后参与中国国家自然科学基金、国防科技创新特区国家重点研发计划、美国国家自然科学基金、W. M. Keck 基金、法国 Agence Nationale de la Recherche 基金等。研究成果多次被 U. S. Army Research Laboratory、IEEE Spectrum、PHYS. ORG 等机构和学术媒体报道，其中一项成果获得由世界科技联席组织 WTN 颁发的 2017 年世界技术奖（通信领域）。近年来以第一作者或通讯作者在 Nature、Nature Communications 等期刊发表多篇论文，并担任 Nature、Nature Photonics、OL、OE 等期刊审稿专家和多个国际会议 TPC 成员。

## 9.4 应用电磁研究所

### 9.4.1 概述

随着时代的发展，以电磁计算为核心基础的电子工业设计软件已成为国家电子工业产业的关键基础之一。电磁计算研究也发生了根本性的变化：由以算法研究为主的电磁计算研究转变为以需求牵引为主的实际应用电磁问题的分析、设计、优化。复杂电子系统设计仍面临多尺度、多物理、电磁兼容、复杂电磁环境、超大规模等一系列极具挑战性电磁计算问题。学院为了更好地应对这一形势，于 2018 年将以长江学者盛新庆讲席教授为带头人的研究团队，从原微波技术研究所分离出来，建立了应用电磁研究所，旨在瞄准电子射频系统设计软件需求、瞄准电磁隐身设计需求、瞄准临近空间高超飞行器通信与探测系统研制需求、瞄准大规模集成电路设计需求，提炼学术问题，研究复杂电子系统中的多物理作用机理，建立简要机理分析和设计模型，为研发电子工业设计软件与研制电子新技术奠定基础。

目前该所有 10 位教师,其中新体制教师 4 位:讲席教授 1 位,长聘副教授 1 位,预聘副教授 1 位,助理教授 1 位;老体制教师 3 位:教授 1 位,副教授 1 位,讲师 1 位;还有 2 位博士后和 1 位 B 类研究辅助人员。2 位获国家人才称号:长江特聘教授 1 位、新世纪优秀人才 1 位。

该所研究成果"电磁计算快速精确算法及其应用"获北京市科学技术奖一等奖,自主研发的"中算"电磁仿真软件已被 20 余家总体设计单位使用,主讲的"电磁场理论"课程被评为双语教学国家级示范课程,《Essentials of Computational Electromagnetics》被评为北京高等教育精品教材,《电磁理论、计算、应用》被评为北京理工大学精品教材,获 2016,2018 IEEE Antennas and Propagation Society Ulrich L. Rohde Innovative Conference Paper Awards,PIERS – 2019 青年科学家奖,以及 2019 年北京市青年教师教学基本功比赛工科组二等奖、最佳教案奖,北京理工大学教学名师、教学贡献奖等。获全国电子学会优秀博士论文奖及其提名奖各 1 次。

### 9.4.2 学术带头人盛新庆教授

盛新庆,北京理工大学讲席教授,2001 年度中国科学院"百人计划"入选者。2004 年度教育部长江学者特聘教授,2009 年度北京科学技术奖一等奖第一完成人。分别于 1991 年、1994 年、1996 年在中国科学技术大学获得学士、硕士、博士学位。1996—1998 年在美国伊利诺伊香槟分校从事博士后研究。1998—2002 年在香港城市大学先后做研究员和高级研究员。2002 年以中国科学院"百人计划"入选者加入中科院电子学研究所。2005 年以长江特聘教授加入北京理工大学。主要从事计算电磁学、目标特性与隐身设计、天线分析与设计、复杂电磁环境模拟等方面的研究。在国内外著名学术杂志和学术会议论文集上发表学术论文 300 余篇,其中 SCI 论文 150 余篇,SCI 他引千余次,单篇最高他引 200 余次。著作 6 本:《电磁之美》(2019)、《群论思想及其力量小议》(2018)、《电磁理论、计算、应用》(2016)、Essentials of Computational Electromagnetics(2012)、《电磁波述论》(2007)、《计算电磁学要论》(第 1 版 2004 年、第 2 版 2008 年、第 3 版 2018 年)。主持完成了"中算"电磁仿真软件,并被 20 余家总体设计单位使用。主讲的"电磁场理论"课程被评为双语教学国家

**盛新庆教授**

级示范课程，Essentials of Computational Electromagnetics 被评为 2013 年北京高等教育精品教材。

担任计算物理学会计算电磁学专业委员会副主任委员、中国电子学会电波传播分会委员、航天系统仿真等多个国家级和部级重点实验室学术委员会委员，《系统工程与电子技术》《电波科学学刊》等杂志编委。

## 9.5　微电子技术研究所

微电子技术研究所主要承担电子科学与技术学科下的微电子学与固体电子学和微电子与集成电路方向的研究生教学，以及电子科学与技术专业的本科教学。仲顺安教授为所长，带领研究所教师团队，经过多年发展壮大，取得了较好的学科建设成果和较大的科研水平提升。

### 9.5.1　历史沿革

1960 年 2 月 12 日，经北京工业学院第 21 次院务委员会通过决议，决定新建北京工业学院九系（即工程物理系）。九系下设两个专业——原子能专业和半导体专业，半导体专业的专业名称为半导体材料及器件（92 专业）。

1960 年 4 月半导体教研室正式成立，当时教师队伍包括：从物理教研室抽调的李卫、郑秀英、张继元，从 1956 年和 1957 年入学的各系抽调的本科生——邢素维、那奎成、王永刚、刘励和、赵长水、熊方平、李崇胜、马新渠、王金城、李印增、孙宏昌等。1960 年 9 月以后，化工系应届毕业生李世盛、郑武城，中专毕业生孙文举、李国信，复转军人丁世昌，从二系调来的学生指导员张明善等人加入教研室，还有复转军人五六人也参加了实验室工作，整个教研室约 20 人。当时抽调出来的教师均是一面参加科研，一面进修（因为他们没有学过理论物理方面的内容），同时准备自己所承担课程的备课。1960 年 9 月，学校派李印增到清华大学进修半导体器件（一）（二）课程，派王永刚到中科院半导体研究所进修半年。

当时的科研项目主要有：硅粉提炼、硅整流二极管制作（这两个项目的实验室在现一号楼西头一层及楼外小平房——早已拆除）、光敏电阻和热敏电阻研制（在物理组陈广汉、刘颖老师指导下进行）。当时制作的二极管采用环氧树脂封装，还向国防科工委献了礼。

1961 年五六月份，工程物理系的原子能专业下马，学生全部转到半导体专业，组成 1957 级第二个班。1961 年年底，工程物理系被撤销。1962 年学校决定半导体专业停办，并成立了北京工业学院基础部。1963 年夏，半导体专业转由基础部代管。

半导体专业停办后，专业所有教师原则上完成教学任务后回原单位进行分配或回班学习，留李卫、任光瑞、李印增三位老师等到1959级学生毕业后再作安排。学校决定所有实验室设备集中封存，于1959年年末上交院有关单位。停办期间，学校备案为停办，但实际上当时老师和学生还在教书与学习。

1964年10月，北京工业学院党委副书记时生主持召集有二系、五系及相关人员参加的会议，决定半导体专业保留学科，归属五系（无线电工程系），成为54专业。随后李卫和李印增老师调到五系，任光瑞老师调到物理教研室。

1970年3月4日，五机部军管会下文："同意北工办一个机械总厂和电子、光学两个分厂，生产炮瞄雷达、指挥仪、指挥镜、无线电元器件，工厂代号为5499厂（第二厂名为北京五七仪器厂）。"当时电子分厂建立在四号教学楼一层西侧。它的主要任务是生产战备急需的电子元件，以可控硅、半导体器件为主，建立了拉单晶、去离子水、蒸发镀膜、照相制版、腐蚀测试、氧化烧结、光刻切片、焊接封装等工序，形成硅单晶制备、小规模集成电路生产线，建立可控硅生产线和砷化镓势垒二极管研究组。从二系21教研室、物理教研室、数学教研室、机械制图教研室、外语教研室、体育教研室、机械零件制造教研室调来教师，1970年和1971年有两批青工分配到电子厂，称为一分队。

1971年11月，以当时电子厂的一分队为基础，加上部分物理组教师，重建了半导体专业，独立设立教研室（当时归属电子厂领导，教研室的工作由王景元负责）。

1972年以后，随着工农兵学员入校，原二系、物理教研室及五系教师陆续回原单位担负教学工作，电子厂只保留了小规模集成电路生产线，其余全部撤销。小规模集成电路生产线（包括制水、切磨抛片、扩散、光刻、压焊、测试及封装等工艺）划归为微波半导体器件，成为专业的工艺实验室。

2004年，仲顺安教授为所长，谢君堂为副所长，以54教研室为主成立微电子技术研究所，包括赵显利、仲顺安、谢君堂、蒋耘晨、曲秀杰等教师。

2005年，原半导体工艺线拆除。

2006年，建立集成电路设计实验室。

### 9.5.2 教育教学情况

在2010年之前，研究所负责电子科学与技术（微电子方向）教学，2010年更名为电子科学与技术，研究所多年来承担该专业教学。

仲顺安教授作为学科和专业责任教授，带领研究所教师团队，重视教学工作，出版多部教材，并注重学生的工程能力培养，持续将科研和工程内容深入浅出地融入教学过程，包括在课内讲授中融入工程内容、在课内实验中融入工程项目模块、课内调研和讨论、进行课外竞赛和其他课外项目等。

1997年，"大学生工程实践能力培养的探索和实践"（赵显利教授）获电子工业部教学成果一等奖。

2001年，"积极开展电子设计竞赛，促进大学生工程素质与能力培养"（赵显利教授）获北京市教育教学成果奖（高等教育）一等奖。

2004年，"大学生电子设计竞赛的开展与学生创新能力培养"（赵显利教授）获北京市教育教学成果奖（高等教育）一等奖。

2005年，"大学生电子设计竞赛的开展与学生创新能力的培养"（赵显利教授）获国家级教学成果奖特等奖。

2007年，"超大规模集成电路设计"研究型课程获批北京市与中央在京高校共建项目（北京市教育委员会、北京市财政局）。

2008年，"大学课堂教学法和教学质量监控体系的研究与实践"（赵显利教授）获北京市教育教学成果奖（高等教育）二等奖。

2011年，"电路分析基础"荣获北京市精品课程，电路教学获得国家级教学团队（仲顺安教授排名第二）。

2012年，北京理工大学电子科学与技术专业最早一批通过了全国工程教育专业认证。

2012年11月，"集成电路课群研究型教学改革"荣获北京理工大学第十三届优秀教育教学成果奖二等奖。

2012年，研究所辅助学生，成立了微电子课外实践社团（2018年，命名为微系统与集成电路俱乐部），系统指导学生在本专业领域的课外实践活动。至2020年，年均指导学生参加竞赛100人次，荣获国家级和省部级竞赛奖项近300人次，连续多年获得优秀指导教师和优秀参赛高校称号，并承担北京市、校级教改项目近10项。

2014年6月，以研究所为主体获批北京市硅基高速片上系统工程技术研究中心，仲顺安教授为中心主任。2017年，通过三年绩效考核。

2014年9月，"微电子电路基础"在中国大学MOOC网上线开课。

2014年，《理论物理导论》（仲顺安、田黎育、刘义荣、谢君堂著）获批北京高等教育精品教材。

2018年，"知识架构和工程实践并重的工科专业培养方法"荣获北京市高等教育教学成果奖二等奖。

### 9.5.3 科研情况

2000年以前，教研室主要从事分立特种器件的研制，其中主要研究工作如下：

1980 年，教研室李卫、许德华、李印增、刘义荣等老师承接的原五机部项目为雪崩光电二极管研制。

1987 年，李卫、李印增、刘义荣、仲顺安老师承接原兵器工业部项目高性能硅霍尔器件研制，1989 年完成此项目，并获机械电子工业部部级科技进步奖三等奖。

李印增老师和八系合作，研发桥丝电感式引信项目，该项目是兵器"85"预研重点项目，1996 年 6 月通过部级鉴定"本课题爆炸隔离模块中动力原火工品技术研究领域"已达到国内先进水平。

仲顺安老师为航天医学研究所研发血氧敏电极。

李印增、吴海霞两位老师自研三氧化二铝湿敏器件。

许德华、周永溶两位老师对压力传感器进行了设计和研制。

另外，林鸿溢老师主要承担半导体材料方面的工作，包括非晶硅与金刚石薄膜的研制工作，其间曾获总装备部预研项目 2 项。

自 2000 年开始，教研室开始承担集成电路设计研制任务。教研室与中科院电子所一室合作，承担了"离散余弦变换芯片设计"，为专业发展方向，以及教学、科研工作奠定了一定基础。

2000 年，承担总装备部新品任务 2 项。

2005 年，仲顺安教授参与的军工项目，荣获中国兵器工业集团科学技术奖三等奖。

2009 年，仲顺安教授获批国家自然科学基金面上项目"用于边界层智能自主控制的 MEMS 传感器和执行器研究"。

2010 年，仲顺安教授获批国家自然科学基金面上项目"25 吉赫兹超宽带分布式放大器的设计理论与方法学研究"。

2011 年，赵显利教授获批国家自然科学基金面上项目"基于 Volterra 级数的 ADC 数字后台校正技术研究"，仲顺安教授获批教育部博士点基金博导类"CMOS 分布式放大器的设计理论与方法学研究"。

2012 年，赵显利教授获批北京市自然科学基金"基于 CMOS 工艺的 6 吉赫兹 6 位四通道 ADC 电路设计及校正方法研究"，王卫江副教授获批国家自然科学基金面上项目"基于 CMOS 工艺的 10 吉赫兹 6 位 ADC 电路设计及校正方法研究"，桂小琰获批国家自然科学基金青年科学基金项目"短距离 30 吉赫兹/60 吉赫兹双频段高速无线通信收发系统片上集成关键技术研究"。

2013 年，陈志铭获批国家自然科学基金青年科学基金项目"用于汽车雷达的 77 吉赫兹四通道相控阵收发机片上集成技术研究"，陈志铭和王兴华获批教育部博士点基金新教师类项目"应用于汽车雷达的 77 吉赫兹集成相控阵片上雷达的设计与研究"和"短距离高速无线通信收发系统片上集成关键技术研究"。

2014年,陈倩文获批国家自然科学基金青年科学基金项目"低介电常数、低杨氏模量介质材料在三维垂直互连中的应用探索"。

2015年,丁英涛副教授获批国家自然科学基金面上项目"超高深宽比三维集成的微纳米尺度、均匀、致密的高分子聚合物绝缘技术机理研究"。

2017年,陈志铭副教授获批国家自然科学基金面上项目"应用于2.5维集成的微纳尺度下超低阻硅垂直互连结构的电学、光学与热力学机理研究"。

2018年,任仕伟和李潇然获批国家自然科学基金青年科学基金项目"有限空间下广义周期互质阵列群相对最优结构选型与增强优化研究"和"用于无线通信的Ka波段CMOS全双工共享天线收发系统片上集成技术研究"。

2019年,陈志铭教授申报"毫米波相控阵收发CMOS芯片及硅基转接板关键技术研究"项目,获批北京市科技新星计划。

至2020年,经过多年发展,研究所已形成如下发展方向:

(1) 基于CMOS工艺的高性能核心电子元器件及其使用标准。

(2) 基于相控阵体制的射频前端片上系统及其使用标准。

(3) 面向导航与通信应用的多体制多模式硅基集成电路系列芯片及其使用标准。

(4) 航空航天领域微波雷达信号处理系列芯片及其使用标准。

与行业内企事业单位,如中船716所、中电科10所、中科院电子所、中科院微电子所、兵器214所、航天772所、航天科工25所等单位形成稳定的合作关系,上述部分方向达到国内一流水平。

研究所科研设备总值8 000万元,拥有百万级超净间和至W波段的射频在片测试能力。近10年承担了包括"863""十三五"等在内的科研项目近百项,其中包括11项国家自然科学基金等。年均科研经费1 000万元,年均发表SCI期刊论文10余篇。

### 9.5.4 现团队人员情况

2004年,研究所团队人员包括赵显利、仲顺安、谢君堂、蒋耘晨、曲秀杰等教师。

2020年,研究所教师团队共15人,包括仲顺安教授(博导)、赵显利教授、曲秀杰教授、陈志铭教授(博导)、丁英涛副教授(博导)、王卫江副教授(博导)、王晓华副教授、田黎育副教授、党华副教授、陈越洋讲师、王兴华讲师、任仕伟讲师、吴海霞讲师、高巍工程师、张蕾实验员。

### 9.5.5 学术带头人李卫教授

李卫（1929.1—2010.8），北京人，教授。1950 年 7 月中法大学物理系毕业，1950 年 9 月—1951 年 7 月在北方交大（今为北京交大）唐山工学院任教。1951 年 7 月调入北京工业学院物理教研室，担任普通物理的教学工作。1956 年 8 月—1958 年 8 月到中国科学院物理所半导体研究室进修，负责筹建锗面垒晶体管的实验研制工作。1958 年 8 月回校后，从事锗晶体管的研制及硅粉提纯。1960 年 4 月半导体专业正式建立后，负责教学计划制订，担任"半导体物理""半导体材料""专业英语阅读"课程的讲授，编写《半导体材料》讲义，是半导体专业的奠基人和带头人。1977 年恢复高考招生后，担任教研室主任。1984 年 2 月—1995 年担任全国工科电子类专业教材编写委员会（1985 年 8 月改为教学指导委员会）委员。自 1978 年起积极参与专业教材的编写工作，他所编写的《热力学与统计物理》出版后被普遍采用，受到好评，曾两次修改再版，该教材于 1983 年、1990 年两次获得校优秀教材一等奖。李卫、刘义荣编著的《理论物理导论》作为专业基础理论教材，得到同类及相近专业教师的好评，该教材于 1995 年获电子部优秀教材二等奖。李卫老师为半导体专业教材的建设做出了突出贡献。20 世纪 80 年代初，他负责红外光电二极管、硅高性能霍尔器件的研制工作，1988 年 12 月硅高性能霍尔器件通过部级鉴定，该器件性能指标达到国防同类产品的技术指标，处于国内领先水平，该项目获 1989 年部级三等奖。

李卫教授

### 9.5.6 学术带头人仲顺安教授

仲顺安，教授，博士生导师，现任北京市硅基高速片上系统工程中心主任，北京理工大学微电子技术研究所所长。2002 年获得电磁场与微波技术专业工学博士学位，2001 年聘任为教授，曾任北京理工大学信息学院院长、北京理工大学教务处处长。现任和曾任社会职务主要有：教育部高等学校电子信息类教学指导委员会委员、工信部国家科学技术奖励评审专家、中国电子学会本科生教育分会委员、《半导体学报》常务理事、×××专业组成员、全国大学生电子设计竞赛组委会副秘书长、兵工高校教材工作委员会理事长、兵工高校教学工作委员会秘书长。1995 年开始参与教学工作，主要讲授"大规模集成电路 CAD""电路分析基础""信息与电子专业导论""超大规模集成电路设计""VHDL 语言及集成电路设计""模拟电路"等多门本科生基础课程和教学改革类课程，以及"高等物理""SOC 理论与设计"等多门本硕博班以及博士班课程，近年来指导硕博研究生近 50 人。曾获"电路分析基础"北京市精品课程、电路教学国家级教学团队等多项教学奖项和荣誉。多年来作为团队负责人带领科研团队承担了包括国家"863""十二五"项目在内的百余项科研项目，累计科研经费达上亿元，本人发表具有代表性的高水平学术论文 50 多篇。其中，"高性能××器件研制"项目获部级科技进步三等奖，"××高速处理和数据传输芯片"项目获中国兵器工业集团科学技术三等奖。

仲顺安教授

### 9.5.7 学术带头人赵显利教授

赵显利，1954 年 9 月出生于陕西，北京理工大学教授，曾任北京理工大学副校长、党委常委。1989 年任北京理工大学电子工程系党总支副书记、副主任；1991 年任北京理工大学电子工程系党总支书记，1998 年任北京理工大学校长办公室主任，2003 年任北京理工大学工会主席。参与的社会兼职工作主要有：中国电子学会生命电子学分会理事长、全国内地高校少数民族预科教育管理和教学工作指导委员会主任、全国大学生电子设计大赛组委会副主任兼秘书长、国防科技工业"511 人才工程"高级管理人才。承担和参与多项国家自然科学基金以及多项国家级重点项目和预研项目，发表 30 多篇高水平学术论文。教学获奖主要有：1997 年"大学生工程实践能力培养的探索和实践"获电子工业部教学成果获一等奖，2001 年"积极开展电子设计

赵显利教授

竞赛，促进大学生工程素质与能力培养"获北京市教育教学成果奖（高等教育）一等奖，2004 年"大学生电子设计竞赛的开展与学生创新能力培养"获北京市教育教学成果奖（高等教育）一等奖，2008 年"大学课堂教学法和教学质量监控体系的研究与实践"获北京市教育教学成果奖（高等教育）二等奖，2005 年"大学生电子设计竞赛的开展与学生创新能力的培养"获国家级教学成果奖特等奖。

### 9.5.8　学术带头人曲秀杰教授

曲秀杰，女，1966 年出生，北京理工大学信息与电子学院教授。长期从事复杂信号处理系统的小型化、集成化研究。作为第一负责人先后完成科研项目 20 多项，总经费 1 000 多万元。主要承担了国家自然科学基金、军口"863"项目、国防军工技术基础科研项目、总装重点基金等纵向科研项目及与研究所合作的横向科研项目。其中面向超大规模集成实现的像素级多传感器图像融合技术研

曲秀杰教授

究，实现了单芯片处理同源、异源图像配准、实时处理多传感器图像融合系统，达到了国内领先水平；为某重点型号研制的配套设备，搭载在无人机、无人飞艇等平台上，在"××作战系统""××武器系统""××导弹系统"等多个型号项目联调试验中发挥了重要作用。在国内外刊物上已发表学术论文 40 多篇；以第一发明人申请并授权国家专利 4 项；获兵器科学技术奖一等奖 1 项，国防科技进步奖三等奖 1 项；获北京理工大学优秀科技成果奖二等奖 1 项；出版一部国防重点教材《微电子技术应用基础》，获 2009 年度兵工高校优秀教材二等奖。

### 9.5.9　学术带头人陈志铭教授

陈志铭，男，1984 年出生，北京理工大学信息与电子学院教授，博士生导师。2007 年于清华大学获得工学学士学位，2012 年于美国加州大学尔湾分校（University of California, Irvine），获得博士学位。主要研究方向为硅基射频/毫米波集成电路设计与三维集成技术。在 IEEE JSSC、TMTT、TED、EDL、ISSCC、RFIC、IMS 等国际权威期刊和会议上共发表 40 余篇论文，Google Scholar 累计引用 700 余次，SCI 他引 300 余次。以第一发明人获授权国家/国防发明专利 6 项。作为负责人，共主持 16 项科研项目，省部级以上纵向项目 8 项，包括 2 项国家自然科学

陈志铭教授

基金、教育部博士点基金、"十三五"武器装备预研项目等。2018 年获北京市高等教育教学成果奖二等奖（排序 1）。2019 年入选北京市科技新星计划。

## 9.6 专用处理器研究所

专用处理器研究所成立于 2010 年，由国家高层次引进人才、北京理工大学教授刘大可创立，主要从事通信领域、人工智能、医疗专用处理器设计以及专用集成电路设计。

刘大可教授是专用处理器领域的奠基人之一，主要从事专用处理器设计方法学、通信系统、计算机体系结构、嵌入式并行计算、超短延迟超算、超大规模集成电路和射频集成电路等方向的研究。曾任瑞典林雪平大学计算机工程学科终身首席教授、学科主任，北欧统一博士生导师，美国电气和电子工程师协会（IEEE）高级会员。在专用处理器领域发表高水平论文 200 余篇，部分单篇论文 SCI 引用率超过 300 次，IEEE 高被引，拥有专利 29 项（美国专利 4 项），著有 Morgan Kaufmann 出版的 Embedded DSP Processor Design，Application Specific Instruction – set Processor 教材，并成为行业权威著作。

刘大可教授于 1982 年和 1987 年于北京交通大学通信与控制系获学士和硕士学位，1995 年毕业于瑞典林雪平大学获工学博士学位，1999 年获北欧博士导师资格（docent）。先后担任瑞典林雪平大学计算机结构主席教授、学科主任（所长），爱立信瑞典微电子集团低功耗通信集成电路高级设计师，瑞典林雪平 Coresonic 有限公司董事兼总工，瑞典 FreeHandDSP 有限公司副总裁兼总工，北京理工大学专用处理器研究所所长、博导等职。兼任国家通信学会第八届（2015—2019）和第九届（2020—2024）学术工作委员会委员、国家科技进步奖评审委员、国家 03 专项顾问委员会委员、国家通信集成电路专家委员会委员、国家通信边缘计算专家委员会委员、欧盟第七框架 ICT Heterogeneous 专家组成员，浙江大学曹光彪讲座教授、华为低功耗首席顾问、联芯首席顾问、大唐移动首席顾问等。

在科技成果产业化方面，刘大可教授具有非常成功的经验，曾创办瑞典 FreeHandDSP 有限公司，被 VIA 收购；创办的瑞典 Coresonic 有限公司被 MTK 收购。2002—2012 年，刘大可教授开创可编程软件无线电基带的研究，其成果和公司被国际手机芯片巨头联发科公司并购，该技术作为手机基带平台用于全球 20% 的智能手机。

2010 年，刘大可教授任北京理工大学教授，并创立北京理工大学专用处理器研究所、Synopsys 北理工联合实验室。专用（指令集）处理器的指令集是针对特定的应用而专门设计的，同时处理器的控制和存储也根据特定应用的特性得到了优化。在特定领域的应用中，性能、面积、功耗都显著优于通用处理器。专用处理器研究所主要研究用于基站和手机的基带，以及人工智能专用处理器解决方案。刘大可教授曾参与国家"863"重大专项"5G 无线传输关键技术研发"和基金委仪器重大专项"植入式青光眼眼压监测与微引流智能仪器的研究"的研究工作。

专用处理器研究所积极参与学院的教学工作，成立以来共培养博士后 2 名，博士生和硕士研究生 60 余名。研究所所长刘大可作为全英文班首席教授，负责全英文班教学大纲制定、教学理念规划和教学梯队建设。研究所承担工程概论（全英文）、电子工程概论（全英文）、专用处理器设计（全英文）、电子工程管理概论、数字电路、模拟电路与系统、通信电路与系统、模拟电子学、工程概论（中文）、超大规模集成电路设计导论（全英文）、片上系统设计（全英文）、嵌入式系统设计与验证（全英文）、电工与电子技术等本科生及研究生课程。研究所教师积极探索新的教学方式，积极参与教学改革项目，共承担北京理工大学教改项目 2 项、教育部产学协作育人项目 1 项，参与北京市级教育教学改革项目 1 项。研究所还积极参与学生的创新创业教育，指导学生参加各级学科竞赛。近年来指导的学生获国家级竞赛奖 10 余项，获北京市级竞赛奖 30 余项。

## 9.7 雷达技术研究所

信息与电子学院雷达技术研究所（以下简称雷达所或研究所）起源于 1953 年建立的雷达设计与制造专业，其前身是在 1964 年成立的五系雷达技术研究室。其间经历过 50 余年的专业、人员的改革和分化、整合变迁，不断蜕变和发展壮大，今天已经成为信息与电子学院，乃至整个北京理工大学科研工作的排头兵和标志性的大学研究机构，在国内外具有广泛的影响力。

### 9.7.1 历史沿革

1964 年 1 月 30 日，国防科工委发出关于国防工业高等院校建立科研机构的通知，同意在北京工业学院设立 4 个研究室和在 4 个教研室内增加专职科研编制。根据这个通知，雷达技术研究室正式成立，设立在五系，人员包括胡启俊、吴祈耀、柯有安、韩月秋、费元春、毛二可、李世智、张宝俊、周冬友、邓克勤、徐维新、徐叙兴、邬光浩等人。胡启俊、柯有安、吴祈耀先后担任研究室负责人。这是在五系首次设立研究室，它也是后来雷达技术研究所的前身。

## 国防工业高等院校科研机构情况简表

| 院校名称 | 院校意见 | | | 承担编制单位意见 | 国防科委意见 |
|---|---|---|---|---|---|
| | 拟建科研机构名称 | 申请编数 | 现能配备人员 | | |
| | 小计 | 192 | 75 | | 130人 |
| 北京 | 1.雷达技术研究室 | 25 | 10 | 十院同意承担编制 | 30人（设室） |
| | 2.火箭固体燃料研究室 | 30 | 23 | 五院同意承担编制 | 25人（〃） |
| | 3.坦克研究室 | 30 | 26 | 装甲兵研究院同意承担编制 | 30人（〃） |

国防工业高等院校科研机构情况简表（部分）

雷达技术研究室成立伊始，研究工作以与南京14所协作的"相控阵雷达技术研究"项目为中心，1965年提出了我国第一个相控阵体制雷达方案，该方案后来服务于7010等雷达方案设计。1966年"文化大革命"开始后，研究室不能正常开展科研工作，人员也随着科研任务的变化而不断有所调整和变动。

"文化大革命"时期雷达技术研究室完成的国家下达的任务主要是小860雷达和小860雷达动目标显示系统。

1971年，雷达技术研究室进行了体制改革，将系改成大队，专业改为中队。五系为五大队，其中包括四中队（雷达技术研究室），即研究室中队，吴祈耀任队长。

"文化大革命"期间，雷达技术研究室毛二可、韩月秋、周冬友、肖裔山、邬光浩等坚持科研，在世界上首创数模混合CCD动目标处理技术。

"文化大革命"结束后，从1980年开始，学校恢复和整顿科研组织，发布了《北京工业学院科学技术成果奖励条例》，并在1982年3月召开了学校第二次科研成果奖励表彰大会，表彰了18项科研成果和对国家做出重大贡献的3个实验室和研究室，其中包括五系的雷达技术研究室。

20世纪80年代雷达技术研究室在数字化动目标显示技术和基于DSP的实时信号处理技术方面处于国内领先地位，与世界先进水平同步。

1990年12月22日，五系雷达技术研究室被评为全国高校科技工作先进集体，毛二可教授被评为全国高校先进科技工作者。

1993年6月，学校校长工作会议决定成立3个研究所，其中包括设置在五系的雷达技术研究所。毛二可、韩月秋、周冬友、何佩琨先后主持雷达所的工作。

目前的雷达所所长龙腾从 2004 年任职至今。

20 世纪 90 年代—21 世纪 2010 年前后，雷达技术研究所从为工业部门配套定制处理系统谋求转型，发展雷达系统整机，并研制可以满足多种雷达需求的通用处理系统。

1994 年，雷达技术研究所党支部获北京高校先进党支部标兵称号。

1995 年 5 月 30 日，雷达技术研究所毛二可教授当选为中国工程院院士。

经多年发展，雷达技术研究所团队不断发展壮大，至 2005 年雷达技术研究所团队教师和员工总人数已近 30 人，2005 年学校决定建设 5 个学科特区，其中包括五系的雷达技术研究所。

2006 年，从学校到北京市到当时的国防科工委，掀起了学习毛二可院士创新团队的热潮。2006 年 6 月，当时的国防科工委陈求发副主任为雷达所授予奖牌"国防科技工业优秀科技创新团队"。

2009 年，雷达技术研究所逐渐形成 3 个研究团队：以毛二可院士、龙腾教授为主要带头人的新体制雷达与实时信息处理研究团队、以吴嗣亮教授为主要带头人的航天电子技术研究团队和以高梅国教授为主要带头人的雷达与对抗技术研究团队。

2012 年以后，在科研方面，雷达所在雷达系统、高性能信号处理、系统仿真与信号模拟、航天、北斗卫星导航、电子对抗、图像处理、特种通信、民用雷达等领域全面发展。此外，在国际化、人才培养、产学研一体化等方面全面开花，雷达技术研究所学术声望、影响力进一步提升。

2014 年，以高梅国教授为主要带头人成立雷达与对抗技术研究所。之后，雷达技术研究所包括两个研究团队：毛二可院士、龙腾教授团队和吴嗣亮教授团队。

至 2020 年 6 月雷达技术研究所工作人员情况如表 9.13 所示。

表 9.13 至 2020 年 6 月雷达技术研究所工作人员情况

| 姓名 | 性别 | 出生年月 | 入所时间 | 岗位系列 | 职务/职称 | 指导研究生 |
|------|------|---------|---------|---------|----------|-----------|
| 毛二可 | 男 | 1934.01 | 1956.07 | A | 院士 | 博导 |
| 龙　腾 | 男 | 1968.01 | 1995.03 | A | 所长/教授 | 博导 |
| 吴嗣亮 | 男 | 1964.08 | 1998.06 | A | 副所长/教授 | 博导 |
| 曾　涛 | 男 | 1971.05 | 1999.01 | A | 副所长/研究员 | 博导 |
| 崔　嵬 | 男 | 1976.10 | 2005.03 | A | 副所长/教授 | 博导 |

续表

| 姓名 | 性别 | 出生年月 | 入所时间 | 岗位系列 | 职务/职称 | 指导研究生 |
|---|---|---|---|---|---|---|
| 胡 程 | 男 | 1981.07 | 2009.09 | A | 副所长/研究员 | 博导 |
| 赵保军 | 男 | 1960.08 | 1998.12 | A | 教授 | 博导 |
| 陈 禾 | 女 | 1970.03 | 2000.07 | A | 教授 | 博导 |
| 杨小鹏 | 男 | 1976.09 | 2010.04 | A | 教授 | 博导 |
| 丁泽刚 | 男 | 1980.09 | 2008.09 | A | 研究员 | 博导 |
| 陈 亮 | 男 | 1981.04 | 2008.04 | A | 研究员 | 博导 |
| 王永庆 | 男 | 1981.09 | 2008.09 | A | 教授 | 博导 |
| 邓宸伟 | 男 | 1982.12 | 2012.12 | A | 教授 | 博导 |
| 张伟锋 | 男 | 1985.12 | 2019.06 | A | 准聘教授 | 博导 |
| 马淑芬 | 女 | 1960.12 | 1998.07 | A | 副教授 | 硕导 |
| 李 海 | 男 | 1972.06 | 2002.09 | A | 副研究员 | 博导 |
| 王 菊 | 女 | 1973.01 | 2004.09 | A | 副研究员 | 硕导 |
| 郑 哲 | 男 | 1975.07 | 2006.12 | A | 副教授 | 硕导 |
| 侯舒娟 | 女 | 1977.03 | 2005.03 | A | 副研究员 | 硕导 |
| 魏国华 | 男 | 1977.11 | 2004.04 | A | 副研究员 | 博导 |
| 李 阳 | 男 | 1979.05 | 2007.04 | A | 副研究员 | 硕导 |
| 胡善清 | 男 | 1980.01 | 2006.09 | A | 高级工程师 | 硕导 |
| 刘泉华 | 男 | 1982.01 | 2011.12 | A | 副教授 | 博导 |
| 田卫明 | 男 | 1983.01 | 2012.09 | A | 副教授 | 硕导 |
| 刘飞峰 | 男 | 1983.03 | 2013.07 | A | 副教授 | 硕导 |
| 王彦华 | 男 | 1984.07 | 2014.11 | A | 副教授 | 硕导 |
| 王 锐 | 男 | 1985.01 | 2017.01 | A | 预聘副教授 | 博导 |
| 沈 清 | 男 | 1988.05 | 2019.07 | A | 预聘副教授 | 博导 |
| 刘竟园 | 女 | 1964.02 | 1993.11 | A | 工程师 | / |
| 闫宇松 | 男 | 1969.12 | 2013.01 | A | 讲师 | 硕导 |

续表

| 姓名 | 性别 | 出生年月 | 入所时间 | 岗位系列 | 职务/职称 | 指导研究生 |
|---|---|---|---|---|---|---|
| 任丽香 | 女 | 1971.09 | 1996.04 | A | 讲师 | 硕导 |
| 王 旭 | 男 | 1974.01 | 1998.04 | A | 讲师 | 硕导 |
| 陈 刚 | 男 | 1975.02 | 1994.07 | A | 工程师 | 硕导 |
| 侯建刚 | 男 | 1976.08 | 2007.03 | A | 讲师 | 硕导 |
| 李加琪 | 男 | 1976.11 | 2006.12 | A | 讲师 | 硕导 |
| 唐林波 | 男 | 1978.01 | 2005.09 | A | 讲师 | 硕导 |
| 姚 迪 | 男 | 1978.01 | 2006.09 | A | 讲师 | 硕导 |
| 李 枫 | 男 | 1978.08 | 2011.12 | A | 讲师 | 硕导 |
| 谢宜壮 | 男 | 1980.01 | 2011.11 | A | 讲师 | 硕导 |
| 刘海波 | 男 | 1980.12 | 2006.09 | A | 讲师 | 硕导 |
| 李 健 | 男 | 1981.04 | 2010.09 | A | 讲师 | 硕导 |
| 王宏宇 | 男 | 1981.05 | 2011.06 | A | 讲师 | 硕导 |
| 张 钦 | 男 | 1981.06 | 2010.01 | A | 讲师 | 硕导 |
| 金 烨 | 女 | 1982.12 | 2008.04 | A | 讲师 | 硕导 |
| 宋媛媛 | 女 | 1983.01 | 2012.11 | A | 讲师 | 硕导 |
| 田 静 | 女 | 1984.11 | 2017.06 | A | 预聘助理教授 | 博导 |
| 陈新亮 | 男 | 1984.12 | 2012.11 | A | 讲师 | 硕导 |
| 师 皓 | 男 | 1986.04 | 2018.12 | A | 预聘助理教授 | 硕导 |
| 董锡超 | 男 | 1986.07 | 2017.01 | A | 预聘助理教授 | 博导 |
| 钟 怡 | 女 | 1988.08 | 2019.08 | A | 预聘助理教授 | 硕导 |
| 王 岩 | 男 | 1989.03 | 2018.01 | A | 预聘助理教授 | 硕导 |
| 赵丽艳 | 女 | 1981.01 | 2016.03 | B | 无 | / |
| 李霄男 | 男 | 1981.03 | 2016.03 | B | 无 | / |
| 王绍姮 | 女 | 1982.02 | 2008.07 | B | 工程师 | / |
| 杨曾瑜 | 女 | 1982.05 | 2019.10 | B | 无 | / |

续表

| 姓名 | 性别 | 出生年月 | 入所时间 | 岗位系列 | 职务/职称 | 指导研究生 |
|---|---|---|---|---|---|---|
| 张立阳 | 男 | 1982.09 | 2018.07 | B | 无 | / |
| 沈国松 | 男 | 1983.03 | 2020.01 | B | 工程师 | / |
| 何宜根 | 男 | 1984.06 | 2019.06 | B | 工程师 | / |
| 张飞宇 | 男 | 1985.02 | 2019.08 | B | 工程师 | / |
| 周 扬 | 男 | 1985.06 | 2017.08 | B | 工程师 | / |
| 刘丹丹 | 女 | 1985.07 | 2016.11 | B | 无 | / |
| 钟 波 | 男 | 1986.01 | 2018.11 | B | 工程师 | / |
| 蔚 芳 | 女 | 1986.04 | 2016.03 | B | 无 | / |
| 张旭艳 | 女 | 1986.04 | 2020.01 | B | 无 | / |
| 王文静 | 女 | 1987.01 | 2019.09 | B | 工程师 | / |
| 陈 岩 | 男 | 1987.02 | 2019.01 | B | 工程师 | / |
| 张 春 | 男 | 1987.02 | 2019.01 | B | 工程师 | / |
| 杨 娜 | 女 | 1987.03 | 2019.05 | B | 工程师 | / |
| 韩菲菲 | 女 | 1987.07 | 2016.03 | B | 无 | / |
| 陈 南 | 女 | 1987.12 | 2016.03 | B | 无 | / |
| 刘东磊 | 男 | 1988.01 | 2019.09 | B | 工程师 | / |
| 邓 楚 | 女 | 1988.09 | 2013.12 | B | 无 | / |
| 杨焕全 | 男 | 1988.11 | 2018.11 | B | 工程师 | / |
| 巩奇妍 | 女 | 1988.12 | 2016.03 | B | 无 | / |
| 孔 明 | 男 | 1988.12 | 2019.09 | B | 工程师 | / |
| 赵宏基 | 男 | 1989.03 | 2018.12 | B | 工程师 | / |
| 黄喜淦 | 男 | 1989.07 | 2020.01 | B | 工程师 | / |
| 高 明 | 男 | 1989.09 | 2015.09 | B | 工程师 | / |
| 黄 曦 | 男 | 1989.09 | 2017.01 | B | 工程师 | / |
| 王明洁 | 女 | 1990.12 | 2016.03 | B | 无 | / |

续表

| 姓名 | 性别 | 出生年月 | 入所时间 | 岗位系列 | 职务/职称 | 指导研究生 |
|------|------|----------|----------|----------|-----------|------------|
| 孙伟彤 | 女 | 1991.07 | 2019.11 | B | 无 | / |
| 刘勇 | 男 | 1992.01 | 2020.01 | B | 工程师 | / |
| 周宝路 | 男 | 1993.01 | 2019.05 | B | 工程师 | / |
| 杨文龙 | 男 | 1993.01 | 2019.12 | B | 工程师 | / |
| 高科 | 男 | 1993.02 | 2018.04 | B | 无 | / |
| 乔婷婷 | 女 | 1993.12 | 2018.05 | B | 工程师 | / |
| 田琳琳 | 女 | 1994.09 | 2018.09 | B | 无 | / |
| 孙薇 | 女 | 1994.12 | 2019.01 | B | 工程师 | / |
| 石云飞 | 男 | 1995.01 | 2018.09 | B | 工程师 | / |
| 严钢 | 男 | 1996.11 | 2020.01 | B | 工程师 | / |
| 王圣元 | 男 | 1997.08 | 2019.08 | B | 无 | / |

## 9.7.2 主要人才培养情况

在20世纪80年代及以前，雷达技术研究所的教学工作承担较少，当时只有毛二可给硕士研究生讲一门雷达系统方面的课程，内容以雷达动目标处理为重点。除此之外，雷达技术研究所每年承担10人左右的大学生毕业设计指导工作。

20世纪90年代，特别是中后期，随着研究生教育的发展，在校、系领导下，雷达技术研究所承担通信与信息系统工程一级学科下信号与信息处理二级学科的建设任务，开始有系统、有计划地开设多门课程，把开设研究生课程与科研任务相结合，培养中青年学科带头人。主要开设的课程如下：

（1）龙腾博士开设"现代雷达"课程，把高分辨雷达、相控阵雷达、合成孔径雷达等当代最先进的雷达系统与雷达信号处理技术纳入教学内容，促进了科研和学科建设，该课程已进入本专业博士专业课目录。

（2）吴嗣亮博士开设"近代信号处理"课程，讲授现代谱估计、系统辨识等近代信号处理的重要内容，填补了当时我系研究生教学内容的一些空白。他在此基础上编写出版了教材，该课程现已成为我校通信与信息系统博士和硕士研究生专业基础课。

（3）高梅国博士先后开设"实时数字信号处理技术""雷达对抗"等课程。

在他们的带动下，雷达技术研究所先后开设了博士和硕士研究生课程 10 余门，这些课程后来基本都纳入了研究生教学计划。

除了研究生课程外，雷达技术研究所的教师还承担了大量的本科生课程，详情如表 9.14 所示。

表 9.14　本科教学和研究生教学课程

| 序号 | 课程名称 | 授课对象 | 授课人 |
| --- | --- | --- | --- |
| 1 | 随机数字信号处理 | 本科 | 杨小鹏、李枫、王彦华 |
| 2 | 基于 FPGA 的数字信号处理系统设计 | 本科 | 陈禾、谢宜壮 |
| 3 | 数字图像处理理论与系统设计 | 本科 | 邓宸伟、唐林波 |
| 4 | 遥感成像信息处理概论 | 本科 | 丁泽刚、王锐、刘飞峰 |
| 5 | 数字信号处理 | 本科 | 许稼、刘泉华 |
| 6 | 制导图像处理技术 | 本科 | 赵保军 |
| 7 | 数字信号处理 B | 本科 | 刘泉华 |
| 8 | 信息与系统 | 本科 | 宋媛媛 |
| 9 | 数字电路 | 本科 | 宋媛媛 |
| 10 | 信号检测与估计 | 本科 | 陈新亮 |
| 11 | 信息与电子专业导论 | 本科 | 陈禾、杨小鹏 |
| 12 | 数据结构与算法设计（C 描述） | 本科 | 张磊 |
| 13 | 控制理论基础 | 本科 | 赵保军、闫宇松、刘泉华 |
| 14 | 控制理论基础 A | 本科 | 赵保军 |
| 15 | 控制理论基础 B | 本科 | 王彦华 |
| 16 | 控制理论基础（实验） | 本科 | 王岩、王彦华、刘泉华 |
| 17 | 雷达原理与系统 | 本科 | 田卫明 |
| 18 | 军用信息系统概论 | 本科 | 龙腾、曾涛、张磊 |
| 19 | 信号处理综合设计（课赛结合） | 本科 | 陈禾、谢宜壮 |
| 20 | 宽带通信与 XDSL（已停课） | 本科 | 龙腾、任丽香 |

续表

| 序号 | 课程名称 | 授课对象 | 授课人 |
|---|---|---|---|
| 21 | 计算机基础 A | 本科 | 唐林波 |
| 22 | VHDL 硬件描述语言 | 本科 | 谢宜壮、陈禾 |
| 23 | 自动控制理论 | 本科 | 赵保军 |
| 24 | 信号分析与处理 | 本科 | 宋媛媛 |
| 25 | 信号与系统 | 本科 | 宋媛媛 |
| 26 | 计算机原理与应用 B | 本科 | 李海 |
| 27 | 扩频信号处理技术与应用 | 本科 | 王菊 |
| 28 | 航天测控通信技术概论 | 本科 | 王永庆 |
| 29 | 高级数字信号处理 | 本科 | 侯舒娟、张钦 |
| 30 | 工程导论 | 本科 | 吴嗣亮、崔嵬 |
| 31 | 控制理论基础 B | 本科 | 侯建刚 |
| 32 | 信号的检测与估计（已停课） | 本科 | 马淑芬 |
| 33 | 传感器技术（已停课） | 本科 | 马淑芬 |
| 34 | 数字信号处理综合实验（已停课） | 本科 | 魏国华 |
| 35 | CPU 与汇编（已停课） | 本科 | 李海 |
| 36 | Data Fusion | 研究生 | 刘飞峰 |
| 37 | 雷达系统导论（英文） | 研究生 | 刘泉华、刘飞峰、田卫明 |
| 38 | 雷达系统导论 | 研究生 | 龙腾、刘伟、丁泽刚、胡程、刘海波 |
| 39 | 多源数据融合理论与应用（英文） | 研究生 | 胡程、董锡超、刘飞峰 |
| 40 | 数据融合原理 | 研究生 | 胡程、董锡超 |
| 41 | 高分辨雷达（英文） | 研究生 | 田卫明、刘飞峰 |
| 42 | 高分辨雷达 | 研究生 | 龙腾、姚迪、丁泽刚、杨小鹏、曾大治、刘泉华 |
| 43 | 高性能嵌入式可重构并行计算方法 | 研究生 | 谢宜壮、金烨 |
| 44 | 可编程数字信号处理系统设计 | 研究生 | 陈禾、杨小鹏 |
| 45 | 高级机器学习 | 研究生 | 邓宸伟 |

续表

| 序号 | 课程名称 | 授课对象 | 授课人 |
|---|---|---|---|
| 46 | 雷达目标智能识别 | 研究生 | 李枫、王彦华 |
| 47 | 图像分析、处理及机器视觉 | 研究生 | 赵保军、邓宸伟 |
| 48 | 合成孔径雷达理论与应用 | 研究生 | 王岩 |
| 49 | 量子雷达原理 | 研究生 | 陈新亮 |
| 50 | 数据融合 | 研究生 | 曾涛、胡程 |
| 51 | 高性能DSP系统软件技术 | 研究生 | 刘峰、刘伟、胡善清、李阳、谢宜壮、闫宇松、金烨 |
| 52 | 现代信号处理 | 研究生 | 龙腾、丁泽刚 |
| 53 | 数字视频技术 | 研究生 | 唐林波 |
| 54 | 信号检测与估计理论（全英文） | 研究生 | 杨小鹏 |
| 55 | 统计信号参数估计理论（全英文） | 研究生 | 杨小鹏 |
| 56 | 电子信息工程导论 | 研究生 | 曾涛 |
| 57 | 统计信号处理基础 | 研究生 | 丁泽刚 |
| 58 | 高级图像处理 | 研究生 | 邓宸伟、赵保军 |
| 59 | 数字图像处理与模式识别 | 研究生 | 邓宸伟 |
| 60 | Principle of Data Fusion | 研究生 | 胡程 |
| 61 | Statistical Signal Parameter Estimation Theory | 研究生 | 杨小鹏 |
| 62 | Signal Detection and Estimation Theory | 研究生 | 杨小鹏 |
| 63 | 近代信号处理 | 研究生 | 马淑芬 |
| 64 | 统计信号处理基础 | 研究生 | 侯舒娟 |
| 65 | 卫星导航定位理论与方法 | 研究生 | 王菊 |
| 66 | 现代信号处理（已停课） | 研究生 | 吴嗣亮 |
| 67 | 近代信号处理（已停课） | 研究生 | 吴嗣亮 |
| 68 | 阵列信号处理（已停课） | 研究生 | 魏国华 |
| 69 | 通信协议设计基础（已停课） | 研究生 | 李海 |
| 70 | 电子系统建模与仿真（已停课） | 研究生 | 李海 |
| 71 | 先进航天遥感信息获取与处理技术 | 工程博士 | 赵保军、王岩 |

2002年年末，根据教育部的部署，为了适应军事信息技术革命对目标探测与识别学科人才的需要，促进目标探测与识别学科自身的发展，雷达技术研究所申请在信息与通信工程一级学科内设置目标探测与识别二级学科。自2003年该学科方向获得批准，聚集了一支高水平学科队伍，培养了一批博士、硕士等专门人才。

1994—2019年，雷达技术研究所培养了硕士生、博士生600余人，如表9.15所示。他们入学后，除政治、外语、数学外，与学科研究方向有关的10余门技术基础、学位、选修课程全部由雷达技术研究所教师担当。

表9.15 信号与信息处理、目标探测与识别学科研究生入学人数

| 年份 | 1994 | 1995 | 1996 | 1997 | 1998 | 1999 | 2000 | 2001 | 2002 | 2003 | 2004 | 2005 | 2018 | 2019 |
|---|---|---|---|---|---|---|---|---|---|---|---|---|---|---|
| 硕士生 | 11 | 8 | 9 | 11 | 15 | 16 | 25 | 34 | 46 | 60 | 67 | 81 | 60 | 67 |
| 博士生 | 6 | 8 | 13 | 6 | 8 | 11 | 19 | 33 | 35 | 23 | 23 | 35 | 16 | 15 |

### 9.7.3 主要科学研究情况

**一、1953—1964年雷达技术研究室成立前的雷达专业建设情况**

1953年雷达设计与制造专业（以及以此为基础建立的无线电工程系）成立初期，以教学和实验室建设为主，主要任务是培养学生，系以下建制是教研组。那时科学研究还没有提上重要日程，除了上课以外，教师的精力主要都投入在实验室建设和教材编写中。

**1. 1954—1956年雷达专业实验室建设**

由于专业成立之初，北京工业学院的定位就是国防工业学院和为国防建设培养人才，并且自1952年6月开始，英美高校体系向苏联式高校体系转变，再加上苏联专家注重工程应用的影响，系领导很重视实验室建设，强调实验室建设是专业建设的重要组成部分，是贯彻理论联系实际方针、培养学生动手能力的重要基础。从1954年暑假前后开始，推动了雷达专业实验室（含专业实验室和技术基础课实验室）的建设。

国家重视、苏联专家援建、实际雷达装备支持、人才调拨，天时地利人和，雷达专业迅速在国内雷达领域建立起了声誉。

1）苏联专家对专业建设的支持

1954年10月—1956年7月，来自列宁格勒电工学院雷达站设计专业的苏联

专家库里科夫斯基,为雷达专业初创时期课程体系建立、实验室建设、师资力量培训和学生培养做出了突出贡献。

1955年开始,在苏联专家库里科夫斯基指导下,参照苏联列宁格勒电工学院雷达专业来设置专业,制订了教学计划,明确了要开的专业基础课和专业课。苏联专家给51级学生(第一个雷达专业班)及部分教师开课,曾开有脉冲技术、微波技术及天线、雷达原理、雷达站以及电视原理等课程。库里科夫斯基非常重视实验室建设,亲自指导实验室的建设,帮助制定各种规范,要求各门课程都要安排实验课,写出实验大纲,实验所需仪器、设备和工具一应俱全。

苏联专家库里科夫斯基

2)实际雷达装备

对实验室建设起到很大作用的还有各种途径支援的实际雷达装备,包括:

(1)1957年彭德怀批复调拨给北京工业学院的三部苏制雷达:Π-20雷达、COH-4雷达和COH-9雷达。

注:Π-20雷达是具有测高功能的微波10公分雷达,雷达有5部发射机,所用汽车是10辆,收发车1部(5部发射机、接收机前端、天线),Π-20雷达当时就架设在现在的北京理工大学国防科技园,就是原来的雷达场。COH-4雷达是苏联模仿美军SCR584的微波雷达。COH-9雷达是苏联在COH-4雷达基础上自行设计的,体积更紧凑,其他全都一样。三部雷达是由老师们带领实验员架设起来的,柯有安负责Π-20雷达,毛二可负责COH-4雷达,王中负责COH-9雷达。

(2)我军在解放战争和抗美援朝中缴获的、属于太平洋战争后期美军援助国民党军队的剩余物资。

注:包括各种通信器材(导航仪)、空用雷达等,例如抗美援朝缴获的SCR-268型雷达(美国第二次世界大战时期,第一部对空中目标进行搜索并可以人工角跟踪的雷达),被无偿调拨给学校。这批剩余物资构成了当时雷达专业实验室建设的一部分重要物质条件。

(3)1956年军械部雷达局调拨的国产406雷达。

注:406是720厂仿制美国270的国产米波雷达。由当时系设备秘书、助理系主任柯有安联系调拨事宜,毛二可负责具体406整架调试。1956年时,雷达在中法大学校址,1957年被搬到三号教学楼西边,后来被挪到四号教学楼。

(4)20世纪70年代总参电子对抗与雷达部调拨的国产403雷达。

注（据毛二可回忆）：当时雷达部主任到系里参观指导，雷达室提出要一部雷达用于科研。毛二可一听，说："没问题，无偿调拨给你们。"这套现役雷达从山东阵地拉回来，就架在四号教学楼，发射机、接收机、显示器在顶层430房间，天线架设在楼顶（现在还在）。这个雷达对于解决当时雷达科研上的问题帮助很大，随时可以开机，随时可以看到目标，那时候首都机场飞机虽然少，但是至少十来分钟半个小时总能有一架飞机，所以这个给大家的科研创造了很好的条件。403雷达对于雷达技术研究所过去科研的发展功不可没，CCD动目标显示信号处理就是在这个雷达上得到国家承认的成果。

这些雷达装备不仅锻炼了年轻教师和实验员队伍，也给雷达专业教学实验提供了基础，这样的实验条件在当时是全国最先进的，放眼世界也罕有匹敌。

3）专职人员助力实验室建设

专业建立阶段，苏联专家和全系师生对实验室建设的投入不计时间成本，但是雷达专业实验室的正常运转，包括实验课教学、设备维护和保养都离不开专职人员。

1955年以后，来自南京无线电工业学校，以及北京、西安、天津与成都等地的无线电工业学校的多批毕业生，成为实验室建设及实验课教学的骨干。到1957年5月，全系有实验员、设备员44人（1954年只有5人）。

注：包括1955年从成都无线电工业学校毕业来系的张慧明、陈丕基、朱海洋、曾映荃、戴时清、方继彭、刘泽熙，从天津来系的高中毕业生李品生、乔云吉、田豪魁、张殿深，从北京来系的高中毕业生杜德祥，同时，毕业于上海技工学校的沈文祥、王锦昆、王乐深与蒋镇南4位技工也加入专业实验室。1956年，从南京无线电工业学校毕业来系的有吴庆丰、马静娴、毕万钧、任凤梅、熊如眉、俞兆媛、李明、张爱兰、朱永铿、黄鉴年、余次萱、孔德芬、李在庭等，1957年从南京无线电工业学校毕业来系的有徐叙兴、徐维新、盛伯唐、赵金兰、蒋继增、郑文相，同年从北京无线电工业学校毕业来系的有魏华、张利祥、王秀勤、孙秀珍、何产棣、孙鼎伦、张利祥、姚玉富、魏义儒等。

教师们带领实验室技术人员和部分高年级学生一起动手，建立起雷达实验室。当时，系里把实验室的建设任务作为学生的课程设计、毕业设计题目，要求学生设计、加工、调试出实验装置和设备，既促进了实验室的建设，又锻炼了学生分析问题和解决问题的能力。

4）雷达专业实验室建设成果

从1954年暑假到1956年年底的两年多时间，雷达专业实验室从无到有，基本建成了电工原理、无线电技术、脉冲技术、无线电测量、发射设备、接收设备、天馈设备、显示设备、雷达自动装置、雷达站等系列实验室。18个实验室开出了18门课共229个实验,有三部改装雷达供教学实验使用,实验课时数占教学计划总时数的14%(不包括基础课在内)。

雷达专业实验室的建成,无论是实验技术水平还是实验教学质量,在当时都处于国内先进水平。

注:当时实验室十分重视实验指导书的编写,每门课的任课教师和实验员都积极投入这一限期完成的任务中,全套10余册实验指导书很快就全部高质量地完成了,不但对学生做实验有很大帮助,而且受到兄弟院校的好评,他们也纷纷订购,或派人前来学习。

实验室拥有美军最古老的SCR-268、APS-4等三部空军雷达,国产406雷达,苏联地炮炮瞄雷达СОН-4、СОН-9、П-20,可谓海、陆、空俱全,大、中、小结合。在当时的四号教学楼里还有解剖雷达311甲,学校西侧还建有雷达场,装备了现役的机场指挥雷达,几乎可以是一个"雷达博物馆"。

在实验室刚刚建成不久,清华大学孟昭英主任和苏联专家率领许多老师来参观,给予了极大好评。苏联电子科技专家、苏联科学院院士科捷里尼柯夫参观后评价该实验室水平堪称"远东第一"。

由于北京工业学院在雷达教学上的知名度和成就,国家派出到苏联进修无线电学科的5名优秀学生,在等待出国安排期间到9511班进修一年。其中包括王其扬、王传义、黄月绵等,他们后来均成为雷达领域的知名专家。

**2. 雷达理论研究和教材建设**

1953年建立雷达专业后,在当时的历史条件下,为了把学校迅速办成我国的兵工高等学院,为国防工业培养急需的高水平国防工业科技人员,五系除了十分重视实验室建设,还十分重视理论研究和教材、讲义的建设。

但是1953年专业刚成立时,系里没有一个搞过雷达的老师,只有从英国归来的陶栻先生在英国学习时,曾在马可尼公司实习,算是接触过雷达。一些通用技术课程,如发射设备、接收设备、天线馈线、电波传播、显示设备、脉冲技术、伺服装置可以借鉴欧美教材以及国内已有教材,但是雷达系统、雷达原理、雷达结构与工艺等雷达专业课就没有这个条件了。

这一时期,正是我国教育事业的起步阶段,一切都百废待举,教材来源五花八门,有的沿用英美教材,有的采用苏联教材,有的用国内自编教材,有的为任课老师自编。到了专业课,更是连教材也赶不上印。专业两门压轴课"雷达原理"和"雷达站",由陶栻先生和俞宝传先生分别主讲,摸着石头过河,没有现成教材,两门课的讲义都由老师课前准备,上课前从学校印刷厂领来单篇讲义,在课堂上分发。

1954年10月—1956年7月,来自列宁格勒电工学院雷达站设计专业的苏联专家库里科夫斯基来到学校后，除了帮助制订教学计划，明确要开的专业基础课和专业课等，还带来了苏联教材，给 51 级学生及部分教师讲过脉冲技术、微波技术及天线、雷达原理、雷达站等课程，给未接触过雷达专业教学和教材的雷达专业师生打开了一扇窗。

在苏联专家的帮助指导下，经过教职工的努力，到 1957 年暑假，围绕雷达和雷达结构设计与工艺专业的正规教学计划基本定型，同时围绕教学计划，大力进行了教学大纲讲义教材的建设。那时任课老师的自编讲义有：俞宝传的《超高频技术讲义》（以后未再版）、洪效训的《脉冲技术》、李瀚荪的《雷达自动装置》、曹立凡的《电工数学》等。

进入 20 世纪 60 年代以后，教育部和国防科工委等领导机关开始动员组织国内专家、学者编写统一教材。俞宝传、张德齐、戚叔纬等老领导、老教授积极参加各类教材编审委员会的工作，并承担教材编写任务，为我国电子类、无线电类、雷达等领域的教材建设做出了巨大贡献，付出很多，但也获益匪浅。这些工作为五系在教材建设上提供了紧跟形势、向外部学习的良机，也调动了五系教师参加教材建设的积极性，进一步巩固了五系和雷达专业的声誉。

1962 年五系俞宝传老师担任工科电子教材编委会中无线电基础编审小组编辑，参与制定《1962—1964 年教材建设规划》；曾禹村老师承担了《无线电技术基础实验指导书》的编写任务。

1963 年，在国防科工委的领导下，10 个国防高等院校成立了无线电类教材编审委员会，五系张德齐老师担任了无线电专业教材编审委员会副主任委员，俞宝传和戚叔纬担任了委员，五系主持了三个编审小组。到 1965 年，共完成《无线电接收设备》《无线电发送设备》《雷达站》三本教材，由北京科学教育出版社出版。

1978 年，在四机部召开的高等学校工科电子类专业会议上，安排五系承担《雷达信号理论》等教材编写任务。1981 年，林茂庸、柯有安共同编写的《雷达信号理论》由国防工业出版社出版，它是国内相关领域第一本公开出版的著作。1984 年出版修订版。1988 年，被评为首届全国高等学校优秀教材。1990 年，林茂庸编著的《信号理论与应用》由电子工业出版社出版，是国内相关课程最早出版的一批教材之一。

伴随教材建设和科研工作的开展，五系雷达专业的理论研究水平也逐步提高，五系教师毛二可等将匹配滤波器理论深入消化和引入国内，林茂庸的相位编码理论为雷达信号波形设计开启了新思路，柯有安等将相控阵雷达体制引入中国。从雷达理论而言，20 世纪 70 年代前的五系雷达专业代表了国内最高水平，并接近国际先进水平。

进入21世纪,雷达技术研究所新一代领导更加重视通过出版教材和专著拓展影响力。随着国际合作的开展,还逐渐出现了国际合作者合作出版专著以及在国外知名出版社出版英文专著的现象,进一步提高了雷达技术研究所的国际影响力和知名度。

### 3. 582雷达开启雷达专业的科学研究工作

由于北京工业学院在雷达领域的声誉,空军雷达兵部将研制低空测高雷达的任务交给五系雷达专业。

20世纪50年代中期,台湾当局利用大陆东南沿海多丘陵、雷达有低空盲区的弱点,常派P2V等高性能低空侦察机窜入大陆进行骚扰。空军雷达兵部提出搞一个低空测高雷达,与对空警戒雷达配合使用,以解决警戒雷达低空盲区问题,做到P2V来了就能发现。

1958—1962年,雷达专业师生与14所共同研制了582低空测高雷达。参加582雷达研制的雷达专业教师有柯有安、周思永、翟俊英、林茂庸、刘静贞、程之明等,还有1954级参加毕业设计的学生王景元、戴润林、李玮、徐吕东、汪泰林、杨玉言等。

雷达总体设计工作由51级毕业留校的柯有安领导负责,为了减小体积、质量,便于在交通不便地区运输,大胆采用了当时国内还没有的3公分波段、雷达各个分机分离的设计。研制工作开始后,先是在学校完成了各分机的电路设计及试验。1959年年初,由周思永带队移师南京14所(此时柯有安因患病退出了项目组),进一步完善电路性能,并利用14所和720工厂的生产条件加工试制各分机,在南京方山进行了整机调试和飞机试飞试验,结果完全符合预定指标。

582雷达的研制成功填补了我国低空测高雷达的空白,1965年获得国家国防科学技术委员会颁发的国家发明奖,这是第一获奖单位14所当年的唯一获奖项目,获奖证书由聂荣臻签发,北京理工大学作为582雷达的主要协作单位,获得30 000元奖金。之后582雷达具备生产能力后由辽阳无线电厂生产,不仅用在国防上,还广泛用于气象观测,曾在越南自卫反击战中发挥了重大作用,并持续生产几十年一直到20世纪初。

除了582雷达,1958年无线电系参与研制的另一部雷达是110雷达。110雷达的主要研制单位是电子部14所,我校参与研制。无线电系参与研制的也是1954级学生,包括韩月秋、董荔真、王世一、高本庆、张星瑞等人。他们到14所后师从14所收、发、天各分机的专家,参加研制工作,并将毕业设计和研制任务揉到一起,是一次"真刀真枪的毕业设计"。参研的1954级学生均从实际工作中得到了很好的锻炼和培养。

参加研制 582 和 110 雷达的师生出色地完成了科研任务，他们的干劲和取得的成绩进一步提升了北京工业学院雷达专业在雷达领域的声誉。

110 雷达注：（据《电科家谱》p28）1964 年 6 月，毛泽东指出"中国要建立自己的反弹道导弹系统"。战略预警系统是其重要组成部分，由十院负责研制，主要任务是研制超远程单脉冲精密跟踪雷达系统（110 工程）和相控阵预警雷达系统（7010 工程）。110 雷达系统用于对远程导弹的搜索、跟踪并预报弹着点，也可用于对其他外空飞行体的监视。110 工程是包括雷达等分系统的大型工程，由 14 所抓总研制，该雷达探测距离在 2 000 公里以上，天线主反射面直径 25 米。工程于 1972—1974 年在云南沾益安装，1977 年正式移交部队，曾多次进行外空目标观测，1979 年对美国"天空实验室"进行了观测追踪，1983 年成功观测到了苏联"宇宙 1402 号"卫星陨落全过程。

582 雷达注：（据柯有安录音采访稿）1958 年，蒋介石要反攻大陆，从美国引进了 P2V 侦察机。P2V 侦察机低空性能很好，可以测量跟地面之间的距离，钻福建沿海雷达的低空盲区空子，利用东南沿海丘陵地的地形从山沟里钻进来散发传单、空投特务。当时主持空军雷达兵部的傅英豪提出搞一个低空雷达，能够解决雷达低空盲区问题，这样 P2V 来了就能发现。为了适应丘陵地区一定高度布设和落后的交通，傅英豪提出低空测高雷达通过人背马驮，能够迅速拆卸和组装。当时北京工业学院的雷达很有名，雷达兵部找到北京工业学院，由柯有安负责总体方案。受美国 3 公分测高雷达启发，雷达方案采用了当时国内还没有的 3 公分波段、雷达各个分机分离的设计。因为雷达天线架得高，3 公分波段天线波束窄，所以解决了低空盲区问题，并且由于 3 公分设备体积小，加上分离的分机设计，人背马驮就可以解决雷达在交通落后的丘陵地区布设的难题。这个设计方案提出后有不少争议，主要是当时国内还没有 3 公分发射管的生产能力。柯有安就建议采用从苏联引进的 3 公分 Shaip 雷达备份磁控管先研制，同时由国家下任务到 702 或者 704 研制 3 公分发射管的方法，系统与器件同时并进研制。由于总体方案设计安排合理，在之后的设备研制中执行顺利，没有大动。当时作为这个方案设计者之一，柯有安做了肺中叶切除手术，所以到了 1958 年冬天就由周思永接手负责了。

582 雷达注：（据周思永录音采访稿）限于北京工业学院当时的设备和生产条件，从 1959 年三四月份开始，由周思永带队在南京 14 所利用 14 所和 720 工厂的生产条件加工试制各分机和 582 雷达初始样机。在研制过程中，采用水银延迟线动目标显示技术解决了方案提出时雷达用户担心的低空目标云雾杂波问题。1960 年年初，第一部性能样机试制成功，在南京方山进行了整机调试，并用低空（200 米）飞机目标对雷达低空性能进行了试飞试验，结果完全符合预定指标。

第二性能样机开始研制后,主设计师改由 14 所担任,周思永继续担任副主任设计师。从 1958 年立项到 1963 年 12 月完成,582 雷达从研制到生产的全过程,包括提出设计方案,一直到交付生产前撰写实验报告和编写设备说明书,持续了 4 年多。整个过程北京理工大学全程参与,并主导了前两年的设计和第一性能样机试制。

582 雷达注:(据张光义录音采访稿)我到 14 所时(1962),北理工(以周思永教授为主)还有人在那,跟我们合作一个叫 582 的雷达。因为当时没有三坐标雷达,三坐标雷达好多人在苏联看过了,要做很大,要有好多辆车,所以就改用两坐标雷达,然后配一个测高的雷达,综合组成一个三坐标雷达系统。这个是 X 波段、3 公分,这个很苗条,上下点头,可以调整它的高度,精度可以测到 50 米左右吧。这个得了发明奖,跟 14 所一起得了发明奖。第一次雷达获得发明奖,这个完全是(中国)自己设计的。

582 雷达注:(据贲德录音采访稿)北理工雷达专业和 14 所的关系最直接最密切,双方的合作在 20 世纪 50 年代就开始了,14 所搞测高雷达 582 就是北理工提出的方案,后来搞相控阵我们也进行了非常有效的合作,但以后北京工业学院归到了兵器部,14 所是电子部,行政关系不一样了,合作相对少了。

582 雷达模型照片

582 雷达资料照片

第九章　教学科研单位

四机部为 582 雷达发明证书
给北京工业学院的贺信

582 雷达发明证书

**4. 超远程预警雷达论证催生雷达技术研究室**

1957 年苏联第一颗人造卫星斯普特尼克上天，震惊了冷战时期包括美国在内的全世界。美国 MIT 林肯实验室立即改造了 25 米抛物面、25 公分波段的磨石山雷达用于追踪这颗卫星。紧接着美国也发射了第一颗卫星、第二颗卫星、第三颗卫星，之后苏联抢先载人飞船上天。

在这样的国际形势下，在中央的领导下，从 1958 年开始，由四机部科技局局长罗沛霖做技术领导，协调南京 14 所和北京工业学院，在北京开始进行超远程雷达技术论证工作，目标是看卫星和导弹。

论证的重点一开始放在信号处理上，希望通过信号积累的方式加大雷达作用距离。1963 年，南京 14 所搞了国内第一个 25 米直径天线类似磨石山的超远程雷达，但是这个雷达并没有解决超远程雷达的体制问题。积累虽然能够提高信噪比，但是要反洲际导弹，首要的任务还是要能够探测到。此时美国提出把多部雷达用相参的方式照射在目标上面以加大功率的方法。

北京工业学院五系专门组织了一个研究小组论证这个问题。通过查阅 AD 报告有关相控的资料，深入学习和研究相控原理、如何实现相控、超远程雷达能否采用相控方案等。1964 年，北京工业学院提交了两份报告：一份是《相控原理及国外研究情况》的综述性报告，第二份报告则论证在解决洲际弹道导弹的防御问题上，应该弯道超车，不能走抛物面，而要走相控这条路。

1963 年，国家成立了包括 14 所等多个研究所的第十研究院，主要研究雷达。北京工业学院提交的这两本资料，等于向决策部门提供了相控阵方案的建议、想法和理由。当时主持十院工作的孙俊仁采纳了弹道导弹防御就是要走相控这条路，这也是中国相控阵雷达的起源。

鉴于与北京工业学院合作 582 雷达的成功，十院提出希望北京工业学院继续发挥作用，并于 1964 年 1 月在五系建立了雷达技术研究室，研究论证超远程雷达问题。

1965 年 6—11 月，南京 14 所张光义、贲德等来到北京工业学院五系，与五系雷达专业互助攻关相控阵雷达技术研究，共同提出了我国第一个地基相控阵预警雷达设计方案。该方案后来服务于 14 所的 116 雷达、7010 雷达方案设计，从此开创了中国相控阵雷达的时代。"一院一所一厂"齐心协力发展国家雷达事业，成为一时佳话。

**7010 雷达**

相控阵雷达注：（据张光义录音采访稿）我、贲德院士还有刘兴华等，跟北京工业学院互助制定相控阵雷达方案。当时十院支持五系经费，搞战略预警导弹防御研究，收集相控阵雷达的资料。在这方面北理工五系的老师几乎都参加了。

1965 年暑假，在五系系楼搞互助，对面隔个大马路就是外国语学院，整个暑假都在那里面。我记得你们楼外面有两棵枣树，不知道现在还有没有了。

互助的具体成果是这样的：北理工之前收集了资料，资料的主要来源是美国林肯实验室研究的报告，还有相控阵的资料。这个资料我们也看了。我们到北京之前（14 所）已经做了三个方案，老张总（张直中）叫我们来论证这个（相控阵）方案。之前从 1958 年开始，14 所有研制看战略导弹看卫星的（远程预警雷达）任务，作用距离要几千公里。14 所一开始搞了三坐标体制，也收集了相关资料。我们看到北理工收集的相控阵雷达资料，两边互动，在北理工酝酿写出相控阵体制雷达方案，后来北理工执笔把它打印出来，这个资料还保存在（14 所）档案馆里。那个时候跟北理工合作经常来参加讨论的有柯有安、黄辉宁、胡启俊、王瑜、段新天（北理工的研究生，后来被分到 14 所）、费元春、李世智。

（真正用于设计相控阵雷达时），这个方案当然有些变化，如多波束的数量、移相器方案（北理工开始提的是中频移相，后来 14 所采用了高频移相）。到上产品，14 所当时对外公布就两个产品：一个叫 110，精密跟踪的雷达，天线是 25 米，大的精密跟踪，这个完全是在 14 所做的；另外一个相控阵叫 111，但是 111 没搞完，就接到空军的任务——赶制一部看导弹的预警雷达。这个雷达有两个方案：一个是 38 所的常规预警雷达；一个是 14 所的相控阵预警雷达（这就是 7010 相控阵雷达），后来采纳了 14 所的相控阵方案。

相控阵雷达注：（据贲德录音采访稿）14 所要搞相控阵时安排了几个人，有张光义、我（贲德），还有刘兴华，我们三个都是 1962（年）以后工作的。1965 年 6 月，14 所派了我们三个人到北京工业学院去，和（北京工业学院）雷达专业的老师一起工作。我记得当时参加论证的有毛二可老师、柯有安老师、黄辉宁老师、王中老师、李世智老师等，跟他们一起工作到 1965 年的 11 月。

1969 年和邻国关系紧张起来，上级提出来要搞导弹防御的雷达，这个雷达起导弹防御作用，保卫北京、保卫党中央、保卫毛主席是三大保卫任务。同时别的单位也提出方案，最后比较的结果是选用了 14 所的相控阵方案，这就开始了相控阵产品的研制，当时的型号叫作 7010。雷达规模很大，要求能看 3 000 公里以上，天线阵面接近 1 000 平方米，发射机功率 10 兆瓦。7010 的含义是 1970 年 10 月前研制出来。实际执行情况是一直到 1978 年，雷达调整好，试飞检验工作完成。当时世界上只有美国、苏联有这种相控阵雷达，中国是世界上第三个掌握这种雷达技术的国家。

## 二、雷达技术研究室成立初期围绕相控阵雷达开展研究工作

雷达技术研究室成立初期，正式在册的固定岗位教师有十几位，主要任务是相控阵体制地基远程预警雷达论证。当时的实际情况是，一方面由于不少教师身兼教学、管理、科研等多重任务，多数教师并没有专职搞科研工作，例如胡启俊、柯有安等；另一方面，相控阵论证涉及雷达系统的总体设计、天线等分系统各个方面，参加这个任务的也有不少非雷达技术研究室在编的教师，如黄辉宁、李世智等。此时的雷达技术研究室实际上是一个以项目研究为牵引的不完全固定的研究机构。

成立初期，基于 1965 年提出的我国第一个地基相控阵预警雷达设计方案，雷达技术研究室的主要工作是针对相控阵关键技术开展研究和攻关。主要工作包括：

**1. 移相器**

移相器是相控阵雷达的核心部件，其研究启动于 1964 年春。当时的移相器研究有两个方案：一是高频移相，就是在 P 波段 400 兆赫做移相器；一是中频移相，把 400 兆赫高频混频到 30 兆赫做中频移相器。当时柯有安主持做中频移相器的工作，李世智和刘静贞做高频移相器的工作。

中频方案做了 4 个数字移相器，根据实验结果画出来的曲线跟理论上的完全一致。之后还做了 16 单元相控实验，画出来的曲线跟理论上的完全一致。但是中频方案由于不能用于发射，所以最后还是被放弃了，高频移相器方案工程难度大，最后是由 14 所突破的。

注：据柯有安采访录音稿。

**2. 相控阵天线及接收机**

雷达技术研究室的费元春老师，1964—1974 年参加了 16 单元相控阵天线及接收机的研制工作。

**3. 高频相位计**

在相控阵雷达研究采纳了高频移相方案后，高频测相测量技术成了相控阵关键技术。1967 年，毛二可、周冬友主持了高频相位计研制任务。高频相位计通过测量各路相位参数，获得每路相位的情况，以实现对相位的调整和控制，从而使相位参数满足要求，是研制相控阵雷达必不可少的一项关键设备。经过两年多的艰苦奋斗，高频相位计终于研制成功，填补了国内的一项空白，加强了防空预警系统的测试能力，并为国家节约了外汇。

三、"文化大革命"期间的科研

"文化大革命"开始后较长时间，雷达技术研究室工作处于半停顿状态，总的来说，研究室已不可能按原计划组建和开展科研工作，人员也随着科研任务的变化而不断有所调整和变动。

1970 年 1 月 29 日国务院、中央军委将北京工业学院改为第五机械工业部（简称五机部）建制，自 1970 年 2 月 15 日起执行。在"文化大革命"前，学校隶属于国家国防科工委部门，负责尖端军工项目的研究，而被划分到了五机部后，主要负责常规生产。学校被划分到五机部也对五系发展产生了很大影响，五系雷达专业与 14 所（归属电子部）等的单位合作也随着归属关系的变动和"文化大革命"影响而近乎停滞。

虽然常规科研活动停滞了，但"文化大革命"中苏联在我国边境陈兵百万并制造了"珍宝岛"事件,美国发动了侵越战争,我国承担了抗美援越,援助老挝、柬埔寨反美侵略的繁重任务,北京工业学院的军工科研和生产任务一直很重:学校在此期间共承担了110多项科研任务,有57项完成或取得了重大成果,包括五系完成的小860雷达改进和小860雷达动目标显示系统。

**1. 小860雷达**

小860雷达是大860雷达的改进型。大860雷达是20世纪50年代末60年代初国营786厂仿苏联制造的炮瞄雷达,曾用于抗美援越战争(1965—1973年)。大860雷达采用的是电子管,雷达庞大笨重,不利于战场机动。20世纪70年代初,设计和研制基于晶体管器件小860炮瞄雷达的任务交给了北京工业学院电子工程系。前后参与过整个项目研制工作的老师、技术员、技师、工人达100多人。电子工程系教师负责消化图纸、提出改进方案、安装和调试各分机及整机调试,机械工程系教师负责结构设计,电子厂负责机械加工。

改进后的小860雷达不仅能够稳定工作,雷达整机性能,如作用距离和跟踪精度等都有了提高。1974年,雷达整机完成了校内研制和调试,并通过天津黄村军用机场两个月的试飞试验,验证了整机性能及指标。1975年夏,研制结束后转产到无锡无线电二厂,完成了生产样机制造,并在无锡硕放军用机场完成试飞试验,1975年10月通过电子工业部与军委炮兵主持的产品鉴定和验收,获得了很高的评价,标志着小860雷达改进项目圆满完成任务。1978年全国科学大会召开,小860雷达改进荣获了全国科学大会奖。

小860雷达研制完成后,其研制样机留在了电子工程系,后来曾为雷达动目标显示、新型稳定振荡器等研究工作做出了很大的贡献。

**2. 动目标显示、稳定振荡器的研究**

1)小860雷达动目标显示系统

早在20世纪50年代,雷达专业的毛二可老师就开始考虑和研究动目标显示技术,虽然20世纪60年代"文化大革命"期间有中断,但是毛二可深知动目标处理能力对雷达的重要性,他对相关技术的思考一直没有停止。

机遇总是留给有准备的人。为了便于发现活动目标,解决炮瞄雷达的抗地物、干扰箔条杂波等消极干扰问题,1970年9月炮兵司令部下达了"小860雷达动目标显示系统"这一研制任务。课题组成员有毛二可、戴润林、柯有安、王堃、董荔真、王文凯、邓克勤等。

动目标显示系统分两大部分:高频部分和中视频部分。高频部分主要是高稳定本振,中视频部分即相参接收和视频对消。动目标显示最主要的器件是延迟线,小860雷达动目标显示采用了当时美国雷达也采用的熔石英延迟线。具体做法是,把熔石英做成一个多面体,让超声波从一个面入射,经过多面体内多次反

射延时，最后从另一个面出来。基于熔石英延迟线作信号延迟前后的相减对消处理，仍然属于模拟信号处理。

从接受任务至 1973 年年底，课题组解决了与之相关的多个技术问题，并进行了电路研制工作，在小 860 雷达样机和四型炮瞄雷达上进行了目标显示系统性能摸底试验。1974—1975 年试制了性能样机，在延庆永宁机场进行了小 860 雷达目标显示系统性能试验，测试表明系统对地物回波改善因子达 20 分贝，达到国内先进水平。该样机 1977 年 10 月在我国湖北某地参加全军电子对抗演习，成功发现箔条中的动目标，是我国动目标显示技术的里程碑式事件。

小 860 雷达动目标显示系统是我国首次研制成功的 10 公分波段动显系统，也是首次在炮瞄雷达上加装成功的动显系统。小 860 雷达动目标显示系统于 1980 年 10 月获批设计定型，其后小 860 雷达动目标显示技术还推广到警－17 等雷达上，得到了规模生产和应用。

小 860 雷达动目标显示系统研制的成果和积累的经验，为电子工程系后来在高稳定本振源和动目标检测系统的研究工作打下了坚实的基础，有力地推动了这方面的研究工作。小 860 雷达动目标显示系统荣获 1978 年全国科学大会奖。

2）新型 10 公分稳定振荡器

新型 10 公分稳定振荡器是为小 860 雷达动目标显示系统研制的，参研人员主要是毛二可、王堃、肖裔山、周冬友等。动目标显示系统对本振源的频率稳定度提出了极高的要求，常规雷达本振源达不到。小 860 雷达动目标显示本振源采用晶振锁相方案实现，达到了动目标显示系统对频率稳定度的要求。"主波锁相中频相干振荡器"获得国家专利，新型 10 公分稳定振荡器也荣获 1978 年全国科学大会奖。

### 四、1980—1990 年引领国内数字化和实时信号处理

1978 年改革开放后，雷达技术研究室发挥积累了 20 余年的信号处理优势，先行先试，不断探索和创新先进技术，在动目标处理、基于 DSP 专用数字信号处理芯片的实时信号处理方面引领了中国信号处理领域发展潮流。

**1. 数模混合 CCD 动目标处理技术**

20 世纪 70 年代完成的小 860 动目标显示系统采用的是熔石英延迟线技术，其处理仍然是模拟信号处理，系统延迟时间不灵活。20 世纪 70 年代末，虽然数字电路已经开始起步，但是由于数字器件用量少、价格高等原因，毛二可老师领导雷达技术研究室聪明地选择了 CCD 器件做信号处理。CCD 器件在国外作为一种光数转化元件使用，但是用于雷达信号处理，这一技术路线不仅在国内没有人做，在当时世界上也是绝无仅有的。

# 第九章 教学科研单位

**毛二可苏联参加学术会议**

注：CCD，英文全称为 Charge Coupled Device，中文全称为电荷耦合元件。CCD 是一种半导体器件，能够把光学影像的图像像素转换成数字信号。CCD 作为一种光数转化元件，在 CCD 相机中已被广泛应用。

CCD 器件处理的信号幅度是模拟的，时间是离散的，属于数模混合器件。多年与雷达打交道，毛二可老师对信号处理新技术非常敏感。接触 CCD 器件后，他立刻意识到 CCD 器件与数字器件相比的优势：CCD 用于雷达动目标显示，不像数字电路，幅度上只需要一路即可，在数模过渡的特定历史时期用 CCD 比数字电路规模小、成本低，性价比明显高一大截。

20 世纪 70 年代末到 80 年代初，雷达技术研究室立足 CCD，解决了包括微波频率稳定度等技术难题，不仅改进了雷达动目标显示（MTI）性能，还用 CCD 做多路滤波，实现了动目标检测（MTD）。

基于 CCD 的动目标处理技术在多部雷达型号上得到应用，有些雷达还出口到国外。毛二可和韩月秋把相关成果写成论文发表在意大利国家数字信号处理会议上，并在 1981 年 10 月赴意大利宣读论文，与国际同行面对面交流，中国特色创新赢得了国际同行的高度评价。

1981 年，"用 CCD 做对消器的微波雷达动目标显示系统"获国防科工委重大技术改进二等奖。1982 年，基于 CCD 信号处理的雷达动目标显示系统获得多个国家发明奖，包括"高稳定本震源"获国家发明三等奖，"10 公分微波晶体管压控振荡器"获国家发明三等奖，"电荷耦合用快慢钟"获国家技术发明四等奖。1985 年 12 月，"模数混合动目标检测处理机"获国家发明专利，这是中国第一批国防专利（国密第 2 号，专利号 85100808）。1987 年 12 月，"模数混合动目标检测处理机"获国家技术发明二等奖，这也是当年军用电子学领域国家级最高奖。模数混合 CCD 动目标处理技术为雷达信号处理领域赢得了国际声誉。

——北京理工大学信息与电子学院学科（专业）发展史（下）

第 2 期
1980年 6 月

电 子 学 报
ACTA ELECTRONICA SINICA

№2
June 1980

## 电荷耦合器件动目标显示对消器

毛二可　韩月秋　肖裔山

〔摘要〕 本文简要介绍了两种采用电荷耦合器件（CCD）的动目标显示对消器。一种为四路并行钟脉冲交错采样系统，它适用于脉冲宽度较窄的雷达，另一种为单路一次对消器，它适用于宽脉冲雷达。

CCD 在雷达中最基本的应用是制作动目标显示器中的对消器[1]。对于正在大量使用的雷达，在发射机频率稳定度允许的情况下，将本振改为高稳定度的本振源，再加装CCD的 MTI 对消器，即可使它的抗地物杂波和抗消极干扰的能力大为提高。

1. 确定方案的一些考虑

发表于《电子学报》的雷达所 CCD 论文

## 2. 基于 DSP 专用数字信号处理芯片的实时信号处理技术

20 世纪 80 年代数字电路开始发展起来后，CCD 的性价比优势渐渐失去。虽然对数字技术和软件等具体技术的掌握不如年轻人，但是毛二可老师在雷达系统和信号处理领域积累多年的技术敏感使他和雷达技术研究室再次抓住了先进技术带来的创新机会，这一次的先进技术是 DSP 芯片为雷达信号处理领域带来的数字革命。

20 世纪 70 年代末 80 年代初，专用数字信号处理芯片 DSP 在美国刚刚问世，毛二可老师就敏锐地捕捉到了 DSP 用于实时信号处理的巨大优势，迅速安排购买了 DSP 样片，自主研发 DSP 开发系统，以最快速度将 DSP 芯片投入雷达信号处理应用中，这样的速度与 DSP 芯片产地美国几乎同步。

雷达技术研究室从国外购进 DSP 芯片，单个芯片价格就高达千元以上，不算人员和时间成本，仅构造一个雷达信号处理系统的硬件就要花几万元，这在雷达技术研究室全部都是自筹经费实现的。在 20 世纪 80 年代，这样大刀阔斧的手笔不仅在高校十分罕见，就是专业研究室也落在后面。

整个 20 世纪 80 年代，拥抱先进数字技术，将先进技术创新引入传统雷达信号处理的一招鲜，给了雷达技术研究室整整 10 年的技术领先，积累了技术，也积累了在信号处理领域的声誉，雷达技术研究室成为工业部门各款雷达配套定制实时信号处理系统的优选。

2011年，毛二可院士获中国电子学会信号处理分会颁发的"中国信号处理三十年贡献奖"。

### 五、1992—2011 年科研转型

进入20世纪90年代，工业部门经过10余年摸索，已经基本掌握DSP信号处理系统的研制方法，雷达技术研究室的生存空间日渐萎缩。1992年前后，因为教师待遇，还有生存环境、学科发展等瓶颈，雷达技术研究室在那几年渡过了极度艰难的时光。从生存环境上看，当时雷达技术研究室的主要业务领域，是为工业部门的雷达配套定制的处理系统。而传统的定制处理系统人员和系统成本高、开发周期长，生存环境逼迫雷达技术研究室进行学科转型。经过深入思索，摆在雷达技术研究室面前的选择有两个：一是研制雷达系统整机；二是研制可以满足多种雷达需求的通用处理系统。

**1. 向雷达系统研制转型**

按照毛二可的设想，雷达技术研究室要研究的雷达系统应该是能够发挥雷达技术研究室特长的新体制雷达。虽然雷达技术研究室此时只是一个只有十几名教师、专业不齐全，没有天线、微波、机械加工等实力的小型研究室，但是毛二可看到了国防科技的发展趋势和未来战争的实际需要，也看到了高校科研团队的潜在智力优势。

他不断思考："我们要研究的新体制雷达，不是传统体制的雷达，也不是国外先进雷达的翻版，它应该是符合雷达技术发展规律和我军未来作战需求的全新的雷达；研究这种创新的雷达可以发挥高等院校智力密集的优势，是我们这个团队唯一的出路。"

1）脱靶量测量雷达开启转型第一步

向雷达系统的转型之路从1992年开始，脱靶量测量雷达是雷达技术研究室研制雷达整机的第一步。

脱靶量测量系统主要用于检测导弹是否命中目标，如果没有命中，需要测出偏差的距离和方向。在靶场试验鉴定中，脱靶量测量用于对导弹命中精度进行定量评估，具有重要的军事意义，也是各国严格保密的核心技术。1989年，毛二可在某试验基地的一次会议上了解到，由于精确制导武器的发展，部队急需一种可以安装在靶船、靶机、地面靶标上，能快速准确测量导弹脱离靶心距离和轨迹的电子系统——矢量脱靶量测量系统；当时既没有国内单位做，也没有国外的资料。

毛二可敏锐地意识到部队的脱靶量测量需求是雷达技术研究室向雷达整机转型的一次难得的机遇。他回到学校后立刻组织雷达技术研究室人员，提出用全向发射天线组成立体天线阵覆盖整个测量空间的全时空雷达方案，并自筹经费开始

原理论证和实验验证。两年多自筹经费研究后，雷达技术研究室的全时空雷达方案得到部队的认可，1992年雷达技术研究室与部队基地签订了研制合同，正式开始脱靶量测量系统研制。初期参加脱靶量研究的雷达技术研究室教师还有何佩琨、周冬友、肖裔山，以及微波所的邓次平等。

1992—1995年，毛二可团队基于全时空雷达设计，经过设计、装配、调试和实验打靶，完成了硬件初样的研制，并录取了打靶实验数据。1995年，来自哈尔滨工业大学的博士后吴嗣亮加盟雷达所，何佩琨邀请年轻的吴嗣亮主持脱靶量计算软件技术攻关（这一年雷达技术研究室更名为雷达技术研究所，简称雷达所）。吴嗣亮对已有系统进行分析，用"多普勒频率—相位差历程法"成功实现在非理想窄带脱靶测量雷达和有限测量精度条件下脱靶量计算的工程实现难题。关键问题解决后，团队再接再厉，采用超分辨谱估计的方法提高多普勒频率测量精度，采用双通道接收的脉冲多普勒雷达采集弹靶交会数据，解决了大量技术细节和工程实现问题，终于成功反演了导弹与靶标相对运动的航迹，获得了导弹和靶船之间的矢量脱靶量。1995年项目成功通过了基地的原理样机验收。

1995年至20世纪末，项目组对原理样机进行了重新设计和改造，成功实现了脱靶量测量全系统工程化。由于测量方法先进，矢量脱靶测量设备的测量精度完全超出了预定指标和当时国际水平，并于2000年正式投入使用。

在成功研制第一代测量系统的基础上，通过进一步的工程创新和完善，雷达所研制出了可靠性更高、体积更小、操作更方便的脱靶量测量系统，矢量脱靶测量设备在2002年前后迅速在陆海空各种平台中投入型号装备研制。

1992—2002年，10年的坚持和艰难转型，雷达所在雷达系统方向的长期投入，在默默耕耘10年后开始有了经济回报。2002年，雷达所的科研经费从2001年的700万元左右翻了一番，达到1 300万元，其中主要的增量就来自脱靶量测量雷达。矢量脱靶量测量技术获得了2013年度国家技术发明一等奖，吴嗣亮教授也因此获得了2014年度的何梁何利科技进步奖。

2) 新体制宽带雷达拓展雷达系统新领域

除了脱靶量测量这样的特种测量雷达，毛二可院士还密切关注雷达发展前沿并深入了解中国雷达装备现状，发挥高校智力密集优势和创新优势，向宽带、特殊平台、小型化等多个雷达系统方向拓展，并逐渐从军用拓展到了民用，使得雷达所成了名副其实的"雷达"所。

从20世纪90年代初开始，毛二可教授就开始关注到精确制导武器对高性能雷达导引头的需求，并安排雷达所团队研究宽带雷达及其在精确制导雷达导引头上的应用。宽带雷达通过收发大带宽信号获得高距离分辨能力，在复杂电磁环境下实现高精度探测、目标精细分辨与识别、干扰和杂波抑制具有显著优势。宽带线性调频信号是最常用的宽带波形，但它调制方式单一易受干扰、瞬时带宽大导致实现和处理困难。1992 年，毛二可教授在查阅文献时了解到美国学者在研究一种称为"频率步进信号"的新型宽带波形，洞察到这种瞬时窄带、合成宽带的波形在质量、功耗强约束条件下具有巨大的应用前景，并安排龙腾博士潜心从事该波形的设计与信号处理基础理论研究。

经过 5 年的深入研究，龙腾博士和毛二可院士取得了系列研究成果，1996—2001 年公开发表了频率步进方面具有重要学术影响力的三篇学术论文（《频率步进雷达信号的多普勒性能分析》，《现代雷达》，1996 年；《调频步进雷达信号分析与处理》，《电子学报》，1998 年；《频率步进雷达参数设计与目标抽取算法》，《系统工程与电子技术》，2001 年）。系列论文首次从理论上证明了调频步进合成宽带波形极窄脉冲分辨能力，建立了该信号波形多约束下参数设计准则，提出了目标精细运动补偿方法及多散射中心联合抽取去冗余的信号处理方法。团队的研究成果受到广泛关注，引领了频率步进新体制雷达研究的方向。

"十五""十一五"期间，在原总装备部支持下，毛二可、龙腾、曾大治等主持了多项频率步进信号的预研课题，围绕地基、导弹等平台，开展频率步进信号应用关键技术攻关。2010 年，龙腾、李阳创新性地提出了基于频率步进信号的特种雷达探测体制，并历经 8 年艰苦攻关，陆续在三个型号中成功应用，产生了巨大的军事效益。

传统脉冲雷达多年来一直由于目标尺寸匹配的原因，使用大于 0.2 微秒的脉冲宽度。毛二可院士、龙腾教授在 21 世纪初开始对宽带脉冲检测进行探索。2009 年，龙腾教授作为首席科学家牵头负责了我国雷达探测领域首个"973"项目，开展宽带信号检测跟踪基础理论问题的研究。2013—2015 年，龙腾、刘泉华等主持了原总装备部和空军装备部的预研课题，分别在宽带抛物面天线雷达和宽带相控阵天线雷达上实现了对空目标的宽带闭环检测跟踪。上述项目成果推广应用于我国多个型号雷达装备，打破了经典雷达 5 兆赫带宽的极限，对脉冲雷达体制研究起到了开创性示范作用。

毛二可院士在 2005 年前后提出了合成宽带脉冲多普勒雷达新体制，并带领团队探索新体制在矢量脱靶量测量雷达、舰载预警雷达、预警机雷达、对空情报雷达等上的应用，目前已经取得积极成果。

2018 年，龙腾、刘泉华、陈新亮等出版了学术专著《宽带雷达》（国防工业出版社），系统总结了团队近 30 年来在宽带雷达体制、波形及信号处理方面的研究成果。

**2. 向通用处理系统转型**

毛二可团队取得的另一项重要创新成果是通用模块化实时信号处理系统。

1992 年，脱靶量测量技术研究开始后进展得并不顺利，20 世纪 90 年代中期雷达所的转型之路似乎走入困境。

1995 年，毛二可的学生龙腾博士毕业留校。面临雷达所为工业部门配套定制的处理系统越来越小的生存空间，以及在互联网大潮冲击下几乎无人留校的处境，龙腾开始思索提高雷达所研究效率、缩短雷达装备研制周期的标准化通用板卡解决之道。

这项研究起步前，美国已有成熟的军用标准。但毛二可教授认为："我们不能完全照搬美军的标准，要根据国内的实际情况走自己的路。"

从 1997 年开始一直到 2011 年前后，在毛二可教授的引领下，龙腾带领团队里的刘峰、胡善清等，历经 10 余载，研制从第一代到第四代通用处理机，解决了难以计数的关键技术难题，研制出具有完全自主知识产权、可以充分满足实战环境的货架产品，已广泛应用于雷达、制导、航天遥感、卫星导航等多个领域，形成一种我军装备信息化的基础计算平台。

"十五"期间，以龙腾教授为主的团队承担了总装预研课题"通用雷达数字化信号处理机技术"，在该课题的支持下，团队研制出了第一代 cPCI 通用实时信号处理平台，并广泛应用在我国系列化合成孔径雷达系统的研制中，包括我国第一个星载合成孔径雷达实时快视处理系统，获得了我国第一幅星载 SAR 快视图像；我国第一个机载 8 毫米波段 SAR 实时成像处理系统，获得了我国第一幅 8 毫米波段 SAR 图像。

第一代 cPCI 通用实时信号处理平台

"十一五"期间，该团队研制出了第二代 cPCI‐ZD 通用实时信号处理平台，尤其是在传输性能方面，相比第一代产品获得了大幅度提升；在此期间，相关产品应用在了我国轰 6K 飞机雷达系统中，为我国轰 6K 飞机的研制定型做出了贡献，已累计装备上百台套；2008 年，团队还获得了国防科工委嵌入式计算机基础研发条件专项 9 800 万元建设经费的支持，在体系结构、硬件模块、软件模块、芯片等关键技术的研发条件方面获得了进一步提升。

第二代 cPCI – ZD 通用实时信号处理平台

"十二五"期间，该团队研制出了第三代 OpenVPX 通用实时信号处理平台，由于采用了全新的系统架构，处理、传输、存储等关键指标均获得了大幅度提升。并针对在体积、质量、功耗强约束条件下实现高速率、大容量数据的超短延迟、严格同步的实时处理难题，发明了一种高效实时综合节点处理方法。通过对多个处理节点的处理和存储资源整合使用，实现了高速率、大容量数据的短延迟实时处理，相关成果获得了 2011 年国家技术发明奖二等奖。

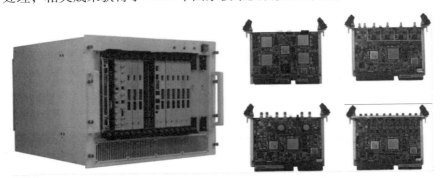

第三代 OpenVPX 通用实时信号处理平台

"十三五"期间，在国家自主可控的大背景下，团队研制出第四代自主可控通用实时信号处理平台，实现了核心产品的国产化，并承担了"软件化雷达实时信号处理平台"课题，进一步提升了系统的软件化、智能化水平。在此期间，相关产品还应用在了我国第一个星载光学和雷达实时处理系统中，并成功在轨运行。

第四代自主可控通用实时信号处理平台

**3. 产学研并举**

雷达系统和通用处理系统,在逆境中雷达所看准这两个方向,坚持不懈一直走,路越走越宽。2004年前后,随着国家对高校和国防科技的投入不断增加,雷达所的发展也走上快车道。2004年5月,龙腾担任了雷达技术研究所的所长。2005年,雷达所的科研经费从2004年的1 600万元猛增到3 600万元,同时也有越来越多优秀的青年人才加盟雷达所。

2006年进行的学习毛院士创新团队活动,梳理、凝练了雷达所多年来的发展理念和发展模式,大大提升了雷达所的知名度和影响力,为雷达所进一步跨越式发展奠定了基础。

2007年雷达所科研经费从2005年的3 600万元发展到7 400万元。但是各种资源制约的瓶颈也开始凸显:新招教师人数瓶颈、教师结构瓶颈、学生规模瓶颈、办学指标体系的瓶颈、学校科研用房等资源瓶颈限制了雷达所的进一步跨越式发展。团队成员结构不合理,科学研究和成果工程化争资源,部分科研成果转化难等开始暴露矛盾,并且在高校环境下无解。

在毛二可院士和校领导的坚定支持下,雷达所的毛二可院士团队于2009年创办了北京理工雷科电子信息技术有限公司(下面简称雷科),由公司对团队科技成果进行工程化和产业化,实现科技成果的转化,探索了一条高校产学研协同、基础研究与系统研制并重的发展之路。雷科于2015年成功上市,2019年营收超10亿元。

## 六、转型后的雷达所科研情况

**1. 跨越式发展成果**

在毛二可院士一直坚持的雷达所"国家、团队、拼搏、创新"精神指引下,转型后的雷达所在科研成果、科研平台、国际化方面取得了跨越式发展成果。

2013 年，获批教育部卫星导航电子信息技术重点实验室。

2014 年，获批国家外国专家局、教育部的新体制雷达系统理论与关键技术学科创新引智基地。

2015 年，以排名第一的成绩获工信部"国防科技创新团队奖"。

2016 年，获批探测、制导与控制工信部协同创新中心。

2018 年，在在轨实时处理系统方面，"一种天基在轨实时处理新技术及应用"获得国家技术发明奖二等奖。

2018 年，成功牵头获批国家自然科学基金委国家重大科研仪器研制项目（部门推荐），总经费约 9 000 万元，该项目为北京理工大学首次获批的该类型项目。

2019 年，成功牵头获批国家重点研发计划"硅基集成微波光子芯片及试验雷达系统"项目研究。

**2. 科研方向**

雷达技术研究所发挥在雷达系统和实时信息处理方面的优势，将科研方向拓展到遥感数据在轨实时处理技术、民用雷达系统与信息处理技术、微波光子雷达与光电协同信号处理、图像处理、雷达系统与雷达信息处理、高分辨率雷达对地探测、卫星导航电子信息技术。

在遥感数据在轨实时处理技术方向，针对光学、SAR 等多种载荷数据，基于星载平台及空间环境约束，开展遥感数据实时处理技术研究。主要研究方向包括在轨实时处理系统、抗辐照在轨专用处理芯片、多源遥感图像处理方法、基于人工智能的目标检测与识别等理论与技术研究。

在民用雷达系统与信息处理技术研究方向，主要开展了面向滑坡地质灾害监测的地基干涉雷达、面向动物迁飞机理分析的高分辨多维协同探测雷达和气象探测雷达方面的研究工作。

在微波光子雷达与光电协同信号处理方面，主要开展了硅基微波光子芯片雷达系统、宽带雷达高级信号光学产生芯片、光电协同信号处理芯片、实时高速智能光子计算芯片、可编程光子处理器芯片、硅基相控阵激光雷达芯片等理论与技术研究。

在图像处理方向，主要开展了多源多维图像信息融合与目标识别、小样本机器学习、复杂背景多目标高精度在轨检测识别、基于光学传感器的智能精确打击技术等研究工作。

在雷达系统与雷达信息处理方向，主要开展了圆阵列雷达系统、穿透树丛侦察雷达系统、低慢小目标监视雷达系统、空间目标探测增程信号处理、雷达目标检测与跟踪、双/多基地雷达成像、微多普勒测量与目标识别、基于干扰信号的协同探测等理论与技术研究。

在高分辨率雷达对地探测方向,主要开展了小型化毫米波特种雷达系统、机场跑道异物检测毫米波雷达系统、智能汽车高精度毫米波雷达、复杂地面背景下高分辨率目标检测、识别与跟踪、高分辨率极化特征提取与识别等理论与技术研究。

在卫星导航电子信息技术方向,主要开展了兼容互操作、高灵敏接收、高精度定位定向、高动态抗干扰等导航接收机关键技术研究,芯片级、OEM 板级、整机级、系统级高性能导航接收机实现与应用技术研究,多导航源信息融合、传感器故障检测与识别等理论与技术研究。

**3. 主要科研项目与工作**

研究所承担的主要科研项目和开展的研究工作有:

在雷达系统理论与技术研究中,原创性地提出了一种"径向速度-径向距离差"测量新原理,系统性地发明了用雷达测量大空域高速交会目标相对轨迹的"多普勒频率-相位差历程法",研制出海、陆、空系列靶场特种测量雷达和我国第一部星载空间目标测量雷达,用于武器的试验鉴定,有力保障了重大型号定型并形成作战能力,被用户认为是"靶场试验测量技术的革命"。牵头获得国家技术发明一等奖 1 项。

在在轨实时处理系统方面,从"十五"期间开始,龙腾教授带领团队开始星上 SAR 实时处理技术的研究。在"十五"期间,在龙腾教授的指导下,团队以 DSP 为核心处理器,针对我国型号卫星,构建了星上 SAR 全分辨率全实时成像处理原理样机,并基于 600 万门级 FPGA 处理器构建了 1/4 分辨率实时快视处理原理样机。在"十一五"期间,团队进一步优化了系统结构,基于千万门级 FPGA 处理器与 DSP 处理器异构的系统架构,在地面实现了 SAR 全分辨率全实时处理,系统功耗小于 70 瓦。在"十二五"期间,团队基于民用航天、"863"等重大课题研究,开展了星上专用 ASIC 处理芯片及星上水域、溢油等检测技术的研究;针对多模式一体化的 SAR 成像和图像检测处理的需求,构建了星上 SAR 成像和检测处理的原理样机。团队于 2013 年完成了我国首个光学遥感卫星的星上检测系统的研制并成功在轨应用,于 2017 年完成了我国第一个 SAR 遥感卫星星上处理系统研制。

在天基空间目标与环境感知研究中,面向空间平台威胁自主告警重大需求,发明了天基空间目标广角凝视探测雷达新体制和探测新方法,研制出我国第一部空间平台威胁全向感知与自主告警雷达,圆满用于我国航天器首次防撞轨控等重大任务,为在轨航天器提供了一种对逼近或悬停伴飞物体的球空间全向覆盖自主探测告警手段。

第九章　教学科研单位

面向空间交会对接测量重大需求，突破了空间合作目标高精度测量雷达实时信号处理等关键技术，研制出 SZ-8/9/10/11、TZ-1 交会对接微波雷达信号处理机、TG-1/2 交会对接微波应答机信号处理机，圆满完成了载人航天工程历次空间交会对接任务。牵头获得国家技术发明二等奖 1 项。

在地基干涉雷达技术研究方面，2012 年，毛二可院士带队先后到内蒙古、辽宁等地调研了国外地基干涉雷达在露天矿边坡监测领域的应用情况，并开始进行所在地基干涉雷达方向的研究工作；2013—2014 年，在毛二可院士的指导下，田卫明、胡程、王昊飞研发出了 X 波段和 Ku 波段地基干涉雷达原理样机，突破了高精度形变测量关键技术；2014 年，曾涛作为项目负责人获批了国家自然科学基金委国家重大科研仪器研制项目（自由申请）"面向高陡岩质边坡滑坡机理研究的雷达差分干涉测量分析仪"，在该项目的支持下，曾涛、胡程、田卫明围绕新一代雷达差分干涉测量分析仪的研制开展研究工作，研发了国内首部 MIMO 体制地基干涉雷达，突破了基于多角度联合测量的地表三维形变测量关键技术；2016 年，研究所在地基干涉雷达方向的 2 项发明专利实现了转化和应用，并作为核心技术支撑了具有自主知识产权的国产边坡雷达产品研制和应用工作；2019 年起，田卫明、胡程等人开始围绕 MIMO 体制地基干涉雷达的应用研究开展工作，将为新一代地基干涉雷达产品提供核心技术。

在面向动物迁飞机理分析的高分辨多维协同雷达测量仪研究方面，2014 年，中国农业科学院吴孔明院士来校拜访了雷达技术研究所毛二可院士，寻求合作研制用于监测昆虫迁飞的新型雷达系统；2015 年，曾涛、胡程研究员赴中国农业科学院渤海湾迁飞通道北隍城岛监测基地，调研考察了迁飞昆虫监测需求和昆虫雷达的运行情况；2015—2017 年，经过 3 年的持续研究，研究所完成了昆虫雷达测量原理与方法可行性验证实验；2018 年，龙腾作为项目负责人，胡程、田卫明、王锐等作为研究骨干，成功牵头获批国家自然科学基金委国家重大科研仪器研制项目（部门推荐）"面向动物迁飞机理分析的高分辨多维协同雷达测量仪"，实现了北京理工大学在该类型项目的历史性突破；2020 年，项目组完成了仪器系统中各雷达分系统的详细方案设计和分机研制工作，预计在 2020 年下半年开始进行科学实验；2019 年起，胡程、王锐利用在昆虫测量原理与方法方面的研究成果，开发了探虫雷达实验样机，并部署于云南澜沧、江城等地开展了业务运行，为我国草地贪夜蛾境外虫源等重大农业害虫监测预警提供了关键支撑。

在气象雷达研究方面，研究所主要围绕台风探测雷达系统研制与信号处理技术开展研究工作；2018 年，作为台风探测雷达的研制单位参与了北京航空航天大学牵头的国家重大科研仪器研制项目（部门推荐）"台风追踪探测仪器"成功获批，本项目将研制世界首台艇载台风探测雷达，实现台风从形成、增强、维持、减弱、登陆的全生命周期数据的高精度探测，将为我国及世界台风科学研究和预报能力的提升提供雷达探测设备和数据支持。

在微波光子雷达与光电协同信号处理方面，2019年研究所提出了芯片化微波光子雷达系统架构，龙腾、张伟锋、刘泉华承担了国家重点研发计划"硅基集成微波光子芯片及试验雷达系统"项目研究。2020年研究所提出了基于微盘矩阵的光开关阵列芯片，胡程、张伟锋参与国家重点研发计划"光电子专项宽带微波光子信号调控核心器件与技术"中光开关阵列芯片项目研究。

在图像处理方面，赵保军2003年完成某防空武器系统红外检测跟踪系统及远距离激光测距系统信息处理器研制，获得国防科技进步二等奖。赵保军、唐林波2005年完成了某侦察机图像压缩系统，已批量装备部队，并于2009年获得军队科技进步二等奖。唐林波2006年提出了基于SOPC的弹上一体化信息处理架构，在单芯片上完成红外图像预处理、目标检测与跟踪、惯测信息处理、导航与飞行控制等一体化信息处理，通过系统集成试验与半实物仿真试验验证，获军队科技进步二等奖。赵保军2007年开展针对空间体目标探测与识别的一体化信息处理系统，于2009年完成悬飞试验，获得军队科技进步一等奖。

邓宸伟2015年提出小样本低复杂度机器学习架构，承担了国家自然基金项目、"高分"重大专项项目，获得了中国电子学会自然科学二等奖1项、军队科技进步二等奖1项，以及国家自然科学基金委遥感影像智能处理大赛特等奖1项。

在航天测控技术研究中，针对卫星安全、隐蔽测控需求，研究所提出载频高速随机跳变的宽带扩频信号相参处理、时频序贯自适应抗干扰处理方法，在航天测控领域首次实现了强干扰条件下基于宽带混合扩频信号的高精度测距、测速和可靠信息传输，研制出我国首型高效融合集成多种测控体制的应急测控数传一体机，2018年以来已有10台产品随北斗三号组网卫星在轨工作，为卫星架设起多条天地信息链路。

研究所突破了高动态扩频信号高灵敏度捕获与高精度跟踪、抗异址干扰等关键技术，研制出某高轨飞行器外测应答机，已成功用于我国首次高空科学探测试验，开创了扩频测控体制的多站距离交会实时定位导航应用新模式，突破了测控数传一体化设计等关键技术，研制出YZ-1上面级测控数传一体化应答机、TK-1卫星测控数传一体化应答机等，已圆满用于上面级直接入轨发射测控等任务，获得军队科技进步一等奖、山东省科技进步二等奖各1项。

在高性能卫星导航接收机关键技术、实现与应用方面，2007年开始，刘峰、李健开展了卫星导航基带信号处理芯片的研制，先后研制成功了BDS/GPS兼容基带处理芯片LKBP2007、支持高灵敏度和高动态的多模多频基带芯片

LKBP2013，承担"中国第二代卫星导航系统重大专项——多模多频导航基带处理芯片"工作，芯片完成设计定型，广泛应用于数十个国家重点型号装备。2009—2018 年，李健、张磊开展了卫星导航模块的研制，先后研制了多种以北斗为核心的面向不同应用的导航模块：多系统多频抗干扰模块 LK－NAV/B－24（32）、高精度定位定向模块 LK－NAV/B－45、高集成度北斗定位通信模块 LK－NAV/B－60、高性能多模多频卫星导航模块 LK－NAV/B－60。从 2010 年开始，李健开展了卫星导航终端技术的研究，针对不同的应用需求，研制了北斗便携定位定向仪、高动态抗干扰接收机、车载一体机、定位通信终端接收机等导航终端设备。

2012—2017 年，李健、张磊开展了兼容互操作导航接收机技术研究，承担了"中国第二代卫星导航系统重大专项——GNSS 多系统互操作信号接收机技术"，所设计完成的接收机工程样机参加了北斗试验卫星在轨验证工作。2013—2019 年，李健等开展了卫星导航系统应用的研究，主持完成了北斗农机自动驾驶系统、无人机高精度定位定向测姿系统、基于北斗的预警信息发布与灾情报送系统的设计与应用。2017—2018 年，李健、张磊开展了中国东方红卫星股份有限公司基于低轨卫星的导航对抗技术研究。从 2018 年开始，李健开展了微型定位导航授时终端（MPNT）技术研究，承担了"'十三五'国家重大科技专项——定型导航授时微终端技术"课题，研制的样机支撑了重大专项任务。

在卫星导航定位技术研究及专业移动通信技术研究中，研究所突破了高灵敏度军码信号快速捕获、高动态信号精密跟踪、空时频多域抗干扰等关键技术，研制出多型机载/弹载/车载北斗军用抗干扰卫星导航接收机，已用于我国新型预警机、大型运输机、有人/无人主力战机、舰载战斗机、空空导弹、制导航弹、机载布撒器等，促进了我国军用卫星导航定位技术的显著进步。

面向国防、公安、安全等特殊行业的移动通信系统建设的迫切需求，在国内率先开展了 TETRA 数字集群系统的研究工作，研究所成功研制了基于软件无线电的接入网系统和基于软交换的核心网系统，2011 年通过型号核准测试。承担了多项军用数字集群通信系统的研制任务，负责与集群通信系统相关的标准的起草和制定工作，以及系统设备的研制工作。

在电子系统仿真与信号模拟技术研究中，研究所突破了宽带、任意波形信号的非等间隔采样重构高精度延迟转发等关键技术，研制出我国第一型航天测控通用动态信道模拟器，已多次用于导航/中继卫星测控信道模拟、星间激光通信动态信道模拟等任务，精度优于国外同类产品 1 个数量级，填补了我国星地、星间测控链路高精度信道模拟的空白。

### 9.7.4 荣誉和成果

**一、科技成果奖励列表**

科技成果奖励列表见表 9.16。

表 9.16 科技成果奖励

| 序号 | 本所获奖人姓名（排名） | 获奖单位 | 奖励证书号 | 奖励类别名称 | 获奖项目名称 | 获奖日期 | 奖励等级 |
|---|---|---|---|---|---|---|---|
| 1 | 崔嵬、吴嗣亮、沈清、田静、侯建刚、郑哲 | 北京理工大学 | 2019－F－31022－2－03－R01/R02/R03/R04/R05/R06 | 国家技术发明奖 | 天基空间目标广角凝视探测雷达技术及应用 | 2019.12 | 二等奖 |
| 2 | 龙腾、毛二可、陈亮、丁泽刚、毕福昆、杨柱 | 北京理工大学 | 2018－F－31022－2－01－R01/R02/R03/R04/R05/R06 | 国家技术发明奖 | 一种天基在轨实时处理新技术及应用 | 2018.12 | 二等奖 |
| 3 | 吴嗣亮（4） | 北京理工大学 | 2018100510240001－4 | 军队科技进步奖 | 扩跳频测控技术与应用 | 2018.12 | 一等奖 |
| 4 | 崔嵬、吴嗣亮、沈清、田静、侯建刚、郑哲 | 北京理工大学 | KJ2018－F1－10－R01/02/03/04/05/06 | 中国电子学会技术发明奖 | 天基空间目标广角凝视探测雷达技术及应用 | 2018.12 | 一等奖 |
| 5 | 李健（12） | 北京理工大学 | 2017－01－02－12 | 卫星导航定位科技进步奖 | 面向地址灾害的北斗应急救援服务平台系统 | 2017.09 | 二等奖 |

续表

| 序号 | 本所获奖人姓名（排名） | 获奖单位 | 奖励证书号 | 奖励类别名称 | 获奖项目名称 | 获奖日期 | 奖励等级 |
|---|---|---|---|---|---|---|---|
| 6 | 龙腾、毛二可、陈亮、丁泽刚、毕福昆、杨柱 | 北京理工大学 | 2017GFFMJ1007-R01 | 国防技术发明一等奖 | 一种天基在轨实时处理新技术及应用 | 2017.12 | 一等奖 |
| 7 | 陈亮（15） | 北京理工大学 | 2016100310230001-15 | 军队科学技术进步奖 | ××××分辨率图像快速处理与应用关键技术 | 2017.12 | 一等奖 |
| 8 | 王永庆（2） | 山东航天电子技术研究所、北京理工大学 | JB2016-2-15-D02 | 山东省科学技术进步奖 | 上面级一体化测控系统 | 2017.05 | 二等奖 |
| 9 | 王永庆（7） | 原北京跟踪与通信技术研究所、北京理工大学 | 2016101033730003-7 | 军队科技进步奖 | ××××飞行试验多约束发射窗口规划建模与应用 | 2016 | 三等奖 |
| 10 | 毛二可、龙腾、吴嗣亮、高梅国、曾涛、崔嵬、胡程、许稼、付佗、王菊、魏民华、郑哲、李云杰、陈亮、王永庆 | 北京理工大学 | 2015GFTDJ004 | 国防科技创新团队奖 | 北京理工大学毛二可院士雷达系统及实时信息处理技术创新团队 | 2015.12 | |

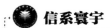

信系寰宇
——北京理工大学信息与电子学院学科（专业）发展史（下）

续表

| 序号 | 本所获奖人姓名（排名） | 获奖单位 | 奖励证书号 | 奖励类别名称 | 获奖项目名称 | 获奖日期 | 奖励等级 |
|---|---|---|---|---|---|---|---|
| 11 | 李健、金烨、张磊 | 北京理工大学 | 2015-01-03-（02-04） | 卫星导航定位科学技术奖 | 北斗卫星导航手持型用户机研制 | 2015.09 | 三等奖 |
| 12 | 陈亮（8） | 北京理工大学 | 2014702310048632-8 | 军队科技进步奖 | ×××数据快速处理与军民共享应用技术 | 2014.12 | 二等奖 |
| 13 | 高立宁（6） | 北京理工大学 | 2013188J-R06 | 中航工业集团科学技术奖 | 复杂体制××技术研究 | 2014.02 | 三等奖 |
| 14 | 吴嗣亮、崔嵬、侯建刚、沈清、郑哲、王菊、张钦、周扬、田静、宋卫 | 北京理工大学、上海航天电子通讯设备研究所 | 2014710220138632-1 | 军队科技进步奖 | 实践××号卫星全空域防撞告警雷达 | 2014 | 二等奖 |
| 15 | 高立宁（5） | 北京理工大学 | 2013GFJBJ2151-R05 | 国防科学技术进步奖 | ××××××火控雷达 | 2013.12 | 二等奖 |
| 16 | 陈亮、金烨（5） | 北京理工大学 | 13CJJ2229-5 | 军队科技进步奖 | 卫星海洋××××智能快速处理系统 | 2013.12 | 二等奖 |
| 17 | 吴嗣亮、毛二可、王旭、魏国华、陈刚、侯舒娟 | 北京理工大学 | 2013-F-24201-1-01-R01/R02/R03/R04/R05/R06 | 国家技术发明奖 | 无线电矢量×××测量技术与应用 | 2013.12 | 一等奖 |

续表

| 序号 | 本所获奖人姓名（排名） | 获奖单位 | 奖励证书号 | 奖励类别名称 | 获奖项目名称 | 获奖日期 | 奖励等级 |
|---|---|---|---|---|---|---|---|
| 18 | 刘峰 | 北京理工大学 | Z2013B20454-7 | 军队科技进步奖 | 北斗二号手持导航型用户机研制 | 2013.11 | 二等奖 |
| 19 | 李健（7） | 北京理工大学 | Z2013B2040-7 | 军队科技进步奖 | 北斗二号用户机×××基带芯片研制 | 2013.11 | 二等奖 |
| 20 | 毛二可、赵保军 | 北京理工大学 | | 科技进步奖集体奖 | BD二号卫星工程建设突出贡献集体奖 | 2013.08 | |
| 21 | 魏国华（3） | 二炮装备研究院、北京理工大学 | 13CJJ3281-DW2 | 军队科技进步奖 | 二炮机动式无线电矢量×××测量系统 | 2013 | 三等奖 |
| 22 | 李阳（5） | 北京理工大学 | 2012-BQJ-3-0056-5 | 中国兵器工业集团公司科学技术奖励进步奖 | ×××三毫米主动×××技术 | 2012.11 | 三等奖 |
| 23 | 崔嵬（3） | 北京遥感设备研究所、北京理工大学 | 2012921113-3 | 军队科技进步奖 | 载人运输飞船交会对接微波雷达 | 2012 | 一等奖 |
| 24 | 吴嗣亮（2） | 北京理工大学 | 2012Sl3015-2 | 军队科技进步奖 | 矢量×××测量系统设计与实现 | 2012 | 三等奖 |

续表

| 序号 | 本所获奖人姓名（排名） | 获奖单位 | 奖励证书号 | 奖励类别名称 | 获奖项目名称 | 获奖日期 | 奖励等级 |
|---|---|---|---|---|---|---|---|
| 25 | 赵保军（3） | 北京理工大学 | 2012GFJBJ 3248－R03 | 国防科学技术进步奖 | 基于图像处理的CZ动态稳瞄精度检测技术 | 2012.12 | 三等奖 |
| 26 | 李阳（6） | 北京理工大学 | 2012GFJBJ 2084－R06 | 国防科学技术进步奖 | ×××××毫米波主动/红外成像复合××技术 | 2012.12 | 二等奖 |
| 27 | 陈禾（2）、赵保军（7） | 航天二院二部，北京理工大学 | 201286323 7－2 | 军队科技进步奖 | ××处理机一体化设计20128638 01202 | 2012.11 | 二等奖 |
| 28 | 唐林波（7） | 航天二院二部，北京理工大学 | 201286311 5－6 | 军队科技进步奖 | 20128638 01101 | 2012.11 | 一等奖 |
| 29 | 龙腾、毛二可、刘峰、曾大治、胡善清、陈亮 | 北京理工大学 | 2011－F－24201－2－05－R01/R02/R03/R04/R05/R06 | 国家技术发明奖 | 空天对地探测实时信息处理新技术及应用 | 2011.12 | 二等奖 |
| 30 | 龙腾、毛二可、刘峰、曾大治、胡善清、陈亮 | 北京理工大学 | 2010GFFMJ 1003－R01/R02/R03/R04/R05/R06 | 国防技术发明奖 | 空天对地探测实时信息处理新技术及应用 | 2010.12 | 一等奖 |
| 31 | 龙腾 | 北京理工大学 | 2010GFFMJ 1003－R01 | 国防技术发明奖 | KTDDTC实时信息处理新技术及应用 | 2010.12 | 一等奖 |

续表

| 序号 | 本所获奖人姓名（排名） | 获奖单位 | 奖励证书号 | 奖励类别名称 | 获奖项目名称 | 获奖日期 | 奖励等级 |
|---|---|---|---|---|---|---|---|
| 32 | 魏国华（6） | 二炮装备研究院、北京理工大学 | 10ESL312-DW2 | 军队科技进步奖 | 无线电矢量×××测量系统总体技术方案 | 2010 | 三等奖 |
| 33 | 曾涛（3） | 北京理工大学 | 2009DZ2024-3 | 军队科技进步奖 | ××××高速数据实时记录与处理系统 | 2009.09 | 二等奖 |
| 34 | 吴嗣亮、毛二可、王旭、魏国华、陈刚、侯舒娟 | 北京理工大学 | 2009GFFMJ1002-R01 | 国防技术发明奖 | 无线电矢量×××测量技术与应用 | 2009.12 | 一等奖 |
| 35 | 李阳 | 北京理工大学 | 20081121 | 中国航空工业第一集团公司科技进步奖 | 实用化×××雷达××技术 | 2008.07 | 二等奖 |
| 36 | 龙腾（2） | 北京理工大学 | 2006DZ2015-2 | 军队科技进步奖 | XZ L-SAR KS成像处理实验系统及工程可实现算法研究 | 2006.09 | 二等奖 |
| 37 | 曾涛（6） | 北京理工大学 | 2004-J-245-2-03-R06 | 国家科学技术进步奖 | ZWSTFDTTF效果综合评估系统 | 2005.01 | 二等奖 |

续表

| 序号 | 本所获奖人姓名（排名） | 获奖单位 | 奖励证书号 | 奖励类别名称 | 获奖项目名称 | 获奖日期 | 奖励等级 |
|---|---|---|---|---|---|---|---|
| 38 | 龙腾（4） | 北京理工大学 | 2004GFJ2146-4 | 国防科学技术奖 | 8××高分辨机载合成孔径雷达 | 2004.11 | 二等奖 |
| 39 | 龙腾（4） | 北京理工大学 | 2004ZDK27-4 | 中国电子科技集团公司科学技术奖 | 8 mm高分辨JZ合成KJ雷达 | 2004.05 | 二等奖 |
| 40 | 龙腾（8） | 北京理工大学 | 2003GFJ2122-8 | 国防科学技术奖 | NGGZH-MBZDXD/双色红外亚成像多模ZD技术 | 2003.10 | 二等奖 |
| 41 | 龙腾（2） | 北京理工大学 | 2003GFJ1020-2 | 国防科学技术奖 | HMB带宽ZDXDDYT技术 | 2003.10 | 一等奖 |
| 42 | 龙腾（6） | 北京理工大学 | 2003GFJ1020-6 | 国防科学技术奖 | HMB宽带ZDXDDYT技术 | 2003.09 | 一等奖 |
| 43 | 曾涛（7） | 北京理工大学 | 2003TE1001-7 | 军队科技进步奖 | ×××××××××效果综合评估系统 | 2003.10 | 一等奖 |
| 44 | 龙腾（1） | 北京理工大学 | 2001GFJ2198-1 | 国防科学技术奖 | BHMZDX的信息处理技术 | 2001.12 | 二等奖 |

续表

| 序号 | 本所获奖人姓名（排名） | 获奖单位 | 奖励证书号 | 奖励类别名称 | 获奖项目名称 | 获奖日期 | 奖励等级 |
|---|---|---|---|---|---|---|---|
| 45 | 龙腾（1）、曾涛 | 北京理工大学 | 2001-BQJ-2-0024-1 | 中国兵器工业集团公司科学技术奖 | BHMZDX的信息处理技术 | 2001.10 | 二等奖 |
| 46 | 龙腾（2） | 北京理工大学 | 1999GFJ3417-2 | 国防科学技术奖 | 多功能动MBGZ雷达信号处理机 | 1999.11 | 三等奖 |
| 47 | 龙腾（1） | 北京理工大学 | 97-BJ03-2-024-1 | 兵器工业部级科技进步奖 | 雷达ZD信息处理关键技术 | 1997.12 | 二等奖 |
| 48 | 毛二可、韩月秋、肖裔山、林海、周冬友 | 北京理工大学 | 87-12-189 | 国家技术发明奖 | 数模混合动目标检测处理机 | 1987.12 | 二等奖 |
| 49 | 毛二可、费元春、韩月秋、周冬友 | 北京理工大学 | 82-03-013 | 国家技术发明奖 | 高稳定本振源 | 1982.04 | 三等奖 |
| 50 | 费元春、毛二可、韩月秋 | 北京理工大学 | 82-03-012 | 国家技术发明奖 | 10公分微波晶体管压控振荡器 | 1982.04 | 三等奖 |
| 51 | 韩月秋、胡杏生、毛二可 | 北京理工大学 | 82-03-026 | 国家技术发明奖 | 电荷耦合用快慢钟 | 1982.04 | 四等奖 |

## 二、科研平台及团队奖励列表

科研平台及团队奖励情况见表9.17。

表9.17 科研平台及团队奖励情况

| 序号 | 名称 | 颁发单位 | 日期 |
|---|---|---|---|
| 1 | 国防科技创新团队奖 | 工业和信息化部 | 2015 |
| 2 | 卫星导航电子信息技术教育部重点实验室 | 中华人民共和国教育部 | 2013.12 |
| 3 | 新体制雷达系统理论与关键技术学科创新引智基地 | 国家外国专家局、教育部 | 2013.10 |
| 4 | 北斗二号卫星工程建设突出贡献集体奖 | 中国人民解放军总装备部、国家国防科技工业局 | 2013.08 |
| 5 | 嵌入式实时信息处理技术北京市重点实验室 | 北京市科学技术委员会 | 2011.06 |
| 6 | 全国教育系统先进集体 | 中华人民共和国人事部、中华人民共和国教育部 | 2007.09 |
| 7 | 多元信息系统国防重点学科实验室 | 国防科学技术工业委员会 | 2007.07 |
| 8 | 国防科技工业优秀科技创新团队（北京理工大学毛二可院士领导的科技团队） | 中华人民共和国国防科学技术工业委员会 | 2006.06 |
| 9 | 北京市教育创新工程：优秀教育集体 | 北京市总工会 | 2006.04 |

## 三、教学成果奖励列表

教学成果奖励情况见表9.18。

表9.18 教学成果奖励情况

| 序号 | 获奖项目名称 | 奖励等级 | 获奖人员 | 奖励年度 | 排序 |
|---|---|---|---|---|---|
| 1 | 雷达导引头机动目标检测信号处理算法研究 | 中国电子教育学会优秀博士学位论文奖指导教师 | 崔嵬 | 2019 | 第一 |

续表

| 序号 | 获奖项目名称 | 奖励等级 | 获奖人员 | 奖励年度 | 排序 |
|---|---|---|---|---|---|
| 2 | 复杂条件下直接序列扩频信号捕获关键技术研究 | 中国卫星导航协会优秀博士学位论文奖指导教师 | 吴嗣亮 | 2019 | 第一 |
| 3 | GNSS-based SAR Interferometry for 3-D Deformation Retrieval: Algorithms and Feasibility Study | IEEE地球科学与遥感协会（GRSS）会刊年度论文奖 | 刘泉华、刘飞峰 | 2019 | 第一 |
| 4 | 基于人才成长规律的本硕博一体化培养探索与实践 | 国家级教学成果二等奖 | 崔嵬 | 2018 | 第九 |
| 5 | 雷达机动目标长时间积累信号处理算法研究 | 中国电子教育学会优秀博士学位论文奖指导教师 | 吴嗣亮 | 2017 | 第一 |
| 6 | 理工雷科杰出教学贡献奖 | 三等奖 | 杨小鹏 | 2017 | 第一 |
| 7 | 基于GEO SAR编队飞行的动目标检测 | 海洋环境下信息技术交流大会优秀论文奖 | 胡程、董锡超 | 2017 | 第二、第三 |
| 8 | 基于不确定集约束和零陷优化的稳健波束形成算法 | 第十四届全国雷达学术年会优秀论文三等奖 | 杨小鹏 | 2017 | 第二 |
| 9 | 理工雷科教学贡献奖 | 三等奖 | 杨小鹏 | 2016 | 第一 |
| 10 | 基于稀疏信号重构的欠定波达方向估计算法研究 | 中国电子学会优秀博士学位论文奖指导教师 | 吴嗣亮 | 2016 | 第一 |

续表

| 序号 | 获奖项目名称 | 奖励等级 | 获奖人员 | 奖励年度 | 排序 |
| --- | --- | --- | --- | --- | --- |
| 11 | 理工雷科教学贡献奖 | 入围奖 | 杨小鹏 | 2015 | 第一 |
| 12 | 理工雷科特殊教学贡献奖 | 二等奖 | 陈禾 | 2014 | 第一 |
| 13 | 理工雷科教学贡献奖 | 入围奖 | 杨小鹏 | 2014 | 第一 |

### 四、人才计划信息列表

人才计划信息见表9.19。

表9.19 人才计划信息

| 序号 | 名称 | 姓名 | 年度 |
| --- | --- | --- | --- |
| 1 | 教育部长江学者 | 龙腾 | 2012 |
| 2 | 国家杰出青年基金 | 龙腾 | 2012 |
| 3 | 教育部新世纪优秀人才 | 崔嵬 | 2013 |
| 4 | 新世纪百千万人才国家级人选 | 吴嗣亮 | 2014 |
| 5 | 新世纪百千万人才国家级人选 | 龙腾 | 2015 |
| 6 | 万人计划科技领军人才 | 龙腾 | 2016 |
| 7 | 国家杰出青年基金 | 曾涛 | 2016 |
| 8 | 国防科技卓越青年人才基金 | 陈亮 | 2018 |
| 9 | "万人计划"青年拔尖人才 | 胡程 | 2018 |
| 10 | 中国科协青年人才托举工程人才 | 董锡超 | 2018 |
| 11 | "万人计划"青年拔尖人才 | 丁泽刚 | 2019 |
| 12 | "千人计划"青年千人计划 | 张伟锋 | 2019 |
| 13 | 中国电子协会青年人才托举工程人才 | 王岩 | 2019 |

### 五、教材和专著

教材和专著见表9.20。

表 9.20　教材和专著

| 序号 | 教材（讲义）名称 | 编著者 | 出版时间 | 字数/千字 | 出版社 |
|---|---|---|---|---|---|
| 1 | 《Geosynchronous SAR: System and Signal Processing》 | 龙腾，胡程，丁泽刚，董锡超，田卫明，曾涛 | 2018.05 | 72 | Springer |
| 2 | 《宽带雷达》 | 龙腾，刘泉华，陈新亮 | 2017.12 | 100 | 国防工业出版社 |
| 3 | 《多传感器分布式信号检测》 | 刘向阳，许稼 | 2016.01 | 368 | 国防工业出版社 |
| 4 | 《Visual Signal Quality Assessment: Quality of Experience (QoE)》 | 邓宸伟，王水根，马林 | 2015.12 | 5 | Springer |
| 5 | 《高性能 FPGA 系统——时序设计与分析》 | 崔嵬，王巍 | 2014.07 | 320 | 高等教育出版社 |
| 6 | 《Bistatic Radar Emerging Technology》 | Antonio Moccia, Marco D'Errico, Alberto Moreira, Gerhard Krieger, Pascale Dubois-Fernandez, Hubert Cantalloube, Bernard Vaizan, Mikhail Cherniakov. Tao Zeng, Paul Howland, Hugh Griffiths, Chirs Baker | 2008.04 | | John Wiley & Sons, Ltd. |

续表

| 序号 | 教材（讲义）名称 | 编著者 | 出版时间 | 字数/千字 | 出版社 |
|---|---|---|---|---|---|
| 7 | 《微电子技术应用基础》 | 谢君堂，曲秀杰，陈禾 | 2006.02 | 100 | 北京理工大学出版社 |
| 8 | 《TMS320C6000系列DSPs原理与应用（第2版）》 | 李方慧，王飞，何佩琨 | 2003.01 | 859 | 电子工业出版社 |
| 9 | 《XDSL技术与应用》 | 龙腾，John M. Cioffi，刘峰 | 2002.03 | 691 | 电子工业出版社 |
| 10 | 《高速实时数字信号处理器SHARC的原理与应用》 | 曾涛，李眈，龙腾 | 2001.01 | 270 | 北京理工大学出版社 |
| 11 | 《TMS320C6000系列DSPs原理与应用（第1版）》 | 任丽香，马淑芬，李方慧 | 2000.07 | 672 | 电子工业出版社 |

### 9.7.5　团队带头人毛二可院士

毛二可教授是中国工程院院士，国家级有突出贡献专家，我国雷达领域著名学者，北京理工大学信息与电子学院教授、博士生导师。曾获全国优秀共产党员、全国先进工作者、北京市劳动模范、北京市教育系统先进工作者等多项荣誉称号，2007年当选中国共产党第十七次全国代表大会代表。作为雷达所的开创者和精神领袖，毛二可院士的主要贡献主要是：开创了实时信息处理和新体制雷达的学科领域；坚持了雷达所大团队管理的模式；在高校教师待遇最差的时候，以他的人格力量，为雷达所留下了一批人才。

毛二可教授

**1. 中国雷达信号处理领域的奠基人、开创者、先行者和引领者**

半个多世纪以来，毛二可教授始终紧密围绕国家重大需求，针对空、天、地、海复杂环境中目标检测、成像、识别、跟踪等难题，首创了多种雷达系统新体制及实时信号与信息处理新算法，多项成果达到世界领先水平，实现了雷达

"看得清""测得准""探得远""响应快",满足了防空反导、载人航天与探月工程等国家战略需求,大幅提升了我国星、机、弹载雷达探测性能与反应速度,为我国国防建设和武器装备技术的发展和进步做出了重大贡献。

毛二可教授作为我国雷达信号处理的奠基人,在20世纪80年代,率先开展了全数字化的动目标信号处理技术研究,突破了强杂波环境下雷达动目标检测世界难题,使中国雷达信号处理从模拟时代跨越到数字时代;自主研制出具有国际先进水平的新型雷达动目标显示装置等核心部件,广泛应用于我国多型机载火控雷达,实现复杂环境下雷达"看得清",为大幅提升我军战场侦察和精确打击能力做出了重大贡献。成果获1987年军用电子学领域国家级最高奖(国家技术发明奖二等奖)。

毛二可教授作为我国全时空雷达的开创者,在20世纪90年代,率先提出用雷达技术解决精确打击武器矢量脱靶量大范围、高精度测量这一世界性难题,使我国矢量脱靶量测量范围和精度比国外高10倍以上,实现了雷达"测得准",该技术应用于我国多型重大导弹武器的试验鉴定,并成功推广应用于神舟、天宫历次交会对接。军方认为:该技术"是靶场试验脱靶量测量技术的革命"。成果获2013年国家技术发明奖一等奖。

毛二可教授作为我国新一代雷达的先行者,领导团队率先提出复杂信号新波形,解决了远距离微弱目标探测难题;发明了"综合节点处理"新技术,解决了强约束下高速率、大容量数据的高效实时信号处理难题;研制出系列新型空间雷达增程信号处理系统,对嫦娥二号三级箭体探测距离达到14万公里,达到国际先进水平,实现了雷达"探得远"。军方认为:"这是我国非合作方式跟踪目标达到的最远距离"。成果获2011年国家技术发明奖二等奖。

同时,毛二可教授在自己研究成果基础上,带领团队服务于国家军民融合发展战略、创新驱动发展战略及产学研体制创新,与北京理工大学共同组建了专门从事成果转化的学科性公司,打造出中关村乃至全国知名的高科技创新型企业和高校科技成果转化的成功案例。

**2. 高素质创新人才培养的践行者**

毛二可教授不仅在雷达领域做出了重大贡献,还创建了"构建大团队、形成大平台、承担大项目、产生大成果"的高校基层科研单位运行管理模式,形成了"凝聚人、培养人、宽容人"的育人方法,为我国国防、科技、教育等领域培养了一批高水平人才。毛二可团队现有教师60人,其中高级技术职称27人,形成了一支包括长江学者、国家杰青、万人领军、"973"首席等优秀人才的富有凝聚力和战斗力的科研创新团队。团队已累计培养博士生近300人,硕士生超过1 000人,学生中产生2位院士,以及大学校长、将军、军工集团总经理等几十名高层次领军人才，在先进雷达、无人侦察、军用电子对抗、空天遥感、5G 通信、自动驾驶等领域做出了卓越贡献。

**3. 党的事业矢志不渝的追求者**

毛二可教授始终秉承党的优良传统和共产党人的政治品格与优良作风。对党忠诚、无私奉献、刻苦钻研、潜心学问，以 80 多岁高龄坚持奋战在教学科研工作第一线，是无愧于时代、无愧于党和人民的优秀科教楷模。2006 年，原国防科工委、中共北京市委教育工委发出了向毛二可同志学习的号召，并举办了北京高校纪念建党 85 周年暨毛二可同志先进事迹报告会，北京市 58 所高校师生参会。"毛二可院士及其创新团队先进事迹"宣讲团分赴原国防科工委、北京市委、高等院校等展开宣讲。校内师生创作的音乐剧《毛二可》、歌曲《无悔的蜡烛》等一批歌颂其事迹的文化艺术作品，在校内外引起了强烈反响，感召一代代北理工人传承红色基因，投身国家建设。

**4. 教育经历**

1939 年 9 月—1945 年 7 月，中央大学重庆大学附属小学（南京丁家桥小学），小学

1945 年 8 月—1946 年 8 月，重庆私立南开中学，初中

1946 年 9 月—1947 年 2 月，北平私立北方中学（插班借读），初中二年级

1947 年 3 月—1948 年 6 月，北平市市立第四中学，初中二年级至初中毕业

1948 年 9 月—1951 年 7 月，重庆私立南开中学，高中

1951 年 9 月—1953 年 9 月，华北大学工学院电机制造专业 91 班，（1952 年 1 月华北大学工学院更名为北京工业学院），大学本科

1953 年 9 月—1956 年 7 月，北京工业学院雷达系雷达设计与制作专业（所在班级按照学校要求整体转专业到新组建的雷达系雷达设计与制作专业，是国内地方院校开始雷达专业第一班），大学本科

**5. 工作经历**

1956 年 8 月—1960 年 7 月，北京工业学院无线电系，助教

1960 年 8 月—1980 年 7 月，北京工业学院电子工程系，讲师

1980 年 8 月—1983 年 4 月，北京工业学院电子工程系，副教授

1983 年 5 月—2018 年 8 月，北京理工大学信息与电子学院，教授（1988 年北京工业学院更名为北京理工大学）

1995 年 5 月，当选中国工程院院士

2018 年 8 月至今，北京理工大学信息与电子学院，退休返聘

**6. 所获奖励和荣誉称号**

1987 年，"模数混合动目标检测处理机"获国家技术发明奖二等奖，第一发

明人（当年军用电子学领域国家级最高奖）。

1989 年，被中华人民共和国国务院授予"全国先进工作者"称号。

1990 年，获原国家教育委员会、国家科学技术委员会颁发的"全国高等学校先进科技工作者"称号。

2001 年，获"何梁何利基金科学与技术进步奖"。

2006 年，获评"全国优秀共产党员"。

2006 年，带领雷达技术研究所获"国防科技工业创新团队"称号。

2007 年，带领雷达技术研究所获"全国教育系统先进集体"（人事部/教育部）。

2011 年，获国家技术发明奖二等奖。

2013 年，获国家技术发明奖一等奖。

2018 年，获国家技术发明奖二等奖。

### 9.7.6　团队带头人龙腾教授

龙腾，男，1968 年 1 月出生于福建福州，现为北京理工大学教授、博士生导师，北京理工大学党委常委、副校长、雷达技术研究所所长。

1989 年在中国科学技术大学无线电电子学系获得学士学位，1995 年在北京理工大学电子工程系获得博士学位；1999 年和 2002 年分别前往美国斯坦福大学和英国伦敦大学学院做高级访问学者。

龙腾教授

获批为国务院学位委员会第七届学科评议组组员；入选教育部长江学者特聘教授、国家杰出青年科学基金项目获得者；担任"973"项目技术首席、国家"863"重点项目首席专家、某武器系统副总设计师；入选第二批国家"万人计划"领军人才、国家百千万人才工程"有突出贡献中青年专家"、国家创新人才推进计划——中青年科技创新领军人才、北京市科技北京百名领军人才培养工程。

担任教育部"新体制雷达与实时信息处理"创新团队带头人、高等学校学科创新引智计划项目负责人；是原总装备部某专业组专家，中国电子学会、中国仪器仪表学会常务理事，中国高科技产业化研究会第四届理事会常务理事、特聘副理事长，中国电子学会、中国仪器仪表学会信号处理分会主任委员，中国电子学会无线电定位技术分会副主任委员，中国高科技产业化研究会智能信息处理产业化分会理事长；入选 IEEE Fellow、IET Fellow、中国电子学会会士，担任 IET 2009 年国际雷达会议主席、IET 2013/2015/2018 年国际雷达会议荣誉主席。

长期从事新体制雷达与实时信息处理领域的研究工作，出版学术著作 2 本，发表学术论文 290 余篇，其中 SCI 检索论文 110 余篇、EI 检索论文 140 余篇；获得授权发明专利 250 余项、受理发明专利 110 余项；获国家技术发明奖二等奖 2 项（排名第一），国防和军队科技成果一、二、三等奖共 9 项，北京市教育教学成果奖一等奖（排名第二）。

领导雷达技术研究所获得"国防科技工业优秀科技创新团队""全国教育系统先进集体"等荣誉称号，并获得 2015 年首届国防科技创新团队奖。

**1. 教育经历**

1989.09—1995.02　电子工程系，博士学位，北京理工大学，北京，中国

1984.09—1989.07　无线电电子学系，学士学位，中国科学技术大学，合肥，中国

**2. 工作经历**

2018.01 至今　北京理工大学 副校长

2016.07—2018.01　北京理工大学 校长助理

2015.07 至今　北京理工大学 校学术委员会成员

2015.12—2016.06　北京理工大学 微电子学院 院长

2009.01—2016.06　北京理工大学 信息与电子学院 院长

2009.01—2016.06　北京理工雷科电子信息技术有限公司 首席科学家

2004.05 至今　北京理工大学 信息科学技术学院 雷达技术研究所 所长

2004.04—2010.12　北京理工大学 目标探测与识别 学科带头人

2002.03—2002.09　英国伦敦大学学院 高级访问学者

2000.07 至今　北京理工大学 电子工程系 教授

1997.07—2000.06　北京理工大学 电子工程系 副教授

1999.01—1999.08　美国斯坦福大学 电子工程系 客座副教授

1996.06—2004.04　北京理工大学 雷达技术研究所 副所长

1995.03—1997.06　北京理工大学 电子工程系 讲师

**3. 所获奖励及荣誉称号**

- 二等奖，国家技术发明奖，中华人民共和国科学技术部，2018 年；
- 二等奖，国家技术发明奖，中华人民共和国科学技术部，2011 年；
- 3 项一等奖及 4 项二等奖，部级技术发明和进步奖，1997—2017 年；
- 科学与技术进步奖，何梁何利基金，2019 年；
- 领军人才，国家高层次人才特殊支持计划（万人计划），中央人才工作协调小组，2016 年；
- "长江学者奖励计划"特聘教授，中华人民共和国教育部，2012 年；
- 国家杰出青年科学基金，国家自然科学基金，2012 年；

- 国家有突出贡献中青年专家荣誉称号，国家人力资源和社会保障部，2015 年；
- 国家百千万人才工程国家级人选，中华人民共和国人事部，2015 年；
- 国家创新人才推进计划——中青年科技创新领军人才，中华人民共和国科学技术部，2014 年；
- "科技北京"百名领军人才，北京市科学技术委员会，2014 年；
- 新世纪优秀人才支持计划，中华人民共和国教育部，2014 年；
- 政府特殊津贴，国务院，2002 年；
- 北京青年五四奖章，北京市人事局，2005 年；
- 北京市优秀教师奖，北京市人事局，2004 年；
- 霍英东高校青年教师奖，霍英东教育基金会，2004 年；
- 北京十大杰出青年，共青团北京市委，2007 年。

### 9.7.7　团队带头人吴嗣亮教授

吴嗣亮，1964 年 8 月 18 日出生于安徽省绩溪县，现任北京理工大学信息与通信工程学科教授，航天电子技术研究团队带头人，信号与信息处理学科方向责任教授，学校首批讲席教授；兼校第九届学术委员会委员，学位评定委员会委员，信息与电子学部主任。

**吴嗣亮教授**

吴嗣亮教授长期致力于雷达、航天测控与卫星导航定位等无线电动态定位测量技术研究。带领团队研制出海/陆/空系列靶场特种测量雷达、我国第一部星载空间目标测量雷达、第一部星载威胁告警雷达、神舟八号至神舟十一号载人飞船和天舟一号货运飞船交会对接微波雷达信号处理机、天宫一号和天宫二号交会对接微波应答机信号处理机、北斗三号导航卫星应急测控数传一体机等多型航天扩频测控应答机、我国第一型航天测控通用动态信道模拟器、机载/弹载/车载系列军用卫星导航接收机等。获国家技术发明奖一等奖 1 项、国家技术发明奖二等奖 1 项、省部级科技奖 10 项，作为带头人之一获首届国防科技创新团队奖。指导的 3 名博士生获全国一级学（协）会优秀博士学位论文。已发表 SCI 检索期刊论文 80 余篇、EI 检索期刊论文 300 余篇，获授权发明专利 50 余项。

**1. 教育经历**

1992.03—1995.12，哈尔滨工业大学，无线电工程系，工学博士

1986.09—1989.05，燕山大学，工业自动化专业，工学硕士

1980.09—1984.07，东北重型机械学院，自动检测技术专业，工学学士

**2. 工作经历**

2000.07 至今，北京理工大学信息与电子学院，教授

1995.12—2000.07，北京理工大学信息与电子学院，副教授

1995.12—1998.06，北京理工大学雷达技术研究所，博士后

1989.05—1995.12，燕山大学，讲师，副教授

1984.07—1986.06，东北重型机械学院，助教，讲师

**3. 所获奖励及荣誉称号**

获 2014 年度何梁何利基金科学与技术进步奖。曾获国务院政府特殊津贴、全国模范教师、全国"五一劳动奖章"、全国优秀科技工作者、国防科技工业有突出贡献中青年专家、北京市师德标兵、国家高技术"863"某重大项目"杰出贡献先进个人"等荣誉。入选国家百千万人才工程并获授"有突出贡献中青年专家"称号，入选国防科技工业"511 人才工程"学术技术带头人、教育部"跨世纪优秀人才"。所领导的团队获国家高技术"863"某重大项目"杰出贡献团队""载人航天交会对接微波雷达研制突出贡献单位"等荣誉。

## 9.8 雷达与对抗技术研究所

### 9.8.1 历史沿革

2014 年 6 月，根据学院领导的指示和学科发展的需要，以高梅国教授为主要带头人的雷达与对抗技术研究团队从雷达技术研究所分离出来，成立雷达与对抗技术研究所（以下简称研究所）。雷达与对抗技术研究所学科隶属于信息与通信工程学科，研究方向为雷达系统及信号处理、电子对抗系统及信号处理、实时信号处理技术等。成立时正式教师 12 人，高梅国教授担任所长，李云杰副研究员和付佗副研究员担任副所长，目前人员及变动情况如表 9.21 所示。需要说明的是，9.8 节记录的是雷达与对抗技术研究所人员自入校以来的工作和取得的成果，不仅是研究所成立后的工作和成绩。

表 9.21　雷达与对抗技术研究所人员情况

| 姓名 | 性别 | 出生年月 | 入校时间 | 入所时间 | 离所时间 | 岗位系列 | 职务/职称 | 指导研究生 |
|---|---|---|---|---|---|---|---|---|
| 高梅国 | 男 | 1965.10 | 1994.02 | 2014.06 | | A | 所长/教授 | 博导 |

续表

| 姓名 | 性别 | 出生年月 | 入校时间 | 入所时间 | 离所时间 | 岗位系列 | 职务/职称 | 指导研究生 |
|---|---|---|---|---|---|---|---|---|
| 杨 静 | 女 | 1977.09 | 2004.06 | 2014.06 | | A | 副部长/副研究员 | 硕导 |
| 傅雄军 | 男 | 1978.01 | 2005.03 | 2014.06 | 2015.08 | A | 副院长/副研究员 | 硕导 |
| 李云杰 | 男 | 1975.04 | 2005.04 | 2014.06 | | A | 副所长/副研究员 | 硕导 |
| 刘国满 | 男 | 1979.05 | 2005.09 | 2014.06 | | A | 高级工程师 | 硕导 |
| 谢 民 | 男 | 1976.11 | 2006.09 | 2014.06 | 2015.08 | A | 讲 师 | 硕导 |
| 付 佗 | 男 | 1977.05 | 2006.11 | 2014.06 | | A | 副所长/研究员 | 博导 |
| 徐成发 | 男 | 1981.12 | 2009.11 | 2014.06 | | A | 讲 师 | 硕导 |
| 江海清 | 男 | 1981.09 | 2008.04 | 2014.06 | | A | 讲 师 | 硕导 |
| 张雄奎 | 男 | 1982.11 | 2010.01 | 2014.06 | | A | 讲 师 | 硕导 |
| 陈德峰 | 男 | 1983.09 | 2011.07 | 2014.06 | | A | 副研究员 | 硕导 |
| 王俊岭 | 男 | 1982.08 | 2013.07 | 2014.06 | | A | 副研究员 | 硕导 |
| 李 岩 | 男 | 1987.07 | 2014.08 | 2014.08 | | A | 副教授 | 硕导 |
| 金 城 | 男 | 1984.04 | 2014.01 | 2015.12 | | A | 院长助理/预聘副教授 | 博导 |
| 方秋均 | 男 | 1984.11 | 2014.01 | 2014.01 | | B | 实验技术 | / |
| 翟欢欢 | 女 | 1983.09 | 2010.09 | 2014.06 | 2017.09 | B | 工程师 | / |
| 曹华伟 | 男 | 1987.07 | 2016.07 | 2016.07 | | B | 工程师 | / |
| 张 伟 | 男 | 1982.09 | 2017.11 | 2017.11 | | B | 工程师 | / |
| 胡光丽 | 男 | 1986.05 | 2017.12 | 2017.12 | | B | 工程师 | / |
| 钟 豪 | 男 | 1988.01 | 2019.03 | 2019.03 | | B | 工程师 | / |
| 王 才 | 男 | 1987.02 | 2019.03 | 2019.03 | | / | 博士后 | / |
| 袁丽慧 | 女 | 1984.05 | 2009.02 | 2009.02 | | 组聘 | 财务助理 | / |
| 袁 杰 | 男 | 1989.11 | 2014.11 | 2014.11 | | 组聘 | 科研助理 | / |

### 9.8.2 人才培养

雷达与对抗技术研究所老师积极参与学院本科教学和研究生教学工作，开设和讲授的课程如表 9.22 所示，每年度还负责少量的本科毕业设计工作。研究所有 3 位博士生导师，12 位硕士生导师，至今培养了硕士研究生 330 名、博士研究生 81 名，每年培养的硕士研究生和博士研究生数见表 9.23。雷磊、凌清、刘鑫、钟芳宇等学生毕业论文获北京理工大学优秀硕士学位论文，鲁振兴等的博士学位论文获北京理工大学优秀博士学位论文。优秀毕业生有胡泽辉、赵会娟、谭欣荣、刘颖、邹光亮等。李旻岳、李小琼及郑坤获得中国 TIDSP 大赛奖系统组第一名。

表 9.22  雷达与对抗技术研究所开设和讲授的课程

| 课程名称 | 授课对象 | 开课年度 | 学时数 | 授课老师 |
| --- | --- | --- | --- | --- |
| 高速实时数字信号处理器 | 硕士 | 1996—2003 | 32 | 高梅国 |
| 高速实时信号处理器结构与系统 | 硕士 | 2003—2006 | 54 | 高梅国、田黎育 |
| | | 2007—2015 | 54 | 高梅国、李云杰 |
| | | 2016 | 48 | 高梅国、李云杰、王俊岭 |
| | | 2017 | 32 | 李云杰、王俊岭 |
| 现代信息技术——电子战综述专题 | 硕士 | 2001—2003 | 8 | 高梅国 |
| 电子对抗技术综述 | 本科 | 2006—2008 | 16 | 高梅国 |
| 数字信号处理 B | 本科 | 2014 至今 | 40 | 高梅国 |
| 数字信号处理器结构与系统 | 硕士 | 2018 至今 | 32 | 李云杰、王俊岭 |
| C 语言程序设计 | 本科 | 2018 | 40 | 李云杰 |
| | | 2019 至今 | 48 | 李云杰 |
| 军用电子信息处理技术 | 本科 | 2012—2014 | 16 | 张雄奎 |
| 模拟电路基础 | 本科 | 2015—2018 上 | 64 | 张雄奎 |
| | | 2018 下至今 | 48 | |
| 实时数字信号处理技术 | 本科 | 2008—2015 | 40 | 刘国满 |
| | | 2016 至今 | 40 | 刘国满、王俊岭 |
| 计算机基础 | 本科 | 2006—2007 | 48 | 刘国满 |

续表

| 课程名称 | 授课对象 | 开课年度 | 学时数 | 授课老师 |
|---|---|---|---|---|
| 军用电子信息处理技术 | 本科 | 2007 | 16 | 刘国满 |
| 军用电子信息处理技术 | 本科 | 2008 | 16 | 江海清 |
| 电子对抗原理 | 本科 | 2012—2016、2019 至今 | 32 | 江海清 |
| 汽车雷达测试系统设计与实践 | 本科 | 2019 至今 | 33 | 江海清 |
| 随机数字信号处理 | 本科 | 2010/2015 | 48 | 徐成发 |
| 汽车毫米波雷达基础实践 | 本科 | 2019 至今 | 32 | 徐成发 |
| 文献检索与学术写作 | 本科 | 2015 至今 | 32 | 金城 |
| 数据结构与算法设计 B | 本科 | 2016 至今 | 24 | 李岩 |
| 计算机与网络实验 | 本科 | 2019 至今 | 8 | 李岩 |
| 认知电子战原理与技术 | 硕士 | 2017 至今 | 32 | 李岩 |
| 高速 DSP 及其实时应用系统开发 | 本科 | 2004 下—2006 下 | 21~28 | 杨静 |

表9.23 硕士研究生和博士研究生每年入学人数

| 年级 | 1996 | 1997 | 1998 | 1999 | 2000 | 2001 | 2002 | 2003 | 2004 | 2005 |
|---|---|---|---|---|---|---|---|---|---|---|
| 硕士生数 | 1 | 2 | 2 | 2 | 6 | 6+1* | 7+1* | 6+3* | 8+3* | 17 |
| 博士生数 | 2* | 2* | 1* |  | 3* | 6 | 3 | 3+3* | 7 | 6+1* |
| 年级 | 2006 | 2007 | 2008 | 2009 | 2010 | 2011 | 2012 | 2013 | 2014 | 2015 |
| 硕士生数 | 19 | 17 | 14 | 13 | 12 | 14 | 19 | 30 | 24 | 19 |
| 博士生数 | 5+1* | 4+2* | 3+1* | 3 | 2+2* | 2 | 2 | 1+1* | 3 | 2 |
| 年级 | 2016 | 2017 | 2018 | 2019 |  |  |  |  |  | 合计 |
| 硕士生数 | 20 | 21 | 22 | 20 |  |  |  |  |  | 321+8* |
| 博士生数 | 2 | 3 | 3 | 2 |  |  |  |  |  | 62+19* |

说明：带 * 的数字为在本组科研协助培养的学生数。

### 9.8.3 科学研究

雷达与对抗技术研究所的科研方向包括雷达系统与雷达信息处理、电子信息对抗、实时数字信号处理技术。在雷达系统与雷达信息处理方向，主要开展了圆阵列雷达系统、穿透树丛侦察雷达系统、低慢小目标监视雷达系统、空间目标探测增程信号处理、雷达目标检测与跟踪、双/多基地雷达成像、微多普勒测量与目标识别、基于干扰信号的协同探测等理论与技术研究。在电子信息对抗方向，开展了灵巧式欺骗雷达干扰技术、雷达侦察信息处理理论与技术、认知电子对抗理论与技术、雷达对抗系统仿真与评估技术、干扰源产生技术等研究。在高速实时信号处理技术方向，开发了多种先进的数字信号处理模块和处理机，包括通用高速采集 ADC 板、阵列 FPGA 处理板、阵列 DSP 处理板、宽带 DRFM 干扰源板、高速固态存储板，以及基于 CPCI 或 VPX 的通用处理系统。在以上方向，获国家技术发明奖 1 项、部级科技奖 18 项，申请发明专利 100 余项，其中已授权 84 项，发表学术论文近 400 篇，编著书籍 3 本。

研究所主要承担的科研项目和开展的研究工作如下：

在制导雷达信号处理方面，高梅国同志从博士期间就开始进行动目标信号处理的检测和跟踪研究工作，1989 年作为骨干参加了周冬友老师主持的原上海航天局 804 所 HQ-6 制导雷达信号处理机的研制工作，提出了一种雷达动目标波形分析跟踪处理方法，提高了雷达跟踪精度和抗距离欺骗干扰能力，该处理机采用了当时新面市的最先进的 DSP 处理器，后以"动目标跟踪雷达回波波形分析处理机"荣获国家技术发明奖三等奖（排名 2），1996 年主持研制了 804 所出口型猎鹰 LY-60 制导雷达的信号处理机。1997 年参与完成了 HQ-9 原理样机雷达信号处理机 MTT 及 FFT 组合的研制。2000 年后主持完成了中国船舶工业 723 所负责的舰载 TR47C 雷达的信号处理机、对抗试验跟踪雷达信号处理机的研制。2010 年，傅雄军老师负责完成了西安空间无线电研究所的"嫦娥-3"测距测速敏感器处理机研制。

在侦察雷达系统及低慢小目标探测方面，2004 年提出了全时空雷达概念，高梅国、徐成发、李延开展了原空军雷达与对抗技术研究所的米波圆接收阵雷达体制研究，完成了数字接收分系统及信号处理分系统研制，开展了外场实验。2008 年徐成发开展了武汉滨湖厂的轻型警戒圆柱体制雷达信号处理研究。2005—2008 年高梅国、田黎育开展了中电集团 27 所的侦察雷达信号处理机研制、国营 786 厂的 374 改侦察雷达信号处理机研制。2008 年年初，高梅国、刘国满主持开展了×××树丛侦察雷达技术研究，2013—2018 年高梅国担任型号总师，主持完成了×××树丛侦察雷达设计、研制、定型工作，该项目是信息与电子学院作为型号总师单位的第一个型号任务。2017 年年初，高梅国、张伟、金城开展了低慢小目标探测雷达体制和信号处理检测技术研究，先后研制了 X 波段和 C 波段三坐标低慢小目标监视雷达，2019 年用于北京电子工程总体研究所和中国航天系统科学与工程研究院无人机监视系统。2017 年徐成发开展了中国电科第 54 研究所的基于检测前跟踪的连续波雷达微弱目标探测技术研究，2019 年胡光丽开展了中国航天系统科学与工程研究院分布式探测试验系统数据融合处理仿真验证项目。

在空间目标探测增程技术方面，"十一五"期间高梅国作为国家高新技术研发计划"863-808"的专家，提出空间目标探测长时间积累增程技术研究课题，组织付佗、李云杰开展了长时间积累信号处理算法研究和实验数据采集验证，"十二五""十三五"期间，该方向得到"863"和预研的持续支持。2007—2010 年付佗主持"863"的多项项目，包括×××卫星探测技术、脉冲测量雷达探测×××目标应用系统研制、脉冲测量雷达对××目标增程技术研究与设备研制等，在高梅国教授的领导下，付佗与陈德峰、翟欢欢、曹华伟通力合作，发明了雷达探测××轨目标长时间信号积累、检测、参数测量和跟踪方法，突破了精密测量雷达探测空间目标扩程增能关键技术，研制的试验系统将原雷达威力最大提高一个数量级，在国内首次实现了××××目标雷达探测，极大地提高了我国雷达探测空间目标的技术水平和能力。2011 年后付佗、陈德峰、曹华伟、翟欢欢将其推广应用于相控阵雷达和××探测方面，使相控阵雷达探测空间目标的能力大幅提升，探测××的预警时间增长，研究项目包括相控阵雷达增程技术研究、××相控阵雷达增程系统研制、×××雷达体制研究与关键技术研究、×××雷达窄带×目标高分辨率估计与跟踪技术，目前已广泛应用于电科 14 所、38 所和北京无线电测量研究所的雷达中，为构建我国空间监视系统做出了巨大贡献。丁帅、王俊岭、陈津、尚华涛、张硕、屈金烨、李琳、徐安、方秋均、夏雯涓、黄永佳、王君、张志伟、唐明桂、张程、王焱、刘正萍、李博、高凯、王慧、薛杉、林雨、钟芳宇、田健、王岩、韩贞威、陈金霞、李曦、火利珍、张永红、袁志华、王岩、董思远、赵会娟、杨培文、陈皓伟、许洋、熊威博、韩佳良、赵威、刘嘉豪、邵长阔、宋丽萍等历届研究生深度参与了该方向的项目研究和系统研制工作。

在空间目标监视雷达和资源调度方面，2012 年高梅国、付佗提出了××连续波空间目标监视雷达高低速率伪码信号设计和处理方法，2013—2020 年张雄奎、徐成发采用 GPU 阵列信号处理技术研制了×××雷达接收分系统多通道信号处理终端样机，提高了空间目标监视雷达探测性能。2018 年付佗、陈德峰开展了××级空间目标广域监视雷达技术预先研究，为研制××级空间目标编目监视新体制雷达提供了技术基础。2010 年后开展了空间监视网效能仿真评估和资源调度研究，包括付佗主持的空间监视网效能仿真评估体系总体设计、××任务空间信息支持与服务软件研制、空间目标监视效能评估技术、全网观测资源化调度策略研究与软件设计等课题，傅雄军负责的×××雷达多目标调度技术研究、陈德峰负责的脉冲精密测量雷达多目标探测调度策略的研究和软件研制等项目，提高了雷达探测空间目标的工作效率和自动化水平。这些研究工作为空间目标探测系统资源的充分利用和优化配置、雷达设备的资源调度和利用提供了理论和技术基础。

在空间目标雷达成像方面，研究所开展了双/多基地空间目标成像、步进频空间目标成像、空间目标干涉成像等技术研究。2008—2012年傅雄军、高梅国负责了"863"的空间目标双基地 ISAR 成像和相参成像技术研究、空间目标双基地 ISAR 成像实验研究、多基地 ISAR 成像××××设计和关键技术研究等，提出采用宽带成像雷达和空间信号侦测设备构成双基地 ISAR 成像系统，获取了国内首幅空间目标双基地宽带 ISAR 图像。2010年张雄奎主持研究了空间目标步进频 ISAR 成像技术，在某宽带雷达上添加了步进频成像分系统，提高了宽带雷达成像距离。2013年后高梅国、王俊岭主持了多基地多频段空间目标雷达成像技术研究，研制了多频段宽带移动接收设备，与宽带成像雷达构成了双基地 ISAR 成像试验系统，获取了多种双基地宽带 ISAR 图像。2017年后开展了 InISAR 三维雷达成像技术研究。以上研究成果提高了我国测量空间目标特性的技术能力。

在导引头雷达信号处理器方面，2006—2010年，高梅国参加了多项精确制导技术预先研究项目，包括弹载小型化信号处理机研究、雷达导引头高速实时并行处理技术研究等。2011年谢民主持了航天科工25所某重点型号导引头的一体化信息处理机研制，2012年谢民、刘国满开展了25所某重点型号的小型化处理机研制，为导引头型号发展做出了重要贡献。2008年徐成发主持了四川九州电器集团责任公司复合导引头雷达处理机研制，2011年徐成发、胡光丽开展了对超宽带×××雷达×××打击导引技术、对移动目标宽带主被动×××技术研究，并进行了原理样机研制。

在雷达目标识别方面，2009年高梅国、傅雄军、付佗承担了"973"课题××目标×多维成像、微多普勒频率测量方法及识别效果评估，2009年傅雄军负责了"863"的基于窄带雷达特性数据的空间目标识别软件研制，主持了 RCS 特性数据定标与归一化等技术研究。

在雷达欺骗干扰技术方面，重点开展了灵巧相参欺骗干扰技术研究，发明了一种雷达的高逼真假目标和航迹欺骗干扰技术方法，开辟了对预警雷达新的干扰样式，2004年高梅国开展了××扫描警戒雷达航迹欺骗干扰设计，2007年李云杰完成了空军雷达与电子对抗研究所的模拟目标雷达特性的××式干扰机信号处理机研制，2008年李云杰、江海清负责了原总参四部 HJQPGR 演示验证项目，2011年完成了二炮装备研究院××波段干扰机研制。

在 SAR 对抗方面，2005 年高梅国主持了中电 51 所×××分布式干扰站欺骗干扰信号产生模块研制，2008 年张雄奎负责了 ISAR 实时成像处理与干扰效果检测样机研制。另外，还承担了雷达网协同××技术、对组网雷达××式灵巧式干扰技术、相控阵预警雷达××干扰新技术等研究课题。

在雷达信号数字侦察接收处理技术方面，江海清老师长期开展了数字信道化接收信号处理理论和技术、脉冲分选理论与技术的研究工作，2008—2009 年负责了中船舶重工集团 723 所某型舰载高灵敏度数字侦察接收机研制，2011 年主持了航天科工二院 25 所某导引头被动宽带数字接收机样机研制。刘国满、江海清老师开展了宽带 SAR 信号的侦察处理理论和技术，2010 年后负责完成了多型套空间 SAR 信号侦测宽带处理机的研制。2018 年李云杰开展了北京航天长征飞行器研究所的低截获信号探测识别技术研究。

在雷达干扰仿真评估和信号模拟方面，2007 年傅雄军负责了航天科工 25 所和无锡航天长峰电子技术公司的×××射频信号源分系统研制，2009 年李云杰负责了"973"子课题多要素组合对信息××环节影响机理研究，2009 年徐成发、李云杰等开展了航天东方红卫星有限公司的有效载荷任务分析、设计仿真与性能分析等软件研制。2012—2015 年江海清开展了对 MIMO 雷达的××技术、××雷达干扰抑制技术试验研究。李云杰负责了 2012 年基于××××的协同探测技术，2014 年对××××系统对抗仿真研究、××雷达网对抗新技术，2017 年基于干扰信号的目标探测定位技术，2018 年北京电子工程技术研究所的干扰影响机理与抗干扰性能评估技术研究等系列课题研究。

在认知电子对抗方面，研究所紧随时代步伐，高梅国作为原总装电子××技术专业组专家，早在 2013 年就在《电子对抗动态》第 13 期上发表了《智能电子对抗悄然起步》的专家视点，同时把认知电子对抗作为重要方向开展研究。2012 年在"863"支持下，李云杰开展了针对认知无线电的对抗技术的课题研究，2014 年从北京邮电大学模式识别实验室博士毕业后入职研究所的李岩老师开展了"×××"的"863"课题研究。2017 年后迎来大发展，2018 年开展的研究项目有李岩主持的军科委的面向×××的认知基础问题、中国电科 14 所的认知电子战技术研究平台等，李云杰负责的联合电磁频谱作战总体技术、基于信号频谱特征的××检测与态势生成技术等；2019 年开展的研究项目有李岩主持的先进体制××目标智能感知与对抗技术，李云杰主持的先进多功能雷达行为推理及××意图辨识技术、先进多功能雷达智能感知识别技术、先进雷达辐射源智能××策略选择与优化研究等。2018 年，王沙飞院士成为研究所的兼职博士生导师，开始在所里进行博士研究生和硕士研究生的招生和培养工作。在该方向上获得的国家自然基金项目有 2019 年李岩的《小样本空间下雷达未知状态在线感知与增量式学习》，2019年李云杰的《关于传播环境指纹像学习的辐射源目标智能识别侦察》。2018年王沙飞、李岩等编著出版了《认知电子战原理与技术》。

在高速实时数字信号处理技术方面，1999年高梅国开始组织研究基于CPCI的通用信号处理平台，提出和实现了一种模块化通用雷达实时信号处理平台架构并应用于多个型号雷达，2001年应用于国有786厂的374雷达信号处理机、中船重工723所的舰载跟踪雷达信号处理机中。2002年刘国满为中国电科29所开发了多通道超高速信号采集并行处理器，采集速率达500兆帕每秒，2005年为中科院电子所研制了高速数据采集系统。2008年前后谢民主持研制了"863"的××上行信号大容量采集设备、中国电科36所海量存储器、西安空间无线电研究所采集存储器、航天科工二院二部的雷达模拟器高速/超高速信号采集设备。2009年张雄奎负责研制了四片TMS320C6455并行的DSP处理板，2013年刘国满负责研制了5GSPS高速采集板。

在毫米波汽车雷达方面，在2017年后，徐成发开展了自动驾驶毫米波雷达建模软件开发，张雄奎承担了深圳市海思半导体有限公司的车载毫米波雷达原型项目、华为技术有限公司的相干激光雷达算法验证项目等。

在天线设计技术方面，金城开展了高效辐射隐身天线理论与技术研究，提出了多模模式选择性调控理论方法，完善了基于多模模式选择调控理论的周期结构拓扑网络综合分析方法。金城总共发表论文80余篇，其中SCI论文32篇，含IEEE Trans.系列文章13篇，SCI他引总计348次，单篇论文SCI他引最高95次。金城的工作获得了国内外著名学者的认可，研究成果得到68位国内外院士、IEEE Fellow和一类期刊主编的正面评价，被评价为"非常有效的分析方法""有效实现天线尺寸效用最大化""天线尺寸缩减高达75%""集成天线的首选"等。

### 9.8.4 荣誉和成果

雷达与对抗技术研究所的老师们在科研上获得的成果奖励有19项，如表9.24所示。

表9.24 科技成果奖励

| 序号 | 本所获奖人姓名（排名） | 获奖单位 | 奖励证书号 | 奖励类别名称 | 获奖项目名称 | 获奖日期 | 奖励等级 |
|---|---|---|---|---|---|---|---|
| 1 | 高梅国（2） | 北京理工大学 | 95-KGF04-3-08 | 国家技术发明奖 | 动目标××××回波波形分析处理机 | 1995.12 | 三等奖 |

续表

| 序号 | 本所获奖人姓名（排名） | 获奖单位 | 奖励证书号 | 奖励类别名称 | 获奖项目名称 | 获奖日期 | 奖励等级 |
|---|---|---|---|---|---|---|---|
| 2 | 高梅国（2） | 北京理工大学 | 97-BJ03-2-024-2 | 兵器部科技进步奖 | ××××信息处理关键技术 | 1997.12 | 二等奖 |
| 3 | 高梅国（1） | 北京理工大学 | 1999GFJ-3417-1 | 国防科学技术奖 | 多功能动目标××信号处理机 | 1999.11 | 三等奖 |
| 4 | 高梅国（2） | 北京理工大学 | 2001-BQJ-03-2-024-2 | 国防科学技术奖 | ××××的信息处理技术 | 2001.12 | 二等奖 |
| 5 | 高梅国（12） | 中国科工集团二院25所、北京理工大学 | 2003GFJ-1020-12 | 国防科学技术奖 | 毫米波××××技术 | 2003.09 | 一等奖 |
| 6 | 高梅国（1）刘国满（3） | 北京理工大学、国营786厂、中国电科29所、中船重工723所 | 2004GFJ-3395-1 | 国防科学技术奖 | 模块化的三种新型实时××信号处理机 | 2004.11 | 三等奖 |
| 7 | 李云杰（3） | 空军装备研究院雷达与电子对抗研究所、北京理工大学 | 2008KJ-3004-3 | 军队科技进步奖 | ×××雷达干扰机 | 2008.10 | 三等奖 |
| 8 | 傅雄军（2）张雄奎（5） | 63610部队、北京理工大学 | 2011SY-2038-2/2011SY-2038-5 | 军队科技进步奖 | 多通道实时×××××系统研究与实现 | 2011.10 | 二等奖 |

续表

| 序号 | 本所获奖人姓名（排名） | 获奖单位 | 奖励证书号 | 奖励类别名称 | 获奖项目名称 | 获奖日期 | 奖励等级 |
|---|---|---|---|---|---|---|---|
| 9 | 高梅国 李云杰 刘国满 江海清 傅雄军 毛二可 | 北京理工大学 | 2011GFFMJ－2010－R01/02/03/04/05/06 | 国防技术发明奖 | 雷达××××新技术及应用 | 2011.12 | 二等奖 |
| 10 | 傅雄军（5） | 总装备部测量通信总体研究所、北京理工大学 | 2012863－259－5 | 军队科技进步奖 | 空间目标×××××技术研究及验证 | 2012.11 | 二等奖 |
| 11 | 张雄奎（7） | 63610部队、北京理工大学 | 201286323－0－7 | 军队科技进步奖 | 2012863707202（项目代号） | 2012.11 | 二等奖 |
| 12 | 付佗（1） 高梅国（3） 陈德峰（4） 谢民（7） 翟欢欢（11） 李云杰（12） 刘国满（14） | 北京理工大学、总装备部测量通信总体研究所 | 201286312－6－1/3/4/7/12/14 | 军队科技进步奖 | 雷达探测×××××技术及应用 | 2012.11 | 一等奖 |
| 13 | 徐成发（4） | 空军装备研究院雷达与电子对抗研究所、北京理工大学、中电14所 | 2012KJ－2009－4 | 军队科技进步奖 | ××××××相控阵雷达体制研究及系统研制 | 2012.11 | 二等奖 |

续表

| 序号 | 本所获奖人姓名（排名） | 获奖单位 | 奖励证书号 | 奖励类别名称 | 获奖项目名称 | 获奖日期 | 奖励等级 |
|---|---|---|---|---|---|---|---|
| 14 | 李云杰（7） | 航天二院二部、北京仿真中心、国防科技大学、北京理工大学 | 2013GFJBJ-3051-D04 | 国防科学进步奖 | 面向××条件下××××能力评估 | 2013.12 | 三等奖 |
| 15 | 付佗（8） | 总装备部测量通信总体研究所、总装20基地、北京理工大学 | 2014808410-028632-8 | 军队科技进步奖 | ×××监测引导与评估技术 | 2014.12 | 二等奖 |
| 16 | 高梅国（4）付佗（9）李云杰（13） | 北京理工大学 | 2015GFT-DJ004 | 国防科技创新团队奖 | 北京理工大学毛二可原始雷达系统及实时信息处理技术创新团队 | 2015.12 | |
| 17 | 付佗（8） | 63921部队、中电14所 | 201617WL-1014-QYC1-8 | 军队科技进步奖 | ×××成像雷达技术研究与系统研制 | 2017.12 | 一等奖 |
| 18 | 陈德峰（3） | 63717部队、北京理工大学 | 201610103-3960003-3 | 军队科技进步奖 | 脉冲积累××××雷达性能中的研究及应用 | 2017.12 | 三等奖 |
| 19 | 付佗（1）高梅国（4）陈德峰（6）曹华伟（10）屈金烨（15） | 北京理工大学、63921部队、中电14所 | 201932999-003QYC1 | 军队科技进步奖 | ×××目标群集能积累技术及应用 | 2019.12 | 一等奖 |

**1. 教学成果奖**

- 2009年5月,"以大平台、大团队、大项目为依托,教学与科研结合,培养研究生的创新能力",北京市教育教学成果奖(高等教育)一等奖,高梅国(排名第四)、杨静(排名第五);
- 2017年12月,"创新PDCA循环管理以实现课堂教学效果的持续改进",北京理工大学优秀教育教学成果奖一等奖,杨静(排名第三)。

出版专著4部:

- 高梅国,田黎育,刘国满. 高速数字信号处理器结构与系统[M]. 北京:清华大学出版社,2008.
- 高梅国,付佗,等. 空间目标监视与测量雷达技术[M]. 北京:国防工业出版社,2017.
- 王沙飞,李岩,等. 认知电子战原理与技术[M]. 北京:国防工业出版社,2018.
- 杨静. 高校人力资源管理信息化建设——基于"双一流"建设背景[M]. 北京:科学出版社,2018.

**2. 获得的荣誉**

- 高梅国,"五四奖章",共青团北京市委,1999年;
- 付佗,"863"计划"十一五"科技攻关先进个人,总装备部,2011年;
- 高梅国,北京理工大学校科技先进工作者,2001年;
- 高梅国,北京理工大学"十二五"科技工作先进个人,2016年;
- 李岩,北京理工大学师德先进个人,2017年;
- 杨静,获得北京理工大学优秀共产党员称号,2005年;
- 杨静,获得北京理工大学优秀共产党员称号,2009年;
- 杨静,北京理工大学社会治安综合治理先进个人,2010年;
- 杨静,北京理工大学社会治安综合治理先进个人,2014年。

### 9.8.5 学术带头人高梅国教授

高梅国,1965年10月出生,湖南临武人。1984年9月进入北京工业学院电子工程系,攻读学士学位,1988年9月考入北京理工大学信号与信息处理学科,攻读硕士学位,1990年9月硕博连读转入博士生,1993年9月获博士学位。

1993年10月—1994年1月,在珠海特区通信技术有限公司工作;1994年2月—1995年11月,借调北京理工大学电子工程系;1995年12月—1996年8月,任北京理工大学电子工程系讲师;1996年9月—2000年8月,任北京理工大学电子工程系副研究员;2000年9月至今,任北京理工大学信息与电子学院教授、博导。

1993年,毛二可教授挽留刚毕业的高梅国博士留校工作,长期在学校学习的高梅国很想去外面看看,去珠海特区工作了几个月,但感觉工作环境不适应,毛教授得知情况后,让高梅国回校工作,但在当时解决工作调动很难。1994年2月—1995年11月,高梅国只能以临时身份在雷达技术研究所工作,毛二可、何佩琨老师为了高梅国的进京指标和工作调动不断向学校打报告和

高梅国教授

找上级部门说明情况,甚至找兄弟单位帮忙,在此期间,毛二可拿出团队的科研酬金给高梅国发工资并租房,高梅国同志也坚持在雷达技术研究所认真搞科研,踏实工作,抵御了外面公司高近10倍工资待遇的诱惑,后来成为雷达技术研究所的骨干。

高梅国主要从事雷达系统、电子对抗、信号与信息处理理论及实时处理技术研究工作,主持和参加完成了多种型号雷达、导引头、电子干扰机的信号处理机和某侦察雷达的研制;发明了动目标跟踪雷达回波波形分析处理方法,提高了雷达跟踪精度和抗距离欺骗干扰能力;提出了一种中高轨目标雷达探测信号处理方法,在国内首次实现了中高轨目标雷达探测;提出了一种雷达的逼真欺骗干扰方法,实现了对预警雷达新的干扰样式;开发了基于CPCI总线的模块化通用信号处理平台并应用于多个型号;梳理了认知电子对抗的内涵和关键技术并倡导研究。主持和参与"973""863"、预研等国家和省部级科研项目近80项,获国家技术发明奖三等奖1项、部级科技奖9项,发表论文150余篇,其中SCI、EI论文80余篇,获授权发明专利70余项,出版编著1部、专著1部。曾获团委北京市委"五四奖章"。

2001—2016年6月高梅国连续三届担任"863-808"重大专项专家组专家;2006—2016年高梅国连续两届担任总装××对抗技术专业组专家;2018年至今担任装发电磁频谱管理和××对抗技术专业组专家;2019年至今担任装发试验鉴定局复杂××工程专家组专家;2006—2018年担任信号处理应用技术专家委员会副主任委员;2012年6月至今担任中国高技术产业会智能信息处理分会委员;2010年12月至今担任中国雷达行业协会资深专家委员会委员。

## 9.9 信息安全与对抗技术研究所

### 9.9.1 发展历程与简况

为适应未来信息系统及安全对抗发展的需要，北京理工大学（主要是王越院士）率先论证、提出在武器类专业中申请增设信息对抗技术专业，国家也从战略上重视信息安全人才的培养，教育部于1998年批准了第一批成立信息对抗技术专业，北京理工大学是批准成立的四所院校之一，在实力雄厚的武器类各专业的基础上，依托我校国家级重点学科信息与通信工程和武器系统与运用工程两学科，2000年正式招收信息对抗技术专业本科生，2003年建立信息与通信工程一级学科下信息安全与对抗学科方向，开始招收博士生，2004年开始建立硕士点，多年来源源不断地为国防建设和社会发展培养并输送着信息安全高素质人才。国内率先论证建立信息安全对抗一级学科，2016年建立网络空间安全一级学科，2017年建立网络空间安全博士点。

信息安全与对抗技术研究所（以下简称研究所）源于1982年创建的微机应用实验室，2000年正式招收信息对抗技术专业本科生，2001年建立信息安全与对抗技术实验室（以罗森林团队为主），2007年集信息安全与对抗实验室、通信与信息系统实验室、信号与信息处理实验室共同构建了信息与电子学院信息安全与对抗技术实验室，2009年更名为信息系统及安全对抗实验中心，并被评为北京理工大学校级实验示范中心，2012年获批工业和信息化部实验教学示范中心，2012年以罗森林团队为主建立信息安全与对抗技术研究所，2018年4月成立信息系统及安全对抗实验中心党支部。

研究所成员主要由从事网络空间安全、信息与通信工程、计算机科学与技术等学科专业人员组成。其中，院士1人，教授2人，副教授级4人，博士生10人，硕士生40人。研究所所长为罗森林教授，王越院士为学术带头人、国家级教学名师，老中青相结合，引导资深实验师全部晋升为高级职称，年轻人全为博士生，全员参与教研，全面提升团队业务水平和教学能力，共同进步，传帮带效应明显。

研究所依托信息与通信工程（国家重点学科）、网络空间安全学科，面向4个本科专业（信息对抗技术、通信工程、电子信息工程、电子科学与技术），主要建设信息对抗技术专业，研究所从零开始将信息对抗技术专业（国内率先论证建立）建设成国家一流专业（2019）、教育部特色专业、工信部重点专业、国防特色专业、北京市特色专业，成为国内先进引领标杆专业。

研究所负责信息系统及安全对抗实验中心（工信部级）的建设，将系统科学和系统方法论引入本科生的实验教学环节，从系统层、顶层上促进学生的综合素质和创新能力的提升，规划了54321信息与电子专业实验教学战略规划目标、体系和实施方案。

在教育教学方面：负责新开课10门次，国家级精品课程2门次，在线开放课4门次（MOOC群在线开放7门次，学员5万多人次）；教学学时数近6年年均为220多学时，学生评教、督导组评教全优，获T–More奖、雷科教学杰出贡献奖；自研5项教学能力促进系统，形成系统化的丰富教学资源。出版教材15部（著作2部、译著1部），国家级规划教材4部，北京市精品教材4部，部分更新3版，众多院校使用计5万多册。获省部级以上荣誉40多项，包括教学成果奖、优秀教学团队、精品课程教材等。引领改革，负责教育部、北京市教改立项，发表教改论文近20篇。指导本科生获奖70多次（省部级以上3项）、本科生张晶心组成功创业（注册公司）、研究生获奖80多次（省部级以上4项）。独创从顶置下知识贯通型系统思维教学法风格鲜明，自研教材和资源教学手段丰富，面向世界一流创新引领理念先进，效果显著。

在科学研究方面：主要包括网络安全、文本安全、数据挖掘、媒体安全等。技术与应用并重，研究内容具有核心竞争力，研究成果应用价值大。获科学研究省部级以上奖励2项，北京市科学技术奖励二等奖和个人奖。长期从事网络空间安全理论技术研究，提出汉语句义结构模型、文本表示自编码流形学习、虚拟化平台内核级Rootkits防护方法、糖尿病风险评估有限混合模型等，成果发表在Knowledge–based Systems、Neurocomputing等国际重要期刊上，已发表学术论文200多篇，其中SCI、EI检索150多篇。获授权专利20多项，申请专利60多项，获批软件著作权13项。出版学术著作2部，专译著3部。研制多个特种程序实际应用，获国家某部通报表扬；疾病预警系统在正式注册网站开放服务社会。

在成果推广应用和社会服务方面：组织实施全国性技术竞赛3项〔全国大学生、研究生、中学生信息安全与对抗技术竞赛（ISCC）〕，均为国内第一项，2004年起累计能赛人数超过6万人次，近年来年参加院校数1 000多所。作教育部协同育人对接会、公安部培训等特邀报告50多次，做培训和组织会议50多次，受到新华网、人民网等媒体报道40多次，建立校外工程实践基地13个（其中国家级4个）。罗森林教授建立广西信息安全学会并任理事长，还担任中国兵器学会信息安全与对抗专业委员会总干事，工信部国家网络安全产业园区专家咨询委员会委员，中国人工智能学会人工智能与安全专业委员会常务委员等；北京市中小学生翱翔计划导师，冬令营、夏令营、开放实验，培养500多人次等。

——北京理工大学信息与电子学院学科（专业）发展史（下）

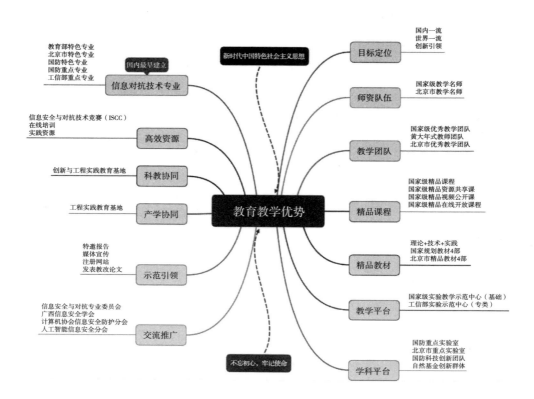

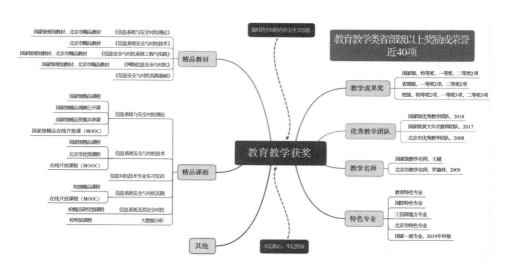

**教育教学优势及获奖情况**

## 9.9.2 研究方向和项目

**1. 环境条件**

已建立良好的高复杂度的网络计算环境（云环境、GPU 环境等，仅计算服务器 20 台以上），工作面积 1 500 平方米以上，仪器、设备总数近 450 台（套），支持 1 000 兆的网络环境，具备资料收集、数据处理和系统仿真的实验环境和基础实验平台，拥有良好的实验环境和条件，同时与国内外同行保持了良好的合作关系，具备了场地、技术队伍以及主要技术的储备和其他技术的国内外协作关系等工作条件。

**2. 项目来源**

国家自然科学基金、国家科技支撑计划、国家科技重大专项、国家"863"计划、国家"973"计划、国家"242"计划、行业专项，与航天、电信、安全类等多部门的横向科研合作等。

**3. 合作单位**

国家网络安全应急中心、国家信息中心、中国电子科技集团、中国通号公司、华为公司、绿盟科技、360 公司、公安部第一研究所、北京医院老年医学研究所、北大北医三院研究所、兴唐科技公司、启奥科技公司等。

**4. 研究方向**

网络安全（网络空间安全）、文本安全（自然语言处理）、数据挖掘（医学信息处理）等理论与技术的研究工作等。技术与应用并重，研究内容具有核心竞争力，研究成果应用价值大。团队在以上研究领域内取得了具备国内外先进水平的研究成果，拥有坚实的研究基础及技术能力；团队承担了大量科研项目，积累了丰富的成果和经验。

1）网络安全（网络空间安全）

（1）研究内容：黑盒漏洞挖掘与利用，移动终端安全与对抗，虚拟化动态安全，网络渗透技术与工具，远程控制技术，移动终端安全与工具，软件加壳技术，信息安全评测与服务，安全事件等级判定，网络安全分级服务，信息安全与对抗工具，信息安全与对抗实践，信息安全数据挖掘等。

（2）研究项目：虚拟化平台内核级恶意行为深度检测与动态防御，空天智能信息网络安全与对抗理论与技术，工程化智能系统安全检测与防护，AI 系统安全防护研究，智能机器人安全检测及攻击，基于人工智能的下一代网络异常检测系统，网络攻击威胁模拟系统，网络防护技能培训对抗演练系统，关键信息基础设施资产特征优化表达与多目标分类，信息安全意识评估方法，基于人工智能的恶意软件分析，Android 恶意软件检测机器学习模型攻击方法等。

（3）系统平台：信息安全与对抗技术竞赛平台（ISCC）（弹性可伸缩云架构，华为公司购置1套架构），网络安全意识测评及提升系统，网络空间安全意识评估系统，网络空间安全之移动通信系统信息安全与对抗虚拟仿真实验，网络空间安全在线培训系统，网络空间安全实践资源管理系统，网络空间安全工具管理信息系统，网络空间安全漏洞搜索平台，网络空间安全个人挑战赛实训系统等。

（4）项目资源：PC/Android恶意软件实测数据集，其中PC端数据集有恶意软件和良性软件样本各10万个，Android数据集中恶意软件样本共计31 314个，含179个恶意家族。120余种网络安全常用工具，超过4 000条漏洞信息，攻防类540多道题目。网络空间安全在线培训系统提供700个场景。网络空间安全个人挑战赛实训系统选择题548题、个人挑战赛选择题654题、分组对抗赛选择题230题。网络安全意识测评及提升系统586题。网络空间安全实践资源管理系统实践案例63个。移动通信系统信息安全与对抗虚拟仿真实验选择题713题，虚拟仿真场景3个，等等。

2）文本安全（自然语言处理）

（1）研究内容：汉语句义结构模型、深度文本表示学习、舆情态势感知和线索发现、信息安全数据挖掘等。

（2）研究项目：基于内容的信息安全多重关联分析模型与关键技术研究，面向网络空间安全的语义分析关键理论与技术，多领域混杂文本的语义分析和表示模型研究，融合多粒度汉语句义信息的句子分布式表示，重点行业ICT供应链网络精确画像和安全风险分析，基于命名实体的大数据敏感信息分析识别技术，公安笔录数据语义分析（行为、关系提取、脱敏等），序列语法知识利用和关键词指导的生成式摘要方法，融合拓扑结构信息的用户线上行为预测方法。

（3）系统平台：汉语句义结构标注语料库，重点行业ICT供应链网络精确画像，汉语句义结构标注系统，汉语句义结构分析，汉语问句生成系统，舆情系统（关键词爬虫、热词提取、热点话题提取、自动摘要、关键词提取、命名实体识别、相似文本过滤、情感倾向性分析、全文检索）。

（4）项目资源：句义标注语料5万句，关键词生成训练语料500万条，摘要生成训练语料200万条，覆盖政府、通信、金融等10大行业，73个招投标平台的81万条招投标数据，以及3 261家ICT产品供应商企业知识库。

3）数据挖掘（医学信息处理）

（1）研究内容：糖尿病风险评估与健康促进、老年人健康综合评估等。

（2）研究项目：Ⅱ型糖尿病发病临界性分析与状态预测技术研究，Ⅱ型糖尿病及其并发症干预控制的研究，我国人群亚健康状态综合评价判定体系的研究，我国主要慢性疾病防治新方法、新技术的发展战略研究，多因素综合作用下的血糖变化趋势判定研究，预防控制老年相关疾病的研究，增龄变化与老年人常见临床问题的综合解决路径研究，具备自学习功能的自动驾驶系统控车算法委托开发合同，糖尿病患病风险多任务异质数据深度分析关键问题研究，预防控制老年相关疾病的研究，增龄变化与老年人常见临床问题的综合解决路径研究等。

（3）系统平台：老年健康管理平台、糖尿病患病风险状态判定系统、糖尿病患病风险状态判定批处理系统、膳食评估与指导系统、老年人生活自理能力评估系统等，可供北京医院等合作单位及公众免费使用，为数据持续性积累及应用化研究提供支撑。

（4）项目资源：课题团队和北京医院联合构建了实测医疗信息数据库，2001—2018 年共计 25 万条，包括：全国多省市 Ⅱ 型糖尿病体检实测数据 128 622 人、"十二五"计划间建立的糖尿病干预管理随访数据 48 532 条、6 年高危干预队列 3 714 人、老年健康管理数据 26 619 人、膳食健康数据 47 366 条等；课题组持续通过与国家卫生健康委员会（原卫生部）北京医院展开合作，为数据库资源的扩充和完善提供支撑。

### 9.9.3 主要业绩与成果

**1. 省部级以上主要荣誉**

- 信息系统及安全对抗实验中心（工信部级，2012）。
- 国家一流本科专业（2019）。
- 教育部特色专业（2008）。
- 工业和信息化部重点专业（2012）。
- 北京市特色专业（2009）。
- 国防特色专业（2008）。
- 国家级教学名师，1 人次。
- 国家级教改立项，1 项。
- 国家级教育教学成果奖，特等奖、一等奖、二等奖。
- 国家级精品课程，5 门次。
- 国家级规划教材，4 部。
- 国家级优秀教学团队。
- 北京市教学名师，2 人次。
- 北京市教育教学成果奖，一等奖 2 项、二等奖 2 项。
- 北京市精品教材，4 部。
- 北京市精品课程，5 门次。

- 北京市优秀教学团队。
- 北京市教改立项，1 项。
- 全国大学生信息安全与对抗技术竞赛（国内第一，2004 年首届）。
- 全国中小学生信息安全对抗高端赛（国内第一，2012 年首届）。
- 全国研究生信息安全与对抗技术竞赛（国内第一，2017 年首届）。

**2. 国内外的第一和唯一**

- 在国内第一批建立信息对抗技术专业、信息安全与对抗学科方向、网络空间安全学科时，罗森林教授均发挥了不可替代作用。
- 出版国内外第一本也是唯一一本论述网络空间安全理论体系的著作《信息系统与安全对抗理论》，已更新到第 3 版。
- 出版国内信息对抗技术专业、信息安全专业、网络空间安全学科第一本实践类教材《信息系统安全与对抗技术实验教程》，已更新至第 3 版。
- 将专业建设成为国内唯一一个同时隶属于教育部、北京市、国防特色专业和工信部重点专业建设点，2019 年申报国家一流专业。
- 2004 年由罗森林教授提出并发起举办国内第一项全国大学生信息安全与对抗技术竞赛（ISCC），进而推广到中小学生（7 届，支持特长生招生）、研究生（均为国内第一），举办 16 届累计参赛 6 万多人，近年年均参加人数近 6 000 人，近年每年参加高校数 1 000 多所，建立了中小学生（8 届）、河南（7 届）和广西赛区（6 届）。同时，国内率先提出实施动态攻防演练竞赛项目。ISCC 已形成广泛而深远的影响，竞赛系统已成功转化为产品，华为公司购置了 1 套。
- 国内面向网络空间安全学科、信息对抗技术和信息安全专业，唯一建设有国家级精品课程、精品视频公开课、精品资源共享课、精品在线开放课程 5 门次的专业（上线共 7 门次）。

### 9.9.4 王越院士

王越院士

王越院士，现任北京理工大学名誉校长，教授，博士生导师，中国科学院、中国工程院院士；兼任原总装备部科技委顾问、全国大学生电子设计竞赛组委会主任等职务。曾任中国兵器工业部 206 所所长、北京理工大学校长。曾兼任国务院学位委员会学科评议组召集人、中国兵工学会副理事长、"863" 计划国家安全领域专家组顾问等职务。

王越院士是我国著名的通信与信息系统专家，长期从事火控雷达系统、信息系统及其安全对抗领域的研究工作，曾担任过许多大型火控雷达系统的总设计师和行政指挥，主持完成了多个军事电子系统的研制。提出并初步建立了信息对抗系统的理论体系，在国内较早组建了信息对抗技术专业，为培养中国信息安全的专业人才打下了良好的基础。出版著作 4 部，获授权发明专利 15 项，发表论文 150 余篇，15 项科研成果获省部级以上奖励，其中国家科技进步奖一等奖 1 项、国家技术发明奖四等奖 1 项、国防科技进步奖一等奖 1 项、教育部科技进步奖一等奖 2 项。教学成果获得国家级精品课程，国防特色优秀教材，国家教学成果奖特等奖、一等奖等。曾获评"国家有突出贡献中青年专家""何梁何利基金科学与技术进步奖""国家级高等学校教学名师奖"等荣誉。

王越 1993 年来到北京理工大学任校长，之前任兵器工业部 206 所所长、研究员，是兵器工业部第一个中科院学部委员（后名中国科学院院士）。中国工程院成立时，又任工程院院士。在 206 所时科研事业发展如日中天，进入北京理工大学后他开始踏上了由科学家向教育家转变的历程。其实他对人才培养并不陌生，早在 1979 年，就开始指导研究生了，正是这种经历，使他感受到培养人才的重要性。王越来到北京理工大学正是 20 世纪 90 年代教育改革如火如荼的时候，当时社会上出现了一种市场经济与计划经济并存互惠的改革开放模式。一些人将市场经济应用到教育界，学校出现了一股"经商风"现象。对此，王越认为："我们这些国家支持的重点学校承担的任务主要是培养人才，不是追求经济效益。"为了响应国家办好一批重点高校的"211"工程规划，他到北京理工大学的第一个任务就是领导学校争取进入"211"，经过兵器工业总公司的支持和全校努力，学校于 1995 年 12 月被确定进入"211"工程建设阶段。王越进入北京理工大学后，依托于校、系两级平台开展工作。在校级平台上，与其他校领导合作，履行校长的职责。以电子工程系为系级平台，继续从事他所热爱的雷达领域研究，并乐于走上讲台，担任本科生、研究生的教学工作。他多次强调学校的主要任务是教学、人才培养和开展应用基础研究，要教学与科研并重，而不是生产或经商。他本人来校后的实践也印证了他的办学理念。

1996 年王越和多名教师参加了"重点理工大学人才素质要求及培养模式研究与改革实践"的课题研究。该课题组由北京理工大学、清华大学、北京科技大学、北京航空航天大学、中国石油大学、北京化工大学、北京交通大学七所高校组成，研究目标包括理论研究和改革实践。在理论研究方面，对素质、模式、高等工程教育的改革背景等做了较广泛的探讨，取得了一定的共识。在改革实践方面，虽然时间短，但在新教学计划制订中，除在拓宽专业面有突破外，在构建新课程体系、探索新的知识整合方式等方面也做了新探索，提出一些新思路。1997 年进入改革试点阶段，以王越为主导在五系实施了一次教学改革。这次教学体制改革的研究内容和结论都很具体，例如在结论中提出：在电子工程系要保证有控制理论方面的课程；在专业课方面要加强微波电磁场；实验班的课程中加强现代物理，利用基础加数学分析的方式进行教学；将整个课程体系划分为三个层次：基础课、专业基础课和专业课。通过建立课程体系来提高教学质量和效率。由于这次教学改革和实践，北京理工大学王越院士等人于2001年获得了"重点理工大学培养人才素质要求与人才培养研究与改革实践"教育教学成果奖一等奖。

**王越院士获得的国家级教学成果奖一等奖**

全国大学生电子设计竞赛由教育部高教司和信息产业部人事司共同主办，从1994年第一届成功举办后，每两年举办一届，竞赛得到绝大多数设有电子信息类专业学校的积极响应。大赛一直坚持推进教育教学改革、为人才培养服务的宗旨，从未改变过。自1995年以来，王越院士一直担任全国竞赛组委会主任，学校副校长赵显利教授一直担任全国竞赛组委会副主任兼秘书长，大赛组委会秘书处一直设在我校，负责日常组织工作，包括会议组织、文件制定、项目申请、政策落实等工作。我校为这项竞赛的精心组织和发展完善做出了特殊的贡献。

为了使竞赛更好地服务于教学改革和人才培养事业，2000年以我校为主体组成课题组，承担了教育部21世纪教改项目——大学生电子设计竞赛的开展与学生创新能力的培养，课题组主要成员有王越、韩力、沈伯弘、赵显利、俞信、胡克旺等。大学生电子设计竞赛可谓我国电子信息领域中举办时间最长、规模最大、最具影响力的大学生学科竞赛活动，受益面颇多。

大学生电子竞赛创立了一种较为成功的大学生学科竞赛的组织运行模式。这一组织运行模式可被概括为"政府主办，专家主导，学生主体，社会参与"。"政府主办"保证了竞赛与教学的紧密结合，体现了政府倡导并大力支持教育教学改革；"专家主导"保证了竞赛的科学与公正，保证了教改遵从教育规律；"学生主体"体现了竞赛实践的主体对象和宗旨；"社会参与"则体现了社会各界支持参与教育、教育回报社会的良性互动关系。

电子设计竞赛的操作性更强，侧重于锻炼学生的动手操作能力。竞赛需要参赛者选择合理的设备和元件，最后做出一个成品来，并不是简单地在电脑上对虚拟的元件进行组装。与一般的比赛不同的是，电子竞赛坚持"一次竞赛，两级评奖"的原则。"一次竞赛"指的是参赛队4天3夜的紧张比赛，"两级评奖"指的是各赛区进行评审工作，评出赛区各奖项；然后竞赛组委会专家组在北京对各赛区报送的优秀答卷进行严密的评审工作，此为全国评奖。评审工作极为严格，每个评审组由三位专家组成，评审过程包括评阅答卷、测试作品、学生答辩等环节，最后由三位专家独立签字以保证评审工作"公平公正"地进行。

竞赛是对学生综合能力的全方位考核，其中对学生创新能力的培养尤为显著。正如王越院士所说："比赛既有理论分析，又有实践的动手能力，是全面素质的培养。在专题竞赛中既培养了学生面对众多社会需求发挥创新能力，自由选择满足需求的实施方案，又使学生经历了由策划、设计、制造、调试、试用全研制开发过程，很多学生反映这段特殊学习经历终生难忘。"

学生的能力在历年的比赛中不断提高。在1994年第一届竞赛时，有部分参赛队因水平所限没能完成比赛；如今，参赛队都能完成比赛。2001年，两位日本专家来到我校参与竞赛的复测，他们对中国学生能在短短的几天内独立创作出这么优秀的作品赞不绝口。

学生们的动手实践能力与创新能力通过比赛不断提高，更重要的是增强了学生们的创新意识。参赛的学生体会很深，不少人感叹："四天竞赛胜读四年书本！"全国奖的荣获者更是倍受欢迎，他们成为研究生导师们青睐的对象，每届电子竞赛结束后，导师们都抢着要获奖选手。有导师这样说："参加了竞赛的学生就像经过了'初始化'，创新意识和能力强，研究生阶段很容易进入状态。"

电子设计竞赛越来越被社会所承认。在电子竞赛中获得国家一等奖的选手可以免研究生考试，许多学校对此已经约定成俗。与此同时，许多外企在加紧挖掘这方面的人才，他们不惜以最好的待遇吸引这些大赛获奖者进入他们的公司。一位成都选手荣获全国电子竞赛奖后，被一家外企看中，这家外企不惜以很高的待遇吸引这位选手进入该公司。

大学生电子设计竞赛引发了全国高校电子信息类专业课的一系列调整和改革，它必将会执着地走下去——推进教育教学改革，为国家培养更多的创新型人才。

2005年金秋时节，在全校师生喜迎65周年校庆之际喜讯频传：我校有6项成果获2005年高等教育国家级教学成果奖，其中以我校为主承担的教育部21世纪教改项目"大学生电子设计竞赛的开展与学生创新能力的培养"获特等奖，这是我校首次荣获此殊荣；9月9日，中共中央政治局常委、国务院总理温家宝在人民大会堂亲切接见了该项目负责人王越院士。

王越院士获得的国家级教学成果奖特等奖

王越主张教学与科研并重，因此不赞成教授只做科研不上课。他以身作则，到校后就一直给本科生讲课，年近80岁时，依然承担本科生、硕士研究生、博士研究生的教学工作。他所承担的课程是信息系统与安全对抗导论（本科生专业基础课）、信息系统及安全对抗（硕士研究生学位课）、系统理论与人工系统设计导论（博士研究生学位课）。这些课程他讲授多年，但每个新学期上课时，都要重新备课、设计教学内容、写出讲稿。他对待学生非常耐心，特别是对那些敢于提出问题的学生。对学生的作业和提出的问题，他都是亲自批改和回答。他曾在审阅学生的结课论文时，给一名叫王崇的学生写了一封回信。王越工作在教学第一线，也引发出不理解："即使是上课也不用上这么多啊？"他很幽默地回答："我喜欢教学，除了责任外，更多的是喜欢，而且因为我有课，可以推掉很多应酬！"王越戏言这是他逃避请客吃饭等应酬的最好理由。

近代社会信息化进程的高速发展，大大促进了社会生产力和人民生活质量的提高，同时也带来了社会矛盾集中而产生信息安全问题。信息安全问题大到影响国家，小到影响一个计算机用户。为适应未来信息发展安全的需要，王越和他领导的教学团队率先论证并向学校建议在武器类专业中增设"信息对抗技术"专业。教育部于1998年批准了第一批成立"信息对抗技术"专业的学校，我校是首批成立的四所院校之一。我校依托国家级重点学科"通信与信息系统"和"武器系统与运用工程"两学科，2000年正式招收"信息对抗技术"专业本科生，该专业的专业基础课程是"信息系统概论"。到 2003 年，在"信息与通信工程"一级学科下，建立"信息安全与对抗"二级学科，开始招收博士学位研究生。2004 年开始建立硕士点，开始招收硕士学位研究生。其后就源源不断地为社会和国防建设培养出信息安全的高层次人才。

在建立了"信息安全与对抗"专业后，基于原有的微机应用实验室、通信系统实验室、信号处理技术实验室构建了信息系统及安全对抗实验中心，兴建了一支理论与实践教学团队，该团队中有院士、国家杰出青年基金获得者、北京十大杰出青年、教育部创新人才奖励计划获得者等，如王越院士、罗森林教授等都是这个教学团队的成员。他们从专业特点和学生学习的规律出发，注重理工结合，开设了信息系统与安全对抗导论这门课程。2004 年该课程被北京教育委员会评为北京地区高等学校市级精品课程。王越也因为创立该课程于 2005 年分别获得北京市和国家级的精品课程个人奖。

随着课程体系的完善，他们又编写了较为完整的教程，包括核心理论和实验两大部分。其核心理论教程见表 9.25，系列实验指导书见表 9.26。

表 9.25 核心理论教程

| 作者 | 名称 | 出版 | 备注 |
| --- | --- | --- | --- |
| 王越，罗森林 | 《信息系统与安全对抗导论》 | 北京理工大学，2005 | 国防科工委重点教材；北京理工大学精品教材；北京市精品课程教材 |
| 罗森林 | 《信息系统与安全对抗技术》 | 北京理工大学，2005 | 北京理工大学"十五"规划教材 |
| 罗森林，高平 | 《信息系统与安全对抗技术教学实验》 | 北京理工大学，2005 | 北京理工大学"十五"规划教材 |

表 9.26 系列实验指导书

| 作者 | 名称 | 出版 |
| --- | --- | --- |
| 罗森林，高平 | 《信息系统模型平台基础实验指导书（TCP/IP 通信）》 | 北京理工大学，2003 |
| 罗森林，高平 | 《计算机信息系统病毒技术实验指导书》 | 北京理工大学，2003 |
| 罗森林，苏京霞 | 《应用系统安全物理隔离技术实验指导书》 | 北京理工大学，2003 |
| 罗森林，高平 | 《信息系统防水墙技术实验指导书》 | 北京理工大学，2003 |

续表

| 作者 | 名称 | 出版 |
|---|---|---|
| 罗森林，高平 | 《无线信息系统安全技术实验指导书》 | 北京理工大学，2003 |
| 罗森林，高平 | 《信息系统攻防技术实验》 | 北京理工大学，2003 |
| 李硕 | 《信息采集、传输、处理、控制、存储基础实验》 | 北京理工大学，2003 |
| 苏京霞，聂青 | 《信息系统数据加密和数字水印技术实验》 | 北京理工大学，2003 |

2003年7月王越正式申请将自己的专业技术职称由研究员转为教授。在近10年时间里逐步从科研领域走向教育领域，完成了一个科学家向教育家的角色转变。他和他的团队为国家、学校、系的发展做出了突出的贡献。

在教学与科研并重的思想指导下，王越院士还承担了很多科研任务，并取得了很多成果。其中最重要的是提出了多活性代理理论，提出了构建复杂信息系统的新方法，在2006年《中国工程科学》的《院士论坛》中发表了题为《复杂信息系统构建的新方法——多活性代理方法》论文，后于2008年发表了《基于多活性代理的复杂信息系统研究》，进一步证明了多活性代理理论对信息安全与对抗领域复杂信息系统的构建和分析提供了基本研究方法与理论支持。他还承担了国家自然科学基金项目——"分布式无源检测信息系统的理论与技术研究"，这是我校第一个国家自然科学基金重点项目。同期还承担了相关的总装备部预研项目，这些研究项目都是多活性代理理论的具体实践。

在工程技术应用方面，王越继承了以往在206所的研究传统，开展了毫米波探测系统——便携式雷达的研究。1995年王越和周思永等通过对毫米波雷达探测系统的研究，完成了Ka波段双模式战场活动目标侦察雷达系统方案的论证。当时北方公司将此方案列入外贸产品开发研制，将此雷达定为某型号雷达，参与研制单位是北京理工大学和206所。王越认为学校科研应偏重基础和应用基础研究，因此学校主要负责信号处理部分的研制，206所负责总体、天线、发射、接收、频综、天线驱动及相关的机械结合设计。该雷达研制成功后出口苏丹20部，后续改进型已应用于陆军，研究成果获教育部科技进步一等奖1项。2008年8月8日，我国召开奥运会，为了保证奥运会的安全，需在奥运场馆四周设置三坐标低空目标监视雷达，该雷达的总设计师就是王越。据介绍，该雷达部署的目的主要是探测在城市起飞的航模等小型目标。一件有趣的事发生在奥运会开幕前的演练中，由雷达发现一个风筝正向奥运场馆接近，进一步判断出风筝源头在动物园附近。该雷达为保障北京奥运会期间的低空安全监视做出了突出贡献。2001年以来，王越等所承担的科研项目见表9.27。

表9.27 王越院士所承担的科研项目

| 名称 | 部门 | 年限 |
| --- | --- | --- |
| ××探测技术（预研项目） | 总装备部 | 2001—2005 |
| 分布式无源检测信息系统的理论与技术研究（重点项目） | 国家自然科学基金委 | 2003—2006 |
| 杂波抑制和××目标信号检测新技术（预研项目） | 总装备部 | 2006—2010 |
| 多活性代理信息系统及其安全对抗研究 | 国防科工委 | 2006—2011 |
| 信息系统及安全对抗（国防科技创新团队） | 国防科工委 | 2010—2011 |
| 基于知识的××目标检测与跟踪技术（预研项目） | 总装备部 | 2011—2015 |
| 基于智能化多活性代理技术的××××与任务支持技术（预研项目） | 总装备部 | 2011—2015 |
| ××波形设计技术（预研项目） | 总装备部 | 2011—2015 |
| ××综合抗干扰技术（预研项目） | 总装备部 | 2011—2015 |

王越院士早期科研经历主要包括：

（1）主持设计研制火控雷达系统、岸对舰防御火控雷达系统、远程大口径加农炮射击误差测量及射击命中校正火控雷达系统。自20世纪60年代开始，美国支持台湾当局"反攻大陆"计划，实施国民党利用海军入侵我沿海城市计划，为有效打击国民党军舰入侵，急需上述装备，王越主持将对空火控雷达紧急改装设计，使其具有精确对海射击误差测量和射击命中的误差校正功能，满足部队急需。1962年批量生产装备部队服役，直至20世纪末陆续换装退役。

（2）主持201歼击机载火控雷达——我国首批全天候歼击机空战、敌机发现、跟踪、射击、瞄准火控雷达系统。

1963年，按苏联研制设计资料，研制首轮样机试飞鉴定失败，王越受命接任总设计师，负责重新研制。接任工作后，他从设计研制原始资料入手，查找失败原因，并紧急搭建模拟仿真环境，对原样机严格测试。经过4个月认真的强度测试分析，找出苏联设计资料多处设计错误，纠正错误，试制新一轮样机，在原试制基础上，5个月后第二批样机完成试制，经工厂及驻厂空军代表联合验收合格后，进入空军歼击机部队实际使用鉴定，历时4个月试验飞行（1964年8月下旬）证明，满足部队使用要求，1965年开始首批生产交付部队使用，生产二批后，将201歼击机火控雷达移交专业空载歼击火控雷达厂生产，数批后被新一代歼击火控雷达开始列装替换。

(3) 主持小860全半导体晶体管对空火控雷达设计研制。20世纪60年代支援越南抗击美国侵略战争之高强度空袭攻击和狂轰滥炸，毛主席1966年7月7日做出"七七"指示：要大力加强雷达指挥仪（即火控计算机）光学仪器部队装备（支持越南抗击美军狂轰滥炸）。在"文化大革命"初期，在人民革命热情和军民结合风气导引下，王越领导的工厂特殊设计所的火控雷达研究室1967年8月提出为了加强抗美援越防空部队快速机动作战，低空快速精确跟踪性，提出研制全半导体晶体管轻型化低空快速精确跟踪火控雷达，质量减轻一半，由原6.5吨减至3吨，低空200米，飞行速度300米/秒，航路捷径300米，跟踪最大角速度高达50度/秒的低飞敌机进行有效跟踪的小860雷达代替当时装备的大860雷达，并与北京市仪表局所属电子工厂合作研制，王越担任联合研制总设计师，经全体研制工作人员高度热情努力奋战工作9个月完成，每日工作达16~18小时。

第一台样机进入国家靶场试飞校验后，明确找出低空高速精确跟踪性能等改进要点，经两轮试制样机，于1973年通过国家靶场检飞试验，1975年通过国家设计定型批准北京市仪表局小批量生产列装，1978年获全国科学大会单项科学奖（王越获单项奖励证书，非集体奖项），小860火控雷达虽对低空快速跟踪目标性能及快速机动性能有明显提高，但对抗敌方电子对抗各种干扰的性能却没有提高，加上"文化大革命"后期，北京市调整市属工业企业承担地方军工生产任务而停产小860雷达小批生产任务。因此，国家启动新一代高性能对空防御火控雷达前期研制计划并给定预研代号为306火控雷达系统，其主要性能为：具有强抗干扰能力，尤其对抗敌机载宽频带类噪声干扰及时延非常短的假回波欺骗干扰，诱使我雷达操控员错捕捉欺骗、干扰假回波，火控计算机融入雷达形成"两位一体"，雷达将搜索目标和跟踪性能融为一体，且有针对多批次、多方位、饱和攻击敌机群，以及快速反应能力，选择针对高威胁临近敌机批进行有效集中火力，以高毁伤概率予以打击，同时保持小860雷达对超低空快速飞行敌机进行高精度跟踪性能。

在对306火控雷达系统研究设计过程中，首先将核心先进性能分解为针对性专题进行专题研究，内含搭建高逼真模拟实验平台，各专题实验平台严格达到性能要求后，历时四年半，于1980年开始306火控雷达系统样机研制设立，由于各专题预研成果支持移用，样机试制周期大幅压缩，历时四年便完成两轮样机试制。第一轮样机完成并顺利通过本单位及驻所军代表检验后，在国家试验基地进行靶机飞行检验，结果优良，少量改进后并利用样机研制中两台样机部件一次投料，一年后便完成定型样机制造调试，完全满足设计要求后进入部队射击靶场进行306系统控制火力系统对靶机进行实弹射击,四航次靶机飞行,被306系统控制火力系统击落三架,其中一架重伤,以优秀的成绩通过实弹射击效果检验,1985年顺利通过国家设计定型鉴定,经部队首长副总参谋长批准,批量生产装备部队服役,同时批准性能降级后可军贸出口友好特定国家,满足其军贸要求。定型鉴定为重要性能指标为国内首创,达国际先进水平,达国际20世纪末装备水平,1989年获国家科技进步奖一等奖,王越为第一获奖人,306系统现已发展为一种装备典型,有多种功能类型产品,陆军装备部队或军贸出口,如装甲部队行军中对空防御,配备不同火力系统,不同对空导弹构成对空防御系统等。

(4) 主持营级多站联动系统研制。在306系统装备部队前,防空部队只能装备老式302雷达,其干扰性能差,作战反应慢,不能满足作战需要,因此研究将营级防空部队进行联动控制,各连302雷达工作频率分布设置以提高抗干扰能力,各连互通信息,依据信息进行操控、联动和执行任务,经鉴定合格后获国家发明奖四等奖,王越为第一获奖人。但因306陆续生产,营级多站联动未能进行批生产装备部队。

### 9.9.5 罗森林教授

罗森林教授

罗森林,1968年生,教授、博导。1992年、1995年分获哈尔滨电工学院电子工程系电磁测量及仪表专业学士和硕士学位;1998年获北京理工大学电子工程系通信与电子系统博士学位;2000年10月于中国科学院计算技术研究计算机科学博士后流动站出站到北京理工大学工作。北京市教学名师,信息与通信工程学科责任教授、信息对抗技术专业责任教授,信息系统及安全对抗实验中心(工信部)主任、信息安全与对抗技术研究所所长,国家一流本科专业、教育部、北京市、国防特色专业和工信部重点专业建设负责人。出版著作15部(国家级规划教材4部,北京市精品教材4部),发表学术论文200多篇,获批专利20多项(申请专利60多项),国内第一项信息安全与对抗技术竞赛(ISCC)发起人(2004—2019年,16届,累计参赛者6万多人,近年每年全国参加院校数1 000多所),在线开放课程7门次(国家级5门次,累计学习者5万人次),获省部级以上荣誉40余项。担任国家网络安全产业园区专家咨询委员会委员,中国兵器学会信息安全与对抗专业委员会总干事,广西信息安全学会理事长,中国计算机用户协会信息安全分会副理事长,中国人工智能学会人工智能与安全专业委员会常务委员等。研究方向是网络安全、数据挖掘、文本安全、媒体安全等。他是国家自然基金委、北京市、浙江省、国家科技部、工信部专家库专家等。

依托平台包括信息系统及安全对抗实验中心（工业和信息化部）和多元信息系统国防重点实验室，依托学科包括网络空间安全、信息与通信工程，依托专业是信息对抗技术专业（国家一流本科专业，教育部、国防、北京市特色专业，工信部重点专业）。负责网络空间安全、信息与通信工程信息安全与对抗方向、信息对抗技术专业的"985"工程、"211"工程、"双一流"等建设等。负责工信部信息系统安全与对抗实验中心、信息安全与对抗技术研究所的建设与发展。

罗森林教授取得的主要教学科研成果包括教学成果奖、优秀教学团队、精品课程、精品教材等国家级荣誉16项、省部级22项、其他近百项。国家级：教学成果二等奖、优秀教学团队、精品在线开放课程、精品课程、精品资源共享课、规划教材2部等。省部级：教学名师、教学成果奖二等奖2项、教学成果奖一等奖2项、精品教材3部（未标项均排名1）。

**1. 国家级获奖（16项）**

- 信息对抗技术专业创新人才培养方案与实践，国家级教学成果奖二等奖，教育部，获奖人：王越、罗森林、陶然、单涛、刘志文，2009年10月；
- 信息安全与对抗教学团队，首批全国高校黄大年式教师团队，教育部，获奖人：王越、罗森林等（直接排名），2017年12月；
- 信息系统与安全对抗教学团队，国家级优秀教学团队荣誉，教育部，获奖人：王越、罗森林等，2008年9月；
- 信息系统与安全对抗理论，国家精品在线开放课程，教育部高等教育司，获奖人：罗森林、王越、潘丽敏、高平、吴舟婷，2019年1月；
- 信息系统与安全对抗导论，国家级精品课程，国家教育委员会，获奖人：王越、罗森林、高平、苏京霞，2005年；
- 信息系统与安全对抗理论，国家级精品视频公开课，教育部，获奖人：王越、罗森林，2011年；
- 信息系统与安全对抗理论，国家级精品资源共享课，教育部，获奖人：王越、罗森林，2013年12月；
- 信息系统安全与对抗技术，2009年度国家级精品课程，国家教育委员会，获奖人：罗森林、王越、张笈、高平、王耀威、苏京霞、石秀民，2009年10月；
- 信息对抗技术专业，教育部高等学校特色专业建设点（第三批高等学校特色专业建设点），教育部，获奖人：罗森林，2008年；
- 信息系统与安全对抗理论（第2版），第二批"十二五"普通高等教育本科国家级规划教材，教育部，获奖人：王越、罗森林，2012年11月；
- 网络信息安全与对抗，第二批"十二五"普通高等教育本科国家级规划教材，教育部，获奖人：罗森林、王越、潘丽敏，2014 年 10 月；

● 信息安全系统工程与实践，第二批"十二五"普通高等教育本科国家级规划教材，教育部，获奖人：罗森林、高平、苏京霞、潘丽敏，2014 年 10 月；

● 生物信息处理理论与技术，"十二五"国家重点图书出版规划项目，国家新闻出版总署，获奖人：罗森林、马俊、潘丽敏，2011 年；

● 全国万名优秀创新创业导师人才库首批入库导师，全国万名优秀创新创业导师人才库，教育部办公厅关于建设全国万名优秀创新创业导师人才库的通知，教育部，获奖人：罗森林，2017 年 10 月；

● 作为指导教师指导 SRTI 项目"手势控制交互式教学演示系统"，获第四届全国大学生创新年会，"我最喜爱的十件作品"称号，教育部，获奖人：罗森林，2011 年 10 月 22 日；

● 基于 TPM 的便携式跨平台网络安全云盘，第十三届"挑战杯"全国大学生课外学术科技作品竞赛二等奖，共青团中央，指导教师：罗森林，2013 年 11 月。

**2. 省部级获奖（22 项）**

● 第五届北京市高等学校教学名师奖，北京市教育委员会，获奖人：罗森林，2009 年 9 月；

● 网络空间安全研究型课程教材内容体系建设与应用，北京市教育教学成果奖一等奖，获奖人：王越、罗森林、潘丽敏、刘畅、高平，2018 年 3 月；

● 信息对抗技术专业创新人才培养方案与实践，北京市教育教学成果奖（高等教育）一等奖，北京市人民政府，获奖人：王越、罗森林、陶然、单涛、刘志文，2009 年 5 月；

● 融合个性和全面发展的 54321 工程与创新教育体系研究与实践，北京市教育教学成果奖二等奖，获奖人：罗森林、王越、潘丽敏、张笈、薛正辉，2018 年 3 月；

● 多元密集型创新实践教育方法研究与实践，北京市教育教学成果奖（高等教育）二等奖，北京市人民政府，获奖人：罗森林、王越、潘丽敏、高平、苏京霞，2013 年 9 月；

● 信息系统与安全对抗教学团队，北京市优秀教学团队荣誉，北京市教育委员会，获奖人：王越、罗森林、刘志文等，2007 年 11 月；

● 信息系统安全与对抗技术，2008 年度北京地区高等学校市级精品课程，北京市教育委员会，获奖人：罗森林、王越、张笈、高平、王耀威、苏京霞、石秀民，2008 年 6 月；

● 信息系统与安全对抗导论，2004 年度北京地区高等学校市级精品课程，

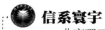

北京市教育委员会，获奖人：王越、罗森林、高平、苏京霞，2004 年；

- 信息安全与对抗文化，北京高校优质课程，北京市教育委员会，获奖人：罗森林、高平、苏京霞、潘丽敏，2014 年 10 月；
- 《信息系统与安全对抗理论》，"十五"国防特色专业优秀教材奖，国防科工委，获奖人：王越、罗森林，2006 年 11 月；
- 《信息系统安全与对抗技术》，北京高等教育精品教材，北京市教育委员会，获奖人：罗森林，2007 年 3 月；
- 《信息系统与安全对抗理论》，2008 年北京高等教育精品教材，北京市教育委员会，获奖人：王越、罗森林，2008 年 11 月；
- 《网络信息安全与对抗》，北京高等教育精品教材，北京市教育委员会，获奖人：罗森林、王越、潘丽敏，2013 年 11 月；
- 《信息安全系统工程与实践》，北京高等教育精品教材，北京市教育委员会，获奖人：罗森林、高平、苏京霞、潘丽敏，2013 年 11 月；
- 《信息安全系统工程与实践》，2009 年北京高等教育精品教材建设立项项目（重点），北京市教育委员会，获奖人：罗森林、高平、苏京霞、潘丽敏，2009 年 12 月；
- 《信息安全与对抗实践基础》，2013 年被评为工业和信息化部"十二五"规划教材，工业和信息化部部，获奖人：罗森林，2013 年 12 月；
- 献身强国事业促进民族复兴突出贡献奖，国家某部，获奖人：罗森林，2014 年 10 月；
- 信息对抗技术专业，工业和信息化部重点学科专业建设点，工业和信息化部人事教育司，获奖人：罗森林，2012 年 12 月；
- 信息系统及安全对抗实验教学中心，工业和信息化部实验教学示范中心建设，工业和信息化部人事教育司，获奖人：罗森林，2012 年 12 月；
- 信息对抗技术专业，北京市级特色专业建设点，北京市教育委员会，获奖人：罗森林，2009 年；
- 信息对抗技术专业，国防特色目录外紧缺本科专业建设点，国防科工局，获奖人：罗森林，2008 年；
- 糖尿病风险预警和健康促进平台，"挑战杯"首都大学生课外学术科技作品竞赛一等奖，共青团北京市委员会，获奖人：马新成、刘旭东、于建民、王怀庆、张岳峰、刘晓双、张天翼，2015 年 7 月。

**3. 其他级别奖（14 项）**

- 《信息系统安全与对抗技术实验教程》，兵工高校优秀教材一等奖，兵工高校教材工作研究会，获奖人：罗森林、高平，2006 年 6 月；

- 《信息系统安全与对抗技术实验教程》，兵工高校优秀教材一等奖，兵工高校教材工作研究会，获奖人：罗森林、高平，2006年6月；
- 第22届中国儿童青少年威盛中国芯计算机表演赛优秀合作伙伴，中国儿童青少年威盛中国芯计算机表演赛组委会，获奖人：罗森林，北京理工大学信息系统及安全对抗实验中心，2013年8月；
- 《信息安全系统工程与实践》，兵工高校优秀教材二等奖，兵工高校教材工作研究会，获奖人：罗森林、高平、苏京霞、潘丽敏，2013年6月；
- 2017第十届全国大学生信息安全大赛创新实践能力赛线上赛优秀指导教师（学生获优秀奖），教育部高等学校信息安全专业教学指导委员会、中国信息安全认证中心，获奖人：罗森林，2017年8月；
- 《信息系统与安全对抗——实践篇》，第六届兵工高校优秀教材一等奖，兵工高校教材研究会，获奖人：罗森林、高平、苏京霞、潘丽敏，2017年10月；
- 《生物信息处理理论与技术》，第六届兵工高校优秀教材二等奖，兵工高校教材研究会，获奖人：罗森林、潘丽敏、马俊，2017年10月；
- 《信息系统与安全对抗理论（第2版）》，第一届教育部兵器类专业教学指导委员会优秀教材，兵器类专业教学指导委员会，2018年1月；
- 《信息系统与安全对抗——实践篇》，第一届教育部兵器类专业教学指导委员会优秀教材，兵器类专业教学指导委员会，2018年1月；
- 信息安全与对抗专业委员会，中国兵工学会2018年度先进分支机构，中国兵工学会，2019年3月；
- 端到端生成摘要撰写系统（指导教师），中国第十四届研究生电子设计竞赛华北赛区优秀指导教师，教育部学位与研究生教育、中国科协青少年科技中心、中国电子学会，2019年7月。

## 9.10 分数域信号与系统研究所

### 9.10.1 历史沿革

王越、周思永和陶然教授领导的课题组于2000年与原506教研室合并，成立信息安全与对抗教研室，负责"信息对抗技术"专业本科生专业基础课、专业课和"信息安全与对抗"二级学科研究生的教学工作。在科研方面注重理论和实际的结合，主要研究多活性代理方法论、分数域信号处理理论及其在雷达和通信中的应用、网络安全等，其中在分数域信号处理方向具有较高的国际影力；承担了北京理工大学第一项自然科学基金重点项目、学院第一个自然基金委创新研究群体项目；科研成果先后获教育部自然科学一等奖1项、科技进步奖一等奖2项、北京市科技进步奖二等奖1项等多项奖励。

2010年以该团队为核心，建立了分数域信号与系统北京市重点实验室，并于2015年成立分数域信号与系统研究所（以下简称研究所）。

经过约20年的建设，团队培养了杰出青年基金获得者、长江学者特聘教授和北京市教学名师——陶然，创建了一支科学研究与教学并重的教师团队，王越院士、陶然教授等是这个团队的核心。

团队先后牵头获批"信息安全与对抗"国防科技创新团队（2008年获批）、"Fourier相关的分数阶信号与信息处理"长江学者和创新团队发展计划创新团队（2010年获批）、"分数域信号与信息处理及其应用"自然基金委创新研究群体（2014年获批）、全国首批黄大年式教师团队（2018年获批）等荣誉称号。

### 9.10.2　主要人才培养情况

在本科生教育方面，主要承担了信息系统、信号处理和计算机类的相关课程，包括"信号处理理论与技术Ⅰ、Ⅱ、Ⅲ""无线电定位系统与技术""数据结构和算法设计A（C++描述）""信号处理、通信和控制中的估计理论""计算机网络技术"等，其中"信号处理理论与技术Ⅰ、Ⅱ、Ⅲ"是陶然教授面向徐特立学院英才班学生开设的专业核心贯通课，该课程分三个学期讲授，服务于本硕博贯通培养，从学生未来发展对信号与信息处理的知识需求出发，围绕"新工科"人才培养和"信号与信息处理+"型拔尖创新人才培养目标，引导学生逐步学习和掌握信号处理的基本理论和技术。近年来，研究所教师还开设了面向全校的通识课程"机器学习理论和实践"和"集合论——开启理性思维的钥匙"，吸引和培养了大批优秀的本科生。

在研究生教育方面，研究所结合学科建设和人才培养计划，开设了"分数域信号处理及其应用""电子对抗原理""统计信号处理基础（英）""多抽样率信号处理"等多门课程，这些课程都纳入了研究生教学计划，培养了多批优秀的硕士、博士和中青年学者，如王越院士开设了硕士课程"信息系统及其安全对抗"和博士课程"系统理论与人工系统设计学"，提升了学生对信息系统的认识，对后续的科学研究具有重要的指导作用，促进了科研工作和人才培养。陶然教授开设了"分数域信号处理及其应用"课程，讲授了分数域信号处理理论及其在雷达、通信等领域的应用，并编写出版了《分数阶傅里叶变换及其应用》专著，培养了大批分数域信号处理领域的优秀人才，其中邓兵、李炳照、张峰、孟祥意4人是全国百篇优秀博士论文提名奖获得者，刘升恒是通信学会优秀博士论文获得者。

2006年后的硕士生、博士生每年入学人数如表9.28所示。

表9.28 信息安全与对抗学科研究生入学人数　　　　　　　人

| 年份 | 2006 | 2007 | 2008 | 2009 | 2010 | 2011 | 2012 | 2013 | 2014 | 2015 | 2016 | 2017 |
|---|---|---|---|---|---|---|---|---|---|---|---|---|
| 硕士生 | 19 | 19 | 19 | 19 | 24 | 24 | 24 | 24 | 29 | 29 | 29 | 30 |
| 博士生 | | | | | | | | 6 | 6 | 6 | 6 | 6 |

目前为本科生和研究生课程出版的教材如表9.29所示。

表9.29 已编写出版的教材

| 序号 | 教材（讲义）名称 | 编著者 | 出版时间 | 字数/千字 | 出版社 |
|---|---|---|---|---|---|
| 1 | 《信息系统与安全对抗理论》 | 王越、罗森林 | 2006 | | 北京理工大学出版社 |
| 2 | 《多抽样率数字信号处理理论及其应用》 | 陶然、张惠云、王越 | 2007 | | 清华大学出版社 |
| 3 | 《分数阶傅里叶变换及其应用》 | 陶然、邓兵、王越 | 2009 | | 清华大学出版社 |
| 4 | 《随机信号分析教程》 | 张峰、陶然 | 2019 | 240 | 高等教育出版社 |
| 5 | 《C++与数据结构（第4版）》 | 高飞、白霞、胡进、吴浩、聂青 | 2018 | 582.4 | 电子工业出版社 |
| 6 | 《计算机网络技术及应用》 | 赵娟、高飞、冯远 | 2015 | 280 | 中国铁道出版社 |

优秀毕业生代表见表9.30。

表9.30 优秀毕业生代表

| 序号 | 姓名（年龄） | 获学位情况（学校，学科，获得年月） | | 优秀毕业生简介（每人不超过100字）（请填写在社会各界做出重要贡献、产生重要影响的毕业研究生的个人职业发展情况） |
| --- | --- | --- | --- | --- |
| | | 硕士 | 博士 | |
| 1 | 李炳照（45岁） | 北京理工大学，数学，2001年毕业 | 北京理工大学，信息与通信工程，2007年毕业 | 北京理工大学数学与统计学院教授、博导、副院长。发表SCI论文50余篇。曾获全国优秀博士学位论文提名奖、霍英东教育基金会青年教师奖、教育部自然科学一等奖、北京市优秀教学成果一等奖，入选教育部新世纪优秀人才称号 |
| 2 | 时荔惠（49岁） | 北京理工大学，信息与通信工程，2006年毕业 | | 陆军研究院某所副所长，在陆军装备体系论证中做出重要贡献，获军队科技进步奖一等奖和二等奖各1项 |
| 3 | 黄克武 | 直接攻读博士学位 | 北京理工大学，信息与通信工程，2010年毕业 | 神舟十一号载人飞船系统测控与通信主任设计师/室主任 |
| 4 | 温景阳 | 中国科学院长春光学精密机械与物理研究所，2003年毕业 | 北京理工大学，信息与通信工程，2012年毕业 | 北京北斗星通导航技术股份有限公司研究院副院长 |

### 9.10.3 主要科学研究情况

主要研究方向包括信息系统理论、分数域信号处理、雷达信号处理、通信信号处理及高光谱等，分别简述如下：

研究了以多活性代理复杂信息系统理论为核心的系统理论与人工系统设计学，针对强约束强对抗环境下的复杂信息系统设计与分析问题，从系统活性出发开展定性与定量相结合的研究，开创性地提出了多活性代理方法论，已经应用于空间站、航天测控、网络安全等领域，发表相关 SCI 论文 15 篇，出版专著 3 部。

在分数域信号处理方向，对分数域采样与快速算法、滤波与参数估计、多域分析与利用等基础问题进行了系统而深入的研究，提出了分数功率谱和短时分数傅里叶变换；提出了分数域信号检测及参数估计方法，实现了对多分量线性调频信号参数的有效和无偏估计；提出了分数域采样和采样率转换理论与方法，实现了宽带线性调频类信号的高效采样，揭示了多分数域分析与滤波机理，推导了分数域的不确定性原理；提出了分数域复用和加密方法，提高了信号利用的灵活性与安全性。研究成果：发表 SCI 论文 160 篇，其中在 IEEE TSP 上发表论文 14 篇；撰写了《分数阶 Fourier 变换的原理与应用》《分数阶傅里叶变换及其应用》《分数傅里叶变换域数字化与图像处理》3 本专著；获教育部自然科学一等奖 1 项；培养了邓兵、李炳照、张峰、孟祥意等全国百篇优秀博士论文提名奖获得者。

在外辐射源探测方向承担了国家自然科学基金重点、国防基础科研、总装预研、空军技术革新等多个项目，解决了外辐射源探测涉及的强直达波干扰抑制、微弱目标信号检测和实时处理等关键技术问题，研究成果获教育部科技进步奖一等奖 1 项。与兵器工业部 206 所合作研制的某便携式毫米波探测系统，是国内最早将调频连续波体制与 MTD 体制相结合的应用单位之一，该系统出口苏丹 20 部，后续改进型已应用于陆军，研究成果获教育部科技进步奖一等奖 1 项。培养的博士生刘升恒获得 2017 年度通信学会优秀博士论文奖。

在多输入多输出（MIMO）雷达信号处理波形设计、基于发射波束域的 MIMO 雷达理论以及杂波和干扰抑制方面开展了深入的研究，尤其是在大规模快速波形集设计方面发明了目前国际领先的快速算法，在理论上解决了 MIMO 雷达波形设计目标函数中涉及"范数内嵌 Hadamard 乘积"形式的理论求解问题。成果出版于著作 Advances and New Opportunities in MIMO Radar: Theoretical Analysis and Algorithms 中，获得了芬兰阿尔托大学最佳论文奖（Aalto University Dissertation Award 2019），是首次华人学者获此奖项，相关研究成果还获得了 IEEE 信号处理协会 Travel Grant 奖、诺基亚基金会研究奖、阿尔托基金会研究奖等奖励。

针对探月工程、高轨侦察、战略武器等航天器隐蔽测控和高精度导航的重大需求，突破微弱信号时频参数快速检测、极低信噪比的稳定跟踪和类噪声 Chirp 扩频测控通信波形设计等关键技术，研制了嫦娥五号飞行器自主导航接收机、实践十七号和通信技术试验二号的高轨卫星导航接收机、东风某型战略测控应答机等设备，实现了中高轨航天器自主导航和隐蔽测控等功能，为我国中高轨卫星等航天器的发展提供了关键技术支撑。

在高光谱和高空间分辨率图像处理方面，利用先进信号处理、数据挖掘、机器学习等技术开展了图像信息重构、信息融合、空谱特征提取、目标检测及模式分类等方面的研究，相关成果在遥感对地观测、航空安保防务及生物医学诊断等领域得到应用推广。在 IEEE TGRS、IEEE TIP、IEEE TCYB 等国际期刊上发表论文 109 篇，ESI 高被引论文 13 篇。培养了北京市科技新星 1 名，国家优秀青年科学基金获得者 1 名，国际期刊 IEEE JSTARS 编委 1 名，IEEE SPL 编委 2 名。

### 9.10.4　学术带头人王越院士

王越院士同时担任分数域信号与系统研究所学术带头人，个人简介见 9.9.4 部分。

### 9.10.5　学术带头人陶然教授

陶然，教授，信息与通信工程、应用数学双学科博士生导师；中国航天系统科学与工程研究院特聘教授、钱学森创新委员会主任、探测与通信总师；国家杰出青年科学基金获得者、长江学者特聘教授、百千万人才工程国家级人选，担任国家自然基金委创新研究群体带头人、教育部创新团队带头人、北京市自然基金优秀团队带头人，享受国务院政府特殊津贴；北京市重点实验室主任；URSI 中国委员会副主席。

陶然教授

陶然教授长期从事分数域信号处理理论及其在雷达、通信、电子对抗等领域的应用研究，对分数域采样与快速算法、滤波与参数估计、多域分析与利用等基础问题进行了系统而深入的探索，取得了标志性的学术成果：在 IEEE Trans. SP 等国际著名学术期刊上发表 SCI 源刊论文 168 篇；以第一作者出版信号处理领域著作、教材 3 部；授权发明专利 80 项。获教育部自然科学奖一等奖 1 项、教育部科技进步奖一等奖 2 项、北京市科学技术奖二等奖 1 项、国防科技进步奖二等奖 1 项、电子信息科学技术奖二等奖 1 项；获国家教学成果二等奖 1 项、北京市教育教学成果一等奖 1 项；作为导师和导师组成员培养的 4 位博士获全国百篇优秀博士论文提名奖，1 位博士获通信学会优秀博士论文奖。

## 9.11　电路与系统研究所

电路与系统二级学科于 1984 年成立硕士点，于 2003 年成立博士点。由原电工电子教学实验中心承担建设，在当时是教学科研一体化建设的典范。1997 年，龚绍文教授担任学科负责人，隶属该学科的教师仅有两人。同年韩力与赵宏图老师加入该学科以充实学科力量。

后来 501 和 502 合并为 502 教研室，由信息与通信系统学科的博士生导师罗伟雄教授负责电路与系统学科建设。这一时期虽存在博士点，但没有电路与系统学科的博士生导师。到 2006 年，罗伟雄教授开始招收电路与系统学科的博士生。2013 年张彦梅晋升为博士生导师，面向电路与系统学科招收博士生。2015 年信息与通信学科博士生导师傅雄军调入电工电子教学实验中心，因此自罗伟雄教授退休后，该学科拥有两名博士生导师。

为了加强电路与系统二级学科建设，经三电中心科研团队研究申请、基层民主推荐，2018 年 6 月 1 日党政联席会决定，成立电路与系统研究所（北京理工大学信息与电子学院 2018〔10〕号文）。电路与系统研究所隶属于电子科学与技术学科，学科方向为电路与系统。任命傅雄军为研究所所长，全面负责研究所工作，主管学科定位、发展规划、制度建设、人才队伍建设；任命杜慧茜为副所长，主管科研工作、保密工作、实验室建设、国际交流与合作，协助所长开展学科建设及人才队伍建设相关工作；任命马志峰为副所长，主管研究生培养、学生管理。

电路与系统研究所现有教授 2 名，副教授、副研究员、高级实验师 10 名；博士生导师 2 名，硕士生导师 16 名。共指导博士生 11 名，每年招收学术硕士和专业硕士约 25 人，每年指导本科毕业设计约 30 人。科研聚焦于复杂电路系统、智能感知系统等领域，近两年到校经费涨幅近 50%，2019 年合同签署经费近 1 000 万元，发展势头显著。后续需要加强学科内涵建设。

## 9.12　电工电子教学实验中心

北京理工大学电工电子教学实验中心（以下简称为中心）筹建于 1999 年下半年，2002 年 1 月落成运行，该中心是首批国家级实验教学示范中心，是集成了电工电子优质资源的校级实践教育教学基地，其电工电子基础教学团队是国家级教学团队。20 年来的中心建设可分为以下三个阶段。

### 9.12.1　第一阶段（1999—2005 年）

1999 年，教育部启动世界银行贷款高等教育发展项目，重点建设国内 28 所高校的基础实验教学平台，首次提出了实验教学中心的建设理念和建设模式。1999—2004 年，有关世界银行贷款高校完成了项目建设。

作为 28 所世界银行贷款项目建设高校之一，我校以"985"工程实验教学基地和"211"工程教学公共服务体系建设项目为基础，于 1999 年下半年组建电工电子、工程训练、物理、化学 4 家校级公共基础性实验教学中心。

2001 年，我校以当时的二系、四系、五系和九系组建了信息科学技术学院。该学院的组建在客观上对有效汇集中心教师队伍起到了促进作用，并以面向非电类专业开设电工学与电机控制课程的七系电工教研室、面向信息类专业开设模拟与数字电子技术课程的二系 204 教研室、面向信息电子类专业开设电路分析与电子线路课程的五系 502 教研室（电路课群），以及四系大学生创新教育基地的师资为队伍班底，组成了中心教师队伍，并任命原五系 502 教研室（电路课群）的罗伟雄教授担任中心主任。该中心因以"电工学""电子技术""电子线路"为主体教学课程、具备从弱电到强电的教学功能而被俗称为"三电中心"。

2002 年 1 月，北京理工大学电工电子教学实验中心在中关村校区四号教学楼正式落成并投入运行，我校本科公共基础实验教学优质资源建设飞跃式发展初露端倪。

中心建立初期，除承担本科基础课理论和实验教学外，中心教师还独立承担着原五系"电路与系统"博士点建设，并与原二系的"检测技术与自动化装置"博士点开展联合共建，这种带着学科的本科公共基础教学单位的组建模式具有鲜明特色，在国内同类基础性实验教学中心建设中是很少见的。在此基础上，中心逐步确立了"中心建设与学科建设不脱离，理论教学与实践教学不脱离"的建设运行原则。第一个"不脱离"体现在始终坚持"学科建在中心"，为中心建设发展提供师资人才保障，"学科筑巢引凤"对基础教学单位的队伍稳定、持续吸引高学历年轻教师加入至关重要，中心建设同时也将反哺学科建设；第二个"不脱离"在客观上保证了由理论课和实验课教师共处同一实体教学单位，将有利于理论与实验教学体系协同育人，有利于理论课教师不脱离实践、实验教学队伍整体水平得到稳步提高。

2003 年，中心主任罗伟雄教授被评为首批北京市教学名师。

到 2005 年，世界银行贷款和学校配套资金对中心建设的总投入达 1 100 余万元，设备固定资产达 770 万元，各种仪器设备 2 880 台（套），实验用房使用总面积3 256平方米，建设了10个功能实验室，并与美国英特尔、安捷伦、微芯公司共建了3个联合实验室。中心面向我校31个本科专业开设89个实验项目，年均实验教学量达23.58万人时；中心共有教师50人，其中高级职称教师占54%，有博士学位的教师占17%，有硕士学位的教师占43%，平均年龄42岁。中心教师累计完成或参与完成的教育教学项目累计获奖情况：国家级教学成果奖特等奖1项、二等奖1项，国家级优秀教材成果奖二等奖1项，北京市教学成果奖一等奖2项、二等奖1项。

2005年，教育部启动"国家级实验教学示范中心"项目建设，当年全国共评出26个首批国家级实验教学示范中心，其中电工电子国家级实验教学示范中心6个（东南大学、西安电子科技大学、华中科技大学、北京理工大学、电子科技大学、哈尔滨工程大学）。中心历经"十五"期间的建设积累，获批2005年国家级实验教学示范中心。

自中心筹建到被评为国家级实验教学示范中心，为中心建设的第一阶段，此时的中心已初步建成为在国内有影响力和示范效应的实验教学中心。这一阶段所取得的建设成果，主要依靠老一辈教师多年的工作积淀和科学引领，学校与学院主管领导，特别是实验设备处的精心组织与鼎力支持。中心建设的第一阶段奠定了完整的实验教学体系、现代化实验室和人文环境基础。

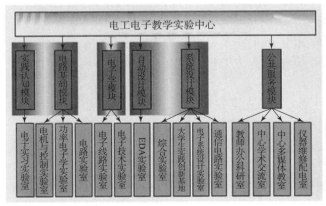

电工电子教学实验中心

### 9.12.2 第二阶段（2006—2010年）

中心建设第一阶段的主要精力在实验教学硬件平台建设上，第二阶段建设的重点开始向队伍建设和深化内涵建设上倾斜。高校基础教学单位高水平持续发展的关键在于队伍建设，一支高水平的师资队伍建设与稳定应该成为推进中心内涵建设和实施人才培养工作的抓手。中心队伍在此阶段面临着老教师陆续退休、教学单位进新教师难、业绩考核体系不利于中心教师发展等若干现实问题。面对这些问题和矛盾，中心坚持在抓队伍建设的同时，以开展教育部本科教学"质量工程"项目建设为抓手持续推动中心内涵建设。中心队伍建设的几项措施是：力争退休教师延聘或返聘，鼓励本科学历教师在职攻读研究生学位，争取团队进人指标，促成有意调入中心的其他学科教师加入等，在"质的提高"同时力求"量的稳定"，从而保质保量地完成人才培养工作。

2007年，为配合我校良乡校区的建设运行工作，学校向中心再次投资，在良乡校区理学楼B栋建设了总面积2 550平方米的系列实验室，以满足针对良乡校区大一、大二学生进行实验教学之需求，中心开始在两校区运行。当年，中心首任主任罗伟雄教授延聘期满正式退休，我校实验室设备与管理处任命韩力教授为第二任中心主任。

2008年，根据我校发展布局，解散信息科学技术学院，分别重组自动化学院、光电学院、信息与电子学院、计算机学院。因自动化学院建设需要，中心原二系204教研室10余名教师的学科、人事关系及负责课程划归自动化学院管理，电子技术课程实验室继续留在中心进行集中统一建设使用。中心的学科、人事关系与教学管理由信息与电子学院负责，实验室设备与管理处继续为中心建设主管单位，中心原七系电工教研室的教师继续留在中心，其中的部分教师转到"电路与系统"学科方向招收研究生。此时的中心依旧保持了完整的"电工"与"电子"类型的课程与实验教师队伍。此时中心已可开出106个实验项目，实验室用房总面积5 806平方米，累计设备投资达1 247万元，在用设备3 960台（套），自制实验装置1 238套。

2008年，教育部高教司发文，成立国家级实验教学示范中心联席会工作委员会，中心主任韩力选入联席会工委会并兼任电子学科组组长，2016年卸任。

中心在"十五"末期建成国家级实验教学示范中心后，"十一五"期间又取得了以"名师、名课、名教材"为标志的一系列教学与科研成果，具体包括：

- 2006年，"通信原理与电路"获批北京市精品课程，课程负责人罗伟雄；
- 2006年，《电路和电子技术（上、下）》获批北京市精品教材，主编李燕民；
- 2006年，《电机与控制》获兵工高校优秀教材二等奖，主编温照方等；
- 2006年，北京市优秀教师，韩力；
- 2006年，中心被北京市教育工会评为"先进工会集体"；
- 2008年，获国防科学技术进步奖三等奖，张彦梅；
- 2010年，获批北京市优秀教学团队、国家级教学团队，团队带头人韩力；

- 2010 年，"电路分析基础"获批北京市精品课程，课程负责人仲顺安；
- 2010 年，北京市教学名师，韩力。

中心的"电工电子基础教学团队"被评为 2010 年国家级教学团队，给中心"十一五"期间的内涵建设画上了圆满的句号。2006—2010 年，中心新增实验项目 63 个，开发了 26 个创新性实验项目，累计公开出版教材 17 本，累计指导大学生创新实验项目 77 项、指导学生获省部级以上学科竞赛奖励 177 项，累计在中文核心期刊和国际学术会议上发表论文 56 篇，累计科研经费 953 万元。

中心始终以自身的建设改革成果面向国内同类实验教学中心发挥示范辐射作用。仅 2006 年一年，就有东北大学、哈尔滨工业大学、华南理工大学、电子科技大学、北京交通大学、山东大学、福州大学、杭州电子科技大学、青岛大学、长春理工大学、兰州交通大学、长江大学、河南理工大学、河南科技大学、海南大学等 20 余所大学的同行前来参观调研。中心教师在 2007 年先后走访了清华大学、北京邮电大学、大连理工大学、哈尔滨工程大学、杭州电子科技大学、长春理工大学、青岛大学、山东科技大学、华北电力大学、北京信息工程学院、北京化工大学、河北科技大学等 12 所学校的实验教学中心，在介绍自身教改经验的同时，虚心学习兄弟院校同类中心的建设经验。

"十一五"期间，信息科学技术学院的拆分导致中心队伍规模缩减，中心教师又陆续进入退休期。在学校和学院的政策支持下，陆续有 4 名博士毕业新教师在中心入职，中心同时鼓励教师在职攻读博士/硕士学位，先后有 5 人陆续获博士学位、4 人获硕士学位。"十一五"期间，中心有 2 人晋升为教授、1 人聘为博士生导师、3 人分别晋升为副教授和高级实验师，从而实现了中心队伍规模的稳定和学历结构的优化（表 9.31）。

中心建设成绩逐渐得到社会认可，《中国现代教育装备》期刊 2010 年第 19 期刊登了题为《学科建设为龙头，团队建设为根本，力促中心良性发展》的报道，集中介绍了中心建设经验。2010 年 12 月，《北京理工大学校报》第 780 期第一、四版刊载了《一支致力于提高学生实践创新能力的国家级教学团队》对中心进行报道。

表 9.31 中心人员情况

| 项目 | 正高 | 副高 | 中级 | 其他 | 博士 | 硕士 | 其他 | 平均年龄 | 专职人数 |
|---|---|---|---|---|---|---|---|---|---|
| 2005 年 | 4 人 | 22 人 | 17 人 | 7 人 | 8 人 | 22 人 | 20 人 | 42 岁 | 50 人 |
| 占比/% | 8 | 44 | 34 | 14 | 16 | 44 | 40 | | |

续表

| 项目 | 正高 | 副高 | 中级 | 其他 | 博士 | 硕士 | 其他 | 平均年龄 | 专职人数 |
|---|---|---|---|---|---|---|---|---|---|
| 2010年 | 3人 | 14人 | 16人 | 2人 | 11人 | 16人 | 8人 | 45岁 | 35人 |
| 占比/% | 9 | 40 | 46 | 6 | 31 | 46 | 23 | | |

### 9.12.3 第三阶段（2011至今）

自"十二五"起，中心建设进入第三阶段。作为国家级实验教学示范中心联席会电子学科组组长，中心主任始终注重以电子学科组为平台，面向全国发挥示范辐射作用。按照教育部相关文件要求，中心主任组建了16所高校同行教师的考察团，于2011年5月到美国Stanford、MIT和UIUC开展本科实验教学专题考察，三所大学表示这是他们首次接待直抵电子类本科教学实验室进行考察的中国高校教师，考察报告呈送示范中心联席会工委会。

2012年11月，中心高质量地通过了教育部委托北京市教委专家组进行的中心建设验收。中心当年在两校区的实验室总面积已达5 300平方米，累计建设投入达1 896万元，每年面向全校73%的13个学院25个专业三个年级的本科生，分层开设6门专业基础课、39门实验课，承担大量学生课外实践创新科技活动，年均实验课程与实践活动教学量约24万人时，同时制度化地组织学生开展全国、市级、校级电子设计竞赛、开放实验、校外实习，并积极发挥中小学生开放日、电工考工、境外学生暑期实践夏令营等社会服务功能。

**1999—2012年中心的发展情况**

2016年12月3日，教育部下发了《教育部办公厅关于印发〈国家级实验教学示范中心管理办法〉的通知》（教高厅〔2016〕3号）（以下简称《通知》），首次明确"示范中心是高等学校组织高水平实验教学、培养学生实践能力和创新精神的重要基地，是教育部依托高等学校建设的国家级实验教学示范平台"。《通知》规定实施国家级实验教学示范中心年报制度，并建立"五年一评"的动态评估管理机制。

为推进中心人才培养工作，紧跟"新工科"建设发展趋势，持续推进中心的教学内容和课程体系改革，提升工程教育质量，2016—2019年，先后有15人次中心教师申请并获批承担7项"教育部产学合作协同育人项目"，总经费23.5万元。高玄怡老师负责的"电工与电子技术实验"在中国大学慕课网上线。

中心始终注意处理好"团队建设、学科建设、中心建设"之间的辩证关系，初步形成了"学科建设促进团队建设、团队建设保障中心建设、中心建设支持学科建设"的闭环互动、良性发展的工作态势。尤其注重落实设在中心的"电路与系统"学科方向建设机制，使其在持续深化中心内涵建设上发挥带动作用。

2016—2019年，中心教师在承担国家自然科学基金项目上取得了突破，先后承担国家自然科学基金面上项目3项、部级以上的纵向和预研项目11项，累计到校经费1 185.55万元；在国内外重要刊物上累计发表学术论文53篇（其中SCI论文25篇），授权专利11项。另外，中心专职教师还累计承担完成了许多国防背景的横向项目，仅2018年和2019年两年就承担了26项，累计到校经费达804.34万元。中心在科研学术工作上的进展，促进了学科方向的研究生培养工作，提高了教师业务水平，拉近了课程教学与工程实际的距离，稳定了中心队伍，促进了本科教学水平的提高。

中心的持续建设和学科发展，不断吸引着新人加入中心教学团队。2013年至今，有1名博士毕业生加入中心理论教学队伍，有3名博士毕业生加入中心实验教学队伍，另有4名其他专业的教师陆续调入中心工作，还有4名其他专业教师常年兼职参加中心的理论课程教学。中心在队伍结构上，已由10年前的"理论教师与实验教师结合"的单一结构，逐步转变到今天的"理论教师与实验教师融合、专职教师与兼职教师融合、基础教师与专业教师融合"的开放结构；中心在实验室建设上，已由以往单一的基础实验室建设，开始向基础与专业对接的全线实验室建设过渡。

中国科学评价研究中心（RCCSE）、中国科教评价网、武汉大学中国教育质量评价中心（ECCEQ）共同发布了中国研究生教育分专业排行榜，在全国95个"电路与系统"专业排名中，中心的"电路与系统"研究生专业排名，从2007年的第33位升至2017年的第11名，学科建设的进步也有中心建设的反哺作用。

2018年6月，中心成立了"电路与系统研究所"，傅雄军老师任所长，杜慧茜和马志峰老师任副所长，司职中心的学科建设、队伍建设、研究生教育，这是中心发展的又一重要举措，进一步落实了中心的学科建设机制。

2018年年底，经前期反复的建设论证与设备补充采购，中心基本完成了近2 000万元的仪器设备选购与实验室适应性改造工程，中心在两校区的所有实验室完整迁入了良乡校区落成不久的大学生工程实践训练中心。

到2019年年底，中心在岗专职教师33名，职称正高2人、副高9人、中级18人、初级4人；博士19人、硕士12人、学士以下2人；中心在两校区的用房总面积5 437平方米，其中良乡实训楼内实验室总建筑面积4 602平方米，实验仪器设备3 894台（套），固定资产达1 720.8万元。

2009年，中心面向我校三个年级39个大类专业或专业英才班，总计5 691名本科生开展实验教学，全年实验教学量为24.337 6万人时；因实施新版本科培养计划，中心的专兼职教师共同承担14门计划内本科生课程（分21个层次进行课程教学），完成了总计31.298 4万人时的理论课教学工作，中心教师人均年度本科教学量约1.5万人时。中心负责的"电路与系统"学科方向的在读研究生规模达到75名硕士生、11名博士生。

回首走过的20年，中心建设始终按照既定的建设指导思想稳步推进，前10年里，分别建成国家级实验教学示范中心和国家级教学团队，使我校电工电子基础实验教学平台和队伍建设双双达到国内先进水平；后10年里，持续推进以学科建设为龙头的内涵建设，始终把基础教学单位的队伍建设作为中心建设的抓手，为我校的本科工程教育做出了贡献。以本科教学工作为主业，投身于人才培养工作，始终是中心全体教师的天职所在。

回首过去，我们自豪；展望未来，任重道远。

### 9.12.4　学术带头人罗伟雄教授

罗伟雄，男，研究生学历，1940年生于上海，北京理工大学教授，博士生导师，北京市教学名师。1962年毕业于北京工业学院（现北京理工大学）无线电工程系雷达专业，1966年在无线电工程系研究生毕业。1995—2002年担任无线电工程系502教研室主任，2002—2007年担任北京理工大学电工电子教学实验中心主任兼电路与系统二级学科负责人。1995—2000年担任全国普通高校工科电工课程教学指导委员会委员，2000—2004年担任教育部世界银行贷款"高等教育发展项目"招标电子组组长。

罗伟雄教授留校任教后，先后主讲雷达接收设

罗伟雄教授

备、电子测量、非线性电子线路、通信原理与电路等本科课程，以及锁相技术及其应用和扩频技术等研究生课程，出版教材5本。主持或参加相控阵雷达、锁相频率源、跳频电台、空时编码等方面的国防科研，1992年获全军科技成果奖二等奖，1998年获全国新产品奖，在国内重要刊物上发表论文30篇。2004年获北京市高等教育优秀教学成果奖一等奖，1996年获电子部优秀教材二等奖。

### 9.12.5 学术带头人韩力教授

韩力教授

韩力，男，博士，1959年生于北京，北京理工大学教授，硕士生导师，北京市教学名师，国家级教学团队带头人。1982年本科毕业于北京工业学院（现北京理工大学）电子工程系。2007年起担任电工电子国家级实验教学示范中心主任，2008—2018年担任"电路与系统"学科方向负责人。曾担任教育部高等学校电工电子基础课程教学指导委员会委员（2013—2017年）、教育部高等学校国家级实验教学示范中心联席会工作委员会委员、电子学科组组长（2008—2016年）、中国电子学会电子线路教学与产业专家委员会常务委员（2016年至今）。2005年获国家级教学成果奖特等奖（排名第二）、曾获北京市高等教育教学成果奖一等奖3项、二等奖1项。2006年被评为北京市优秀教师，2010年获北京市教学名师奖，2010年获批国家级教学团队（带头人）。长期从事本科专业基础课程、研究生课程教学与研究生培养，累计出版5本教材。常年从事实验室建设与管理、实验教学研究工作。专业研究方向为信息传输与处理，研究领域包括扩频通信、调制信号自适应识别、空时编码、GPS干扰技术等，并参与过9项科研工作，在国内重要期刊上发表论文18篇。

## 9.13 信息系统及安全对抗实验中心

### 9.13.1 发展历程与简况

信息系统及安全对抗实验中心源于1982年创建的微机应用实验室，2001年建立信息对抗技术实验室，2007年集信息安全与对抗实验室、通信与信息系统实验室、信号与信息处理实验室共同构建了信息与电子学院信息安全与对抗技术实验室，2009年更名为信息系统及安全对抗实验中心（下面简称为中心），并被评为北京理工大学校级实验示范中心，2012年获批工业和信息化部实验教学示范中心建设单位。中心目前已形成并构建了一支以多位经验丰富的教授为主力，结构合理、学术和教学水平高的信息系统安全对抗理论与实践教学团队，教学效果明显，成绩显著。

中心研究涉及面广，环境、条件、内容、方法、系统复杂，在多学科强有力的支撑下才能生存与发展。中心依托两个一级学科——信息与通信工程、网络空间安全，其中国家重点一级学科1个。

中心面向4个本科专业，包括信息工程、通信工程、信息对抗技术、电子科学与技术。其中教育部特色专业1个，北京市特色专业3个，国防特色专业2个，工业和信息化部重点专业1个，通过工程教育专业认证专业3个，教改实验班3个。

中心在建设与发展中逐步形成了8项特色教学方法，成果丰厚。中心将系统科学和系统方法论引入了本科生的实验教学环节，从系统层、顶层上促进了学生的综合素质和创新能力的提升，规划了"54321"信息与电子专业实验教学战略规划目标和体系。

中心基于"985"工程、"211"工程和推进计划的创新成果，打破了传统学科专业实验室教学管理分隔、教学与科研设备管理分隔等现象，统筹规划、互补集成、协同共享，建立了信息大类背景下的实验教学资源优化配置理念，构建了跨学科专业的"基于2个优势学科专业平台构建的4类实验室"的"信息与电子专业实验教学中心"实验教学总体架构，构建了分层次、分类别、分模块的"融学科专业知识为一体的综合部署的多元密集型"实验教学内容体系。

中心基于形成优势学科的专业方向、团队，变被动为主动，以优秀学生和创新成果为桥梁，通过"学科基础实验室""自主创新实验室""教科协同实验室"构建了教学与科研相生相长互动模式，形成了良性循环，实现了教学与科研的紧密结合，引领了实验教学的发展。

中心以国家专业认证、卓越工程师计划为契机，以企业、社会、国家需求为基点，以科研项目、优秀人才储备为桥梁，通过校企合作实验室建立了可持续发展的校企合作、产学研用相结合的长效机制。

### 9.13.2 运行制度与措施

**1. 实行主任负责制，结合分中心主任具体运行**

主任由学校任命，并定期考核；专职实验技术人员实行竞争上岗，双向选择，由实验中心集中统一管理；实验教师竞聘实验教学任务，实行动态管理。

实验中心主任全面主持中心的规划、建设、教学改革和人员管理工作；中心副主任负责实验项目建设、科研立项、实验室开放以及校内外交流和协调。另设 6 个分中心主任具体负责各分中心的日常运行。

**2. 完善和细化各类规章制度，做到有规章制度可依和必依**

实验教学是实验中心一切工作的核心，为保证实验教学的质量，将培养学生的实际工作能力和创新意识、提高学生综合素质的目标落到实处，在总结多年实验教学工作的基础上，特制定化学实验中心实验教学运行管理制度，作为本中心施行、指导、监控、考核实验教学工作的依据，在实验教学中心管理、实验教学管理、实验中心人员管理、仪器设备与物资材料管理等方面制定了 4 大类文件。

**3. 教学运行机制**

在教学指导委员会指导下的负责人负责制，重视过程和加强效果，不断总结和持续提升。

中心实验教学工作的指导、监控和考核由教学指导委员会负责，其工作依据为本制度的各项规定，教学指导组成员由实验中心负责人、各课程负责人和特聘的教学督导组成。教学计划的制订、修改，实验内容的选择、调整，教学任务的安排均由教学指导组负责进行。

实验课实行课程负责人负责制，负责实验课的建设和改革，做到实验教学、实验室管理工作和实验课改革的整体构想相互协调、理论教学与实验教学相互协调、基础实验教学与专业课教学相互协调。在具体运行上，实验中心通过网站公布能开出的实验项目、开课专业，教师提前向实验中心提交开课申请，由实验中心统一安排或在网上公开选课，任课教师按时到实验中心开课，并按要求对实验课单独进行考核。

各实验室应在课程负责人组织下，根据本组实际情况开展集体备课，交流情况，互相帮助，互相学习。每位指导教师课前应准备好讲义和教案，实验开出前，必须做预习实验；认真填写实验环节考核表，将其作为考查学生实验成绩的依据，每学期期末将实验成绩、实验环节考核表和随机抽取的 10% 学生的实验报告一并交实验中心存档保管。

指导教师和实验技术人员均应重视实验过程情况，应把现场指导学生的实际操作作为实验教学的重要环节，以便及时发现问题、纠正错误，增强学生实际工作的能力，使学生每次实验均有收获。

做好实验日志工作，实验日志是记录考察实验室运行、实验教学情况等的重要资料，指导教师和实验室值班人员应认真填写，各组组长应经常检查，每学期期末统一交实验中心装订保存。

每学期课程结束时，由中心组织学生评教工作，从学生的角度，对实验指导教师、研究生助教、实验技术人员的工作效率进行评价，并作为对整个实验中心工作效率评价的重要参考，以促进中心各项工作水平的全面提高。

**4. 对外开放机制：面向全校开放和共享实验室和仪器设备，提升利用率和服务能力**

中心计划内教学任务应服从总体教学计划安排，在完成教学任务的前提下，积极向学生、教师和社会开放。中心面向全校开放，有条件的实验室向社会开放；中心资源统筹调配，集中资源共享，力争做到实验场地、实验内容、实验时间和实验仪器设备的全面开放；中心创造条件，主动吸引学生参与实验中心工作。

**5. 经费投入机制：多方筹措、明确目标、准确投入、效果评估**

学校根据建设和发展需要对实验中心单独核拨建设经费，根据承担的工作量核拨运行经费。按学校的相关政策，主任负责经费分配、使用。随着学校整体改革的深化，在保证实验教学质量的前提下，积极探索新的经费投入机制和分配机制，积极争取专项建设经费，加大实验室的软、硬件建设。

### 9.13.3 教学理念与方法

《国家中长期人才发展规划纲要（2010—2020年）》（简称《人才规划》）提出到2020年我国人才发展的战略目标、指导方针、总体部署和重大举措，是中华人民共和国成立以来第一个中长期人才发展规划，是我国昂首迈进世界人才强国行列的行动纲领。人才已经成为一个国家的核心竞争力，人才队伍建设的主要任务中要强调突出培养造就创新型科技人才，创新人才培养模式，重视人才培养模式创新和人才可持续发展能力开发，更加重视人才培养质量评价和提升，以全面推进素质教育为主题，体现人才成长科学规律，反映人才发展的全方位需求。《胡锦涛在庆祝清华大学建校100周年大会上的讲话》提出三点希望：第一，希望同学们把文化知识学习和思想品德修养紧密结合起来；第二，希望同学们把创新思维和社会实践紧密结合起来；第三，希望同学们把全面发展和个性发展紧密结合起来。《教育部财政部关于实施高等学校创新能力提升计划意见的通知》（简称"2011计划"）指出，创新能力是提高质量的灵魂，创新能力成为国家竞争力的核心要素，是推动我国教育与科技、经济、文化紧密结合的战略行动。

为了贯彻上述党中央全面提高教学质量、加强创新能力培养的精神，中心的目标规划是适应国家战略需求和区域经济社会发展需要，凝聚校内外各方力量，促进优质资源深度融合和充分共享，推动教学科研协同发展，促进学校企业联合培养人才，引导学生在科学研究中学习，在社会实践中学习，培养学生勇于探索的创新精神，提高学生善于解决问题的实践能力；构建发挥学校军工优势和符合学校定位及客观规律和时代性的,能够充分满足社会需要并可持续发展的,一个特色鲜明、理念先进、具有核心竞争力的信息类学科专业实验教学人才培养方案,切实有效激发学生的创新意识和能力的实验教学和管理体系,促进人才培养水平的整体提升,取得显著的人才培养效益,具有良好的示范作用和重要的推广价值,能够引领和示范国内信息类学科专业实验教学的建设与发展;同时,探索满足新时期人才培养需要的实验室建设和教学改革方向,建立创新人才成长环境,支撑拔尖创新人才培养,服务国家科教兴国战略和人才强国战略。

学生素质和能力的有效培养本身就是一项复杂的系统工程,中心将系统科学和系统方法论引入本科生的实验教学环节,从系统层、顶层上促进学生的综合素质和创新能力的提升,创新、拔尖、复合、领军人才等高素质人才显然需要具有这种素质,这是能够取得成功的基本素质,对其今后的工作将会产生极为重要的影响。中心逐步形成让学生避免"只见树木不见森林"的研究型实验教学思想、方法,实现"54321"实验教学战略规划目标,即充分体现实验教学的厚基础、跨学科、强能力、重人文、大视野五种基本属性,建设实践能力、专业能力、创新能力、协作能力四项基本能力,依靠实验教学内容、实验教学管理和实验教学资源三种保障资源,建设实验教学内容与实验教学管理两个建设领域,最终形成一个战略指导思想下充分体现"物理事理人理"的实验教学保障体系,成为中心学科发展、专业建设、人才培养的重要支柱。

中心基于系统科学和系统方法论构建目标规划和建设内容。首先,无论是目标规划建设内容还是政策措施均采用"从顶置下"的方法;其次,抓住主要矛盾寻求实验教学过程中的薄弱环节,"反其道而行之",找到解决方案;针对技术发展、社会发展、学生新特征快速响应,在有限时间内主动调整方案,以适应新形势下的快速发展;采用多层次、多剖面动态组合的对抗措施实现学生创新能力的直接和间接提升等。

中心的实验教学战略目标和体系涉及的主要内容包括:
- 整合、优化建设学科专业资源,构建基于优势学科的实验教学总体架构;
- 完善各类规章制度,建立工作指导委员会指导下的主任负责制及体现学科专业优势的中心管理体系;
- 建设"高层次、高水平、高质量"的实验教学师资队伍;
- 明确建设以"实践创新能力"为核心、"综合型、设计型、研究型"三大类型的渐进式实验教学体;

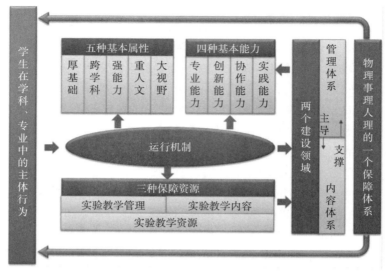

"54321"实验教学战略目标和体系

- 提升建设"科研与教学协同发展的模式和方案",成立学科基础、自主创新、教科协同实验室;
- 扩展建设"产学研用"发展模式和方案,成立"校企合作实验室";
- 增强建设学生的"国际视野和竞争力",全面、系统、规范地提升学生的国际视野和国际竞争力;
- 持续推进中心的引领示范作用,加强与校外的交流推广,回馈社会。

### 9.13.4 主要业绩与成果(省部级以上)

- 信息系统及安全对抗实验中心(工信部级,2012);
- 国家一流本科专业(2019);
- 教育部特色专业(2008);
- 工业和信息化部重点专业(2012);
- 北京市特色专业(2009);
- 国防特色专业(2008);
- 国家级教学名师,1人次;
- 国家级教改立项,1项;
- 国家级教育教学成果奖,特等奖、一等奖、二等奖各1项;
- 国家级精品课程,5门次;
- 国家级规划教材,4部;

- 国家级优秀教学团队；
- 北京市教学名师，2 人次；
- 北京市教育教学成果奖，一等奖 2 项、二等奖 2 项；
- 北京市精品教材，4 部；
- 北京市精品课程，5 门次；
- 北京市优秀教学团队；
- 北京市教改立项，1 项；
- 全国大学生信息安全与对抗技术竞赛（国内第一，2004 年首届）；
- 全国中小学生信息安全对抗高端赛（国内第一，2012 年首届）；
- 全国研究生信息安全与对抗技术竞赛（国内第一，2017 年首届）。

### 9.13.5　全国大学生信息安全与对抗技术竞赛（ISCC）

信息安全与对抗技术竞赛（Information Security and Countermeasures Contest，ISCC），由罗森林教授创建，自 2004 年起每年举办一届。

竞赛组织机构：

（1）主办单位：中国兵工学会、教育部高等学校兵器类专业教学指导委员会、中国兵工学会信息安全与对抗专业委员会、中国计算机用户协会。

（2）承办单位：北京理工大学、北京理工大学信息系统及安全对抗实验中心。

（3）协办单位：广西信息安全学会、中国计算机用户协会信息安全分会、河南省科联电子科技有限公司、北京大学软件学院信息安全研究小组。

（4）支持单位：公安部第三研究所《信息网络安全》杂志社、河南省高等学校计算机教育研究会、广西壮族自治区科学技术协会。

竞赛宗旨：提升信息安全意识，普及信息安全知识，实践信息安全技术，共创信息安全环境，发现信息安全人才，同时探索信息对抗技术及其相关专业工程教育的新途径。

2007 年 8 月，竞赛活动进一步得到教育部高教司、工业和信息化部人事司的肯定。经批准，在全国大学生电子设计竞赛中增设一项信息安全技术专题邀请赛，即增设全国大学生电子设计竞赛信息安全技术专题邀请赛，且从 2008 年起每两年举办一次，这为全国大学生提供了更多的机会，对向全国范围普及和推动信息安全技术具有十分重要的作用。

- 2003 年，由罗森林发起；
- 2004 年，举办第 1 届"信息安全与对抗技术竞赛"（北京理工大学校内）；

- 2005 年，多支路的关卡设计；
- 2008 年，举办第 1 届全国大学生电子设计竞赛信息安全技术专题邀请赛，将关卡结构由原先的串行拓扑改为并行结构；
- 2010 在清华科学技术协会的协助下使竞赛首次推广至外校，共同主办，竞赛与知名企业绿盟科技合作；
- 2012 年，全国大学生电子设计竞赛信息安全技术专题邀请赛增加 1 个软件队，与中国儿童青少年威盛中国芯计算机表演赛合作举办信息安全对抗赛；
- 2013 年，信息安全与对抗技术竞赛增加河南赛区；
- 2014 年，全国大学生电子设计竞赛信息安全技术专题邀请赛增加信息安全动态演练竞赛，信息安全与对抗技术竞赛增加广西赛区，建立广西信息安全学会（会长），负责中国兵工学会信息安全与对抗专业委员会工作（总干事）；
- 2017 年，举办首届全国研究生信息安全与对抗技术竞赛。

至 2018 年，ISCC 已经连续成功举办 15 届，累计参加人数超过 35 000 人，目前全国参加院校数 700 所以上。

ISCC 经过多年的发展，竞赛平台日渐完善、知识范围不断拓展、攻防方式逐步丰富。现在，每年一度的 ISCC 已经成为全面考核参赛选手信息安全与对抗技术水平的综合性竞赛，更成为全国各地信息安全人才思想、知识、技术交流的大好机会。参赛者组成越来越丰富，早已经不再局限于在校的本科生和硕博研究生，越来越多在校的教职员工、已毕业的校友以及兄弟学校的学生甚至校外安全组织均有人注册参赛，可见竞赛的影响力仍在逐步扩大。

从第 1 届的单线串行到现在的开放并行，如果没有足够的技术实力保障，很难有勇气进行这样大的改革；同时，如果没有公开的评分过程、公平的评价标准和公正的评奖方法，也很难获得参赛者的认同。随着竞赛关卡结构的不断改变，竞赛管理系统的改进也在同步进行。

ISCC 最大限度地利用竞赛管理系统把评分过程、评价标准、评奖方法等透明化。另外，通过对竞赛关卡的内测、定级，ISCC 总体组力求关卡难度与分值的对等，保证参赛者分值是其真实技术水平的表现。

从竞赛多年的健康发展来看，我们有理由相信，在学校、学院领导和教务处、团委、实验设备处等相关部门的大力支持下，在全校师生的共同关注、支持下，在 ISCC 总体组的不懈努力下，ISCC 定将不断创新和发展，为我校的本科生培养、专业建设和学科发展做出更大的贡献，ISCC 近年数据统计如表 9.32 和表 9.33 所示。

表 9.32　ISCC 个人挑战赛近年数据统计

| 年份 | 持续天数 | 题目数 | 知识点数 | 注册数 | 院校数 |
| --- | --- | --- | --- | --- | --- |
| 2011 | 35 | 31 | >100 | 1 802 | >200 |
| 2012 | 69 | 31 | >100 | 2 482 | >300 |
| 2013 | 61 | 55 | >160 | 3 943 | >400 |
| 2014 | 46 | 46 | >160 | 2014 | >300 |
| 2015 | 33 | 26 | >160 | 2 339 | >450 |
| 2016 | 56 | 33 | >200 | 3 500 | >500 |
| 2017 | 25 | 30 | >160 | 5 797 | >900 |
| 2018 | 30 | 30 | >200 | 5 925 | >1 000 |
| 2019 | 34 | 34 | >200 | 7 542 | 924 |

表 9.33　ISCC 分组对抗赛近年数据统计

| 年份 | 持续天数 | 选择题数 + 关卡题数 + 对抗题数 | 类别数 | 邀请人数 |
| --- | --- | --- | --- | --- |
| 2014 | 24 | 11 + 17 | 2 | 42 |
| 2015 | 31.5 | 430 + 12 + 8 | 2 | 42 |
| 2016 | 33 | 500 + 9 + 12 | 1 | 90 |
| 2017 | 12 | 561 + 3 + 7 | 1 | 84 |
| 2018 | 12 | 561 + 4 + 6 | 1 | 72 |
| 2019 | 10.5 | 561 + 3 + 7 | 1 | 84 |

竞赛分为线上个人挑战赛和分组对抗赛两个环节。

1）个人挑战赛

个人挑战赛以典型的信息系统——计算机信息网络为竞赛内容和考察重点，分为 BASIC、WEB、REVERSE、PWN、MISC 和 REALITY 6 个关卡。关卡考察内容涉及 WEB 知识、ASP/PHP 脚本、缓冲区溢出、软件脱壳破解、系统漏洞利用、社会工程学等信息安全知识。

BASIC：主要考察基础的计算机与网络安全知识，涉及信息发掘、搜索、嗅探、无线安全、正则表达式、SQL、脚本语言、汇编、C 语言以及简单的破解、溢出等知识，旨在普及信息安全知识，引领信息安全爱好者入门。

WEB：考察脚本注入、欺骗和跨站等脚本攻击技术。

REVERSE：考察逆向破解的相关技术，要求有较高的汇编语言读写能力，以及对操作系统原理的认识。

PWN：考察软件漏洞挖掘、分析及利用技术，探索二进制代码背后的秘密，要求对漏洞有一定理解，掌握操作系统原理的相关知识。

MISC：考察各种计算机系统与网络安全知识，涉及隐写术、流量分析、内核安全等信息安全的各个领域。

REALITY：采用真实的网站环境，考察入侵渗透能力。

2）分组对抗赛

从个人挑战赛中选择并邀请全国各地优秀学生及个人到北京理工大学参加线下分组对抗赛。线下比赛分为多个小组进行对抗，在封闭的真实对抗环境（包括DMZ区、数据区、开发测试区、内网服务区、终端区）中展开攻防角逐，充分展示了各位选手的个人水平和小组的协同合作能力。

主要采取阵地夺旗、占领高地等模式进行攻防比拼。比赛时，各队伍通过对指定的服务器进行入侵攻击达到获取旗子的目标而得分，并在攻上高地后防御其他队伍的攻击。

技术竞赛在举办过程中，北京电视台和中国教育电视台曾分别于2004年、2005年两次进行了报道，《网络安全技术》《计算机安全》杂志也进行了报道。同时，在互联网上（特别是赛迪网）有很多关于北京理工大学信息安全技术竞赛的报道新闻，这些报道均促进了信息安全的学术交流和推广。

特别是，全国大学生信息安全技术邀请赛的秘书处设在北京理工大学，专业带头人王越院士为组委会主任，罗森林教授为竞赛专家组副组长。我校在为兄弟院校服务的同时，也扩大了同各院校的更多交流与沟通，更有效地促进了信息安全与对抗的教学、科研和专业的建设工作。

### 9.13.6　全国大学生电子设计竞赛信息安全技术专题邀请赛

在王越院士及多位专家、领导的努力下，2007年8月，该竞赛活动进一步得到信息产业部、教育部、国防科工委的同意，在全国大学生电子设计竞赛中增设一个全国大学生信息安全技术专题邀请赛，这为全国更多的大学生提供了更多的机会，对于向全国范围普及和推进信息安全技术具有十分重要的作用，将会有更多的大学生得到培养。2008年起至今已连续成功举办4届全国大学生电子设计竞赛信息安全技术专题邀请赛，形成了更为广泛的影响。

### 9.13.7　全国研究生信息安全与对抗技术竞赛

网络安全和信息化是一体之两翼、驱动之双轮。没有网络安全就没有国家安全，要全天候全方位感知网络安全态势，"网络空间的竞争，归根结底是人才竞争"。网络空间安全一级学科和博士点的建立,中央发布关于加强网络安全学科建设和人才培养的意见(网办发文〔2016〕4号),等等,表明信息安全高素质人才培养的重要性。信息安全已全方位影响到国家政治、经济、文化、生态和社会发展,信息安全人才的培养不仅是学科发展的需要,更是国家安全的需要、社会发展的需要。开展信息安全竞赛是增强意识、发现人才和培养人才的一种有效方式,通过竞赛辅助教学,可以将理论与实践相结合,不断激发学生的创新意识、创新精神和创新能力,培养出更加优秀的信息安全人才。

2017年,由罗森林教授提出,在国内组织举办(国内第一)"第1届全国研究生信息安全与对抗技术竞赛〔ISCC:Information Security and Countermeasures Contest"(www.isclab.org.cn)〕,它是为适应国家安全、社会发展和大学学科发展需求而开展的竞赛,目的是提高研究生的信息安全意识和安全常识,激发研究生的创新思维,加强学生动手能力的培养和工程实践的训练,促进相关学科专业建设,培养信息安全领域的高质量创新型、领导型人才。

首届全国研究生信息安全与对抗技术竞赛组织机构:

(1) 主办单位:中国电子学会、中国兵工学会、北京理工大学、中国电子教育学会研究生教育分会、教育部高等学校兵器类专业教学指导委员会。

(2) 承办单位:北京理工大学信息与电子学院、北京理工大学信息系统及安全对抗实验中心、中国兵工学会信息安全与对抗技术专业委员会。

(3) 协办单位:广西信息安全学会、中国计算机用户协会、中国计算机用户协会信息安全分会。

(4) 支持单位:北京神州绿盟信息安全科技股份有限公司、北京以利天诚科技有限公司、公安部第三研究所《信息网络安全》杂志社、《学位与研究生教育》杂志。

### 9.13.8 自主研制的教育教学系统与平台(6项)

在提出新工科、OBE、互联网+等背景下,该平台利用信息管理系统完善课程教学过程和提升教学效果的方法(表9.34),将课程的教学过程细化,提炼出可以进行信息化的环节,再通过网络实现全员学生的课程全生命周期管理和多年教学数据的综合利用。

构建基于定性和定量综合集成的课程教学闭环促进模式,既注重过程,更注重效果。课程教学效果也是一种螺旋式上升过程,过程中可以构建阶段性的闭环促进模式,将定性和定量效果综合分析,找到薄弱环节和存在的问题,以期进行持续改进。

研制全面支撑教学过程并具有数据分析能力的课程教学促进系统,通过数据分析发现问题和知识，较大幅度提高工作效率。主要功能包括学生自由组队选题、基于项目及效果的学生互评分、学生问卷调查和意见提出、课程材料精细化提交、数据的统计和数据挖掘分析等。

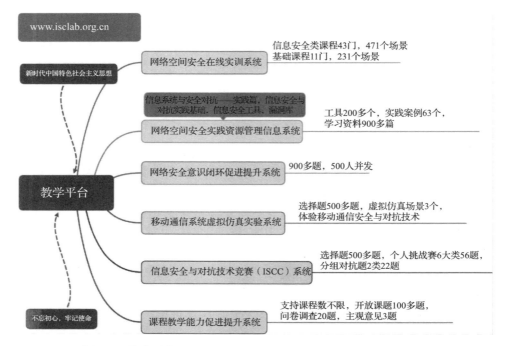

自行研制的学科专业教学平台及资源（入口：www.isclab.org.cn）

表 9.34　自行研制的学科专业教学平台及资源（入口：www.isclab.org.cn）

| 序号 | 系统名称 | 系统资源体系说明 |
|---|---|---|
| 1 | 课程教学能力促进提升系统 | 支持课程数不限，开放题 100 多题，问卷调查 20 题，主观意见 3 题 |
| 2 | 网络空间安全在线实训系统 | 信息安全类课程 43 门，471 个场景；基础课程 11 门，231 个场景 |
| 3 | 信息安全与对抗技术竞赛（ISCC）系统 | 选择题 500 多题，个人挑战赛 6 大类 56 题，分组对抗题 2 类 22 题 |
| 4 | 网络安全意识闭环促进提升系统 | 900 多题，500 人并发 |

续表

| 序号 | 系统名称 | 系统资源体系说明 |
|---|---|---|
| 5 | 网络空间安全实践资源管理信息系统 | 工具 200 多个，实践案例 63 个，学习资料 900 多篇 |
| 6 | 移动通信系统虚拟仿真实验系统 | 选择题 500 多题，虚拟仿真场景 3 个，体验移动通信安全与对抗技术 |

## 9.14　电子信息技术教学实验中心

电子信息技术教学实验中心（以下简称实验中心），是为适应学校培养信息工程拔尖创新人才和大批高素质创新型电子信息技术专业人才的要求，在信息与电子学院电子科学与技术一级学科范围内，通过对原有电磁场与微波技术、微电子学与固体电子学、生命信息工程三个二级学科的专业实验室的整合重组，于 2009 年建立的面向教学与科研服务的新型综合型实验中心。当时下设"数字信号处理实验室""医学信号与图像处理实验室""嵌入式与半实物仿真实验室""图像综合信息系统实验室""集成电路设计与验证实验室""微波技术实验室""微波测试实验室""电磁仿真实验室"8 个实验室。2010 年被学校评定为校级实验示范中心，实验中心主任是刘志文教授，副主任有陈重副教授和谢君堂副教授。

近年来，随着学校"985"工程和"双一流"大学建设的推进，实验中心内部也经过多次实验室的调整与重组，目前实验中心下设三个实验室，即"信号与图像处理实验室""电磁场与微波技术实验室""微电子技术实验室"，均位于四号教学楼四层，中心实验室使用面积近 1 000 平方米。

电子信息技术教学实验中心以服务学院本科教学实验为主，承担了学院 4 个本科专业的"信号与信息处理"和"微波技术"两个课群的专业基础实验教学任务，以及电子信息工程专业"信号与图像处理"和"微波技术"两个专业方向和电子科学与技术（微电子方向）专业的相应专业方向课或专业课的全部实验实践教学任务。同时，实验中心也作为电子科学与技术一级学科研究生教育教学的实践基地，服务于"电磁场与微波技术""微电子与固体电子学""生命信息工程"三个二级学科的人才培养与科学研究。

实验中心为学院下设的非独立行政单位，上述三个实验室在行政上分别隶属于信号与图像处理研究所、微波技术研究所以及微电子技术研究所。实验中心主

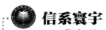

任是刘志文教授，原来的两位副主任陈重副教授和谢君堂副教授先后退休后未再设中心副主任，目前中心下设的上述三个实验室的主任分别是何冰松高级实验师、胡斌副教授和丁英涛副教授。

## 9.15 图像制导研究室

五系图像制导研究室建立于1985年，2001年撤销。在前后20余年的时间里，研究室开展了一系列科研项目，取得了多项成果。

1959年五系建立的遥控遥测专业是围绕我国导弹技术发展而进行的，早期曾经开展了多项科研活动，包括265-3地空导弹无线电制导的研究、265-1反坦克导弹研究、探空火箭测高装置的研发、箭上无线电应答设备的研发以及对麻雀-3空空导弹的分析和反设计研究，与七机部二院23所合作研究了地空导弹制导相控阵雷达方案（学校开展了方案论证，后因"文化大革命"开始而终止）。

在"文化大革命"中，1970年1月29日国务院、中央军委将北京工业学院改为第五机械工业部（简称五机部）建制，遥控遥测的科研方向应该如何适应这一变化？当时遥控遥测专业青年教师朱贵明阅读了大量的资料，看到了先进的图像制导技术用于兵器部反坦克导弹制导的前景。于是在20世纪70年代中期翻译了有关电视图像制导的论文几十万字［其中有美国兰德（Rand）公司等系列论文］，选择部分译文20多万字集结为册，作为专辑《电视跟踪与电视制导译文集》发表在五系《电子技术》1981年第一期上（共120多页，朱贵明主译，其中俞宝传教授译文一篇，向茂南老师译文一篇）。当年兵器部尚未开展这方面的研究工作，此文集被送到兵器部，为兵器部开展成像制导的研究工作起了开创性作用。

之后，朱贵明主动向兵器部（第五机械工业部）申请立项开展图像制导方面的研究工作。同时自拟图像跟踪技术军转民项目，开发出了电视自动监视报警系统，他多次到深圳、广州、上海等地参加商务展览，在新技术展览会上多次获得金奖，并用于北京新街口百货商场、地安门商场和某工厂等，曾在夜间自动检测到烟雾报警，从而避免了火灾。

在这些工作基础上，1985年年初，从遥控遥测专业中分离出来成立了图像制导研究室（以下简称研究室）。成立时有教师8人：朱贵明、郭志芬、李津修、罗一鸣、刘天庆、俞兆媛、蒋镇南和李秀珍。由朱贵明担任主任，之后任世宏于1987年研究生毕业留校工作，尚斐于1997年研究生毕业留校工作。

1984年学校科研楼求是楼建成，1985年年初研究室成为第一家入驻的研究单位。研究室制作了三维动态图像仿真沙盘，可以演示模型坦克全方位运动，可以改变光照条件，可施放干扰，可对动目标进行定位检测和跟踪，可模拟导弹自寻的过程，为智能图像跟踪器的研制工作提供了实物仿真实验条件；配置了开展数字图像处理工作所必需的科研设备，包括专门进口信号分析仪等，购置了法国当年最小的摄像头（指头），购买了当年美国得克萨斯州生产的最新专用数字信号处理芯片。实验室建成后成为学校重点实验室"图像制导研究实验室"，经常接待国内外领导、贵宾参观。

研究室成立之初就把"智能图像目标跟踪器"作为研究方向，使其用于图像制导系统，使得导弹能以"自寻的"的方式命中目标。研究室开发了红外、电视图像目标兼容型跟踪器、空中地面目标兼容型跟踪器。在完成各项科研任务的过程中，基本实现了既定目标，获得了多项科研奖励。研究室完成的科研项目和取得的主要成果包括：

（1）1985年，"TV-AMA-1型电视自动监视报警系统"获国防科工委重大科技成果三等奖。

（2）1988年，"电视自动报警擒拿装置"获中国发明专利，专利号86100225.3。

（3）1989年，"多路电视自动报警擒拿装置"获实用新型专利。

（4）同年开展兵科院"七五"预研项目"智能电视（图像）跟踪器"研究，1991年获中国兵器工业总公司部级科技进步奖二等奖。

（5）开展兵科院"七五"预研项目"远程反坦克导弹电视导引头原理样机研制"研究，在锦西葫芦岛海军基地成功地进行了海上跟踪试验，1993年获中国兵器工业总公司部级科技进步奖二等奖。

（6）开展兵科院"八五"项目"红箭-8反坦克导弹用热像测角仪"研究，用于红箭-8反坦克导弹系统的改进。经轮式4×4红箭-8车载反坦克导弹在干扰情况下打靶鉴定试验，命中目标靶心。1994年年底通过部级鉴定。1996年3月兵总批准军品外贸设计定型，填补了国内空白。

（7）承担空军第三研究所任务"空军用DXG-1目标跟踪仪"，1997年通过北京西郊军用机场多次飞行试验验证，用于夜航飞行降落导航训练。

（8）参与承担兵科院"九五"预研项目"反直升机/反坦克多用途导弹制导与控制系统先期技术演示验证"，研制了多用途导弹系统中车载军品化电视及红外成像兼容型图像跟踪器。最终完成了反直升机/反坦克多用途导弹制导与控制系统先期技术演示验证，成功地完成了红外导引头直升机挂飞试验，成功地完成了导弹"自寻的"（电视导引头）打靶飞行试验，命中靶心，全面完成了演示验证任务。2001年该项目获得中国兵器工业总公司部级科技进步奖一等奖。2002年获国防科工委"国防科学技术奖"二等奖。

（9）2001年，"多用途电视图像导引头系统"获国防科工委国防科学技术奖三等奖。

（10）2001年，"光机扫描红外成像导引头系统"获国防科工委国防科学技术奖三等奖。

图像制导研究室获奖情况如表9.35所示。

表9.35 图像制导研究室获奖情况

| 奖项名称 | 获奖数量 |
| --- | --- |
| 中国发明专利 | 1 |
| 实用新型专利 | 1 |
| 国防科工委重大科技成果三等奖 | 1 |
| 北京市科技进步奖三等奖 | 2 |
| 电子工业部科技进步奖二等奖 | 1 |
| "中国兵器工业总公司"部级科技进步奖二等奖 | 2 |
| 兵总批准军品外贸设计定型 | 1 |
| "中国兵器业总公司"部级科技进步奖一等奖 | 1 |
| 国防科工委国防科学技术奖二等奖 | 1 |
| 国防科工委国防科学技术奖三等奖 | 2 |

在人才培养方面，研究室教师编印出版了多本教材，主讲了多门课程，完成历届大学生的毕业设计任务，1984—2001年培养了数十名研究生，研究生毕业论文多次获校优秀论文奖。

研究室主要带头人朱贵明1963年研究生毕业后留校工作，参加了数字电路、电视原理等多门课程的授课，编写过《遥控原理50991》《数字电路》等多种教材。1985—1997年担任研究室主任，制定研究室工作方向，主持完成了多项科研任务。他1989年被破格提升为教授，1992年获国务院政府特殊津贴，1993年获聘为《遥测遥控》杂志编委直到退休，1993年获"1993年度北京市优秀教师"称号，1994年获"1994年度光华科技基金奖"三等奖。

郭志芬1963年研究生毕业后留校工作，参加了数字电路、遥控遥测原理、晶体管电路、雷达显示器、近代电子测量与实验技术（研究生）等多门课程的授课，编写过《近代电子测量与实验技术》等教材。1988年被聘为"国家高技术'863-409-3'专题专家论证组"成员，任期三年。1991年被授予国家"'863-409'主题项目"概念研究先进工作者。1992年晋升教授职称，1993年获国务院政府特殊津贴，1993年任通信教研室主任一年。1997任图像制导研究室主任，直到2001年退休。在图像制导的科研任务中，设计并研制了图像信号的模数转换器（AD变换器）及主处理器（数字图像处理器），完成了所有科研项目的软件编程工作。

## 9.16　生物医学电子工程教研室

五系生物医学电子工程教研室（以下简称教研室）建立于1985年，2000年学校把生命科学的相关学科整合成立生命学院，五系生物医学电子工程学科转入生命学院，教研室并入51教研室。

20世纪80年代以后，生物医学工程学科在国内得到迅速发展，国内著名综合性工科院校浙江大学、西安交通大学、清华大学、上海交通大学等已先后建立起生物医学工程专业和研究生学科，学校根据学科发展的整体思路，决定在我校筹建生物医学工程学科，并委任五系吴祈耀教授负责调研和筹建工作。

1985年中，在第五机械工业部的支持下，成立了北京工业学院生命科学研究会，由当时的校长朱鹤孙任会长，五系教师吴祈耀任常务副会长，参与领导的还有六系陈恬生主任，三系（车辆工程系）谢焕章教授等，组织和协调全校生命科学方面的科研项目。

经过一段时间的调查研究，访问了浙江大学、上海交通大学、清华大学、东南大学等院校，听取了浙江大学副校长、我国生物医学工程创始人吕维雪等教授和专家的意见和建议，经学校批准，在五系通信与电子一级学科中建立了生物医学工程学科方向，在五系成立生物医学电子工程教研室（56教研室），任命吴祈耀为教研室主任。鉴于本科学生的专业培养方向、专业内容、课程设置、就业去向等问题，尚存较多难以确定的因素，暂不建立本科专业，先期以培养硕士研究生为主。

随即确定教研室的主要任务是：负责生物医学工程学科建设；培养研究生（硕士）；开设相关课程；开展生物医学工程方面科研课题研究，主要研究方向为医学信号处理、医学图像处理、医学电子仪器与技术。教研室成立后，作为生命科学研究会的主要支撑单位，承担了研究会的秘书处工作。六系陈恬生研究组、三系谢焕章研究组以及二系、四系、基础部等各系的相关学科研究组均积极参与了研究会的工作和活动，对我校生命科学相关学科的建立和以后的发展发挥了重要作用。

北京工业学院生命科学研究会的建立和工作开展，除得到了学校的直接领导和学校各部门支持外，还得到了原国防科工委主任张震寰，兵器工业部部长邹家华（后任国务院副总理），著名科学家钱学森院士、贝时璋院士等领导和著名学者的指导和大力帮助。邹部长、贝时璋院士、507所陈信所长亲临成立大会，张震寰主任多次来校指导工作，钱学森院士也曾专程来校座谈学术研究方向和讨论学术问题，使研究会的工作在当时国内同行学界产生较大影响。在张震寰主任（时任中国人体科学学会理事长）建议下，1989年建立了与人体科学相关的全国性专业学会：中国气功科学研究会。由谢焕章出任主任委员，吴祈耀和中科院力学研究所的中国现代固体力学家胡海昌院士出任副主任委员，学会挂靠在北京工业学院。该专业学会成功组织了多次全国性学术会议，由国家级出版社正式出版了三集科学文集（主编胡海昌、吴祈耀）和一本科学专著（谢焕章）。

教研室成立时，主要成员有吴祈耀、王堃、李德生、周荣花、唐晓英等，第一批硕士研究生有戴银涛（山东大学本科）、崔英（清华大学本科）、卢长仁（清华大学本科）等。平均每年在读硕士生5~6人。1990年后，李德生、王堃小组调离教研室到学校材料科学研究中心工作。1995年硕士毕业生戴银涛考回本校，在吴祈耀指导下攻读博士，毕业后分配到教研室工作。2000年教研室并入51教研室。

1985—2000年教研室先后承担并完成了国家自然科学基金项目2项，北京自然科学基金项目1项，国家科委项目1项，五机部项目2项，外协项目10余项。主要包括"脑电信号现代谱分析研究""脑电信号双谱分析研究""细胞融合的电子学方法研究""医学影像处理""心理学测试技术研究"以及医学电子仪器技术方面的研究课题。

开设了硕士研究生专业课1门，编写了《生物医学信号处理》教材，正式出版了专著《毫米波技术与生物医学》（1998年），并参编了《临床脑电图与脑电地形图学》（1999年）、《生物医学工程学》（2000年）等科技专著。

获得过国家技术发明奖1项，北京市发明奖金奖1项，全国发明展览会金牌奖1项，地方和学校科技进步奖多项。

教研室成立后广泛参与了校内外学术活动，与全国重点大学相关专业和科研院所相关科室建立了各种合作关系。参与了中国电子学会、中国生物医学工程学会、中国仪器仪表学会、中华医学会等相关专业学会的各种学术交流工作与活动。参与了中国仪器仪表学会医疗仪器分会的筹建工作，并由吴祈耀先后出任过两届理事长。参与了中国电子学会生命电子学分会调整和建设工作，并由吴祈耀先后出任过两届生命电子学分会主任委员。吴祈耀还曾出任中国电子学会常务理事，中国仪器仪表学会理事。

经过15年的学科建设和发展，使北京理工大学在国内该学科领域占有了较重要的地位和有了较大影响。

2000 年后全校生命科学相关学科合并成立生命学院，由邓玉林出任院长，原生物医学电子工程教研室的唐晓英出任副院长。

教研室带头人是吴祈耀教授。

吴祈耀（1936 —），北京理工大学电子学教授。祖籍浙江奉化县（今为奉化市），1955 年考入北京工业学院仪器系，1960 年大学毕业后留校任教。主要从事军用电子学（无线电电子学）和信息理论方面的科研、教学工作；主要主持和从事生物医学工程和医用电子技术方面的科研、教学工作。曾获科学大会奖、国家和地方科技奖多项。出版《炮瞄雷达》《统计无线电技术》《随机过程》等多部著作，发表论文近百篇。

吴祈耀教授

曾任国家医疗器械评审专家委员会副主任，北京市科委专家委员会委员，北京市医疗器械评审专家委员会委员，北京市工业专家顾问，北京理工大学生命学院顾问，中国电子学会常务理事，生命电子学分会主任委员（现任名誉主任委员），中国仪器仪表学会理事、医疗仪器分会理事长、名誉理事长和重庆邮电大学名誉教授等职。

2019 年 10 月 1 日获"中华人民共和国成立 70 周年"纪念奖章。

## 9.17　506 教研室

1977 年恢复高校招生，五系开始恢复教学秩序。首先面临恢复、建设技术基础课实验室，淘汰、更新、购置实验室仪器、设备的问题。学院实验室科投资 30 万元，集中技术基础课实验室的教师，于 1979 年组建 506 教研室（电路、线路、脉冲数字教研室）。学院 1980 年 4 月 14 日（80）48 号文任命苏舫任教研室主任，董志敏任副主任，李品生任副主任兼党支部书记，李士功、赵知理任支部委员。

恢复了电路分析实验室、信号系统实验室、低频电子线路实验室、高频电子线路实验室、脉冲、数字电路实验室。王堃等老师编写了《电子线路实验及测量》教材和实验指导书。506 教研室的组建对二分院的教学实验和指导毕业设计以及恢复招生后的实验教学发挥了积极作用。506 教研室的成立满足了当时的教学需要。1981 年 506 教研室被学校评为全校 1980 年度先进集体。

**506 教研室全体人员合影**

前排右起李海蓉、任凤梅、陈淑敏、张青、马静娴、何产棣、俞兆媛、李士功、苏舫、朱海洋、吴庆丰、董志敏；后排右起张勇强、李刚、王秀琴、魏华、魏义儒、赵智理、田东、孔德昭、高平、甘利春、王堃、李品生。

**506 教研室于 1981 年获得的奖状**

506 教研室分为以下 3 个组：

（1）电路组：董志敏、张青、朱海洋、陈淑敏、李海蓉、李刚、张勇强。

（2）高低频电子线路组：王堃、任凤梅、俞兆媛、吴庆丰、魏华、何产棣、孔德昭、李品生。

（3）脉冲数字组：苏舫、李士功、赵智理、马静娴、王秀琴、魏义儒、甘利春、田东、高平。

**506 教研室接受山西 541 厂电大毕业生在京做毕业论文、答辩任务，并与学员留影**

学院教育委员会委托五系为全院培养实验室人员。

**北京工业学院电子技术中专结业留影 1987.5.25**

附录

# 附录1：历任党政领导（党总支、党委）

| 姓名 | 职务 | 任职时间 |
| --- | --- | --- |
| 李宜今 | 无线电工程系党总支书记 | 1956—1958 |
| 李淑仪 | 无线电工程系党总支书记 | 1958—1960 |
| 李青龙 | 无线电工程系党总支书记 | 1960—"文化大革命"中 |
| 秦秀坤 | 电子工程系党总支代书记 | 1979—1981 |
| 秦秀坤 | 电子工程系党总支书记 | 1982—1983 |
| 赵长水 | 电子工程系党总支书记 | 1983—1991 |
| 赵显利 | 电子工程系党总支书记 | 1991—1997 |
| 冯喜春 | 电子工程系党总支书记 | 1997—1999 |
| 韩思奇 | 电子工程系党总支书记 | 1997—2002 |
| 陈杰 | 信息科学技术学院党委书记 | 2002—2006 |
| 薛唯 | 信息科学技术学院党委书记 | 2006—2008 |
| 张笈 | 信息与电子学院党委书记 | 2009—2012 |
| 安建平 | 信息与电子学院党委书记 | 2012—2016 |
| 薛正辉 | 信息与电子学院党委书记 | 2016— |
| 贾玉林 | 无线电工程系党总支副书记 | 1956—1958 |
| 李文 | 无线电工程系党总支副书记 | 1957—1960 |
| 张宗岳 | 无线电工程系党总支副书记 | 1960—1961 |
| 崔仁海 | 无线电工程系党总支副书记 | 1959—1964 |
| 秦秀坤 | 电子工程系党总支副书记 | 1979—1981 |
| 赵长水 | 电子工程系党总支副书记 | 1979—1983 |
| 董兆钧 | 电子工程系党总支副书记 | 1979—1984 |
| 李印增 | 电子工程系党总支副书记 | 1984—1989 |
| 杨学洲 | 电子工程系党总支副书记 | 1989—1991 |

续表

| 姓名 | 职务 | 任职时间 |
|---|---|---|
| 赵显利 | 电子工程系党总支副书记 | 1989—1991 |
| 李红兵 | 电子工程系党总支副书记 | 1991—1995 |
| 张笈 | 电子工程系党总支副书记 | 1995—2002 |
| 张笈 | 信息科学技术学院党委副书记 | 2002—2006 |
| 薛唯 | 信息科学技术学院党委副书记 | 2002—2006 |
| 刘明奇 | 信息科学技术学院党委副书记 | 2002—2002 |
| 郭宏 | 信息科学技术学院党委副书记 | 2002—2004 |
| 陈朔鹰 | 信息科学技术学院党委副书记 | 2004—2005 |
| 张笈 | 信息科学技术学院党委副书记 | 2006—2008 |
| 郝群 | 信息科学技术学院党委副书记 | 2006—2008 |
| 党华 | 信息与电子学院党委副书记 | 2009—2016 |
| 徐建 | 信息与电子学院党委副书记 | 2016—2020 |
| 邓岩 | 信息与电子学院党委副书记 | 2020— |

# 附录2：历任党政领导（行政）

| 姓名 | 职务 | 任职时间 |
|---|---|---|
| 李宜今 | 无线电工程系代主任 | 1956—1958 |
| 李宜今 | 无线电工程系主任 | 1958—1960 |
| 李宜今 | 无线电工程系主任 | 1964—"文化大命革"中 |
| 张德齐 | 无线电工程系主任 | 1962—"文化大命革"中 |
| 张德齐 | 电子工程系主任 | 1979—1985 |
| 周思永 | 电子工程系主任 | 1985—1989 |
| 李世智 | 电子工程系主任 | 1989—1993 |
| 匡镜明 | 电子工程系主任 | 1993—1993 |
| 刘天庆 | 电子工程系主任 | 1993—1999 |
| 吕昕 | 电子工程系主任 | 1999—2002 |
| 吕昕 | 信息科学技术学院院长 | 2002—2005 |
| 仲顺安 | 信息科学技术学院院长 | 2005—2008 |
| 龙腾 | 信息与电子学院院长 | 2009—2016 |
| 安建平 | 信息与电子学院院长 | 2016— |
| 李宜今 | 无线电工程系副主任 | 1956—1958 |
| 戚叔纬 | 无线电工程系副主任 | 1956—"文化大命革"中 |
| 张德齐 | 无线电工程系副主任 | 1958—1962 |
| 王儒 | 无线电工程系副主任 | 1960—1963 |
| 李萍文 | 无线电工程系副主任 | 1960—"文化大命革"中 |
| 胡启俊 | 无线电工程系副主任 | 1961—"文化大命革"中 |
| 戚叔纬 | 电子工程系副主任 | 1979—1983 |
| 胡启俊 | 电子工程系副主任 | 1979—1983 |
| 周思永 | 电子工程系副主任 | 1983—1984 |

续表

| 姓名 | 职务 | 任职时间 |
| --- | --- | --- |
| 吴祈耀 | 电子工程系副主任 | 1983—1984 |
| 李英惠 | 电子工程系副主任 | 1983—1984 |
| 阎凤坛 | 电子工程系副主任 | 1984—1989 |
| 于在镐 | 电子工程系副主任 | 1984—1989 |
| 匡镜明 | 电子工程系副主任 | 1989—1993 |
| 韩月秋 | 电子工程系副主任 | 1989—1990 |
| 杨学洲 | 电子工程系副主任 | 1989—1995 |
| 赵显利 | 电子工程系副主任 | 1989—1991 |
| 胡杏生 | 电子工程系副主任 | 1990—1993 |
| 刘天庆 | 电子工程系副主任 | 1993—1993 |
| 杨树林 | 电子工程系副主任 | 1993—1995 |
| 吕昕 | 电子工程系副主任 | 1993—1999 |
| 李红兵 | 电子工程系副主任 | 1991—1995 |
| 张维中 | 电子工程系副主任 | 1994—2002 |
| 杨仕明 | 电子工程系副主任 | 1995—2002 |
| 张笈 | 电子工程系副主任 | 1995—2002 |
| 梅文博 | 电子工程系副主任 | 1996—2001 |
| 仲顺安 | 电子工程系副主任 | 1999—2002 |
| 仲顺安 | 信息科学技术学院副院长 | 2002—2006 |
| 张笈 | 信息科学技术学院副院长 | 2002—2006 |
| 付梦印 | 信息科学技术学院副院长 | 2002—2006 |
| 薛唯 | 信息科学技术学院副院长 | 2002—2006 |
| 金伟其 | 信息科学技术学院副院长 | 2002—2006 |
| 贾云得 | 信息科学技术学院副院长 | 2002—2005 |

续表

| 姓名 | 职务 | 任职时间 |
| --- | --- | --- |
| 陈朔鹰 | 信息科学技术学院副院长 | 2002—2005 |
| 刘明奇 | 信息科学技术学院副院长 | 2002—2002 |
| 郭宏 | 信息科学技术学院副院长 | 2002—2004 |
| 李庆常 | 信息科学技术学院副院长 | 2002—2006 |
| 王军政 | 信息科学技术学院副院长 | 2006—2008 |
| 赵长明 | 信息科学技术学院副院长 | 2006—2008 |
| 汪渤 | 信息科学技术学院副院长 | 2006—2008 |
| 廖晓钟 | 信息科学技术学院副院长 | 2006—2008 |
| 安建平 | 信息科学技术学院副院长 | 2006—2008 |
| 党华 | 信息与电子学院副院长 | 2009—2016 |
| 徐晓文 | 信息与电子学院副院长 | 2009—2016 |
| 安建平 | 信息与电子学院副院长 | 2009—2012 |
| 薛正辉 | 信息与电子学院副院长 | 2011—2016 |
| 杨静 | 信息与电子学院副院长 | 2013—2016 |
| 何遵文 | 信息与电子学院副院长 | 2013—2020 |
| 徐建 | 信息与电子学院副院长 | 2016—2020 |
| 谷千军 | 信息与电子学院副院长 | 2016— |
| 崔嵬 | 信息与电子学院副院长 | 2016— |
| 傅雄军 | 信息与电子学院副院长 | 2016— |
| 陈禾 | 信息与电子学院副院长 | 2016— |
| 司黎明 | 信息与电子学院副院长 | 2016— |

## 附录3：教职工名录（在职 A 系列）

| 序号 | 工号 | 姓名 | 性别 | 出生年月 | 来校工作时间 | 职称/岗位 |
|---|---|---|---|---|---|---|
| 1 | 6120100363 | 辛建国 | 男 | 1957.05 | 1987.09 | 教授 |
| 2 | 6120100506 | 仲顺安 | 男 | 1957.10 | 1976.03 | 教授 |
| 3 | 6120100490 | 韩力 | 男 | 1959.11 | 1982.07 | 教授 |
| 4 | 6120100484 | 梅文博 | 男 | 1960.03 | 1982.01 | 教授 |
| 5 | 6120100478 | 苏京霞 | 女 | 1960.08 | 1996.07 | 高级实验师 |
| 6 | 6120102948 | 赵保军 | 男 | 1960.08 | 1998.12 | 教授 |
| 7 | 6120100543 | 吕昕 | 男 | 1960.08 | 1982.07 | 教授 |
| 8 | 6120100542 | 马淑芬 | 女 | 1960.12 | 1998.07 | 副教授 |
| 9 | 6120100471 | 丁志杰 | 男 | 1960.12 | 1997.12 | 副教授 |
| 10 | 6120100474 | 沈英 | 女 | 1961.06 | 1982.01 | 高级实验师 |
| 11 | 6120103470 | 王学田 | 男 | 1961.07 | 2001.08 | 教授 |
| 12 | 6120104818 | 章传芳 | 女 | 1961.12 | 2010.07 | 研究员 |
| 13 | 6120100569 | 魏中华 | 男 | 1962.02 | 1980.11 | 工勤岗 |
| 14 | 6120100482 | 刘志文 | 男 | 1962.04 | 1989.10 | 教授 |
| 15 | 6120104185 | 许文龙 | 男 | 1962.04 | 2005.12 | 讲师 |
| 16 | 6120100657 | 郜志峰 | 男 | 1963.01 | 1998.07 | 副教授 |
| 17 | 6120170044 | 夏香根 | 男 | 1963.02 | 2017.06 | 教授 |
| 18 | 6120100515 | 周荣花 | 女 | 1963.09 | 1985.07 | 副研究员 |
| 19 | 6120100456 | 刘家康 | 男 | 1964.04 | 1988.09 | 教授 |
| 20 | 6120100480 | 何冰松 | 男 | 1964.06 | 1985.07 | 高级实验师 |
| 21 | 6120100540 | 吴嗣亮 | 男 | 1964.08 | 1998.06 | 讲席教授 |
| 22 | 6120100488 | 陶然 | 男 | 1964.11 | 1996.09 | 特聘教授 |
| 23 | 6120100926 | 何遵文 | 男 | 1964.11 | 1989.04 | 副教授 |
| 24 | 6120103370 | 卜祥元 | 男 | 1965.04 | 2002.04 | 教授 |
| 25 | 6120100535 | 安建平 | 男 | 1965.05 | 1995.08 | 教授 |
| 26 | 6120102216 | 李镇 | 男 | 1965.06 | 1990.04 | 研究员 |
| 27 | 6120170166 | 张军 | 男 | 1965.07 | 2017.12 | 教授 |
| 28 | 6120100564 | 高梅国 | 男 | 1965.10 | 1995.12 | 教授 |

续表

| 序号 | 工号 | 姓名 | 性别 | 出生年月 | 来校工作时间 | 职称/岗位 |
|---|---|---|---|---|---|---|
| 29 | 6120103451 | 杨杰 | 女 | 1965.10 | 2002.08 | 副教授 |
| 30 | 6120103313 | 王爱华 | 女 | 1965.11 | 2001.09 | 教授 |
| 31 | 6120103195 | 闫雪梅 | 女 | 1966.03 | 2001.04 | 工程师 |
| 32 | 6120103333 | 王华 | 男 | 1966.03 | 2002.01 | 教授 |
| 33 | 6120100508 | 曲秀杰 | 女 | 1966.04 | 1997.03 | 教授 |
| 34 | 6120100532 | 陆军 | 女 | 1966.05 | 1996.07 | 工程师 |
| 35 | 6120103194 | 李伟明 | 男 | 1967.01 | 2001.03 | 副教授 |
| 36 | 6120103297 | 郭德淳 | 男 | 1967.01 | 2001.07 | 副教授 |
| 37 | 6120103157 | 罗森林 | 男 | 1967.01 | 2000.10 | 教授 |
| 38 | 6120100469 | 张彦梅 | 女 | 1967.07 | 1995.04 | 教授 |
| 39 | 6120100459 | 彭玉华 | 女 | 1967.09 | 1988.07 | 实验师 |
| 40 | 6120100486 | 钟曼莉 | 女 | 1967.09 | 1995.04 | 高级工程师 |
| 41 | 6120100563 | 龙腾 | 男 | 1968.01 | 1995.03 | 特聘教授 |
| 42 | 6120100507 | 吴海霞 | 女 | 1968.01 | 1995.04 | 讲师 |
| 43 | 6120100720 | 高玄怡 | 女 | 1968.05 | 1997.12 | 高级实验师 |
| 44 | 6120100476 | 张笈 | 男 | 1968.06 | 1990.07 | 副教授 |
| 45 | 6120104197 | 盛新庆 | 男 | 1968.08 | 2005.05 | 讲席教授 |
| 46 | 6120104099 | 贾丽娟 | 女 | 1968.10 | 2005.07 | 副教授 |
| 47 | 6120103175 | 孙厚军 | 男 | 1968.11 | 2000.12 | 教授 |
| 48 | 6120104335 | 潘丽敏 | 女 | 1968.12 | 2006.12 | 高级实验师 |
| 49 | 6120103803 | 时永刚 | 男 | 1969.02 | 2004.07 | 副教授 |
| 50 | 6120103939 | 高洪民 | 男 | 1969.03 | 2005.02 | 讲师 |
| 51 | 6120100479 | 聂青 | 女 | 1969.04 | 1997.04 | 讲师 |
| 52 | 6120102958 | 王勇 | 男 | 1969.06 | 1999.04 | 讲师 |
| 53 | 6120103941 | 单涛 | 男 | 1969.09 | 2005.02 | 教授 |
| 54 | 6120103165 | 王文华 | 女 | 1969.09 | 2000.12 | 副教授 |
| 55 | 6120103980 | 赵兴浩 | 男 | 1969.10 | 2005.03 | 讲师 |
| 56 | 6120130004 | 闫宇松 | 男 | 1969.12 | 2013.01 | 讲师 |
| 57 | 6120104497 | 李祥明 | 男 | 1970.02 | 2008.02 | 教授 |
| 58 | 6120100530 | 薛正辉 | 男 | 1970.03 | 1995.04 | 教授 |

续表

| 序号 | 工号 | 姓名 | 性别 | 出生年月 | 来校工作时间 | 职称/岗位 |
|---|---|---|---|---|---|---|
| 59 | 6120103163 | 陈禾 | 女 | 1970.03 | 2000.11 | 教授 |
| 60 | 6120103027 | 赵胜辉 | 男 | 1970.10 | 1999.08 | 副教授 |
| 61 | 6120100972 | 谷千军 | 男 | 1970.12 | 1998.04 | 助理研究员 |
| 62 | 6120104702 | 胡进 | 男 | 1970.12 | 2009.07 | 副教授 |
| 63 | 6120103293 | 王晓华 | 女 | 1971.01 | 2001.06 | 副教授 |
| 64 | 6120100717 | 叶勤 | 男 | 1971.02 | 1994.03 | 讲师 |
| 65 | 6120103982 | 薛艳明 | 女 | 1971.03 | 2005.03 | 讲师 |
| 66 | 6120103039 | 曾涛 | 男 | 1971.05 | 1999.09 | 特聘教授 |
| 67 | 6120103342 | 王群 | 女 | 1971.08 | 2002.04 | 讲师 |
| 68 | 6120100565 | 任丽香 | 女 | 1971.09 | 1996.04 | 讲师 |
| 69 | 6120104170 | 丁英涛 | 女 | 1972.02 | 2005.11 | 副教授 |
| 70 | 6120104345 | 张宇 | 男 | 1972.03 | 2007.01 | 讲师 |
| 71 | 6120110004 | 李慧琦 | 女 | 1972.06 | 2011.03 | 教授 |
| 72 | 6120103458 | 李海 | 男 | 1972.06 | 2002.09 | 副研究员 |
| 73 | 6120100537 | 杜慧茜 | 女 | 1972.11 | 1998.04 | 副教授 |
| 74 | 6120104078 | 杜娟 | 女 | 1972.11 | 2005.07 | 讲师 |
| 75 | 6120103897 | 王菊 | 女 | 1973.01 | 2004.09 | 副研究员 |
| 76 | 6120110001 | 刘振宇 | 男 | 1973.03 | 2011.02 | 讲师 |
| 77 | 6120104148 | 马志峰 | 男 | 1973.03 | 2005.09 | 讲师 |
| 78 | 6120103522 | 石秀民 | 男 | 1973.09 | 2003.04 | 讲师 |
| 79 | 6120180096 | 王业亮 | 男 | 1974.02 | 2018.07 | 特聘教授 |
| 80 | 6120180150 | 张中山 | 男 | 1974.07 | 2018.09 | 准聘教授 |
| 81 | 6120104742 | 邓小英 | 女 | 1974.08 | 2009.12 | 副教授 |
| 82 | 6120100538 | 王旭 | 男 | 1974.10 | 1991.09 | 讲师 |
| 83 | 6120100562 | 陈刚 | 男 | 1975.02 | 1994.07 | 工程师 |
| 84 | 6120104474 | 孙磊 | 男 | 1975.04 | 2007.09 | 副教授 |
| 85 | 6120103949 | 李云杰 | 男 | 1975.04 | 2005.03 | 副研究员 |
| 86 | 6120103882 | 胡伟东 | 男 | 1975.05 | 2004.08 | 副教授 |
| 87 | 6120102932 | 齐春东 | 男 | 1975.06 | 1998.10 | 讲师 |
| 88 | 6120104336 | 郑哲 | 男 | 1975.07 | 2004.09 | 副教授 |

续表

| 序号 | 工号 | 姓名 | 性别 | 出生年月 | 来校工作时间 | 职称/岗位 |
| --- | --- | --- | --- | --- | --- | --- |
| 89 | 6120103517 | 田黎育 | 男 | 1975.07 | 2003.03 | 副教授 |
| 90 | 6120103508 | 陈宁 | 男 | 1975.08 | 2003.04 | 讲师 |
| 91 | 6120103901 | 徐友根 | 男 | 1975.08 | 2004.08 | 教授 |
| 92 | 6120103890 | 马永锋 | 男 | 1975.09 | 2004.09 | 讲师 |
| 93 | 6120103253 | 胡冰 | 男 | 1975.11 | 2001.07 | 副教授 |
| 94 | 6120103945 | 赵娟 | 女 | 1975.12 | 2005.02 | 副教授 |
| 95 | 6120103910 | 谢湘 | 男 | 1976.01 | 2004.09 | 副教授 |
| 96 | 6120103772 | 赵国强 | 男 | 1976.01 | 2004.04 | 副教授 |
| 97 | 6120103653 | 何芒 | 男 | 1976.06 | 2003.08 | 教授 |
| 98 | 6120170005 | 富景馨 | 女 | 1976.07 | 2017.01 | 研究实习员 |
| 99 | 6120103889 | 侯建刚 | 男 | 1976.08 | 2004.09 | 讲师 |
| 100 | 6120103985 | 郭琨毅 | 女 | 1976.09 | 2005.04 | 教授 |
| 101 | 6120104810 | 杨小鹏 | 男 | 1976.09 | 2010.07 | 教授 |
| 102 | 6120103983 | 崔嵬 | 男 | 1976.10 | 2005.03 | 教授 |
| 103 | 6120104337 | 谢民 | 男 | 1976.11 | 2006.12 | 讲师 |
| 104 | 6120103891 | 王卫江 | 男 | 1976.11 | 2004.09 | 副教授 |
| 105 | 6120104344 | 李加琪 | 男 | 1976.11 | 2006.12 | 讲师 |
| 106 | 6120103738 | 周建明 | 男 | 1976.12 | 2004.04 | 讲师 |
| 107 | 6120103694 | 任武 | 男 | 1976.12 | 2003.09 | 副研究员 |
| 108 | 6120103774 | 吴琼之 | 男 | 1977.02 | 2004.04 | 讲师 |
| 109 | 6120103349 | 陈越洋 | 男 | 1977.03 | 2002.04 | 讲师 |
| 110 | 6120103952 | 侯舒娟 | 女 | 1977.03 | 2005.03 | 副研究员 |
| 111 | 6120103002 | 党华 | 男 | 1977.04 | 2004.04 | 副教授 |
| 112 | 6120104326 | 付佗 | 男 | 1977.05 | 2006.10 | 研究员 |
| 113 | 6120103369 | 吴浩 | 男 | 1977.07 | 2002.04 | 讲师 |
| 114 | 6120103629 | 冯远 | 男 | 1977.08 | 2003.07 | 讲师 |
| 115 | 6120103808 | 周治国 | 男 | 1977.09 | 2004.07 | 副教授 |
| 116 | 6120103802 | 杨静 | 女 | 1977.09 | 2004.06 | 副研究员 |
| 117 | 6120104724 | 刘埇 | 男 | 1977.10 | 2009.09 | 副教授 |
| 118 | 6120103868 | 费泽松 | 男 | 1977.10 | 2004.08 | 教授 |

续表

| 序号 | 工号 | 姓名 | 性别 | 出生年月 | 来校工作时间 | 职称/岗位 |
|---|---|---|---|---|---|---|
| 119 | 6120103739 | 魏国华 | 男 | 1977.11 | 2004.04 | 副研究员 |
| 120 | 6120104151 | 唐林波 | 男 | 1978.01 | 2005.09 | 讲师 |
| 121 | 6120103981 | 傅雄军 | 男 | 1978.01 | 2005.03 | 教授 |
| 122 | 6120110012 | 张延军 | 男 | 1978.06 | 2011.04 | 副研究员 |
| 123 | 6120104236 | 潘小敏 | 男 | 1978.07 | 2006.07 | 长聘副教授 |
| 124 | 6120103516 | 卢继华 | 女 | 1978.07 | 2003.04 | 讲师 |
| 125 | 6120110096 | 李枫 | 男 | 1978.08 | 2011.12 | 讲师 |
| 126 | 6120103691 | 鲁溟峰 | 男 | 1978.08 | 2003.09 | 工程师 |
| 127 | 6120104628 | 白霞 | 女 | 1978.09 | 2008.12 | 副教授 |
| 128 | 6120103236 | 张峰 | 男 | 1978.10 | 2001.07 | 实验师 |
| 129 | 6120104301 | 姚迪 | 男 | 1978.10 | 2006.09 | 讲师 |
| 130 | 6120104467 | 李斌 | 男 | 1978.10 | 2007.07 | 副研究员 |
| 131 | 6120110086 | 马俊 | 男 | 1978.10 | 2011.09 | 讲师 |
| 132 | 6120103378 | 方芸 | 女 | 1978.11 | 2002.06 | 实验师 |
| 133 | 6120103953 | 于伟华 | 女 | 1978.11 | 2005.03 | 副教授 |
| 134 | 6120110018 | 周文彪 | 男 | 1979.01 | 2011.06 | 讲师 |
| 135 | 6120104128 | 刘国满 | 男 | 1979.05 | 2005.09 | 高级工程师 |
| 136 | 6120104348 | 李阳 | 男 | 1979.05 | 2007.04 | 副研究员 |
| 137 | 6120130062 | 聂振钢 | 男 | 1979.06 | 2013.06 | 讲师 |
| 138 | 6120104864 | 李世勇 | 男 | 1979.07 | 2010.12 | 副教授 |
| 139 | 6120104036 | 吴莎莎 | 女 | 1979.08 | 2005.07 | 助理研究员 |
| 140 | 6120104627 | 宋巍 | 女 | 1979.09 | 2008.12 | 副教授 |
| 141 | 6120103434 | 吴莹莹 | 女 | 1979.11 | 2002.07 | 实验师 |
| 142 | 6120104207 | 杨德伟 | 男 | 1979.11 | 2006.03 | 高级实验师 |
| 143 | 6120104298 | 胡善清 | 男 | 1980.01 | 2006.09 | 高级工程师 |
| 144 | 6120110091 | 谢宜壮 | 男 | 1980.01 | 2011.11 | 讲师 |
| 145 | 6120104460 | 房丽丽 | 女 | 1980.04 | 2007.08 | 讲师 |
| 146 | 6120120019 | 周波 | 男 | 1980.05 | 2012.03 | 副教授 |
| 147 | 6120190022 | 孙家涛 | 男 | 1980.07 | 2019.03 | 准聘教授 |
| 148 | 6120103630 | 南方 | 男 | 1980.08 | 2003.07 | 实验师 |

续表

| 序号 | 工号 | 姓名 | 性别 | 出生年月 | 来校工作时间 | 职称/岗位 |
|---|---|---|---|---|---|---|
| 149 | 6120104610 | 丁泽刚 | 男 | 1980.09 | 2008.09 | 研究员 |
| 150 | 6120104352 | 王晶 | 女 | 1980.10 | 2007.04 | 副教授 |
| 151 | 6120104206 | 李东伟 | 男 | 1980.10 | 2006.03 | 助理实验师 |
| 152 | 6120104299 | 刘海波 | 男 | 1980.12 | 2006.09 | 讲师 |
| 153 | 6120104308 | 刘珩 | 女 | 1981.01 | 2006.09 | 副教授 |
| 154 | 6120120099 | 司黎明 | 男 | 1981.02 | 2012.07 | 副教授 |
| 155 | 6120104517 | 陈亮 | 男 | 1981.04 | 2008.04 | 研究员 |
| 156 | 6120104797 | 张峰 | 男 | 1981.04 | 2010.07 | 副教授 |
| 157 | 6120104726 | 李健 | 男 | 1981.04 | 2009.09 | 讲师 |
| 158 | 6120110015 | 王宏宇 | 男 | 1981.05 | 2011.05 | 工程师 |
| 159 | 6120104746 | 张钦 | 男 | 1981.06 | 2010.01 | 讲师 |
| 160 | 6120110045 | 武楠 | 男 | 1981.07 | 2011.06 | 教授 |
| 161 | 6120104725 | 胡程 | 男 | 1981.07 | 2009.09 | 研究员 |
| 162 | 6120104605 | 王永庆 | 男 | 1981.09 | 2008.09 | 教授 |
| 163 | 6120104515 | 江海清 | 男 | 1981.09 | 2008.04 | 讲师 |
| 164 | 6120104859 | 邢成文 | 男 | 1981.11 | 2010.12 | 教授 |
| 165 | 6120104741 | 徐成发 | 男 | 1981.12 | 2009.12 | 讲师 |
| 166 | 6120130063 | 张万成 | 男 | 1982.02 | 2013.06 | 讲师 |
| 167 | 6120180178 | 隋秀峰 | 男 | 1982.04 | 2018.12 | 副研究员 |
| 168 | 6120130112 | 王俊岭 | 男 | 1982.08 | 2013.07 | 副研究员 |
| 169 | 6120160022 | 林艳飞 | 女 | 1982.08 | 2016.05 | 实验师 |
| 170 | 6120110093 | 刘泉华 | 男 | 1982.10 | 2011.12 | 教授 |
| 171 | 6120104765 | 张雄奎 | 男 | 1982.11 | 2010.05 | 讲师 |
| 172 | 6120104518 | 金烨 | 女 | 1982.12 | 2008.04 | 讲师 |
| 173 | 6120120150 | 邓宸伟 | 男 | 1982.12 | 2012.12 | 教授 |
| 174 | 6120120147 | 王兴华 | 女 | 1983.01 | 2012.11 | 讲师 |
| 175 | 6120120144 | 宋媛媛 | 女 | 1983.01 | 2012.11 | 讲师 |
| 176 | 6120150026 | 马玲 | 女 | 1983.03 | 2015.04 | 实验师 |
| 177 | 6120130109 | 刘飞峰 | 男 | 1983.03 | 2013.07 | 副教授 |
| 178 | 6120140001 | 刘策伦 | 男 | 1983.03 | 2014.01 | 高级实验师 |
| 179 | 6120103631 | 范哲意 | 男 | 1983.04 | 2003.07 | 高级实验师 |

续表

| 序号 | 工号 | 姓名 | 性别 | 出生年月 | 来校工作时间 | 职称/岗位 |
|---|---|---|---|---|---|---|
| 180 | 6120130064 | 张焱 | 男 | 1983.05 | 2013.06 | 副教授 |
| 181 | 6120110072 | 陈德峰 | 男 | 1983.09 | 2011.08 | 副研究员 |
| 182 | 6120140114 | 杨凯 | 男 | 1983.10 | 2014.12 | 教授 |
| 183 | 6120120127 | 田卫明 | 男 | 1983.10 | 2012.09 | 副教授 |
| 184 | 6120130122 | 郇浩 | 男 | 1983.10 | 2013.07 | 实验师 |
| 185 | 6120120100 | 王帅 | 男 | 1983.11 | 2012.07 | 副教授 |
| 186 | 6120150027 | 杨明林 | 男 | 1984.02 | 2015.04 | 副教授 |
| 187 | 6120140002 | 金城 | 男 | 1984.04 | 2014.01 | 预聘副教授 |
| 188 | 6120130117 | 吴昱明 | 女 | 1984.05 | 2013.08 | 副教授 |
| 189 | 6120130148 | 范戎飞 | 男 | 1984.07 | 2013.12 | 副教授 |
| 190 | 6120180140 | 刘立巍 | 男 | 1984.07 | 2018.09 | 预聘副教授 |
| 191 | 6120140108 | 王彦华 | 男 | 1984.07 | 2014.11 | 副教授 |
| 192 | 6120120114 | 陈志铭 | 男 | 1984.08 | 2012.08 | 教授 |
| 193 | 6120190005 | 郑重 | 男 | 1984.09 | 2019.01 | 预聘副教授 |
| 194 | 6120170048 | 田静 | 女 | 1984.11 | 2017.06 | 预聘助理教授 |
| 195 | 6120130016 | 高巍 | 男 | 1984.11 | 2013.03 | 讲师 |
| 196 | 6120120142 | 陈新亮 | 男 | 1984.12 | 2012.10 | 讲师 |
| 197 | 6120190023 | 李永哲 | 男 | 1985.02 | 2018.12 | 预聘助理教授 |
| 198 | 6120180166 | 李伟 | 男 | 1985.02 | 2019.03 | 准聘教授 |
| 199 | 6120180042 | 叶初阳 | 男 | 1985.03 | 2018.03 | 预聘副教授 |
| 200 | 6120130114 | 任仕伟 | 女 | 1985.03 | 2013.07 | 讲师 |
| 201 | 6120180158 | 胡晗 | 男 | 1985.06 | 2018.10 | 准聘教授 |
| 202 | 6120120102 | 韩航程 | 男 | 1985.07 | 2012.07 | 副教授 |
| 203 | 6120200009 | 高翔 | 男 | 1985.08 | 2020.02 | 准聘教授 |
| 204 | 6120170113 | 王锐 | 男 | 1985.10 | 2017.12 | 预聘副教授 |
| 205 | 6120104809 | 张蕾 | 女 | 1985.10 | 2010.07 | 实验师 |
| 206 | 6120200012 | 叶建宏 | 男 | 1985.11 | 2020.04 | 准聘教授 |
| 207 | 6120190053 | 张伟锋 | 男 | 1985.12 | 2019.06 | 准聘教授 |
| 208 | 6120180167 | 师皓 | 男 | 1986.04 | 2018.11 | 预聘助理教授 |
| 209 | 6120160009 | 林峰 | 男 | 1986.04 | 2016.02 | 预聘副教授 |
| 210 | 6120170023 | 董锡超 | 男 | 1986.07 | 2017.04 | 预聘助理教授 |

续表

| 序号 | 工号 | 姓名 | 性别 | 出生年月 | 来校工作时间 | 职称/岗位 |
|---|---|---|---|---|---|---|
| 211 | 6120190050 | 马建军 | 男 | 1986.08 | 2019.06 | 准聘教授 |
| 212 | 6120190020 | 叶修竹 | 女 | 1986.12 | 2019.03 | 预聘副教授 |
| 213 | 6120140075 | 石岩 | 男 | 1987.02 | 2014.07 | 讲师 |
| 214 | 6120180130 | 于季弘 | 男 | 1987.06 | 2018.09 | 准聘教授 |
| 215 | 6120140064 | 李岩 | 男 | 1987.07 | 2014.07 | 副教授 |
| 216 | 6120160020 | 孙林 | 男 | 1987.08 | 2016.05 | 助理实验师 |
| 217 | 6120140025 | 哈楠 | 女 | 1987.08 | 2014.04 | 讲师 |
| 218 | 6120130027 | 刘莲 | 女 | 1987.09 | 2013.04 | 研究实习员 |
| 219 | 6120150073 | 邓岩 | 男 | 1988.02 | 2015.07 | 讲师 |
| 220 | 6120180189 | 张腾 | 男 | 1988.02 | 2018.12 | 预聘助理教授 |
| 221 | 6120190101 | 沈清 | 男 | 1988.05 | 2019.07 | 预聘副教授 |
| 222 | 6120150095 | 吴舟婷 | 女 | 1988.05 | 2015.09 | 实验师 |
| 223 | 6120160092 | 邓长江 | 男 | 1988.08 | 2016.07 | 预聘助理教授 |
| 224 | 6120190117 | 钟怡 | 女 | 1988.08 | 2019.08 | 预聘助理教授 |
| 225 | 6120160065 | 郭俊芳 | 女 | 1988.11 | 2016.07 | 助理研究员 |
| 226 | 6120180011 | 王岩 | 男 | 1989.03 | 2018.01 | 预聘助理教授 |
| 227 | 6120140010 | 郭君 | 女 | 1989.03 | 2014.03 | 助理研究员 |
| 228 | 6120190214 | 李彬 | 男 | 1989.03 | 2019.12 | 预聘助理教授 |
| 229 | 6120180084 | 林玉洁 | 女 | 1989.03 | 2018.07 | 实验师 |
| 230 | 6120160097 | 高镇 | 男 | 1989.03 | 2016.09 | 预聘助理教授 |
| 231 | 6120160057 | 郑舟 | 女 | 1989.04 | 2016.07 | 讲师 |
| 232 | 6120190038 | 曾鸣 | 男 | 1989.06 | 2019.04 | 预聘助理教授 |
| 233 | 6120180103 | 史文彬 | 女 | 1989.07 | 2018.07 | 预聘助理教授 |
| 234 | 6120190227 | 范花玉 | 女 | 1989.09 | 2020.01 | 预聘助理教授 |
| 235 | 6120170106 | 马越 | 男 | 1989.09 | 2017.10 | 实验师 |
| 236 | 6120190039 | 郭婧 | 女 | 1989.12 | 2019.04 | 预聘副教授 |
| 237 | 6120170059 | 张希金腾 | 男 | 1990.02 | 2017.07 | 助理实验师 |
| 238 | 6120190130 | 吴比翼 | 男 | 1990.02 | 2019.08 | 预聘助理教授 |
| 239 | 6120180106 | 边丽蘅 | 男 | 1991.02 | 2018.07 | 预聘助理教授 |
| 240 | 6120200045 | 王彬 | 男 | 1992.11 | 2020.05 | 预聘助理教授 |
| 241 | 6120190218 | 马远骁 | 男 | 1993.01 | 2019.12 | 预聘助理教授 |

## 附录4：教职工名录（在职B系列）

| 序号 | 工号 | 姓名 | 性别 | 出生年月 | 来校工作时间 |
|---|---|---|---|---|---|
| 1 | 7420171251 | 刘建勋 | 男 | 1974.04 | 2017.11 |
| 2 | 7420190239 | 王军虎 | 男 | 1974.10 | 2019.12 |
| 3 | 7420190083 | 张飞宇 | 女 | 1978.06 | 2019.06 |
| 4 | 7420190064 | 李维 | 女 | 1979.06 | 2019.05 |
| 5 | 7420161022 | 赵丽艳 | 女 | 1981.01 | 2016.03 |
| 6 | 7420161020 | 李霄男 | 男 | 1981.03 | 2016.03 |
| 7 | 7420161068 | 向寅 | 男 | 1981.12 | 2016.07 |
| 8 | 7220161039 | 刘琨 | 女 | 1982.01 | 2016.07 |
| 9 | 7420190207 | 王绍姮 | 女 | 1982.02 | 2019.10 |
| 10 | 7220190190 | 杨曾瑜 | 女 | 1982.05 | 2019.10 |
| 11 | 7420180220 | 张立阳 | 男 | 1982.09 | 2018.07 |
| 12 | 7420171269 | 张伟 | 男 | 1982.09 | 2017.11 |
| 13 | 7220190060 | 樊莉莉 | 女 | 1983.02 | 2019.05 |
| 14 | 7420190241 | 沈国松 | 男 | 1983.03 | 2020.01 |
| 15 | 7420190082 | 何宜根 | 男 | 1984.06 | 2019.06 |
| 16 | 7420131127 | 方秋均 | 男 | 1984.11 | 2014.01 |
| 17 | 7420171068 | 樊芳芳 | 女 | 1985.01 | 2017.05 |
| 18 | 7420190148 | 张飞宇 | 男 | 1985.02 | 2019.08 |
| 19 | 7220141001 | 赵蔚 | 女 | 1985.05 | 2014.11 |
| 20 | 7420171231 | 周扬 | 男 | 1985.06 | 2017.08 |
| 21 | 7420161103 | 刘丹丹 | 女 | 1985.07 | 2016.11 |
| 22 | 7420190186 | 周学华 | 男 | 1985.12 | 2019.09 |
| 23 | 7420180177 | 张长青 | 男 | 1986.01 | 2018.07 |
| 24 | 7420190021 | 黄文婕 | 女 | 1986.03 | 2019.02 |
| 25 | 7220190238 | 张旭艳 | 女 | 1986.04 | 2020.01 |
| 26 | 7420161019 | 蔚芳 | 女 | 1986.04 | 2016.03 |
| 27 | 7420171305 | 胡光丽 | 女 | 1986.05 | 2017.12 |
| 28 | 7420180282 | 武光辉 | 男 | 1986.09 | 2018.10 |
| 29 | 7420180284 | 钟波 | 男 | 1986.10 | 2018.11 |
| 30 | 7420190014 | 张春 | 男 | 1987.02 | 2019.01 |

续表

| 序号 | 工号 | 姓名 | 性别 | 出生年月 | 来校工作时间 |
|---|---|---|---|---|---|
| 31 | 7420190013 | 陈岩 | 男 | 1987.02 | 2019.01 |
| 32 | 7420190079 | 杨娜 | 女 | 1987.03 | 2019.05 |
| 33 | 7420171303 | 肖金玲 | 女 | 1987.04 | 2017.12 |
| 34 | 7420161015 | 曹华伟 | 男 | 1987.07 | 2016.07 |
| 35 | 7220161009 | 韩菲菲 | 女 | 1987.07 | 2016.03 |
| 36 | 7420200014 | 刘自成 | 男 | 1987.07 | 2020.05 |
| 37 | 7420190068 | 宋哲 | 女 | 1987.08 | 2019.03 |
| 38 | 7220190223 | 季培杰 | 男 | 1987.10 | 2019.12 |
| 39 | 7420190034 | 王文静 | 女 | 1987.10 | 2019.03 |
| 40 | 7220161012 | 陈南 | 女 | 1987.12 | 2016.03 |
| 41 | 7220190178 | 刘东磊 | 男 | 1988.01 | 2019.09 |
| 42 | 7420151064 | 董李静 | 女 | 1988.01 | 2015.09 |
| 43 | 7420161064 | 陈雅珍 | 女 | 1988.03 | 2016.07 |
| 44 | 7420171232 | 韩龙勃 | 男 | 1988.03 | 2017.09 |
| 45 | 7220141096 | 周鑫 | 女 | 1988.09 | 2014.09 |
| 46 | 7420131126 | 邓楚 | 女 | 1988.09 | 2013.12 |
| 47 | 7420190030 | 钟豪 | 男 | 1988.10 | 2019.03 |
| 48 | 7420180285 | 杨焕全 | 男 | 1988.11 | 2018.11 |
| 49 | 7420190033 | 孔明 | 男 | 1988.12 | 2019.03 |
| 50 | 7420161024 | 巩奇妍 | 女 | 1988.12 | 2016.03 |
| 51 | 7420161083 | 孙宝鹏 | 男 | 1989.01 | 2016.08 |
| 52 | 7420190012 | 赵宏基 | 男 | 1989.03 | 2019.02 |
| 53 | 7420180091 | 陈晶 | 女 | 1989.06 | 2018.05 |
| 54 | 7420190238 | 黄喜淦 | 男 | 1989.07 | 2020.01 |
| 55 | 7420151057 | 李怡然 | 女 | 1989.08 | 2015.09 |
| 56 | 7220190174 | 高明 | 男 | 1989.09 | 2019.09 |
| 57 | 7420171257 | 黄曦 | 男 | 1989.09 | 2017.10 |
| 58 | 7220190072 | 杨婧瑜 | 女 | 1989.09 | 2019.05 |
| 59 | 7420200013 | 安鹏 | 男 | 1989.11 | 2020.05 |
| 60 | 7420180178 | 董博洋 | 女 | 1990.07 | 2018.07 |
| 61 | 7220171300 | 张天 | 女 | 1990.07 | 2017.12 |
| 62 | 7420161023 | 王明洁 | 女 | 1990.12 | 2016.03 |

续表

| 序号 | 工号 | 姓名 | 性别 | 出生年月 | 来校工作时间 |
|---|---|---|---|---|---|
| 63 | 7420161015 | 李伟然 | 女 | 1991.01 | 2016.01 |
| 64 | 7420131087 | 路璐 | 女 | 1991.01 | 2013.10 |
| 65 | 7420151055 | 韩慧芳 | 女 | 1991.03 | 2015.09 |
| 66 | 7420180083 | 黄平 | 男 | 1991.05 | 2018.05 |
| 67 | 7220190210 | 孙伟彤 | 女 | 1991.07 | 2019.11 |
| 68 | 7420161052 | 李娟 | 女 | 1991.08 | 2016.07 |
| 69 | 7220180152 | 李焕新 | 男 | 1991.10 | 2018.07 |
| 70 | 7420180168 | 周灿灿 | 女 | 1991.10 | 2018.07 |
| 71 | 7420161067 | 林亚东 | 男 | 1991.11 | 2016.07 |
| 72 | 7220151047 | 邹晓娜 | 女 | 1991.12 | 2015.09 |
| 73 | 7420190242 | 刘勇 | 男 | 1992.01 | 2020.01 |
| 74 | 7220161008 | 罗雨荃 | 女 | 1992.02 | 2016.03 |
| 75 | 7220161020 | 赵艺子 | 女 | 1992.07 | 2016.05 |
| 76 | 7220190063 | 郑楚雯 | 女 | 1992.09 | 2019.05 |
| 77 | 7420190217 | 杨文龙 | 男 | 1993.01 | 2019.12 |
| 78 | 7420180070 | 高科 | 男 | 1993.02 | 2018.04 |
| 79 | 7220180188 | 王晓静 | 女 | 1993.04 | 2018.07 |
| 80 | 7220171294 | 曹安琪 | 女 | 1993.07 | 2017.12 |
| 81 | 7420190069 | 周宝路 | 男 | 1993.10 | 2019.05 |
| 82 | 7420171166 | 张乡夫 | 男 | 1993.12 | 2017.06 |
| 83 | 7420180082 | 乔婷婷 | 女 | 1993.12 | 2018.05 |
| 84 | 7220180187 | 王舒 | 女 | 1994.03 | 2018.07 |
| 85 | 7420180206 | 孙佳伟 | 女 | 1994.05 | 2018.07 |
| 86 | 7220171145 | 付茂 | 女 | 1994.08 | 2017.07 |
| 87 | 7220180277 | 田琳琳 | 女 | 1994.09 | 2018.09 |
| 88 | 7420190208 | 孙薇 | 女 | 1994.12 | 2019.10 |
| 89 | 7420180252 | 石云飞 | 男 | 1995.01 | 2018.09 |
| 90 | 7220180115 | 杨若晗 | 女 | 1995.09 | 2018.06 |
| 91 | 7220171144 | 刘倩颖 | 女 | 1995.12 | 2017.07 |
| 92 | 7220180127 | 李一丹 | 女 | 1996.03 | 2018.06 |
| 93 | 7420190240 | 严钢 | 男 | 1996.11 | 2020.01 |
| 94 | 7220190150 | 王圣元 | 男 | 1997.08 | 2019.08 |

## 附录5：教职工名录（退休、离职、调出人员）

| 序号 | 姓名 | 性别 | 出生年月 | 参加工作时间 | 退休/离职/调出时间 | 原职称/职务 |
|---|---|---|---|---|---|---|
| 1 | 戚叔纬 | 男 | 1919.12 | 1950.04 | 1989.04 | 教授及相当 1949年10月1日前老专家 |
| 2 | 楼仁海 | 男 | 1920.03 | 1949.09 | 1989.04 | 教授及相当 1949年10月1日前老专家 |
| 3 | 张德齐 | 男 | 1922.12 | 1949.06 | 1989.04 | 教授及相当 1949年10月1日前老专家 |
| 4 |  | 男 | 1924.06 | 1948.08 | 1989.04 | 教授 |
| 5 | 沈世锐 | 男 | 1926.11 | 194904 | 1989.04 | 教授及相当 1949年10月1日前老专家 |
| 6 | 李瀚荪 | 男 | 1927.08 | 1950.08 | 1993.02 | 教授 |
| 7 | 谷凡 | 女 | 1928.06 | 1944.01 | 1987.03 | 副处 |
| 8 | 林茂庸 | 男 | 1928.11 | 1950.09 | 1992.03 | 教授 |
| 9 | 李卫 | 男 | 1929.01 | （不详） | （已退休） | 教授 |
| 10 | 袁连生 | 男 | 1929.05 | 1951.08 | 1989.06 | 教授 |
| 11 | 张青 | 女 | 1929.10 | 1951.12 | 1987.03 | 讲师 |
| 12 | 卢荣章 | 男 | 1929.11 | 1956.09 | 1990.12 | 教授 |
| 13 | 陶楚良 | 男 | 1929.12 | 1951.07 | 1990.01 | 教授 |
| 14 | 林金建 | 男 | 1930.03 | （不详） | （已退休） | （不详） |
| 15 | 童骧一 | 男 | 1930.07 | 1949.08 | 1990.09 | 副处 |
| 16 | 苏坤隆 | 男 | 1930.08 | 1953.01 | 1990.09 | 副教授 |
| 17 | 任良 | 女 | 1930.12 | 1957.09 | 1989.04 | 教授 |
| 18 | 范家慧 | 女 | 1931.02 | 1956.09 | 1987.03 | 副教授 |
| 19 | 刘学宏 | 男 | 1931.05 | 1955.08 | 1992.03 | 副教授 |
| 20 | 朱海洋 | 男 | 1931.08 | 1955.08 | 1991.09 | 讲师 |
| 21 | 辛肖明 | 男 | 1931.09 | 1945.07 | 1992.03 | 副教授 |
| 22 | 金振玉 | 男 | 1931.11 | 1956.09 | 1993.02 | 教授 |

续表

| 序号 | 姓名 | 性别 | 出生年月 | 参加工作时间 | 退休/离职/调出时间 | 原职称/职务 |
|---|---|---|---|---|---|---|
| 23 | 任世隆 | 男 | 1932.01 | 1959.05 | 1992.02 | 副教授 |
| 24 | 曾禹村 | 男 | 1932.04 | 1955.09 | 1996.08 | 教授 |
| 25 | 王越 | 男 | 1932.04 | 1993.03 | 2018.09（退休返聘） | 院士 |
| 26 | 邓次平 | 男 | 1932.04 | 1956.09 | 1992.05 | 教授 |
| 27 | 亢庭兰 | 男 | 1932.05 | 1951.01 | 1990.06 | 工人 |
| 28 | 张著 | 男 | 1932.08 | 1956.09 | 1992.12 | 教授 |
| 29 | 赵汝彭 | 男 | 1932.11 | 1956.11 | 1992.11 | 副教授 |
| 30 | 苏舫 | 男 | 1932.12 | 1951.09 | 1993.03 | 教授 |
| 31 | 李世智 | 男 | 1933.01 | 1955.11 | 1998.02 | 教授 |
| 32 | 吴鹏翼 | 女 | 1933.06 | 1959.05 | 1989.04 | 副教授 |
| 33 | 蒋坤华 | 男 | 1933.06 | 1958.01 | 1993.09 | 副教授 |
| 34 | 刘静贞 | 女 | 1933.06 | 1955.11 | 1995.08 | 教授 |
| 35 | 向茂楠 | 女 | 1933.07 | 1951.02 | 1989.04 | 教授 |
| 36 | 俞士良 | 男 | 1933.08 | 1951.07 | 1996.08 | 副教授 |
| 37 | 黄辉宁 | 女 | 1933.10 | 1955.09 | 1989.01 | 教授 |
| 38 | 黄九琰 | 女 | 1933.12 | 1955.07 | 1989.04 | 教授 |
| 39 | 刘义荣 | 男 | 1933.12 | 1952.10 | 1994.03 | 副教授 |
| 40 | 曹名扬 | 男 | 1934.01 | 1959.09 | 1994.03 | 教授 |
| 41 | 毛二可 | 男 | 1934.01 | 1956.09 | 2018.09（退休返聘） | 教授 |
| 42 | 吴涓涓 | 女 | 1934.01 | 1958.07 | 1991.12 | 副教授 |
| 43 | 王锦昆 | 男 | 1934.02 | 1952.01 | 1994.03 | 技师 |
| 44 | 潘儒沧 | 男 | 1934.02 | 1956.09 | 1994.08 | 副教授 |
| 45 | 周思永 | 男 | 1934.02 | 1956.09 | 1999.08 | 教授 |
| 46 | 李光宇 | 男 | 1934.04 | 1958.07 | 1994.08 | 教授 |
| 47 | 李品生 | 男 | 1934.06 | 1955.09 | 1994.08 | 副教授 |
| 48 | 王中 | 女 | 1934.07 | 1955.01 | 1991.01 | 教授 |

续表

| 序号 | 姓名 | 性别 | 出生年月 | 参加工作时间 | 退休/离职/调出时间 | 原职称/职务 |
|---|---|---|---|---|---|---|
| 49 | 闫百兰 | 女 | 1934.08 | 1959.10 | 1989.10 | 讲师 |
| 50 | 刘瑞祥 | 男 | 1934.09 | 1963.10 | 1996.02 | 教授 |
| 51 | 朱贵明 | 男 | 1934.09 | 1964.03 | 1997.03 | 研究员 |
| 52 | 径徵弟 | 女 | 1934.10 | 1957.09 | 1990.03 | 副教授 |
| 53 | 闫润卿 | 男 | 1934.11 | 1968.12 | 1995.03 | 副教授 |
| 54 | 王金琪 | 女 | 1934.12 | 1959.05 | 1990.01 | 讲师 |
| 55 | 阚继泰 | 男 | 1934.12 | 1956.08 | 1995.03 | 副教授 |
| 56 | 魏丽媛 | 女 | 1935.01 | 1958.09 | 1990.03 | 副教授 |
| 57 | 胡杏生 | 男 | 1935.01 | 1959.01 | 1995.01 | 副研究员 |
| 58 | 肖裔山 | 男 | 1935.03 | 1959.05 | 1995.08 | 副教授 |
| 59 | 沈文祥 | 男 | 1935.04 | 1956.07 | 1995.09 | 技师 |
| 60 | 程之明 | 女 | 1935.05 | 1958.01 | 1990.01 | 副教授 |
| 61 | 赵长水 | 男 | 1935.07 | 1960.04 | 1995.08 | 正处级 |
| 62 | 黄孝和 | 男 | 1935.07 | 1956.09 | 1995.08 | 教授 |
| 63 | 阮龙泉 | 男 | 1935.08 | 1959.01 | 1995.08 | 教授 |
| 64 | 马静娴 | 女 | 1935.09 | 1956.08 | 1996.02 | 高级工程师 |
| 65 | 蒋姞 | 女 | 1935.09 | 1957.01 | 1997.02 | 副教授 |
| 66 | 于在镐 | 男 | 1935.09 | 1958.07 | 1996.02 | 副教授 |
| 67 | 陆流芳 | 女 | 1935.11 | 1957.08 | 1991.01 | 讲师 |
| 68 | 吴庆丰 | 男 | 1935.12 | 1956.08 | 1996.03 | 副教授 |
| 69 | 林鸿溢 | 男 | 1936.01 | 1961.08 | 1999.09 | 教授 |
| 70 | 丁世昌 | 男 | 1936.01 | 1954.08 | 1997.02 | 讲师 |
| 71 | 王世一 | 男 | 1936.03 | 1959.05 | 1997.08 | 教授 |
| 72 | 蒋镇南 | 男 | 1936.03 | (不详) | (已退休) | 不详 |
| 73 | 戴润林 | 男 | 1936.04 | 1959.05 | 1996.08 | 副教授 |
| 74 | 吴祈耀 | 男 | 1936.08 | 1960.09 | 1999.01 | 教授 |
| 75 | 淳于洁尘 | 女 | 1936.09 | 1955.09 | 1992.10 | 工程师 |
| 76 | 韩月秋 | 男 | 1936.09 | 1959.05 | (已退休) | 教授 |

续表

| 序号 | 姓名 | 性别 | 出生年月 | 参加工作时间 | 退休/离职/调出时间 | 原职称/职务 |
|---|---|---|---|---|---|---|
| 77 | 尚洪臣 | 男 | 1936.10 | 1960.04 | 1998.03 | 教授 |
| 78 | 吴丙申 | 男 | 1936.11 | 1962.08 | 1997.03 | 副教授 |
| 79 | 宋彦儒 | 女 | 1936.12 | 1959.08 | 1992.09 | 讲师 |
| 80 | 高本庆 | 男 | 1936.12 | 1959.04 | 2005.02 | 教授 |
| 81 | 恽雪如 | 女 | 1937.01 | 1951.07 | 1997.03 | 副教授 |
| 82 | 周冬友 | 男 | 1937.01 | 1951.07 | 1997.08 | 研究员 |
| 83 | 景菊荣 | 女 | 1937.02 | 1959.09 | 1992.05 | 工程师 |
| 84 | 郁天同 | 女 | 1937.02 | 1959.09 | 1992.09 | 副教授 |
| 85 | 熊如眉 | 女 | 1937.02 | 1956.09 | 1997.02 | 副教授 |
| 86 | 董荔真 | 女 | 1937.02 | 1964.07 | 1997.02 | 教授 |
| 87 | 吴翠兰 | 女 | 1937.02 | 1960.02 | 1997.09 | 副教授 |
| 88 | 刘宗珍 | 女 | 1937.04 | 1959.08 | 1986.05 | 助教 |
| 89 | 李祯祥 | 男 | 1937.07 | 1960.04 | 1997.09 | 副教授 |
| 90 | 陆宗逸 | 男 | 1937.07 | 1960.04 | 1997.08 | 教授 |
| 91 | 任凤梅 | 女 | 1937.08 | 1956.08 | 1997.03 | 副教授 |
| 92 | 孙秀珍 | 女 | 1937.10 | 1960.07 | 1992.10 | 工程师 |
| 93 | 王秀勤 | 女 | 1937.11 | 1960.04 | 1993.01 | 工程师 |
| 94 | 陈在埧 | 男 | 1937.11 | 1960.03 | 1998.04 | 副教授 |
| 95 | 程震先 | 女 | 1938.01 | 1963.07 | 2001.03 | 教授 |
| 96 | 周志屏 | 男 | 1938.02 | 1955.03 | 1998.02 | 副教授 |
| 97 | 李鸿屺 | 男 | 1938.02 | 1959.10 | 1999.09 | 教授 |
| 98 | 费元春 | 女 | 1938.03 | 1960.07 | 2008.09 | 教授 |
| 99 | 魏华 | 女 | 1938.04 | 1957.09 | 1992.12 | 讲师 |
| 100 | 王培瑜 | 女 | 1938.04 | 1956.09 | 1994.01 | 讲师 |
| 101 | 张利祥 | 男 | 1938.04 | 1960.04 | 1998.03 | 工程师 |
| 102 | 俞兆媛 | 女 | 1938.04 | 1956.08 | 1998.09 | 副教授 |
| 103 | 陆叔云 | 男 | 1938.04 | 1960.04 | 1999.08 | 教授 |
| 104 | 刘蕴陶 | 男 | 1938.07 | 1959.10 | 2001.01 | 教授 |

续表

| 序号 | 姓名 | 性别 | 出生年月 | 参加工作时间 | 退休/离职/调出时间 | 原职称/职务 |
|---|---|---|---|---|---|---|
| 105 | 王华 | 女 | 1938.08 | 1962.09 | 1994.03 | 讲师 |
| 106 | 朱广大 | 男 | 1938.08 | 1960.04 | 1998.09 | 副教授 |
| 107 | 甘淑珍 | 女 | 1938.08 | 1963.11 | 1999.03 | 副教授 |
| 108 | 卞祖富 | 男 | 1938.09 | 1959.10 | 2000.03 | 副教授 |
| 109 | 郭志芬 | 女 | 1938.09 | 1964.03 | 2000.03 | 研究员 |
| 110 | 谢铭 | 女 | 1938.11 | 1963.08 | 1996.01 | 副教授 |
| 111 | 李印增 | 男 | 1938.11 | 1960.04 | 1999.03 | 教授 |
| 112 | 张宝俊 | 男 | 1938.11 | 1964.08 | 2001.03 | 教授 |
| 113 | 魏义儒 | 女 | 1938.12 | 1958.08 | 1994.03 | 讲师 |
| 114 | 方子文 | 男 | 1938.12 | 1963.09 | 1999.03 | 副教授 |
| 115 | 郭扶德 | 男 | 1938.12 | 1959.08 | 1999.09 | 副教授 |
| 116 | 龚绍文 | 男 | 1939.02 | 1963.07 | 2000.03 | 教授 |
| 117 | 周树南 | 男 | 1939.07 | 1960.01 | 1999.09 | 教授 |
| 118 | 谢冠虹 | 女 | 1939.07 | 1962.08 | 2000.03 | 教授 |
| 119 | 王士宏 | 女 | 1939.11 | 1965.02 | 2001.03 | 副教授 |
| 120 | 李志玲 | 女 | 1939.11 | 1954.04 | 1996.02 | 正科 |
| 121 | 何产棣 | 女 | 1940.01 | 1959.09 | 1995.03 | 工程师 |
| 122 | 罗伟雄 | 男 | 1940.01 | 1966.03 | 2006.03 | 教授 |
| 123 | 冯宝珍 | 女 | 1940.02 | 1963.09 | 1995.08 | 工程师 |
| 124 | 方霞辉 | 女 | 1940.04 | 1958.07 | 1990.05 | 工程师 |
| 125 | 何佩琨 | 男 | 1940.04 | 1959.10 | 2006.09 | 教授 |
| 126 | 崔正勤 | 男 | 1940.11 | 1965.09 | 2001.03 | 教授 |
| 127 | 原东昌 | 男 | 1940.12 | 1965.09 | 2001.03 | 副教授 |
| 128 | 刘天庆 | 男 | 1940.12 | 1964.08 | 2004.09 | 教授 |
| 129 | 康行健 | 女 | 1941.01 | 1959.08 | 2001.03 | 副教授 |
| 130 | 庄效桓 | 女 | 1941.01 | 1965.09 | 2001.03 | 副教授 |
| 131 | 邬光浩 | 男 | 1941.04 | 1959.09 | 2001.09 | 高级工程师 |
| 132 | 李忠源 | 男 | 1941.04 | 1965.07 | 2001.09 | 教授 |

续表

| 序号 | 姓名 | 性别 | 出生年月 | 参加工作时间 | 退休/离职/调出时间 | 原职称/职务 |
|---|---|---|---|---|---|---|
| 133 | 李永庆 | 男 | 194.104 | （不详） | （已退休） | （不详） |
| 134 | 郝兰生 | 女 | 1941.05 | 1958.09 | 1996.01 | 正科 |
| 135 | 师玉兰 | 女 | 1941.09 | 1966.01 | 1996.08 | 讲师 |
| 136 | 苏广川 | 男 | 1941.10 | 1965.02 | 2007.03 | 教授 |
| 137 | 邓克勤 | 男 | 1941.12 | 1964.08 | 2002.03 | 副教授 |
| 138 | 戴国智 | 男 | 1943.03 | 1963.08 | 2003.09 | 工程师 |
| 139 | 张补莲 | 女 | 1943.04 | 1966.01 | 1998.09 | 工程师 |
| 140 | 王淑秋 | 女 | 1943.05 | 1961.09 | 1994.03 | 高级工程师 |
| 141 | 匡镜明 | 男 | 1943.06 | 1966.09 | 2014.01（退休返聘） | 教授 |
| 142 | 陈淑敏 | 女 | 1943.07 | 1964.09 | 1998.08 | 工程师 |
| 143 | 甘利春 | 男 | 1944.01 | 1965.08 | 2002.03 | 工程师 |
| 144 | 袁良范 | 女 | 1944.03 | 1970.08 | 2005.09 | 副教授 |
| 145 | 毛毓标 | 男 | 1944.09 | 1964.09 | 2005.03 | 高级工程师 |
| 146 | 任秀珍 | 女 | 1944.10 | 1965.08 | 2000.03 | 工程师 |
| 147 | 沈庭芝 | 女 | 1944.11 | 1967.07 | 2010.03 | 教授 |
| 148 | 张振玲 | 女 | 1945.10 | 1968.12 | 2006.03 | 副教授 |
| 149 | 仇允香 | 男 | 1947.02 | 1971.01 | 2007.03 | 工程师 |
| 150 | 杨仕明 | 男 | 1949.04 | 1968.04 | 2009.09 | 研究员 |
| 151 | 吴仲 | 男 | 1950.07 | 1969.07 | 2010.09 | 高级实验师 |
| 152 | 韩思奇 | 男 | 1951.09 | 1972.07 | 2012.09 | 正处级 |
| 153 | 李晋炬 | 男 | 1952.01 | 1971.01 | 2010.03 | 实验师 |
| 154 | 王勇 | 男 | 1952.02 | 1969.01 | 2012.03 | 高级工程师 |
| 155 | 王占和 | 男 | 1952.05 | 1970.01 | 2012.03 | 副教授 |
| 156 | 谢珺堂 | 男 | 1952.10 | 1971.09 | 2013.03 | 副教授 |
| 157 | 王丽强 | 女 | 1953.10 | 1971.01 | 2004.03 | 高级技术工人 |
| 158 | 陈重 | 男 | 1954.01 | 1974.07 | 2014.03 | 副教授 |
| 159 | 张荫荣 | 女 | 1954.02 | 1971.01 | 2009.03 | 副科 |

续表

| 序号 | 姓名 | 性别 | 出生年月 | 参加工作时间 | 退休/离职/调出时间 | 原职称/职务 |
|---|---|---|---|---|---|---|
| 160 | 王羽 | 女 | 1954.04 | 1969.11 | 2002.01 | 政工师 |
| 161 | 孙京平 | 女 | 1954.05 | 1970.06 | 2004.09 | 高级技术工人 |
| 162 | 姜华 | 女 | 1954.05 | 1970.06 | 2009.09 | 工程师 |
| 163 | 杨学洲 | 男 | 1954.05 | 1970.06 | 2014.09 | 正处级 |
| 164 | 段秀英 | 女 | 1954.07 | 1971.01 | 2004.09 | 高级技术工人 |
| 165 | 孙进义 | 男 | 1954.07 | 1970.06 | 2014.09 | 高级技术工人 |
| 166 | 赵显利 | 男 | 1954.09 | 2015.03 | 2014.01（调出） | 教授 |
| 167 | 温照方 | 女 | 1954.10 | 1974.04 | 2015.03 | 副教授 |
| 168 | 李印霞 | 女 | 1954.12 | 1970.06 | 2010.03 | 政工师 |
| 169 | 赵晓江 | 男 | 1955.01 | 1970.12 | 2015.03 | 助理工程师 |
| 170 | 李燕民 | 女 | 1955.12 | 1975.06 | 2016.03 | 副教授 |
| 171 | 葛亚芬 | 女 | 1956.04 | 1974.08 | 2016.09 | 高级工程师 |
| 172 | 许建华 | 女 | 1956.04 | 1975.03 | 2014.04 | 副教授 |
| 173 | 梁淼 | 女 | 1956.12 | 1974.10 | 2017.03 | 副教授 |
| 174 | 季文伟 | 男 | 1957.01 | 1975.02 | 2005.03 | 讲师 |
| 175 | 徐晓文 | 男 | 1957.02 | 1974.09 | 2017.03 | 教授 |
| 176 | 刘大可 | 男 | 1957.05 | 1974.03 | 2018.12 | 教授 |
| 177 | 赵淑萍 | 女 | 1957.06 | 1974.12 | 2012.09 | 实验师 |
| 178 | 马幼鸣 | 男 | 1957.11 | 1975.05 | 2018.03 | 副教授 |
| 179 | 李东 | 男 | 1957.12 | 1976.02 | 2018.03 | 实验师 |
| 180 | 孔德昭 | 女 | 1958.04 | 1980.01 | 2018.09 | 高级实验师 |
| 181 | 田东 | 男 | 1958.10 | 1980.01 | 2018.11 | 高级实验师 |
| 182 | 高飞 | 女 | 1959.06 | 2000.06 | 2020.01 | 教授 |
| 183 | 倪鸿宾 | 男 | 1959.08 | 1978.05 | 2019.09 | 高级技师 |
| 184 | 孔惠 | 女 | 1959.09 | 1980.01 | 2015.03 | 助理工程师 |
| 185 | 张勇强 | 男 | 1959.10 | 1979.04 | 2019.11 | 实验师 |

续表

| 序号 | 姓名 | 性别 | 出生年月 | 参加工作时间 | 退休/离职/调出时间 | 原职称/职务 |
|---|---|---|---|---|---|---|
| 186 | 高平 | 男 | 1959.11 | 1980.01 | 2019.12 | 高级实验师 |
| 187 | 赵宏图 | 男 | 1959.11 | 1982.08 | 2019.12 | 副研究员 |
| 188 | 董梅英 | 女 | 1961.08 | 1983.08 | 2016.09 | 工程师 |
| 189 | 李淑云 | 女 | 1962.01 | 1980.05 | 2017.03 | 实验师 |
| 190 | 梁蓁 | 女 | 1963.02 | 1987.07 | 2018.03 | 工程师 |
| 191 | 蒋耘晨 | 男 | 1963.05 | 1979.05 | 2012.12 | 副研究员 |
| 192 | 单燕萍 | 女 | 1964.01 | 1964.01 | 2015.11 | 助理研究员 |
| 193 | 刘竟园 | 女 | 1964.02 | 1981.07 | 2019.03 | 工程师 |
| 194 | 史彩成 | 男 | 1965.08 | 1988.07 | （在校，调出） | 副教授 |
| 195 | 平庆伟 | 男 | 1971.11 | 1993.07 | （在校，调出） | 讲师 |
| 196 | 许稼 | 男 | 1974.05 | 1998.04 | 2017.05 | 教授 |
| 197 | 朱梦宇 | 女 | 1974.09 | 2002.09 | （在校，调出） | 副研究员 |
| 198 | 刘伟 | 男 | 1976.05 | 1971.01 | 2018.07（离职） | 讲师 |
| 199 | 王耀威 | 男 | 1976.09 | 2005.07 | 2019.03（离职） | 讲师 |
| 200 | 徐建 | 男 | 1979.08 | 2001.07 | 2020.04（调出） | 讲师 |
| 201 | 潘浩 | 男 | 1981.07 | 2004.06 | 2012.03 | 助理实验师 |
| 202 | 张磊 | 男 | 1982.06 | 2010.07 | 2019.03（离职） | 讲师 |
| 203 | 李厚民 | 男 | 1982.12 | 1971.01 | 2018.07（离职） | 讲师 |
| 204 | 马骏驰 | 女 | 1989.12 | 2014.07 | 2019.07（调出） | 研究实习员 |
| 205 | 李智 | 女 | 1993.10 | 1971.01 | 2018.09（离职） | 助教 |
| 206 | 徐慧忠 | 男 | （不详） | （不详） | 已退休 | （不详） |
| 207 | 王文凯 | 男 | （不详） | （不详） | 已退休 | （不详） |
| 208 | 李英惠 | 男 | （不详） | （不详） | 已退休 | （不详） |
| 209 | 李宜今 | 男 | （不详） | （不详） | 已退休 | （不详） |
| 210 | 张伟 | 男 | （不详） | （不详） | 已退休 | （不详） |

## 附录6：博士生导师名录

| 序号 | 姓名 | 担任导师时间 | 博士学位授权学科、专业 | 备注 |
|---|---|---|---|---|
| 1 | 柯有安 | 1984.11 | 通信与电子系统 | 国务院第二批博士生指导教师 |
| 2 | 毛二可 | 1986.07 | 通信与电子系统 | 国务院第三批博士生指导教师 |
| 3 | 李世智 | 1990.10 | 电磁场与微波技术 | 国务院第四批博士生指导教师 |
| 4 | 顾怀瑾 | 1990.10 | 信号与信息处理 | 国务院第四批博士生指导教师、兼职 |
| 5 | 王越 | 1993.12 | 通信与电子系统 | 国务院第五批博士生指导教师 |
| 6 | 匡镜明 | 1993.12 | 通信与电子系统 | 国务院第五批博士生指导教师 |
| 7 | 韩月秋 | 1993.12 | 信号与信息处理 | 国务院第五批博士生指导教师 |
| 8 | 费元春 | 1993.12 | 电磁场与微波技术 | 国务院第五批博士生指导教师 |
| 9 | 辛建国 | 1993.12 | 电子科学与技术 | 国务院第五批博士生指导教师 |
| 10 | 高本庆 | 1994.11 | 电磁场与微波技术 | 学校自行审批博士生导师（第六批） |
| 11 | 罗伟雄 | 1996.10 | 通信与电子系统 | 学校自行审批博士生导师（第七批） |
| 12 | 王小谟 | 1996.10 | 通信与电子系统 | 学校自行审批博士生导师（第七批）、兼职 |
| 13 | 刘鲁勤 | 1996.10 | 信号与信息处理 | 学校自行审批博士生导师（第七批）、兼职 |
| 14 | 苏广川 | 1998.09 | 通信与电子系统 | 学校自行审批博士生导师（第八批） |
| 15 | 何佩琨 | 1998.09 | 信号与信息处理 | 学校自行审批博士生导师（第八批） |
| 16 | 徐晓文 | 1998.09 | 电磁场与微波技术 | 学校自行审批博士生导师（第八批） |
| 17 | 陶然 | 2000.12 | 通信与信息系统 | 学校自行审批博士生导师（第九批） |
| 18 | 安建平 | 2000.12 | 通信与信息系统 | 学校自行审批博士生导师（第九批） |
| 19 | 龙腾 | 2000.12 | 信号与信息处理 | 学校自行审批博士生导师（第九批） |
| 20 | 高梅国 | 2000.12 | 信号与信息处理 | 学校自行审批博士生导师（第九批） |
| 21 | 吴嗣亮 | 2000.12 | 信号与信息处理 | 学校自行审批博士生导师（第九批） |
| 22 | 袁起 | 2000.12 | 信号与信息处理 | 学校自行审批博士生导师（第九批）、兼职 |
| 23 | 陈定昌 | 2000.12 | 信号与信息处理 | 学校自行审批博士生导师（第九批）、兼职 |
| 24 | 赵宏康 | 2000.12 | 电磁场与微波技术 | 学校自行审批博士生导师（第九批） |
| 25 | 刘志文 | 2002.11 | 信息与通信系统 | 学校自行审批博士生导师（第十批） |
| 26 | 沈庭芝 | 2002.11 | 信息与通信系统 | 学校自行审批博士生导师（第十批） |
| 27 | 吕昕 | 2002.11 | 电磁场与微波技术 | 学校自行审批博士生导师（第十批） |

续表

| 序号 | 姓名 | 担任导师时间 | 博士学位授权学科、专业 | 备注 |
| --- | --- | --- | --- | --- |
| 28 | 廖波 | 2004.11 | 微电子与固体电子学 | 学校自行审批博士生导师（第十一批） |
| 29 | 王忠勇 | 2004.11 | 信息与通信工程 | 学校自行审批博士生导师（第十一批）、兼职 |
| 30 | 赵保军 | 2004.11 | 信息与通信工程 | 学校自行审批博士生导师（第十一批） |
| 31 | 盛新庆 | 2005.06 | 电子科学与技术 | 年度增列 |
| 32 | 仲顺安 | 2006.07 | 电子科学与技术 | 年度增列 |
| 33 | 蔡树军 | 2007.01 | 电子科学与技术 | 学校自行审批博士生导师（第十二批）、兼职 |
| 34 | 李石 | 2007.01 | 电子科学与技术 | 学校自行审批博士生导师（第十二批）、兼职 |
| 35 | 王卫东 | 2007.01 | 电子科学与技术 | 学校自行审批博士生导师（第十二批）、兼职 |
| 36 | 张卫平 | 2007.01 | 电子科学与技术 | 学校自行审批博士生导师（第十二批）、兼职 |
| 37 | 陈禾 | 2007.01 | 信息与通信工程 | 学校自行审批博士生导师（第十二批） |
| 38 | 孙厚军 | 2008.04 | 电子科学与技术 | 学校自行审批博士生导师（第十三批） |
| 39 | 单涛 | 2008.04 | 信息与通信工程 | 学校自行审批博士生导师（第十三批） |
| 40 | 梅文博 | 2008.04 | 信息与通信工程 | 学校自行审批博士生导师（第十三批） |
| 41 | 吴枫 | 2008.04 | 信息与通信工程 | 学校自行审批博士生导师（第十三批）、兼职 |
| 42 | 颜永红 | 2008.04 | 信息与通信工程 | 学校自行审批博士生导师（第十三批）、兼职 |
| 43 | 罗森林 | 2008.04 | 信息与通信工程 | 学校自行审批博士生导师（第十三批） |
| 44 | 罗森林 | 2008.04 | 网络空间安全 | 学校自行审批博士生导师（第十三批） |
| 45 | 何芒 | 2010.04 | 电子科学与技术 | 学校自行审批博士生导师（第十四批） |
| 46 | 王学田 | 2010.04 | 电子科学与技术 | 学校自行审批博士生导师（第十四批） |
| 47 | 张彦梅 | 2010.04 | 电子科学与技术 | 学校自行审批博士生导师（第十四批） |
| 48 | 卜祥元 | 2010.04 | 信息与通信工程 | 学校自行审批博士生导师（第十四批） |
| 49 | 崔嵬 | 2010.04 | 信息与通信工程 | 学校自行审批博士生导师（第十四批） |
| 50 | 高飞 | 2010.04 | 信息与通信工程 | 学校自行审批博士生导师（第十四批） |
| 51 | 刘大可 | 2010.10 | 电子科学与技术 | 年度增列 |
| 52 | 李慧琦 | 2011.06 | 电子科学与技术 | 学校自行审批博士生导师（第十五批） |
| 53 | 徐友根 | 2011.06 | 电子科学与技术 | 学校自行审批博士生导师（第十五批） |
| 54 | 费泽松 | 2011.06 | 信息与通信工程 | 学校自行审批博士生导师（第十五批） |
| 55 | 李海 | 2011.06 | 信息与通信工程 | 学校自行审批博士生导师（第十五批） |
| 56 | 李祥明 | 2011.06 | 信息与通信工程 | 学校自行审批博士生导师（第十五批） |

续表

| 序号 | 姓名 | 担任导师时间 | 博士学位授权学科、专业 | 备注 |
|---|---|---|---|---|
| 57 | 王华 | 2011.06 | 信息与通信工程 | 学校自行审批博士生导师（第十五批） |
| 58 | 郝阳 | 2011.09 | 电子科学与技术 | 年度增列、兼职 |
| 59 | 潘小敏 | 2013.05 | 电子科学与技术 | 学校自行审批博士生导师（第十六批） |
| 60 | 于伟华 | 2013.05 | 电子科学与技术 | 学校自行审批博士生导师（第十六批） |
| 61 | 付佗 | 2013.05 | 信息与通信工程 | 学校自行审批博士生导师（第十六批） |
| 62 | 吴一戎 | 2013.05 | 信息与通信工程 | 学校自行审批博士生导师（第十六批）、兼职 |
| 63 | 杨小鹏 | 2013.05 | 信息与通信工程 | 学校自行审批博士生导师（第十六批） |
| 64 | 原进宏 | 2013.05 | 信息与通信工程 | 学校自行审批博士生导师（第十六批）、兼职 |
| 65 | 刘峰 | 2013.05 | 信息与通信工程 | 学校自行审批博士生导师（第十六批） |
| 66 | 曾大治 | 2013.05 | 信息与通信工程 | 学校自行审批博士生导师（第十六批） |
| 67 | 胡伟东 | 2014.07 | 电子科学与技术 | 学校自行审批博士生导师（第十七批） |
| 68 | 傅雄军 | 2014.07 | 信息与通信工程 | 学校自行审批博士生导师（第十七批） |
| 69 | 胡程 | 2014.07 | 信息与通信工程 | 学校自行审批博士生导师（第十七批） |
| 70 | 王爱华 | 2014.07 | 信息与通信工程 | 学校自行审批博士生导师（第十七批） |
| 71 | 邢成文 | 2014.07 | 信息与通信工程 | 学校自行审批博士生导师（第十七批） |
| 72 | 尹浩 | 2015.06 | 信息与通信工程 | 年度增列、兼职 |
| 73 | 薛正辉 | 2015.10 | 电子科学与技术 | 学校自行审批博士生导师（第十八批） |
| 74 | 丁英涛 | 2015.10 | 电子科学与技术 | 学校自行审批博士生导师（第十八批） |
| 75 | 周建明 | 2015.10 | 电子科学与技术 | 学校自行审批博士生导师（第十八批） |
| 76 | 胡进 | 2015.10 | 信息与通信工程 | 学校自行审批博士生导师（第十八批） |
| 77 | 武楠 | 2015.10 | 信息与通信工程 | 学校自行审批博士生导师（第十八批） |
| 78 | 张峰 | 2015.10 | 信息与通信工程 | 学校自行审批博士生导师（第十八批） |
| 79 | 林峰 | 2016.09 | 电子科学与技术 | 年度增列 |
| 80 | 邓宸伟 | 2017.01 | 信息与通信工程 | 学校自行审批博士生导师（第十九批） |
| 81 | 王帅 | 2017.01 | 信息与通信工程 | 学校自行审批博士生导师（第十九批） |
| 82 | 司黎明 | 2017.01 | 电子科学与技术 | 学校自行审批博士生导师（第十九批） |
| 83 | 樊邦奎 | 2017.01 | 信息与通信工程 | 学校自行审批博士生导师（第十九批）、兼职 |
| 84 | 夏香根 | 2017.09 | 信息与通信工程 | 年度增列 |
| 85 | 金城 | 2017.10 | 电子科学与技术 | 年度增列 |
| 86 | 郭琨毅 | 2018.03 | 电子科学与技术 | 学校自行审批博士生导师（第二十批） |

续表

| 序号 | 姓名 | 担任导师时间 | 博士学位授权学科、专业 | 备注 |
|---|---|---|---|---|
| 87 | 陈志铭 | 2018.03 | 电子科学与技术 | 学校自行审批博士生导师（第二十批） |
| 88 | 李世勇 | 2018.03 | 电子科学与技术 | 学校自行审批博士生导师（第二十批） |
| 89 | 丁泽刚 | 2018.03 | 信息与通信工程 | 学校自行审批博士生导师（第二十批） |
| 90 | 王永庆 | 2018.03 | 信息与通信工程 | 学校自行审批博士生导师（第二十批） |
| 91 | 杨凯 | 2018.03 | 信息与通信工程 | 学校自行审批博士生导师（第二十批） |
| 92 | 田静 | 2018.05 | 信息与通信工程 | 年度增列 |
| 93 | 董锡超 | 2018.05 | 信息与通信工程 | 年度增列 |
| 94 | 邓长江 | 2018.05 | 电子科学与技术 | 年度增列 |
| 95 | 王锐 | 2018.05 | 信息与通信工程 | 年度增列 |
| 96 | 叶初阳 | 2018.05 | 电子科学与技术 | 年度增列 |
| 97 | 王业亮 | 2018.09 | 电子科学与技术 | 年度增列 |
| 98 | 于季弘 | 2018.09 | 信息与通信工程 | 年度增列 |
| 99 | 刘立巍 | 2018.09 | 电子科学与技术 | 年度增列 |
| 100 | 王沙飞 | 2018.11 | 信息与通信工程 | 年度增列、兼职 |
| 101 | 陆军 | 2018.11 | 信息与通信工程 | 年度增列、兼职 |
| 102 | 陆军 | 2018.11 | 电子科学与技术 | 年度增列、兼职 |
| 103 | 张中山 | 2019.01 | 信息与通信工程 | 年度增列 |
| 104 | 胡晗 | 2019.01 | 信息与通信工程 | 年度增列 |
| 105 | 何元智 | 2019.01 | 信息与通信工程 | 年度增列、兼职 |
| 106 | 陈亮 | 2019.03 | 信息与通信工程 | 学校自行审批博士生导师（第二十一批） |
| 107 | 魏国华 | 2019.03 | 信息与通信工程 | 学校自行审批博士生导师（第二十一批） |
| 108 | 刘泉华 | 2019.03 | 信息与通信工程 | 学校自行审批博士生导师（第二十一批） |
| 109 | 刘珩 | 2019.03 | 信息与通信工程 | 学校自行审批博士生导师（第二十一批） |
| 110 | 王卫江 | 2019.03 | 电子科学与技术 | 学校自行审批博士生导师（第二十一批） |
| 111 | 郑重 | 2019.06 | 信息与通信工程 | 年度增列 |
| 112 | 郭婧 | 2019.06 | 信息与通信工程 | 年度增列 |
| 113 | 李伟 | 2019.06 | 信息与通信工程 | 年度增列 |
| 114 | 孙家涛 | 2019.06 | 电子科学与技术 | 年度增列 |
| 115 | 马建军 | 2019.09 | 电子科学与技术 | 年度增列 |
| 116 | 张伟锋 | 2019.09 | 电子科学与技术 | 年度增列 |
| 117 | 叶修竹 | 2019.09 | 电子科学与技术 | 年度增列 |
| 118 | 沈清 | 2019.09 | 信息与通信工程 | 年度增列 |

——北京理工大学信息与电子学院学科（专业）发展史（下）

# 附录7：入选各级各类人才工程教师名录

| 序号 | 姓名 | 入选年份 | 入选人才工程名称 |
|---|---|---|---|
| 1 | 毛二可 | 1984 | 国家级有突出贡献中青年专家 |
| 2 | 王越 | 1991 | 中国科学院院士 |
| 3 | 王越 | 1992 | 国家级有突出贡献中青年专家 |
| 4 | 匡镜明 | 1993 | 享受国务院特殊津贴 |
| 5 | 辛建国 | 1993 | 享受国务院特殊津贴 |
| 6 | 王越 | 1994 | 中国工程院院士 |
| 7 | 毛二可 | 1995 | 中国工程院院士 |
| 8 | 辛建国 | 1995 | 国家杰出青年科学基金获得者 |
| 9 | 安建平 | 1999 | 国家百千万人才工程入选者 |
| 10 | 匡镜明 | 1999 | 国家级有突出贡献中青年专家 |
| 11 | 王越 | 1999 | 何梁何利基金奖（科学与技术进步奖） |
| 12 | 安建平 | 2000 | 教育部"高校青年教师奖" |
| 13 | 辛建国 | 2001 | 教育部领军人才特聘教授 |
| 14 | 安建平 | 2001 | 享受国务院特殊津贴 |
| 15 | 毛二可 | 2002 | 何梁何利基金奖（科学与技术进步奖） |
| 16 | 陶然 | 2002 | 教育部"高校青年教师奖" |
| 17 | 吴嗣亮 | 2002 | 教育部跨（新）世纪人才 |
| 18 | 罗伟雄 | 2003 | 北京市教学名师 |
| 19 | 吕昕 | 2004 | 国防"511人才工程"学术技术带头人 |
| 20 | 龙腾 | 2004 | 霍英东教育基金会教师奖 |
| 21 | 龙腾 | 2004 | 教育部跨（新）世纪人才 |
| 22 | 盛新庆 | 2004 | 教育部领军人才特聘教授 |
| 23 | 王越 | 2006 | 北京市教学名师 |
| 24 | 吴嗣亮 | 2006 | 国防"511人才工程"学术技术带头人 |
| 25 | 王越 | 2006 | 国家级教学名师 |
| 26 | 吴嗣亮 | 2006 | 国家级有突出贡献中青年专家 |
| 27 | 陶然 | 2006 | 国家杰出青年科学基金获得者 |
| 28 | 张军* | 2006 | 国家杰出青年科学基金获得者 |
| 29 | 曾涛 | 2006 | 教育部跨（新）世纪人才 |

续表

| 序号 | 姓名 | 入选年份 | 入选人才工程名称 |
|---|---|---|---|
| 30 | 张军* | 2006 | 教育部领军人才特聘教授 |
| 31 | 陶然 | 2007 | 国家百千万人才工程入选者 |
| 32 | 龙腾 | 2009 | "973"首席科学家 |
| 33 | 张军* | 2009 | "973"首席科学家 |
| 34 | 毛二可 | 2009 | "973"首席科学家 |
| 35 | 夏香根* | 2009 | IEEE Fellow |
| 36 | 罗森林 | 2009 | 北京市教学名师 |
| 37 | 张军* | 2009 | 何梁何利基金奖（科学与技术创新奖） |
| 38 | 陶然 | 2009 | 教育部领军人才特聘教授 |
| 39 | 韩力 | 2010 | 北京市教学名师 |
| 40 | 刘大可 | 2010 | 高层次人才项目专家 |
| 41 | 夏香根* | 2010 | 高层次人才项目专家（短期） |
| 42 | 李慧琦 | 2010 | 教育部跨（新）世纪人才 |
| 43 | 夏香根* | 2010 | 教育部领军人才讲席教授 |
| 44 | 陶然 | 2010 | 享受国务院特殊津贴 |
| 45 | 毛二可 | 2012 | "十二五"国家高技术研究发展计划（"863"计划）聘任专家（专家委员会顾问） |
| 46 | 高梅国 | 2012 | "十二五"国家高技术研究发展计划（"863"计划）聘任专家（专家组成员） |
| 47 | 龙腾 | 2012 | "十二五"国家高技术研究发展计划（"863"计划）聘任专家（专家组成员） |
| 48 | 龙腾 | 2012 | 国家杰出青年科学基金获得者 |
| 49 | 王业亮* | 2012 | 国家优秀青年科学基金获得者 |
| 50 | 吴嗣亮 | 2012 | 何梁何利基金奖（科学与技术进步奖） |
| 51 | 潘小敏 | 2012 | 教育部跨（新）世纪人才 |
| 52 | 龙腾 | 2012 | 教育部领军人才特聘教授 |
| 53 | 龙腾 | 2012 | 享受国务院特殊津贴 |
| 54 | 张军* | 2013 | 中国工程院院士 |
| 55 | 龙腾 | 2013 | 国家级有突出贡献中青年专家 |
| 56 | 崔嵬 | 2013 | 教育部跨（新）世纪人才 |

续表

| 序号 | 姓名 | 入选年份 | 入选人才工程名称 |
| --- | --- | --- | --- |
| 57 | 龙腾 | 2013 | 科技部"创新人才推进计划"——中青年科技创新领军人才 |
| 58 | 高梅国 | 2013 | 型号总师 |
| 59 | 高飞 | 2014 | 北京市教学名师 |
| 60 | 吴嗣亮 | 2014 | 国家百千万人才工程入选者 |
| 61 | 龙腾 | 2015 | 国家百千万人才工程入选者 |
| 62 | 吴嗣亮 | 2015 | 享受国务院特殊津贴 |
| 63 | 曾涛 | 2016 | 国家杰出青年科学基金获得者 |
| 64 | 龙腾 | 2016 | 万人计划"科技创新领军人才" |
| 65 | 王业亮* | 2017 | 国家杰出青年科学基金获得者 |
| 66 | 邢成文 | 2017 | 国家优秀青年科学基金获得者 |
| 67 | 谢会开* | 2018 | IEEE Fellow |
| 68 | 陶然 | 2018 | 北京市教学名师 |
| 69 | 谢会开 | 2018 | 高层次人才项目专家 |
| 70 | 陈亮 | 2018 | 国防科技卓越青年人才基金获得者 |
| 71 | 胡晗 | 2018 | 国家高层次人才青年项目 |
| 72 | 张伟锋 | 2018 | 国家高层次人才青年项目 |
| 73 | 王业亮 | 2018 | 科技部"创新人才推进计划"——中青年科技创新领军人才 |
| 74 | 胡程 | 2018 | 万人计划青年拔尖人才 |
| 75 | 董锡超 | 2018 | 中国科协青年人才托举工程人才 |
| 76 | 于季弘 | 2018 | 中国科协青年人才托举工程人才 |
| 77 | 龙腾 | 2019 | IEEE Fellow |
| 78 | 王业亮 | 2019 | 高层次人才项目专家 |
| 79 | 李伟 | 2019 | 国家优秀青年科学基金获得者 |
| 80 | 龙腾 | 2019 | 何梁何利基金奖(科学与技术进步奖) |
| 81 | 王业亮 | 2019 | 万人计划"科技创新领军人才" |
| 82 | 丁泽刚 | 2019 | 万人计划青年拔尖人才 |
| 83 | 王岩 | 2019 | 中国电子协会青年人才托举工程人才 |
| 84 | 崔嵬 | 2020 | 科技部"创新人才推进计划"——中青年科技创新领军人才 |

注:标*人员目前为学院教师,但入选人才项目时还未入校工作。

# 附录8：博士后人员名录

| 序号 | 姓名 | 性别 | 出生年月 | 进站时间 | 出/退站时间 | 入站流动站名称 | 合作导师 |
|---|---|---|---|---|---|---|---|
| 1 | 赵强福 | 男 | 1961.08 | 1988.12 | 1991.05 | 信息与通信工程 | （不详） |
| 2 | 徐晓文 | 男 | 1957.02 | 1990.09 | 1993.03 | 电子科学与技术 | （不详） |
| 3 | 吕锐 | 男 | 1963.05 | 1991.02 | 1993.11 | 信息与通信工程 | （不详） |
| 4 | 夏军 | 男 | 1965.06 | 1992.11 | 1994.10 | 信息与通信工程 | （不详） |
| 5 | 黄德双 | 男 | 1964.01 | 1993.06 | 1995.07 | 信息与通信工程 | （不详） |
| 6 | 陶然 | 男 | 1964.11 | 1994.04 | 1996.08 | 信息与通信工程 | （不详） |
| 7 | 宋柳平 | 男 | 1911.02 | 1994.07 | 1996.10 | 信息与通信工程 | （不详） |
| 8 | 周兴灵 | 男 | 1965.10 | 1994.07 | 1996.11 | 信息与通信工程 | （不详） |
| 9 | 胡国荣 | 男 | 1966.07 | 1994.10 | 1996.12 | 信息与通信工程 | （不详） |
| 10 | 何斌 | 男 | 1968.04 | 1995.09 | 1998.03 | 电子科学与技术 | （不详） |
| 11 | 吴嗣亮 | 男 | 1964.08 | 1995.12 | 1998.06 | 信息与通信工程 | （不详） |
| 12 | 赵保军 | 男 | 1960.08 | 1996.12 | 1998.12 | 信息与通信工程 | （不详） |
| 13 | 肖建明 | 男 | 1967.02 | 1996.11 | 1999.02 | 信息与通信工程 | （不详） |
| 14 | 吴淮宁 | 男 | 1972.11 | 1997.07 | 1999.07 | 信息与通信工程 | （不详） |
| 15 | 吕晓德 | 男 | 1969.05 | 1997.12 | 2000.01 | 电子科学与技术 | （不详） |
| 16 | 廖波 | 女 | 1970.12 | 1998.06 | 2000.07 | 信息与通信工程 | （不详） |
| 17 | 陈禾 | 女 | 1970.03 | 1998.11 | 2000.11 | 信息与通信工程 | （不详） |
| 18 | 董加勤 | 男 | 1970.03 | 1998.12 | 2000.12 | 信息与通信工程 | （不详） |
| 19 | 陈国瑛 | 男 | 1968.11 | 1998.12 | 2001.01 | 信息与通信工程 | （不详） |
| 20 | 杨苏辉 | 女 | 1968.04 | 1999.03 | 2001.07 | 电子科学与技术 | （不详） |
| 21 | 王华 | 男 | 1966.03 | 1999.09 | 2002.01 | 电子科学与技术 | （不详） |
| 22 | 谭伟 | 男 | 1971.05 | 2000.11 | 2003.10 | 电子科学与技术 | （不详） |
| 23 | 刘先省 | 男 | 1964.09 | 2001.02 | 2003.11 | 信息与通信工程 | （不详） |
| 24 | 谢湘 | 男 | 1976.01 | 2002.09 | 2004.06 | 电子科学与技术 | （不详） |
| 25 | 唐三平 | 男 | 1973.02 | 2002.07 | 2005.02 | 信息与通信工程 | （不详） |
| 26 | 赵娟 | 女 | 1975.12 | 2002.07 | 2005.02 | 信息与通信工程 | （不详） |
| 27 | 高洪民 | 男 | 1969.03 | 2002.12 | 2005.02 | 电子科学与技术 | （不详） |
| 28 | 李延 | 男 | 1973.06 | 2003.04 | 2005.07 | 信息与通信工程 | （不详） |

续表

| 序号 | 姓名 | 性别 | 出生年月 | 进站时间 | 出/退站时间 | 入站流动站名称 | 合作导师 |
|---|---|---|---|---|---|---|---|
| 29 | 王岭雪 | 女 | 1973.08 | 2003.10 | 2005.12 | 电子科学与技术 | （不详） |
| 30 | 胡姝玲 | 女 | 1971.10 | 2004.09 | 2006.11 | 电子科学与技术 | （不详） |
| 31 | 郑哲 | 男 | 1975.07 | 2004.11 | 2006.12 | 电子科学与技术 | （不详） |
| 32 | 杨春 | 女 | 1976.11 | 2005.08 | 2007.12 | 信息与通信工程 | （不详） |
| 33 | 王建涛 | 男 | 1971.03 | 2005.12 | 2009.07 | 信息与通信工程 | （不详） |
| 34 | 张晓燕 | 女 | 1979.09 | 2007.07 | 2009.12 | 电子科学与技术 | 吕昕 |
| 35 | 闫宇松 | 男 | 1969.12 | 2005.08 | 2010.07 | 信息与通信工程 | （不详） |
| 36 | 李斌 | 男 | 1978.09 | 2007.06 | 2010.07 | 信息与通信工程 | 白春华 |
| 37 | 吕传峰 | 男 | 1977.01 | 2007.05 | 2010.11 | 电子科学与技术 | （不详） |
| 38 | 王晓君 | 男 | 1973.10 | 2008.04 | 2010.11 | 信息与通信工程 | 安建平 |
| 39 | 黄磊 | 男 | 1975.10 | 2008.10 | 2010.12 | 信息与通信工程 | 吴嗣亮 |
| 40 | 林宇生 | 男 | 1978.06 | 2008.10 | 2011.04 | 信息与通信工程 | 周希元 |
| 41 | 路志勇 | 男 | 1974.07 | 2009.01 | 2011.04 | 信息与通信工程 | 陶然 |
| 42 | 李艳红 | 女 | 1981.10 | 2009.09 | 2011.06 | 电子科学与技术 | 李卓 |
| 43 | 魏星 | 男 | 1981.07 | 2008.09 | 2011.09 | 信息与通信工程 | 吴嗣亮 |
| 44 | 李枫 | 男 | 1978.08 | 2009.04 | 2011.12 | 信息与通信工程 | 曾涛 |
| 45 | 张玉泉 | 男 | 1968.03 | 2008.10 | 2012.01 | 信息与通信工程 | 陶然 |
| 46 | 张春海 | 男 | 1976.07 | 2008.07 | 2012.07 | 信息与通信工程 | 毛二可 |
| 47 | 陈新亮 | 男 | 1984.12 | 2010.07 | 2012.10 | 电子科学与技术 | 吴嗣亮 |
| 48 | 王兴华 | 女 | 1983.01 | 2010.11 | 2012.11 | 信息与通信工程 | 刘志文 |
| 49 | 卓智海 | 男 | 1975.12 | 2010.09 | 2013.04 | 电子科学与技术 | 曾涛 |
| 50 | 刘策伦 | 男 | 1983.03 | 2011.11 | 2014.01 | 电子科学与技术 | 刘志文、米旺 |
| 51 | 冯云鹏 | 男 | 1981.02 | 2011.11 | 2014.02 | 电子科学与技术 | 龙腾 |
| 52 | 王思野 | 男 | 1983.11 | 2011.09 | 2014.04 | 信息与通信工程 | 吕昕 |
| 53 | 贾瑞才 | 男 | 1986.12 | 2012.06 | 2014.11 | 信息与通信工程 | 郝文欣、龙腾 |
| 54 | 艾海明 | 男 | 1980.05 | 2011.12 | 2014.12 | 电子科学与技术 | 高春清 |
| 55 | 宋杰 | 男 | 1981.05 | 2011.12 | 2014.12 | 信息与通信工程 | 刘大可 |
| 56 | 李晓阳 | 男 | 1986.08 | 2013.12 | 2015.11 | 信息与通信工程 | 李卓 |
| 57 | 邓朝 | 男 | 1982.02 | 2013.09 | 2015.12 | 电子科学与技术 | 龙腾 |
| 58 | 李明 | 男 | 1984.12 | 2013.04 | 2016.03 | 信息与通信工程 | 仲顺安 |

续表

| 序号 | 姓名 | 性别 | 出生年月 | 进站时间 | 出/退站时间 | 入站流动站名称 | 合作导师 |
|---|---|---|---|---|---|---|---|
| 59 | 林艳飞 | 女 | 1982.08 | 2013.09 | 2016.05 | 电子科学与技术 | 高梅国、钱卫民 |
| 60 | 褚旭红 | 女 | 1976.02 | 2014.07 | 2016.09 | 电子科学与技术 | 仲顺安 |
| 61 | 蒋丽丽 | 女 | 1981.12 | 2014.11 | 2017.01 | 电子科学与技术 | 吕昕 |
| 62 | 张亮亮 | 女 | 1979.12 | 2013.01 | 2017.03 | 电子科学与技术 | 李卓 |
| 63 | 董锡超 | 男 | 1986.07 | 2014.09 | 2017.04 | 电子科学与技术 | 李卓 |
| 64 | 刘腾飞 | 男 | 1985.02 | 2012.12 | 2017.06 | 信息与通信工程 | 安建平、蔚保国 |
| 65 | 曹姗 | 女 | 1986.12 | 2015.07 | 2017.09 | 电子科学与技术 | 仲顺安 |
| 66 | 周扬 | 男 | 1985.06 | 2014.11 | 2017.10 | 电子科学与技术 | 吕昕 |
| 67 | 钱李昌 | 男 | 1985.10 | 2015.01 | 2019.01 | 信息与通信工程 | 许稼 |
| 68 | 曹华伟 | 男 | 1987.07 | 2016.07 | 2019.04 | 电子科学与技术 | 邓玉林 |
| 69 | 沈清 | 男 | 1988.05 | 2017.03 | 2019.07 | 电子科学与技术 | 高梅国 |
| 70 | 李诺敏 | 女 | 1985.02 | 2016.07 | 2019.07 | 电子科学与技术 | 仲顺安 |
| 71 | 闫卓 | 男 | 1981.11 | 2013.11 | 2019.11 | 电子科学与技术 | 刘志文 |
| 72 | 杨立明 | 男 | 1976.01 | 2008.09 | 2012.06 | 信息与通信工程 | 陶然 |
| 73 | 王洪斌 | 男 | 1965.12 | 2008.11 | 2013.05 | 信息与通信工程 | 陶然 |
| 74 | 李银钊 | 女 | 1971.10 | 2014.03 | 2015.04 | 信息与通信工程 | 高春清 |
| 75 | 卢晓军 | 男 | 1977.09 | 2016.08 | 2020.05 | 信息与通信工程 | 毛二可 |
| 76 | 余文华 | 男 | 1964.04 | 1995.02 | （不详） | 电子科学与技术 | （不详） |
| 77 | 王玲 | 女 | 1975.06 | 2004.10 | （不详） | 电子科学与技术 | （不详） |
| 78 | 马建光 | 男 | 1967.02 | 2006.05 | （不详） | 信息与通信工程 | （不详） |
| 79 | 许湛 | 男 | 1987.07 | 2014.07 | （在站） | 电子科学与技术 | 龙腾 |
| 80 | 高红伟 | 男 | 1986.09 | 2017.06 | （在站） | 信息与通信工程 | 刘志文 |
| 81 | 李潇然 | 女 | 1989.07 | 2017.10 | （在站） | 信息与通信工程 | 盛新庆 |
| 82 | 安凤平 | 男 | 1983.10 | 2017.12 | （在站） | 电子科学与技术 | 吴嗣亮 |
| 83 | 郭亚爽 | 女 | 1989.06 | 2018.03 | （在站） | 信息与通信工程 | 张军 |
| 84 | 周超 | 男 | 1987.10 | 2018.07 | （在站） | 电子科学与技术 | 安建平 |
| 85 | 申文倩 | 女 | 1989.07 | 2018.07 | （在站） | 信息与通信工程 | 安建平 |
| 86 | 卢宏达 | 男 | 1987.09 | 2018.08 | （在站） | 信息与通信工程 | 吕昕 |
| 87 | 孟祥宇 | 男 | 1984.05 | 2018.08 | （在站） | 电子科学与技术 | 卜祥元 |
| 88 | 谢士琴 | 女 | 1992.02 | 2018.09 | （在站） | 信息与通信工程 | 邢成文 |

续表

| 序号 | 姓名 | 性别 | 出生年月 | 进站时间 | 出/退站时间 | 入站流动站名称 | 合作导师 |
|---|---|---|---|---|---|---|---|
| 89 | 李斌 | 男 | 1985.08 | 2018.11 | （在站） | 信息与通信工程 | 吕昕、段斌 |
| 90 | 俞楚翘 | 女 | 1990.06 | 2018.12 | （在站） | 信息与通信工程 | 吴嗣亮、汪泽民 |
| 91 | 宋金鹏 | 男 | 1991.01 | 2019.03 | （在站） | 信息与通信工程 | 安建平 |
| 92 | 张瑞 | 女 | 1992.03 | 2019.03 | （在站） | 信息与通信工程 | 王业亮 |
| 93 | 王才 | 男 | 1987.02 | 2019.03 | （在站） | 电子科学与技术 | 曾涛 |
| 94 | 李艳姣 | 女 | 1988.11 | 2019.06 | （在站） | 电子科学与技术 | 孙厚军 |
| 95 | Urynbassarova Didar | 女 | 1990.08 | 2019.07 | （在站） | 信息与通信工程 | 李慧琦 |
| 96 | 吕蒙 | 女 | 1989.01 | 2019.08 | （在站） | 信息与通信工程 | 金城 |
| 97 | 王裕沛 | 男 | 1993.06 | 2019.08 | （在站） | 信息与通信工程 | 安建平 |
| 98 | 牟媛 | 女 | 1989.12 | 2019.09 | （在站） | 电子科学与技术 | 刘志文 |
| 99 | 郭栋 | 男 | 1990.07 | 2019.10 | （在站） | 信息与通信工程 | 安建平 |
| 100 | 张亦弛 | 男 | 1991.11 | 2019.10 | （在站） | 电子科学与技术 | 李慧琦 |
| 101 | 罗浩 | 男 | 1990.11 | 2019.10 | （在站） | 信息与通信工程 | 张峰 |
| 102 | 常少强 | 男 | 1989.12 | 2019.10 | （在站） | 电子科学与技术 | 陈亮 |
| 103 | 刘含若 | 女 | 1985.07 | 2019.10 | （在站） | 信息与通信工程 | 陶然 |
| 104 | 刘晗 | 女 | 1989.03 | 2019.12 | （在站） | 电子科学与技术 | 盛新庆 |
| 105 | 张蒙蒙 | 女 | 1994.06 | 2020.01 | （在站） | 信息与通信工程 | 陶然 |
| 106 | 张鹏宇 | 男 | 1987.02 | 2020.01 | （在站） | 电子科学与技术 | 金城 |
| 107 | 马远骁 | 男 | 1993.01 | 2020.01 | （在站） | 电子科学与技术 | 王业亮 |
| 108 | 廖萌萌 | 男 | 1988.04 | 2020.04 | （在站） | 信息与通信工程 | 高梅国 |
| 109 | 刘晓萍 | 女 | 1983.05 | 2020.04 | （在站） | 信息与通信工程 | 费泽松 |
| 110 | 于珊平 | 女 | 1989.01 | 2020.04 | （在站） | 信息与通信工程 | 杨小鹏 |
| 111 | 薛丞博 | 男 | 1988.02 | 2020.04 | （在站） | 信息与通信工程 | 陶然 |
| 112 | 兰天 | 男 | 1989.04 | 2020.04 | （在站） | 信息与通信工程 | 安建平 |
| 113 | 吴鑫 | 女 | 1989.03 | 2020.05 | （在站） | 电子科学与技术 | 盛新庆 |
| 114 | 王彬 | 男 | 1992.11 | 2020.05 | （在站） | 电子科学与技术 | 张伟锋 |
| 115 | 张全震 | 男 | 1991.05 | 2020.05 | （在站） | 电子科学与技术 | 王业亮 |
| 116 | 吴鑫 | 女 | 1989.03 | 2020.05 | （在站） | 电子科学与技术 | 盛新庆 |
| 117 | 孙翊淋 | 男 | 1990.11 | 2020.06 | （在站） | 电子科学与技术 | 丁英涛 |

## 附录9：学生名录（本科）

| 49级电子工程系 | 夏立田 | 牛辅臣 | 郭志坚 | 干天 | 高庆芝 | 范世昌 | 张湘滨 | 王竟成 |
|---|---|---|---|---|---|---|---|---|
|  | 曾初 | 施萍 | 王天文 | 何正山 | 石础 | 肖扬 | 雷文 | 李平 |
|  | 韩继新 | 沈鹏 | 孙繁衍 | 李俊然 | 朱亮 | 王进瑞 | 李恩铭 | 传凯 |
| 50级电机工程系 | 吴浣尘 | 罗禹 | 李克厚 | 李承耀 | 王缔元 | 李景华 | 周宗贵 | 肖功培 |
|  | 周永康 | 沈沛霖 | 张治正 | 刘冠东 | 吴建耆 | 朱景武 | 杨景武 | 杨卜中 |
|  | 曲存维 | 张唤 | 金希奎 | 孙德铨 | 高振溪 | 李秀卿 |  |  |
| 51级电一 | 张著 | 毛二可 | 王灏 | 黄蓝华 | 耿士诚 | 王𡒊 | 孙葆林 | 周思永 |
|  | 颜子初 | 余志毅 | 刘雯 | 邓次平 | 李慕文 | 刘健 | 钱仲青 | 李世智 |
|  | 贾万钢 | 马启光 | 潘谱华 | 黄子文 | 陈孝三 | 胡启俊 | 王文阁 | 贺白眉 |
|  | 柯有安 | 尹山 | 卢荣章 | 项道明 | 戴玉汝 | 袁心一 | 苏舫 | 王中 |
|  | 刘静贞 | 黄鋆翔 | 陈民光 | 常茂森 | 范鼎 | 李超凡 | 王钰 | 阚继泰 |
|  | 卢明儒 | 梁棣 | 邹崇祖 |  |  |  |  |  |
| 5201 | 史韬 | 李健 | 李士功 | 张树枝 | 杨继安 | 金振玉 | 陈祖炳 | 黄振兴 |
|  | 萧永清 | 梅长华 | 黄有娣 | 刘丽平 | 王堃 | 朱华 | 王智平 | 马立业 |
|  | 宋子扬 | 陈志营 | 安文海 | 万象魁 | 姚世焕 | 房鸿熹 | 刘炳尧 | 甘翠英 |
|  | 邓允良 | 李同文 | 刘合洲 | 刘淑敏 | 吴兴昌 | 丁籍平 | 王延志 | 许焕然 |
|  | 赵汝彭 | 尹国梁 | 王周 | 何兆枢 | 何君曜 | 张应棠 | 朱永皓 | 施洪宇 |
|  | 邱荫仁 | 陆仁泉 | 季刚 | 李树德 | 周荣 | 张运 | 刘渠忠 | 杨卜中 |
|  | 叶健华 |  |  |  |  |  |  |  |
| 53电 | 刘绍发 | 林一 | 史磨须 | 曾近秋 | 蔡孝西 | 贾文田 | 李光宇 | 陈格非 |
|  | 朱光祓 | 郑家兴 | 白金铠 | 姜心耳 | 沈龙朱 | 李袖珍 | 孙懋功 | 陈佳骐 |
|  | 杜启华 | 杨国淑 | 张荫柏 | 金德义 | 李秉生 | 程莉莉 | 陈大钧 | 陆锺麟 |
|  | 吴元恺 | 黄学杰 | 赵顺福 | 蒋莲华 | 王诚志 | 苑孝文 | 吴鹏翼 | 郭蘅清 |
|  | 马骏声 | 赵汝梁 | 胡基豫 | 王贵臻 | 宣庆元 | 张培秋 | 魏丽媛 | 董淑兰 |
|  | 张振业 | 刘三本 | 赖仪一 | 陈之森 | 谢彦民 | 刘善 | 刘万广 | 赵芝鸿 |
|  | 程之明 | 唐宏毅 | 邓桂如 | 王乐仁 | 吴子文 | 翟俊英 | 向茂楠 | 马静娴 |
|  | 李绍文 | 林金健 | 蔡海游 | 任引贤 | 石利英 | 戴思明 | 于在镐 | 江永福 |
|  | 江亨祥 | 陈伯毅 | 李绍亨 | 胡厚甫 | 黎望明 | 何家徐 | 王燕 | 王恩德 |
|  | 鲍筱英 | 沈镇祥 | 金华生 | 姚燕平 | 张澄源 | 张祖舜 | 陈仲瑛 | 朱莲琴 |

续表

| | | | | | | | | |
|---|---|---|---|---|---|---|---|---|
| | 姜佩玲 | 张丽川 | 区健昌 | 欧阳荣泰 | 吴涓涓 | 黄惠音 | 方伦宝 | 锺若青 |
| | 栾茂桐 | 糜笃平 | 李春林 | 苏意能 | 赵庶铣 | | | |
| 9541 | 邹静涛 | 苏有珂 | 官得名 | 于平忠 | 赵知理 | 张路 | 王金琪 | 宋济慎 |
| | 张国强 | 杨世根 | 潘德之 | 王志普 | 韩月秋 | 李宣明 | 徐世俊 | 温炳华 |
| | 汪泰林 | 郑世德 | 倪赋林 | 宗景瑞 | 陈云照 | 张星瑞 | 郭家骏 | 胡锺骏 |
| | 王元标 | 丁宗梁 | 赵其炜 | 张圣贤 | 谭骏云 | 伍青梅 | 锺菊清 | 杨清权 |
| | 董明 | 袁刚直 | 谭天佑 | 张天佑 | 刘序海 | 文希理 | 陈沛霖 | 陈振义 |
| | 全禄 | 卢懿生 | 童骧一 | 梁俊 | 余秉先 | 郭明书 | 谢光普 | |
| 9542 | 王玉光 | 李钟武 | 张天桥 | 吴明英 | 严煜焜 | 王庚午 | 董荔真 | 徐光辉 |
| | 苏延喜 | 李原生 | 蒋坤华 | 吕德新 | 林建华 | 王世一 | 牛英贤 | 高本庆 |
| | 邵其方 | 张镜清 | 许春典 | 朱庆祁 | 范金石 | 张溥 | 赵俊杰 | 朱福荣 |
| | 方再根 | 彭福英 | 肖庆炎 | 沈翔初 | 朱秀英 | 罗福茂 | 董祖荣 | 房云礼 |
| | 柏乃衡 | 曾权 | 彭显 | 周亚谋 | 汤孝伟 | 阮龙泉 | 王景元 | 李伟民 |
| | 王维新 | 武显纲 | 李萍文 | | | | | |
| 9543 | 刘凤卯 | 朱明远 | 吴琦 | 戴永增 | 杜魁贞 | 林淑华 | 刘表鸿 | 罗一鸣 |
| | 李玮 | 戴润林 | 胡杏生 | 刘天兴 | 韩前伟 | 王至刚 | 周祥玉 | 邓庆增 |
| | 张钦明 | 徐永善 | 宋光全 | 田秉义 | 林凤来 | 常汉林 | 翁家汛 | 唐桐林 |
| | 肖裔山 | 谭兴庭 | 陈世斌 | 邓季芳 | 林学谛 | 李冬泰 | 翟俊英 | 任引贤 |
| | 吕乃淼 | 蒋云兰 | 王安民 | 王省三 | 杨玉言 | 陆英 | 梁明海 | 韩元臣 |
| | 谭兴庭 | 崔志昭 | 崔于椿 | 徐吕东 | 梅敦行 | | | |
| 9551 | 舒云台 | 钱宽达 | 宫兆祥 | 刘至善 | 魏保珊 | 钱丽黎 | 李永增 | 周焕钟 |
| | 徐介元 | 谢顺德 | 周超达 | 吴润宁 | 赵兴华 | 蔡伟民 | 轩荫华 | 张振宇 |
| | 张发汉 | 陈永金 | 罗勋武 | 王俊臣 | 彭伟珍 | 韩会龙 | 张卫平 | 刘宗玖 |
| | 龚光辉 | 李聿修 | 周克云 | 王经伟 | 李福连 | 李厚镁 | 陆宪中 | 徐宝林 |
| | 于长志 | 陈汝堂 | 陈钦南 | 王耀 | 宋光全 | 辛肖明 | 梁俊 | 吴明英 |
| 9552 | 胡贵祺 | 江美媛 | 李启鎬 | 杨维国 | 郭俊魁 | 王佳达 | 戴模山 | 殷增颐 |
| | 徐吉人 | 徐耀昌 | 崔志新 | 张安 | 鲍克诚 | 王济安 | 罗绍虞 | 张国栋 |
| | 周崇义 | 陈静权 | 张铨 | 郭德江 | 蔺慕钟 | 胡懋廉 | 谭展中 | 司文林 |
| | 李书训 | 万天祺 | 杨家骐 | 肖国仕 | 岳俊坡 | 徐流蕴 | 孙修文 | 韩梦玮 |
| | 李忠兴 | 郑德常 | 任殿卿 | 刘国强 | 李周书 | 秦锡芳 | 张学东 | 李德华 |

续表

|  | | | | | | | | |
|---|---|---|---|---|---|---|---|---|
|  | 朱良红 | 肖仰昂 | 王彬 | 陈健 | 林一 | 吴根宝 | 刘德如 | 沈翔初 |
|  | 佘鸿飞 | 殷增颐 | 刘凤卯 | | | | | |
| 9553 | 徐铁城 | 喻宗义 | 张毓鼎 | 张肇武 | 周丕豪 | 刘庆复 | 朱华纯 | 童琅华 |
|  | 荣德彬 | 李美芬 | 夏樘铨 | 殷政祥 | 朱晞 | 吴秀山 | 吴伟民 | 陈志祥 |
|  | 曹俊良 | 吴桂兴 | 张桂财 | 李雯 | 徐肇孚 | 张振和 | 夏盛宏 | 毛书凤 |
|  | 陶多山 | 周文赓 | 张之义 | 范永清 | 潘立权 | 郭志芬 | 徐恕荣 | 费元春 |
|  | 邹金德 | 沈克勤 | 王玛丽 | 朱贵明 | 邓子勤 | 邓绍范 | 屈大信 | 张顺 |
|  | 郑寿棋 | 石平珍 | 常汉林 | 罗秀卿 | | | | |
| 9554 | 李振兴 | 沈振声 | 郑权宜 | 李玉中 | 胡传德 | 唐有明 | 周玲 | 朱礼华 |
|  | 曾明泉 | 周定一 | 杨正大 | 杨树农 | 陈家炫 | 陶家渠 | 周忠铨 | 郑斯苏 |
|  | 宋本盛 | 胡新华 | 刘永金 | 郑存度 | 严忠煌 | 蓝秀敏 | 陈维钊 | 崔世强 |
|  | 钱崇 | 邓纯和 | 王柳川 | 吴祈耀 | 刘桂珍 | 王金林 | 王尉 | 常淑英 |
|  | 张建华 | 刘源泰 | 陈绍棣 | 毛培圣 | 施振邦 | 边振纶 | 曹汉麟 | 姜立民 |
|  | 刘瑞祥 | 陈春霖 | 白承玺 | | | | | |
| 9555 | 卢长孙 | 李企舜 | 赵伟南 | 杨德功 | 闵兆铭 | 高元宸 | 余大均 | 李宝云 |
|  | 李玉堂 | 叶相臣 | 孙溥泉 | 顾维骏 | 华荣善 | 李伯华 | 崔树华 | 刘智英 |
|  | 向德芳 | 周联升 | 陈先矗 | 蒋绍勤 | 周作玉 | 邵江芝 | 马志平 | 陈世伟 |
|  | 郭柏松 | 金丹 | 丁志良 | 吴政德 | 王关昌 | 邢惠礼 | 王国桢 | 赖其斌 |
|  | 张家柱 | 唐安伦 | 马凤鸣 | 赵延赞 | 曹德之 | 刘继华 | 程文开 | 朱应磷 |
|  | 李民新 | | | | | | | |
| 9556 | 王正龙 | 余鸣飞 | 张炳枢 | 丁一鸣 | 郁公鲁 | 叶传浩 | 贺镇华 | 朱起卒 |
|  | 高文孝 | 宋守群 | 陈钦楠 | 施菊生 | 宗有德 | 刘兴辰 | 陆昆来 | 钱鸿鸣 |
|  | 金常德 | 杨绍泉 | 李南阳 | 戴庆文 | 王炳 | 刘瑞祥 | 陈健 | 沈震 |
|  | 邓立旻 | 吴金慧 | 丁正泰 | 刘醒凡 | 张友君 | 张家昌 | 程宝仪 | 吴根宝 |
|  | 吴逸云 | 石平珍 | 马文炎 | 汪顺安 | 张保轩 | 王殿甫 | 高继坤 | 湛永富 |
|  | 李文 | 孙泽山 | 房九生 | 刘廉昌 | 周孝琼 | | | |
| 9561 | 干钧和 | 王俊杰 | 甘淑贞 | 刘儒瑞 | 刘榴娣 | 刘锡玉 | 过之骥 | 朱庆澜 |
|  | 杜爱琴 | 沈丽 | 李泓岊 | 李建洲 | 吴乃尔 | 吴海钦 | 吴森林 | 吴秉新 |
|  | 陈游 | 陈泓礼 | 陈祖光 | 陈斌武 | 罗振祥 | 周鸿涛 | 荆其一 | 梁满奎 |
|  | 俞士良 | 张葆麟 | 张专生 | 张绍基 | 曹倬 | 屠雅芳 | 莫莹珠 | 黄菊仙 |
|  | 杨松林 | 杨忠德 | 詹德葵 | 詹鸿来 | 赵启亮 | 赵福勤 | 郑述贤 | 潘文炳 |
|  | 蒋银荃 | 宾昭国 | 檀中全 | 严震皆 | 顾玉兔 | 宫卓立 | 韩平 | |

续表

| 9562 | 王崇仁 | 白若景 | 朱学祺 | 王淑兰 | 任瑞和 | 刘德成 | 刘喜元 | 齐纪庄 |
|---|---|---|---|---|---|---|---|---|
|  | 安建章 | 吕振绪 | 吴宣福 | 李祚荣 | 李长癸 | 杜声崎 | 沈继祖 | 周金国 |
|  | 陈文彪 | 胡长瑞 | 胡玉洪 | 是桂凤 | 承寅祥 | 车锡群 | 祝秀梅 | 倪志荣 |
|  | 涂儒卿 | 翁申祥 | 耿心雅 | 孙肇庆 | 费存诚 | 庄劲 | 黄文虎 | 黄国平 |
|  | 张飞碧 | 陆宋逸 | 陆金源 | 章俊鸿 | 许葆华 | 葛幼吾 | 赵南 | 赵继业 |
|  | 缪克漪 | 戴钰 | 顾国权 | 顾祖耿 | 王华增 | 陈焕群 |  |  |
| 9563 | 林元 | 陈振邦 | 宋芳亭 | 李福康 | 李登芳 | 过海珠 | 刘傅刚 | 刘鹤林 |
|  | 甘彻初 | 王继禄 | 王惠民 | 王振亚 | 王小谟 | 卜祥爵 | 陈锦娣 | 陈其威 |
|  | 陈树铮 | 周财谱 | 周芳林 | 邵树永 | 孟繁华 | 胡承一 | 姚克栋 | 厌沉雄 |
|  | 徐圣戊 | 徐德鸿 | 马占芳 | 马文彦 | 唐宏珍 | 倪福卿 | 梅莲芳 | 张崇杉 |
|  | 张鹏飞 | 徐德昌 | 黄景章 | 冯国祥 | 彭海良 | 杨绍华 | 董幼华 | 蒋怀琛 |
|  | 潘维强 | 谢贤明 | 韩端林 | 韩振忠 | 顾月芳 | 王在 |  |  |
| 9564 | 王民旗 | 王应时 | 王济民 | 尤珊圻 | 孔庆凯 | 刘式威 | 刘隆和 | 刘濂 |
|  | 任荣宝 | 江正昌 | 李浩鳌 | 李其华 | 李长生 | 李清泉 | 何梦玉 | 宋立晴 |
|  | 胡盛基 | 姜育义 | 俞贞福 | 郑万照 | 侯静仁 | 林平萍 | 林雨省 | 段政枢 |
|  | 马定林 | 高光群 | 徐汝鸾 | 孙永国 | 宫业忠 | 唐明伦 | 徐德豪 | 陈安春 |
|  | 叶永康 | 盛宗寅 | 张志轩 | 张旺 | 张宣卫 | 楼史进 | 赵知文 | 赵侃 |
|  | 钱范凡 | 葛文华 | 鲁凌 | 俞瑞森 | 李傅良 |  |  |  |
| 9565 | 丁柏鸿 | 卞祖富 | 王福震 | 方培珍 | 刘权功 | 刘德盈 | 刘恭善 | 刘煜厚 |
|  | 向世治 | 沙路生 | 李尧鑫 | 吴炯华 | 沈荣章 | 何清如 | 宋兆清 | 汪奇 |
|  | 迟宗宪 | 金毓瑞 | 周自兴 | 周原祺 | 周寄石 | 胡福昌 | 姜延富 | 徐正源 |
|  | 孙宪章 | 高庆义 | 张有志 | 张聿贤 | 张恒 | 陆鲁山 | 陆瑷 | 曹作荣 |
|  | 曹子义 | 许玛玲 | 盛士章 | 程守祥 | 程容荃 | 黄莉 | 冯宇祥 | 杨运鸿 |
|  | 蔡祖晖 | 钱钟毓 | 薄西莹 | 包万正 | 鲍翔雨 | 谢绍灏 | 萧敦良 | 任远征 |
| 9566 | 王文凯 | 王志敏 | 王绍槐 | 王庆元 | 田成文 | 冉希荣 | 史保星 | 何佩琨 |
|  | 李诚 | 李福钧 | 李韶卿 | 孟宝安 | 苑明伦 | 周开基 | 尚洪臣 | 洪绍俊 |
|  | 唐文玉 | 陈世耕 | 栾延传 | 郭崇贤 | 徐新民 | 徐华强 | 凌学城 | 陆振兴 |
|  | 冯伯乐 | 张宝范 | 张令强 | 张海涛 | 张怀佑 | 傅宏印 | 邹树铤 | 解金荣 |
|  | 杨启善 | 郑绪权 | 赵翰怡 | 诸保初 | 刘重光 | 刘楚成 | 卫嘉陵 | 韩庆余 |
|  | 坦柏芳 | 马玉麟 |  |  |  |  |  |  |

附　录

续表

| 9567 | 王世邦 | 王成龙 | 王家震 | 王德明 | 井华 | 古丕中 | 吕大奇 | 朱自文 |
|---|---|---|---|---|---|---|---|---|
| | 杜立 | 车明颖 | 李祯祥 | 李万森 | 李德凤 | 何光文 | 胡兴中 | 施永钊 |
| | 凌柏秋 | 唐念六 | 孙培敬 | 徐建仁 | 韦湘 | 许早 | 陆志昌 | 黄栋样 |
| | 陈增培 | 陈德芳 | 陶柏春 | 张立敏 | 张长令 | 张义路 | 张德骞 | 张宪典 |
| | 杨倩萱 | 蒋龙潭 | 蒋鹤鸣 | 刘家宽 | 薛起尧 | 缪秋啸 | 颜国雄 | 关国君 |
| | 严士坤 | 严海岩 | | | | | | |
| 9568 | 王金凯 | 王桂秋 | 王爱书 | 左竹林 | 包维曾 | 朱戈 | 仲延顺 | 宋文光 |
| | 李日照 | 李岳 | 李镇淮 | 周世雄 | 周华清 | 金嗣明 | 马士忱 | 马文儒 |
| | 马素梅 | 马儒 | 徐文德 | 高如云 | 唐欣 | 乌恩乎 | 黄惠芳 | 陈永公 |
| | 陈棣华 | 彭玉奎 | 张光生 | 张自襄 | 张忠廉 | 童定文 | 冯学义 | 杨家祥 |
| | 雷尊延 | 叶荫纬 | 赵治邦 | 刘月升 | 刘志贺 | 刘述塬 | 刘壁城 | 潘祥绅 |
| | 邓雪明 | 关毅 | | | | | | |
| 9569 | 王金城 | 王春慧 | 王云承 | 王树连 | 方壁洪 | 于德文 | 朱子人 | 成毓乾 |
| | 龚天鹏 | 吴文鉴 | 吴式楷 | 吴世才 | 李文盛 | 李东山 | 邢福源 | 邱永成 |
| | 周忠沛 | 周景文 | 周怀仁 | 邵鸿祺 | 姚立真 | 段佩良 | 唐建康 | 郭秉仁 |
| | 庄景海 | 许佑台 | 贺白眉 | 张秉禄 | 张瑞诚 | 张继元 | 程祖义 | 冯建平 |
| | 傅菱芝 | 万天一 | 杨熙信 | 赵润民 | 赵汉斌 | 刘秀岚 | 刘蕴陶 | 欧阳其祥 |
| | 郑凤翼 | 戴为义 | 杜宪贵 | | | | | |
| 95610 | 王文尧 | 王海建 | 王道成 | 王肇周 | 王殿玺 | 方继芳 | 史寅魁 | 白锡祯 |
| | 朱元昌 | 朱长生 | 朱定威 | 朱厚荣 | 刘慎才 | 刘兴亮 | 刘愚文 | 李士奇 |
| | 李春起 | 李书涛 | 李德生 | 李缇文 | 吴裕方 | 何子勤 | 余英华 | 金荣森 |
| | 金志天 | 邵志先 | 胡士凌 | 胡庆凤 | 南法言 | 夏钟坚 | 徐春岭 | 唐守信 |
| | 高嘉彦 | 张申文 | 张更儒 | 张忠荣 | 孙克恂 | 闫百兰 | 黄富洲 | 费尔金 |
| | 杨定一 | 董伟堂 | 裴卓群 | 赵式浩 | 潘茂苏 | 蔡康武 | 兰书科 | 蒋增培 |
| 51571 | 杨文斌 | 罗伟雄 | 陶顺龙 | 陈景顺 | 缪秋啸 | 周怀仁 | 高嘉彦 | 王继录 |
| | 马占芳 | 张文博 | 盛士章 | 朱厚荣 | 逢微超 | 韩纪纲 | 何建业 | 张鹏飞 |
| | 敖聪惠 | 马凤鸣 | 张奎 | 阎凤坛 | 俞薇薇 | 鲁香成 | 黄振俨 | 翟擢 |
| | 蔡臻峰 | 马文儒 | 朱元昌 | 王希舜 | 刘德尊 | 陈崇信 | 王金城 | 宋芳亭 |
| | 荣伯伦 | 高计春 | 刘慎才 | 沈丽 | 陈祖光 | 江正昌 | 程守祥 | 卜继城 |
| | 何广兴 | 白书琴 | 宋克仇 | 史国符 | 牟兆仁 | 邱兆金 | 金作福 | 尹安祥 |
| | 陈祖烋 | 卢允中 | 郑春堂 | 郑斌强 | 周长生 | 刘先英 | 冀复兴 | 佟成举 |
| | 程震先 | 朱广大 | 郭瑶 | 李茂强 | 陆文钧 | 张文国 | 胡士兰 | 李喧 |
| | 盛世璋 | 黄富洲 | | | | | | |

续表

| 51572 | 凌学成 | 杨运鸿 | 钱范凡 | 徐文德 | 葛幼吾 | 陈棣华 | 夏锺坚 | 李建洲 |
|---|---|---|---|---|---|---|---|---|
| 51573 | 徐德豪 | 黄文虎 | 倪志荣 | 胡玉鸿 | 齐济庄 | 周华清 | 陈增培 | 谢绍灏 |
| | 何梦玉 | | | | | | | |
| 52571 | 仇维谦 | 高恩廷 | 郑道生 | 柳东生 | 张汉三 | 白治英 | 田毓任 | 范忠范 |
| | 张政 | 徐泰林 | 姬存英 | 杨华香 | 钱正扬 | 潘庆林 | 陈仲立 | 刘德全 |
| | 王可 | 张敦义 | 韩宗道 | 任远征 | 赵德满 | 陆叔云 | 王爱书 | 马秀霞 |
| | 李缇文 | 沈钟敏 | 刘志新 | 徐久文 | 刘俊楼 | 但森 | | |
| 53571 | 王志敏 | 吴致惠 | 苑明伦 | 张宝范 | 刘重光 | 卫嘉陵 | 王成龙 | 吴大齐 |
| | 陈游 | 赵福勤 | 方培珍 | 张有志 | 许玛玲 | 蔡祖晖 | 包万正 | 萧敦良 |
| | 邹树铤 | 何清如 | 马德骞 | 朱大鹏 | 阎博英 | 翁甲祥 | 祝秀梅 | 承寅祥 |
| | 陈焕群 | 周颂时 | 朱雪祺 | 罗振祥 | 赵治邦 | 杨家祥 | 包维曾 | 杨倩萱 |
| | 刘淼蓝 | 刘传刚 | 李登芳 | 林元 | 郭中石 | 南法言 | 叶秀文 | 方继芳 |
| | 傅菱芝 | 陈扬琪 | 韩振忠 | 冯国祥 | 姚沈雄 | 王应时 | 谷连溪 | 李德凤 |
| | 陈文彪 | 施永钊 | 朱子人 | 周开基 | 张令强 | 张志轩 | 刘月升 | |
| 54571 | 郭崇贤 | 杨立业 | 谭百芳 | 赵启亮 | 孙永国 | 周自兴 | 周寄石 | 宋文光 |
| | 朱定威 | 庄劲 | 许早 | 段政枢 | 曹子义 | 孙志章 | 严士坤 | 周世雄 |
| | 于重华 | 陈焕群 | | | | | | |
| 54572 | 邓兆林 | 揣景春 | 冯恩铭 | 殷富昌 | 严德成 | 赵采蘋 | 王建华 | 王根福 |
| | 徐信燕 | 宁国倩 | 沈慧 | 希裕良 | 高凤韶 | 唐富海 | 金幸幸 | 谌玮 |
| 55571 | 唐念六 | 赵继业 | 唐国平 | 邓雪明 | 潘祥绅 | 杨培木 | 朱戈 | 彭海良 |
| | 朱自文 | | | | | | | |
| 51581 | 姜采莲 | 杨万顺 | 曲养深 | 张全发 | 徐正光 | 刘文强 | 尚明纲 | 赵瑞伟 |
| | 齐永和 | 杜桂英 | 刘济时 | 谢国柱 | 王哲溪 | 李正家 | 戚济民 | 孙龙祥 |
| | 朱香富 | 田克平 | 沈彬 | 谢长锦 | 高庆昆 | 胡敬亭 | 袁建五 | 张德琪 |
| | 俞婵娟 | 曹步强 | 齐怀印 | 端木正中 | 杨钦和 | 马兴 | 吴恩华 | 赵志敏 |
| | 仪涛 | 王大全 | 张其伟 | 成毓乾 | 宋兆清 | 朱振平 | | |
| 51582 | 周庆田 | 段越臣 | 谢兴仕 | 郭悦城 | 王永柱 | 李万海 | 李吉祥 | 藤忠福 |
| | 高凤兰 | 王明山 | 王大中 | 吕春芳 | 袁瑞和 | 李文举 | 李安娜 | 邹金亮 |
| | 范春熙 | 郭彩兰 | 程同然 | 宋怀信 | 李文瑞 | 汪廷震 | 张福明 | 李俊岭 |
| | 郑忠 | 闫康华 | 赵福升 | 李宝才 | 刁子璋 | | | |

附 录

续表

| | | | | | | | | |
|---|---|---|---|---|---|---|---|---|
| 51583 | 杨翠新 | 罗鲤翔 | 邓流勃 | 邵如章 | 李玉清 | 颜仲如 | 连汝勋 | 陆殿元 |
| 52581 | 时麒麟 | 郁世毓 | 孙德信 | 吕庆昌 | 郭玉凤 | 杨慎知 | 王占庆 | 叶德务 |
| | 李翰光 | 李正枝 | 张喜乐 | 郭维藩 | 屠兆生 | 于涛 | 高贺亭 | 袁顺 |
| | 任惠成 | 莫景琦 | 刘庆年 | 刘鲁勤 | 田建人 | 宋云程 | 武秀英 | 张万英 |
| | 苏卉芳 | 金章梅 | 陈风 | 梁富民 | 刘占山 | 李在兴 | 刘孝林 | 王剑英 |
| | 黄冬 | 余强灵 | 陆俊英 | 管桂森 | 姚林士 | 郝玲德 | | |
| 52582 | 郑宗武 | 顾城孝 | 张巨岩 | 杨维界 | 张贺芝 | 王秉金 | 姚国祺 | 张永好 |
| | 翟绍华 | 史起有 | 钟瑞林 | 夏在行 | 石树林 | 董文华 | 任继春 | 吕世昌 |
| | 王贵 | 李洪宽 | 王万才 | 卫继昶 | 石泰安 | 方小影 | 喻兰 | 寇新娥 |
| | 张福海 | 金国近 | 王眷 | 朱上林 | 叶世元 | 郭曼春 | 闫茂叶 | 赵庚 |
| | 张振臣 | 李春培 | 王锡元 | 范海泉 | 布仁巴雅尔 | | | |
| 53581 | 李宗文 | 张长钧 | 李家原 | 张玉臣 | 孙鸿聚 | 王健石 | 周家伦 | 刘玉珊 |
| | 张传山 | 唐思义 | 艾英杰 | 李英惠 | 陈武强 | 李传杰 | 李春轩 | 王作祥 |
| | 宫玉森 | 戚家福 | 刘学山 | 鲁辉洁 | 陈世任 | 童勤动 | 马向忠 | 郑万义 |
| | 赵希鹤 | 孙生才 | 孙中甫 | 黄殿文 | 刘菊媛 | 邹海波 | 方娟英 | 刘彬 |
| | 崔文华 | 马长印 | 宋元勋 | 黄景章 | 蒋永利 | | | |
| 54581 | 姜慧娟 | 卢平安 | 黄茂成 | 何仁增 | 谭志龙 | 于守宗 | 李常山 | 李开德 |
| | 布兴光 | | | | | | | |
| 51591 | 郑茂信 | 谢苏琴 | 温兴国 | 郎华 | 黄富雄 | 李振埋 | 刘成杰 | 王孝义 |
| | 李克仁 | 赵义隆 | 蒋兆鹏 | 杜金礼 | 郑亚明 | 王松山 | 刘学成 | 施稼培 |
| | 林达成 | 陈凤荣 | 李庆忠 | 王振熙 | 姜国雄 | 陈文华 | 林瑞品 | 唐逢珍 |
| | 钱珍贤 | 张恩祥 | 黄福昌 | 许璞和 | 张先辉 | 王再时 | 李念宸 | 王玉镶 |
| | 张鑫生 | 俞逸娣 | | | | | | |
| 51592 | 王家新 | 王治英 | 季洪 | 袁家顺 | 张传如 | 徐瑞麟 | 孙庆连 | 王宜林 |
| | 郇宜兴 | 秦国勇 | 吴国琛 | 王德孝 | 丁升权 | 张春华 | 乐燕红 | 杨竹萍 |
| | 刘桂芬 | 唐廷孝 | 刘元林 | 汤振远 | 谢以诚 | 白之玺 | 包振宗 | 于鋅 |
| | 孙本华 | 王富春 | 杨俊伟 | 陈秉礼 | 姚光 | 袁先才 | 陈茂昌 | 王胜举 |
| | 任全华 | 孙永欣 | 邓克勤 | 沈先苏 | 向家芸 | 徐世增 | 周冬友 | 李占鳖 |
| | 徐蛇宝 | 张福恒 | | | | | | |
| 51593 | 沐贤顺 | 任进义 | 张宝俊 | 谷长俊 | 刘昆 | 周美琪 | 于布云 | 符忠恺 |
| | 魏敬义 | 刘小圈 | 王玉晶 | 童莉玲 | 朱德亮 | | | |

续表

| 52591 | 范继臣 | 王志亮 | 张维民 | 殷丽娟 | 刘风林 | 郭有英 | 赵宝文 | 魏中天 |
|---|---|---|---|---|---|---|---|---|
| | 贾惠桥 | 徐任永 | 韩振富 | 谷振世 | 高振忠 | 马德荣 | 胡振先 | 程延军 |
| | 黄藏书 | 王慧芳 | 张文刚 | 韩志兴 | 高照生 | 张文占 | 李凡民 | 张文明 |
| | 邢淑敏 | 孙占魁 | 王启敏 | 莫成玉 | 施泪 | 马俊芳 | 贾志才 | 张宽林 |
| | 杨江才 | 董延寿 | 杨康泉 | 赵松梅 | 杨玉明 | | | |
| 52592 | 李清芝 | 马占凯 | 李金禄 | 王荣琴 | 李长驱 | 张光水 | 刘天庆 | 马存禄 |
| | 周月林 | 叶幼慧 | 何文英 | 许玉华 | 李国荣 | 王建和 | 施瑞华 | 陆贺生 |
| | 郝华峰 | 唐臻德 | 王英勋 | 朱凤民 | 李振义 | 陈玉俊 | 刘延永 | 张德全 |
| | 杜治安 | 王成江 | 黄抡 | 刘耀东 | 姜玉珍 | 梁汝璋 | 李照仁 | 吴定福 |
| | 鲁方行 | 刘凯 | 舒维新 | 贺书伟 | 吴一鹗 | 陈小华 | 黄玉龙 | |
| 53591 | 顾忠勇 | 李国栋 | 陈延阶 | 肖在文 | 吴学州 | 刘春江 | 曹康林 | 姚志成 |
| | 石宏建 | 段长庚 | 江建华 | 赵志忠 | 赵忠琪 | 庞承金 | 孙毓英 | 蒋志栋 |
| | 纪守善 | 秦见平 | 苑建华 | 曾福瑞 | 郁汝玮 | 王庚臣 | 穆振翰 | 郭福山 |
| | 林静波 | 刘信 | 黄亚香 | 王家琇 | 赵培盛 | 徐思金 | 李延 | 高兴全 |
| | 王雪增 | 徐国荣 | 贾荣华 | 唐建培 | | | | |
| 53592 | 张鹓雏 | 李文珍 | 王文彬 | 张振起 | 刘财 | 杨国兴 | 龚洵钞 | 李公伍 |
| | 高明成 | 范庆伦 | 蒋芸美 | 张定良 | 单淑勋 | 陈俊英 | 朱裕典 | 王瑞珍 |
| | 章文玉 | 刘昭明 | 吴增祥 | 习玖生 | 时彦德 | 吴建国 | 杜德河 | 王修义 |
| | 尹似玉 | 曾广尧 | 沈顺福 | 严行泰 | 李景春 | 荀梦龙 | 穆申生 | 昝树珩 |
| | 徐国荣 | 樊光荣 | 韩淑琴 | 赵祥元 | 张志忠 | | | |
| 51601 | 刘素清 | 万方 | 解余昌 | 何鸿曦 | 朱道光 | 吴永昌 | 夏乃伟 | 王兰英 |
| | 王惠民 | 陈国荣 | 李秀朵 | 徐晓国 | 曲佳婷 | 孔祥昆 | 林志杲 | 严锡江 |
| | 李德胜 | 孔繁礼 | 陈绍棠 | 孙秀琴 | 王知芳 | 陈文井 | 王鼎奎 | 盛大为 |
| | 陆士勤 | 吴正祚 | 孙银琪 | 苏岫峰 | 秦水英 | 陈荣立 | 蔡道富 | 卢锦 |
| | 曹师孟 | 穆祥普 | 沈劲梅 | 姜凤良 | 曾龙秀 | 薛成名 | 尹继春 | 章梅罗 |
| | 牛振清 | 张学洲 | 赵金余 | | | | | |
| 51602 | 陈顺才 | 张焕和 | 史华 | 张彦玲 | 沈劲梅 | 唐福祥 | 徐晴 | 樊绰 |
| | 冯国华 | 郑鸿达 | 孙智 | 董明慧 | 靖季洛 | 郭实 | 陈宙光 | 刘添雄 |
| | 郑传俊 | 韩安诚 | 张学立 | 汤浩 | 关绮玲 | 殷仁义 | 诸根法 | 许儒林 |
| | 崔明凤 | 程宝安 | 郑继泰 | 谈定国 | 田福春 | 俞林霞 | 马显贵 | 刘明哲 |
| | 项金娣 | 孙兴 | 杨斯荣 | 张安民 | 林汉光 | 刘爽 | 李永祥 | 王保珉 |
| | 朱希哲 | | | | | | | |

续表

| | | | | | | | | |
|---|---|---|---|---|---|---|---|---|
| 51603 | 林汉光 | 刘爽 | 曾龙秀 | 李永祥 | 薛成名 | 尹继春 | 王保珉 | 章梅罗 |
| | 陈仲琴 | 杨甲宾 | 牛振清 | 周明茶 | 张学洲 | 朱希哲 | 高锦福 | 赵金余 |
| 52601 | 董囤仓 | 张子强 | 任殿云 | 张应清 | 刘志忠 | 李红 | 刘大伟 | 沣殿文 |
| | 罗汉兴 | 周绪国 | 罗兹照 | 苏广川 | 黄策斌 | 盛忠禧 | 包招琴 | 董文陶 |
| | 骆月英 | 刘德喜 | 孙全忠 | 苗瑞芬 | 王士宏 | 王秀清 | 李凤林 | 王凤清 |
| | 张玉明 | 原乐昌 | 尤婉贞 | 樊宏玉 | 石祖凤 | 丁善魁 | 许全金 | 范泽昌 |
| | 侯善元 | 叶选宁 | | | | | | |
| 53601 | 张东升 | 秦敖龙 | 俞忠文 | 陈申棣 | 周菊芬 | 蒋士弘 | 蒋景章 | 孙妙生 |
| | 段天炳 | 陈午海 | 耿广玉 | 高德亭 | 王淑敏 | 段进宅 | 陈嘉树 | 赵银丰 |
| | 霍朵花 | 李泰恩 | 张桂芝 | 宿云占 | 和宝恒 | 张维华 | 朱向云 | 张久江 |
| | 谈清漪 | 管真荣 | 李世明 | 陈介华 | 王佩兰 | 丁齐峙 | 周晓华 | 孔德旺 |
| | 李铁军 | | | | | | | |
| 53602 | 林守霖 | 傅宝玉 | 矫美 | 朱德金 | 陆宏凯 | 张载荃 | 张富存 | 武再义 |
| | 鲁靖尹 | 高振声 | 陈淑云 | 刘勇 | 杨舒哉 | 姚龙贵 | 郭利茂 | 朱亨柱 |
| | 吕惠民 | 王春汝 | 王喜林 | 刘洪福 | 方树学 | 曹振球 | 孙洪云 | 周凯讯 |
| | 洪玉英 | 李坤明 | 纪桂荣 | 赵玉璋 | 王香田 | 姚银增 | 唐元荣 | 董宏发 |
| 51611 | 严思元 | 郝正富 | 雍世余 | 周桂青 | 李振坤 | 刘玉德 | 曾普顺 | 黄绍起 |
| | 张萍 | 李淑敏 | 黄乃篪 | 王作强 | 张长生 | 张家发 | 石美玲 | 叶芸 |
| | 马贵才 | 王化风 | 商广聚 | 杨青莲 | 孙善述 | 郭恒山 | 刘广悦 | 王焕墀 |
| | 邹春梧 | 李子成 | 邢松海 | 武知义 | 马家龙 | 许盛海 | 李明全 | 王国安 |
| | 罗文波 | 李桂英 | 郭洪濡 | 王志有 | 杨秀琴 | 杨彩萍 | 马好德 | 王富精 |
| | 单广军 | 苏立伟 | 孟范玲 | 杜易琴 | 全乃茜 | | | |
| 51612 | 李林 | 刘长赞 | 王庭范 | 杨德明 | 赵学臣 | 高树庭 | 沈伯荣 | 弋稻 |
| | 石兴福 | 王贵来 | 刘明太 | 宋高兴 | 张广民 | 李文汗 | 匡镜明 | 练志民 |
| | 刘永刚 | 吕菊序 | 周录秀 | 冯蕖 | 王文芳 | 王淑英 | 薛桂兰 | 王星华 |
| | 雍世余 | 曾普顺 | 张家发 | 石美玲 | 刘广悦 | 王焕墀 | 王国安 | 李桂英 |
| | 杨秀琴 | 马好德 | 方全生 | | | | | |
| 51613 | 李灿玺 | 李坡清 | 智喜春 | 邵为民 | 王子成 | 陈荣生 | 李志广 | 戴玉书 |
| | 霍金波 | 丁树人 | 王生伟 | 丛涌 | 赵少鹏 | 朱文英 | 苗生茹 | 侯庆飞 |
| | 郑乃静 | 吴京芝 | 陈桂秀 | 韩仁九 | 周桂青 | 高登峰 | 秦明清 | 徐文斌 |
| | 周玉林 | 王学元 | 陈传梁 | 唐秦夫 | 刘靖 | 邓经甫 | 刘永勤 | 屈鸿伸 |
| | 刘瑞华 | 韩仁九 | 周士元 | 沈雅琴 | 郑奎芝 | 魏金姝 | 周芝芳 | 尚风君 |

续表

| 52611 | 赵永良 | 周福枢 | 周宝阁 | 汤汉章 | 闫铁钢 | 王民培 | 马淑琴 | 姜汝新 |
|---|---|---|---|---|---|---|---|---|
| | 宗国明 | 王云 | 赵德玉 | 童万芊 | 付元忠 | 张锁柱 | 吴瑞良 | 庞如敏 |
| | 李建国 | 董吉善 | 吴世芬 | 魏继明 | 魏志刚 | 吴语浩 | 张建民 | 王兴家 |
| | 赵桂良 | 吴本遐 | 洪蓉 | 王金龙 | 王淑敏 | 李桂芳 | 陈盈增 | 张玉成 |
| | 谢勇 | 陈美新 | 李万山 | 卫志玉 | 辛云柱 | 苏学谦 | 张延二 | 刘殿利 |
| 53611 | 乔金星 | 胡宝廷 | 陈均和 | 邹泽坚 | 赵稳 | 岳海光 | 徐安国 | 蔡鸿魁 |
| | 徐寄 | 李光前 | 王恩涛 | 李润霞 | 李之如 | 蔡朝友 | 毛佩芬 | 钟同才 |
| | 杨发珍 | 张志兰 | 李振田 | 李世浩 | 贾振义 | 叶发兴 | 王希宝 | 赵毓梅 |
| | 林治家 | 张风琴 | 梁宝庆 | 卫志玉 | 辛云柱 | | | |
| 54611 | 郭玉升 | 张焕基 | 高中立 | 徐惠 | 肖玉明 | 徐俐弟 | 王凤钗 | 石宝利 |
| | 赵金龙 | 张秀琴 | 贾善诚 | 郝同庆 | 刘惠敏 | 徐廷元 | 尹培玉 | 梁瑞海 |
| | 吴方元 | 王昭恕 | 韩景琦 | 杜望月 | 李丕镜 | 曹介元 | 陈嘉祥 | |
| 51621 | 齐小琴 | 王运浓 | 赖婉琏 | 武俊翔 | 易枚根 | 彭怡明 | 张广德 | 夏志良 |
| | 付妈娟 | 朱兆佩 | 甘招益 | 关继武 | 李兴昌 | 王魁麟 | 潘海润 | 张铁林 |
| | 杨力华 | 张东明 | 曹治平 | 章少坪 | | | | |
| 51622 | 崔巍 | 金发庆 | 方则生 | 邢宏坤 | 李叔平 | 邵智民 | 郑竹华 | 于学鲁 |
| | 李广洲 | 向广志 | 石媛珍 | 秦惟永 | 熊先平 | 金大多 | 李振义 | 林黎 |
| | 贾峰峰 | | | | | | | |
| 52621 | 贾树彭 | 丁锡常 | 吴春福 | 侯占波 | 程剑英 | 刘增田 | 高毅忠 | 田开莲 |
| | 丁邦朝 | 阳仁初 | 李钰绩 | 胡昌贵 | 胡耄祺 | 段富学 | 封永华 | 孙忠良 |
| | 张玉兰 | 刘大文 | 王淑珍 | 张亚光 | 康继民 | 刘柴桂 | | |
| 53621 | 朱福根 | 吴世杰 | 熊联敏 | 徐景阳 | 王明生 | 杨立夫 | 吴佐清 | 卢振钊 |
| | 王克庆 | 林保罗 | 王元昌 | 章盾之 | 赵鹏耀 | 王群祥 | 曹东地 | 鹿爱玲 |
| | 潘晓明 | 余文 | 田福兰 | 张普祥 | 李德玉 | 张肇嘉 | | |
| 53621 | 朱献有 | 陈义蛮 | 葛存余 | 王秋琴 | 张汉奎 | 刘绎达 | 宋立存 | 袁中立 |
| | 王世文 | 余祥云 | 王莉 | 杨应威 | 包永采 | 冷大善 | 钱克 | 萧锡光 |
| | 张乾本 | 粟道雄 | 盛德行 | 王大熊 | 陈立群 | 高雅文 | 王宽厚 | 许以成 |
| 51631 | 蒋谟超 | 索达文 | 佟秀清 | 张福礼 | 雷裕权 | 唐华明 | 力强 | 王金城 |
| | 吴键 | 刘逢才 | 陈维翰 | 魏亚周 | 王小钊 | 艾меж勤 | 潘柳洪 | 杨炳炎 |
| | 公仲平 | 但尧 | 郭金麟 | 陈兆琪 | 赵晓辉 | 阮永泽 | 李学仁 | 张全忠 |
| | 郭金燕 | 鲁爽利 | 郑习芳 | 杜素真 | 黄梅莉 | 杨红青 | 司宝兰 | 胡兰娣 |

续表

| | | | | | | | | |
|---|---|---|---|---|---|---|---|---|
| 51632 | 张增财 | 王善松 | 罗申光 | 蒋开基 | 张长清 | 李忠诚 | 田随明 | 徐传龙 |
| | 刘振忠 | 安廷忠 | 孙玲 | 潘淑敏 | 殷绍祥 | 高春庚 | 王之礼 | 李奎华 |
| | 江新开 | 张宝珊 | 叶定森 | 王亚萍 | 张大坚 | 王维福 | 汪亚民 | 李冀 |
| | 许凤琦 | 岳志夫 | 韩同庆 | | | | | |
| 52631 | 闫士兀 | 王枚 | 徐明心 | 何嘉红 | 李杨爽 | 苏春贵 | 金志红 | 王玉英 |
| | 冷书花 | 邓鹏飞 | 李宝君 | 尚本盛 | 刘国梁 | 葛次德 | 彭佑祥 | 袁醒华 |
| | 张钦明 | 万新光 | | | | | | |
| 53631 | 汪静 | 张兰芳 | 张小和 | 彭玲 | 孙晓梅 | 张金銮 | 李敬侠 | 王康莉 |
| | 陈伯千 | 武忠 | 张乃铃 | 王祥生 | 叶经典 | 周振福 | 宋继忠 | 刘云彩 |
| | 陈海涛 | 熊承豪 | 王传锋 | 杨秋容 | 陆坤祥 | 胡德伍 | 王楚雄 | 贺如文 |
| | 洪浩然 | 宋模侃 | 卢升恩 | | | | | |
| 53632 | 王法善 | 叶如华 | 高钟田 | 张景南 | 蔺魁臣 | 崔金龙 | 邓小兵 | 帖增慈 |
| | 颜静仪 | 侯文儒 | 周小燕 | 张光蓉 | 王大昕 | 吴懋森 | 徐建树 | 姚可求 |
| | 沈致襄 | 卞火金 | 吴玉成 | 高延层 | 张棣 | 李风和 | 张占学 | 刘少安 |
| | 温泽民 | 宋学清 | 张富贵 | | | | | |
| 51641 | 王免吾 | 王益安 | 于学友 | 王光和 | 王德展 | 叶秋 | 刘敦友 | 刘章俭 |
| | 肖佩君 | 邢国良 | 李柱 | 曹元大 | 李雪皎 | 陈也君 | 郑义桐 | 贺贤诚 |
| | 赵霖茂 | 杨林 | 孙亚民 | 贾雪廷 | 魏玲 | 郑昭镇 | 陆诗庄 | 程云芳 |
| | 金德盛 | 陈大佑 | 余将玉 | 常金锁 | 袁宏新 | 郭进军 | 唐海球 | 吴昌华 |
| 51642 | 丁印琛 | 王俊良 | 孙翠兰 | 邓景锁 | 韩玉芳 | 张民主 | 董兆钧 | 杨元芳 |
| | 李朋兰 | 许东升 | 周怊丰 | 朱肇明 | 张崇家 | 陈松柳 | 刘万学 | 郑继忠 |
| | 屈振起 | 孙炳先 | 程大智 | 苏惠琴 | 江永清 | 王贯忠 | 徐杰 | 涂从菊 |
| | 王恒林 | 王志清 | 吴培聚 | 姚正祥 | 张履华 | 曹观东 | 张国华 | 浦世节 |
| | 王光德 | 周东燕 | | | | | | |
| 52641 | 于有强 | 王延春 | 付惠英 | 刘晓海 | 王兆柱 | 吴祥敏 | 钟太安 | 曾唯实 |
| | 柏海生 | 何秀芝 | 黄雪清 | 李铁山 | 刘洪泽 | 邢博望 | 刘玉京 | 王永升 |
| | 刘仁洲 | 董大合 | | | | | | |
| 53641 | 王季芬 | 杨秀敏 | 李有 | 李卫东 | 汤森金 | 朱玉复 | 郭泰春 | 黄岫岩 |
| | 徐林法 | 常毓盛 | 刘淑贤 | 查培才 | 张含生 | 王网保 | 张敏如 | 向渝江 |
| | 魏丙坤 | 申枫 | 徐伯遐 | 刘振东 | 陶佑 | 张弥 | 周敏玉 | 李焕娣 |
| | 吴发根 | 季炎业 | 邱源忠 | 彭升平 | 李必雄 | 李胜岩 | 高家柱 | |

续表

| 53642 | 于际兰 | 杨根兴 | 苏美玲 | 张桐坤 | 张木坤 | 刘念辉 | 王飞沙 | 朱世霞 |
|---|---|---|---|---|---|---|---|---|
| | 马天禄 | 苏顺生 | 王力力 | 游佳芬 | 伊淑娟 | 徐广振 | 朱克金 | 王润生 |
| | 毛宏春 | 刘玉环 | 孔忠来 | 张登山 | 韩惠莲 | 赵宝卷 | 牟华晨 | 马克继 |
| | 施鹤鸣 | 袁耀辉 | 谢新民 | 谢彦哲 | 姜志法 | 高大奎 | 尹明康 | 裴学良 |
| 51651 | 郑伯宏 | 郑官鹏 | 王瑞缓 | 王延才 | 尹仁宣 | 申平 | 卢料光 | 孙海涛 |
| | 刘春桃 | 李玉萍 | 沈洪礼 | 步正发 | 杨德伟 | 杨岩林 | 杨舒厚 | 周正衍 |
| | 胡华军 | 尚英春 | 罗成林 | 张守范 | 张玉林 | 张忆古 | 张晓月 | 张颖韬 |
| | 赵留安 | 俞良忠 | 宣百诗 | 徐申 | 徐建华 | 黄学明 | 窦榆秀 | 蒋乾忠 |
| 51652 | 王承义 | 王立文 | 王岳云 | 孙凡珍 | 齐彩云 | 孙丽媛 | 李月生 | 李盛明 |
| | 李治国 | 闫宝山 | 刘长月 | 朱振华 | 何永生 | 薛广壁 | 宋玉山 | 肖木雄 |
| | 周佐梧 | 周毅 | 胡殿文 | 林玉兰 | 张延程 | 张林华 | 张松海 | 张树刚 |
| | 郭瑞凤 | 徐德亮 | 梁尚志 | 梁中龙 | 屠纹君 | 程继民 | 贡泽来 | 廖林晓 |
| 52651 | 王占松 | 王金良 | 石织文 | 李大琳 | 李万修 | 李尚书 | 刘中立 | 刘惠民 |
| | 赵明伦 | 张进科 | 张樟森 | 张殿德 | 徐继开 | 徐景川 | 倪炳尧 | 程念沛 |
| | 谭志伦 | 谭帼彬 | 龚文华 | | | | | |
| 53651 | 田鹏 | 王成名 | 王传生 | 王梦荣 | 王建 | 王振玉 | 叶正大 | 李茂彬 |
| | 陈正全 | 陈美凤 | 陈修平 | 周玉芳 | 金英 | 杨玉森 | 赵忠仁 | 赵子婴 |
| | 张兰 | 孙延铭 | 孙启林 | 郝书清 | 袁良范 | 姜玉珍 | 姜宗群 | 常天富 |
| | 黎新华 | 樊国 | 罗周华 | 魏玉英 | 魏暖华 | | | |
| 53652 | 王宏远 | 张治中 | 王雪英 | 叶德寿 | 叶保堂 | 马文杰 | 刘翼 | 刘胜芳 |
| | 陈继友 | 张开文 | 张桂芝 | 李春明 | 严登亮 | 祝永华 | 胡晓红 | 吴宗福 |
| | 张开文 | 张桂芝 | 张东煜 | 张玉福 | 张适平 | 郝锦良 | 赵玫 | 徐水根 |
| | 高少军 | 靖卫 | 薛小秋 | 朱允明 | | | | |
| 51721 | 王国英 | 王建平 | 王国芝 | 李正新 | 伍伟为 | 刘自伟 | 张萍 | 郭雪红 |
| | 丁世坤 | 刘彦礼 | 宋利军 | 何晓敏 | 孙长胜 | 孙国知 | 陈志军 | 徐迹 |
| | 张银珠 | 张万达 | 张秋生 | 程国宇 | 丁桓振 | 白玉海 | 郑睦广 | 范献林 |
| | 黄性寅 | 钱远来 | 翟祥水 | 曹国大 | 蔡加根 | 许振海 | | |
| 51722 | 丁天兴 | 王义章 | 王树田 | 王同宇 | 王荣桂 | 李银寿 | 冼玲 | 党韶霆 |
| | 黄洪德 | 盛建毕 | 王功甫 | 方雅玲 | 付庚申 | 朱以惠 | 刘淑珍 | 李福郁 |
| | 唐琴 | 张寿山 | 雷有纪 | 谢仲明 | 戴俊杰 | 齐进化 | 齐成东 | 朱隆明 |
| | 单启虎 | 郝为民 | 钟德胜 | 张树国 | 曹智信 | 李景明 | | |

续表

| 52721 | 王济亮 | 王利章 | 文世杰 | 周平 | 师为国 | 杜方新 | 吴俊国 | 吴运济 |
|---|---|---|---|---|---|---|---|---|
| | 徐德功 | 杨存源 | 张莉莉 | 黄建春 | 彭京玲 | 王丽亚 | 王延平 | 王洪俊 |
| | 邓建国 | 任湖龙 | 宋保生 | 李秀坤 | 李德胜 | 李景瑞 | 周志迓 | 赵海金 |
| | 陈永祥 | 樊孝忠 | 贺跃 | 郝振清 | 郝仲兰 | 杨贵喜 | 张志莲 | 赵文学 |
| | 白金利 | 刘世涛 | 刘之水 | 李树田 | 张荣友 | 张进军 | 梁金海 | 曹宁波 |
| | 王旭旺 | | | | | | | |
| 52722 | 于清帝 | 王占楼 | 王允民 | 王俊峰 | 戈光猛 | 吕作吉 | 朱智明 | 刘景文 |
| | 刘宗龙 | 刘广富 | 刘建章 | 李保权 | 李井泉 | 李贵春 | 宋检 | 孙乐斌 |
| | 马国顺 | 赵军营 | 赵平均 | 肖经瑜 | 张红月 | 张贵存 | 陈木生 | 苏国军 |
| | 范布林 | 高志海 | 高苗栓 | 黄发军 | 靳大成 | 姜宗平 | 董金福 | 樊振虎 |
| | 穆守泽 | 刘更银 | | | | | | |
| 53721 | 仇允香 | 肖明礼 | 季汉如 | 白建东 | 周学民 | 孙安琪 | 鲁建浩 | 毛荣华 |
| | 郑广淑 | 刘秉宝 | 刘艳华 | 李海 | 马长春 | 郝万选 | 段喜玲 | 郭太秀 |
| | 邹乃叡 | 赵秀珍 | 唐令秀 | 陈庆敏 | 梁尤金 | 谭慧明 | 何德均 | 王吉山 |
| | 朱济文 | 许向党 | | | | | | |
| 53722 | 丁爱勤 | 戈晓梅 | 申福球 | 房梅 | 李进发 | 李虹霞 | 苏桂琴 | 唐先玉 |
| | 谢崇义 | 王玉荣 | 王彦顺 | 尹存碧 | 肖克贵 | 宋学军 | 郑贵 | 李必华 |
| | 李盼兴 | 苗德山 | 陶贵之 | 康平 | 孙振亭 | 张仲西 | 徐光富 | 杨仕明 |
| | 谭成德 | 王顺忠 | 吕占海 | 孙继宝 | 张桂琴 | | | |
| 51731 | 王志刚 | 王锦海 | 代宗才 | 左凤琴 | 倪和珍 | 马瑞 | 刘光本 | 刘根茂 |
| | 吕学智 | 朱凯放 | 余治英 | 张桂英 | 张科 | 张宜文 | 兰顺喜 | 李彪 |
| | 李慧忠 | 何英 | 严黎华 | 胡应全 | 杨留根 | 杨建法 | 程国平 | 徐金洪 |
| | 陈国华 | 陈永明 | 赵秋刚 | 赵新民 | 黄小平 | 黄绍清 | 黄德辉 | 唐苏南 |
| | 裴维雅 | 高玉屏 | 廖清林 | 赖建一 | 文光政 | 王秀兰 | 魏翠芝 | 马建惠 |
| | 邵义男 | 赵艳芝 | 杨凤霞 | 黄瑞成 | 王峰 | 王少前 | 马继泉 | 邓铁军 |
| | 李印早 | 李伯华 | 孙国强 | 林万根 | 张天金 | 谷兆禄 | 杨永浩 | 陈渊 |
| | 覃正宏 | 曾武 | 曹立昌 | 曹恩君 | 焦茂寅 | 钱叶茂 | 戚美华 | |
| 52731 | 王丽珍 | 白星西 | 刘文志 | 刘义文 | 刘万春 | 刘爱凤 | 朱玉文 | 李巧玲 |
| | 苏文忠 | 胡金阁 | 陈英 | 张华生 | 张红坤 | 张书泽 | 张喜泰 | 赵向荣 |
| | 陶柏洪 | 繆玲玲 | 于长春 | 王兰 | 马兆荣 | 张雪兰 | 崔世伟 | 王咸丁 |
| | 刘福才 | 曲乃泉 | 李家振 | 李玉珍 | 李岩 | 张英 | 张文全 | 施正美 |
| | 贾志安 | 廖六福 | 周克伟 | 张远泉 | 崔素华 | 史云祥 | | |

续表

| 53731 | 王荣生 | 王锡林 | 刘伯坤 | 任晓辉 | 朱明初 | 吴金根 | 冯大焕 | 肖泽惠 |
|---|---|---|---|---|---|---|---|---|
| | 杨肖军 | 赵川东 | 张一闽 | 张日祥 | 段成友 | 柴光荣 | 桑好成 | 黎文莲 |
| | 许玉民 | 李银书 | 梁保志 | 梁保生 | 雷五成 | 魏茂华 | 刘安超 | 伍捍东 |
| | 张国军 | 段毅 | 赵敬忠 | | | | | |
| 51741 | 王东民 | 王俊生 | 白玉琴 | 刘启荣 | 刘兴义 | 宋欣 | 李雨琴 | 郑显华 |
| | 周毓秋 | 许留华 | 马春勤 | 张省民 | 徐晓敏 | 赵春霞 | 杨国玉 | 王世谦 |
| | 段继周 | 张文宣 | 周训平 | 冯连山 | 唐德银 | 徐成怀 | 韩思奇 | 曹敏 |
| | 杨加华 | 谢学强 | 旷章维 | 王万锁 | 陈前方 | 厚书通 | 聂新平 | 谭国良 |
| 51741 | 王宝珠 | 王雪珍 | 何星 | 李增涛 | 张建国 | 张福宝 | 张弄琴 | 张永安 |
| | 郭秀荣 | 杨再华 | 戚福顺 | 百忠民 | 付广林 | 华洪兴 | 张秀霞 | 周志兴 |
| | 李凤霞 | 李军 | 高吉祥 | 高英梅 | 马培金 | 陈爱玲 | 韩双成 | 程德文 |
| | 慎保生 | 郭莲香 | 薛爱华 | 钱莲芳 | 王茂顺 | 李和平 | 候志远 | 黄萍 |
| 53741 | 孙林 | 宋秀普 | 吴光明 | 沈光武 | 李玫 | 李继章 | 何征宇 | 袁子贤 |
| | 梁敏 | 孟德 | 曹玉文 | 欧阳白 | 潘晓勤 | 漆建国 | 王丽华 | 王光伟 |
| | 古琼英 | 李岑 | 曲以杰 | 邵展眉 | 张洪斌 | 张瑞 | 梁速建 | 覃荫海 |
| | 杨延林 | 勒新建 | | | | | | |
| 54741 | 刘占山 | 马苏群 | 陈建益 | 王书贤 | 王全玉 | 宋锦玲 | 刘福求 | 陈少维 |
| | 赵文斌 | 赵显利 | 唐秀云 | 韩建忠 | 高顺堂 | 雷胜琼 | 谢珺堂 | 王复正 |
| | 段新民 | | | | | | | |
| 51742 | 王桂桐 | 王友权 | 言国武 | 刘旭光 | 华培明 | 孔祥华 | 李丹凝 | 李长生 |
| | 陈茂华 | 陈文忠 | 陈会书 | 张才源 | 张玺 | 张志羚 | 郑松柏 | 徐文清 |
| | 高晋生 | 姜克华 | 欧阳忠标 | 施翼峰 | 梁新颖 | 黄西海 | 秦汉中 | 甄玉民 |
| | 魏耀兴 | 魏关胜 | 王福清 | 周新才 | | | | |
| 51751 | 王泽荣 | 刘建辉 | 孙建国 | 徐建新 | 崔桂英 | 王栓荣 | 史孔银 | 史金庆 |
| | 刘布民 | 朱红 | 李世玉 | 李连英 | 周象亮 | 段建新 | 唐丹力 | 张车平 |
| | 常九祥 | 梁世凤 | 杨昌华 | 杨美英 | 韩行让 | 费维成 | 蒲自美 | 李贵生 |
| | 张银彪 | 高明山 | 展爱军 | 李伯华 | | | | |
| 52751 | 李景才 | 吴西西 | 林芬荣 | 马振飞 | 侯文林 | 侯福生 | 陶岸凝 | 徐汝昭 |
| | 黄亚阳 | 段野鸣 | 王建华 | 王发祥 | 王浩森 | 王喜廷 | 刘玉发 | 伍兴成 |
| | 靳凤云 | 张蓉 | 段羡芝 | 袁炜军 | 胡道媛 | 杨杏芬 | 董新华 | 高英华 |
| | 戴淑霞 | 张平 | 张晓奇 | 胡春荣 | | | | |

续表

| 54751 | 王莉 | 王晓滨 | 王连 | 辛晓俊 | 孔爱玲 | 周岱荣 | 马文华 | 晶克 |
|---|---|---|---|---|---|---|---|---|
| | 黄美云 | 蒲卫东 | 穆德成 | 魏国亮 | 刘贺琴 | 杜红礼 | 周翠琴 | 张云飞 |
| | 李振江 | | | | | | | |
| 51761 | 周启明 | 杨松林 | 王渊民 | 许火增 | 李红兵 | 陆野兵 | 刘晋平 | 李兰亭 |
| | 李力泉 | 贾粤生 | 熊国津 | 宋燕华 | 马昌元 | 黄明文 | 丁怀申 | 冯建华 |
| | 黄开振 | 王爱国 | 特木其 | 依克苏苏 | 曹向荣 | 李学舒 | 吉子安 | 邹兆普 |
| | 田勇智 | 范忠伟 | 唐隆文 | 胡强 | 张代忠 | 王素英 | 冠碧华 | 刘中建 |
| 51762 | 李广安 | 张滨 | 马学俭 | 黄京海 | 吴运德 | 李金梅 | 任福和 | 万春光 |
| | 江书平 | 张池 | 许青 | 江瑞才 | 田振环 | 吴建国 | 章坤 | 周宗建 |
| | 王树峰 | 谭依群 | 李长栋 | 袁守明 | 常卫忠 | 魏美莲 | 刘伟瑞 | 刘志能 |
| | 周琦琦 | 陈兴惠 | 李兴国 | 吴秀珍 | 唐祖才 | 闫增亮 | 罗毅 | 孙长旺 |
| 52761 | 刘博 | 张利民 | 温海源 | 欧镇跃 | 吴跃丽 | 陈超群 | 翟保健 | 陈育民 |
| | 赵玲 | 李建华 | 赵金边 | 孙新考 | 刘澎 | 安宏伟 | 张福生 | 韩克 |
| | 张宏生 | 乔建军 | 李金宽 | 韩淑芳 | 万翠霞 | 羡乃维 | 朱根生 | 闵春祥 |
| | 吴伟岑 | 丁渤 | 叶泽宽 | 朱孝敏 | 温清群 | 蒋合省 | 苏英 | 刘嘉穗 |
| | 赵利群 | 黄文贵 | 唐宏帆 | 俞永康 | 邱胜利 | | | |
| 53761 | 李玉林 | 杨晋平 | 王泽秀 | 张俊山 | 姜少华 | 范卫国 | 徐新国 | 张石明 |
| | 黄志国 | 李树安 | 于援朝 | 李建新 | 史国华 | 娄卫国 | 宋红斌 | 况江英 |
| | 曾新珍 | 马淑坤 | 胡孝忠 | 詹文铸 | 齐风钢 | 蒋秀胜 | 董晓华 | 黄建雄 |
| | 刘中南 | 李庆芝 | 朱和平 | 韩红雅 | 吴淑秀 | 王金柱 | 王雪琴 | 沈利 |
| | 陶福荣 | 高秀荣 | 李胜国 | 吴卫伟 | 王文博 | | | |
| 54761 | 李新春 | 李冠琦 | 张汉凯 | 王燕飞 | 郑向东 | 李丽君 | 宋红 | 冯新菊 |
| | 李永平 | 王皓 | 苏敬绪 | 李玉德 | 杨本厚 | 黄承彩 | 李菊兰 | 陈爱萍 |
| | 王强 | 孙殿启 | 杜南军 | 张龙旋 | 窦炜明 | 张英 | 苏保亚 | 王建纲 |
| | 原浩 | 张群 | 周明 | 王泽秀 | | | | |
| 51771 | 陈利利 | 侯玉慧 | 陈晋 | 梁君言 | 赵亦工 | 赵强 | 沈树东 | 朱泾渭 |
| | 杨方耀 | 马中学 | 徐连华 | 李娟 | 黄瑞光 | 王也隽 | 苏静 | 赵克俭 |
| | 娄旭 | 李钢 | 董艳蕊 | 李燕民 | 吴开明 | 任子西 | 周东 | 刘文典 |
| | 赵春祥 | 薛允成 | 梅刚盆 | 刘强 | 李瀛 | 朱刚 | 武金良 | 黄玲 |
| | 韩奇 | | | | | | | |

续表

| 51781 | 陈聪 | 陈颖 | 李嵩 | 刘玉海 | 徐红 | 卜建诚 | 王平 | 屈文安 |
|---|---|---|---|---|---|---|---|---|
|  | 吴志跃 | 王立 | 李益民 | 黄荔忠 | 陈波 | 王玉祥 | 张茂刚 | 毛征 |
|  | 马双明 | 齐润东 | 徐利民 | 李勇 | 谢心波 | 马连山 | 孙涛 | 修建华 |
|  | 樊建平 | 余毕新 | 张冠杰 | 孙公民 | 姬有印 | 葛宁柯 | 王东宇 | 姚进 |
|  | 谢俊一 | 徐卫列 | 李强 | 李冰 | 曹阳 | 张毅梅 |  |  |
| 52781 | 单跃燕 | 李红平 | 刘为民 | 汤传瑛 | 林钢 | 曾旭辉 | 邹泽坤 | 高萍 |
|  | 真良基 | 洪恩宇 | 王苏宁 | 王建军 | 赵未元 | 郑岳鹏 | 哈斯 | 路琦 |
|  | 徐英新 | 虞向东 | 王蜀珉 | 张建 | 姜平 | 郑江鸿 | 任二民 | 张继武 |
|  | 程寿松 | 郭恒昌 | 李科峰 | 王玉芳 | 张红峻 | 杨社堂 | 姚小强 | 何红波 |
|  | 刘捷 | 杨光 | 管鸣 | 李乃鑫 | 刘康 | 曾红 | 张自芳 | 周必鸿 |
| 53781 | 林勃 | 倪琳 | 王建梁 | 李宝昌 | 韩力 | 石光 | 吕昕 | 张培华 |
|  | 何永华 | 王志强 | 曾钦辉 | 苏屏 | 李伟中 | 安彦蓉 | 孟献力 | 王军 |
|  | 雷开跃 | 刘保山 | 勇刚 | 季文伟 | 高英武 | 丁红 | 梁培康 | 宋毅 |
|  | 姜永富 | 梁富申 | 穆小敏 | 李春雷 | 何明 | 朱静 | 周孝先 | 游钧萍 |
| 54781 | 王桢 | 边乃惠 | 宋林静 | 张里航 | 曹菲 | 杨志勇 | 邹绮 | 边小刚 |
|  | 符建名 | 李石 | 王宏 | 韩淑华 | 刘德忠 | 石西曾 | 齐秋群 | 郭群刚 |
|  | 姜洪福 | 寿方威 | 梁宝生 | 沈方 | 赵亮中 | 徐旻 | 王洪春 |  |
| 55781 | 冯洁 | 李英 | 窦培京 | 孙戈川 | 涂国放 | 许建平 | 沈明 | 徐佳 |
|  | 孙建华 | 吴红斌 | 李建南 | 王飞 | 李宏 | 封吉平 | 朱晓东 | 孙宇 |
|  | 邹建林 | 谢峰 |  |  |  |  |  |  |
| 51791 | 孙伟民 | 刘明 | 屈建民 | 杜江凌 | 黎良 | 魏雯 | 张树荣 | 付永泉 |
|  | 付刚 | 原学义 | 谢海祥 | 贺长红 | 范琦 | 崔君如 | 赵少平 | 周志寅 |
|  | 刘云安 | 郝晓民 | 李相平 | 刘洪泉 | 郑延光 | 罗永恒 | 王鹏刚 | 白海涯 |
|  | 王小唯 | 李方春 | 项海富 | 胡顺月 | 沈亚光 | 李娟 | 尚娜 | 泰志华 |
|  | 黄孔鹏 | 高敏华 | 师文青 | 胡俊杰 | 刘文江 |  |  |  |
| 52791 | 单桂娜 | 项红 | 张海燕 | 简明 | 范平 | 李刚 | 王滢 | 柳红建 |
|  | 廉惠 | 吴望星 | 熊壮 | 赵平 | 吴长松 | 肖义金 | 陈红 | 张民社 |
|  | 王志宁 | 高强 | 庄帆 | 雷执中 | 王清 | 朱光 | 徐国庆 | 董宝成 |
|  | 郑敏 | 雄予平 | 刘淦江 | 张建春 | 刘运华 | 郑毅 | 李齐 | 林福平 |
|  | 郭云飞 | 朱玉萍 | 韩建昌 | 徐禾 | 张四八 |  |  |  |

续表

| 53791 | 王赤 | 赵岩 | 袁博 | 田丽卿 | 刘赤 | 郭刚 | 郁立凡 | 周敏 |
|---|---|---|---|---|---|---|---|---|
| | 陈红 | 夏蓉 | 陈松 | 马睿 | 陈为沛 | 黄晓敏 | 姚惠文 | 陶建平 |
| | 聂东升 | 王成家 | 肖书君 | 计长鹏 | 刘高峰 | 郝建军 | 王学田 | 叶亲翔 |
| | 姜兴 | 李亚波 | 王桂梅 | 林建红 | 周理平 | | | |
| 54791 | 程海华 | 曾天剑 | 陈敏 | 李克林 | 罗戎生 | 徐鹤立 | 陈丹 | 刘清洪 |
| | 伍孟平 | 魏淑秋 | 耿以林 | 周晨军 | 朱林珍 | 郑庆生 | 杜利民 | 尤剑辉 |
| | 程振洲 | 林志熊 | | | | | | |
| 55791 | 李占京 | 刘文军 | 许丽均 | 李海 | 钱玉民 | 周建国 | 朱红卫 | 曾望 |
| | 许琮 | 曹阳 | 刘建夏 | 李敏君 | 谢明辉 | 许全 | 何军 | 马彦林 |
| | 郑华胜 | 张健 | 高敏耀 | | | | | |
| 51801 | 栗阳 | 李英 | 艾刚 | 李晓可 | 王瑶琨 | 宋群毅 | 林景 | 张向群 |
| | 魏智 | 夏凌 | 李玫 | 朱式顺 | 黄谷 | 陈勇 | 薛丽娟 | 王建青 |
| | 江南 | 王炳一 | 张祖杨 | 明德升 | 吴国治 | 王晓谨 | 吕锐 | 安波 |
| | 刘向东 | 张瑞兰 | 何琦 | | | | | |
| 53801 | 方燕 | 郁海平 | 张鹏 | 李建华 | 刘建跃 | 于树海 | 宋双兵 | 姜海军 |
| | 王晓平 | 詹铁应 | 王亚洲 | 范晓东 | 张启华 | 邱承跃 | 于集建 | 李世宽 |
| | 陈芸梅 | 刘福生 | | | | | | |
| 55802 | 姬秋生 | 马蔚宇 | 华敏华 | 左燕玲 | 周琼 | 马志远 | 任世宏 | 冯喜春 |
| | 李少宏 | 付强 | 张辛原 | | | | | |
| 51811 | 刘书明 | 李韬 | 金哲 | 郭振宗 | 陈建生 | 李文清 | 郭岩 | 张洁平 |
| | 赵丰 | 周丹红 | 苏焱 | 张丽萍 | 金玮 | 陈家杰 | 梁锦榕 | 王润良 |
| | 王少云 | 曹松青 | 庞雄汉 | 李轩 | 秦丽 | 谢东方 | 周宏锋 | 刘家康 |
| | 邹德民 | 刘俊青 | 丁方 | 张漫 | 潘敬华 | 屈江贵 | 杨仁贵 | 茅玉龙 |
| | 刘志明 | 胡永刚 | 黄大海 | 王文杰 | | | | |
| 53811 | 张春颜 | 金启辉 | 刘建新 | 胡金华 | 周永平 | 金星 | 王辉宁 | 吴一戌 |
| | 张珉 | 刘莉莎 | 张健 | 王友军 | 徐正明 | 陈仙玉 | 陈育谦 | 温彩恩 |
| | 申西伟 | 董林 | 徐建强 | 杨平 | 王正洪 | 崔永旗 | 方静 | 马逸 |
| | 吕志刚 | 朱健 | 吕宁 | | | | | |
| 54811 | 王建超 | 马晓辉 | 刘晓光 | 单燕萍 | 许晓风 | 赵玉文 | 崔松 | 宋春启 |
| | 戴建明 | 王建飞 | 王金土 | 宋向群 | 王军 | 徐宏伟 | 齐洁明 | 唐兴海 |
| | 张先武 | 秦宝华 | 王其明 | 徐国平 | 余丽波 | 张波 | 马雯 | |

续表

| | | | | | | | | |
|---|---|---|---|---|---|---|---|---|
| 55811 | 张文俊 | 郭春荣 | 张胜利 | 周志勇 | 常伟龙 | 战明川 | 李丽秋 | 杨晓 |
| | 崔正刚 | 陈燕鹏 | 周荣花 | 朱开明 | 李建新 | 吕现典 | 蒋安 | 安斗英 |
| | 赵国鸿 | 王永生 | 李爱华 | 邓新蒲 | 周镜平 | 陶刚 | 罗艳 | 李华 |
| 51821 | 许兴 | 张云杰 | 杜国文 | 周思慧 | 刘原 | 赖晨 | 徐清 | 陈景忠 |
| | 李智明 | 胡永 | 周雷 | 高劲 | 魏平 | 彭海涛 | 逯怀刚 | 杨海涛 |
| | 丁先和 | 庄晓群 | 吕晓庆 | 庄新民 | 肖光生 | 杨红心 | 朱志刚 | 姚学彬 |
| | 南建设 | 熊美保 | 付晓飞 | | | | | |
| 53821 | 杜自成 | 虞志辰 | 乐原 | 贾胜文 | 刘浩飞 | 武鸣 | 於洪标 | 王维玲 |
| | 陈硕 | 徐虹 | 陈敏 | 倪晓 | 徐秋生 | 陈志宏 | 张鑫 | 闫振华 |
| | 吕一师 | 黄志红 | 杜双娅 | 颜日强 | 庞延红 | 刘洋之 | 高炎 | 董万清 |
| | 魏东北 | 汪小玲 | 沈玉华 | | | | | |
| 54821 | 刘昆平 | 刘旭峰 | 汪新生 | 陈远宁 | 刘成 | 张金莉 | 陈磊 | 魏继航 |
| | 董景滨 | 庄金福 | 夏跃辉 | 张明 | 丛强滋 | 焦成科 | 李保安 | 张西京 |
| | 孙连汉 | 王从柏 | | | | | | |
| 51831 | 葛建平 | 丁良成 | 杨凤年 | 李为民 | 张军 | 曾玉红 | 郭捍平 | 张东浩 |
| | 李峥 | 江平 | 陈光文 | 李书宁 | 李波 | 余丹 | 张文赟 | 常宁宁 |
| | 王建新 | 陈楠 | 杨万军 | 张洪太 | 王明升 | 范宗良 | 贺利群 | 董树庆 |
| | 马力 | 卜祥元 | 杨山林 | 车小平 | | | | |
| 51832 | 杨蓁 | 李雄飞 | 刘菲 | 何彪 | 郭显云 | 蒲海 | 王立新 | 吕明 |
| | 赵红 | 宋亦兵 | 谢铭 | 涂志雄 | 范江南 | 马子才 | 韦雄观 | 钟民 |
| | 陈勉 | 陈东涛 | 唐洪 | 李东卫 | 丛培靖 | 袁友权 | 王新伟 | 张明鉴 |
| | 王克军 | 李军 | 李辉 | 李瑞庆 | | | | |
| 53831 | 杨新林 | 曹国春 | 吴新荣 | 孟旸 | 林海 | 卢英锁 | 于道英 | 高玉萍 |
| | 雷战奎 | 樊永军 | 严彬 | 王刚 | 张健 | 孙能耐 | 刘逸平 | 祝文武 |
| | 张国钦 | 曹胜旭 | 吴晴晖 | 杨春涛 | 阎志伟 | 韩清华 | 叶荣钦 | 王荣 |
| | 李万东 | 崔永清 | 范勇 | | | | | |
| 55831 | 汤继兵 | 刘伟 | 于明士 | 王伟 | 汪游峰 | 卢家平 | 童朝德 | 邓怀林 |
| | 王勇 | 刘永翔 | 解南 | 刘羽杨 | 陈璐 | 杨卫东 | 陈宏达 | 李树明 |
| | 姚诗刚 | 陈琼 | 王少峰 | 靳文忠 | 崔东彦 | 杨诗忠 | 艾新明 | 胡先治 |
| | 蔡文君 | 师一帆 | 喻勇 | | | | | |

续表

| 51841 | 杨帆 | 高梅国 | 谢江 | 简立明 | 刘崇欣 | 高伟 | 陈耿 | 马健 |
|---|---|---|---|---|---|---|---|---|
| | 赵玉成 | 潘卫中 | 张卫军 | 周玉兵 | 孙元宏 | 张洪武 | 张志东 | 刘晓东 |
| | 杜健 | 刘进源 | 李小义 | 戴红旗 | 文勇 | 唐文卫 | 樊友龙 | 翁虹 |
| | 孙彦山 | 许兵 | 林涛 | | | | | |
| 51842 | 裴京龙 | 陈卫国 | 赫强 | 艾建杰 | 高怀钢 | 赵哲民 | 张春 | 张勇 |
| | 卢佳林 | 邵艳 | 迟洪玉 | 王旭日 | 张为民 | 李鸿志 | 程禹 | 胡滨 |
| | 周少荣 | 李虎 | 朱红森 | 殷国福 | 胡伟 | 袁廷明 | 雷连方 | 陈远知 |
| | 叶远明 | 杨明 | 滕云田 | | | | | |
| 53841 | 乔虹 | 王京 | 仲里 | 谢京付 | 邱平 | 罗健 | 陈小强 | 杨华琴 |
| | 王七星 | 张莉 | 杨峰 | 李志勇 | 刘亮 | 朱红 | 冯东民 | 彭剑 |
| | 徐晖 | 唐晨阳 | 刘越 | 王胜利 | 程钢 | 杨芳 | 孙宝辰 | 高杨 |
| | 邱克 | 宋建新 | 于海岚 | | | | | |
| 54841 | 刘晓华 | 吴诚 | 吕建来 | 刘亚云 | 张平 | 蔡新霞 | 余长亭 | 申世勇 |
| | 王朝勃 | 李冲 | 赵益良 | 赵创社 | 王群力 | 刘理 | 惠伟 | 张勇 |
| | 李剑鸣 | 王月莲 | 李洪春 | 赵静 | 茶庆忠 | 陈文赛 | 韦纯斌 | 徐艺军 |
| | 汪德富 | 张旻 | 王洪 | 郑胜球 | 潘峰 | 胡晓毅 | 曹元军 | 郑彤方 |
| | 刘波 | 虞兵 | 胡兰 | 赵艳军 | | | | |
| 51851 | 刘仲明 | 李晖军 | 刘立新 | 向少平 | 张长文 | 李科 | 倪建国 | 张宏伟 |
| | 董世清 | 石东伟 | 刘文莉 | 何宏彬 | 苏志强 | 朱勇 | 曹瑞 | 胡德民 |
| | 汤明赋 | 王大鹏 | 王建明 | 米国旗 | 任爱民 | 李世强 | 余伟聪 | 张剑鸣 |
| | 李魏春 | 刘兆建 | 胡景梁 | | | | | |
| 51852 | 刘莹 | 黄波 | 余宏生 | 陈向红 | 马军山 | 魏武臣 | 赵庆文 | 王慧 |
| | 张爱钧 | 刘宣平 | 孙甫全 | 潘彤 | 刘学林 | 邱新平 | 邹敏 | 游思理 |
| | 蒋勇 | 张雪松 | 吴向东 | 郭立新 | 陈伟平 | 马建秀 | 赵大为 | 杨占昕 |
| | 罗利人 | 徐斌 | 李晓洁 | | | | | |
| 53851 | 李奕军 | 刘立安 | 杨洁 | 逄明祥 | 蔡德荣 | 丁武伟 | 刘前伟 | 熊红兵 |
| | 王文 | 顾耀斌 | 张卫东 | 王光明 | 李宏伟 | 郭险峰 | 王晓庆 | 王宏军 |
| | 陈勇 | 杨勇 | 赵向阳 | 刘龙飞 | 陈彤 | 刘云生 | 杨虹 | 刘峰 |
| | 张南 | 王文宏 | 刘悦 | | | | | |

续表

| | | | | | | | | |
|---|---|---|---|---|---|---|---|---|
| 54851 | 黄清 | 周伟 | 张广显 | 郭书霞 | 李勇 | 宋学农 | 王云涛 | 张韬 |
| | 陈兆民 | 张卫东 | 樊军 | 杜艳丽 | 张俊岩 | 杨文革 | 黄平 | 谢会开 |
| | 胡涛 | 杨中武 | 谭晓晖 | 黄绪江 | 韩笑 | 郭炳利 | 袁存杰 | 李斌 |
| | 张建忠 | 覃健 | 南红萍 | | | | | |
| 51861 | 王海东 | 付虹蛟 | 郑扬 | 李冰凡 | 于明涛 | 付其 | 张纬 | 王蓉 |
| | 赵小忠 | 马洪涛 | 邵军 | 褚扬清 | 厍强 | 禹方强 | 陈东 | 白益林 |
| | 李守宝 | 袁英杰 | 王继武 | 蒋瑾 | 涂觉辉 | 卢斌 | 钟纲 | 程林锋 |
| | 杨国桥 | 王瑞明 | 孙江胜 | 赵大为 | | | | |
| 51862 | 李宏 | 梁军 | 朱超群 | 赵志明 | 陈建平 | 罗宏 | 张文江 | 白岗 |
| | 吕美仙 | 王建国 | 张凯文 | 刘新宇 | 高凌 | 李斌 | 陈伟 | 郭建明 |
| | 李永祥 | 毛文慧 | 陈方斌 | 张强 | 高歌 | 肖松明 | 周雄伟 | 杨红江 |
| | 李延东 | 赵黎 | 杨文华 | | | | | |
| 53861 | 周全 | 田军 | 赵革会 | 崔生保 | 王君伟 | 蒋立新 | 罗卫东 | 杨维明 |
| | 张国华 | 邹天昊 | 龚新建 | 刘强 | 宗敬群 | 陶学然 | 杨仪康 | 姜玉红 |
| | 赵健 | 张小平 | 吴洪 | 石铀 | 何进 | 贾大武 | 张军 | 弈丹旭 |
| | 王邦新 | 牟勇 | 刘文旋 | | | | | |
| 54861 | 赵军 | 郭宏 | 王洪喜 | 班福厚 | 赵红霞 | 祝斌 | 吴海霞 | 曾凡明 |
| | 陈平 | 孙晖 | 万传宝 | 陈秀玲 | 张淼 | 张学亮 | 张雪军 | 刘兵 |
| | 文胜 | 吴开旺 | 付革 | 王玮 | 程良甫 | 罗永山 | 朱永红 | 黄路 |
| | 包先波 | 程新风 | 贾宏志 | | | | | |
| 51871 | 卢峰 | 田正东 | 曹黎宏 | 钱新波 | 宋红 | 李松峰 | 胡红营 | 金想元 |
| | 林茂妍 | 章跃忠 | 曹辉 | 祝敬海 | 何小明 | 王维东 | 赵淑君 | 周湘民 |
| | 李钢 | 张永平 | 冀庆斌 | 崔卫平 | 彭宏 | 刘金江 | 漆陆玖 | 黄爱民 |
| | 温双奎 | 顾光 | 江平 | 李晓军 | | | | |
| 51872 | 杨忠 | 巍奥 | 王远 | 曾庆红 | 周书鸿 | 刘屹 | 高晖 | 邓韩燕 |
| | 乔波 | 韦一明 | 童立 | 任庆远 | 李二庆 | 史文学 | 崔立军 | 郑晓辉 |
| | 谢主中 | 何震球 | 肖文强 | 王晓燕 | 原进红 | 刘朝晖 | 杜世富 | 郑文宾 |
| | 柳青松 | 折志中 | 李美荣 | 郭建明 | | | | |
| 51873 | 童津凯 | 韩兵 | 王瑞书 | 高立新 | 李叶凤 | 沈运先 | 艾义平 | 李相峰 |
| | 熊力 | 刘飚 | 彭松 | 王桂敏 | 周志川 | 陈斌 | 杨松 | 胥杰 |
| | 徐天发 | 罗永道 | 严忠 | 申永进 | 杨伟丰 | 谢劼 | 符东升 | 栗强 |
| | 刘宏伟 | 戴星辉 | 王朝晖 | 张文江 | | | | |

续表

| 53871 | 王凯 | 牛晨辉 | 赵进 | 穆江超 | 孙厚军 | 程厚权 | 何刘 | 幸辉 |
|---|---|---|---|---|---|---|---|---|
| | 蔡剑波 | 周双波 | 郭炜 | 雷国忠 | 阴红卫 | 王忠良 | 邓洪 | 白永斌 |
| | 邱庆伟 | 田正荣 | 崔昌学 | 杨显强 | 尹筱妍 | 尹椿荣 | 马劲松 | 石铀 |
| 54871 | 马俊 | 王岩 | 倪润立 | 朱孝斌 | 尹长文 | 林斗勋 | 王瑞宅 | 王久江 |
| | 黄凤斌 | 杨能平 | 李作健 | 马红 | 齐鹏辉 | 毕向辰 | 权赫春 | 杜金和 |
| | 颜劼 | 徐健兵 | 张贺锋 | 李四新 | 郭德忠 | 贾守新 | | |
| 50881 | 林伦先 | 王学毅 | 赵志军 | 胡家军 | 宋涛 | 吴智富 | 胡楠 | 裴思光 |
| | 严隆 | 马捷 | 黄辉 | 陈如如 | 马积福 | 丁雄 | 牛海峰 | 李和顺 |
| | 冯兴乐 | 王雪松 | 张小彬 | 张洋 | 李文平 | 李忠良 | 陈志宏 | 李永钢 |
| | 刘树波 | | | | | | | |
| 50882 | 刘世方 | 姜传宝 | 崔晓冬 | 杜谦 | 袁文辉 | 刘玉庆 | 赵连杰 | 包永洁 |
| | 姜迎 | 任炜 | 韩粤 | 水兴东 | 徐春玲 | 张智勇 | 卢军 | 单勇龙 |
| | 卓建荣 | 王勇 | 王小娟 | 何海丹 | 郝继山 | 罗春华 | 燕和凤 | 吴斌 |
| | 付旭 | | | | | | | |
| 50883 | 李丹栋 | 程宇峰 | 顾新宏 | 徐爱国 | 沈毅龙 | 郭克勤 | 王川 | 俞雪英 |
| | 戚承军 | 彭燕 | 郅晨 | 翟彤燕 | 杨宁 | 张战文 | 王海涛 | 薛正辉 |
| | 王道群 | 周巍 | 轩春林 | 刘辉宇 | 曾斌 | 付忠 | 魏东 | 雷敏 |
| | 王一新 | | | | | | | |
| 50884 | 高岩 | 臧游 | 易生华 | 宋万斌 | 陈昌华 | 高瑛 | 余海莹 | 齐达巍 |
| | 赵晋军 | 何静 | 林迎朝 | 王鹤 | 王延军 | 屈静 | 郝小卫 | 常彤 |
| | 王程 | 张志敏 | 栾璞 | 贾平生 | 张琳 | 李晓潮 | 郝晓斌 | 帅林琴 |
| | 徐晓展 | | | | | | | |
| 50885 | 顾善超 | 周力威 | 刘军 | 罗剑 | 杨军 | 郝峰 | 杨晓光 | 祝捷 |
| | 高华 | 王喆 | 董作霖 | 付丽琴 | 贾丽梅 | 王同卫 | 卢青峰 | 王京涛 |
| | 赵强 | 张建华 | 张旭 | 孙海林 | 张朝阳 | 陈爱民 | 张晓东 | 尹学武 |
| | 蔡洪江 | | | | | | | |
| 50891 | 李峰 | 郑浩 | 李保全 | 张炼 | 管卫群 | 吴艳召 | 彭晓林 | 李丽 |
| | 周春芝 | 刘飚 | 谢雪飞 | 黄兴海 | 段锦 | 余卫武 | 竺乐庆 | 徐如杰 |
| | 张晖 | 王德民 | 张宏伟 | 安文杰 | 王峰 | 周屹湘 | 李阳贤 | 刘伟 |
| | 潘海洌 | 郭志强 | 胡凯声 | | | | | |

续表

| | | | | | | | | |
|---|---|---|---|---|---|---|---|---|
| 50892 | 伊军 | 杨广京 | 张海亮 | 王超 | 刚砺韬 | 胡爱萍 | 薛进 | 孟红梅 |
| | 王勇 | 王诚 | 崔豪俊 | 朱云 | 狄永清 | 沈雨润 | 胡乐乐 | 李祥 |
| | 丛庆 | 任丽香 | 李秋杰 | 张子俊 | 崔笛欧 | 万泉 | 杨涛 | 徐典辉 |
| | 荆立志 | 朱晓军 | 郝洪涛 | | | | | |
| 50893 | 韦江雷 | 徐文清 | 李冲 | 马卫国 | 宋桂英 | 王岚 | 刘军 | 曲晓东 |
| | 金旭 | 王勇 | 唐煊 | 韩晓春 | 刘荣 | 赵劲松 | 李梅 | 徐彩春 |
| | 陈智杰 | 陈刚 | 潘军 | 陈卫 | 欧阳琪 | 朱汉武 | 汤强 | 彭波 |
| | 丁翔 | 郭志涛 | 杨少能 | | | | | |
| 50894 | 周勇涛 | 唐敬东 | 王长庆 | 马静宜 | 马悦 | 王小明 | 蔡永生 | 管仲奇 |
| | 王伟兵 | 许国庆 | 刘伟 | 李旼 | 周志刚 | 李滔 | 余长军 | 王霖 |
| | 王志峰 | 王笑峰 | 蒋渊舜 | 张华莲 | 潘新炎 | 王溪萍 | 皮涛 | 黄勇 |
| | 刘耕 | 黄海彪 | 张昕 | | | | | |
| 51901 | 马明朗 | 薛康文 | 赵涌 | 常红 | 毛智方 | 丁淑印 | 申翼湘 | 张鹏举 |
| | 杨永武 | 唐崧 | 赵伟 | 王立众 | 王跃威 | 汤迎忠 | 陆涛 | 林永动 |
| | 唐东海 | 文波 | 胡卫东 | 杨明 | 马飞涛 | 卢红阳 | 张遥力 | 唐志凌 |
| | 唐静 | 代庆军 | 康晓岩 | 吉佩琦 | 操卫 | 黄若坚 | 张斌 | |
| 51902 | 陈伟 | 周鸣镝 | 张炜 | 尹冰 | 浦利 | 秦宏 | 邹燕明 | 曾涛 |
| | 郄五军 | 王辉 | 曹伟 | 乔海龙 | 高晓斌 | 赵国祥 | 滕辉 | 金光男 |
| | 任红梅 | 张怀广 | 孙丽芬 | 李响 | 丁旭明 | 梁世强 | 程锦 | 李新初 |
| | 李维滨 | 廖庆瑜 | 张剑 | 范宏波 | 刘志东 | 孙京霞 | | |
| 52901 | 童黎光 | 李惠科 | 戴险峰 | 李乐生 | 文宇 | 孙晓华 | 范永生 | 尚天罡 |
| | 董育萍 | 刘剑 | 施广 | 张海瑛 | 费满锋 | 高珊 | 刘喜赋 | 张鹰 |
| | 范凯 | 周月萍 | 范鹏程 | 唐如鹏 | 余浩 | 周浩宇 | 李东 | 傅国春 |
| | 杨晨 | 沈思源 | 李晋 | 高建伟 | 刘洋 | 吴明学 | 卢春慧 | 杨涛 |
| 53901 | 徐桐胜 | 赵常青 | 王维星 | 张宇峰 | 李天昊 | 刘畅 | 高克明 | 卢建雄 |
| | 罗江平 | 周峥 | 郑远行 | 张永光 | 郭燕 | 龚体 | 李新 | 艾兵友 |
| | 徐巍巍 | 周波 | 张东亮 | 俞伟敏 | 王海涛 | 贾颖松 | 何帆 | |
| 54901 | 张彤 | 胡国强 | 韩文泉 | 何旭峰 | 冯刚 | 陈建勇 | 吴瑶敏 | 施映 |
| | 梁癸容 | 李娟 | 周若华 | 韩振峰 | 何运锋 | 杨晶 | 王华 | 孙昌胜 |
| | 易文勇 | 张毅 | 宋晓军 | 张瑛 | 王诗民 | 伍捷 | 王京 | |

续表

| | | | | | | | | |
|---|---|---|---|---|---|---|---|---|
| 51911 | 曹兴民 | 韩玉涛 | 李蒙 | 朱武 | 廖海涛 | 常瑛 | 沈海戈 | 史海廷 |
| | 付秀菊 | 赵明 | 李章军 | 王麒麟 | 杨小虎 | 孙金波 | 王高俊 | 孟毅蓉 |
| | 王海英 | 叶益萍 | 陈坚 | 王武军 | 丁诚 | 果永振 | 金毅 | 张磊 |
| | 吉银山 | 付建军 | | | | | | |
| 51912 | 高长剑 | 任志勇 | 曲文利 | 匡正 | 林勇 | 陈魏 | 高鹏 | 韩海玲 |
| | 全刚 | 何继盛 | 方立 | 卢俊华 | 周伟 | 李君 | 卢佳 | 黄云海 |
| | 曹晨 | 路静 | 黎晨光 | 符少良 | 胡灵博 | 段俊梅 | 姜明 | 杨大宝 |
| | 张磊 | 茹雪梅 | 魏伟 | | | | | |
| 51913 | 刘雁行 | 李承延 | 刘烽 | 丁亚军 | 陈岳 | 吴瑞芸 | 孙冀平 | 杨韶纯 |
| | 于林韬 | 楼必成 | 朱红天 | 徐丽娜 | 万菁晶 | 陈立中 | 杨灵 | 纪爽 |
| | 周瑞君 | 陈少华 | 朱彬彬 | 姚丽红 | 孔月玲 | 曹石金 | 高铁军 | 杜慧茜 |
| | 蔡伟广 | 陈长斌 | 周旭 | | | | | |
| 52911 | 杨鹏 | 叶晓岷 | 丁进 | 许洪瑜 | 侯军 | 魏宏 | 彭勇 | 徐敬江 |
| | 唐尧 | 邹颖 | 秦志亮 | 吴晓强 | 任怀君 | 彭浩 | 陈虎 | 周佩珊 |
| | 文家兵 | 陈力 | 陈天健 | 董明科 | 俞燕滨 | 冯恩波 | 李江 | 杨劲梅 |
| | 万蕾 | 仲伟国 | 刘炳光 | 邱洪 | | | | |
| 53911 | 袁昭 | 苏衍玉 | 汤立 | 杨力 | 李贲 | 兰海 | 杨静 | 任培杰 |
| | 杨佩莹 | 金大善 | 朱桓 | 唐世仲 | 凌渝 | 吴志峰 | 徐秋红 | 柴若民 |
| | 左宏宇 | 谢袁春 | 王旭 | 孙继华 | 曹树民 | 吴滨 | 王惠敏 | 魏爱东 |
| | 王岗 | 凌浩 | 刘昶 | | | | | |
| 51921 | 张红霞 | 王华 | 张卿 | 倪璟 | 张大军 | 程弋舟 | 曾群钰 | 王珏 |
| | 杨冬 | 于海涛 | 刘宇心 | 王永来 | 吴洪涛 | 顾长海 | 徐军 | 李迅 |
| | 聂明 | 赵新 | 徐向辉 | 左广海 | 杨时谦 | 王浩 | 莫毅群 | 余江峰 |
| | 谢静萍 | 杜娟 | 梁兴东 | 汪海 | | | | |
| 51922 | 林涛 | 楼民 | 凌飞 | 董玉洁 | 贾敬 | 林玮 | 聂森 | 沙小宁 |
| | 石文森 | 任治刚 | 付凯扬 | 李域 | 单宝堂 | 施扣平 | 张元辉 | 潘军敏 |
| | 汪斌 | 蒋际凯 | 廖海红 | 陈红涛 | 常豫 | 郭芳 | 朱少娟 | 张川 |
| | 张希坤 | 吴学启 | 何向春 | 吕家龙 | | | | |
| 52921 | 王宇 | 丁峻峰 | 刘颖 | 张红梅 | 温玮 | 周宏 | 宋建 | 张建业 |
| | 李元洪 | 郑彩顺 | 刘强 | 李三木 | 白今顺 | 刘瑞涛 | 乐战英 | 杜娟 |
| | 潘珺 | 陈炜炜 | 钟展 | 袁辉 | 孟玓 | 张锐锋 | 原朝阳 | 杜烜 |
| | 卓越强 | 王伟 | 严伟 | 刘仲承 | 曾思东 | | | |

续表

| 53921 | 马春城 | 赵建军 | 刘振宇 | 陈北雅 | 李济 | 钟卫华 | 钟明琛 | 刘鹏 |
|---|---|---|---|---|---|---|---|---|
| | 于清波 | 崔孝海 | 田运成 | 卑寅 | 朱效敏 | 吴昊 | 夏新球 | 钟兵 |
| | 刘颐 | 王荣谦 | 文菊宝 | 杨子祥 | 崔浩 | 赵泉波 | 陈涛 | 杨文全 |
| | 晏献军 | 杨春生 | 杨军政 | | | | | |
| 54921 | 李文杰 | 严文广 | 高艳娜 | 张狄 | 李文雄 | 翟朝艳 | 陶崇勃 | 董欣 |
| | 李刚 | 鞠树柏 | 刘跃华 | 顾华明 | 路小近 | 王东飞 | 郑江云 | 苏文彪 |
| | 李倩 | 冯竞 | 陈光 | 曾小平 | 欧军 | 李锋 | 王斌 | 梁祖军 |
| | 杨农军 | 罗丁利 | 谭红东 | 薛林 | | | | |
| 51926 | 王巍 | 王永丽 | 潘红 | 李玉峰 | 胡素芳 | 薛野 | 张力强 | 刘震 |
| | 高红军 | 宋建炜 | 赵川 | 张虹 | 单鹏 | 姚晓晖 | 曹福贵 | 刘勇 |
| | 杨杰 | 李海宁 | 华志远 | 王东焰 | 杨莉 | 殷燕 | 范芹 | 刘岳宁 |
| | 王刚 | 甄巍 | 李顺金 | | | | | |
| 51931 | 沈景华 | 马崑 | 王延 | 陈同 | 彭涛 | 李钢 | 杨志华 | 吴刚 |
| | 卢永刚 | 毕志明 | 李海 | 陈晓颖 | 王放安 | 周闰 | 张昉 | 孙欣 |
| | 吴镝 | 周才华 | 吕洪 | 华进 | 李硕 | 李耀东 | 王颢 | 林洁如 |
| | 乙韬 | 李华 | 郭军 | 黎娟 | 吴琦 | | | |
| 51932 | 叶永嘉 | 闫智勇 | 王蔚洪 | 刘伟 | 李东海 | 王飞 | 冯艺 | 林海 |
| | 丁毅 | 汪昕 | 章晨 | 陈东 | 魏光辉 | 刘芳 | 李辉 | 胡伟东 |
| | 王智辉 | 张剑锋 | 袁曼 | 倪勇 | 孙瀚 | 丁涛 | 刘松涛 | 李颀 |
| | 陈游富 | 杨加 | 陈翔 | 温强 | 毛宏 | 田倩 | 梅光耀 | |
| 52931 | 郑骏 | 奚文泽 | 史斌 | 王晓光 | 程锐 | 向蔚 | 郝虹 | 张楠 |
| | 王昊 | 陈燕苏 | 王燕鸣 | 吴凌松 | 徐学新 | 王琥 | 吴震 | 王英健 |
| | 刘凤莲 | 范劼 | 李向荣 | 周霞 | 黄震 | 罗亚琳 | 谢湘 | 张奋嘉 |
| | 吴远兴 | 奉余莽 | 汪宏宇 | 宋恺丰 | 张毅 | 陈广静 | 杜烜 | 蔡姝娟 |
| 52932 | 姜琦 | 刘勇 | 何晶 | 张雨杭 | 任铮 | 刘刚 | 张越 | 石翀 |
| | 陈燕 | 季松原 | 罗惇 | 周金程 | 唐志华 | 丁颈 | 窦旭 | 赫林 |
| | 李海波 | 武向新 | 赵建阳 | 卢晏 | 赵训威 | 王军 | 王强 | 武迎春 |
| | 刘向前 | 宋岸峰 | 杨礼雄 | 黄丽 | 杨明 | 阎蓉 | 刘瑞涛 | |

续表

| | | | | | | | | |
|---|---|---|---|---|---|---|---|---|
| 53931 | 梅岭 | 赵京军 | 潘建忠 | 侯宇 | 李鹏 | 应子罡 | 唐淑阁 | 陈有利 |
| | 赵昱鹏 | 张涛 | 徐宏宇 | 韩轶 | 高辉 | 蔡坤 | 周明 | 李骏洪 |
| | 陈宁 | 孙志红 | 冯庆祥 | 常智杰 | 刘佳 | 庄辉壮 | 余晓三 | 左继红 |
| | 魏丹丹 | 安毅 | 万年红 | 程宇 | | | | |
| 54931 | 莫华 | 杜文京 | 邵雷 | 宋春云 | 郭英姿 | 高峰 | 王宏华 | 刘明军 |
| | 陈小虎 | 王英敏 | 杜波 | 肖晓珍 | 王新柱 | 陈长江 | 周毅 | 刘晓清 |
| | 程文 | 刘意 | 王晓勇 | 武路 | 刘智勇 | | | |
| 51941 | 焦云龙 | 李炬 | 王晓梅 | 蒋驰华 | 张岩 | 刘亚强 | 李玉 | 景志海 |
| | 吕震浩 | 李永刚 | 吕强 | 杨爽 | 张哲云 | 王宏宇 | 纪永昌 | 郭明 |
| | 俞赐银 | 谢民 | 李卫军 | 李锦玲 | 刘宇 | 黄高飞 | 袁玉兰 | 代航 |
| | 冯颖男 | 王育明 | 晁璐 | 贺明 | 赵亮 | 刘京 | 徐勇军 | |
| 52941 | 康越 | 王晓勇 | 程雪枫 | 江一帆 | 刘灏 | 刘增波 | 颜菡 | 刘伟 |
| | 段志强 | 于刚涛 | 郭全成 | 张欣海 | 于礼华 | 张国庆 | 王刚 | 张楠 |
| | 徐四平 | 曹莫文 | 赵蕊 | 徐友根 | 董登基 | 刘锋 | 孙伟涛 | 薛晓龙 |
| | 杨栋 | 瞿群欢 | 徐浩 | 谭姝静 | 林国权 | 梁越 | 谢大 | 高鹏 |
| | 田菲 | | | | | | | |
| 52942 | 李颖 | 郭晓峰 | 王怡韵 | 李喆 | 黄继宁 | 王雷 | 黄靖芸 | 任华 |
| | 王保存 | 陈勇钢 | 董震 | 于立成 | 刘艳萍 | 宋起柱 | 吴海 | 林博 |
| | 潘丰斌 | 陈克铭 | 吴杰 | 朱晓玲 | 张琦 | 崔山 | 李国庆 | 江凌 |
| | 雷丹 | 洪银新 | 曾瑜 | 黄家华 | 熊焰 | 徐红波 | 韩冰 | 尤星 |
| 53941 | 邱逸昌 | 戈文杰 | 史强 | 王铁 | 韩剑伟 | 朱昊 | 任武 | 崔凯 |
| | 逄金龙 | 严枫 | 李华 | 陈建军 | 傅哲 | 陈利平 | 何芒 | 周云峰 |
| | 丛亦可 | 赵延清 | 曾利非 | 刘斌 | 黄少华 | 王勇 | 陈洋 | 王丽娟 |
| | 卫首 | 禚国维 | 易炳华 | | | | | |
| 54941 | 徐家琨 | 鲁雪峰 | 白雨 | 赵二仲 | 郭向阳 | 吴晓静 | 王若愚 | 金松 |
| | 邢建国 | 贾水生 | 陆秀洪 | 何国胜 | 官建彬 | 宋道明 | 齐雪娇 | 李海军 |
| | 肖锋 | 洪旦春 | 罗爱国 | 肖波 | 杨建鸿 | 刘向华 | | |

续表

| 50941 | 任竣 | 王勇 | 杨毅 | 李杰 | 王凌云 | 勾瑞 | 杜海涛 | 潘德宏 |
|---|---|---|---|---|---|---|---|---|
| | 刘彤 | 张巍 | 张志宇 | 黄浩学 | 王劲松 | 原羿 | 彭传东 | 李永强 |
| | 王远 | 米红 | 陈铭 | 高飞 | 董振环 | 王继芳 | 任晓涛 | 吴晓光 |
| | 顾建军 | 任思进 | 战正卿 | 江舵 | 阮楠 | 谢江 | | |
| 51951 | 丛磊 | 杨彦豪 | 刘向春 | 李昀 | 徐葆 | 赵宁 | 隋占红 | 王洪新 |
| | 杨旭东 | 杨国芳 | 邵予东 | 陈庚 | 赵在刚 | 万嵩 | 万琦 | 胡沥 |
| | 黎镭 | 孙祥全 | 陈锐 | 姚坤 | 谢鹏 | 杨雪冬 | | |
| 52951 | 张伟 | 鲍迎 | 张春晖 | 单川 | 曹岳 | 孟翼 | 吴江楠 | 吴波 |
| | 王峰 | 王杰钢 | 于海英 | 付强 | 严建英 | 费泽松 | 王娜 | 刘峰 |
| | 张路 | 杨建伟 | 侯舒娟 | 段颖 | 张小刚 | 李逢波 | 股中建 | |
| 53951 | 贾文辉 | 洪亮 | 薛冬杰 | 刘知明 | 陈颖 | 胡晓辉 | 谭伟峰 | 邢文韬 |
| | 刘春宁 | 田立刚 | 李立 | 王梁 | 朱飞 | 周建明 | 薛阳 | 陈炜 |
| | 郝旭东 | 徐联斌 | 易阳锋 | 王旭冕 | 杜荣华 | 刘丹 | 霍韵宇 | 董涛 |
| | 尤洪波 | | | | | | | |
| 54951 | 王小庆 | 戴锐 | 党华 | 佟洪波 | 王旭东 | 周涛 | 陈越洋 | 柳玉子 |
| | 严纲 | 祝侃 | 虞晓峰 | 陆朋 | 林少锋 | 范鹏 | 王正刚 | 张涛 |
| | 张牧童 | 黄进兰 | 张德奎 | 骆平 | 黄永升 | 张耀 | | |
| 55951 | 沈言宏 | 陶涛 | 杨长杰 | 宋武英 | 刘丽娜 | 沈光 | 韩英善 | 李洁 |
| | 王新峰 | 肖国军 | 闫丽云 | 吴盛兴 | 孙胜 | 张银军 | 谢前进 | 张辉耀 |
| | 陈雅林 | 岳珊 | 王海华 | 边郑勇 | 柴皓宇 | 黄胜涛 | 胡新宏 | 郭蓓 |
| 51956 | 黎国英 | 金仕男 | 叶俊 | 陈慷 | 吴平江 | 陈可 | 陈世光 | 方敏 |
| | 朱剑斌 | 严小平 | 祝少敬 | 李志丰 | 徐文浩 | 黄燕 | 王鹏 | 刘逸 |
| | 郑兴 | 肖柱红 | 肖跃飞 | 唐卫星 | 曹志国 | 王建新 | 郭志坚 | 周娅苗 |
| | 张巍 | 孙军辉 | 姚爽朗 | 吴章华 | 李辉 | 徐国通 | 黄小红 | 方志军 |
| | 罗文瑞 | 田列 | 麦越聪 | 王建华 | 叶田 | 田志国 | 王小廷 | |
| 50951 | 魏强 | 岳冶宇 | 程雄锋 | 王芳 | 侯杰 | 杨波 | 李云杰 | 吴琼之 |
| | 赵航 | 王蕾 | 陈立 | 黄锴 | 莫力 | 欧阳斌 | 李欣 | 王刚 |
| | 邵迅 | 崔湛哲 | 谢锴 | 李杰 | 辛静 | 汪源 | 刘震 | 朱剑波 |
| | 顾永飞 | 陈斌 | 鄢云鹏 | 李莉娅 | 刘昕宇 | 马海波 | 李磊 | 戴琦 |
| 51961 | 王冉冉 | 张垚 | 胡永泉 | 赵易时 | 庞鑫 | 张威 | 姬向杰 | 乔志峰 |
| | 朱文斌 | 成岗 | 朱军 | 周芝梅 | 杨刘英 | 洪琦 | 何亮 | 陈强 |
| | 招扬 | 曾大治 | 黄晓 | 伍疆 | 赵征 | 刘欣 | 张宇江 | 严菡 |

续表

| 52961 | 张小贝 | 宫一樵 | 袁波 | 杨帆 | 于澄 | 李嘉 | 杨丽 | 李广宇 |
|---|---|---|---|---|---|---|---|---|
|  | 张乐 | 赵南楠 | 卢小马 | 丁勇 | 张惠生 | 刘鹏 | 王久雨 | 张高 |
|  | 李波 | 赵震 | 许杨 | 杨文华 | 杨海婷 | 甘中民 | 赵勇 | 谢涛 |
| 54961 | 王静静 | 陈政 | 苏明亮 | 楚宏亮 | 许佐海 | 马骏 | 齐利全 | 蒋煜婧 |
|  | 沈彤 | 王军俊 | 胡良彪 | 张忠江 | 秦学 | 张林 | 张锋 | 余忠洋 |
|  | 刘建华 | 李毅 | 范志勇 | 吴骁 | 李俊麟 | 乔晓明 | 李富军 | 刘鹏涛 |
|  | 吕志军 |  |  |  |  |  |  |  |
| 55961 | 郑京红 | 顾刚 | 赵海超 | 张欣宇 | 彭嵘 | 申明 | 李加琪 | 付伟 |
|  | 陈颖 | 杜永东 | 王学良 | 李旭 | 王飞 | 陈健 | 刘国满 | 岳庆辉 |
|  | 周长志 | 樊云飞 | 李倩 | 肖惊勇 | 尹俊刚 | 何钧 | 张琦 | 王步云 |
| 50961 | 焦志伟 | 刘二 | 吕建周 | 李哲人 | 叶佩军 | 盛烨 | 赵曦 | 秦芩 |
|  | 陈雄 | 郑雪帆 | 王毅 | 李欣耀 | 李科 | 贾玉臣 | 张卓 | 杨璐 |
|  | 刘源 | 米佳 | 王君 | 谭飞 | 袁乐 | 龚晓忻 | 刘春 | 高阳坡 |
|  | 付雄军 | 刘明亮 | 赵征 | 乔俊琪 | 向智 | 王明明 | 陈俭 | 沈军 |
|  | 郅钟 | 余亚玲 |  |  |  |  |  |  |
| 51966 | 李勇 | 韩武俊 | 郝飞 | 潘润林 | 杨斌 | 杨光 | 龚军 | 方奎龙 |
|  | 文勇哲 | 孙岩冰 | 韩雪峰 | 孔德赫 | 于曰鹏 | 刘炳江 | 梁海胜 | 袁宝山 |
|  | 孙家岩 | 韩东旭 | 季鹏举 | 王冠超 | 郑银峰 | 王志新 | 何建宁 | 何庆伦 |
|  | 任伟华 | 刘勇 | 谭飞 | 杜伶俐 | 刘涛 | 余秦 | 罗飚 | 皇淑蓉 |
| 50971 | 刘红雨 | 许宁 | 耿靓 | 訾晓刚 | 张诩 | 单亚娴 | 王俊峰 | 张泽 |
|  | 朴明锋 | 于成 | 沈国红 | 孙旭 | 张志华 | 陈源 | 赵永明 | 王乔 |
|  | 林仕欢 | 代毅 | 梁蘅 | 陈平 | 邓红红 | 张亚宁 | 张恒 |  |
| 50972 | 鲁溟峰 | 赵洁 | 尹航 | 王铮 | 魏明 | 张可 | 高磊 | 张广顺 |
|  | 高原 | 谢唯特 | 韩荣桂 | 段洪涛 | 马艳 | 吕盛 | 熊五广 | 张克林 |
|  | 杨帆 | 熊承欢 | 王刚 | 吕宇 | 陶青长 | 刘莉 | 赵宗盟 | 陆静 |
|  | 袁旭立 |  |  |  |  |  |  |  |
| 53973 | 张泽杰 | 童宇飞 | 杨学理 | 冯佳 | 崔宁 | 陈静 | 高雷 | 李开元 |
|  | 王胜 | 刘淼 | 张继锋 | 徐辉 | 王海峰 | 王海军 | 肖疆 | 高岩 |
|  | 王添 | 黄凌 | 许哲 | 肖呈霖 | 钱莹 | 张戎 | 刘洪升 | 左鹏 |

续表

| | | | | | | | |
|---|---|---|---|---|---|---|---|
| 50974 | 赵春林 | 胡可新 | 栾砚强 | 李晶 | 吴燕龙 | 钟先松 | 王海 | 徐荣 |
| | 崔将国 | 程昱 | 秦晓楠 | 刘剑 | 吴懿峰 | 毕莉 | 陈小勇 | 贾端黎 |
| | 王颖 | 梁达强 | 龙运久 | 廖志雄 | 秋淑红 | 豆玉娇 | 张毅 | 吴琦 |
| | 洪庆春 | 苏璠 | 程科 | | | | | |
| 50975 | 陈雷 | 张石磊 | 宋琛 | 张琰 | 李剑 | 杨宁 | 包征 | 任玉顺 |
| | 武小冬 | 许光久 | 时广涛 | 潘庆彬 | 李珊 | 刘伟峰 | 刘笑岳 | 莫怀东 |
| | 安颖 | 张海超 | 莫晓光 | 黄维顺 | 张海江 | 罗凡 | 钱恩学 | 栗锐 |
| | 李娜 | 黄华 | | | | | | |
| 50970 | 郎猛 | 李侠宇 | 王辉 | 潘若尘 | 叶方全 | 毛智礼 | 王华毅 | 赵笃 |
| | 李宁 | 田丁 | 顾玮 | 李凯 | 敖亚娜 | 闫峰 | 梁宁宁 | 房丽丽 |
| | 张峰 | 胡涵 | 吴熙明 | 徐辉 | 李建翔 | 安路平 | 王雪峰 | 张肇年 |
| | 刘同烨 | 曲岩 | 史翔 | 王雪 | | | | |
| 50981 | 卫晋 | 王怡 | 孙强 | 王亮 | 崔劼 | 王思遥 | 张兆森 | 方金生 |
| | 王胜勇 | 马睿 | 李志宇 | 宋峙峰 | 孙茂锋 | 王翔宇 | 吴春鹏 | 吴靖巍 |
| | 沈业兵 | 苏敏 | 吴宏涛 | 杨勃 | 刘璟怡 | 孟思 | 张志方 | 龚玮 |
| | 梁程 | 赵夏 | 李鑫 | 左量 | 赵润辉 | 刘鑫 | | |
| 50982 | 张沫阳 | 郭奕 | 高一娜 | 辛怡 | 张森舰 | 尚飞 | 鲍爱达 | 刘沁东 |
| | 梁晓新 | 张大纬 | 钟明 | 杜起飞 | 景黎明 | 梁夷虎 | 甘福连 | 辜芳芸 |
| | 高明伟 | 刘庆林 | 任敬辉 | 邓德勇 | 胡滢 | 徐琳 | 苏华彬 | 袁亮 |
| | 高飞 | 田栋轩 | 杜兆林 | 庄程 | 赵振林 | | | |
| 50983 | 罗东生 | 宋柯平 | 王辉 | 张迪 | 姚秋峰 | 尹桂娟 | 徐天鹏 | 韩鹏 |
| | 王睿 | 王毓宝 | 张亮 | 孙正 | 张巍 | 侯沁芳 | 余中杰 | 杨宏 |
| | 孟光 | 陈兢 | 杜铭 | 李琴 | 欧阳锋 | 卿敏 | 葛楹 | 冯杨 |
| | 刘林南 | 宁金枝 | 冯华平 | 向建 | 方宏 | | | |
| 50984 | 牛罡 | 李昱波 | 马琳 | 施莹 | 韩昭 | 李静 | 孙楠 | 穆巧瑞 |
| | 李帅 | 张舒 | 金永福 | 苑广智 | 孙卉 | 曹霖 | 王钰梁 | 俞煜林 |
| | 雷新朗 | 王晶 | 刘海波 | 刘煜 | 杨华 | 施峰路 | 罗卿 | 林文峰 |
| | 赵庆曦 | 杨松 | 郑欣 | 马榆斌 | 高一栋 | | | |
| 50985 | 孟轶 | 李洋 | 王晓臣 | 吕帆 | 蒋彦彬 | 胡雅静 | 杨益起 | 张煜 |
| | 杨怀志 | 褚天汉 | 耿鹏飞 | 史鑫 | 林雪梅 | 赵海军 | 付鹏 | 吴莹莹 |
| | 胡善庆 | 刘杰 | 朱筱琳 | 刘衍 | 罗可欣 | 黄远坚 | 吴英攀 | 陈知华 |
| | 钱骏 | 王岁宏 | 李静涛 | 刘宁 | 夏伟 | | | |

续表

| | | | | | | | | |
|---|---|---|---|---|---|---|---|---|
| 51991 | 朱靓 | 赵晶菁 | 闫冬 | 冯乐 | 刘思昱 | 葛昕 | 刘智 | 白蒙 |
| | 任铮 | 南方 | 张可 | 洪铭君 | 孙明明 | 郑佳 | 冯守波 | 沈吟竹 |
| | 吴俊强 | 武鹏 | 李浩瞻 | 杨林 | 吕文菁 | 鲁捷 | 刘明敬 | 阳晶 |
| | 柳萌 | 刘鹏程 | 徐小明 | 王慧玲 | | | | |
| 51992 | 房亮 | 冯源 | 冉嵩楠 | 霍彬 | 沈益宇 | 崔琪 | 纪楠 | 刘迎娜 |
| | 郭钰 | 武楠 | 徐强 | 王彬 | 吴畏 | 景振海 | 周燮 | 范哲意 |
| | 刘晓亮 | 李波芝 | 贾强 | 廖尔东 | 潘振华 | 刘虹 | 田钿 | 周致圆 |
| | 王芳 | 孙晓辉 | 雷晓峰 | 李旻 | 庄程 | | | |
| 51993 | 王成羽 | 张沛玲 | 邵松 | 张钦 | 朱培 | 肖峰 | 朱聪聪 | 王永志 |
| | 郭洪 | 郭乃殊 | 孟庆飞 | 吴冠南 | 王志明 | 方婷 | 柯炳清 | 林涛 |
| | 张志桐 | 赵慷 | 杨佳林 | 王浦 | 袁凯 | 王志常 | 李昕 | 韦永奎 |
| | 杨利韬 | 张禹 | 冯雨 | 陈浩 | | | | |
| 51994 | 陈昕尧 | 张奥 | 刘畅 | 李超 | 熊高琰 | 张莹 | 姚远 | 王魁 |
| | 高鹏远 | 蒋星泽 | 罗伟慧 | 刘远 | 贺晓苏 | 宋伟 | 陈益红 | 伍健 |
| | 侯普 | 吴伦 | 李捷 | 张琦 | 冯雁峰 | 胡一格 | 曾楠 | 张华 |
| | 张艳 | 雷音 | 曹玉林 | | | | | |
| 51995 | 邵彧 | 张可 | 周婷 | 赵冬霁 | 付烁 | 王皓磊 | 胡笑然 | 韩仕俊 |
| | 张科 | 韩相秋 | 苗申 | 刘俐 | 陆志伟 | 王宇明 | 宋晋 | 衣海波 |
| | 丁群 | 黄鸿飞 | 尹安容 | 李浩 | 蒲健林 | 彭洋 | 周灿 | 张媛媛 |
| | 张春晓 | 时永锋 | 张小丽 | 徐沛虎 | | | | |
| 51996 | 程默 | 韩一丁 | 杨宝东 | 朱建宁 | 苑天阳 | 曹健 | 郑放 | 李平 |
| | 姬丽敏 | 张亮 | 林林 | 张超 | 陈易生 | 陈丽燕 | 林小珅 | 姚琦渊 |
| | 赵华 | 孟占红 | 王莹 | 邵柏平 | 孙华 | 王玮 | 唐骁俊 | 姜辛 |
| | 施王兴 | 何华 | 黄晶晶 | 任江波 | 王亮 | | | |
| 51997 | 曹彦川 | 吴松 | 刘妍 | 王润华 | 王洋 | 郑洲铁 | 王伟 | 须彬彬 |
| | 张智勇 | 邵九州 | 张浩 | 顾伟 | 何晓燕 | 程波 | 胡轩 | 朱莉 |
| | 张涛 | 丁泽刚 | 周莹 | 沈静 | 朱登科 | 黄瑜 | 陆姗姗 | 王心一 |
| | 牛秦生 | 王婧倩 | 赵育宝 | 苏龙阁 | 苏岩 | | | |
| 51998 | 封保华 | 沙志浩 | 刘畅 | 夏宇 | 王宁 | 赵都 | 刘欣旸 | 李炜 |
| | 张华锐 | 彭乾 | 林晟 | 田金洁 | 陈雷 | 潘涛 | 王番 | 胡正焱 |
| | 纪静 | 张顺心 | 郑迎迎 | 陈飞宇 | 宋民 | 丁杰 | 何文彦 | 陈桀 |
| | 余铁军 | 徐小文 | 桂小琰 | 李光煜 | 金泉竹 | | | |

续表

| | | | | | | | | |
|---|---|---|---|---|---|---|---|---|
| 51999 | 陈玥 | 郝华青 | 晋姗姗 | 崔金龙 | 刘京涛 | 贺萌 | 李贝尔 | 庞大伟 |
| | 张镇 | 宋晓林 | 焦宁 | 吕美 | 徐凤华 | 陈宜升 | 李焕 | 唐春莺 |
| | 周天伦 | 袁源 | 谢青轶 | 吕焱 | 杨阳 | 危唯 | 马川霞 | 杜力君 |
| | 王芳 | 李建峰 | 王娟 | 陈默 | 李一鸣 | | | |
| 5120000 | 陈海华 | 张庆春 | 周雄 | 许红彦 | 程翔 | 李鹏起 | 秦庆旺 | 庄磊 |
| | 胡敏 | 贾冒华 | 赵昕 | 刘涛 | 杨柳青 | 张徽 | 史涛 | 王朋朋 |
| | 李欣 | 窦少君 | 崔长松 | 曲丹丹 | 周烨锋 | 彭绍林 | 王琦玮 | 孙心玉 |
| | 李晶 | 曹金亮 | 王晓洁 | 徐贵航 | 郭石小羽 | 黄克武 | 古田 | 董伟伟 |
| | 周茜 | 原浩娟 | 臧传涛 | 周为 | 张洁 | 李旻岳 | 曲继楠 | 李健 |
| | 孟繁伦 | 苑晶晶 | 何潇 | 韩孟 | 张艳 | 林沛 | 俞建国 | 张文雯 |
| | 周国强 | 夏青 | 商蓉蓉 | 李钰含 | 陈莹莹 | 史世明 | 高尚 | 刘贯 |
| | 丛彬彬 | 丁铃 | 宋霏 | 刘涛 | 李晓莉 | 辛斌 | 朱英伟 | 张海强 |
| | 姜志颖 | 高亚军 | 白杨 | 潘攀 | 宋沛儒 | 范宙 | 洪亮 | 吕兰婷 |
| | 刘嘉静 | 李小渝 | 顾翔 | 张柳新 | | | | |
| 5120001 | 徐晓燕 | 郑璐 | 赵一闽 | 程瑾 | 冯琦 | 徐威 | 王强 | 马澄 |
| | 李刚 | 孙浩 | 宁然 | 程巍 | 关磊 | 王晓康 | 张棹 | 庄燕森 |
| | 赵宁 | 尹建凤 | 李泽生 | 杨先博 | 陈晓雷 | 张大智 | 李帅 | 蔡博 |
| | 王双任 | 王光宇 | 张剑 | 袁勇 | 门陶 | 龚钰峰 | 聂湖清 | 张子杰 |
| | 王岩虎 | 韩孟飞 | 王健 | 凌洁 | 姬光 | 胡流华 | 汪捷频 | 谭苗 |
| | 胡正浩 | 朱薇薇 | 刘家伟 | 秦川 | 王好 | 程宏 | 宋杨 | 刘旭华 |
| | 王宇 | 王亮 | 林丁峰 | 马静 | 汤争鸣 | 马振球 | 刘国盛 | 龚萧 |
| 5120002 | 杨焕一 | 姜艳 | 叶颖 | 王尧 | 马静 | 卞恺良 | 徐湛 | 张威 |
| | 徐超 | 周凯 | 邵珺 | 刘戈 | 韩景朝 | 赵路 | 王彬 | 曹镇 |
| | 赵帆 | 白海姣 | 王卫波 | 陈亚妮 | 妮乐 | 王哲 | 冯磊 | 金鑫 |
| | 耿焱 | 吕世东 | 潘浩 | 林家静 | 韩兆庆 | 柏琰 | 魏稳 | 冯正东 |
| | 吴怡然 | 刘毅 | 魏淳 | 彭继达 | 郭正 | 刘开雨 | 金山 | 赵姗姗 |
| | 闫帅 | 袁方 | 刘零 | 汤昶钰 | 向李梅 | 马柳 | 张韵 | 周必磊 |
| | 王泽军 | 高文权 | 陈闻起 | 马骁 | 古田 | 叶北琨 | 邓轶敏 | 柳萌 |
| | 周蒂 | | | | | | | |

续表

| | | | | | | | | |
|---|---|---|---|---|---|---|---|---|
| 05120003 | 程晓颖 | 李海婷 | 许兴苗 | 阎宁 | 高黄喆 | 张强 | 李响 | 程雪涛 |
| | 张楠 | 王昀 | 赵光华 | 李侬 | 林雨 | 刘健 | 孙澍 | 杨志峰 |
| | 王刚 | 李鸣 | 吕伟 | 郭毅 | 吕品 | 郎姝燕 | 张华敏 | 刘慧 |
| | 杨麟 | 高一雯 | 王旭 | 王雪嘉 | 王楠 | 王兴华 | 殷璐璐 | 刘冬笑 |
| | 黄超 | 曾伟 | 蔡颖斌 | 杨尧政 | 雷雨锋 | 王珀斌 | 王震 | 杨川 |
| | 刘秀丽 | 陈浩 | 安大伟 | 李钡 | 张创前 | 马宾 | 张小超 | 陈红芳 |
| | 白振强 | 崔帆 | 钱诚 | 张杨 | 张洁 | 李贵兰 | 郭彬彬 | 蒋彦彬 |
| 01520004 | 程佳 | 巍静轩 | 刘冲 | 刘翾 | 李蓓 | 胡英俊 | 戴蓬 | 郑亮 |
| | 辛子英 | 刘旻 | 张海川 | 叶丹 | 于萌 | 侯军 | 陈曦 | 王维 |
| | 陈振海 | 卢伊伶 | 高维韦 | 刘启飞 | 孟华 | 薛鹏 | 闫晋 | 张海洋 |
| | 谢宜壮 | 巍茉 | 张姝 | 汪精华 | 于鸿杰 | 吴亦峰 | 汪洋 | 刘勇 |
| | 张磊 | 苏建昆 | 周友华 | 胡江舟 | 徐然 | 王丰 | 王宗博 | 竟凯 |
| | 郭谦 | 潘晨聪 | 何華 | 彭立 | 梁刚 | 邓伯甫 | 唐立 | 马京京 |
| | 陈宁 | 李宁 | 韦铁 | 肖鹏 | 刘云 | 张立 | 李路 | |
| 05120005 | 朱滢 | 李妍 | 纪玉冰 | 刘崴 | 赵祺 | 张子鸣 | 周涛 | 高飞 |
| | 韩昱昊 | 李一楠 | 王玉琮 | 陈旭 | 周晨华 | 解文博 | 王嘉 | 杜鹃 |
| | 要炜 | 陈超 | 梁宝闻 | 王芳 | 曲亮 | 赵刚 | 王崇 | 柴芳姣 |
| | 周婧 | 姜杏春 | 庞龙 | 陈星 | 陈挺 | 陈曦 | 袁芳 | 赵晨 |
| | 李铭琦 | 彭程程 | 周舟 | 王杰 | 汪涵 | 彭巍 | 朱珍 | 庄磊 |
| | 张笑 | 梅恺 | 王军 | 王显跃 | 郭珊 | 宋扬 | 傻赓 | 何巍 |
| | 王欣 | 申泗英 | 郑坤 | 罗跃东 | 苑晶晶 | 杜为君 | | |
| 05120006 | 赵牧 | 张璐 | 杨爽 | 司斯 | 李燕 | 胡波 | 寇鹏韬 | 王巍 |
| | 王国栋 | 康伟炜 | 王冀 | 高巍崇 | 于高尚 | 王杨帆 | 李强 | 刘博 |
| | 黄从一 | 陈晨 | 孙娜 | 姚志琴 | 严冬冬 | 刘倩如 | 王立 | 张鹏 |
| | 许双朋 | 吴迪 | 陈亚萍 | 王浩 | 王琦 | 崔乐 | 沈晔 | 卢青 |
| | 潘士龙 | 杨熹 | 王德明 | 钟远杰 | 张军 | 安建平 | 付强 | 郑好 |
| | 陈宇 | 马全智 | 邓覃思 | 蒋德银 | 尹立 | 胡晓 | 沈欣 | 李毅 |
| | 杨媚 | 夏悦 | 陈翔 | 刘强 | 张东 | 林子翀 | | |
| 05620001 | 肖攸 | 耿飞 | 高峰 | 王恒 | 祖超 | 孙许 | 张颖 | 尹辉 |
| | 赵一川 | 纪建华 | 曲勃 | 郑君羊 | 秦明宇 | 黄羽 | 匡俊 | 何楠 |
| | 李毅杰 | 余炜坤 | 李泽澄 | 卞芳 | 焦正新 | 史留保 | 冯磊 | 殷明 |
| | 姜行果 | 陈岩 | 林羽 | 谭菲 | 万亿 | 李超 | 谢尔曼 | 李萌 |

续表

| 05120010 | 连卉 | 李宇晖 | 张焱 | 王剑 | 杨磊 | 刘菲 | 张斌 | 王晨 |
| --- | --- | --- | --- | --- | --- | --- | --- | --- |
| | 董琦 | 张毅 | 何侃翔 | 程岩 | 胡厚攀 | 徐捷 | 朱良勇 | 欧阳志杰 |
| | 于飞 | 彭滔 | 王海龙 | 张万成 | 高建华 | 张冰 | 赵欣 | 朱明 |
| | 李亮 | 唐本莹 | 边臻 | 田卫明 | 杜杠 | 康乐 | 吴高建 | 王杨 |
| | 魏耀都 | 张萌 | 何岩 | 陈定玖 | 王培朝 | 寇小希 | 马文琨 | 孙旭武 |
| | 邓飞 | 陈殁 | 宋健 | 沈冰心 | 宋大博 | 魏孔焱 | 郑毅 | 李耀华 |
| | 姚伟 | 袁浩 | 鲁宁 | 吴飞 | 曹凯 | 周海泉 | 宋冉 | |
| 05120011 | 毛蔚 | 崔斌 | 贾宾 | 王方 | 李雁杰 | 杨晓薇 | 李鑫 | 姜楠 |
| | 姜微 | 曹旭 | 孔令凯 | 常兴 | 梁健 | 王奇伟 | 李小辉 | 顾菲 |
| | 许静 | 张琛 | 王新超 | 殷岳 | 刘峰 | 闫鹏 | 王迪 | 王磊 |
| | 王双全 | 刘佳 | 徐冠伦 | 焦琳 | 姚立 | 王文红 | 涂荣 | 黄斐 |
| | 李一凡 | 于晓伟 | 娄样 | 郑舒鹏 | 李媛 | 张冉 | 宫博 | 刘文翰 |
| | 曹诚 | 余彦 | 杨灿 | 谢昕呈 | 赵姝文 | 惠新楠 | 于淼 | 王瑞 |
| | 李琳 | 周昕 | 张锐 | | | | | |
| 05120012 | 王炫名 | 侯滢 | 辛子龙 | 马攀 | 赵贺 | 苏楠 | 林浩 | 徐晨 |
| | 朱墨 | 袁萍 | 赵鹏 | 陈丽辉 | 刘一男 | 孙宁 | 顾超 | 药星宇 |
| | 商亮 | 吴维 | 李振 | 尹鑫 | 耿伟 | 刘思维 | 尹翔飞 | 张悦 |
| | 邵华 | 王伟 | 徐欢欢 | 崔婧雯 | 秦建新 | 潘小伟 | 刘松 | 陈华彬 |
| | 余帆 | 肖霖 | 崔湘君 | 樊学健 | 张灿 | 刘东升 | 黄晓明 | 江倩苗 |
| | 李静 | 赵波 | 秦烜 | 蒲澍 | 王俊 | 郑礼松 | 钱浩平 | 张德彦 |
| | 郝晓娟 | 张萌 | 薛巍 | 龚旻 | | | | |
| 05120013 | 张一凡 | 王宇 | 尹丰 | 王晒 | 李军威 | 周正 | 符浩 | 金航 |
| | 朱琰 | 刘苗 | 赵迪 | 李萌 | 程昕 | 温卓然 | 温亮 | 周南 |
| | 潘志建 | 宁小鹏 | 乔京华 | 钟琪 | 孙娜 | 刘鹏宇 | 蔡亚星 | 王文彬 |
| | 范芳茗 | 陶然 | 管飞 | 赵峻 | 王堃 | 张雄奎 | 许周 | 万欣 |
| | 王斌 | 杜依兵 | 孙春华 | 刘昊 | 丁栋 | 汪静 | 秦天 | 苏方业 |
| | 邓褌 | 柴奇 | 罗欣 | 丁茸 | 栗雯 | 范进 | 马骤驰 | 霍凯 |
| | 宋敬群 | 康成斌 | 金凯 | 张璐 | | | | |

续表

| | | | | | | | | |
|---|---|---|---|---|---|---|---|---|
| 05120014 | 龙岩 | 魏龙生 | 李洋 | 李项楠 | 刘险夷 | 叶堃 | 范捷 | 陆思瑶 |
| | 孟繁威 | 张岩 | 韩滨 | 郑鑫 | 宋婷婷 | 徐艳 | 田植 | 蔡柯 |
| | 朱佩佩 | 田瑞源 | 马文涛 | 宋飞 | 赵明杰 | 赵淑婷 | 栗大鹏 | 聂楠 |
| | 李一佳 | 桂晓磊 | 许先文 | 杜鹃 | 张男 | 李丹 | 李贺 | 魏碧威 |
| | 吴荣刚 | 胡伟 | 程光 | 吕朝晖 | 胡佳伟 | 李夏 | 刘鑫 | 覃军 |
| | 段旻岚 | 李洁英 | 陈建良 | 郑进辉 | 郑耿 | 黄业桃 | 王磊 | 邹卓 |
| | 王一 | 赵得斌 | 黎源 | 康晨 | 刘江 | 宋媛媛 | 孙伟 | |
| 05120015 | 刘雨婷 | 贺楚楠 | 胡倩 | 张洋 | 佟晓珂 | 王菁 | 马明 | 米岚 |
| | 姜涛 | 刘博洋 | 范涛 | 邵思瑶 | 张涛 | 朱晓明 | 陈一凡 | 王硕 |
| | 田浩 | 陆昊 | 张华 | 张京 | 王喆 | 安新芳 | 马延辉 | 徐璐璐 |
| | 韩霜雪 | 代明 | 于丁 | 王冰 | 李杉 | 张科 | 陈良金 | 舒勇 |
| | 杨晰哲 | 杨德富 | 齐晓庆 | 马艳艳 | 梅川 | 邝灏 | 高青 | 邓楚强 |
| | 谢雯娟 | 郑帅 | 杨凡 | 张玺 | 韩婷 | 余跃澜 | 商耀云 | 焦健 |
| | 赵苗苗 | 王盟 | 张耶光 | 王坤 | 黄谢学 | 刘荣伦 | | |
| 05120016 | 杨栋林 | 张杰彪 | 王琼 | 王朝民 | 李忠博 | 何文婷 | 丁俊 | 史峰 |
| | 袁航 | 邓福华 | 武飞 | 齐巍 | 向竹君 | 邝沈卿 | 陈松 | 胡乐 |
| | 王超 | 白文华 | 赵菲 | 谢小文 | 王冬冕 | 常仁 | 赵应华 | 廖流留 |
| | 朱志娟 | 吴志猛 | | | | | | |
| 05420011 | 阮为 | 郝立强 | 罗晓斌 | 冯景航 | 吴增强 | 吴健 | 杜睿 | 杨丽琼 |
| | 尹一博 | 郑阳 | 张昊 | 奚伟佳 | 李宁 | 陶煜 | 陈铖颖 | 傅霖煌 |
| | 袁丽丽 | 孙小平 | 聂楚江 | 蔡成贵 | 戴宁 | 易江涛 | 刘念 | 邹云松 |
| | 王旭 | 邓鸿伟 | 伏婷 | 吴姗姗 | 卢小康 | 张洁 | 郭桂良 | 陈苏鹏 |
| 05620011 | 章劲羽 | 李博文 | 梁茗涵 | 陈劫尘 | 赵旭 | 李世雄 | 王硕 | 田江波 |
| | 王志栋 | 张哲 | 李大博 | 苗磊 | 仲珏 | 贾胐昊 | 占建龙 | 高明亮 |
| | 柳丹 | 申升星 | 王宁 | 胡蓉 | 王崇涛 | 周考 | 罗诚 | 王玥 |
| | 燕小伟 | | | | | | | |
| 01510200 | 纵啸宇 | 何振兴 | 续茜 | 陈安翔 | 何贤德 | 吕超 | 叶烁 | 袁野 |
| | 雷磊 | 王彦华 | 潘攀 | 何志海 | 仲佑锦 | 梁广平 | 孙英钦 | 葛浩 |
| | 季迪 | 王肖沐 | 任凤丽 | 杨飞 | 刘西普 | 崔欣欣 | 沙磊 | 赵洲 |
| | 张顺利 | 郭亚北 | 陈德峰 | 何德旺 | 王玢 | 关婧 | 吴光明 | 莫晓磊 |
| | 周伟 | 王亮 | 姬少晨 | 凌清 | 崔旭 | 王甲萌 | 付竹 | 刘志哲 |

续表

| | | | | | | | |
|---|---|---|---|---|---|---|---|
| | 任玮莹 | 周静 | 张钟元 | 孙凯 | 张龙霄 | 褚莉莉 | 陈立平 | 黄丹 |
| | 张翼飞 | 刘建平 | 魏明 | 李扬 | 覃波 | 曾伟平 | 游波 | 丛涛 |
| | 邹丹 | 张燚 | 赵宏杰 | 叶超 | 吕军 | 胡光 | 苏凯 | 穆佳 |
| | 刘志玉 | 谢爱华 | 孙伟 | 侯倩 | 田甜 | 何琨 | 刘偲 | 牛传欣 |
| | 刘君玲 | 邹中正 | 张钦 | 徐琰 | 尹非 | 陈峥 | 陈曦 | |
| 01510201 | 陶磊岩 | 祁哲 | 刘鹭航 | 鞠苏洋 | 董航 | 翟家翼 | 王琳 | 邵颖 |
| | 孙妍 | 张颖 | 李蓓蕾 | 张朝维 | 刘潇 | 曹根林 | 徐正 | 刘磊 |
| | 李先楚 | 李骁 | 洪邦 | 杨正宇 | 黄湛 | 陈佳峰 | 孟熙 | 金鹏 |
| | 杜蕾 | 夏兴高 | 黄振飞 | | | | | |
| 01510202 | 张楠 | 刘跃斌 | 杜晨 | 李维 | 尹玉昂 | 云超 | 李鑫 | 陈健 |
| | 崔维丽 | 张薇娅 | 陆勐睿 | 张朝刚 | 孙毓 | 周宇芳 | 朱宁 | 吴昊 |
| | 李安明 | 王前 | 董飞 | 郑立博 | 刘挺 | 刘炜 | 林苍松 | 陈玲 |
| | 高胜男 | 熊雄 | 宋少文 | 王叶舟 | | | | |
| 01510203 | 秦杨 | 黄伟 | 李力 | 李晨 | 马斌 | 金海楠 | 崔桐 | 赵文 |
| | 刘晓露 | 马劼 | 王首翀 | 张武 | 吴磊 | 刘畅 | 纪善义 | 李慧敏 |
| | 田现忠 | 谭文斌 | 李薛佼 | 唐黎 | 孙宝鑫 | 陆思丞 | 李皓 | 王馨宁 |
| | 王俊人 | | | | | | | |
| 01510204 | 修文昊 | 李强 | 曹徐剑 | 傅鹏程 | 王剑铭 | 王蕴伯 | 李毅 | 王龙峰 |
| | 段然 | 张岩 | 刘博 | 宋一铂 | 李大成 | 黄元 | 杨惠萍 | 高振华 |
| | 靳婧 | 李海 | 张良梁 | 薛国庆 | 邢静 | 刘松洋 | 都兴恺 | 刘晓娟 |
| 01510205 | 袁博 | 宋伟 | 吴洋 | 宋爽 | 傅宇航 | 杨淼 | 刘屹 | 彭鹏 |
| | 郑朝亮 | 陈明桩 | 孟维娟 | 孙兵 | 王鑫 | 刘高扬 | 徐玉良 | 马小渭 |
| | 严青 | 尹慧 | 夏宜君 | 卢华清 | 侯大勇 | 赵佳蕾 | 牟宇航 | 姚国伟 |
| | 李成 | 蔡璟 | 张学涛 | | | | | |
| 01510206 | 张越 | 金秋 | 满开涛 | 赵磊 | 李炎 | 周锐 | 卫超 | 刘骁 |
| | 雷鸣 | 史骞 | 林思亮 | 陈文彬 | 陈荣荣 | 蔡律铭 | 张敏达 | 余菲 |
| | 吕睿 | 陶渝 | 李鑫 | 李轶 | 熊熙 | 王萌 | 王平 | 胡宇 |
| 01510207 | 侯旭 | 王旭 | 张超 | 谢铁丹 | 张强 | 苗晓峰 | 张永强 | 孙佳哲 |
| | 胡娱欧 | 叶菁 | 璐瑶 | 黄燕东 | 张清华 | 刘凡 | 黄雅兰 | 张磊 |
| | 李军暖 | 刘丹 | 塞瀚 | 郑鑫 | 娄扬 | 陈永鹏 | 陈子昱 | 何仲夏 |
| | 郝国雷 | 刘宇 | 何文涛 | | | | | |

续表

| | | | | | | | | |
|---|---|---|---|---|---|---|---|---|
| 01510208 | 苏亚林 | 胡国印 | 解晓辉 | 王璠璟 | 范志安 | 王玮 | 段睿 | 刘鑫磊 |
| | 魏金生 | 闫辞 | 刘鑫 | 杨洪亮 | 沈犊 | 朱思衡 | 王振国 | 郭超 |
| | 邹新伟 | 刘旭涛 | 张海琴 | 黄海贵 | 王玲 | 何健 | 吴克昌 | 刘飞航 |
| | 张玉龙 | 周俊宏 | 王建华 | 李炳良 | 王文博 | 穆岁宁 | 张毅鹏 | 陈占一 |
| | 王志生 | 孙国森 | 高贤亮 | 许芳敏 | 赵磊 | 朱迪锋 | 雷杰 | 李璇 |
| 01520201 | 王静 | 王欢 | 佘露 | 李静 | 孙妮娜 | 郑淑琴 | 南海燕 | 尹文慧 |
| | 汪浩 | 孙军峰 | 付长青 | 黄超 | 郭永和 | 姚雪枫 | 姚凯 | 王育亮 |
| | 钟俊源 | 吴双 | 韩宁 | 蓝长春 | 冯定伟 | 何宜根 | 张怪凯 | 李晓辉 |
| | 韩航程 | 周元 | | | | | | |
| 01520202 | 王梦寒 | 刘静 | 李婧 | 黄鋆 | 王丽萍 | 范玮 | 饶垚 | 王妍 |
| | 赵迪 | 武强 | 闫哲祥 | 方磊 | 巍明 | 贾洪波 | 吴楠 | 李扬 |
| | 张韬 | 罗恺恺 | 余烺 | 桑伟韬 | 孔令熙 | 周琦 | 李宇鹏 | 张天柱 |
| | 刘崇 | 肖力 | 鲁帆 | 章劲羽 | 贾胐昊 | | | |
| 01530201 | 章雯 | 李元 | 张尧 | 高巍 | 孙伟 | 张晋江 | 李薇 | 侯倩 |
| | 王堃 | 韩咪咪 | 天山川 | 张倍铭 | 姚慧宇 | 朱璞成 | 江芸 | 刘羽 |
| | 仇超文 | 王晓雯 | 李盈莹 | 李一博 | 刘斌 | 兰杰 | 赵耀华 | 王琰 |
| | 郭庭睿 | 董昭阳 | 夏磊 | | | | | |
| 01510300 | 李剑鹏 | 崔德邦 | 王洪健 | 房华 | 陈彦 | 邓皓升 | 徐高庆 | 刘光熹 |
| | 王季煜 | 李焱磊 | 李海平 | 吴迪 | 梁超杰 | 杨帆 | 江悟 | 冯伟 |
| | 崔鹏飞 | 刘印秋 | 曹晓雨 | 姜杰 | 张柏乔 | 付思超 | 齐信 | 刘婧 |
| | 王冠男 | 史永辉 | 张兴春 | 林汝梁 | 吴长贺 | 徐凯明 | 刘朋樟 | 王月清 |
| | 李修国 | 邢晓文 | 成天桢 | 王翠 | 李桦 | 孙禾 | 刘荦锶 | 李艳世 |
| | 葛庆伟 | 范星宇 | 茹婷婷 | 田琦 | 侯跃辉 | 王丹阳 | 方菁 | 邓宇 |
| | 姚露露 | 盛远锋 | 侯发亮 | 徐艳 | | | | |
| 01510301 | 黎骏 | 刘纪洲 | 王学强 | 管超 | 马琛 | 徐潇晗 | 张翔宇 | 李博宇 |
| | 孔令志 | 方秋均 | 肖博 | 李响 | 朴昌龙 | 于洋 | 赵翠娟 | 王一鹏 |
| | 潘攀 | 孙晗伟 | 杨明林 | 杨耀楠 | 陈阳 | 曾星耀 | 兰天 | 费琼 |
| | 周毅 | 王涛 | 张悦 | 王雨佳 | 邢昊博 | | | |
| 01510302 | 李响 | 刘珂珂 | 李昭衡 | 朱子希 | 李源 | 卢川 | 陈默 | 贾思超 |
| | 刘杰 | 王佳 | 张德智 | 吕传奇 | 赵奕歌 | 宋曦彤 | 于天月 | 张婧婧 |
| | 胡红伟 | 毕少筠 | 李智信 | 于景辉 | 刘畅 | 刘骁 | 黄黎 | 罗天 |
| | 阿塞拉 | 高胜男 | 李淑璇 | 李超 | 张莹 | 刘品仪 | 黄晓琛 | |

续表

| 01510303 | 李可明 | 何小亢 | 商磊 | 齐信 | 洪晨 | 高原 | 刘腾飞 | 王旭梦 |
|---|---|---|---|---|---|---|---|---|
|  | 庄云胜 | 吴亭亭 | 刘柏音 | 张卓 | 张金硕 | 李奇英 | 刘婧 | 姚宏强 |
|  | 陈高清 | 苟书智 | 杨炳文 | 李锐 | 焦一鸣 | 梁杰 | 李琪 | 李沂茨 |
|  | 修文昊 | 刘洋 | 嘉鹏 | 罗海坤 |  |  |  |  |
| 01510304 | 李健 | 李鹏飞 | 乔顿 | 徐安 | 王长健 | 孙昕 | 张伟达 | 李昱杰 |
|  | 张阁 | 黄合鑫 | 刘朋樟 | 谢伟 | 宋达 | 汪月清 | 王红玉 | 杨迪 |
|  | 郭悦 | 柯超 | 徐凯明 | 黄晓 | 任亮 | 乔媛 | 张波 | 刘帆 |
|  | 范媛媛 | 王晓东 | 高巍 | 黎昕 | 王赛祎 | 周平 |  |  |
| 01510305 | 班郁 | 马可 | 李晨 | 刘晓茹 | 张子未 | 赵伟 | 姚远 | 崔立娜 |
|  | 林汝梁 | 牟进超 | 于龙 | 温天力 | 吴长贺 | 刘斌 | 宋岩滨 | 王昊 |
|  | 杨越 | 陈昉 | 张抗 | 王佳 | 梁娟 | 张兴春 | 郑德裔 | 卢斌 |
|  | 马龄彤 | 杨军 | 刘坤 | 倪唯一 | 刘帅 |  |  |  |
| 01510306 | 吴子婧 | 郝晋 | 桂磊 | 周研 | 敬明旻 | 姜学涛 | 古建宇 | 于泉泳 |
|  | 朱群星 | 李修国 | 王慧青 | 殷君君 | 王涵 | 王冠男 | 初伟男 | 梁兆春 |
|  | 李逊志 | 石小寅 | 侯亮 | 蒋孟轩 | 刘岳庐 | 邢晓文 | 成天桢 | 孙笑 |
|  | 唐潇 | 沈犊 | 张庆兴 | 张笑非 | 任超苏 | 郭大川 | 何灏 |  |
| 01510307 | 马天龙 | 石青川 | 孟胤 | 张陆石 | 李澄 | 张博 | 董欣玮 | 杨君 |
|  | 周全 | 杜施秋 | 郭鑫 | 张仪檬 | 王翠 | 南佳利 | 丁午 | 尹振华 |
|  | 李桦 | 富玲峰 | 周璐璐 | 孙皓 | 李世章 | 段晖 | 万耕 | 罗雨 |
|  | 马晓磊 | 李芍 | 戴维毅 | 覃磊 | 张永刚 |  |  |  |
| 01510308 | 张露 | 刘志远 | 陈硕 | 王弭 | 张世伟 | 薛劲橹 | 陈楠 | 陈宁波 |
|  | 刘辉 | 李刘才 | 段俊伟 | 刘晓军 | 陈昕 | 张承 | 真德福 | 吕长伟 |
|  | 闫州杰 | 六翼 | 史艳阳 | 邓亮 | 杨召成 | 蔡颂 | 彭志敏 | 黄波 |
|  | 邓伟 | 王崇磊 | 李永攀 | 张继伟 | 勒俊程 | 张敏 | 杨江帆 |  |
| 01520301 | 任志伟 | 董强 | 贾俊锐 | 曾繁荣 | 唐元明 | 阿骥奈 | 贾琳娜 | 马亭新 |
|  | 池甜 | 张浩 | 赵三元 | 唐飞 | 王政 | 王忠敏 | 俞香云 | 勾阳 |
|  | 李婉佳 | 黄皓 | 蔡隽 | 李永安 | 刘波 | 刘人萍 | 邹敏 | 吴昊 |
|  | 李瑞 | 王小虎 |  |  |  |  |  |  |
| 01520302 | 赵宁 | 韩晶 | 陈志强 | 张帆 | 殷志全 | 马舒洁 | 罗晨 | 邓海涛 |
|  | 梁振明 | 谢宗耀 | 吴元钧 | 刘大为 | 郭灵犀 | 孙禾 | 林琳 | 徐丹 |
|  | 罗喻 | 罗辅波 | 程莹 | 蔡宇 | 杨青松 | 何光霁 | 赵伟 | 段桂培 |
|  | 肖力 | 桑伟韬 |  |  |  |  |  |  |

续表

| | | | | | | | |
|---|---|---|---|---|---|---|---|
| 01530301 | 刘星晨 | 冯明 | 安兴 | 杨阳 | 刘梦璇 | 宋婷婷 | 王瑜 | 关思舟 |
| | 朱剑磊 | 袁甲 | 吴兆胜 | 林科年 | 叶凡 | 张亮 | 张建喜 | 刘亦然 |
| | 刘伟杰 | 李晓阳 | 桑敏刚 | 时银涛 | 丁翀俊 | 李艳世 | 谭学松 | 张元庆 |
| | 黄亮 | 张亚当 | 冯肖珊 | 刘畅 | | | | |
| 01510400 | 杜宇 | 刘冰 | 郝宇 | 任丽君 | 杨海 | 刘宇 | 杨娜 | 王旭 |
| | 彭林玉 | 王本欣 | 王致远 | 林涛 | 张成 | 余书静 | 杨占杰 | 钟康平 |
| | 王鹏 | 余琪 | 刘强 | 龚珊 | 许阳 | 蓝雪松 | 陶萄 | 周鹏 |
| | 丛鹏宇 | 王晨曦 | 邵宇峰 | 王昱 | 巴贺 | 郑萌 | 陈桥 | 鞠芳 |
| | 史宏飞 | 王帅 | 宁晓曦 | 陈学钊 | 曹佳 | 王生楚 | 彭博 | 张云泽 |
| | 吕鹏 | 徐志善 | 李莹 | 高伟杰 | 杨艳强 | 王康鹏 | 姚飞 | 胡玲 |
| | 钱天翼 | 胡蜜蜜 | 刘托 | 高翔 | 吴海乐 | 王玮 | 朱正 | 任燕 |
| | 杨鑫 | 左向宇 | 张磊 | 李挺 | 刘振玉 | 刘晓 | 李乔 | 黄锦铭 |
| 01510401 | 张炜 | 刘畅 | 闫华章 | 刘强 | 石承刚 | 董志鹏 | 郭寅一 | 曹璐 |
| | 于然 | 刘佳 | 刘芳 | 刘茜璐 | 黎鹏 | 窦为伟 | 李迎春 | 唐作强 |
| | 赵北 | 刘飞 | 曹猛 | 陈超 | 张新科 | 王超 | 魏美兰 | 因大强 |
| | 杨硕 | 郝宇 | 王致远 | 任涛 | 范川云 | 简枢 | 熊弼 | 李莹 |
| 01510402 | 邵宇峰 | 伍洲 | 王东皓 | 宁晓曦 | 贾文鹏 | 张正强 | 林智强 | 李新中 |
| | 张效骞 | 刘托 | 张李鹏 | 邱金娜 | 李丽珍 | 李飞 | 王冠 | 杨志超 |
| | 高泽绘子 | 黄婧雅 | 张陆旸 | 任兴茂 | 张腾飞 | 乔媛 | 姜兴得 | 李洋 |
| | 张犁 | 梁伟伟 | 于彪 | 李丹阳 | 韩梦来 | | | |
| 01510403 | 刘洋 | 马梅 | 张戈 | 汪捷 | 陈飞龙 | 何伟 | 孙永瑞 | 徐正国 |
| | 李然 | 肖杰 | 王旭 | 钟康平 | 赵强 | 金天 | 王朋 | 姚希 |
| | 赵潇 | 卿睿 | 乔欣然 | 周志勇 | 苗宇航 | 周扬 | 杜宜彰 | 杨兆维 |
| | 童慧思 | 吴琼宇 | 明媚 | 王丹阳 | 陈林 | 张磊 | | |
| 01510404 | 章宁 | 鞠芳 | 赵克 | 王勇 | 杨子健 | 陈金访 | 孙琰 | 侯长宇 |
| | 刘晨 | 柳涛 | 刘金楠 | 彭军 | 吕焱 | 叶兴明 | 梁冰心 | 郝文杰 |
| | 董江峰 | 任丽君 | 周鹏 | 顾全 | 刘泳庆 | 陈小军 | 吴志昂 | 陆军 |
| | 杨熙 | 秦国杰 | 彭楠 | 王梁天 | 胡文锐 | 蔡文江 | 范爽 | |
| 01510405 | 郭雨 | 何阳阳 | 王艳新 | 穆海舰 | 谢梦楠 | 吴海冰 | 王晓清 | 林涛 |
| | 邹璐 | 陈焕 | 李白 | 于鸿源 | 安晨 | 王昱 | 吕源 | 龚珊 |
| | 王谦 | 王永欣 | 隋超 | 江成能 | 孙思羽 | 雷汉石 | 岳丛璐 | 曾向昀 |
| | 王雪芳 | 申亚囡 | 刘全琨 | 陈诺女 | 童星 | | | |

续表

| 01510406 | 谢思 | 田大明 | 刘超 | 高翔 | 王晓博 | 赵衍 | 成昊 | 李倩 |
|---|---|---|---|---|---|---|---|---|
| | 葛璐曦 | 李宾 | 王涛 | 刘成 | 过丹 | 彭博 | 周穗斌 | 肖冠锋 |
| | 杜白 | 王朕 | 周中晟 | 董文超 | 闫霆 | 高扬 | 陆安娟 | 尹丽丹 |
| | 庞博 | 高伟杰 | 时启东 | 彭振 | | | | |
| 01510407 | 袁文韬 | 余胜吾 | 陈崇德 | 张霞 | 葛翼诗 | 郭睿 | 李挺 | 聂静 |
| | 马爱莹 | 赵健鹏 | 卢山 | 杨瑞振 | 韩怡 | 韩宇 | 杨阳 | 张承政 |
| | 苏志扬 | 张少春 | 孙晓鹤 | 张成 | 于洋 | 尤一名 | 杨海 | 龙学彬 |
| | 蒋铮 | 洪洁 | 李汉博 | 石成云 | 袁媛 | 曲振鹏 | 陶凯 | 魏志鸿 |
| 01510408 | 王鹏宇 | 陈清 | 方慧琳 | 任仕伟 | 赵东艳 | 田维珍 | 许阳 | 段俊伟 |
| | 罗小川 | 杨嘉成 | 左文 | 郑宏强 | 陈超 | 陈镜 | 巴贺 | 陈斌 |
| | 韩术 | 代力力 | 徐鹏飞 | 王浩 | 姚晓光 | 吴尚峰 | 刘徽 | 邹佳思 |
| | 刘伟 | 刘永旭 | 刘溶 | 贾晏瑶 | | | | |
| 01520401 | 解华彪 | 郑强林 | 陈蒂 | 王梓 | 刘斌 | 赵颖 | 夏子威 | 周铂 |
| | 张长青 | 唐豪 | 刘亚钊 | 王文浩 | 李何莹 | 何盛洋 | 高华昊 | 吴迪 |
| | 苗鹏 | 罗晓芳 | 黄皓 | 张昕 | 常子谦 | 马瑞鹏 | 刘华玺 | 余敏 |
| | 刘莉莉 | 毕廷锋 | 池田 | 黄子豪 | 高昊锐 | 陆鑫 | | |
| 01520402 | 高易 | 杨晓佳 | 王骏 | 郭梦丽 | 冀鹏飞 | 欧阳曦 | 赵博华 | 周英楠 |
| | 马韬 | 陈晓禹 | 郭亮 | 王凯 | 裴晓波 | 王圣光 | 韩浪 | 黄守俊 |
| | 姜丽丽 | 陈兆丽 | 王峰 | 李爱光 | 张廷勇 | 尹文峰 | 范晶晶 | 杨昭 |
| | 冯知灼 | 尹庆军 | 李靖 | 刘鼎筠 | 石永鹏 | | | |
| 01530401 | 武铮 | 江波涛 | 陶庆炜 | 吴臻志 | 陈建武 | 杨梦晨 | 程兆鹏 | 李鹏 |
| | 李晓烨 | 安晨 | 王晓清 | | | | | |
| 01510500 | 张帅 | 郑磊 | 梁琦 | 杜巍 | 张兆森 | 张德聪 | 方嘉聪 | 赵譞 |
| | 占云志 | 刘丽佳 | 刘盛硕 | 李俊丽 | 苑昭晶 | 郭锋 | 王冷平 | 谢恒达 |
| | 端木繁一 | 王彬彬 | 钱通 | 史永哲 | 刘猛 | 王晓玲 | 陈功 | 周蕾 |
| | 蔡杰 | 田嫒 | 王一鸣 | 赵慧 | 白亮亮 | 潘伟萍 | 冯金陈 | 李子豪 |
| | 任学飞 | 程文昕 | 黄昌培 | 李晓枫 | 肖嘉舟 | 邓园园 | 郑菲 | 麦嘉志 |
| | 路丁然 | 林浩宇 | 韩磊 | 刘李娟 | 张国利 | 吕雪 | 苏莹 | 白科 |
| | 张金秋 | 赵春燕 | 吴佳滨 | 黄兴 | 房建伟 | 陈鸣 | 全银珠 | 刘少涛 |
| | 曾志麟 | 王建 | 刘硕 | | | | | |

续表

| 01510501 | 赵潇 | 李博洋 | 王瀚超 | 段猛 | 高郑思 | 沈清 | 刘俊杰 | 何京 |
|---|---|---|---|---|---|---|---|---|
| | 陈大为 | 刘屾 | 张敏 | 赵明研 | 张巍巍 | 刘中金 | 童利君 | 闻军 |
| | 戴晴 | 皮维超 | 王磊 | 何志斌 | 乐园园 | 王如意 | 殷文楠 | 杨东 |
| 01510502 | 陈小宇 | 宋爽 | 鲁俊辉 | 赵海旭 | 周宇 | 温振鸿 | 赵羽 | 钟黛云 |
| | 哈楠 | 王欣雨 | 常琪 | 常成 | 陈剖蕾茜 | 麻吉泉 | 王伟平 | 柳其亮 |
| | 李川 | 张雯 | 屈泉西 | 王天博 | 任祥 | 王世伟 | 曾文俊 | 刘浩林 |
| | 陈思夏 | 吴奇锟 | | | | | | |
| 01510503 | 阳煜 | 李恒 | 宋悦 | 潘小光 | 曹婷婷 | 孙玮 | 明扬 | 张郑 |
| | 刘超千 | 李慧妍 | 王玉伟 | 靳育霖 | 郭志强 | 孙鹭怡 | 艾菡 | 肖祎晨 |
| | 杜景超 | 刘欣 | 张檀 | 王晓文 | 徐敬梓 | 吴为 | 杨昂 | 刘威 |
| | 李春霞 | 徐寅晖 | 邢梁旭 | 尹元奎 | 韩基文 | 朴亨津 | 刘超千 | |
| 01510504 | 杨子健 | 刘飒 | 王跃 | 曲照阳 | 齐文超 | 佘智远 | 张剑 | 韩笑 |
| | 郭佳诚 | 刘自成 | 张新星 | 李琦 | 郝亮 | 郑建兴 | 任童 | 匡小波 |
| | 李鑫 | 孙超逸 | 郑雏清 | 吴迪 | 高茂翔 | 戴博文 | 袁伟杰 | 张芊 |
| | 张梦飞 | 史郡 | 胡军 | 李鹏 | | | | |
| 01510505 | 王雪芳 | 李旭东 | 孙芃 | 谷永峰 | 武琳栋 | 胡昊 | 邓涵 | 赵帝 |
| | 申亚囡 | 鲁铁 | 王忠伟 | 林巧稚 | 刘峰伯 | 沈朱哲 | 韩延涛 | 石慕璇 |
| | 韩伟 | 吕昕 | 张泽宇 | 王锐 | 宋茜 | 周仙子 | 王振柚 | 李岑 |
| | 唐珂 | 陈林斌 | 范潇强 | 夏侯皓凌 | | | | |
| 01510506 | 董文超 | 吕汉超 | 卫盟 | 王翠莲 | 王金波 | 徐平 | 姜凯元 | 覃洁琼 |
| | 郝瑞超 | 石晔 | 郑超 | 王宇雄 | 孙忠秋 | 戴俊 | 闫丕贤 | 刘振宇 |
| | 李莹 | 陶懞宇 | 姜丰 | 乔祁 | 李卿 | 郭琪 | 朱海亮 | 钟锦泉 |
| | 韩龙勃 | 何海龙 | 左薇 | | | | | |
| 01510507 | 张承政 | 王达 | 李木群 | 孙剑 | 郭俊 | 于中腾 | 魏明 | 徐菲 |
| | 胡麟 | 吴超 | 穆晨晨 | 尤亮 | 韩晓玲 | 陈山 | 蒙开德 | 杨建飞 |
| | 李元 | 杨帆 | 杨鹏飞 | 蒲达 | 李宏发 | 谢佳 | 赵洋 | 刘聪睿 |
| | 陈潇 | 朱元 | 金大哲 | 曲振鹏 | | | | |
| 01510508 | 袁文韬 | 米阳 | 袁佳欣 | 王冠宇 | 韩晓峰 | 胡荣苗 | 王东风 | 伍斌 |
| | 姜铖 | 王东 | 张成 | 王洁 | 张旭艳 | 黄汐威 | 池翔 | 何敬熊 |
| | 刘嘉维 | 闫振兴 | 梁炳峰 | 杨加一 | 孙其伟 | 李兴明 | 胡倩 | 邓力 |
| | 朴志雄 | 金珉秀 | | | | | | |

续表

| 01510509 | 颜巾惠 | 王少光 | 姜鹏 | 王贺政 | 赵晖 | 孙明阳 | 李官敏 | 尚志杰 |
|---|---|---|---|---|---|---|---|---|
| | 李文晓 | 朱宏章 | 刘新光 | 张国卿 | 高飞 | 佟飞 | 杨小锋 | 江兵 |
| | 王云卿 | 柴耀文 | 卫博阳 | 张智焜 | 韩小明 | 赵鹏羽 | 何琨 | 聂胜猛 |
| | 赵颖 | 王鑫 | 张笑通 | 徐浩 | | | | |
| 01520501 | 刘斌 | 高昊锐 | 陆鑫 | 刘盈盈 | 王志超 | 赵恒 | 李宁 | 张文 |
| | 杨继斌 | 韩霖 | 郑胤 | 蒋宇航 | 曹立 | 柯萌 | 邵俨 | 田春鹏 |
| | 王盼 | 张倩倩 | 吴勇 | 刘嫣 | 熊杰 | 樊润东 | 杨早 | 唐诚 |
| | 刘洋 | 刘赟 | 邢晶婕 | 秦治平 | 吕佳 | | | |
| 01520502 | 赵颖 | 张涛 | 马骁 | 季寅炜 | 章宁 | 刘超华 | 李小莉 | 李洁 |
| | 曾炜 | 白立冬 | 李金玉 | 刘旭 | 许国祥 | 袁小力 | 太竞辉 | 孟强 |
| | 李恺旋 | 左翌 | 李猛 | 王凯 | 周成 | 胡惠敏 | 王佳 | 赵楠 |
| | 姚亚龙 | 王坤 | 胡顺 | 杨柠榛 | 金标罡 | | | |
| 01510600 | 孙思麟 | 陈冠博 | 石涛 | 汪博 | 王宏飞 | 王瑶 | 刘军华 | 马敏舒 |
| | 赵刚 | 蔡春霞 | 李向一 | 杨海庚 | 温菊红 | 李硕 | 申少君 | 王实 |
| | 陈岩 | 孙林 | 蔚文婧 | 张睿 | 韩潇 | 刘玉 | 李英贺 | 刘一飞 |
| | 王妮炜 | 叶朝君 | 陈洪美 | 蔡璐 | 李晶晶 | 韩福海 | 腊智勇 | 王辉 |
| | 景凯 | 张之光 | 刘盛琪 | 纪璇 | 齐俊 | 张萌 | 王川 | 张德龙 |
| | 张影 | 戴望辰 | 蒋杰 | | | | | |
| 01510601 | 陈轩 | 高智超 | 李军龙 | 马远星 | 齐侃侃 | 汪彬 | 王渊 | 喻子鉴 |
| | 崔军峰 | 苟晓鸣 | 刘茹 | 苗静雯 | 沈小玲 | 王焜烨 | 武文杰 | 张然 |
| | 冯越杨 | 何昊 | 刘璇 | 彭册 | 佟军 | 王颖 | 杨光 | 周祎 |
| | 傅友 | 黄雪晴 | 窦广宇 | | | | | |
| 01510602 | 董浩然 | 侯超 | 巨江伟 | 林春女 | 刘远航 | 秦湛 | 吴亚杰 | 余倬 |
| | 董清宇 | 胡韵泽 | 李勇 | 林拾才 | 孟龙 | 荣政 | 谢乾 | 张晨 |
| | 何玉冰 | 蒋仲涛 | 李治国 | 刘春明 | 乔翘 | 王鹏 | 杨欣 | 赵晓宁 |
| | 陈潇 | | | | | | | |
| 01510603 | 白剑 | 李枫 | 李伟翔 | 刘睿 | 任玉德 | 王莉 | 温智磊 | 徐海涛 |
| | 郭娟娟 | 李杰 | 李喆 | 罗冉 | 宋佳益 | 王平 | 吴永良 | 闫海鹏 |
| | 赖光霁 | 李晋 | 林媛 | 梅清 | 宋子男 | 王拓 | 夏丛 | 湛益青 |
| | 蔡猛 | 王鑫男 | | | | | | |

续表

| | | | | | | | | |
|---|---|---|---|---|---|---|---|---|
| 01510604 | 白凯 | 程珊 | 刘畅 | 牛震 | 孙业臣 | 王军伟 | 于跃跃 | 张波 |
| | 曹晔旻 | 韩辛璐 | 刘娜 | 任鹏 | 孙钰 | 温博 | 余洁 | 张帅龙 |
| | 陈卓著 | 李立强 | 马强 | 戎铮铮 | 王菲 | 徐明明 | 原浩鹏 | 赵云东 |
| | 程晨 | 刘必尚 | 毛聪 | 傅士心 | | | | |
| 01510605 | 蔡亭亭 | 陈公瑾 | 陈玲 | 陈明阳 | 程航 | 杜虎 | 傅芳 | 郭泽权 |
| | 侯兴波 | 黄盖世 | 李冰琪 | 李枫 | 刘卿 | 齐江帆 | 宋郁冰 | 孙宁霄 |
| | 王彪 | 王昊飞 | 王玉洁 | 王煜若 | 邢金浩 | 许佳 | 杨海满 | 张鲲鹏 |
| | 张志恒 | 赵剑垄 | 赵爽 | 薛溯 | | | | |
| 01510606 | 陈光 | 段路 | 付文亮 | 高江杰 | 高永超 | 关阳 | 胡亚云 | 黄紫橙 |
| | 李昕 | 廖春兰 | 刘惠翔 | 刘凯强 | 刘懿静 | 陆标 | 蒲捷 | 王和俊 |
| | 吴哲 | 向毅文 | 谢理谏 | 杨柳 | 张旭锴 | 郑小龙 | 周菊 | 朱胜宇 |
| | 苏冰 | 康静 | 唐博 | | | | | |
| 01520601 | 陈燕颖 | 高天扬 | 何吉祥 | 黄思波 | 寇洪瑞 | 李超 | 李春望 | 李浩宇 |
| | 连肇明 | 林夕杰 | 刘楚承 | 刘德文 | 刘宇鹏 | 吕德潮 | 马鸣宇 | 马银超 |
| | 冉达 | 王晋军 | 王坤 | 王涛 | 吴舟婷 | 谢强 | 徐高正 | 徐继伟 |
| | 闫瑞华 | 张诚 | 张蕾 | 张倩 | 张世伟 | | | |
| 01520602 | 高翔 | 何丰泽 | 贺滔 | 惠榛 | 贾甲 | 姜子峰 | 金豪哲 | 雷华阳 |
| | 李韵然 | 刘京 | 刘璐 | 刘升恒 | 刘涛 | 田瑶 | 王亚森 | 闻观行 |
| | 向蛟 | 徐铭汉 | 杨晨曦 | 余雷 | 袁首京 | 张贺 | 张琪 | 赵新鹏 |
| | 周为雨 | 朱泊宇 | 朱彦才 | 庄乾隆 | | | | |
| 01530601 | 卞珂心 | 陈欣 | 陈阵 | 黄芳泽 | 韩福海 | 霍海利 | 李博 | 李长伟 |
| | 刘昂 | 吕霄 | 曲嘉 | 任尚清 | 史君宇 | 苏日娜 | 孙辰 | 汤励 |
| | 王冠淞 | 王浩宇 | 王凌云 | 王雄 | 武暾 | 徐镭镭 | 杨键 | 杨炯 |
| | 袁瑞 | 詹天南 | 张闯 | 张弢 | 张夏 | 朱颖森 | 虞日雨 | 李格 |
| 01510700 | 梁玉娇 | 唐静 | 吴琼 | 林铮 | 张天 | 林默 | 史瑞婧 | 唐大伟 |
| | 吴昊 | 徐铎 | 张珊 | 朱嘉祯 | 吴树懿 | 高宇 | 肖增利 | 王江 |
| | 卢秋沅 | 王鹏 | 刘箭言 | 杨博 | 张萌 | 樊博 | 张然 | 吴比翼 |
| | 祝峰 | 李娜 | 付家骏 | 王凤姣 | 刘野 | 郭俊伟 | 彭思 | 马越 |
| | 黄群峰 | 巴杉 | 周凯 | 陈奎熹 | 李志伟 | 陈建龙 | 胡丁晟 | 陈涵 |
| | 万厉斌 | 赵欣然 | 李雪 | 黎悟渊 | 王艺霏 | 刘冰瑶 | 生富 | 熊昊奇 |
| | 卢健成 | 刘凯 | 孙明熙 | 聂鹏 | 沈青 | 范荣 | 邹宇驰 | 林嘉超 |

续表

| 01510701 | 安育龙 | 荆鹏飞 | 王怀宇 | 李程 | 张建楠 | 崔俐刚 | 韩喆 | 吴小莹 |
|---|---|---|---|---|---|---|---|---|
|  | 曹翃 | 杨雪松 | 孙翰卿 | 张志强 | 韩冬 | 陈悦 | 李昱霖 | 张玮琳 |
|  | 邓彦伶 | 吴叶 | 史鹤鸣 | 张雪萍 | 丁一辰 | 蔡伦 | 方亮 | 贺冠 |
| 01510702 | 暴亚虎 | 胡卫东 | 邱玥 | 胡淼 | 段慧宇 | 郑晨 | 万成城 | 高丰文 |
|  | 畅响 | 刘玮 | 李昕萌 | 韩抱冰 | 何明 | 赵永静 | 孙翰飞 | 葛昕 |
|  | 邓辰阳 | 郑舟 | 李堃 | 周孟哲 | 郑浩 | 张华波 | 刘博 | 闫阳天 |
|  | 高幸 | 郁志国 | 景培楠 | 李滨 | 郑帆 |  |  |  |
| 01510703 | 高镇 | 李璋峰 | 肖德千 | 唐海波 | 秦亚楠 | 张子龙 | 黄承飞 | 李昂 |
|  | 高子健 | 赵晨 | 吴琼 | 孙旭敏 | 刘崇然 | 宋亚 | 李沭 | 许明明 |
|  | 黄宏斌 | 杨梦婕 | 王晟宇 | 时亮 | 王子翔 | 师剑丰 | 兰淑芳 | 王强 |
|  | 阮航 | 周文璨 | 米德 | 黄道等 |  |  |  |  |
| 01510704 | 李鉴 | 李玄璇 | 杨方 | 黄正 | 吴金 | 肖然 | 叶昕 | 范花玉 |
|  | 吴春辉 | 聂山棚 | 杜敦伟 | 邢镇龙 | 金雪峰 | 吴荻 | 邢星 | 周子恒 |
|  | 魏鹏 | 何煜龙 | 王末 | 马兆远 | 严昊平 | 卢楠 | 申宇瑶 | 刘若冰 |
|  | 刘博 |  |  |  |  |  |  |  |
| 01510705 | 方宁 | 贾仪凡 | 王洋 | 周园 | 张涛 | 杨行 | 赵云 | 王斌 |
|  | 金兆健 | 吕春良 | 徐生豪 | 赵鹏飞 | 张璟华 | 闫雯 | 向卓林 | 刘渊 |
|  | 李钢 | 沙君礼 | 董帅 | 张新禹 | 杨玉新 | 王浩宇 | 王宗晔 | 冯盛 |
|  | 肖瑞 | 田露 | 罗恒 |  |  |  |  |  |
| 01510706 | 孙冰峰 | 唐柳 | 张毅 | 汪国富 | 郑伟 | 刘锡忠 | 赵驰 | 郭杰 |
|  | 郭强 | 朱世人 | 张明江 | 万成彪 | 赵志斌 | 李思洁 | 孙吉功 | 郭帅辰 |
|  | 韩秉璇 | 李新 | 占兴奇 | 田园 | 张璇 | 金倩玉 | 李亮 | 龚逸伦 |
|  | 梁泽兵 | 张宇聪 | 王梦影 | 朱力亚 | 沈黎 |  |  |  |

续表

| | | | | | | | | |
|---|---|---|---|---|---|---|---|---|
| 01520701 | 汪伟 | 张斌 | 金龙 | 李凤梅 | 韩腾飞 | 冯帆 | 徐磊 | 马昌杰 |
| | 梁盛林 | 程小康 | 潘峰 | 王特 | 周鹏 | 逯田菲 | 杜海潇 | 乔乔 |
| | 金海洋 | 李萍 | 樊蓉 | 刘铮 | 吴优 | 胡杨 | 焦龙龙 | 矫东航 |
| | 党鹏辉 | 韩智博 | | | | | | |
| 01520702 | 刘传福 | 胡显超 | 沈义龙 | 徐达 | 朱霖 | 李聪 | 刘俊彤 | 孙晓丽 |
| | 徐露 | 罗洋 | 刘莎 | 郭伟 | 张清岩 | 任晓东 | 张彦超 | 罗民江 |
| | 朱亮 | 陈喆 | 郭骁 | 苗润林 | 杨培尧 | 郑林峰 | 姚祥文 | 孙立达 |
| | 黄金科 | 张果 | 皇甫云龙 | | | | | |
| 01530701 | 蔡起龙 | 肖瑞 | 张川 | 韩明夫 | 王洪凯 | 董金旭 | 张坤 | 张青海 |
| | 郭寅埔 | 肖冠 | 赵阳 | 蔡兆云 | 谭昊炜 | 代海啸 | 逄博 | 高磊 |
| | 黄河清 | 王轶丞 | 张悦琦 | 袁一丹 | 孙震韬 | 陈龙 | 韩禄 | 夏乾斌 |
| | 屈晓楠 | 史晓雄 | 彭元龙 | 谢群芳 | 宋一纯 | 邹程玉 | 丁瑞强 | 李然 |
| | 赵铁龙 | 刘思哲 | 钟昇佑 | 肖林 | 郭印政 | 周佩霞 | 陈思为 | 刘海均 |
| | 薛培帆 | | | | | | | |
| 01510800 | 韩冬生 | 李晓锐 | 晋琼 | 赵亿雄 | 王栋 | 韩茜 | 陈丽娟 | 康思达 |
| | 赖灵哲 | 刘迟 | 贺仲恺 | 胡皓 | 周晓宇 | 姜逸涵 | 苏福顺 | 李可为 |
| | 李丹 | 吴杨 | 李庆 | 李博 | 韩越 | 李天 | 沈雷 | 王鹏 |
| | 刘嘉琳 | 尹伟 | 王瑞 | 齐放 | 何苗 | 刘大成 | 王升旭 | 杜伟 |
| | 王泓然 | 程佳 | 陈剑飞 | 杨晚晴 | 胡智宽 | 陶忠恩 | 张魁 | 王梦云 |
| | 李志 | 邓杰 | 李太川 | 张洪纲 | 刘长江 | 田腾 | 周平源 | 张东良 |
| | 王宇 | 郭哲 | 刘芳 | 杜晨林 | 王雅楠 | 夏俊 | 姜昊 | 刘世祎 |
| | 张文喆 | 于天鹏 | 刘嘉骏 | 林懋 | 吴炳良 | 杨坤 | 张娟 | 孙雨泽 |
| | 崔绍成 | 杨睿 | | | | | | |
| 01510801 | 杜垚伟 | 黄卫东 | 李宗辉 | 马瑞 | 王楠 | 温佳隆 | 孙超 | 杨潇 |
| | 冯维 | 李刚 | 刘正成 | 秦川 | 王雨娇 | 吴磊 | 暴亚虎 | 王禹超 |
| | 高健 | 李元昊 | 罗梦佳 | 陶建龙 | | | | |

续表

| | | | | | | | | |
|---|---|---|---|---|---|---|---|---|
| 01510802 | 冯东煜 | 郝浩倩 | 李强 | 林可加 | 束俊琪 | 邢洋 | 张小彤 | 李文骁 |
| | 高吉成 | 李宝珊 | 李天行 | 毛健 | 田川 | 杨欣然 | 钟恬恬 | 张红超 |
| | 郭军强 | 李苗 | 林宏岱 | 任凯 | 王雅薇 | 张佳 | 庄元桢 | |
| 01510803 | 戴成然 | 何朝鑫 | 李彬 | 马骏驰 | 任雨樵 | 涂航 | 余皓然 | 吴树懿 |
| | 丰帅 | 侯伟 | 吕欣韵 | 蒲金龙 | 沈晋涛 | 熊卿青 | 许明明 | 郭珍红 |
| | 冯骥 | 蒋荣堃 | 马传杰 | 乔鸿泽 | 史航 | 杨溢 | | |
| 01510804 | 王牌 | 高强 | 雷花 | 宁朔 | 钱觐开 | 尹雪 | 周靖 | 张宇 |
| | 陈森 | 官玫 | 李知伦 | 牛俊勇 | 田博 | 张若曦 | 张志伟 | 吴爽 |
| | 邓媛嫄 | 贾岱 | 马楠 | 庞亮 | | | | |
| 01510805 | 白卉 | 韩菲霏 | 刘骁 | 谭云籍 | 吴光焕 | 杨晨 | 张吉羿 | 张金玲 |
| | 陈布 | 胡恒阳 | 马依昕 | 唐研 | 武峰 | 杨曦 | 姜元 | 张拔锐 |
| | 陈振洪 | 巨星 | 沈燕 | 王福来 | 邢文斌 | | | |
| 01520801 | 代鹏鹏 | 高原 | 贾天江 | 刘亚星 | 王亚洁 | 徐碧瑢 | 姚远 | 张播 |
| | 丁英冬 | 郭婷婷 | 蓝琛 | 马晓 | 午皓 | 徐辉寰 | 云维城 | 张文旭 |
| | 高梦瀛 | 郭尧 | 李立 | 王慷 | 谢维晨 | 学敏 | 张驰 | 张岳峰 |
| | 钟昂 | 刘欣阳 | | | | | | |
| 01520802 | 陈璐 | 冯婷 | 江汉 | 梁冰苑 | 苏宝睿 | 王凯 | 王彦钧 | 魏绍杰 |
| | 初一鸣 | 黄龙 | 琚玉建 | 刘宇鹏 | 唐瑞 | 王千骅 | 王毅磐 | 吴克宇 |
| | 冯冈夫 | 黄泽楠 | 李沐 | 秦国领 | 王斌 | 王亚昕 | 王子正 | 夏希德 |
| | 张昊 | 赵鹏 | | | | | | |
| 01530801 | 吴建兵 | 傅紫源 | 何易翰 | 李德志 | 刘雄 | 马浩 | 时飞 | 邢奕鹏 |
| | 安鹏 | 谷月 | 何宇 | 李翔 | 刘晔 | 乔坚栗 | 王新桐 | 岳鑫 |
| | 陈思雷 | 郭克锋 | 霍旺 | 李胤 | 刘震 | 邱冬 | 王子珺 | 张昊璞 |
| | 仇异 | 郝刚 | 季雪渊 | 廖志坤 | 柳佳 | 佘建华 | 魏金垚 | 张浩 |
| | 杜陆陆 | 何书涵 | 康钰 | 刘博文 | 罗香香 | 盛盟 | 肖华 | 赵阳 |
| | 周凌峰 | 高原 | 马豫星 | 李泽炎 | | | | |

续表

| 01540801 | 冯卉 | 付曹彧嘉 | 黄武威 | 刘彬 | 孙宝鹏 | 项恺 | 张泾湧 | 张云鹏 |
|---|---|---|---|---|---|---|---|---|
| | 安琪 | 高原 | 黄霄 | 罗斌 | 孙婷 | 徐文亚 | 张俊哲 | 赵一方 |
| | 曹骁 | 郭静 | 黄俞铭 | 邵雨濛 | 覃玉杰 | 杨然 | 张力文 | 周力杰 |
| | 崔琰 | 黄姗诗 | 李淑贤 | 宋天维 | 王辉 | 叶靖凡 | 张楠 | 陈亮 |
| 01540802 | 柏志伟 | 何易 | 李霖 | 刘畅 | 彭飞 | 吴桂津 | 张征 | 朱文江 |
| | 蔡博阳 | 黄炜宇 | 李明 | 刘晓杨 | 任博元 | 张诚 | 赵巍 | 范秋香 |
| | 常乐 | 姜沛杰 | 李佩 | 南征 | 滕越 | 张雪源 | 周军 | 张杰 |
| | 何达 | 李俊林 | 李骁 | 潘程浩 | 王卓 | 张营 | 朱俊杰 | 唐平 |
| 01530800 | 王斌斌 | 王小雪 | 刘阿敏 | 徐嘉 | 戚含笑 | 王建岗 | 梁爽 | 李毅彬 |
| | 黄海毅 | 陈汉驰 | 晁玉芮 | 齐全文 | 赵安迪 | 崔红月 | 李霄 | 王磊 |
| | 胡少楠 | 吴少聪 | 贾程瀚 | 万嘉月 | 孔蓓蓓 | 包博 | 李木 | |
| 05110901 | 曹玉树 | 胡泽辉 | 靳磊磊 | 王珣 | 张洪博 | 张智京 | 胡凯华 | 朱炳庚 |
| | 陈潮 | 黄锦 | 李佳曦 | 杨可钦 | 张阳 | 赵卓彬 | 王骁 | 张雨 |
| | 都春霞 | 冀啸宇 | 刘洋 | 杨柳 | 张义鑫 | 仲易 | 郑炎 | 张涵天 |
| | 后磊 | 蒋沅嵩 | 尚华涛 | | | | | |
| 05110902 | 郭伊蒙 | 李琤 | 刘俭 | 孙正阳 | 王轩 | 杨晓 | 张宇 | 张序琦 |
| | 何国锋 | 李赓 | 马圣华 | 王博杨 | 王雨 | 姚若晨 | 古啸 | 吴佳宇 |
| | 何龙威 | 李海帝 | 彭贻云 | 王君亚 | 王云楠 | 张勤天 | 赵静 | 王清盈 |
| | 黄晓军 | 李梦源 | 尚德伦 | | | | | |
| 05110903 | 常浩伦 | 高坦 | 李吉硕 | 齐永梅 | 王佳童 | 俞列宸 | 冯禹 | 朱其琛 |
| | 陈进国 | 谷杨 | 刘慧东 | 谭威 | 王晓岭 | 张健丰 | 管玉昕 | 王柄舒 |
| | 崔萌萌 | 姜文 | 鲁阳 | 童维 | 王政嵘 | 金星 | 黄鹏华 | 杨铮 |
| | 邓辉 | 金致谦 | 吕淑慧 | 王宏 | | | | |

续表

| | | | | | | | | |
|---|---|---|---|---|---|---|---|---|
| 05110904 | 范斌 | 梁环宇 | 田英华 | 向七三 | 于润东 | 张欣 | 朱云鹏 | 朱翔宇 |
| | 江一帆 | 鲁云驹 | 王雨晨 | 徐唯铭 | 岳溪 | 赵润晶 | 熊凯成 | 张萌 |
| | 雷杨 | 宋益恒 | 王子潇 | 宣骐 | 张骏 | 赵彤哲 | 余建远 | 杨帆 |
| | 历伟 | 汤杰雄 | 吴蔚 | | | | | |
| 05210901 | 安思宁 | 董汉苑 | 罗士荀 | 舒博正 | 王樱洁 | 吴鹏 | 岳超 | 涂曦瑶 |
| | 曹家华 | 侯彦鹏 | 南圣玉 | 宋左乔 | 王永祥 | 席宇轩 | 张禹 | 吴侃科 |
| | 陈巍 | 李腾 | 邵恩恺 | 汪宇宁 | 尉凡 | 熊思洁 | 庄雷 | 袁欣 |
| | 崔磊 | 罗婧 | 史玥婷 | 王鑫 | 魏江 | | | |
| 05210902 | 黄欣宇 | 崔天禹 | 李明迅 | 廖文昊 | 谭思远 | 吴亦博 | 章卓思 | 张哲敏 |
| | 彭飞 | 郭翔宇 | 李燕 | 乔瞳 | 王博 | 吴宇轩 | 赵文静 | 吴一凡 |
| | 蔡利花 | 郭正伟 | 李弈博 | 乔曦雨 | 王昕 | 薛晨 | 赵浥彤 | 上官成林 |
| | 陈丽婷 | 李际弘 | 李智 | | | | | |
| 05410901 | 米文天 | 戴冀鹏 | 罗丽娇 | 史晓刚 | 王超 | 吴光旭 | 张庆乐 | 高文焘 |
| | 陈彦如 | 韩佳平 | 马丽娜 | 苏锐 | 王欢 | 夏杨 | 张钰璋 | 郑瑞洋 |
| | 成思邈 | 李超 | 梅少泽 | 苏霞 | 王力 | 袁文泽 | | |
| 05610901 | 吴少聪 | 耿苗 | 孔德浩 | 林萌 | 陶思宇 | 韦伟 | 喻涛 | 郑继龙 |
| | 邓超 | 贺江红 | 李苏庭 | 刘朋飞 | 王贵愚 | 谢建超 | 曾奎玉 | 张剑坤 |
| | 邓柳于勤 | 胡诗骏 | 李岩 | 刘霄 | 王文浩 | 谢日旭 | 张大伟 | 徐晨 |
| | 丁昊成 | 景佳琦 | 李旸 | 唐莜苓 | 王鑫 | | | |
| 05610902 | 鲍珣 | 韩子建 | 李华松 | 梁雪萍 | 王志文 | 辛思达 | 袁沛豪 | 周梦婷 |
| | 郭啸旭 | 贾丛飞 | 李凯 | 刘弘也 | 吴东升 | 杨华 | 詹天祥 | 周文龙 |
| | 郭有林 | 敬晗飞 | 李湘洋 | 王吉利 | 肖攀 | 杨晏翔 | 张志玮 | 周煦 |

续表

| | | | | | | | | |
|---|---|---|---|---|---|---|---|---|
| 05910901 | 闫森 | 胡婷 | 刘国新 | 任红宇 | 苏雯菁 | 王李田 | 武旭 | 曾宏志 |
| | 柏晟 | 李冲 | 刘锦文 | 彤博辉 | 孙磊 | 王文琪 | 杨骁 | 张蕾 |
| | 程玉堃 | 李丽日 | 刘琦 | 邵京 | 唐迪 | 王兴达 | 杨苑 | 张毅 |
| | 杜汉平 | 历慧 | 刘思谦 | 史鉴 | 唐浚峰 | 王祎峰 | 叶罡 | 赵万耀 |
| | 傅凯渤 | 梁晓昀 | 陆荣腾 | 苏巾槐 | 唐贞 | 王艺钧 | 尹鹏 | 郑寒雨 |
| | 郭高卉子 | 林冬昀 | 马志扬 | 苏沫涵 | 佟佶瑀 | 王昭 | 鱼屹哲 | 郑梦 |
| 05920901 | 曹原 | 顾崴 | 李亚 | 苗志东 | 杨斐然 | 敖东阳 | 刘燕婻 | 王飞 |
| | 陈鹏 | 韩旭鹏 | 李跃 | 孙建伟 | 杨宋源 | 陈倩柔 | 刘兆矣 | 王晶阳 |
| | 陈醒 | 黄孟卿 | 李政良 | 唐一凡 | 杨闻迪 | 柯晟 | 马朝辉 | 徐嘉岑 |
| | 陈阳 | 李天行 | 刘锐 | 王舒敏 | 尹占坤 | 刘凡 | 邵圣慧 | 徐源 |
| | 高东红 | 李秀峰 | 龙瀛逸 | 王玉堂 | 曾英俊 | 刘望桐 | 史树理 | 袁伟杰 |
| 05111001 | 刘瑀 | 樊简 | 金宇婷 | 李天瑜 | 刘航 | 汪元 | 殷冰洁 | 张骁文 |
| | 包涛涛 | 郭凯凯 | 冷雪冬 | 李文静 | 刘洋 | 吴昱 | 战奕竹 | 赵子伦 |
| | 丁以同 | 郝棋 | 李琳婕 | 梁晨 | 刘志坤 | 徐国政 | 张国民 | 朱天杭 |
| | 段晓超 | 蒋姣 | 李湜文 | 林乐祺 | 孙振源 | 许凌溪 | 张浩宇 | 王荷竹 |
| 05111002 | 鲍世琦 | 段星辰 | 雷孟翰 | 林东航 | 王超 | 王瑞君 | 张翠柳 | 张珣 |
| | 崔健雄 | 龚俊豪 | 李姜超 | 刘文嘉 | 王菡凝 | 王润怡 | 张芪 | 郑又铭 |
| | 崔伟健 | 侯力娜 | 李耀东 | 麻曰亮 | 王鹏程 | 杨东煜 | 张然 | 安志嵘 |
| | 段维栋 | 康琦 | 廖屹 | 田雨 | 王瑞 | 殷俊祥 | 张文博 | 杜天元 |
| 05111003 | 陈川 | 冯子洋 | 李鹏浩 | 鲁伟鑫 | 秦子翱 | 郗良宸 | 张晓杰 | 张琛 |
| | 陈立宇 | 黄涵玥 | 李若凡 | 罗云鹏 | 申琛 | 许译 | 张雪平 | 张睿恒 |
| | 陈宇豪 | 计鑫 | 梁雨潇 | 裴梦露 | 石田鸽 | 张杰鑫 | 赵得华 | 聂同达 |
| | 房书韬 | 李超 | 刘婧湘 | 彭颖 | 王路曼 | 张清原 | 周嬛 | 邰睿 |
| 05111004 | 董佳斌 | 李涛 | 沈威宇 | 孙志龙 | 闫心格 | 殷悦 | 张培瑶 | 庄婷 |
| | 樊睿华 | 林雪 | 石海军 | 王黎元 | 闫张浩 | 尤洋 | 张圆圆 | 蔡洪伟 |
| | 瞿幼朋 | 刘建鸿 | 孙超 | 徐方舟 | 严洪超 | 张昆明 | 赵乙丁 | 鞠宗林 |
| | 李沐阳 | 刘强 | 孙乐羊 | 徐一惟 | 杨子龙 | 张南根 | 仲博涵 | 李滢 |

续表

| 05211001 | 巩世琪 | 陈文 | 代计博 | 郭少波 | 贾冰杰 | 李冉晞兮 | 钱益旺 | 王浩峰 |
|---|---|---|---|---|---|---|---|---|
| | 曹文慧 | 陈紫 | 顾运博 | 黄浩 | 兰岚 | 陆文康 | 全然 | 谢青梅 |
| | 陈洁 | 程毅 | 郭凯琛 | 黄慧敏 | 雷光晨 | 齐俊昊 | 王春茂 | 闫郡 |
| | 丁旭辉 | | | | | | | |
| 05211002 | 步旻 | 崔旭彤 | 高杨 | 刘福强 | 沈丹 | 杨鸿韬 | 张颖 | 杨春亮 |
| | 陈建强 | 董志超 | 郝亘 | 刘思达 | 史鉴 | 杨喆明 | 朱柯弘 | 柏杨 |
| | 陈翔宇 | 方濈明 | 黄鹏 | 马丰厚 | 辛桐 | 于瑞睿 | 张宁 | 郭晓旺 |
| | 陈许星 | 高天华 | 李勋 | 彭谦 | 熊玉洁 | 张黎 | 张硕 | |
| 05411001 | 常奕 | 郭英杰 | 李申煜 | 芦章宇 | 王乃行 | 许家麟 | 赵炳森 | 周杭军 |
| | 陈默 | 贺旭辉 | 李欣泽 | 马晓然 | 王小桔 | 许祺弘 | 赵琪彧 | 赵妍慧 |
| | 陈沛伟 | 洪玮 | 刘劲晗 | 齐保贵 | 谢奕 | 张明哲 | 郑清然 | 周哲慧 |
| | 邓辉中 | 李俊杰 | 刘绍荣 | 沈璟 | 徐猛 | 张笑铭 | | |
| 05611001 | 蔡名煜 | 付予 | 刘智卓 | 聂婧 | 石扬 | 王怀庆 | 王一江 | 于越 |
| | 丁庸 | 黄惠强 | 马纯纯 | 牛洋 | 谭学超 | 王嘉春 | 肖洁琼 | 张艺馨 |
| | 董梁 | 蒋一峰 | 马文宇 | 钱俊任 | 唐建超 | 王珏 | 徐镝韦 | 张正沛 |
| | 冯楚莹 | 刘昊 | 莫颜鲜 | 强凯越 | 万福雨 | 王筱 | 尹韧达 | 张石磊 |
| 05611002 | 鲍硕 | 胡智尧 | 李航舰 | 娄健 | 彭紫薇 | 薛永娇 | 杨晓耸 | 赵小龙 |
| | 陈颐欢 | 黄博阳 | 李闻新 | 陆相成 | 汪俊涛 | 颜家英 | 于敏 | 赵阳逸 |
| | 付飞 | 黄日强 | 刘垒 | 马晓平 | 王宝侠 | 杨军 | 张昕雨 | 赵志民 |
| | 高翔 | 兰洪玮 | 刘洋 | 彭飞 | 徐浩夔 | 杨希桐 | 张欣 | |
| 05811001 | 邓云开 | 侯彦飞 | 李昂 | 施巧黛 | 王帆 | 吴志坤 | 曾正新 | 赵晓彤 |
| | 高晓铮 | 黄思路 | 李建东 | 孙泓恺 | 王雷 | 熊斌 | 张琪 | 张子健 |
| | 郝媛媛 | 解浩森 | 刘珣 | 覃落雨 | 尉烨 | 袁正坤 | 赵赫 | |

续表

| 05911001 | 张可心 | 郝一杭 | 李琦 | 刘舟舟 | 苏楠 | 王若凡 | 杨辰 | 张芮 |
|---|---|---|---|---|---|---|---|---|
| | 鲍治霖 | 何静 | 刘昊 | 龙霄飞 | 孙经纬 | 王向花 | 杨亦彬 | 张天雪 |
| | 车久坤 | 黄一鸣 | 刘嘉山 | 卢昭 | 孙泽宇 | 王翊坤 | 叶祖需 | 张心祥 |
| | 陈英硕 | 姜添 | 刘晴晴 | 陆闻宇 | 陶睿鹏 | 王主彬 | 于志江 | 赵晴 |
| | 邓越洋 | 雷子健 | 刘爽 | 罗浠 | 王宝嵩 | 吴楠 | 于婧之 | 赵志浩 |
| | 范轶旸 | 李奥林 | 刘阳 | 彭程飞 | 王浩任 | 吴文宇 | 张弛 | 郑舒晨 |
| | 郭亚丽 | 李炳炎 | 刘沅 | 齐佳欣 | 王怀祖 | 徐悦寒 | 张珏皓 | 钟琛 |
| 05921001 | 崔莹 | 李楠 | 刘建纯 | 莫波微 | 夏雨轩 | 杨鹤飞 | 周昕 | 杨丽丽 |
| | 高荣 | 刘斌 | 卢威 | 盛令 | 熊苗 | 杨建勋 | 朱明达 | 杨海东 |
| | 贾东睿 | 刘莳洋 | 罗嘉文 | 孙佳欣 | | | | |
| 05111101 | 鲍鑫 | 戴震九 | 郭曦 | 李佳琨 | 李晓彤 | 马思奇 | 桑木繁 | 任豪 |
| | 陈健 | 顾洲灿 | 蒋沛蓉 | 李介民 | 刘芳政 | 聂新雨 | 苏介甫 | 王先南 |
| | 陈媛 | 郭琳 | 李超炜 | 李文韬 | 刘胤凯 | 任豪 | 谭忠伟 | 王晓宇 |
| | 肖雄 | 张迪 | | | | | | |
| 05111102 | 郭颖洁 | 梁凤蓉 | 石雨轩 | 王伯武 | 文沛 | 肖雪迪 | 闫崇山 | 易思雄 |
| | 李诗扬 | 刘鑫 | 田陆 | 王雪茜 | 闻一龙 | 徐航 | 杨明科 | 袁宏博 |
| | 李思憧 | 齐天烨 | 佟志钰 | 王子跃 | 吴冠杰 | 许梦雨 | 杨齐斌 | 袁媛 |
| 05111103 | 包梦琰 | 段永强 | 何重航 | 刘植鹏 | 强哲菲 | 魏林 | 杨磊磊 | 叶振飞 |
| | 边天一 | 高巧展 | 李竹君 | 马凯能 | 王聪 | 温嘉男 | 杨圣智 | 曾仁知 |
| | 柴朔 | 韩国祥 | 李紫杉 | 彭智韦 | 王未 | 徐昶 | 杨文龙 | 张天然 |
| 05111104 | 班瀚文 | 董俊明 | 郭尚霖 | 焦琳 | 李峻辉 | 李子豪 | 邵超越 | 王漪 |
| | 陈笑驰 | 高毛 | 黄文谷诚 | 李丁一 | 李伟 | 龙飞 | 索仕杰 | 王艺陶 |
| | 邓寿云 | 顾天聪 | 吉晓亭 | 李鸿飞 | 李伟奇 | 牛梓光 | 王鸣明 | 熊一枫 |
| | 杨艳娇 | | | | | | | |

续表

| 05211101 | 韩钊 | 康杰靓 | 李卫东 | 林宇阳 | 刘雪峰 | 马一鸣 | 苏浩蒙 | 王思薇 |
|---|---|---|---|---|---|---|---|---|
| | 黄昳 | 李昂阳 | 梁弼政 | 刘江天 | 刘政 | 牟晓雅 | 孙伟耀 | 王仲一 |
| | 姜祎春 | 李姝昀 | 林枫娇 | 刘婷 | 柳柏林 | 牛杰 | 王估琨 | 翁洋 |
| | 赵子天 | 朱禹彬 | 潘毅华 | | | | | |
| 05211102 | 陈序 | 韩晓琳 | 季金佳 | 雷融 | 卢秋阳 | 农宇鹏 | 孙博 | 魏凯欣 |
| | 段翔宇 | 黄俊炎 | 贾浩楠 | 李奥 | 罗正 | 庞珂 | 汪昊 | 翁澍沁 |
| | 韩冰 | 黄璐真 | 揭云碧 | 刘宇程 | 马骁骅 | 邵宝衡 | 王麟 | 禤小兵 |
| | 赵振宇 | 周子赫 | | | | | | |
| 05411101 | 安思琪 | 兰韬 | 梁伟杰 | 吕冰 | 陶砺 | 武照博 | 徐博 | 于思齐 |
| | 黄袁琦 | 黎恩旭 | 林明豪 | 任荷 | 王赫然 | 辛婧婧 | 徐子为 | 张小艳 |
| | 靳翔 | 李旭光 | 刘伟超 | 唐潮 | 王瑞浩 | 熊烨 | 杨行 | 张子岳 |
| | 卓金 | 高琬佳 | 雷蕾 | | | | | |
| 05411102 | 白雪 | 郭力阳 | 黄江 | 梁开剑 | 芮藤长 | 魏宇婷 | 徐健 | 张玺 |
| | 贡蓉蓉 | 何毅 | 李晓芃 | 刘莹莹 | 王凯豪 | 魏志雄 | 袁士伟 | 张晓洁 |
| | 高一格 | 洪祥 | 李之桐 | 龙国福 | 魏思杰 | 谢昌宜 | 张会林 | 张艺洁 |
| 05611101 | 安旭滨 | 黄志遥 | 李丞 | 孟祥聃 | 谭文宇 | 吴凯歌 | 闫曦 | 张炜琰 |
| | 曹旭 | 霍金亮 | 李明玉 | 孟泽宇 | 陶睿 | 吴芸芸 | 杨文俊 | 周嘉炜 |
| | 丁程 | 贾江 | 刘波岩 | 彭启昀 | 王龙犟 | 徐晓林 | 于沐尧 | 朱峰 |
| | 冯溪溪 | 江筱 | 刘睿楠 | 任可晨 | 王艺洋 | 闫天祺 | 于潇 | 朱梦迪 |
| 05611102 | 艾占杨 | 查兰婷 | 李奎彬 | 刘征宇 | 欧鹏 | 王子 | 杨凡雨 | 周桂 |
| | 毕炽垚 | 方若雪 | 李旭冉 | 鹿舒超 | 宋瑞琦 | 魏星 | 杨璟茂 | 朱守佳 |
| | 蔡泽坤 | 费军波 | 李英豪 | 马润泽 | 王烽宇 | 肖枫 | 张克 | 朱帅 |
| | 曹蓉 | 侯晓晨 | 刘庆天 | 蒙德杰 | 王骆滨 | 许林 | 张隐超 | |

续表

| | | | | | | | | |
|---|---|---|---|---|---|---|---|---|
| 05811101 | 蔡津剑 | 高畅 | 李建国 | 梁爽 | 田雯 | 王岚 | 叶能 | 张麒 |
| | 崔大圣 | 高胜男 | 李雅朦 | 刘凌汐 | 汪柯 | 肖光亮 | 于大森 | 张旭 |
| | 董亚娇 | 敬汉丹 | 李银川 | 隆兴望 | 王浩鹏 | 谢恩 | 于含笑 | 赵晴晴 |
| | 付震 | 李博闻 | 李雨晴 | 唐堂 | 王嘉川 | 杨发伟 | 张驰程 | 赵一博 |
| 05911101 | 柏辰 | 韩思齐 | 焦崇泽 | 刘树峥 | 屈金烨 | 王万君 | 杨力源 | 张家毅 |
| | 陈鲲洪 | 何睿 | 蓝理师 | 刘泰然 | 邵青 | 王雪薇 | 杨一丁 | 张俭伟 |
| | 陈遵宇 | 胡忆晨 | 李安捷 | 刘逸超 | 时善蔚 | 王远鹏 | 杨梓艺 | 张杰 |
| | 崔铠 | 黄腾 | 李东娟 | 吕琪 | 孙俊忍 | 王泽海 | 尹航 | 张亮 |
| | 代嘉慧 | 纪凯夫 | 李吉绅 | 宁立跃 | 孙扬 | 吴桦林 | 尹晔 | 张盟 |
| | 傅冰飞 | 贾睿 | 李君尧 | 彭开南 | 王航宇 | 徐峰 | 游广豪 | 张旻阳 |
| | 郭尧 | 蒋志科 | 李哲 | 彭少龙 | 王鹏林 | 徐润泽 | 曾博文 | 张馨元 |
| 05931101 | 蔡航 | 孔垂烨 | 何凡 | 杨思佳 | 鲁畅 | 方亮 | 刘珉玥 | 唐立行 |
| | 于心瑞 | 潘登 | 宋东澎 | 陈子奇 | 束子宇 | 吴前兵 | 杨晨晨 | 余睿 |
| | 陈轩 | 吕孟卓 | 周嘉炜 | 卢岩 | 张晓宇 | 吴晨 | 马炀 | 马珂 |
| 05111201 | 邓兆国 | 黄裕翔 | 孔德闯 | 马豫川 | 滕姣姣 | 王颖 | 姚远 | 张文睿 |
| | 段一星 | 菅梦楠 | 刘睿捷 | 马援博 | 田启航 | 王仲琪 | 张彬 | 张雯雯 |
| | 冯英栩 | 蒋炫佑 | 刘晓双 | 任科飞 | 汪文韬 | 吴诗阳 | 张硕磊 | 赵昆 |
| | 郭景雄 | 康光达 | 鲁艺 | 任怡 | 王晓燕 | 杨明 | 张天意 | 朱艺璇 |
| 05111202 | 程坤 | 贺天皓 | 李畅 | 刘晓铭 | 孙增泽 | 王尧 | 杨璇 | 赵振南 |
| | 董培炎 | 洪阳晨 | 李惊春 | 马子闻 | 王靖明 | 王怡然 | 杨洋 | 郑桥 |
| | 冯帆 | 郎添娇 | 李业晨 | 戎贝妮 | 王民 | 颜学文 | 张麒 | 周杨 |
| | 贺司衡 | 雷寘玮 | 林易蒙 | 邵国亮 | 王明倩 | 杨杰 | 赵勇 | 左朝园 |
| 05111203 | 白明涛 | 陈静 | 郭达琳 | 李唱白 | 彭智星 | 田发林 | 薛静文 | 曾铮 |
| | 曹皕清 | 崔恒 | 韩泽洋 | 刘力 | 任杰 | 王嘉璐 | 闫昭宇 | 张皓原 |
| | 曹润昌 | 窦宇迪 | 郝海萍 | 孟鑫 | 邵楠 | 王锶 | 姚杰 | 赵淑瑶 |
| | 查校生 | 付成 | 蒋荣 | 宁晓轩 | 施洁菲 | 王天超 | 于昊加 | 赵子豪 |

续表

| | | | | | | | | |
|---|---|---|---|---|---|---|---|---|
| 05111204 | 曹艺丹 | 樊鼎 | 韩笑生 | 刘盛豪 | 欧阳佐坤 | 吴相旻 | 袁嘉东 | 张万达 |
| | 常奇 | 郭守常 | 李灏 | 刘思远 | 戚悦 | 杨佳铭 | 翟登月 | 赵爽 |
| | 陈琦 | 郭盈东 | 李佳禹 | 刘天元 | 唐鹏 | 于兆凯 | 张天宇 | 郑文博 |
| | 董翔宇 | 韩晓哲 | 李文海 | 明拓思宇 | 王雨薇 | 余忠艺 | 张婷 | 周恒亮 |
| 05111205 | 孙健航 | 胡文庆 | 李昱 | 聂婧 | 王敏 | 严佳楠 | 赵赫 | 杨博 |
| | 蔡易勋 | 金鑫 | 刘蓬博 | 彭磊 | 王虞倩 | 杨家文 | 周健尧 | 张驰 |
| | 苍佳伟 | 金雄杰 | 刘雪飞 | 盛冠澎 | 吴雨霏 | 游峥 | 朱梦韬 | 徐梦婷 |
| | 陈柏川 | 鞠东豪 | 芦少北 | 隋涛 | 肖晨强 | 袁岂凡 | 奚天奇 | 王从奎 |
| | 高天祥 | 李威 | 米央 | | | | | |
| 05211201 | 安全智 | 后明华 | 康文超 | 刘明毅 | 祁溯尧 | 宋子豪 | 杨莹 | 袁星 |
| | 甘霖 | 黄立楠 | 李阳 | 刘洋 | 乔冠鑫 | 孙磊 | 杨悦 | 邹迪 |
| | 高众 | 季子杰 | 李懿 | 罗政伟 | 任诣 | 王振宇 | 杨征帆 | 练泽超 |
| | 龚磊 | 金伟 | 林晟威 | 马湄璇 | 史俊杰 | 徐逸凡 | 殷建忠 | 邱子璇 |
| 05211202 | 陈昊冉 | 郭馨阳 | 李世婷 | 柳晨 | 史岩 | 魏鑫 | 余纯溪 | 周浩天 |
| | 陈美合 | 贾越洋 | 李翔 | 马闯 | 孙琦毓 | 吴旭晨 | 袁霖 | 钟涵宇 |
| | 董世林 | 井有龙 | 蔺一凡 | 马骋乾 | 王俊博 | 熊威博 | 张建 | 薛岭 |
| | 郭丰睿 | 李柯楠 | 刘颖青 | 邵桐 | 王垠翔 | | | |
| 05411201 | 徐博 | 方天琪 | 傅楷航 | 郭宇豪 | 刘珊 | 彭程 | 孙旭光 | 吴继祥 |
| | 陈凯月 | 方贤朋 | 高彬彬 | 简达豪 | 刘伟 | 任存之 | 王瑞 | 闫琦 |
| | 楚羽 | 房伟康 | 郭晓博 | 李兴旺 | 柳杨 | 任耕耘 | 王宣懿 | 魏天博 |
| | 杜鹏 | 冯恺言 | 郭逸 | 刘奇彧 | 潘雨洋 | 史卫泽 | | |
| 05411202 | 王本亮 | 葛乾灿 | 刘鹤 | 孙业钦 | 薛少彦 | 余星江 | 张瑛琪 | 朱瀚翔 |
| | 陈生琼 | 胡献旺 | 刘杰明 | 孙颖豪 | 杨沛霖 | 张浩 | 赵夫源 | 朱贺 |
| | 陈周 | 黄子祺 | 彭毛卓玛 | 王文鹏 | 杨泽嵘 | 张华宏 | 赵佳宁 | 宗诚 |
| | 邓惠中 | 李沫 | 隋旭阳 | 肖磊 | 于淼 | 张美旭 | 郑翼鹏 | |

续表

| 05611201 | 畅雅梦 | 董艺 | 黄云龙 | 刘宇 | 苏亚辉 | 王雨祺 | 伍林洁 | 张呈尧 |
|---|---|---|---|---|---|---|---|---|
| | 陈家俊 | 杜文清 | 柯懂湘 | 罗熙 | 孙博研 | 王雨竹 | 闫程亮 | 张义 |
| | 崔耀 | 胡晓宁 | 可少雄 | 曲平 | 陶丹青 | 吴明琦 | 喻露 | 赵悦 |
| | 丁凯生 | 黄鸿颢 | 刘天极 | 邵春 | 王睿怡 | 吴天智 | 袁晓筱 | |
| 05611202 | 陈佳文 | 何君尧 | 李福元 | 马闻 | 王九牛 | 席诗华 | 张卫东 | 赵锐 |
| | 陈琦 | 贺天威 | 李智 | 苏雨蒙 | 王志坚 | 姚群磊 | 张月朋 | 朱励岩 |
| | 邓嘉 | 胡雅娴 | 刘佳 | 孙嘉明 | 吴洁 | 应乐 | 赵春宇 | 赵楠 |
| | 龚烨 | 李东星 | 刘祎静 | 田泰方 | 吴穹 | 张博文 | | |
| 05811201 | 陈琦 | 黄靖轩 | 李岳 | 柳瑞青 | 孙艺玮 | 武春飞 | 远航 | 赵旭东 |
| | 崔畅 | 金鑫 | 梁艺宝 | 陆潞 | 王金桥 | 许鑫勇 | 岳东援 | 赵政 |
| | 董正博 | 康子奇 | 刘海龙 | 马艳敏 | 王坤昊 | 杨诗怡 | 张晨耕 | 张鸿驰 |
| | 黄东篱 | 李金峰 | 刘阳 | 毛彤 | 卫扬铠 | 尤鹏杰 | | |
| 05911201 | 宋世琦 | 甘一鸣 | 乐轶伦 | 刘向民 | 任伟基 | 王怡晨 | 杨博 | 张旭东 |
| | 包嘉诚 | 郭帅琪 | 李若楠 | 刘洋 | 沈一燃 | 王泽宇 | 杨晨 | 张云东 |
| | 曹先乐 | 胡姣 | 李翔南 | 刘哲亨 | 宋星桦 | 王铮 | 杨晶晶 | 张智博 |
| | 曹哲 | 黄琪琳 | 李昕桐 | 倪宣浩 | 孙天元 | 吴海宁 | 杨文亚 | 周幸达 |
| | 程健 | 霍佳雨 | 李学栋 | 牛子奕 | 谈家桐 | 徐泽厚 | 尹陈 | 周阅 |
| | 仇瀚文 | 蒋小平 | 林昱 | 牛尊 | 王继勇 | 许家琛 | 于文龙 | 周治宇 |
| | 冯冬博 | 孔商成 | 刘通 | 潘紫桐 | 王进 | 许文嘉 | 张博 | 祝佳慧 |
| | 卓邦声 | | | | | | | |
| 05931201 | 王天明 | 杨谞 | 夏子芊 | 高宇琨 | 王帅勋 | 张晨露 | 巩琪树 | 王科荐 |
| | 王诗杨 | 缪远诚 | 苏俊臣 | 乔婉 | 杨颜菱 | 王浩华 | 李思佳 | 武烨存 |
| | 姜质奇 | 肖竣 | 胡雨垚 | 王智轩 | 刘丁昊 | 高暄 | 金小琳 | 李晓斐 |
| | 王雨薇 | 王肇昕 | 叶文 | 李浪沙 | 杨继尧 | 尹程翔 | 银晨曦 | |

续表

| 05111311 | 李强 | 金圣凯 | 李维彪 | 安文杰 | 段晨辉 | 郗颖 | 李梦琦 | 孙蕙媛 |
|---|---|---|---|---|---|---|---|---|
| | 张则翔 | 杨晗 | 涂宏锐 | 单培哲 | 翟文卓 | 曾曼菲 | 田子靓 | 刘馨莉 |
| | 罗世豪 | 张津津 | 马骁勇 | 聂平 | 邹芳菲 | 张艺馨 | 林依航 | 段宇 |
| | 王嘉义 | 李恒玙 | 刘轶凡 | | | | | |
| 05111331 | 徐君一 | 雷陇波 | 张航 | 孟骁 | 李喆 | 殷立征 | 冯立颖 | 向永刚 |
| | 樊宇星 | 奚荣平 | 徐子坪 | 江海鑫 | 杨胜捷 | 杨佳翊 | 樊雅玄 | 李梦泽 |
| | 冯兆祎 | 刘波 | 柳宗青 | 刘文强 | 刘鸣谦 | 刘畅 | 黄一峰 | 何鼎铭 |
| | 李泽疆 | | | | | | | |
| 05111332 | 吴少一 | 刘晓东 | 胡武毅 | 宋冠璋 | 檀文灏 | 李思洁 | 陈星逸 | 徐艺轩 |
| | 张翰文 | 刘晓 | 王嘉廉 | 田地 | 邹依 | 韩思佳 | 徐图 | 王璐 |
| | 卜祥栋 | 王路阳 | 陈彦锡 | 刘昊 | | | | |
| 05111341 | 金博伦 | 贾敏学 | 梁大雷 | 孟春考 | 张昂宇 | 曹奎 | 吕航 | 李京翰 |
| | 姚懿恒 | 何晗 | 尹迪 | 李凌豪 | 刘俊杰 | 姜威宇 | 芦熠昕 | 崔灿 |
| | 来俊杰 | 冀潮 | 马千翼 | 刘芫喽 | 王益男 | 张硕延 | 孙赫 | 刘婧 |
| | 杨瑞璇 | 王敏 | | | | | | |
| 05111351 | 李坤 | 寇昊天 | 杨吕骁 | 王一蒙 | 曹冠宇 | 吴菲 | 李慧星 | 张玲瑶 |
| | 尹睿锐 | 蔡炯 | 洪涛 | 黄玮尚 | 刘帝 | 韩晓鑫 | 司玄 | 詹洁 |
| | 李祥熙 | 钱能 | 薛焕 | 曲奎宇 | 王水洲 | 王钰聪 | 石文悦 | 石佳丽 |
| 05111352 | 邱彦超 | 沈秉祥 | 贾森 | 陈友旺 | 李科 | 赵鸣越 | 石涵 | 卢文斐 |
| | 李思伟 | 徐瀚铭 | 王战泽 | 郭宇 | 方乔丹 | 陈颖 | 崔宇鑫 | 陈晓燕 |
| | 陈劭龙 | 王硕丰 | 王冠群 | 武宗燊 | 骆彦安 | 王晓玥 | | |
| 05111361 | 蒋依莹 | 杨琛 | 赵敬宇 | 纪琨尚 | 李竞捷 | 孙晨鑫 | 王雅珊 | 赵惟肖 |
| | 汪跃 | 丁正之 | 鲁俊 | 黄官勋 | 罗靖杰 | 徐想 | 翟莉 | 周任然 |
| | 曾诚 | 李铭安 | 章心宇 | 罗堃煜 | 唐嘉豪 | 王瑞瑶 | 胡世宇 | 何一轩 |
| | 姜宇 | 闫嘉磊 | 赵泽宇 | 饶聘 | | | | |

续表

| 05211301 | 焦微微 | 祝璇 | 张绪 | 李峻峰 | 鲁兴波 | 经文政 | 邵诗淇 | 周芷煜 |
|---|---|---|---|---|---|---|---|---|
| | 杨鑫海 | 张浩凌 | 左铭青 | 赵祎昆 | 向伟成 | 马婧 | 李诗晓 | 马苗苗 |
| | 山洺 | 黄博涵 | 张传奇 | 杜航 | 杜晓晖 | 刘雨施 | 杜云玲 | 张大猷 |
| 05211302 | 宋璟昱 | 王博 | 聂锦波 | 熊文韬 | 李瑛琪 | 孙雨欣 | 刘潇 | 王佳颖 |
| | 吕明阳 | 王力铭 | 徐冀 | 程浩卿 | 张右承 | 杨婉钰 | 金鑫 | 谷尚铭 |
| | 林钰达 | 刘诚然 | 农树云 | 赵畅 | 陈艺婷 | 黄显珍 | | |
| 05411301 | 黄琨 | 石江超 | 刘骐 | 郑洪东 | 张超 | 孟姝君 | 钟心如 | 马凌飞 |
| | 周正涛 | 沈嘉诚 | 战志远 | 郝一伟 | 胡伟婷 | 陈晨 | 韩露 | 史心怡 |
| | 刘润 | 项鸿杰 | 唐驻成 | 洪祯皓 | 王逸凡 | | | |
| 05411302 | 姚海鑫 | 王若愚 | 刘时谋 | 马浩东 | 王海鑫 | 石艺 | 陶自然 | 赵新阳 |
| | 刘源昕 | 秦琨 | 金瑞 | 董文治 | 刘宇翔 | 唐婧莹 | 张璐婕 | 孟晓帆 |
| | 彭喆 | 游晋豪 | 杨晨 | 尚小同 | | | | |
| 05611301 | 尹培宇 | 孙子涵 | 陈骋 | 马志宇 | 管睿 | 李旺 | 陈诗瑶 | 程琳 |
| | 张智晔 | 李东明 | 王海州 | 朱畅行 | 董方昊 | 林翀 | 陈卓 | 张琬萱 |
| | 庞义卓 | 熊方磊 | 黄航文 | 尹继泽 | 齐乃峣 | 蓝锴 | 李婧璇 | |
| 05611302 | 谷若晨 | 李耀栋 | 朱子衡 | 李晓阳 | 许康 | 付月霞 | 张梦宇 | 杨文雨 |
| | 颜嘉毅 | 刘庆 | 王春阳 | 冯智斌 | 余晨潇 | 黄美真 | 冯洁 | 李蕊 |
| | 马于宸 | 段荣成 | 赵国奎 | 冀国权 | | | | |
| 05931301 | 张天一 | 蔡子孺 | 张泽坤 | 林豪 | 高健 | 王浩宇 | 胡明煜 | 郑鼎铖 |
| | 冯祺 | 张骁翔 | 章吕天阳 | 李思航 | 胡锦华 | 宋兆雄 | 和柳惠泉 | 汤镓巍 |
| | 刘天一 | 杨昊 | 邱戎钊 | 王智 | 吴希琦 | 王森海 | 高悦文 | 程见桥 |
| | 李一铭 | 唐锦昊 | 林兆安 | 张靖奇 | 陈学斌 | 侯钟毓 | | |

续表

| 05941301 | 陈哲 | 秦臻 | 卢佳欣 | 胥鑫 | 成思萌 | 孟柳辰 | 管育婧 | 蒋浩然 |
|---|---|---|---|---|---|---|---|---|
| | 柯猛 | 夏铭阳 | 王新奕 | 曹能超 | 赵宇娇 | 钱楚瑶 | 丁洁莹 | 徐佳瑞 |
| | 李聪 | 傅明升 | 邱耘哲 | 李离霄 | 周晓玉 | | | |
| 05941302 | 李明耀 | 蔡凌峰 | 贾明飞 | 迟延祺 | 杰日珂 | 程苗苗 | 袁炜佳 | 崔丽坤 |
| | 陆序 | 常渊智 | 吴光亚 | 缪颖杰 | 赵克 | 孔敏纳 | 沈蓓 | 姜晓晨 |
| | 张启耕 | 韦秋石 | 吴杰凡 | 邹诗浩 | 张颢 | 朱北 | 李千惠 | 何昕馨 |
| | 赵拓 | 张立强 | 贺逸豪 | 杨子健 | 王宇杰 | 王雅洁 | | |
| 05011402 | 蔡乐以 | 陈莹 | 郭丽璇 | 郭荣鑫 | 韩金泰 | 侯广昊 | 扈锐 | 朱亮亮 |
| | 槐者昂 | 纪俊维 | 李嘉懿 | 李瑾博 | 刘万里 | 刘熠 | 柳晔 | 周思远 |
| | 梅可豪 | 聂志来 | 潘铮朝 | 齐文浩 | 邱俊豪 | 任韬宇 | 史宸安 | 赵航 |
| | 田世宁 | 魏天宇 | 杨晢睿 | 姚思冰 | 于增雨 | 张师玮 | 张一弛 | 张子璇 |
| 05011403 | 陈俊宇 | 丛培羽 | 段越 | 冯庭燕 | 黄艳茹 | 姜皓元 | 李承昊 | 张世琪 |
| | 李一丹 | 林梓 | 刘若天 | 栾晨辉 | 马啸 | 欧阳毅 | 齐睿明 | 赵琰 |
| | 齐玉轩 | 宋伯乐 | 宋金阳 | 孙家麒 | 孙丽敏 | 孙振航 | 涂鑫 | 赵梓淇 |
| | 汪金良 | 王皓 | 王梓旭 | 吴瑜婷 | 伍阿蒙 | 杨铠铭 | 杨若晗 | |
| 05011404 | 陈昊 | 陈少龙 | 程泽 | 耿若琳 | 何龙 | 金斐璐 | 金洪宇 | 赵捷 |
| | 李彦欣 | 刘奇 | 刘韦文 | 罗逸雨 | 门元昊 | 庞轲 | 闫崇新 | 郑宇 |
| | 王泰 | 王琦远 | 王树云 | 王天童 | 王亚欧 | 吴佳奕 | 杨安予 | 周瞳 |
| | 杨泽寰 | 于致远 | 岳卓 | 翟振钧 | 张庆东 | 张思卿 | 张昱 | |

续表

| 05011405 | 安家辰 | 常昊 | 丁学明 | 董爽 | 冯雅莉 | 高天 | 郭威 | 石翠微 |
|---|---|---|---|---|---|---|---|---|
| | 何嘉翰 | 金烨然 | 井嘉桐 | 雷钰龙 | 李华宇 | 梁倬睿 | 刘宇杰 | 薛芳菲 |
| | 刘泽畅 | 龙雪芸 | 罗程丰 | 罗一通 | 吕晨宾 | 缪庆昕 | 尚苍 | 谢芳 |
| | 万强 | 王帅鹏 | 肖子轩 | 张一鸣 | 张越 | 张子鹏 | 张尊 | 刘伟 |
| | 赵泽玮 | 邢柏阁 | | | | | | |
| 05011406 | 白翼铭 | 陈菁菁 | 丁奕宁 | 冯钰坤 | 付帅 | 高赫远 | 高伊萱 | 郑惠文 |
| | 宫丁峰 | 顾嘉盼 | 郭袁贾 | 何川 | 黄云 | 鞠思宇 | 赖建忠 | 赵诗琪 |
| | 赖善良 | 李昊 | 李伟倩 | 刘妍麟 | 秦枭喃 | 孙有恒 | 王琛 | 张永帆 |
| | 王磊 | 吴壮 | 徐懿 | 杨帅 | 张广阳 | | | |
| 05011407 | 白思雯 | 代维真 | 丁浩 | 杜博轩 | 段英博 | 郝少伟 | 洪邹阳 | 邹嘉玮 |
| | 胡瑞欣 | 姜涛 | 鞠龙润 | 李晨飞 | 李一凡 | 李瑜茹 | 梁璞 | 朱小佩 |
| | 吕文涛 | 梅辰钰 | 梅飞要 | 彭哲 | 孙启文 | 田刚 | 王靖怡 | 周翔宇 |
| | 杨之光 | 余思雨 | 臧博宇 | 张广弛 | 张泽堃 | 张兆年 | 周兰蕙 | |
| 05011408 | 方梁雨 | 付元力 | 宫洪权 | 韩欣悦 | 何冠局 | 黄宇煌 | 李家豪 | 朱昱晨 |
| | 李双全 | 刘强 | 鲁越 | 罗欣然 | 宁晨 | 秦贝欣 | 桑乾博 | 赵宬轩 |
| | 盛赜 | 田震宇 | 王汉超 | 韦骁俊 | 韦钟嵘 | 魏美丽 | 吴达 | 张贤达 |
| | 吴东雪 | 吴冠男 | 谢鑫磊 | 杨明俊 | 姚泽栋 | 张冉 | | |
| 05011409 | 都泽涵 | 高铭阳 | 郭雨洁 | 郝智 | 胡天明 | 李伯尧 | 李博尧 | 祝圣锋 |
| | 李子叶 | 林堃 | 刘人玮 | 刘铁锌 | 梅宇 | 任育杰 | 田圆 | 周念 |
| | 王楚媛 | 王仪 | 王赞贤 | 王子腾 | 魏豪 | 魏嘉航 | 吴飞彤 | 仲效仟 |
| | 吴江玮 | 肖昱 | 谢翠芳 | 姚天尧 | 占俊坚 | 张傲阳 | | |

续表

| 05011410 | 包恬诚 | 曹哲 | 陈洋 | 房志博 | 顾闻 | 郭逸青 | 贺梦尧 | 朱彤 |
|---|---|---|---|---|---|---|---|---|
| | 吉云昊 | 姜宇 | 李姗 | 李思琪 | 李峥 | 刘世琦 | 刘雅昕 | 周逸轩 |
| | 梅展轩 | 全源 | 沈程鹏 | 孙丽华 | 汪敬东 | 汪明睿 | 文昌孟 | 赵赛铜 |
| | 杨彦博 | 殷健源 | 张敬钰 | 张宁 | 张子其 | | | |
| 05011411 | 陈芷维 | 郭晓阳 | 黄建开 | 黄李天均 | 纪秋臣 | 金岩 | 李橙 | 朱峰 |
| | 李阔 | 梁骁 | 刘丹 | 刘阳 | 刘志良 | 牛建林 | 潘则坤 | 赵韫睿 |
| | 孙杰毅 | 王殿元 | 王立程 | 王雅静 | 王裔 | 魏琳 | 许晓娴 | 赵威 |
| | 尤奥霖 | 于天禹 | 张春霖 | 张雨果 | 张云帆 | 赵廷銮 | | |
| 05931401 | 刘宏杰 | 吕浩瑞 | 颜安 | 果天隆 | 李志煜 | 李鳌 | 南一航 | 刘殿忠 |
| | 孙培阳 | 吴玥莹 | 于雪 | 王爽 | 习炎喆 | 郭鹏 | 李一鸣 | 张周睿 |
| | 张丁 | 张斯佳 | 王易之 | 李嘉智 | 何思亮 | 王祎鸣 | 舒一凡 | 袁鄵 |
| | 王梓帆 | 李嘉仪 | 杨昊昆 | 郭峰 | 林敬松 | 武柳笛 | 雷炳业 | 王韫 |
| | 魏梓航 | 刘畅 | 陈凯铃 | 张浩鹏 | 陈天睿 | 孙匀 | 石曦予 | |
| 05941401 | 陈淋琪 | 陈清儒 | 陈肇岭 | 崔健楠 | 崔颖函 | 谷子楠 | 侯帅 | 朱启章 |
| | 蒋逸凡 | 焦奥 | 李汉 | 李萌 | 梁子尧 | 刘艺林 | 卢琨 | 郑彭楠 |
| | 芦奕 | 罗金戈 | 毛华锋 | 秦余 | 唐一凡 | 田洪鼎 | 田远哲 | 赵硕 |
| | 王昱力 | 王子安 | 温育涵 | 吴梦超 | 于凯 | 张铣宸 | 张子谦 | |
| 05941402 | 陈楚轩 | 范佳萌 | 贺志勇 | 李喆 | 李子晨 | 刘嘉宝 | 刘俊甫 | 周之金 |
| | 刘思源 | 刘湘 | 刘樱 | 娄嘉冀 | 任志鹏 | 任中泰 | 沈浩然 | 周宜帆 |
| | 邵岩 | 谭雷雨 | 王晨旭 | 王承昊 | 王昊 | 王萌 | 王梦楠 | 周沁愉 |
| | 王润泽 | 王亦可 | 吴麒奎 | 徐鼎甄 | 袁梦 | 赵伟楠 | | |

续表

| | | | | | | | | |
|---|---|---|---|---|---|---|---|---|
| 05111511 | 金哲毅 | 李孟宣 | 李响 | 原铭辰 | 陈惟 | 贾姗 | 李志远 | 孙中昌 |
| | 徐博超 | 张博程 | 周晋宇 | 梅杰 | 范蓉 | 王策 | 王书亚 | 王羽泽 |
| | 陈新宇 | 王梓岚 | 杜琳 | 严若达 | 张瀚铎 | 赵子彦 | 李观晴 | 赵伟杰 |
| | 张磊 | 贾博钧 | 徐颖 | 王乔雨 | 李哲鑫 | | | |
| 05111512 | 赵敏 | 胡蟾 | 吴章立 | 彭渠成 | 吴函天 | 徐玫 | 韩雪 | 闫泽坤 |
| | 黄浩然 | 管小乐 | 李茜 | 邰铁飞 | 胡旭涛 | 王康 | 于浩然 | 刘宗翰 |
| | 刘成浩 | 苏欣悦 | 陈郁 | 郭闻 | 陈熹 | 张潇钰 | 张灿 | 李婧言 |
| | 黄晖 | | | | | | | |
| 05111531 | 张帆 | 南伟 | 安磊 | 邵智龙 | 张思雨 | 莫舒予 | 伍吉超 | 姚宏璇 |
| | 陈天赐 | 陈星宇 | 康熙 | 徐世杰 | 张江 | 朱玛勃 | 张曰义 | 王策 |
| | 廖宏祺 | 罗壹允 | 王永航 | 杨胜书 | 杨依明 | 高伟男 | 苏远谋 | 马铭 |
| | 李宾尚 | 姜欣然 | 王一帆 | 成晗博 | 刘睿阳 | 舒晴 | 王浩宇 | 李洁钰 |
| | 王润宁 | 赵佩芸 | 周梓乔 | 陈建宏 | | | | |
| 05111541 | 高港 | 罗佳伟 | 赵文博 | 窦恺捷 | 彭丁韬 | 赵峻烽 | 郑新哲 | 李元策 |
| | 刘欢 | 郭宗宜 | 李帅 | 贾国辉 | 孙启峰 | 王德设 | 王乐歆 | 郑凯文 |
| | 郑时 | 汪雪钢 | 王孝元 | 陈政扬 | 邓艾琳 | 李佳宣 | 王警平 | |
| 05111551 | 宋军临 | 叶宏远 | 赵潇 | 韩昌羽 | 林家鹜 | 周昊楠 | 程实 | 张彪 |
| | 杜海琳 | 李文卓 | 戚赫 | 赵梅惠 | 谢锦峰 | 梁文哲 | 闫之远 | 刘悦芃 |
| | 李宏赞 | 王梓屹 | 莘济豪 | 迟新一 | 杨天笑 | 张家鑫 | 赵一南 | 涂怡轩 |
| | 何杰 | 刘立乾 | 陈言锟 | 程旻 | 何骁 | 贺靖 | 裴雨多 | 杜博涵 |
| | 施崟 | 宋亦安 | 王天昊 | 吴昊天 | 肖昊天 | 张立奇 | 赵泊骞 | 刘豪 |
| | 郑幸飞 | 韩钟德 | 唐华琳 | | | | | |

续表

| 05111552 | 黄源清 | 韩明升 | 朱嘉鑫 | 李洁 | 刘桐 | 王超越 | 王佳涵 | 高佳皓 |
|---|---|---|---|---|---|---|---|---|
| | 于智超 | 李子恒 | 王雁婕 | 张浩远 | 何树德 | 李金晟 | 徐昱涵 | 高永澎 |
| | 张智渝 | 李鑫 | 周怡靖 | 冯梓倩 | 吴振宗 | 何思敏 | 宋汨 | 陈兴 |
| | 王廉钧 | 刘行 | 衷宇晖 | 王天宇 | 谢煜辉 | 朱春 | 蔡炅 | 潘昱树 |
| | 戴秉泽 | 高升 | 葛子豪 | 黄铿 | 李一航 | 梅逸堃 | 汪思强 | 朱继论 |
| | 修函临 | | | | | | | |
| 05211501 | 曹玉飞 | 葛晓春 | 龚授良 | 黄怡琳 | 李哲 | 赵敏 | 朱俊衡 | 马薪涛 |
| | 王鋆轩 | 朱盼盼 | 何双成 | 赵钦源 | 陈佳欣 | 冯鑫阳 | 王琛 | 卓志旭 |
| | 翁栩敏 | 王建琛 | 吴昱 | 赵良斌 | 周新浩 | 陈飞扬 | 乔文作 | 赵文彦 |
| | 王曼 | 顾舜杰 | 乔泽霖 | 王杰 | 徐铭阳 | 张博文 | 杨松立 | 黄兆权 |
| | 陈天杰 | 程得润 | 宫麟伟 | 刘颂阳 | | | | |
| 05211502 | 罗展鲲 | 黄惠民 | 翁同童 | 陈立 | 杨文境 | 姚国豪 | 刘畅 | 胡新新 |
| | 米则诚 | 钱楷 | 陈卓 | 祁一凡 | 王雨喆 | 张怡坤 | 赵哲慧 | 顾思卓 |
| | 高静 | 李彦鹏 | 许竟晗 | 白雁宇 | 刘松铭 | 王月琛 | 王子健 | 权瑞科 |
| | 李旭蕤 | 骆杰 | 任颐尧 | 王皓铮 | 徐奔 | 栗泽 | 夏琦 | 邓智骞 |
| | 卞欣钰 | 张校宁 | 张一然 | 张震坤 | | | | |
| 05411501 | 张黎 | 白一龙 | 曾港 | 张绍南 | 张羽帆 | 程芳 | 李建 | 余芹 |
| | 刘朝钾 | 夏天华 | 董文豪 | 董迎星 | 孔泽华 | 彭坤 | 施瑞鑫 | 王天 |
| | 林少越 | 张曦皓 | 王栋 | 杨恒张 | 张贵强 | 付朝睿 | 盖季好 | 王羽鑫 |
| | 王启宁 | 周哲 | 陈笑颜 | 王明宇 | | | | |
| 05411502 | 李彦佐 | 鲁金昆 | 宿小磊 | 王梓 | 吕丹杨 | 董上 | 范琛衔 | 陈曲 |
| | 李立冉 | 徐春园 | 杨新星 | 唐赟 | 徐晨 | 徐栗颖 | 岳靖雨 | 周亦楷 |
| | 吴大菊 | 冯一飞 | 李瑶玉 | 周杨 | 王铭辉 | 叶京博 | 张述一 | 宇浩玮 |

续表

| 05611501 | 卜星辰 | 刘杰 | 朱毓琳 | 刘济舟 | 刘霄阳 | 徐少文 | 张博威 | 赵鑫滢 |
|---|---|---|---|---|---|---|---|---|
| | 张子恒 | 蒋睿超 | 鲁帅 | 贺思聪 | 李长锦 | 孙雨 | 慕星星 | 张帅 |
| | 王文欣 | 韩飞 | 刘洪东 | 任梓豪 | 王晨皓 | 刘晓莹 | 王俊伟 | 卢心竹 |
| | 王紫如 | 李虹雨 | 吴曼琪 | 郭静宜 | 潘晔 | 冯南焱 | 王洪正 | 胡立坤 |
| 05611502 | 李莹 | 齐萌 | 汪静怡 | 魏继勋 | 张帅 | 刘英豪 | 戴蔚伯 | 李旖旎 |
| | 路明昊 | 沈晓宇 | 殷哲旻 | 陈亮 | 黄晓淇 | 赵人 | 赵宇轩 | 任静 |
| | 穆彦龙 | 王姝琪 | 吴佳霓 | 赵航 | 王昱入 | 虞嘉蕾 | 邰森 | 钱子豪 |
| | 宋一飞 | 孙华鑫 | 李航 | | | | | |
| 05931501 | 董鹤翔 | 廖轩毅 | 汤雨讓 | 乔志正 | 王楚婷 | 姚骄杨 | 汪旸 | 张琦 |
| | 付晨罡 | 文铮 | 董洞 | 冯云龙 | 任天泽 | 毛佳钰 | 汤献文 | 王翘 |
| | 骆宜萱 | 陈思 | 陈曦 | 齐欢 | 安笑予 | 洪可欣 | 李孟雷 | 詹天予 |
| | 王天雄 | 刘勖之 | 彭潇锐 | 高迪 | 陈越 | 丁宇轩 | 潘辰彬 | 李嘉骏 |
| | 张越 | | | | | | | |
| 05121601 | 乾华栋 | 丁笑 | 何嘉铭 | 何琪彬 | 胡韬 | 黄栋 | 黎思远 | 冀浩聪 |
| | 李健昊 | 王灏然 | 王沛沛 | 吴错智 | 徐一雄 | 张峻波 | 张如奇 | 庄春雨 |
| | 赵亦锐 | 甄尚陶 | 郑雪 | 周国如 | | | | |
| 05121602 | 葛逸枫 | 许铎弈 | 郝艺茗 | 郝轶楠 | 蒋环宇 | 孔梓丞 | 蓝舸程 | 曾思民 |
| | 李翱 | 林嘉珠 | 罗瑶 | 谭晨 | 王明伊 | 魏继虎 | 谢从阳 | 郑泽昊 |
| | 邢浩 | 杨昊文 | 杨朔 | 杨阳 | 尹佑甲 | 张煜佳 | 赵元浩 | 郑浩然 |
| 05121603 | 陈鋈涵 | 范紫阳 | 郭佩雯 | 郭文博 | 郭跃 | 韩硕 | 虎啸 | 谭艾雍 |
| | 刘美辰 | 刘妍 | 马泽瑞 | 彭程 | 邵懿哲 | 孙翀 | 王雪纯 | 彭婧 |
| | 魏宏宇 | 温雅稚 | 邢泽林 | 张文滔 | 张欣 | 张亚磊 | 张越崎 | 郑雨宁 |

续表

| 05121604 | 耿嘉诚 | 李婧雯 | 陈璧韬 | 何冉 | 李欢 | 梁寅杰 | 刘鹏 | 严天炜 |
|---|---|---|---|---|---|---|---|---|
| | 刘宜敏 | 刘钰群 | 曲天润 | 孙小丁 | 孙宇 | 王长城 | 王国庆 | 王冠兴 |
| | 王昊 | 叶潇楠 | 赵宇辰 | 赵云鹏 | 朱沁源 | 朱泽平 | | |
| 05121605 | 冀国权 | 王逸嘉 | 王寅润 | 李荞杉 | 李涌睿 | 李则霖 | 刘杉珺禹 | 马悦轩 |
| | 莫亮 | 曲天铎 | 汪宇萱 | 王溦 | 王雨威 | 吴杨杨 | 吴雨锋 | 徐子铭 |
| | 薛子皓 | 应科柯 | 袁萌 | 曾胜文 | 张皓然 | 张贺贤 | 张璐 | 张益铭 |
| | 张梦依 | | | | | | | |
| 05121606 | 张一帆 | 乔立桢 | 张雪轩 | 毕添琪 | 郭嵘骁 | 李汉森 | 李志扬 | 张孙睿 |
| | 刘舒怡 | 彭凯雯 | 邱济坤 | 施坚 | 隋睿翔 | 孙时振 | 孙正一 | 周雨阳 |
| | 王平峰 | 杨舒茜 | 于敬轩 | 袁诗蕾 | | | | |
| 05121607 | 吉珂宇 | 白雨顺 | 陈亦余 | 范若舟 | 桂家辉 | 何灏 | 江啸 | 张添一 |
| | 姜朝曦 | 孔维斌 | 李聪 | 李乐扬 | 刘皓欣 | 刘仁杰 | 潘晟 | 郑文彬 |
| | 盛青青 | 孙博宁 | 唐海凌 | 陶慧婵 | 王兆卓 | 熊雪瑶 | 袁仕鑫 | 令狐雄坤 |
| | 张玉姣 | 章御偡 | 赵毅 | | | | | |
| 05121608 | 王佳宁 | 冯俊达 | 冯瑞宁 | 冯文豪 | 葛静雯 | 郭熠禹 | 何理 | 马智茹 |
| | 黄家浩 | 吕明宇 | 聂博宇 | 牛一恒 | 青成星 | 石将钰 | 童舟 | 朱思祺 |
| | 王青松 | 王新悦 | 王缘 | 相明旭 | 赵乐 | 赵子威 | 周玉金 | 智佩渊 |
| 05121609 | 于天禹 | 唐廷悦 | 谢泽阳 | 鲍云清 | 陈泰然 | 崔倩 | 樊欣慧 | 王轩 |
| | 关迎丹 | 黄昊 | 雷凡丁 | 李德莹 | 厉运达 | 施念 | 武明昊 | 刘晓宇 |
| | 习明 | 徐泽文 | 张若时 | 张奕炜 | 朱宇旻 | 孙雅琪 | | |

续表

| 05121610 | 蔡雨庭 | 池亚妮 | 杜嘉明 | 郭菲 | 郭吾阳 | 胡沁园 | 简艺恒 | 朱威加 |
|---|---|---|---|---|---|---|---|---|
| | 蒋子琪 | 李重阳 | 李欣然 | 李英泽 | 林志浩 | 刘世棋 | 刘一沣 | 周颖娣 |
| | 卢金铎 | 欧阳蓓 | 彭莱 | 孙家豪 | 孙睿 | 孙宇畅 | 田雨牧 | 周敬杰 |
| | 王宝君 | 王晨鹤 | 王巍 | 王洋 | 王艺丹 | 王羽赫 | 吴修衡 | 郑欣霖 |
| | 徐翰驰 | 许栩 | 杨佳衡 | 于瀚彭 | 翟明昊 | 张秋瑞 | 张洋州 | 赵紫晴 |
| | 张樱缤 | 赵涵昱 | 赵岳岩 | 赵卓睿 | | | | |
| 05121611 | 蔡安冬 | 曹正伟 | 陈楚儿 | 陈劭元 | 陈佐尔 | 单嘉鸣 | 邓植元 | 郑莹 |
| | 董天昊 | 杜宇晴 | 范志鹏 | 冯韵 | 管宇同 | 何睿函 | 贾笑天 | 赵麒瑞 |
| | 金子辉 | 李锦朋 | 李文君 | 刘昊志 | 刘仕聪 | 刘杨洁 | 刘耀鑫 | 张镇涛 |
| | 刘一明 | 卢江天 | 陆天泰 | 倪浩天 | 彭益欣 | 申嘉康 | 汤淳紫 | 张思琦 |
| | 王加贺 | 王鹿鸣 | 王若璇 | 王雪阳 | 王胤峰 | 王哲伟 | 武润培 | 曾孙禄 |
| | 谢锦纬 | 辛熙敏 | 姚智宇 | 于林加 | | | | |
| 05211601 | 姚琦 | 屈皓冉 | 刘钊 | 王昱森 | 吴辑 | 杨建宁 | 刘奕维 | 陈旭 |
| | 王敬松 | 王玮琪 | 付翔宇 | 李佳庆 | 李文宇 | 何天恺 | 颜桥 | 林雨青 |
| | 杨杰 | 邓鑫 | 安世祥 | 傅钰夫 | 侯杰继 | 马腾 | 刘天泽 | 孙为宗 |
| | 马铭骏 | 白玫 | | | | | | |
| 05611601 | 李思诚 | 王宇航 | 翟希辰 | 石明辉 | 钟瑶 | 任章博 | 尉乐山 | 王永欣 |
| | 林子砚 | 薛博文 | 丁杨 | 关业礼 | 侯钰斌 | 李恒林 | 张雨 | 谷博宇 |
| | 潘毅 | 徐焜 | 姚伟康 | 王成虎 | | | | |
| 05931601 | 孙茂桐 | 李佳峥 | 王卓 | 郭佳 | 朱宇哲 | 王荆楷 | 潘治宇 | 王赵宇轩 |
| | 张曦 | 薛天炜 | 易翔宇 | 文欣怡 | 杨兆睿 | 王华阳 | 周嵌楷 | 徐阳 |
| | 陈胜博 | 李晓彤 | 郭津男 | 冀子川 | 蓝天翔 | 雷皓翔 | 罗劲睿 | 罗杉 |

续表

| | | | | | | | | |
|---|---|---|---|---|---|---|---|---|
| 11111601 | 吴麒奎 | 孙启闻 | 吴忧草 | 李明杰 | 李游岭 | 李泽英 | 刘威 | 周祥银 |
| | 刘宇聪 | 刘源 | 王照元 | 王知硕 | 杨会光 | 杨镒铭 | 张弘弦 | 张拓锋 |
| | 张嘉文 | 张瑞浩 | | | | | | |
| 11111602 | 陈绪炎 | 韩天宇 | 胡春源 | 黄百铖 | 纪志鹏 | 黎润舟 | 廖原 | 邹超睿 |
| | 蔺彦儒 | 刘耀会 | 马硕 | 沈力 | 谭非 | 唐修明 | | |
| 11111603 | 刘子为 | 杨再权 | 张捷 | 陈佳琪 | 高放 | 郝易炟 | 黄韬 | 张学林 |
| | 矫乐鸣 | 李添添 | 林晗 | 潘方宏 | 石斌杰 | 王树建 | 吴乙廷 | 张宪威 |
| | 徐一帆 | 许金雅 | | | | | | |
| 05011701 | 张梦涵 | 朱庭谊 | 杜彩卉 | 孙宇萱 | 王佳星 | 张钦煌 | 陈晔 | 徐子笙 |
| | 张坤 | 陈佳鑫 | 梁越嘉 | 圣建行 | 高一玄 | 张天辰 | 孙文旭 | 董先钰 |
| | 居悦 | 张乙凡 | 陈俊先 | 黄孝旗 | 赵薇 | 陈曦 | 贺强 | 吴明杰 |
| | 何佳泉 | 温志涛 | 杨晓静 | 汪昱妃 | 闵航 | | | |
| 05011702 | 孙浩然 | 莫奕滨 | 曲泓南 | 吴桐 | 张博闻 | 王静嘉 | 彭梓峰 | 李晓兰 |
| | 姜子韬 | 张玮誉 | 张天骏 | 角浩铭 | 何梦婷 | 解思远 | 王云川 | 马康健 |
| | 梁博伟 | 孙鉴 | 张艺严 | 袁易扬 | 沈宇辉 | 刘雪莹 | 万韵伟 | 何正彦 |
| | 程潇扬 | 李瀚 | 潘珲 | 侯思灿 | 辛睿 | 张婷 | 张凌浩 | 赵俊鹜 |
| | 许沁文 | 贾童欣 | | | | | | |
| 05011703 | 孙伟栋 | 唐艳 | 罗绍翻 | 彭济达 | 王婧昕 | 马元昊 | 李尚译 | 覃泓铭 |
| | 王家豪 | 韩欣媛 | 张戬骞 | 陈诗好 | 杨东篱 | 李一凡 | 陈子康 | 亢嘉晨 |
| | 王玥 | 余潇 | 魏凯翔 | 白晋玮 | 王维昊 | 窦立斌 | 熊欣 | 陆亦婷 |
| | 赵亮 | 朱昊玥 | 范路遥 | 杨一诺 | 张宸菲 | 贾坤 | 郑恒 | 陶禹霖 |
| | 李丹丹 | | | | | | | |

续表

| 05011704 | 刘希文 | 樊翀 | 鲁希 | 徐泽勇 | 肖赛 | 张奥 | 刘嘉琪 | 田孜孜 |
|---|---|---|---|---|---|---|---|---|
| | 闫凯嘉 | 许雅烽 | 张正言 | 陈天成 | 卢晨希 | 王冰鑫 | 周星宇 | 范志远 |
| | 李双燕 | 焦金玥 | 范浩 | 王兆悦 | 裴伟钦 | 蒋浩镕 | 王贞明 | 王小龙 |
| | 王恩泽 | 赵阳 | 刘昕澔 | 曾志豪 | 李洪宇 | 陈开昌 | 杨林 | 高源 |
| | 夏方昊 | 李泽 | 刘炳瑞 | | | | | |
| 05011705 | 陈燃 | 高华飞 | 贾子渊 | 胡涵 | 覃亮成 | 孙涛 | 梅雁彬 | 张李迪 |
| | 苏文玥 | 靳泽欢 | 鲍宇峥 | 任晓昱 | 周炜然 | 杨子义 | 李雨航 | 张姝瑶 |
| | 胡宇宁 | 赵浩程 | 杨泽军 | 韩林阳 | 吴思沂 | 李星熠 | 谭颖 | 李泽原 |
| | 朱强 | 王克乾 | 王一卜 | 崔月 | 曾劲松 | 赵旭昇 | 梁宇 | 严奉琦 |
| | 蒋晨溪 | 李昊涵 | 王雪菲 | | | | | |
| 05011706 | 陈上邦 | 周显瑜 | 武婧赫 | 陆永鑫 | 鄂川源 | 张嘉琦 | 李智昊 | 柳胡腾 |
| | 刘继鹏 | 宁子辰 | 宋广博 | 李尚谕 | 陈舵 | 王雨田 | 朱子璐 | 王子怡 |
| | 陈晨 | 丁志晗 | 李威 | 杨俊良 | 李文建 | 冯希元 | 张伊辉 | 刘金霞 |
| | 宁祥瑞 | 栗渊钧 | 郭聪隆 | 曹茂松 | 陈仁贵 | 李睿瑄 | 陶雯琦 | 刘烁 |
| | 钟智晖 | | | | | | | |
| 05011707 | 刘瀚泽 | 黄国强 | 李元帅 | 李想 | 朱宏宇 | 韩宇 | 蒋文君 | 伍文质 |
| | 许宁 | 武兴恺 | 王泓林 | 李国庆 | 鲁旭彤 | 曹华钊 | 吴靓姿 | 闫文迪 |
| | 陶思达 | 杨智睿 | 焦舸洋 | 郝毅 | 李钰琪 | 郭超 | 刘家玮 | 张崇奇 |
| | 郭欣锐 | 关雨珊 | 李昱萱 | 杨致源 | 呼春旭 | 邓梦芊 | 杜浩烨 | 侯杰 |
| | 刘彦言 | | | | | | | |
| 05011708 | 唐强政 | 李晓飞 | 耿千千 | 朱少园 | 王林国 | 高飞扬 | 朱承玮 | 罗根 |
| | 冯畅 | 王璞 | 蒋费翔 | 李顺禹 | 孙毓贤 | 邵帅 | 侯志显 | 邢凤桐 |
| | 马一丁 | 罗张挥弦 | 魏奕 | 王锦 | 吕佩珏 | 孙钰斐 | 赖文杰 | 石雅捷 |
| | 陆子祺 | 付新莹 | 李洋 | 管艳霞 | 严俊杰 | 田鹏炜 | 王宏程 | 谢崇玮 |
| | 卢天兴 | 闫昌宜 | 李子雅 | 高依麟 | | | | |

续表

| 05011709 | 李雪铮 | 梅慧芳 | 陈世贤 | 方文 | 张天山 | 于国鑫 | 邢若琪 | 巨欣 |
|---|---|---|---|---|---|---|---|---|
| | 何运 | 杨巍 | 陈敏狄 | 郑金雄 | 白健弘 | 郑士远 | 郑子珍 | 张鹤曦 |
| | 郭子健 | 韩更世 | 马玉玉 | 余洋生 | 李玉滢 | 匡贤梅 | 陈立宇 | 崔添怡 |
| | 黄棋晖 | 王皓璞 | 单雪婷 | 韩冰夷 | 范慷隆 | 周蓓 | 张轩 | 韩江 |
| | 陈慧璇 | | | | | | | |
| 05011710 | 曾思颖 | 王元 | 李佳霖 | 贾怀昌 | 郑钰潮 | 刘星宇 | 邢文涛 | 曹琰 |
| | 刘峙江 | 李洁 | 相寅磊 | 刘景飞 | 郑继文 | 黄金烨 | 路道 | 谢昊宇 |
| | 袁士宜 | 程可辛 | 官荣瑾 | 胥玉斌 | 王美懿 | 李培源 | 王烁 | 李治锦 |
| | 郭昱彤 | 李鹏 | 张帆 | 王跃洋 | 郭钧飞 | 林志隆 | 邓紫娟 | 黄旭 |
| 05011711 | 梁舟 | 张乐年 | 高一凡 | 杨翰东 | 王熠琳 | 吴铭晖 | 林智健 | 樊江山 |
| | 李谊升 | 焦煜钊 | 母鸿翔 | 王赛尔 | 施俊哲 | 李浩阳 | 宗葭 | 李天航 |
| | 林升泰 | 孙冰 | 熊思达 | 温瑞清 | 牛荣 | 张家豪 | 周奥轩 | 王智玉 |
| | 张力中 | 吕瑞宏 | 薛锰钊 | 鲁楚薇 | 李佳萌 | 朱建平 | 兰旭辉 | |
| 05931701 | 樊江山 | 文之玮 | 潘荣非 | 林钧浩 | 彭译萱 | 蔡岳哲 | 吴震宇 | 张子晗 |
| | 罗兴诗 | 王子轩 | 亓开 | 王璇铮 | 罗昊洋 | 郑钦丞 | 杨亦铭 | 杨知雨 |
| | 李天阳 | 刘泉 | 秦钰涵 | 王瑛泽 | 王春琳 | 李慧怡 | 高炳楠 | 梁君肇 |
| | 赵昕怡 | | | | | | | |
| 05951701 | 唐高鹏 | 赵鹏 | 赵梦奇 | 李沃林 | 张雅情 | 庄卓然 | 郑梓铭 | 李宸 |
| | 隋欣然 | 杜林峰 | 苏飐彧 | 李源 | 王嘉炜 | 陈绮然 | 左世元 | 徐姝月 |
| | 杨蓁 | 杨家鸣 | 常源 | 邱恒基 | 魏海谣 | 吴越 | 张笑天 | 刘睿桐 |
| | 周经天 | 孟昊宇 | 尹子翔 | 高嵩轶 | 冯珂 | 李博 | 陈思杉 | 徐铭 |

续表

| | | | | | | | | |
|---|---|---|---|---|---|---|---|---|
| 05951702 | 王睿翔 | 张潇 | 王淞晖 | 母宇轩 | 周正阳 | 韩薛涵 | 庞星辰 | 李劼焱 |
| | 张云凯 | 郝毅刚 | 杨鸿基 | 王奇健 | 许文妍 | 顾霖昊 | 马德山 | 苑瑞文 |
| | 翟圣淳 | 杜瑞彤 | 夏勇 | 袁赛博 | 余逸文 | 檀乔治 | 候超群 | 王润婷 |
| | 高云峰 | 张恺恩 | 孙皓天 | 刘翰青 | 强小敏 | 张博识 | | |
| 05931801 | 刘天朗 | 欧洋邑 | 陈任阳 | 杨振浩 | 蒲康然 | 张宇博 | 付睿辰 | 格兰·解恩斯 |
| | 刘洋 | 刘韵钊 | 周诚昊 | 李佳骏 | 刘珍尼 | 卜泓理 | 钟正楠 | 朱宇辰 |
| | 曹菁哲 | 徐奕扬 | 马福栋 | 姜卫 | 陈浩荣 | 张文远 | 杨正宇 | 陈子豪 |
| | 张立润 | 赵永新 | 张心译 | 廖天诚 | 孔繁聪 | 李泽暄 | 范宇轩 | 李泽 |
| | 莫亚鹏 | 刘津槐 | 杨森清 | 马睿涛 | | | | |
| 05961801 | 孙明阳 | 赵煜昊 | 付亦凡 | 李琦彬 | 谭佐捷 | 叶丽莺 | 吴智源 | 张翀皓 |
| | 杨沛锟 | 张展鹏 | 吴璇 | 李泽宇 | 陈子健 | 琚朝文 | 普忆 | 陈志文 |
| | 周胜平 | 张翼飞 | 王可娟 | 李祎阳 | 赵浚如 | 张德政 | 郭旭 | 左睿辰 |
| | 邹江炜 | 宋星辉 | 冯亦龙 | | | | | |
| 05961802 | 闵紫薇 | 周静栋 | 胡健知 | 王子彤 | 范滨 | 晁子云 | 周雍翔 | 周向婷 |
| | 周一道 | 张千龙 | 黄子寒 | 李佳平 | 倪子涵 | 韩旭 | 芦祎彤 | 柯洋 |
| | 周栋凯 | 曹中鹏 | 刘泳鑫 | 张沛年 | 曹广川 | 赵蔚鹏 | 赵浩宇 | 郝嘉仪 |
| | 唐泽义 | | | | | | | |
| 05961803 | 李果 | 胡锦鹏 | 隋浩宇 | 叶建斌 | 保涵 | 陈思远 | 刘周杰 | 张钠 |
| | 徐春丹 | 李宗儒 | 王爔憨 | 马瑛 | 石蕴玺 | 赵子淇 | 梅永杰 | 朱智勇 |
| | 郑山岭 | 叶鑫燚 | 王子涵 | 邵芷嫣 | 孙屹飞 | 武光晖 | 戴文彬 | 贺雅哲 |
| | 胡兴宇 | 李雨萍 | | | | | | |
| 05961804 | 杨与璇 | 秦雪妮 | 吴昊 | 张子豪 | 杨琨 | 高嵩 | 徐雨潇 | 江科成 |
| | 娄春妮 | 曾烨 | 董筱晖 | 宋凯峰 | 余俊杰 | 申新宇 | 严启炜 | 杨一帆 |
| | 赵得光 | 邓晖 | 刘琳煜 | 杜瑾颢 | 黄振昊 | 邢天乐 | 王首智 | 杨雨洁 |
| | 刘俊辉 | | | | | | | |

续表

| 05961805 | 姚昭奇 | 韦俊城 | 林秋盈 | 蔡湘雨 | 李钊 | 丁亮 | 李晨雨 | 赵玺睿 |
|---|---|---|---|---|---|---|---|---|
|  | 安轲 | 潘溢哲 | 陈子祎 | 郑雨杭 | 吴海强 | 吴世宇 | 关鹏程 | 杜思琪 |
|  | 黄博晗 | 赵乐江 | 解若凡 | 傅海韬 | 单崇书 | 张奉润 | 李昱瑶 | 汤宇航 |
|  | 何砥 | 王艾东 |  |  |  |  |  |  |
| 05961806 | 王艺霖 | 张浩泽 | 李实 | 韦健哲 | 张璐 | 赵睿骁 | 刘真 | 冯欢 |
|  | 吉浩宇 | 杨夏巍 | 罗培根 | 陈道源 | 杨子健 | 王鑫渊 | 高鹏程 | 程月江 |
|  | 刘泓杉 | 徐立昂 | 刘海鹏 | 黄振皓 | 杨传敏 | 梅寒 | 禹欣迪 | 李润洲 |
|  | 薛雨 |  |  |  |  |  |  |  |
| 05961807 | 温子睿 | 于孟源 | 刘广纯 | 张辰龙 | 张以宁 | 张凯 | 刘汉甫 | 周汉旗 |
|  | 胡舒皓 | 李紫琳 | 王辰 | 刘家杰 | 祖博文 | 高钰奇 | 杨运泽 | 王颂戈 |
|  | 李嘉仪 | 魏子浩 | 李文博 | 王依宁 | 谢宁 | 张佳乐 | 李嘉玮 | 李馨琪 |
|  | 陈宏畅 | 李佳祎 | 陈韶华 | 陈子涵 |  |  |  |  |
| 05961808 | 朱冉 | 鲜云竹 | 余俊龙 | 李宇潭 | 宋元杰 | 贺嘉诚 | 李文贞 | 郭清瑞 |
|  | 欧嘎 | 杨忻蕊 | 闫晨 | 翟辰浩 | 许愿 | 游航 | 张子扬 | 伍宇锋 |
|  | 徐铮 | 翁雨涵 | 黄则淇 | 陆想捷 | 胡森康 | 李品天 | 何广源 | 姚珑 |
|  | 张益畅 | 陶海明 | 张逸姝 |  |  |  |  |  |
| 05961809 | 郭以之 | 赵蓉宏 | 周翔宇 | 莫成俊 | 高岩 | 熊一歌 | 熊旭锦 | 周志伟 |
|  | 丁宇阳 | 卢天星 | 李雪阳 | 乔石 | 李畅 | 王超 | 王丹宁 | 何祥 |
|  | 卢瑞祺 | 卓恩锐 | 陈嘉雯 | 吕汲洋 | 王小康 | 厉一民 | 杨珍晖 | 卢琦 |
|  | 陈静怡 | 杨东昊 | 关雯馨 | 金涌家 |  |  |  |  |
| 05961810 | 周可硕 | 韩鸣昊 | 雷媛媛 | 叶聪 | 谭广豪 | 徐重昌 | 陈治颖 | 谢欣伦 |
|  | 巩明玮 | 张昭然 | 张林坤 | 蔡远慧 | 张芸萱 | 赵子政 | 郑丽娟 | 冯晰宇 |
|  | 郭今戈 | 陈时浩 | 曾平浩 | 卢润恒 | 裴健宁 | 吕林翰 | 曾凡军 | 曲直 |
|  | 上官舒懿 | 马咏歌 | 程衍硕 | 罗燕超 | 严子涵 |  |  |  |

续表

| 05961811 | 刘俊芸 | 刘云龙 | 吴鸿博 | 李念祖 | 李仁杰 | 方锫烨 | 张智超 | 柯宁枫 |
|---|---|---|---|---|---|---|---|---|
| | 徐海洋 | 段松 | 乔舒琦 | 康啸辉 | 刘沛雨 | 张嘉慧 | 倪硕 | 毛著章 |
| | 郝天 | 白航语 | 胡婷欣 | 张学铭 | 黄晋洋 | 徐子昂 | 杜善德 | 丰效坤 |
| | 张宇昂 | 陈妍研 | | | | | | |
| 05961812 | 严海容 | 李喻博 | 王建航 | 陈国钏 | 吴肖龙 | 陶逸 | 刘子深 | 鍾岳骏 |
| | 王婷 | 李昊霖 | 李卓然 | 郭景全 | 赵智洋 | 杨宗源 | 李凯歌 | 王夏君儒 |
| | 张至涵 | 高畅 | 张馨元 | 李冠霖 | 周全超 | 程朝晖 | 杨晓楠 | 高政 |
| | 吕洪星 | 丁瀚青 | 李千骥 | | | | | |
| 05961813 | 桑斌 | 赵朴京 | 彭雁霄 | 潘洪鑫 | 李搏 | 杨睿骁 | 刘宣 | 左思瑞 |
| | 颜艺 | 杨若濛 | 杨家成 | 赵浩楠 | 张嘉颖 | 王晓雅 | 朱奎至 | 杨昊旻 |
| | 刘佰昕 | 申哲宇 | 张峻达 | 徐赣飞 | 晏敏 | 武家鹏 | 孙健超 | 任家昊 |
| | 司想 | | | | | | | |
| 05961814 | 严天宇 | 张泽楷 | 孙立岩 | 王子豪 | 江哲斌 | 刘骋 | 刘智谦 | 尚建业 |
| | 赵健 | 杨晓楠 | 许科 | 朱简尊 | 张源 | 梅子鹏 | 李琪 | 赵翔 |
| | 胡亘宇 | 张志龙 | 蔡峥 | 于佳灏 | 丁思凡 | 董曦蔚 | 张昊 | 张从金 |
| | 漆岸彬 | | | | | | | |
| 05961815 | 梁明智 | 乔凯 | 李海蔚 | 董浩 | 张静 | 黄彦杰 | 闫云懿 | 李堂 |
| | 齐首华 | 马亦可 | 徐泽豪 | 王靖雨 | 郭啸航 | 任心远 | 袁博文 | 胡映雪 |
| | 姚宇轩 | 郭倩茜 | 宋坤霖 | 张天赐 | 郭涌溟 | 曹肖 | 秦梓峻 | 李霖 |
| | 杨煜众 | 黄子羽 | 巩佳辉 | 聂运鹏 | 常益昕 | | | |

## 附录10：学生名录（硕士）

| 级 | | | | | | | | | | |
|---|---|---|---|---|---|---|---|---|---|---|
| 1978级 | 姜东波 | 汪瑞 | 匡镜明 | 林海 | 樊正芳 | | | | | |
| 1979级 | 董宏发 | | | | | | | | | |
| 1980级 | 赵川东 | 马道钧 | | | | | | | | |
| 1981级 | 仲顺安 | 梁晓鹏 | | | | | | | | |
| 1982级 | 周东 | 史林 | 徐英新 | 张飞宇 | 董艳蕊 | 龚克 | | | 吴瑛 | |
| 1983级 | 李伟忠 | 刘洲峰 | 齐秋群 | | | | | | | |
| | 刘长金 | 项海富 | 程云生 | 孙伟民 | 赵宇 | 林钢 | 栾成强 | 许全 | 胡俊杰 | |
| | 刘云安 | 杜江凌 | 姚惠文 | 肖书君 | 王赤 | 刘志文 | 姜兴 | 范伟 | 郁立凡 | |
| | 王学田 | 刘忠民 | | | | | | | | |
| 1984级 | 文传菊 | 赵巍 | 张鹏飞 | 张润兰 | 李晓可 | 刘立新 | 倪林 | 黄瑞光 | 左燕玲 | |
| | 王瑶琨 | 丁志杰 | 陈颖 | 周琼 | 任世宏 | 魏智 | 李玟 | 郭学雷 | 李少宏 | |
| | 吴烈平 | 陈彬 | 王晓平 | 李世宽 | 张启华 | 周强 | 范晓东 | 卢雅伟 | 赵亦工 | |
| | 金子健 | 高俊 | 王炯一 | 郑蕾 | 徐健 | 陈朝武 | 王国华 | | | |
| 1985级 | 梁军言 | 梁旭鸣 | 吴平 | 周丹红 | 徐国民 | 王建明 | 李娟 | 姬有印 | 陈凌 | |
| | 秦建华 | 韩力 | 邹德民 | 王娟娟 | 毛为民 | 刘俊青 | 董学思 | 赵宏图 | 董林 | |
| | 崔君如 | 吴一戎 | 郭刚 | 於亮 | 徐少俊 | 王临涛 | 陈曙光 | 彭晓英 | 宋述显 | |
| | 吴昕 | 金启辉 | 王建超 | 王军 | 齐洁明 | 罗艳 | 刘家康 | 李爱华 | 张丽萍 | |
| | 唐兴海 | 吕志刚 | | | | | | | | |

续表

| | | | | | | | | | |
|---|---|---|---|---|---|---|---|---|---|
| 1985年委托培养 | 胡永刚 | 李明 | 丁方 | 周兰英 | 茅玉龙 | 陈家杰 | 王文杰 | 戴银涛 | 李春雨 |
| 1986级 | 李文清 | 张文俊 | 刘韦明 | 王友军 | 杨平 | 钱国明 | | | |
| | 魏平 | 梁慧平 | 孔德凤 | 廖苏鹏 | 吴宝新 | 范瑜 | 张云杰 | 付建勋 | 李英 |
| | 原学义 | 曹长宝 | 强明 | 李占京 | 陈波 | 林静平 | 付晓飞 | 冯子宁 | 董万清 |
| | 孙明云 | 高炎 | 叶征 | 卢鹤京 | 胡志平 | 李传荣 | 王海 | 崔英 | 敖昕 |
| | 王兆杰 | 夏跃辉 | 王从柏 | 陈远宁 | 张远原 | 马月欣 | 郝新兵 | 张红 | 董林 |
| 1987级 | 韦雄观 | 王勇 | 王明升 | 尹汾莲 | 管旭光 | 宋吉嘉 | 毛永嘉 | 邓海 | 陈安民 |
| | 郭一兵 | 夏晔泓 | 邱国平 | 张武义 | 崔新杰 | 陈宏达 | 毋昌明 | 游志刚 | 辛哲 |
| | 尹义文 | 张坚勇 | 何代钦 | 孙忠诚 | 崔永东 | 王建新 | 杨红云 | 卢常仁 | 杨良 |
| | 方大卫 | 杨春涛 | 殷琪 | 赵瑞林 | 吴健华 | 杜双娅 | 魏明理 | 陈昌礼 | 李镇 |
| | 简志伟 | 叶荣钦 | 洪力 | 王月明 | 李邵川 | 陈伟 | | | |
| 1988级 | 王致洁 | 朱景民 | 魏庆国 | 高梅国 | 陈远知 | 王沙飞 | 简立明 | 崔俊华 | 尚明轩 |
| | 封强 | 刘本达 | 孙以平 | 王旭日 | 楼健东 | 张玉兰 | 王景宇 | 彭文 | 涂国仲 |
| | 徐维超 | 韦其福 | 张麟兮 | 冯长江 | 冯勇 | 章林杰 | 范中 | 郭雷 | 刘永善 |
| | 陈力 | 赵哲 | 朱弘义 | 沈国伟 | 张工旗 | 常金山 | 庄晓群 | 杨红心 | 陈云梅 |
| | | 张莉 | 龚海军 | 朱红 | 雷宏 | 马晓辉 | 邵艳 | | |
| 1989级 | 徐正明 | 李雪松 | 刘悦 | 徐铁 | 谢凯 | 王宝利 | 樊邦奎 | 丁有志 | 田峥涛 |
| | 谢会开 | 马天航 | 郭银景 | 刘诗平 | 马芹 | 杨占昕 | 勾江红 | 栗建华 | 张广明 |
| | 王湘宁 | 余学俊 | 符凤辉 | 李晓辉 | 许庆仁 | 龙腾 | 张明鉴 | 刘伟林 | 任爱民 |
| | 段椎荣 | 华雪 | 张贵军 | 于涛 | | | | | |

续表

| | | | | | | | | | | | |
|---|---|---|---|---|---|---|---|---|---|---|---|
| 1990级 | 黄路 | 王爱民 | | | | 薛晓薇 | 严国志 | 邓云凯 | 卢英锁 | 戴增智 |
| | 张叙 | 安建平 | 白兑庄 | 陈广飞 | | 李忠健 | 刘高明 | 王浩 | 邵军 | 余越 |
| | | 王君伟 | 茹庆芳 | 刘春芳 | | 刘新宇 | 林希江 | 王蓓 | 王洪喜 | 孙江胜 |
| 1991级 | | 唐白玉 | 杨忠 | 梅文博 | | 阎晓泉 | 陈雅 | 付延华 | 冯武田 | |
| | 颜洁 | 田正荣 | 孙厚军 | 李妍 | | 尹筱妍 | 杨建峰 | 黄森 | 李鹏图 | 史文学 |
| | 王瑞书 | 王瑞宅 | 武旭辉 | 张油波 | | 邱庆伟 | 田纳新 | 贾守新 | 陈正红 | 皮晓波 |
| | 肖宁宁 | 郑晓辉 | 黄冬 | 南方圆 | | 原进红 | 邓元木 | 肖光生 | 蔡剑波 | 刘朝辉 |
| | 梅士兵 | 陈铁 | 杨天喜 | 徐朝伦 | | 曹圣群 | 朱升宏 | 别晓武 | | |
| 1992级 | 祝冰 | 吴海霞 | 颜雪松 | 沈毅龙 | | 马积福 | 李向东 | 杜谦 | 章元元 | 姜玉红 |
| | 赵胜辉 | 赵志明 | 赵卫宁 | 邱军 | | 郑学合 | 钟曼利 | 王慧 | 白淑玲 | 郝峰 |
| | 韩国华 | 马颜斌 | 刘丹栎 | 蒋广礼 | | 余海莹 | 王阳 | 吕雪立 | 张桦 | 马丽琛 |
| | 金松 | 王春和 | 甘靖伟 | 周宁 | | 涂洪 | 鞠茂光 | 胡晓毅 | 徐春玲 | |
| 1993级 | 荆立志 | 颜昌林 | 李湘 | 杨海涛 | | 马卫国 | 张晶 | 潘军 | 张丽清 | 齐达魏 |
| | 张瑞峰 | 邱少坤 | 张战 | 任丽香 | | 朱晓军 | 宋军 | 马焕锋 | 万泉 | 王勇 |
| | 王超 | 王晓燕 | 王群 | 张梅英 | | 王东军 | 王溪萍 | 王敦庆 | 王晓明 | 王阳春 |
| | 徐彩春 | 郭强 | 杨显强 | 张子俊 | | 刘耕 | 陈卫 | 马静宜 | 付建家 | 张绿林 |
| | 刚砺韬 | 吴建明 | 谢雪飞 | 王琳 | | 薛进 | 王群 | 刁心玺 | | |
| 1994级 | 吴骆敏 | 张东亮 | 郑远行 | 赵常青 | | 李文定 | 戴险峰 | 高珊 | 胡少华 | 荆海峰 |
| | 李乐生 | 梁世强 | 林茂妍 | 刘晓玉 | | 刘洋 | 刘志东 | 卢春慧 | 丘晖 | 沈胜宏 |
| | 孙丽芬 | 孙亚民 | 王宾 | 王学毅 | | 徐晓莉 | 袁华明 | 林碧影 | 常红 | 李惠科 |
| | 刘伏虎 | 尚斐 | 张鹰 | 邹燕明 | | 周滇苏 | 高磊 | 李锋 | 史其存 | 郑宝辉 |
| | 陈霞 | 李彬 | 黄若坚 | 王原 | | 杨明 | 曾涛 | 王晞东 | 张洁 | |

续表

|  | | | | | | | | | |
|---|---|---|---|---|---|---|---|---|---|
| 1995级 | 毕东升 | 常瑛 | 陈彤 | 陈魏 | 方立 | 高建伟 | 高立科 | 耿丹彤 | 胡灵博 |
| | 纪爽 | 李峰 | 李江 | 李智勇 | 梁琪 | 刘非 | 刘辉宇 | 刘龙飞 | 楼霞 |
| | 罗阿理 | 潘绍杰 | 秦宏 | 沈海戈 | 孙金波 | 孙亮 | 王晓英 | 王晓娟 | 魏宏 |
| | 文峰 | 岳彦生 | 张勇 | 张志明 | 曹晨 | 车海燕 | 程家亮 | 何芸彬 | 黄云海 |
| | 万蕾 | 王旭 | 吴瑞芸 | 杨劲梅 | 郑成文 | 吴玲艳 | 袁晓丽 | 曹树民 | 谢袁春 |
| | 杨力 | 袁昭 | 周军伟 | | | | | | |
| 1996级 | 白令顺 | 傅秀菊 | 何彦君 | 李冬霞 | 廖红静 | 凌飞 | 楼民 | 马多佳 | 马素军 |
| | 庞潼川 | 任亚萍 | 沙小宁 | 施广 | 王洪波 | 王立众 | 徐向辉 | 张广骏 | 张怀广 |
| | 张军 | 张敏 | 周励谦 | 邹翊 | 陈瑞宁 | 陈伟伟 | 单涛 | 范燕玲 | 顾长海 |
| | 李眈 | 栗强 | 马伍新 | 莫毅群 | 潘珺 | 邵建光 | 王海涛 | 曾思东 | 张曦 |
| | 赵虹 | 朱少娟 | 杨军 | 由利人 | 李秀萍 | 刘逸平 | 刘振宇 | 杨子祥 | 张珍 |
| | 李文雄 | 薛林 | | | | | | | |
| 1997级 | 郭英婆 | 刘晓清 | 王智勇 | 肖晓珍 | 安毅 | 刘佳 | 魏丹丹 | 杨明 | 杨念宁 |
| | 赵京军 | 郝利兵 | 王建国 | 王洽春 | 杨领锋 | 杜庆 | 范凯 | 葛启佳 | 龚朗华 |
| | 关鹏超 | 何晶 | 黄丽 | 孔月玲 | 李光明 | 李耀东 | 刘芳 | 刘向前 | 柳雪松 |
| | 全刚 | 邵娟 | 师家峰 | 岁灿 | 万传伟 | 王京涛 | 王蔚洪 | 魏伟 | 谢湘 |
| | 徐学新 | 简蓉 | 杨梦霞 | 张涛 | 张宇 | 张小营 | 周开利 | 李海 | 李硕 |
| | 卢永刚 | 牛卫华 | 田黎育 | 王飞 | 杨凡 | 杨志华 | 张永平 | 周围 | 朱超群 |

续表

| 级别/专业 | 姓名 |
|---|---|
| 1998级 | 平先军 李虎 常璨 马龙 平庆伟 崔鬼 丁心民 郭全成 韩国庆 李春明 |
| | 李虎 张鹏 刘南川 刘逸群 朱仕银 谭姝静 徐浩 徐友根 余昌刚 袁秀宏 |
| | 牛钢 张绍营 闫敬业 刘昶 刘力维 周宏毅 刘怀明 赵恋 董晨 |
| | 徐坤 任晓涛 江凌 杨爽 杨加 米红 江一帆 张魏 吴晓光 |
| | 张岩 赵竹岩 褚晨宇 藏铁飞 阮楠 徐勇军 黄浩宇 谢征 |
| | 任武 何芒 赵鹏 刘向华 伍仪胜 吉亚林 |
| 1999级 | 陈拿权 李利 袁俊 郑涛 陈越洋 刘跃华 刘中鼎 曲秀杰 虞晓峰 |
| | 祝侃 陈颖 董涛 韩铁 胡沥 胡伟东 刘春宁 王卫江 卫首 |
| | 应子罡 周建明 毕志明 蔡琳浩 陈星宇 程泰昆 费泽松 傅旭 侯建刚 |
| | 侯舒娟 李朝晖 李向荣 梁晶 刘峰 邵迅 申王 石魏立 谭博钊 |
| | 王蕾 王群 吴波 谢楷 辛静 徐宏宁 杨敏 于徽 张路 |
| | 张玉冰 赵军辉 赵兴浩 闫学军 付佗 李云杰 李昀 刘伟 莫力 |
| | 沈光 苏宏宇 孙德田 孙鹏 汪源 王勇 魏国华 吴琼之 谢前进 |
| | 张捷 |
| 2000级电路与系统 | 翟振龙 孙梅 唐晓平 田茹 王圆圆 张祖萍 刘红雨 鲁溟峰 |
| 2000级微电子学与固体电子学 | 蒋煜婧 李毅 王静静 周涛 豆玉娇 熊承欢 张林 |
| 2000级电磁场与微波技术 | 陈俊珍 刘冀晖 沈宝丽 斯扬 孙鹏 张珊珊 李亚涛 赵征 赵震 周丽萍 |
| | 房丽丽 韩荣桂 吕盛 王亚涛 肖疆 叶方全 |

续表

| | | | | | | | | | | |
|---|---|---|---|---|---|---|---|---|---|---|
| 2000级通信与信息系统 | 鄂炜 | 费泽柏 | 高燕 | 管春阳 | 果永振 | 黄其华 | 鞠晓燕 | 李鹏 | 李舒 | |
| | 李亚卓 | 刘惠茹 | 卢继华 | 毛宁 | 梅绍彬 | 史登峰 | 王立平 | 王小品 | 王玉宝 | |
| | 严诺 | 杨凯 | 喻应芝 | 张小刚 | 郑伟伟 | 周长志 | 单亚娴 | 高艳 | 龚晓忻 | |
| | 顾玮 | 黄石磊 | 李宁 | 李春 | 刘华 | 莫晓光 | 孙达飞 | 王海 | 徐辉 | |
| | 招扬 | 郑雪帆 | 凌思宇 | 陆诚 | 孙蔚莉 | | | | | |
| 2000级信号与信息处理 | 安建波 | 陈颖 | 程健 | 丁文佳 | 韩颖 | 洪琦 | 鞠鸿彬 | 凌茵 | 汤渊清 | |
| | 武剑虹 | 谢民 | 杨哲 | 詹学丽 | 赵忠武 | 郑雪峰 | 周芝梅 | 毕莉 | 李侠宇 | |
| | 刘同烨 | 刘伟峰 | 王飞 | 王海军 | 张克林 | 张石磊 | 滕玲玲 | | | |
| 2001级电路与系统 | 李齐 | 郭辰昉 | 刘伟 | 杨晟 | 胡胜 | 杨东红 | 万金生 | 方金生 | 张志方 | |
| | 朱亚平 | | | | | | | | | |
| 2001级微电子学与固体电子学 | 于成 | 沈国红 | 刘强 | 刘冰冰 | 邢懋腾 | 孔德文 | 詹杰 | 沈业兵 | 穆巧端 | |
| | 陈旻 | 李敬国 | | | | | | | | |
| 2001级电磁场与微波技术 | 王亮 | 代毅 | 王春兰 | 冯未 | 陈国华 | 魏郁梅 | 周春燕 | 沈国伟 | 张升康 | |
| | 赵国强 | 王芹英 | 方刚 | 梁晓新 | 杜起飞 | 刘璟怡 | 李静涛 | 尚飞 | 余中杰 | |
| | 辛莉 | 杨宏建 | 杨光辉 | 岑光辉 | 赵勇 | | | | | |
| 2001级通信与信息系统 | 苏东明 | 刘培元 | 王志伟 | 李彬 | 林武 | 晋艳伟 | 高虹 | 朱玺 | 马薇薇 | |
| | 赵鸢 | 伍疆 | 何媛 | 黄易冬 | 杨宁 | 罗常青 | 肖国军 | 刘靖 | 徐曼 | |
| | 谷伟 | 张军利 | 王思遥 | 徐琳 | 吴靖魏 | 卿敏 | 刘林南 | 包征 | 辛怡 | |
| | 王晶 | 罗东生 | 万英 | 丛磊 | 党华 | 齐春东 | 陈铁 | 段俊斌 | 王魏 | |
| | 池志鹏 | 单宝堂 | 王珺 | 张丽艳 | 杨金涛 | 袁春旭 | 孙莹 | 熊五广 | 马科 | |
| | 赵海潮 | 杨国芳 | 郭行闯 | 毛志毅 | 王晓光 | 张海波 | 焦庆 | 张颖 | 卓智海 | |
| | 李韧 | 王海涛 | 梁建霞 | 张云帆 | 周治国 | 刘涛 | 黄繁荣 | 袁晔 | 王茜 | |
| | 胡勇 | 宋峙峰 | 王怡 | 刘培元 | | | | | | |

续表

| 类别 | | | | | | | | | |
|---|---|---|---|---|---|---|---|---|---|
| 2001级信号与信息处理 | 李延滨 | 陶青长 | 张泽 | 杨小倩 | 黄锴 | 朱宇 | 王彦君 | 李新昌 | 李显波 |
| | 刘海波 | 杜兆林 | 尹桂娟 | 卫普 | 胡善清 | 任敬辉 | 李琴 | 曾海彬 | 王春海 |
| | 张健 | 武小冬 | 刘莉 | 万红星 | 黄桂根 | 刘明 | 陈平 | 王丽娜 | 李栋 |
| 2002级电路与系统 | 李健翔 | 王真真 | 杨静 | 于海南 | 姚迪 | 张锦 | 徐涛 | | |
| | 吴向春 | 马昌萍 | 孙小平 | 李坤 | 杨华 | 杨华 | 王树根 | 宋丹 | 苏飞 |
| | 徐波 | 王续进 | 向汾 | 武剑 | 张博 | 王歆玥 | 魏耀 | | |
| 2002级微电子学与固体电子学 | 梁程 | 施莹 | 李娜 | 黄鑫 | 鉴海防 | 黄占兵 | 张晓燕 | 李鑫 | 赵娟 |
| | 刘强 | 鲍爱达 | 邵雷 | | | | | | |
| 2002级电磁场与微波技术 | 李峰 | 楼世平 | 王楠 | 耿江东 | 孙源源 | 赵国栋 | 张海涛 | 刘舸 | 程诗平 |
| | 张磊 | 许哲 | 杨丽 | 孔庆颜 | 牛运丰 | 刘舸 | 夏永祥 | 肖轩 | 王冶国 |
| | 李熹 | 陈纲 | 苏敏 | 李海清 | 马琳 | 申华 | 刘鑫 | 黄晓霞 | 杨慎谦 |
| | 田霖 | 曾小军 | 包云脉 | 佟浩 | 王岳 | 马文杰 | 温源 | | |
| 2002级通信与信息系统 | 武晓锋 | 张卫强 | 申军建 | 张培杰 | 陈虢 | 夏彩颖 | 焦慧颖 | 郭永正 | 马雅莉 |
| | 蒋宏杰 | 熊磊 | 李代松 | 王雅辉 | 陈迪 | 吴磊 | 宋磊 | 齐晓静 | 王中将 |
| | 耿鹏飞 | 闫肃 | 范云松 | 李鑫 | 韩雷 | 朱建锋 | 王小林 | 李文丰 | 胡延军 |
| | 王光鼎 | 邓刚 | 程颖 | 毛宏 | 郑金州 | 石红艳 | 郭琦 | 秦豫 | 高扬 |
| | 张建利 | 安向阳 | 钟颖 | 李今子 | 刘鹏 | 张绪强 | 庞娇阳 | 周云松 | 汪路元 |
| | 黄红凯 | 姚静 | 王甜 | 王昌辉 | 艾砾 | 孙家旺 | 刘华阳 | 肖元蛟 | 宋淑娟 |
| | 于娜 | 史晓希 | 牛佳敏 | 张劲 | 王国元 | 王四平 | 刘海琼 | 贾民丽 | 孙楠 |
| | 刘泽华 | | | | | | | | |

续表

| | | | | | | | | | |
|---|---|---|---|---|---|---|---|---|---|
| 2002级信号与信息处理 | 马永刚 | 刘莉 | 顾文彬 | 王燕 | 李志宇 | 谢华 | 李星炙 | 康怀祺 | 杨荣慧 |
| | 袁亮 | 王毓宝 | 王琥 | 李阳 | 张德 | 李卫江 | 孙海涛 | 闫雪梅 | 黄超 |
| | 李晓东 | 胡春燕 | 刘基南 | 许争艳 | 徐雷 | 杜世平 | 江培华 | 郝春环 | 邓玉婷 |
| | 黄河 | 杨水超 | 韩月涛 | 李洋 | 温丽梦 | 王岁宏 | 王洽保 | 刘向春 | 刘浩 |
| | 章学静 | 房秉毅 | 张顺生 | 孙开 | 杨林 | 吕宇 | 陈晓颖 | 夏桂芬 | 李静 |
| 2003级电路与系统 | 李国富 | 张勇 | 王浦 | 江柏淼 | 黄丽 | 程智慧 | 王众保 | 何衡 | 彭乾 |
| | 焦宁 | 郑洲铁 | 孙伟 | 王为民 | 马晓俊 | 李东伟 | 靳朝东 | 梅海鹏 | 白玉洁 |
| | 刘晁剑 | | | | | | | | |
| 2003级微电子与固体电子学 | 吴晟祖 | 王永志 | 陈宜升 | 李富军 | 陆姗姗 | 陈小明 | 桂小玫 | 刘岩岩 | 潘丽敏 |
| | 李帅 | 宋晓林 | 张媛媛 | 赵晨啸 | 胡忻娟 | 段恋华 | 李晓明 | 吕敬 | |
| 2003级电磁场与微波技术 | 徐强 | 周晞 | 张涛 | 吕文菁 | 况丹 | 徐沛虎 | 霍彬 | 海宇 | 曹诚 |
| | 艾施连 | 史永锋 | 王伟 | 张尧 | 吴冠南 | 李波芝 | 王婧倩 | 李勇 | 安叶 |
| | 王慧玲 | 顾伟 | 柯炳清 | 燕小山 | 刘建勋 | 徐磊 | 张继锋 | 李光煜 | 朱良 |
| | 常林 | 石磊 | 覃杰 | 赵行之 | 杨柳 | | | | |
| 2003级通信与信息系统 | 崔宇 | 曾郚权 | 张德生 | 路亚峰 | 冯雨 | 张南 | 龚晓峰 | 王心一 | 武岩波 |
| | 杨德伟 | 姚广祥 | 欧盛春 | 田阳 | 赵剑锋 | 闫丽云 | 邱虎 | 刘鹏 | 李申阳 |
| | 刘雪梅 | 刘小林 | 陈浩 | 许慧芳 | 王皓磊 | 冯源 | 赵华 | 曹彦川 | 赵赚 |
| | 方婷 | 袁凯 | 张惠云 | 陈丽燕 | 姜辛 | 赵育宝 | 朱登科 | 刘畅 | 侯普 |
| | 须彬彬 | 武楠 | 徐森 | 尹安容 | 程波 | 王魁 | 盛磊 | 沈南 | 朱苗 |

续表

| | | | | | | | | | |
|---|---|---|---|---|---|---|---|---|---|
| 2003级信号与信息处理 | 丁蕾 | 宋肖 | 范光荣 | 杨坤 | 杨玥 | 张沐阳 | 李勤岭 | 马满仓 | 丁浩 |
| | 张军 | 邱志模 | 易鸣锏 | 刘臻 | 解延安 | 顾洪夫 | 李兴华 | 时荔蕙 | 张震宇 |
| | 陈嘉 | 祖翔 | 王宁 | 张春晓 | 张舒 | 张忠江 | 任彦芳 | 柴学宁 | 陈玉平 |
| | 朱耀华 | 李现光 | 雒利溪 | 陈荆勇 | 张艳 | 李少鹏 | 张玲玲 | 张胜 | 宋毅 |
| | 丁瑞 | 杨佳林 | 韩相秋 | 刘迎娜 | 周灿荣 | 江海清 | 唐春莺 | 孟占红 | 徐成发 |
| | 陈亮 | 徐国库 | 王永庆 | 徐颖 | 张帆 | 张迪 | 王胜勇 | 韦海萍 | 王靖 |
| | 陈小栋 | 杜海波 | 李伟 | 杨兆勇 | 于李红 | 张红 | 黄光平 | 董春杨 | 何晓燕 |
| | 丁泽刚 | 金烨 | 刘畅 | 潘涛 | 王志明 | 王彬 | 张钦 | 史子瑞 | 李浩 |
| | 宋民 | 刘明散 | 金枫杰 | 曹玉林 | 高立宁 | 胡程 | 江山 | 邓宇虹 | 吴强 |
| | 王晓迪 | 杨刚 | 郭洪 | 杨帆 | 姚琦渊 | 韩梅 | 陈春明 | 张晓明 | 陈娟 |
| | 万军 | 李惠梅 | 谭金利 | 张云龙 | 吴莲 | 周勇 | | | |
| 2004级电子与系统 | 柴芳娇 | 邓兴智 | 方胜 | 郭石小 | 郭昕 | 何秀红 | 李晓良 | 刘斌 | 刘征 |
| | 齐枫 | 宋扬 | 王冀 | 王雪嘉 | 徐超 | 岳小军 | 张海川 | 周凯 | |
| 2004级微电子学与固体电子学 | 常宏 | 邓荣 | 冯潇 | 葛艳 | 谢文博 | 林沛 | 林友玲 | 刘凯 | 刘秋丽 |
| | 陆志伟 | 任颖丹 | 宋春云 | 宋潇 | 田金洁 | 涂云龙 | 王杨帆 | 王煜伟 | 吴其松 |
| | 杨德权 | 尹力 | 张红亮 | | | | | | |
| 2004级电磁场与微波技术 | 安大伟 | 白海蛟 | 陈亚萍 | 陈振海 | 程瑾 | 何魏 | 贾冒华 | 贾新宇 | 金山 |
| | 雷雨锋 | 李保雪 | 李萍 | 李彦坤 | 刘国盛 | 刘晓辉 | 卢青 | 吕世东 | 倪军 |
| | 邵松 | 史涛 | 苏建昆 | 谭菲 | 汤昶钰 | 王立 | 吴莹莹 | 肖鹏 | 谢冰 |
| | 要炜 | 余敬东 | 张文雯 | 张颖 | 张琦 | 郑颖 | | | |

续表

| 类别 | | | | | | | | | |
|---|---|---|---|---|---|---|---|---|---|
| 2004级通信与信息系统 | 白杨 | 卞芳 | 卞惠 | 卞恺良 | 蔡主湘 | 陈翔 | 陈晓亮 | 陈岩 | 陈雁 |
| | 陈莹莹 | 陈宇 | 谌颖 | 程佳 | 邓理亮 | 邓铁敏 | 范继伟 | 冯磊 | 甘颖新 |
| | 高峰 | 高加林 | 高文权 | 耿骏 | 龚孟军 | 郭林楠 | 郭珊 | 韩耕 | 韩景朝 |
| | 郝瑞庭 | 贺祥 | 胡江舟 | 黄威 | 黄烨 | 蒋杨健 | 寇朋韬 | 李翠彦 | 李鸣 |
| | 李伟光 | 李晓鹏 | 李毅 | 李毅杰 | 梁屹 | 刘戈 | 刘威 | 刘晓 | 刘晓馨 |
| | 刘欣欣 | 刘宴涛 | 刘誉 | 卢尧 | 吕品 | 吕桓 | 马茹 | 宁金枝 | 潘晨聪 |
| | 彭绍林 | 任永学 | 孙东汉 | 孙蓉蓉 | 谭苗 | 王桓 | 王洪先 | 王明朋 | 王翔宇 |
| | 王玉佳 | 王震 | 肖耿 | 辛子英 | 徐天鹏 | 徐湛 | 杨益新 | 叶丹 | 叶昕 |
| | 曾黄辉 | 张新丽 | 张艳 | 张子鸣 | 赵凫 | 赵祺 | 赵雄 | 赵一闽 | 郑程超 |
| | 周伟 | 朱薇薇 | 左昌明 | | | | | | |
| 2004级信号与信息处理 | 包云霞 | 曹礼宝 | 程宏 | 崔述金 | 邓宸伟 | 郭彬彬 | 韩孟飞 | 侯庆柱 | 胡莹军 |
| | 胡小春 | 冀连营 | 姜伟 | 雷婷 | 李旻岳 | 李健 | 李路 | 李依 | 李晓琼 |
| | 李钰含 | 李志坚 | 刘旻 | 刘鹤 | 刘家伟 | 刘强 | 刘恋 | 刘涛 | 罗跃东 |
| | 马广杰 | 马振球 | 牟建超 | 穆建文 | 庞龙 | 钱环宇 | 秦飞 | 任旺 | 商蓉蓉 |
| | 苏峰 | 汪涵 | 汪捷颀 | 汪精华 | 汪洋 | 王德明 | 王芳 | 王磊 | 王莉 |
| | 王立峰 | 王艳丽 | 王宗博 | 魏淳 | 温靖 | 武继兵 | 谢宜壮 | 徐贺航 | 徐晖 |
| | 徐婵 | 闫毅 | 杨熹 | 姚志琴 | 尹春光 | 原浩娟 | 苑晶晶 | 张帆 | 张磊 |
| | 张宁 | 赵翠芳 | 赵昕 | 朱新国 | 夏利梅 | 薛魏 | 尹常京 | 于敬波 | 赵光华 |
| 2005级电路与系统 | 吕义柱 | 马继伟 | 马延辉 | | 许晨 | | | | |
| | 赵治贝 | | | | | | | | |

续表

| 专业 | 姓名 |  |  |  |  |  |  |  |  |  |
|---|---|---|---|---|---|---|---|---|---|---|
| 2005级微电子学与固体电子学 | 陈铍颖 | 裴佳 | 傅霖桂 | 刘远 | 卢小康 | 马静 | 阮为 | 万晖 | 王子元 | 魏祥海 |
|  | 赵姝文 |  | 谢青铁 |  | 杨光 |  | 杨汝辉 | 张昊 | 张蓉萍 | 张彦 |
| 2005级电磁场与微波技术 | 白文华 | 陈丹 | 周毅 | 陈劫尘 | 陈香萍 | 陈雪 | 陈一凡 | 陈玉莉 | 邓楚强 | 范芳茗 |
|  | 高明亮 | 韩霜雪 |  | 胡乐 | 黄晓明 | 康成斌 | 黎春 | 李超 | 李大博 | 李文卉 |
|  | 李殷乔 | 刘忠凯 |  | 蒲尉 | 钱浩平 | 田江波 | 王奇伟 | 王玥 | 魏孔骏 | 徐璐璐 |
|  | 徐然 | 闫佳 |  | 颜涛 | 张冰 | 赵峻 |  |  |  |  |
| 2005级通信与信息系统 | 安新芳 | 曹旭 | 高振远 | 陈浩 | 谌记文 | 程岩 | 丛彦超 | 崔美英 | 崔湘君 | 杜鹏 |
|  | 樊志英 | 侯瑞娜 | 胡浩 | 顾非 | 郭红华 | 郭乃珠 | 郭振杰 | 韩存涛 | 郝凯 | 何大军 |
|  | 李佳 | 李项楠 |  | 胡厚樊 | 胡可奇 | 胡涛 | 化前前 | 贾莉 | 姜微 | 李丹 |
|  | 柳丹 | 龙宇 |  | 李晓莎 | 连丰 | 林欣欣 | 刘安邦 | 刘策伦 | 刘佰莆 | 刘军 |
|  | 宋健 | 宋敬群 |  | 吕锋 | 马海燕 | 马路 | 孟祥意 | 潘志建 | 秦四霞 | 申升星 |
|  | 王新宇 | 王扬波 |  | 孙彬 | 陶然 | 田伟 | 王超兰 | 王怀章 | 王盟 | 王帅 |
|  | 薛姬荣 | 颜燕 |  | 王志明 | 魏耀都 | 向娟 | 项惠惠 | 肖亮 | 项鹏飞 | 许静 |
|  | 张红刚 | 张辉 |  | 杨宝玥 | 杨楠 | 易江涛 | 于威 | 于晓伟 | 袁子立 | 曾治国 |
|  | 朱佩佩 | 朱学静 |  | 张琳 | 张培 | 张玺 | 张毅 | 赵学宏 | 仲珏 | 朱莉 |

1026

续表

| | 安立新 | 白锦良 | 蔡颖斌 | 陈建良 | 陈乔乔 | 陈卫亮 | 陈新冬 | 崔靖雯 | 邓春华 |
|---|---|---|---|---|---|---|---|---|---|
| 2005级信号与信息系统 | 邓玮 | 高希光 | 龚文飞 | 侯永海 | 胡博 | 胡铁群 | 胡长勇 | 金凯 | 孔佳 |
| | 李丹 | 李磊 | 李路 | 李庆勃 | 李旭芳 | 李宜 | 李昀璘 | 李增良 | 栗雯 |
| | 廖捷 | 刘菲 | 刘娟 | 刘立品 | 刘泉华 | 娄样 | 罗珺 | 马琳 | 孟斌 |
| | 牛云竹 | 齐佩丽 | 秦航飞 | 荣杰 | 商亮 | 邵楠 | 舒伟嫒 | 宋嫒嫒 | 苏方业 |
| | 孙继刚 | 孙家敬 | 孙娜 | 孙伟 | 田永华 | 万欣 | 王东华 | 王俊 | 王坤 |
| | 王天建 | 王文红 | 温亮 | 吴春林 | 吴荣刚 | 吴珊珊 | 肖华峰 | 谢炳全 | 谢琦 |
| | 谢生鹤 | 徐捷 | 许利 | 闫文友 | 杨奋燕 | 杨立 | 尹翔飞 | 尹鑫 | 余彦 |
| | 元原 | 张辉 | 张蕾 | 张秋菊 | 张伟 | 张小云 | 赵新亮 | 赵欣 | 郑文明 |
| 2006级电子学与固体电子学 | 龚子丹 | 姬晓翠 | 李蓓蕾 | 李红 | 林苍松 | 刘愿 | 南方 | 王晶 | 王玲 |
| | 杨庆丽 | 张峰 | 张海弟 | 张云龙 | 赵迪 | 郑立博 | | | |
| 2006级微电子学与固体电子学 | 韩咪咪 | 何东 | 洪源 | 胡波 | 李晓东 | 李元 | 刘爽 | 刘羽 | 刘宇清 |
| | 刘志哲 | 苗旺 | 逄大鹏 | 田林琳 | 王琰 | 王铁君 | 王竹萍 | 徐鹏 | 许明聪 |
| | 姚鹤 | 张立志 | 赵文彦 | 周美强 | | | | | |
| 2006级电磁场与微波技术 | 曹根林 | 常磊 | 常仁 | 陈曦 | 崔斌 | 崔唯丽 | 崔旭 | 董航 | 傅鹏程 |
| | 郝承祥 | 何继伟 | 何现 | 何楠 | 浣沙 | 李连博 | 金秋 | 李薛仪 | 李一佳 |
| | 刘广 | 刘挺 | 沙磊 | 孙菲 | 王磊 | 王侠 | 吴光明 | 邵莉 | 徐正 |
| | 续翼 | 杨栋梁 | 姚国伟 | 袁博 | 张戈 | 张京涛 | 张瑞鹏 | 张武 | 张岩 |
| | 张翼飞 | 张哲 | 赵海明 | 周宁芳 | 邹中正 | | | | |

续表

| 类别 | | | | | | | | | | |
|---|---|---|---|---|---|---|---|---|---|---|
| 2006级通信与信息系统 | 闫桂冠 | 曹唯 | 陈佳峰 | 陈炜 | 董飞 | 董三勇 | 杜佳瑜 | 段然 | 范翠宁 |
| | 房翰斌 | 冯荣蔚 | 傅敏 | 郭永和 | 韩航程 | 何仲夏 | 胡亮 | 胡宁 | 虎进林 |
| | 黄连芳 | 黄振飞 | 纪善义 | 贾建光 | 江帆 | 景宁 | 孔伟光 | 黎明 | 李成 |
| | 李春晖 | 李婧 | 李小汝 | 李禽 | 刘浩 | 刘明亮 | 刘跃斌 | 罗娟 | 梅高峰 |
| | 孟强 | 孟唯娟 | 潘伟 | 施伟 | 石蕾 | 孙兵 | 孙伟 | 田景军 | 田甜 |
| | 田园 | 田钊芸 | 王崇 | 王红 | 王权 | 王志华 | 魏明 | 吴择淳 | 夏添琦 |
| | 谢尔曼 | 徐珉 | 薛锋 | 闫朝星 | 闫娟 | 严吴 | 杨飞 | 杨择淳 | 杨淼 |
| | 杨宁 | 杨正宇 | 曾伟平 | 张海琴 | 张平 | 张伟 | 周晨华 | | |
| 2006级信号与信息系统 | 程娜 | 褚莉莉 | 党秀菊 | 段春霞 | 冯定伟 | 冯晶 | 付惠倩 | 付竹 | 高振华 |
| | 陈德峰 | 陈吉祥 | 郭慧杰 | 何宜根 | 洪邦 | 黄超 | 黄丹 | 金曾玲 | 赖永青 |
| | 雷磊 | 雷勋 | 李安明 | 李大朋 | 李广秋 | 李先楚 | 李毅 | 李宇晖 | 林宽 |
| | 凌清 | 刘建玲 | 刘建平 | 刘黎丽 | 刘桐继 | 刘小翠 | 刘晓娟 | 刘志玉 | 龙玛娜 |
| | 陆顶洪 | 毛如坤 | 穆瑞芬 | 庞浩 | 彭晶 | 彭婧 | 祈哲 | 邵志远 | 佘露 |
| | 石悦 | 孙伟 | 孙英钦 | 徐翰 | 田现忠 | 王堃 | 王长杰 | 王唯 | 王彦华 |
| | 魏珂 | 温双燕 | 吴磊 | 张锋 | 徐秋峰 | 许世超 | 杨惠萍 | 杨硕 | 叶有时 |
| | 于洋 | 禹季阳 | 霍家翼 | 周新鹏 | 张进 | 张科 | 张林 | 张龙霄 | 张顺利 |
| | 张泽香 | 郑永翔 | 周静 | | 朱宁 | 邹丹 | 邹瑞滨 | | |
| 2006级信息与安全对抗 | 崔磊 | 董文楷 | 高娟 | 高跃 | 葛浩 | 何杰 | 黄琰 | 贾弘毅 | 贾洪波 |
| | 贾冉 | 雷春财 | 梁广平 | 刘静 | 刘磊 | 刘谦 | 罗恺恺 | 穆佳 | 苏凯 |
| | 王丽萍 | 王维 | 王自宇 | 吴梦雄 | 吴世华 | 熊熙 | 尹文惠 | 张非非 | 张艳芝 |
| | 郑淑琴 | 周琦 | 周伟 | | | | | | |

续表

| | | | | | | | | | | |
|---|---|---|---|---|---|---|---|---|---|---|
| 2007级信号与信息处理 | 边明明 | 蔡晓芳 | 蔡雨辰 | 方秋均 | 付雷 | 葛丽丽 | 葛仕奇 | 焦继超 | 孔丽 | |
| | 李琳 | 李锐 | 梁超杰 | 刘飞峰 | 刘浩 | 刘佳 | 刘萃锶 | 刘谋 | 刘腾飞 | |
| | 柳树林 | 卢磊 | 牛亚雷 | 彭洲 | 王超 | 王寒涛 | 王吉乙 | 吴长贺 | 夏雯涓 | |
| | 谢暖 | 徐安 | 杨欣林 | 张翔宇 | 张燕京 | 张玉浩 | 赵通 | 周晨 | 周全 | |
| | 朱昊 | 张伟达 | 张伟 | 程斌 | 刘水奎 | 许志军 | 李俊山 | 张柏乔 | 谢小川 | |
| | 费琼 | 崔琪 | 姜洁 | 罗雨 | 乔媛 | 肖春柳 | 吴迪 | 王宇 | 王娜 | |
| | 伍金花 | 史苗苗 | 许文艳 | 袁丽 | 张小杰 | 张福华 | 刘鑫 | 周璐璐 | 罗海坤 | |
| | 刘玉泉 | 史雯维 | 王博阳 | 张阁 | 邢昆峰 | 杨伟光 | 宋现松 | 刘剑闯 | 胡楠寨 | |
| | 刘波 | 韩崎 | 洪永彬 | 侯亮 | 古健宇 | 王涛 | | | | |
| 2007级通信与信息系统 | 陈博 | 董欣玮 | 方君 | 贺祥 | 黄黎 | 焦一鸣 | 李栋 | 李涛 | 李军科 | |
| | 李媛媛 | 刘芳 | 刘珂珂 | 牟宇航 | 朴昌龙 | 茹婷婷 | 盛远峰 | 宋桂芹 | 滕启龙 | |
| | 王馨宁 | 王学强 | 魏霞 | 肖博 | 肖南 | 谢丽 | 闫洪波 | 杨越 | 杨玉明 | |
| | 于景辉 | 张莹 | 张彩霞 | 张飞弦 | 张海宁 | 周世键 | 赵晨铁 | 李蓉蓉 | 张男 | |
| | 谢伟 | 毕少筠 | 李修阳 | 王洪健 | 张博 | 岳雷 | 岳晨曦 | 刘光熹 | 史永辉 | |
| | 徐凯明 | 杨成 | 黄飞 | 于泉冰 | 宋达 | 李占武 | 顾魏魏 | 刘文旭 | 李琪 | |
| | 苟书智 | 李沂文 | 韩浩鹏 | 吴萍萍 | 王旭萌 | 赵三元 | 张雪娇 | 张婧婧 | 范媛媛 | |
| | 覃蕾 | | | | | | | | | |
| 2007级电路与系统、生命信息工程 | 陈默 | 樊芳芳 | 方菁 | 高静 | 刘柏音 | 刘运涛 | 史言 | 孙宝鑫 | 王冠男 | |
| | 王宏宇 | 王秀艳 | 徐圣法 | 阳进 | 张家东 | 付思超 | 郭垒 | 贺春妮 | 林汝梁 | |
| | 刘斌 | 陆春伟 | 马静艳 | 梅哲 | 王佳 | 王媛媛 | 肖爍(li) | 张宇 | 张煜楷 | |

续表

| 类别 | 姓名 |
|---|---|
| 2007级信息安全与对抗 | 蔡镇河　程慧　范玮　范小凤　高超　勾阳　洪政　郇浩　黄俊兵　贾琳娜　孔令志　李桦　李婉佳　李峻磊　罗晨　马舒洁　倪佳　唐元明　王茜　王帅兵　杨清跃　杨兆辉　余非　张然　张笑非　赵婧　赵小静　职如昕 |
| 2007级微电子学与固体电子学 | 初伟男　范伟　高仁学　高魏　郭爱英　韩丽波　何扬　逯海波　马承光　乔德灵　宋婷婷　田峥　王长俭　王蓉　薛琦　杨红连　杨阳　张兴军　张亚学　张育斌　郑晓琳　朱剑磊 |
| 2007级电磁场与微波技术 | 冯伟　李相如　丁羽中俊　杨帆　尹非　孔雷　杨明林　蔡隽　崔罡　杨玉彬　牟进超　王博闻　金利华　班郁　薛健　程建花　邢静　曹亚妮　刘昊　张晓强　陆思丞　董伟伟　李澄　杨笛　王俊峰　王俊人　王晓东　许启林　张波　曾星耀　李响　刘晓　刘印秋　田浩　张艺檬　吴洋 |
| 2008级电路与系统、生命信息工程 | 陈兴汉　迟焕鹏　范捷　何源　李娜娜　李一琳　马翠梅　石延军　王打　王美红　王兴远　伍洲　云建军　张小宾　郑宏强　杨金金　杨少勋　姚飞　程会　崔国辉　龚立立　刘木华　饶秋驰　邵丽婷　唐彦婷　王小军　王烨　周鹏 |
| 2008级微电子学与固体电子学 | 白吉杏　董海涛　方钊　李晓阳　刘信　马磊　马永旺　裴丹丹　屈若媛　石小黄　谭学松　田正虎　王晓清　谢春娥　杨梦晨　袁家芬　袁磊　张蕾　张亚飞　张伟　赵奇　郑斌 |

续表

| 分类 | | | | | | | | | | | |
|---|---|---|---|---|---|---|---|---|---|---|---|
| 2008级电磁场与微波技术 | 曹璐 | 刁静 | 杜志祥 | 高杰 | 高贤亮 | 郭庆 | 韩浪 | 胡蜜蜜 | 贾晏瑶 | | |
| | 李博 | 李鹏 | 李乔 | 李欣 | 李新中 | 刘畅 | 刘畅 | 刘济 | 刘银修 | | |
| | 路帅 | 吕鹏 | 彭琼优 | 任丹丹 | 隋超 | 童星 | 汪月清 | 王宏敏 | 王金花 | | |
| | 王珂 | 王帅 | 魏娜 | 问建 | 吴成才 | 吴静雅 | 吴林 | 伍月千 | 闫醉 | | |
| | 尹建勇 | 于倩 | 余舟杰 | 张磊 | 张丽娟 | 郑德裔 | 朱思衡 | | | | |
| 2008级信息安全与对抗 | 李阿莹 | 王磊 | 吴建光 | 杨运 | 黎恒 | 丰硕 | 刘华玺 | 索义芳 | 赵杰 | | |
| | 周幸福 | 郭亮 | 梁静 | 刘莉莉 | 刘云杰 | 王圣光 | 魏志杰 | 叶明德 | 陈开江 | | |
| | 高小亮 | 龙珂 | 史娜 | 孙祥 | 吴萎 | 曹磊 | 蒋华明 | 袁鑫 | 张长青 | | |
| | 陈雪丽 | 高华昊 | | | | | | | | | |
| 2008级信号信息处理 | 董锡超 | 刘晓 | 史宏飞 | 王浩 | 温志军 | 高源 | 刘永旭 | 王永欣 | 项根星 | | |
| | 杨占杰 | 张素瑞 | 陈桥 | 刘伟 | 王帆 | 张勇 | 郭睿 | 侯文才 | 龙杰 | | |
| | 孟镭 | 孙振雷 | 王学宝 | 谢小刚 | 杨文付 | 王敏 | 张翠 | 黄永佳 | 孔凡玲 | | |
| | 王楠 | 王国红 | 王君 | 王竹英 | 贾婷 | 于文月 | 翟欢欢 | 赵莉芝 | 吴志鹏 | | |
| | 陈巧艳 | 樊宏伦 | 鲁婷 | 洪洁 | 李爱红 | 李继秀 | 刘嘉伟 | 刘晴 | 刘迎超 | | |
| | 柳涛 | 娄丹 | 闫冬 | 马梅 | 覃颖 | 王丛栋 | 王丹阳 | 王永胜 | 魏子翔 | | |
| | 吴志鹏 | 徐停停 | 张炜 | 闫红丽 | 杨娜 | 尹艳艳 | 于盼盼 | 张冀 | 张建军 | | |
| | 张磊 | 张靖 | | 赵姓 | 周扬 | 朱三洪 | | | | | |
| 2008级通信与信息系统 | 陈超 | 王本欣 | 李晨 | 刘钟 | 宋成信 | 田大明 | 张航 | 安卫钰 | 付尚新 | | |
| | 韩宇 | 刘冰庆 | 任亮 | 田崎 | 王华波 | 王涛 | 张宏 | 李刘伟 | 刘小磊 | | |
| | 铁煜 | 鞠芳 | 任燕 | 余书静 | 陈攀 | 马田云 | 徐亚琼 | 杨凤欣 | 袁礼君 | | |

续表

| 班级 | 姓名 | | | | | | | | |
|---|---|---|---|---|---|---|---|---|---|
| 2009级电磁场 | 赵地 | 朱倩 | 梁淑娟 | 马艺蓉 | 杨瑶瑶 | 张旭 | 赵东艳 | 郑萌 | 因大强 |
| | 方慧琳 | 韩静波 | 韩木 | 何旭娜 | 桓双 | 黄宇 | 李莹 | 李宗胜 | 刘徽 |
| | 刘晓北 | 刘洽家 | 吕绫 | 马亭新 | 马有军 | 宁宇 | 彭圣余 | 乔长福 | 任星旺 |
| | 王昊 | 王浩 | 王惠芬 | 王苗 | 王鹏 | 吴海乐 | 肖鹏 | 肖玉晶 | 严欢 |
| | 严静雨 | 杨雷 | 杨霈 | 尤晓丹 | 占瞻 | | | | |
| | 白杨 | 程文昕 | 赖昊翔 | 刘小雷 | 孙科 | 王敏 | 闫丕贤 | 于祥 | 张钟元 |
| | 曹欢欢 | 邓俊 | 雷鸥 | 吕雪 | 田忠明 | 王如意 | 杨建飞 | 张剑 | 赵健鹏 |
| | 曹猛 | 杜魏 | 李丹阳 | 皮维超 | 童利君 | 王文 | 杨鹏飞 | 张乔杉 | 朱海亮 |
| | 陈斌 | 段猛 | 李小莉 | 齐文超 | 汪忠 | 卫盟 | 杨新华 | 张涛 | 张永丽 |
| | 陈山 | 胡军 | 刘飞航 | 石成云 | 王丹阳 | 吴超 | 叶喜红 | | |
| 2009级电生班 | 范红军 | 胡麟 | 马腾 | 谢锐 | 闫州杰 | 郑建君 | 高凯 | 揭发 | 刘晓丽 |
| | 范军 | 李靓 | 史海静 | 谢文斐 | 杨海霞 | 郑嗣寿 | 何京 | 李莹 | 刘振宇 |
| | 高旭 | 刘洁 | 谢恒达 | 许峰 | 张莎莎 | 陈秀芬 | 黄成章 | 刘威 | 孙聪聪 |
| | 孙小惠 | 王永平 | 袁绍林 | | | | | | |
| 2009级对抗班 | 陈功 | 郭锋 | 胡惠敏 | 李健 | 李元硕 | 刘嫣 | 史若凡 | 王健 | 吴邈 |
| | 陈剑 | 郭日成 | 姜芳 | 李金玉 | 刘超 | 刘盈盈 | 孙成 | 王璇 | 吴祥 |
| | 宫兆前 | 郭伟东 | 蒋宇航 | 李峰 | 刘李娟 | 刘峰 | 王佳 | 王志娇 | 闫振兴 |
| | 张涛 | 曾芜锋 | | | | | | | |

续表

| 班级 | | | | | | | | | | | |
|---|---|---|---|---|---|---|---|---|---|---|---|
| 2009级通信1班 | 陈会强 | 丁晓 | 李晓枫 | 卢静一 | 宋哲 | 王翠莲 | 肖伟晨 | 张超 | 袁伟杰 | | |
| | 陈明 | 董文超 | 李寅 | 陆国栋 | 孙亚男 | 王珂 | 杨丽丽 | 张海敏 | 萧放 | | |
| | 崔涌祺 | 郭宁珉 | 林树超 | 孟珂 | 孙志强 | 伍斌 | 姚振 | 赵维红 | 汪婧 | | |
| | 邓力 | 李金峰 | 刘翼 | 史康为 | | | | | | | |
| 2009级通信2班 | 陈雪煜 | 郭明瑞 | 黄娜 | 刘建立 | 齐征 | 史德生 | 肖嘉舟 | 张保英 | 赵羽 | | |
| | 陈阳 | 郭泽亮 | 贾永涛 | 刘丽佳 | 冉川 | 宋晴青 | 徐晓波 | 张晨 | 周仙子 | | |
| | 丛鹏宇 | 韩延涛 | 李猛 | 马春晓 | 申亚囡 | 汤凯 | 薛冰 | 张合权 | 徐衍翰 | | |
| | 郭建媛 | 何海龙 | 李姝璇 | 马雅楠 | 沈朱哲 | 武琳栋 | 杨果 | 赵帝 | | | |
| 2009级微电子 | 陈建武 | 黄汐威 | 李林岳 | 吕佳 | 万阳良 | 武振 | 张丰 | 左薇 | 周丽佳 | | |
| | 代栋敏 | 蒋衍 | 李冉 | 孟涛 | 王浩 | 张国利 | 赵恒 | 张亮 | 王朕 | | |
| | 单兵 | 李国峰 | 刘汝卿 | 齐一健 | | | | | | | |
| 2009级信号1班 | 曹婷婷 | 郝梁 | 李春霞 | 刘志鹏 | 孙鹭怡 | 王建平 | 吴志杰 | 张德聪 | 殷文楠 | | |
| | 陈志锋 | 郝双 | 李昕 | 娄娟 | 孙芃 | 王洁 | 徐黄晖 | 张飞 | 王文取 | | |
| | 杜倩 | 胡倩 | 李兴明 | 马雯 | 谭许彬 | 王丽 | 薛亚苹 | 郑祥格 | 王飞 | | |
| | 冯金陈 | 靳星星 | 李玉东 | 彭佳花 | 陶芬芳 | 王锐 | 殷亮 | 宋洪刚 | 刘青 | | |
| | 郭鑫 | 乐园园 | | | | | | | | | |

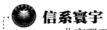

续表

| 班级 | 学生姓名 |
|---|---|
| 2009级信号2班 | 曹华伟　陈少华　陈小霞　方嘉聪　胡光丽　江应怀　雷雪会　李辉　李金玲　李君　李婷婷　李贤烈　梁琦　刘猛　吕长伟　潘伟萍　沈清　宋茜　孙聪聪　孙琳　唐浦钊　王才　王凯　王文静　吴迪　吴臻志　杨帆　杨君　叶斌　袁媛　张道成　张义　赵春燕　赵靖杰　郑述堂　朱静 |
| 2009级专业硕士班 | 白立冬　常琪　陈静　陈晓燕　董俊俊　段青龙　高嵩　葛末华　郝时光　郝源源　黄孝勇　霍斌　蒋会卿　金星　李刚　李洁　李延惠　李赟龙　匡小波　刘娟娟　刘文喆　刘志军　陆鹏　马振昌　潘兵　齐超芳　宋玉龄　孙盼盼　汪星华　王全军　王文帅　王晰　韦玉琛　吴志昂　徐青　薛朝元　杨忠　曾文俊　张金凤　赵琼杰　余新科 |
| 2010级通信一班 | 陈洪美　崔立鹏　方金辉　郑建勇　郭磊　何建华　姜琳琳　贺晓年　胡亚云　朱夏劼　江成能　纪璇　姜凌　刘澄澄　刘丽红　刘茹　马荣　牛慧博　刘娟　李双焕　刘芳　李慧妍　李颀　陶雯　刘犇　裴广坤　乔旷怡　帅云开　王鹏　王拓　肖洪源　谢腾　修成林　张宁　高雪飞　张若冰　张星　张圆冰　徐剑超 |
| 2010级通信二班 | 陈轩　傅友　高魏　黄盖世　黄英杰　解廷福　李秉权　廖春龙　刘振娟　彭娟　史郡　薛丽琴　杨红伟　吴盛　吴王惠　汪节　李军龙　孟凯　田维珍　张钟毓 |

续表

| 班级 | | | | | | | | | |
|---|---|---|---|---|---|---|---|---|---|
| 2010级信号一班 | 艾岚 | 关文硕 | | | 盛蒙蒙 | 王鹏 | 闫利涛 | 张磊 | 周瑞雪 |
| | 边小艳 | 何金帅 | 焦龙 | 林桐 | 孙林 | 吴锦铁 | 颜江 | 张倩 | 李玉东 |
| | 陈冬 | 胡晓娜 | 乐亮 | 刘庆波 | 孙星 | 谢筱耸 | 于元河 | 张显 | 周伯翔 |
| | 成思文 | 胡洋科 | 李德润 | 吕开开 | 任昱晨 | 林春艳 | 王崇慧 | 许友哲 | 霍威龙 |
| 2010级信号二班 | 陈岩 | 焦晓鹏 | 李晶晶 | 卢山 | 任鹏 | 魏苗苗 | 于健健 | 张续国 | 姚君 |
| | 程琳 | 蓝永祥 | 李凌云 | 吕丽红 | 宋莉 | 夏高峰 | 于跃跃 | 张英杰 | 张倩 |
| | 崔丽娜 | 李聪 | 刘畅 | 马远星 | 王丽 | 杨昭 | 张春 | 张志鑫 | 赵剑莹 |
| | 郭钶 | 李锋 | 刘东磊 | 马智宏 | 王云云 | | | | |
| 2010级电生班 | 卞珂心 | 段研研 | 廖春兰 | 马丽娟 | 王琳 | 吴建磊 | 袁勇 | 于鸿源 | 姚春海 |
| | 蔡春霞 | 康怀松 | 林焕 | 盛珂 | 王卫 | 杨亮 | 周学华 | 吴成杰 | 王宏飞 |
| | 杜丽曼 | 李建平 | 刘脚 | | | | | | |
| 2010级电子班 | 范小楠 | 李博 | 刘斌 | 苏日娜 | 温菊红 | 詹天南 | 严阳阳 | 姚穆 | 汤劢 |
| | 韩兵 | 李艳丽 | 马敏舒 | | | | | | |
| 2010级微电子班 | 白剑 | 陈卓著 | 黄成丹 | 刘必尚 | 刘江 | 王菲 | 于姗姗 | 郑超 | 邹旸 |
| | 鲍盟 | 崔军峰 | 李凡娟 | 刘春明 | 刘一文 | 魏明 | 岳丹丹 | 周菊 | 苗宇航 |
| 2010级微波班 | 蔡璐 | 冯坤 | 李宏发 | 刘德文 | 齐侃侃 | 徐海涛 | 张诚 | 周平 | 穆海舰 |
| | 陈玲 | 郭泽权 | 李莹 | 刘惠翔 | 唐踪 | 徐明明 | 张萌 | 邹晶晶 | 王奇峰 |

续表

| 班级 | | | | | | | | | |
|---|---|---|---|---|---|---|---|---|---|
| 2010级对抗班 | 陈思羽 | 李海莉 | 刘坤 | 罗志军 | 王倩 | 杨帆 | 张蕾 | 刘本鲁 | 夏子威 |
| | 陈燕颖 | 李杉格 | 吕俊秀 | 王大龙 | 王沙沙 | 杨晓涛 | 赵玉梅 | 罗宇 | 张建 |
| 2010级专业硕士班 | 朴世勇 | 李文广 | 吕书鹏 | 王桂英 | 温英新 | 于静 | 冀鹏飞 | 王坤 | |
| | 陈灿灿 | 韩龙飞 | 胡韵泽 | 老宇寅 | 刘越 | 满宏涛 | 邵粲 | 王贝贝 | 吴晓东 |
| | 陈春铭 | 韩少锋 | 姜济群 | 李之明 | 芦莎 | 梅清 | 申志飞 | 王崇 | 熊荔 |
| | 杜昌潞 | 韩辛璐 | 孔令振 | 刘盛硕 | 罗晓林 | 欧春湘 | 沈小玲 | 王举锋 | 徐浩 |
| | 段连明 | 胡汉 | 孔明 | 刘鑫 | 马娟 | 潘振飞 | 宋爽 | 王君 | 杨会宝 |
| | 傅芳 | 胡学明 | 兰新杰 | 刘玉 | 马婷婷 | 平志果 | 田瑞丰 | 王炟烨 | 张智宇 |
| | 王平 | 王晓 | 吴永良 | 徐锋 | 薛丞博 | 袁培苑 | 赵晶 | 朱科 | 钟波 |
| | 王秋月 | 吴彬斌 | 武丹 | 徐光辉 | 杨光 | 张然 | 赵晓娜 | 朱胜宇 | 陈林 |
| | 王瑞 | | | | | | | | |
| 2010级直博 | 郭大路 | 程航 | 龙哲仁 | 姬祥 | 王铁星 | 王正欢 | 孙宁霄 | | 霍迎灿 |
| 2011级通信二班 | 袁继伟 | 董怡泽 | 焦玮姗 | 刘文龙 | 孙英霞 | 王佐 | 赵驰 | 丁海川 | 王正 |
| | 安玛丽 | 国秋花 | 李庚欣 | 罗恒 | 屠明 | 吴文修 | 赵倩思 | 蒋文锦 | |
| | 白德盟 | 哈楠 | 李娜 | 宋雪松 | 王迪 | 原峥 | 赵晨 | 李响 | 孙红梅 |
| | 陈曦 | 塞达 | 李文智 | 苏润川 | 王天博 | | | | |

续表

| 班级 | | | | | | | | | |
|---|---|---|---|---|---|---|---|---|---|
| 2010级信号一班 | 丁云霞 | 黄兴斌 | 刘敏 | 邱冬莉 | 王惠 | 吴新明 | 张维陶 | 刘进 | 张磊 |
| | 范华剑 | 姜菡 | 刘颖 | 任磊 | 王军福 | 肖红 | 赵红 | 彭思 | 胡刘洋 |
| | 冯大林 | 金媛媛 | 鲁晓飞 | 唐静 | 王琳 | 杨晓倩 | 赵晓明 | 王冠宇 | 吴立薪 |
| | 谷兴林 | 李军霞 | 马潇 | 王凤皎 | 王雪萍 | 袁静 | 朱动林 | | |
| 2010级信号二班 | 布图格其 | 樊星 | 金倩玉 | 李珍珍 | 马莹敏 | 秦学方 | 孙玮 | 许多 | 张忠红 |
| | 陈天武 | 郭晓旭 | 李程程 | 刘鉴青 | 苗春辉 | 史陆敏 | 王凤云 | 杨丽云 | 赵良田 |
| | 程萌 | 姜洪伟 | 李宏宝 | 刘阳 | 宁旭 | 孙立达 | 王皎 | 岳莹莹 | 周珊 |
| | 周帅 | 吕鹏 | | | | | | | |
| 2010级电生班 | 陈金霞 | 付园园 | 李沫 | 刘晓超 | 唐大伟 | 吴小莹 | 张小扮 | 张志强 | 纵健 |
| | 陈敏 | 郭文斌 | 李牧冰 | 刘旭 | 王昊 | 徐飞 | 张雪萍 | 赵雪萍 | 祝峰 |
| | 丁一辰 | 金兆健 | 刘建英 | 牛志银 | 王末 | 严昊平 | | | |
| 2010级微电子班 | 丁瑞强 | 韩放 | 王洪凯 | 谢群芳 | 闫道伟 | 张福 | 张伟峰 | 赵振 | 王士伟 |
| | 顾婉萱 | 黄芳 | 王文正 | 徐明禄 | 袁一丹 | 张力 | 张颖 | 孙密 | |
| 2010级微波班 | 董李静 | 高子健 | 李成娟 | 卢峰 | 水孝忠 | 张鲲鹏 | 高丰文 | 岳超 | 肖钰 |
| | 杜景超 | 巩莉 | 林静 | 卢楠 | 唐海波 | 张云涵 | 黄路 | 佟飞 | 李璋峰 |
| | 方建 | 郭俊伟 | 刘冰瑶 | 穆晨晨 | 万成城 | 周凯 | 刘野 | 郑征 | 史瑞婧 |
| | 冯艾青 | 黄宏斌 | 刘若冰 | 时亮 | 王晓玲 | 邹邦郁 | | | |

续表

| 班级 | | | | | | | | | | |
|---|---|---|---|---|---|---|---|---|---|---|
| 2010级对抗班 | 白建敏 | 程小康 | 冯明鹤 | 李海宁 | 孟强 | 唐恒澄 | 王特 | 张果 | 张泽超 | |
| | 毕诗合 | 董朝 | 贾宁霄 | 李鹏飞 | 戚士斌 | 陶选如 | 王振霞 | 张乐陶 | 张志鹏 | |
| | 陈佳秋 | 冯帆 | 蒋政国 | 刘昊辰 | 乔乔 | 王豪 | 闫坤 | 张彦超 | 赵海秀 | |
| | 赵越 | | | | | | | | | |
| 2010级专业硕士班 | 畅响 | 巩同泽 | 李响 | 马兆远 | 任庆威 | 谭青青 | 王怀宇 | 徐磊 | 袁振江 | |
| | 陈甜甜 | 胡宝俊 | 李潇然 | 彭俊魁 | 任艳 | 唐坤 | 王青 | 徐露 | 张晓艳 | |
| | 邓彦伶 | 金来福 | 李晓虎 | 齐燕 | 施婷 | 唐庆 | 魏金水 | 徐生豪 | 赵志斌 | |
| | 杜鹏飞 | 荆鹏飞 | 李新 | 邱玥 | 宋浩 | 陶乐乐 | 吴澄 | 徐崟 | 朱意 | |
| | 范荣 | 李冰 | 栗永磊 | 裴笑寒 | 苏骄阳 | 田倩 | 吴金 | 杨恺 | 韩稻 | |
| | 付家骏 | 李程 | 刘锡忠 | 屈晓楠 | 孙炳南 | 王驰 | 武宝刚 | 杨梦婕 | 李彤 | |
| | 高宇 | 李曼 | 刘学 | 全琪琪 | 孙明熙 | 王浩 | 习国爱 | 杨小娟 | | |
| 2010硕直博 | 刘箭言 | 李奇峰 | 卢秋沅 | 王伟 | 马瑛 | 李嘉桐 | 刘天冬 | 焦龙龙 | 赵鹏飞 | |
| | 蔡兆云 | 孙旭敏 | | 李倪 | 马越 | 杨培尧 | 田野 | 庞枫筹 | 马龙 | |
| 2011级通信一班 | 崔健 | 范淼权 | 韩龙勃 | 黄承飞 | 黄彦东 | 姜楠 | 李利军 | 刘丹 | 吕娜 | |
| | 马园园 | 邱顺 | 苏旭 | 孙文锭 | 王元 | 王运方 | 谢泽彬 | 谢泽勇 | 徐恩庆 | |
| | 杨博 | 杨行 | 翟辉 | 湛沙 | 张玎 | 张凯 | 张晓菲 | 张益 | 郑晨 | |
| | 朱海周 | 林玉浩 | | | | | | | | |

续表

| | | | | | | | | | |
|---|---|---|---|---|---|---|---|---|---|
| 2011级硕微电子班 | 丁瑞强 | 韩放 | 王洪凯 | 谢祥芳 | 闫道伟 | 张福 | 张伟峰 | 赵振 | 王士伟 |
| | 顾婉萱 | 黄芳 | 王文正 | 徐明禄 | 袁一丹 | 张力 | 张颖 | | |
| 2011级硕对抗班 | 白建敏 | 董朝 | 蒋政国 | 孟强 | 陶选如 | 闫坤 | 张泽超 | 赵越 | 张彦超 |
| | 毕诗合 | 冯帆 | 李海宁 | 戚士斌 | 王豪 | 张果 | 张志鹏 | 王振霞 | 唐佰滢 |
| | 陈佳秋 | 冯明鹤 | 李鹏飞 | 乔乔 | 王柠 | 张乐陶 | 赵海秀 | 刘昊辰 | 贾宇霄 |
| | 程小康 | | | | | | | | |
| 2011级硕微波班 | 董李静 | 高丰文 | 黄宏斌 | 刘冰瑶 | 卢楠 | 水孝忠 | 岳超 | 邹邦郁 | 周凯 |
| | 杜景超 | 高子健 | 黄璐 | 刘若冰 | 穆晨晨 | 唐海波 | 张鲲鹏 | 佟飞 | 王晓玲 |
| | 方婕 | 巩莉 | 李成娟 | 刘野 | 时亮 | 万成城 | 张云涵 | 郑征 | 史瑞婧 |
| | 冯艾茜 | 郭俊伟 | 林铮 | 卢峰 | | | | | |
| 2011级硕通信一班 | 崔健 | 黄彦东 | 吕娜 | 孙文镁 | 谢振勇 | 瞿辉 | 张晓菲 | 朱海周 | 张凯 |
| | 范淼权 | 姜楠 | 黄璐 | 王元 | 徐恩庆 | 湛沙 | 张益 | 杨行 | 谢泽彬 |
| | 韩龙劲 | 李利军 | 邱源 | 王运方 | 杨博 | 张玎 | 郑晨 | 苏旭 | 刘丹 |
| | 黄承飞 | | | | | | | | |
| 2011级硕通信二班 | 袁继伟 | 丁海川 | 塞达 | 李娜 | 罗恒 | 孙英霞 | 王正 | 瞿迎灿 | 赵倩恩 |
| | 安玛丽 | 董怡泽 | 蒋文锦 | 李文智 | 宋雪松 | 屠明 | 王佐 | 赵晨 | 原崝 |
| | 白德盟 | 国秋花 | 焦伟姗 | 李响 | 苏润川 | 王迪 | 吴文修 | 赵驰 | 王天博 |
| | 陈曦 | 哈楠 | 李庚欣 | 刘文龙 | 孙红梅 | | | | |

| 班级 | | | | | | | | | |
|---|---|---|---|---|---|---|---|---|---|
| 2011级硕信号一班 | 丁云霞 | 胡刘洋 | 李军霞 | 鲁晓飞 | 任磊 | 王惠 | 吴立新 | 袁静 | 赵晓明 |
| | 范华剑 | 黄兴斌 | 刘进 | 马谦 | 唐静 | 王军福 | 吴新明 | 张磊 | 朱动林 |
| | 冯大林 | 姜菡 | 刘敏 | 彭思 | 王凤姣 | 王琳 | 肖增利 | 张维陶 | 赵红 |
| | 谷兴林 | 金媛媛 | 刘颖 | 邱冬莉 | 王冠宇 | 王雪萍 | 杨晓倩 | | |
| 2011级硕信号二班 | 李程程 | 刘鉴青 | 苗春辉 | 史陆敏 | 王凤云 | 杨丽云 | 赵良田 | 周帅 | 张忠红 |
| | 李宏宝 | 刘阳 | 宁旭 | 孙立达 | 王波 | 岳莹莹 | 周珊 | 许多 | 孙苒 |
| | 李珍珍 | 马莹敏 | 秦学方 | | | | | | |
| 2011级硕专业硕士班 | 任艳 | 孙炳南 | 唐庆 | 王浩 | 吴澄 | 徐磊 | 杨恺 | 张晓艳 | 李彤 |
| | 施婷 | 孙明熙 | 陶乐乐 | 王怀宇 | 吴金 | 徐露 | 杨梦婕 | 赵志斌 | 韩韬 |
| | 宋浩 | 谭青青 | 田倩 | 王青 | 武宝刚 | 徐生豪 | 杨小娟 | 朱意 | 袁振江 |
| | 苏骄阳 | 唐坤 | 王驰 | 魏金水 | 习国爱 | 徐爽 | | | |
| 2011级硕直博 | 刘箭言 | 孙旭敏 | 王伟 | 杨培尧 | 刘天冬 | 马龙 | 焦龙龙 | 田野 | 马瑛 |
| | 蔡兆云 | 卢秋沅 | 马越 | 李嘉桐 | 庞枫蓉 | 赵鹏飞 | 王倪 | 李奇峰 | |
| 2012级硕电生班 | 陈庆 | 方芸 | 林智莘 | 沈雷 | 王亚昕 | 杨婷 | 张婉君 | 张佳 | 许珊珊 |
| | 程佳 | 韩福海 | 刘楷 | 苏福顺 | 王跃俊 | 杨欣然 | 朱增坤 | 王腾飞 | 庞振 |
| | 段沅汪 | 匡开锋 | 罗浩 | 王杰 | 邢洋 | 杨旭 | 李明勇 | 范秋香 | |

续表

| 班级 | | | | | | | | |
|---|---|---|---|---|---|---|---|---|
| 2012级硕对抗班 | 程欣 | 胡洋 | 祈东杰 | 王良松 | 张晗 | 邹丽丽 | 朱建恒 | 张驰 |
| | 杜超 | 矫东航 | 商春恒 | 王硕 | 张曙泽 | 王聪 | 彭云柯 | 李啸 |
| | 方宁 | 李苗 | 孙雨泽 | 袁少波 | 赵鹏 | 高晓芳 | | |
| 2012级硕微波班 | 潘淑华 | 谷蕾 | 刘迟 | 王冠 | 温智磊 | 原浩鹏 | 周力杰 | 张营 |
| | 陈磊 | 郭国强 | 李庆 | 王泓然 | 吴琼 | 张春霞 | 周平源 | 杨然 |
| | 戴成然 | 郝靖珂 | 刘嘉琳 | 王升旭 | 徐开江 | 张魁 | 王铁丞 | 马瑞 |
| | 范晶晶 | 姜昊 | 罗梦佳 | 王雅薇 | 杨建松 | 张雪源 | 刘长江 | 孔蓓蓓 |
| | 戈广来 | | | | | | | |
| 2012级硕微电班 | 安鹏 | 陈振洪 | 霍海丽 | 李通 | 时飞 | 王震 | 赵飞 | 张坤 |
| | 曹中凯 | 仇昇 | 何易翰 | 齐放 | 王雄 | 薛培帆 | 王亦帆 | 邱冬 |
| | 陈欣 | 龚辰 | 胡少楠 | | | | | |
| 2012级硕通信1班 | 蔡博阳 | 高向珍 | 李昕萌 | 梅力 | 唐平 | 王卓 | 郑鹏 | 张飞 |
| | 曹宝龙 | 龚巧娴 | 李一品 | 苗夏箐 | 王江 | 徐晓贝 | 王亚非 | 邵晓田 |
| | 陈亮 | 郝金 | 梁丹丹 | 任艳阳 | 王星原 | 袁莹莹 | 刘井龙 | 李睿德 |
| | 杜伟 | 胡东方 | | | | | | |

# 信系寰宇
## ——北京理工大学信息与电子学院学科（专业）发展史（下）

续表

| 班级 | | | | | | | | | |
|---|---|---|---|---|---|---|---|---|---|
| 2012级硕通信2班 | 陈璐 | 顾剑波 | 解字枫 | 李慧慧 | 刘宝光 | 毛婷 | 易善强 | 张学君 | 郑磊 |
| | 邓晓琳 | 郭军强 | 李彬 | 李翔英 | 刘洱兰 | 魏艳伟 | 于莹莹 | 赵毅 | 苑婷婷 |
| | 高强 | 何培 | 李丹 | 廖齐元 | 刘娜 | 杨晨曦 | | | |
| 2012级硕信号1班 | 毕锐锐 | 陈鹏 | 冯际彬 | 韩贵新 | 林鑫晖 | 牛阳 | 尹述格 | 章菲菲 | 张宗傲 |
| | 蔡源龙 | 程晓青 | 冯轩 | 韩露 | 刘静允 | 石智友 | 翟腾普 | 赵一道 | 闫路 |
| | 陈聪葱 | 崔东顺 | 冯洋 | 李晴 | 刘一龙 | 孙伟 | 张凯 | 邹光亮 | 罗晴丹 |
| | 陈静超 | 杜青 | 高文斌 | 李文 | | | | | |
| 2012级硕信号2班 | 陈靖瑶 | 葛明远 | 李曼玲 | 陆标 | 盛德卫 | 提青青 | 王鹏 | 张海滨 | 郑华夏 |
| | 董卫珍 | 姜润祯 | 李婷 | 吕鲁振 | 宋灵燕 | 汪伟 | 王洋 | 张志伟 | 叶本立 |
| | 冯卉 | 姜亚龙 | 廖维梅 | 罗皓月 | 唐国聘 | 王博 | 向锦志 | 赵福海 | 王琳 |
| | 冯志强 | 李霖 | 刘航天 | 彭学武 | 唐明桂 | | | | |
| 2012级专硕1班 | 白冰 | 冯婷 | 贾琳 | 刘聪 | 屈世浩 | 王禹超 | 尹庆怀 | 周孟哲 | 钟恬恬 |
| | 曹聪哲 | 高高 | 靳琳佳 | 刘迪 | 任雨樵 | 武昶 | 原敏 | 朱俊杰 | 杨方 |
| | 董立卿 | 郭权 | 李天行 | 吕荣霜 | 王梦云 | 徐永杰 | 曾亮 | 王亚洁 | 马骏驰 |
| | 杜陆陆 | 韩喆 | 李晓锐 | 吕欣韵 | 王楠 | 许胜新 | 张丽 | 梁云 | 胡皓 |
| | 冯骧 | | | | | | | | |

续表

| 班级 | | | | | | | | | |
|---|---|---|---|---|---|---|---|---|---|
| 2012级专硕2班 | 安强 | 段起 | 郝浩倩 | 李霄 | 刘腾 | 宋俊 | 吴琼 | 张小彤 | 张建洋 |
| | 安卫正 | 冯瑾 | 何云骥 | 李凯 | 刘晓杨 | 隋佳彬 | 杨强 | 张征 | 王子珺 |
| | 陈布 | 高俊开 | 胡智宽 | 李宗辉 | 刘钰 | 孙宝鹏 | 丁国涛 | 任文婷 | 刘淑霞 |
| | 陈剑飞 | 高原 | 贾欢 | 梁冰苑 | 卢文岩 | 王建冈 | 袁泉 | 李曦 | 郭哲 |
| | 陈秀 | 龚驰逸 | 蒋才韬 | 林静怡 | 潘程浩 | 王慷 | 臧家伟 | 杜顺勇 | 张爱飞 |
| | 崔绍成 | 管叙民 | 蒋哲 | 刘琼琪 | 秦亚楠 | 王磊 | | | |
| 2013级硕电医班 | 樊博 | 靳玉琪 | 刘百玲 | 苏轩 | 王姊 | 张明新 | 黄嘉智 | 王一 | 倪韦爱 |
| | 高文燕 | 李欢 | 吕明召 | 王东青 | 吴少聪 | 赵志伟 | 李桃 | 曾亚军 | 朱福乐 |
| | 郭婷婷 | 李敏 | 马志扬 | 王耀侦 | 鱼屹哲 | | | | |
| 2013级硕对抗班 | 葛平 | 李森 | 林萌 | 潘红云 | 徐婷婷 | 张有仓 | 李萍 | 王曦 | 梅力丹 |
| | 郭少歌 | 李彦侯 | 刘冬林 | 孙浩洋 | 严晓东 | 赵利凯 | 李远超 | 喻涛 | 周梦婷 |
| | 贾从飞 | 李旸 | 马新成 | 王柔溪 | 于建民 | | | | |
| 2013级硕微波班 | 蔡利花 | 韩越 | 黄锦 | 刘德康 | 唐贞 | 杨晓 | 张庆乐 | 赵卓彬 | 赵添晓 |
| | 程超逸 | 韩子建 | 江一帆 | 乔瞳 | 佟倍遇 | 叶垩 | 张毅 | 张萌 | 杨末源 |
| | 崔明萌 | 何龙威 | 寇雨馨 | 苏巾槐 | 王雨 | 俞列辰 | 张雨漾 | 唐浚峰 | 李明迅 |
| | 董清宇 | 侯伟 | 李季 | 孙正阳 | 许明明 | 张华波 | 赵嘉美 | 胡静远 | 郭高井子 |

续表

| 班级 | | | | | | | | | |
|---|---|---|---|---|---|---|---|---|---|
| 2013级硕微电班 | 陈彦如 | 高东红 | 梁晓昀 | 牛晓良 | 王贵恩 | 曾英俊 | 郑瑞洋 | 张智京 | 夏杨 |
| | 成思邈 | 顾威 | 柳淑丽 | 苏锐 | 王祎辰 | 张世欣 | 周晗 | 孙建伟 | 苗志东 |
| | 崔伟 | 李安安 | | | | | | | |
| 2013级硕通信1班 | 安思宁 | 贾景惠 | 李倩 | 倪亚萍 | 王长红 | 张宇琦 | 张咪 | 万威 | 南圣玉 |
| | 曹家华 | 贾晓 | 刘艺 | 汤乐 | 王志远 | 赵文静 | 李鹏辉 | 杜汉平 | 尹雪 |
| | 单利群 | 雷花 | 罗婧 | 涂航 | 杨少博 | 朱理辰 | 涂水平 | 罗士荀 | 李涵月 |
| | 董楠 | | | | | | | | |
| 2013级硕通信2班 | 曹玉树 | 何东轩 | 李梦源 | 史玥婷 | 王贵波 | 肖泽苹 | 郑舟 | 肖玲玲 | 唐刚 |
| | 陈偲艺 | 蒋涉权 | 李永亮 | 宋佳 | 王洪庆 | 许雪 | 上官成林 | 李吉月 | 郭少珍 |
| | 程田丰 | 李国达 | 刘佳楠 | 唐迪 | 王佳童 | 郑国辉 | | | |
| 2013级硕信号1班 | 曹军 | 胡雪瑶 | 庞兆峰 | 王子潇 | 张康 | 周士超 | 郑梦 | 杨志柳 | 王珣 |
| | 常少强 | 李炳沂 | 任晓远 | 魏航 | 张欣 | 周煦 | 梅茂奎 | 何少华 | 赵佳运 |
| | 崔磊 | 李聪欣 | 舒博正 | 习文 | 赵博雅 | 朱亮 | 杨小婷 | 汪梦奇 | 李晴 |
| | 郝红连 | | | | | | | | |

续表

| 班级 | | | | | | | | | |
|---|---|---|---|---|---|---|---|---|---|
| 2013级硕信号2班 | 陈进国 | 靳磊磊 | 刘洋 | 任红宇 | 张成统 | 仲易 | 郑寒雨 | 王玮 | 钱升起 |
| | 丁建松 | 李博 | 刘颖 | 尚华涛 | 张程 | 朱云鹏 | 刘敏丽 | 蒋沅嵩 | 赵宏基 |
| | 都春霞 | 林立鑫 | 刘正泽 | 王超群 | 张莹 | 王腾 | 陆绍中 | 刘俭 | 蒋新 |
| | 付婧雯 | 刘佳斌 | 刘志峰 | 王宁 | 赵达伟 | | | | |
| 2013级专硕1班 | 贝嘉迪 | 高申馨 | 李苏庭 | 刘艳 | 苏丹 | 韦伟 | 章健 | 张俊莎 | 王玥 |
| | 陈丽婷 | 耿苗 | 梁涛 | 刘莹 | 汤杰雄 | 魏来 | 赵涅彤 | 宋左乔 | 刘旭东 |
| | 陈曦 | 顾淑燕 | 林冬昀 | 刘正成 | 汪宁宁 | 吴硕 | 郑航 | 李佳曦 | 高江梅 |
| | 陈旭 | 韩贞威 | 刘璐娇 | 门春晓 | 王浩宇 | 武旭 | 郑继龙 | 詹天祥 | 王洋洋 |
| | 程慧 | 侯亮 | 刘思谦 | 孟冬尧 | 王天怡 | 杨晓 | 周超 | 石国帅 | 刘霄 |
| | 程亚冰 | 胡彦伟 | 刘文超 | 齐永梅 | 王小燕 | 杨苑 | 周思雅 | 冀啸宇 | 杜劲波 |
| | 豆超平 | 胡泽辉 | | 秦凤伟 | 王轩 | 尹栋 | 周文龙 | | |
| 2013级专硕2班 | 陈坤 | 韩旭鹏 | 刘军 | 牛纯倩 | 谭继双 | 杨飞翔 | 张霄 | 张三万 | 杨晚晴 |
| | 陈阳 | 蒋栋 | 刘文振 | 牛燕斌 | 谭威 | 杨丽敏 | 张庆 | 唐一凡 | 彭岩岩 |
| | 丁永超 | 蒋威 | 刘渊 | | | | | | |

续表

| | | | | | | | | | |
|---|---|---|---|---|---|---|---|---|---|
| 2014 硕对抗班 | 董汉苑 | 蒋轩 | 刘钊 | 沈锴安 | 王舒敏 | 杨晏翔 | 周勇 | 张冬苗 | 杨帆 |
| | 冯耿 | 李燕 | 刘铮 | 司伟 | 王维敏 | 杨云龙 | 宗华 | 孙毅鹏 | 孟祥新 |
| | 冯爽 | 李怡然 | 卢清 | 苏沫涵 | 王振 | 易园园 | 刘澹宁 | 郭翔宇 | 于松山 |
| | 郭俊英 | 连四通 | 马翠翠 | 苏霞 | 文鋆颖 | | | | |
| 2014 硕通信 1 班 | 曹伟 | 崔媛媛 | 丁庸 | 范婷婷 | 冯楚莹 | 高君丰 | 郭建敏 | 智晓欢 | 张岳峰 |
| | 胡光钊 | 靳晓伟 | 娄健 | 吕品 | 牛亚晓 | 裴肖和 | 任浩 | 张玉梅 | 于子轩 |
| | 王怀庆 | 肖洁琼 | 徐晓玲 | | | | | | |
| | 曹文慧 | 陈思思 | 陈文 | 程志恒 | 代计博 | 丁旭辉 | 高云鹏 | 赵晨宁 | 张雪平 |
| | 郭庆子 | 韩冰洋 | 黄浩 | 刘建纯 | 刘乐 | 鲁楠 | 任赛林 | 张文 | 张舒义 |
| | 宋子男 | 孙雪 | 王瑞君 | 王若凡 | 王忆夏 | 徐静影 | 许军 | 张黎 | 于栋 |
| | 闫俊吉 | | | | | | | | |
| 2014 硕通信 2 班 | 肖玲玲 | 陈建强 | 陈许星 | 杜思伟 | 杜潇 | 范轶旸 | 巩世琪 | 张忠伟 | 张英楠 |
| | 郝淦霖 | 胡斑 | 李成才 | 李磊 | 刘静 | 刘培培 | 刘鑫 | 张进 | 张杰 |
| | 刘一帆 | 马成祺 | 苏楠 | 王浩峰 | 王延智 | 王泽东 | 徐碧珞 | 杨彦宝 | 闫心格 |

续表

| 班级 | | | | | | | | | | |
|---|---|---|---|---|---|---|---|---|---|---|
| 2014硕微波班 | 安志嵘 | 蔡洪伟 | | 邸瀚滴 | 陈川 | 段晓超 | 郝一杭 | 黄日强 | 左沅君 | 朱若晴 |
| | 解浩淼 | 金宇婷 | | 李娜 | 李炳炎 | 李琦 | 李勋 | 梁雨潇 | 周锦程 | 赵阳逸 |
| | 廖屹 | 刘嘉山 | | 陆相成 | 刘爽 | 马纯纯 | 牛童瑶 | 乔海东 | 赵思明 | 张圆圆 |
| 2014硕微电子班 | 王怀祖 | 王黎元 | | 吴文宇 | 王鹏程 | 夏雨轩 | 杨辰 | 殷佼祥 | 张晓杰 | 张强 |
| | 高荣 | 合月 | | 刘斌 | 郭英杰 | 刘强 | 刘劭晗 | 卢威 | 周杭军 | 杨勇立 |
| | 罗宏霞 | 罗嘉文 | | 王毛冬 | 孙月 | 王翊坤 | 吴雨妥 | 杨海东 | 杨建勋 | |
| 2014硕电子班 | 鲍世琦 | 董彬 | | 贾茹 | 郭亚丽 | 姜智尧 | 蒋姣 | 靳绮颖 | 赵子伦 | 张珣 |
| | 李虞 | 李海帝 | | 李晓聪 | 李涛 | 彭程飞 | 乔通 | 任晓静 | 尹路 | 殷冰洁 |
| 2014硕信电班 | 汪悦 | 王超 | | 王毅 | 王荔 | 许家麟 | | | | |
| | 冯文玲 | 高晶 | | 冀美萍 | 郭燕苏 | 康琦 | 雷子健 | 李奥林 | 张培瑶 | 殷文 |
| 2014硕信号1班 | 李金炳 | 李树领 | | 李魏 | 李帅 | 李媛媛 | 廖鑫 | 刘伟 | 叶祖蒂 | 闫韬 |
| | 芦梦宇 | 买志宏 | | 铁雯婕 | 宋益桓 | 王菲 | 王冠 | 王力 | 熊斌 | 卫恒 |
| | 王绥学 | 王晓蓓 | | | 王主彬 | | | | | |

续表

| 班级 | | | | | | | | | |
|---|---|---|---|---|---|---|---|---|---|
| 2014硕信号2班 | 陈华涛 | 程广俊 | 崔秀杰 | 韩海跃 | 郝宇星 | 胡明行 | 贾冰杰 | 庄婷 | 张昕雨 |
| | 姜磊 | 李晟 | 李文静 | 林春汉 | 林雨 | 刘廷辉 | 彭致圆 | 张心祥 | 张天乐 |
| | 王辉 | 王慧 | 王路曼 | 魏羽羽 | 薛杉 | 袁超 | 霍加焕 | 张隆基 | 张昆明 |
| 2015专硕2班 | 程玉莹 | 杜彬 | 房书韬 | 付子 | 何长珊 | 何重航 | 黄继伟 | 左辰 | 周小龙 |
| | 冷海芳 | 李诗扬 | 李唐 | 刘炳鑫 | 刘瑞婷 | 刘帅 | 刘莹莹 | 周珊珊 | 周琳 |
| | 刘智阜 | 户赟 | 马涵宇 | 庞珂 | 苏介甫 | 佟志钰 | 汪亮 | 钟一鸣 | 赵小龙 |
| | 王浩鹏 | 王嘉欣 | 王龙宇 | 王鸣明 | 王思徽 | 王雯琦 | 王月萌 | 章蒙生 | 张瑶 |
| | 魏佳敏 | 吴玥 | 徐明 | 许桂文 | 褟小兵 | 杨帆 | 杨以晴 | 翟鹏飞 | 余双 |
| 2015专硕1班 | 白建彪 | 保东晨 | 毕嘉遥 | 谌洋 | 董程 | 樊东杰 | 付悦 | 吴伟嘉 | 王仲一 |
| | 付晨 | 盖书敏 | 高阳 | 郭卫振 | 韩冰 | 胡文鑫 | 黄真 | 王震 | 王泽海 |
| | 贾睿 | 贾夕阳 | 孔威莲 | 蓝理师 | 李通 | 李熠辰 | 李泽君 | 王银婷 | 王勋 |
| | 李哲 | 李喆 | 刘迪 | 刘继月 | 刘鹏飞 | 刘奇琛 | 马珊珊 | 王彤 | 王科文 |
| | 马一鸣 | 马治勋 | 闵国文 | 倪东 | 祁俊杰 | 申臻 | 施林 | 王春晓 | 汪超 |
| | 孙尧 | 檀毛琴 | 唐潮 | 田健 | 朱禹彬 | 谢豪 | 谢强 | 徐烨晟 | 徐志朝 |

续表

| 班级 | | | | | | | | | |
|---|---|---|---|---|---|---|---|---|---|
| 2016专硕一班 | 杨小瑞 | 杨跃峰 | 尹鹏 | 袁士伟 | 张超杰 | 张晨 | 张苗苗 | 许嘉瑞 | 杨静雅 |
| | 张瑞 | 张顺 | 张阳 | 章卓思 | 赵进 | 赵欣 | 周嘉 | 杨明远 | |
| | 查晶晶 | 陈长凯 | 成芳蕾 | 邓兆国 | 杜旭琴 | 方凯 | 冯世强 | 董亚娇 | 钟山 |
| | 顾俊豪 | 郭德强 | 郭丰睿 | 韩文轩 | 韩仲 | 侯亚楠 | 胡倩倩 | 赵亦昕 | 张悦 |
| | 胡硕 | 蒋荣 | 李辉 | 李师伟 | 李诗文 | 李司同 | 李彭 | 张钰辉 | 徐畋 |
| | 李宇麒 | 李岳 | 廖安文 | 林圣 | 刘灿 | 刘海龙 | 刘亨瑞 | 张帅林 | 张亮 |
| | 刘雪淋 | 马闯 | 莫琼 | 彭项君 | 钱猛也 | 秦艳艳 | 冉浩 | 张家赟 | 苑仁楷 |
| | 任志峰 | 阮文 | 史博文 | 宋佳 | 宋言言 | 苏雨蒙 | 谭皖璇 | 丁嘉程 | 伊鹏飞 |
| | 王继超 | 王京京 | 王瑞 | 王继嘉 | 王肖磊 | 王欣 | 王营利 | 薛兴友 | 薛光皓 |
| | 王雨薇 | 王志雄 | 魏鑫 | 文成 | 吴言阳 | 肖艳红 | 熊坤 | | |
| 2016专硕二班 | 白璇 | 柴赟 | 陈黎 | 程汉 | 崔倩 | 崔晓青 | 段翔宇 | 孙胜凯 | 孙静 |
| | 段一星 | 樊亚全 | 高志明 | 龚磊 | 韩萌 | 孔德闯 | 雷蕾 | 隋涛 | 司炜康 |
| | 李德胜 | 李冬霞 | 李菁菁 | 李硕 | 李威 | 林昱 | 刘丛琳 | 马宏忠 | 吕冰 |

续表

| 班级 | | | | | | | | | |
|---|---|---|---|---|---|---|---|---|---|
| 2016硕信号一班 | 孙业钦 | 王兵 | 王金涛 | 王士豪 | 王玥 | 吴京浩 | 武蔚琦 | 刘国玥 | 周朔 |
| | 武雅红 | 谢琪 | 许芳杰 | 杨征帆 | 姚安素 | 姚增利 | 余纯溪 | 钟一鸣 | 钟弈灿 |
| | 袁萌萌 | 岳靓 | 瞿贝贝 | 张天宇 | 张文龙 | 张艳楠 | 张艺洁 | 赵爽 | 赵晨曦 |
| | 陈家俊 | 陈晶 | 陈维 | 方琳琳 | 冯帆 | 高梓欣 | 韩博文 | 卓邦声 | 周浩天 |
| | 姜淼 | 郎添骄 | 李文青 | 李勇 | 李珍珍 | 梁灿 | 刘力 | 赵政 | 张增铁 |
| | 刘伟 | 南京宏 | 孙敬雲 | 孙天元 | 孙颖豪 | 田伦 | 王逸璇 | 张天然 | 张彬 |
| | 王铮 | 王洲 | 吴旭晨 | 叶炜杰 | | | | | |
| 2016硕信号二班 | 其日嘎 | 安迪 | 白嘉豪 | 曾鑫 | 董思远 | 冯顺 | 金鑫 | 朱梦韬 | 赵会娟 |
| | 李东方 | 李佳禹 | 鲁艺 | 吕奇皓 | 孙碧晴 | 孙嘉明 | 谭欣荣 | 章政文 | 张鑫宇 |
| | 汪文韬 | 王东政 | 王帅勋 | 谢骥宁 | 杨明 | 姚杰 | 应乐 | 战永超 | 岳海涛 |
| | 袁志华 | | | | | | | | |
| 2016硕信电班 | 陈凯月 | 程传华 | 程坤 | 韩泽洋 | 胡文庆 | 鞠永森 | 刘俊峰 | 朱艺璇 | 周闯 |
| | 刘开元 | 刘凯强 | 刘思远 | 祁溯尧 | 滕姣姣 | 田昕 | 王博远 | 郑翼鹏 | 郑骄 |
| | 向燕 | 于众 | 袁嘉东 | 瞿登月 | | | | | |

续表

| | | | | | | | | | | |
|---|---|---|---|---|---|---|---|---|---|---|
| 2016硕微电子班 | 杜鹏 | 方贤朋 | 房传康 | 高一格 | 简达豪 | 彭程 | 乔婉 | 朱涛 | 周晓端 |
| | 魏天博 | 肖磊 | 张晨露 | 张浩 | 赵夫源 | 周明睿 | | | |
| 2016硕微波班 | 包嘉诚 | 陈琦 | 邓惠中 | 董翔宁 | 董致用 | 方欣欣 | 甘洛宁 | 郑文博 | 赵楠 |
| | 郭盈东 | 韩晓哲 | 贺天皓 | 金雄杰 | 靳艺蕙 | 李灏 | 李腾龙 | 张智博 | 岳芬 |
| | 李兴旺 | 刘海鹏 | 刘雪飞 | 刘祎静 | 刘又玮 | 芦少北 | 牛洋 | 袁雪琪 | 杨诗怡 |
| | 任程麟 | 孙健航 | 覃焕耀 | 王坤昊 | 吴洁 | 吴蒙达 | 肖雄 | 闫曦 | 徐梦婷 |
| 2016硕通信一班 | 安旭淏 | 曹先乐 | 车雯 | 方天琪 | 冯冬博 | 傅一文 | 胡姣 | 赵路 | 张佳培 |
| | 黄一霖 | 靳晓帅 | 李东旭 | 李明 | 林大泳 | 林鑫 | 栾美松 | 岳平越 | 杨凡凡 |
| | 孟恩同 | 倪宣浩 | 聂之君 | 蔡坤 | 任伟基 | 宋锴 | 宋世琦 | 夏莘媛 | 武春飞 |
| | 田伟 | 汪菲 | 王继勇 | | | | | | |
| 2016硕通信二班 | 刘誉洲 | 蔡雪莹 | 戴曼 | 单亚慧 | 郭馨阳 | 韩旭 | 李子杰 | 朱敏贤 | 赵鑫 |
| | 李柯楠 | 李翔 | 李之桐 | 饶冲玲 | 戎贝妮 | 孙磊 | 田发林 | 张娣 | 张博 |
| | 王进 | 王润怡 | 王晓楠 | 文昱晓 | 吴丹 | 姚远 | 俞江 | 俞晓云 | |

续表

| 班级 | | | | | | | | | | | | |
|---|---|---|---|---|---|---|---|---|---|---|---|---|
| 2016硕对抗班 | 范露 | 郭震 | 韩佳彤 | 侯留洋 | 胡雅娴 | 柯懂湘 | 李刚 | 朱励岩 | 张颖 | | | |
| | 李业晨 | 刘宇 | 唐琪 | 佟彤 | 王睿怡 | 王炜鹏 | 王志坚 | 袁晓筱 | 喻露 | | | |
| | 王仲发 | | | | | | | | | | | |
| 2017专硕一班 | 毕申 | 毕雪洁 | 陈骋 | 陈皓伟 | 陈磊 | 陈朋飞 | 董世林 | 王子文 | 王永哲 | | | |
| | 董思佳 | 冯英栩 | 高世琪 | 高星寒 | 高羽 | 郭华伟 | 郭宁 | 周亚权 | 张哲 | | | |
| | 郭宇翔 | 郝靖伟 | 郝明伟 | 洪熙磊 | 胡冰涛 | 胡善康 | 黄官勋 | 霍莉 | 杨培文 | | | |
| | 黄一峰 | 霍佳雨 | 霍瑞国 | 贾明飞 | 贾淼 | 寇昊天 | 李东超 | 杨鹤 | 徐君 | | | |
| | 李国华 | 李昤 | 李浩 | 李冰澄 | 李文海 | 芦熠昕 | 鲁俊 | 熊婷 | 向雪梅 | | | |
| | 毛杰宁 | 梅红艳 | 苗仲菁 | 裴亚东 | 曲奎宇 | 权一展 | 任爱峰 | 吴双双 | 王志茹 | | | |
| | 任骥飞 | 邵晓力 | 申晓艺 | 石佳丽 | 宋得亮 | 宋志鑫 | 孙晨鑫 | 王亚琦 | 王伟 | | | |
| | 孙琳 | 孙小漫 | 邵广兴 | 唐旭峰 | 王海龙 | 王倖 | | | | | | |
| 2017专硕二班 | 李丁一 | 常国兵 | 丁正之 | 杜文越 | 房绍凤 | 胡罡 | 黄魏 | 张美旭 | 陆嘉伟 | | | |
| | 纪琨尚 | 冀潮 | 李嘉樱 | 李京翰 | 李诗雪 | 刘璐璐 | 刘鑫 | 朱小青 | 朱德林 | | | |
| | 刘铁凡 | 刘岂嵝 | 柳瑞春 | 路峥 | 吕佳欢 | 马晓勇 | 马子宸 | 郑向阳 | 赵忠杰 | | | |
| | 牛子奕 | 饶聘 | 施彬龙 | 孙欢聚 | 汤镓疑 | 唐舒洋 | 陶睿 | 赵宇娇 | 赵双双 | | | |
| | 王博 | 王明倩 | 王瑞瑶 | 王珅 | 吴根昊 | 吴雪晴 | 肖晨强 | 赵健 | 章明皓 | | | |
| | 徐想 | 杨波 | 杨博 | 姚爽 | 于泽洋 | 余兴锋 | 张航 | 张奕楠 | 张娅楠 | | | |
| | 张宏伟 | 张昆明 | 张明发 | 张朋朋 | | | | | | | | |

续表

| 班级 | | | | | | | | | |
|---|---|---|---|---|---|---|---|---|---|
| 2017硕信号一班 | 蔡桐 | 陈晓燕 | 陈友旺 | 程苗苗 | 崔婷婷 | 段晨辉 | 范宇杰 | 赵玮昆 | 张俊志 |
| | 韩晓鑫 | 何昕馨 | 胡佳琪 | 柯猛 | 李根 | 李慧星 | 李科 | 张凯翔 | 杨新坤 |
| | 李思伟 | 刘美琴 | 刘潇 | 毛创安 | 王冠群 | 王佳乐 | 王爵 | 杨文雨 | 杨文谷 |
| | | 吴晨 | 郁颖 | 徐图 | 薛珺厅 | | | | |
| | 王战泽 | | | | | | | | |
| 2017硕信号二班 | 安文杰 | 柏思羽 | 嵇庆伟 | 纪经明 | 孔颖 | 李喆 | 刘智成 | 左臣瑞 | 周景阳 |
| | 庞义卓 | 邱彦超 | 尚辉 | 沈秉祥 | 时文强 | 司玄 | 苏德韬 | 张小豪 | 张启耕 |
| | 覃颖 | 王晨 | 熊威博 | 徐艺洋 | 许洋 | 杨子翔 | 于浩杰 | 詹洁 | |
| 2017硕信电班 | 白力中 | 董文洽 | 段晓丰 | 郝越 | 何栩 | 李翰翔 | 李依桐 | 庄佼桐 | 周芷煜 |
| | 刘俊杰 | 刘宁宁 | 卢志强 | 宋宇 | 孙赫 | 王靖 | 王靖 | 张亚特 | 尤明月 |
| | 王淼 | 王秋伶 | 卫北海 | 徐雁冰 | 杨瑞璇 | 杨洋 | | | |
| 2017硕微电子班 | 蔡子嚣 | 陈晨 | 陈志伟 | 董文涛 | 高健 | 高慕瑄 | 郭宇豪 | 周信兵 | 钟心如 |
| | 侯瀚林 | 李聪 | 彭喆 | 任耕耘 | 王若思 | 王一丁 | 杨昊 | 张靖奇 | 张超 |
| 2017硕微波班 | 白明涛 | 陈琦 | 陈彦锡 | 单培哲 | 樊雅玄 | 樊宇星 | 范铭烨 | 邹依 | 赵赫 |
| | 冯兆伟 | 高阳 | 侯晓晨 | 江海鑫 | 揭璐璐 | 杰日珂 | 荆鹏飞 | 张艺馨 | 张欣 |
| | 李道钰 | 李学陈 | 刘旸 | 刘婳 | 刘文强 | 柳宗青 | 吕东浩 | 张陆杰 | 张剑峰 |
| | 孟晓 | 邵楠 | 檀文灏 | 王璐 | 王硕光 | 王雅洁 | 杨佳铭 | 张从博 | 姚海鑫 |
| | 杨胜捷 | | | | | | | | |

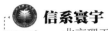

续表

| 班级 | 学生姓名 |
|---|---|
| 2017硕通信一班 | 曾诚、黄婉莹、刘家豪、孙玉林；陈延祥、金鑫、刘雨施、滕铭磊；崔如瑶、金鑫、罗靖杰、王贺；丁洁莹、柯玛龙、马苗苗、王亚东；范贤宝、李铭安、飘正泉、徐亚东；郭鹏飞、李思洁、石文悦、许黄霞；胡家云、林翀、宋璟昱、颜剑；朱凯、赵玉贤、于亦可；赵悦、张鹏、杨朝君 |
| 2017硕通信二班 | 陈诗瑶、邓慧、杜诗宣、巩琪树、李慧楠、周赫、张立强；李少昂、刘敏、罗政伟、聂锦波、秦臻、王晓宇、尹睿锐、杨吕晓；王新奕、吴卓、同昭宇、杨冠姝；郑晨雪 |
| 2017硕对抗班 | 白崇有、陈浩然、陈卓、董姣姣、姬晨姣、李蕊、李筱雅、张寒青、尹继泽；刘宇、石江超、司文文、王海州、张凯娜、张冉、赵惟肖、马戎、程浩卿 |
| 2018硕对抗班 | 陈传涛、窦晨丹、杜妍、傅明升、李佩航、李玉、周婉玉、张革盛；刘畅、刘地、秦枭啸、田晴、闫晗、于刚、王逸洲、王殷元；周雨潇、李橙、门元昊、王沛冉、程泓严、冯艺、李凯翔、张震；何雅彤、贺笑港、李环宇、苏霞、徐冰妤、杨金利、袁方舟、于雪菁；杨俊楠 |
| 2018硕通信一班 | 鲍威、戴宝飞、刁文澜、董俊伟、傅垄、郝苑辰、李玉、王磊、汪璇；贺梦尧、纪俊维、蒋露、刘敏茵、刘铁锌、高建锒、干珉、周赫王、袁梦泽；栾晨辉、马啸、齐文浩、石文玲、眭畅蒙、邸岩、万子维、杨舒然、许子涵 |

续表

| 班级 | | | | | | | | | | |
|---|---|---|---|---|---|---|---|---|---|---|
| 2018硕通信二班 | 王培森 | 王炜 | 韦晓俊 | 吴佳奕 | 谢翠芳 | 杨晗 | 姚天尧 | 吴东雪 | 王书俊 | |
| | 张鹏 | 张泽垄 | 赵浩琮 | 赵耀 | 朱晓晴 | 庄航 | 李耀栎 | 王芳 | 马西锁 | |
| | 刘玉尧 | | | | | | | | | |
| 2018硕微波班 | 富英洲 | 侯靖宇 | 侯帅 | 蒋逸凡 | 林垄 | 刘伟 | 刘阳 | 杨煊 | 崔姬石 | |
| | 罗欣然 | 罗逸雨 | 马思凡 | 戚远靖 | 史新宇 | 田世宁 | 王璐 | 王雪松 | 王楠 | |
| | 王新尧 | 王昱力 | 袁明浩 | 赵航 | 赵雷 | 陈菁菁 | 崔灿 | | | |
| | 鲍思慧 | 陈昊 | 杜宇琳 | 段世威 | 冯国栋 | 谷子楠 | 胡瑞欣 | 严煜宇 | 王蒙蒙 | |
| | 金岩 | 井嘉桐 | 赖建忠 | 李聪 | 林俊仁 | 梅辰钰 | 庞轲 | 沈东 | 倪佳琪 | |
| | 任韶宇 | 沈婕 | 孙有佰 | 孙有佰 | 王汉超 | 王浩宇 | 王佳静 | 马全德 | 刘春姝 | |
| | 王爽 | 王甯 | 王泽昊 | 吴迪 | 邢柏阁 | 邢光楠 | 翟振钧 | 李硕 | 侯放放 | |
| | 张彬彬 | 张铖辰 | 张彦博 | 张尊 | 包恬成 | 蔡万成 | 崔欣 | 何伟 | 郭丽璇 | |
| | 葛良荣 | 贺文静 | 李想 | 宋伯乐 | 宋志燕 | 汤鹏程 | 陈旭东 | 赵哲伟 | | |
| 2018硕微波班 | 高畅 | 王也 | 文进 | 宿瑜 | 杨闯 | 霍行宽 | 张国祥 | 赵云章 | | |
| | 唐国顺 | 郭志良 | 李智 | 董爽 | 高天 | 何行文 | 何龙 | 周鹭琴 | 徐瀚铭 | |
| 2018硕微电子班 | 戚航 | 焦永乐 | 金烨然 | 刘宁杰 | 彭倩 | 苏育文 | 王梦楠 | 陈佳玲 | 周瞳 | |
| | 纪秋臣 | 吴兆虎 | 项鸿杰 | 谢芳 | 徐鼎建 | 张瑞桐 | 赵韫睿 | 王创 | 田东明 | |
| | 王祎鸣 | 方鑫 | 李美琪 | 刘硕鹏 | 马铭志 | 沈咏文 | 石俊杰 | 秦婧姝 | 李晨瑶 | |
| | 丁奕宁 | 张雨阳 | 张子谦 | 陈晓莹 | 冯钰坤 | 高晓盘 | | | | |
| | 于亚楠 | | | | | | | | | |

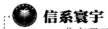

续表

| 班级 | 学生名单 |
|---|---|
| 2018硕信电班 | 安家辰 鞠思宇 刘妍麟 杨铠铭 刘凯丽 陈悦 李东元 秦余 殷健源 沈丽科 丛培羽 李昊 盛迪 尹先昤 苏沁宁 崔颖函 李明月 苏顺启 左靖昊 王雅静 房志博 李沛桐 王立程 崔梦浩 吴冠男 付帅 梁垍睿 熊啸楠 郭文龙 肖梅芳 荆朝 林梓 杨靖芳 李怡瑶 谢尚裕 田少雄 朱辉 袁浩东 杨皙睿 徐力生 李瑶 臧博宇 余思雨 |
| 2018硕信号一班 | 陈莹莹 李姗 任志鹏 杨星莎 陈莹 刘镇源 王红硕 董贺男 李运娜 桑乾博 杨艺 冯杏 鲁华 韩聪蓉 李喆 孙静宜 杨忠委 郝智 部鑫 黄云 刘栖 王保智 张宁 李凤矫 孙世余 焦奥 刘湘 王承昊 张晓丽 李华宇 田义兵 李含清 卢峰灵 王菲 张智信 李致衡 汪敬东 李家豪 潘宁 温育涵 郑彭楠 刘思源 王策 张娜 马一鸣 郑成 张一鸣 张嘉翔 吴梦超 齐博文 董跃锋 张昱 张宁 徐霈 魏天宇 |
| 2018硕信号二班 | 段越 任金隆 包希浩 吕飞飞 耿若琳 孙杰毅 程铭 任子龙 郭宇 谭雷雨 付沅力 田圆 洪佳弁 陶震 郭晓阳 王子腾 李彦欣 王春燕 韩东坤 胥典蔚 李子叶 赵诗琪 李承昊 杨安子 刘鹤 朱文萍 刘超 邵长阔 马志宇 邱俊豪 娄嘉冀 王钦文 马长安 孔翠卿 |
| 2018硕信号三班 | 李康平 翟启航 任航 李永健 张丁 陶殷卿 李子晨 赵威 周雪峰 刘嘉宝 韩佳良 左晓思 刘晓 刘嘉豪 邵长阔 马溢浩 宋金阳 倪贤明 夏天 范佳萌 刘博文 董珣 |

# 附录11：学生名录（博士）

|  | | | | | | | | |
|---|---|---|---|---|---|---|---|---|
| 1984级 | 林海 | | | | | | | |
| 1985级 | 刘志文 | 吉明 | 刘长金 | 王东宇 | | | | |
| 1986级 | 庄剑文 | | | | | | | |
| 1987级 | 金子建 | | | | | | | |
| 1988级 | 梁旭鸣 | 刘家康 | 杨树林 | | 曹长宝 | | | |
| 1989级 | 吕昕 | 许俊刚 | | | | | | |
| 1990级 | 徐健 | 周强 | 张莉 | 周晓琪 | 张润宁 | 高梅国 | | |
| 1991级 | 姜宏 | 张文生 | 石海 | | 王卫东 | 尹汾莲 | | |
| | | | | 史林 | 龙腾 | | | |
| 1992级 | 姜文利 | 王宝利 | 陈广飞 | 李文文 | 肖建明 | | | |
| 1993级 | 朱伯承 | 刘章发 | 唐白玉 | 原进宏 | 姜文利 | 任世宏 | 王颖 | 樊邦奎 | 孙厚军 |
| | 邓元木 | 韩炎 | | | | | | |
| 1994级 | 王晓湘 | 徐朝伦 | 华苏重 | 戴银涛 | 张鹏州 | 姚爱平 | 祁大勇 | 金松 | 沈毅龙 |
| | 应朝龙 | 洪保明 | 赵胜辉 | 张晨 | 邓联平 | | | | |
| 1995级 | 邹燕明 | 刘刚 | 张鹰 | 王华 | 罗森林 | 张磊 | 马卫国 | 李章军 | 汪一心 |
| | 魏红 | 马海潮 | 马平清 | 杨占昕 | 于波 | 朱桓 | 张瑞峰 | 于明 | 王加莹 |
| | 刘波涛 | 戴擎宇 | 高庆余 | | | | | | |
| 1996级 | 徐可斌 | 张鹤飞 | 杨战平 | 陈永春 | 刘朝晖 | 张群英 | 李滔 | 李方慧 | 杨学贤 |
| | 梁兴东 | 董永强 | 马晓滨 | 苏伟 | 李迅 | 马静宜 | 田正蓉 | 刘颐 | 石晶林 |
| | 王霖 | 曾涛 | 朱灿焰 | 雷文 | 邓峰 | 刘杰 | 姜凌涛 | | |

续表

|  | | | | | | | | | |
|---|---|---|---|---|---|---|---|---|---|
| 1997级 | 张志明 | 徐向辉 | 沈海戈 | 万蕾 | 邹朔 | 高杨 | 吕洁 | 高德勇 | 李伟明 |
| 1998级 | 高文春 | 李眈 | 王宏伟 | 童智勇 | 刘先锋 | 沈胜宏 | 杨文革 | 岳欣 | 李秀洋 |
| | 谢袁春 | 张琰 | | | | | | | |
| 1999级 | 薛正辉 | 陈秀珌 | 陈东 | 单涛 | 张颖辉 | 闫蓉 | 李丰 | 修小林 | 何遵文 |
| | 闫飞 | 王铁红 | 方立 | 谢湘 | 王爱华 | 曾超 | 曹晨 | 李硕 | 刘超 |
| | 岳彦生 | 李海 | 王建国 | 史彩成 | 周闯 | 董胜波 | 魏丹丹 | 张俊 | 安毅 |
| | 郭德淳 | | | | | | | | |
| 1999级 | 杨裕亮 | 李冬霞 | 张弘 | 任丽香 | 刘振宇 | 庞潼川 | 丁囚如 | 郭强 | 王学田 |
| | 王政 | 陈岩 | 杨守义 | 李冬梅 | 王飞 | 崔智社 | 藏铁飞 | 朱梦宇 | |
| | 崔巍 | 商艳海 | 王利众 | 孟令琴 | 李玉莹 | 曲大成 | 牛建强 | | 王宏建 |
| 2000级通信与信息系统 | 郭昭平 | 胡学义 | 李延龙 | 邢晓昕 | | | | | |
| 2000级信号与信息处理 | 何路 | 苏东卫 | 张强 | 刘琼昕 | | 欧阳显 | | | |
| 2000级电磁场与微波技术 | 崔灵果 | | | | | | | | |
| 2000级 | 徐元军 | 龚朝华 | 任晓涛 | 王旭 | 田黎育 | 李炯亮 | 贾金锁 | 何晶 | 陈宁 |
| | 王玲 | 侯建刚 | 齐林 | 赵军辉 | 费泽松 | 裴文端 | 何泉 | 刁海南 | 远海鹏 |
| | 刘峰 | 张军 | 魏国华 | 吴琼之 | 刘伟 | 莫力 | 高佼峰 | 李昀 | 赵捷 |
| | 付佗 | 苏宏宇 | 刘洲峰 | 平庆伟 | 周建明 | 任武 | 应子昱 | 何芒 | |

续表

| | | | | | | | | | |
|---|---|---|---|---|---|---|---|---|---|
| 2001级 | 马永峰 | 洪英 | 徐友根 | 蔚保国 | 梁富林 | 高慧 | 沈齐 | 潘健 | 尚朝轩 |
| | 谢志宏 | 何宾 | 魏江力 | 蔚钟 | 王春柏 | 崔孝海 | 王菊 | 薛峰 | 张绍营 |
| | 刘波 | 谷千军 | 郝宏旭 | 刘锋 | 王卫江 | 田俊霞 | 余晓刚 | 张玉冰 | 张健 |
| | 李颖 | 杜利平 | 林世毅 | 董珩 | 赵兴浩 | 叶佩军 | 王君 | 李国庆 | 孙汇胜 |
| | 高振斌 | 鞠鸿斌 | 柏正尧 | 孟祥增 | 沈利军 | 朱军 | 张卫杰 | 刘峰 | 吕守业 |
| | 曾大冶 | 黄默 | 杨文华 | 刘国满 | 傅雄军 | 李云杰 | 张裔 | 郑哲 | 祝林啸 |
| | 李加琪 | 贾玉臣 | 陈立平 | 胡伟东 | 岳慧 | 董涛 | 于伟华 | | |
| 2002级 | 王顺满 | 张发 | 毕志明 | 范喜全 | 韩力 | 薛艳茜 | 杜慧茜 | 郭建明 | 王晓红 |
| | 马淑芬 | 杨会钦 | 曾成 | 侯孝民 | 耿生群 | 侯舒娟 | 王彦 | 李伟强 | 齐伟 |
| | 曹鹏 | 杨运甫 | 李恰 | 于洋 | 裴小东 | 杨宁 | 肖国军 | 刘新 | 安建伟 |
| | 冯新苗 | 邓兵 | 郑东耀 | 杨建喜 | 王鹏 | 罗常青 | 汪岩 | 刘珩 | 李小波 |
| | 周国富 | 温志津 | 曾海彬 | 李翌波 | 阮海波 | 唐保国 | 唐林波 | 陈耳东 | 万红星 |
| | 王魏 | 马志峰 | 李菊 | 姚迪 | 朱宇 | 刘海波 | 卫晋 | 付信际 | 黄桂根 |
| | 谢民 | 戴乐 | 金俊坤 | 金乃高 | 文树梁 | 章小梅 | 王苑 | 倪国旗 | 方刚 |
| 2003级 | 房秉毅 | 李宝柱 | 张鹏 | 李鸿 | 李志宇 | 徐雷 | 王治国 | 李葱 | 尚飞 |
| | 耿江东 | 岑光辉 | 李静涛 | 申华 | 卜祥元 | 杨杰 | 王智强 | 沈业兵 | 夏彩杰 |
| | 焦慧颖 | 郭永正 | 崔昊 | 黄石磊 | 王晶 | 朗玥 | 贾民丽 | 王四平 | 朱亚平 |
| | 张永平 | 张谨 | 刘刚 | 陈恩庆 | 刘颖 | 吴海洲 | 杨小明 | 吴靖阳 | 温景阳 |
| | 李树照 | 陈竞 | 谢志刚 | 李述为 | 郑彤 | 陶青长 | 王颖 | 夏桂芬 | 康怀祺 |
| | 胡春燕 | 陆涛 | 王文生 | 闫晓珂 | 兰海滨 | 胡善清 | 王净 | 王飞 | 张顺生 |
| | 宋慧波 | 张健 | 赵拥军 | 李阳 | 王剑 | | | | |

续表

| 级别 | | | | | | | | | |
|---|---|---|---|---|---|---|---|---|---|
| 2004级春季 | 胡冰 | 周洽国 | 赵鹏 | 王超 | 马文波 | 董智红 | 王珺 | 卓智海 | 周涛 |
| 2004级秋季 | 胡正伟 | 周宇翔 | | | | | | | |
| | 周必磊 | 张勇 | 白玉浩 | 陈越洋 | 王晓君 | 曲秀杰 | 王兴华 | 张晓明 | 冯杰 |
| | 纪建华 | 陈丙康 | 杨怀志 | 李世勇 | 刘甬 | 袁勇 | 路志勇 | 孙磊 | 倪明芳 |
| | 王勇 | 须彬彬 | 武岩波 | 刘强 | 刘林南 | 尹辉 | 闫丽云 | 王素玉 | 曹金亮 |
| | 龚晓峰 | 单宝堂 | 张颖 | 王心一 | 武小栋 | 刘先康 | 王淼 | 郑坤 | 徐成发 |
| | 刘明敬 | 江海清 | 韦海洋 | 薛海斌 | 武先利 | 冯小波 | 李欣 | 丁泽刚 | 陈娟 |
| | 金烨 | 宋峙峰 | 陈亮 | 高立宁 | 周健 | 张钦 | 徐颖 | 王永庆 | 王永丰 |
| 2005级 | 高志文 | 杨金禄 | 冯源 | 黄兄武 | 张南 | 王魁 | | | |
| | 李光煜 | 赵琦 | 徐强 | 石磊 | 周略 | 安大伟 | 陈亚萍 | 王楠 | 邓荣 |
| | 卢青 | 郑颖 | 刘鹏 | 王天宇 | 杨斌 | 尚海英 | 孙刚灿 | 杨凯 | 钟宁 |
| | 孙明艳 | 武楠 | 范光荣 | 李忠博 | 陈翔 | 邢玲 | 唐晓芙 | 王志慧 | 邵富平 |
| | 李志军 | 郝兵 | 陈雁 | 李涛 | 张雄奎 | 冀连营 | 牟建超 | 苏峰 | 王宗博 |
| | 原浩娟 | 包云霞 | 邓宸伟 | 罗跃东 | 庞龙 | 温靖 | 赵翠芳 | 韩月涛 | 赵竹岩 |
| | 李健 | 李志坚 | 王立峰 | 张磊 | 任超 | 韩孟飞 | 姜伟 | 刘义东 | 马振球 |
| | 朱新国 | 张延彬 | 张晶 | 许永辉 | 袁晔 | 冯冀宁 | 李继勇 | 张昊 | 张伟 |
| | 杨曦 | 臧怀刚 | 朱湘琳 | 谢朝海 | 李志勇 | 孙海鹏 | 杨倩 | 张斌 | 张春红 |
| | 胡程 | 田卫明 | 刘鹤 | 汪精华 | 谢宜壮 | | | | |

续表

| 级别 | | | | | | | | | |
|---|---|---|---|---|---|---|---|---|---|
| 2006级 | 李保雪 | 胡乐 | 张冰 | 李段乔 | 刘姜玲 | 刘建勋 | 杨阜 | 颜涛 | 郭超 |
| | 陈劫尘 | 邓楚强 | 赵峻 | 刘旻涛 | 徐湛 | 张德生 | 卢尧 | 王帅 | 马多佳 |
| | 项慧慧 | 魏耀都 | 赵宏杰 | 齐晓东 | 徐德琛 | 赵微 | 周治国 | 张健 | 郭振杰 |
| | 姜微 | 白锦良 | 曹原 | 金胜 | 江长勇 | 娄祥 | 吴荣刚 | 张彦峰 | 李晓琼 |
| | 丁瑞 | 裴磊 | 胡光 | 胡亚 | 韩峰 | 张国军 | 王俊 | 龚文飞 | 马琳 |
| | 李金龙 | 赵霞 | 孙家敬 | 张晖 | 李磊 | 秦航飞 | 黄思齐 | 杜华 | 李雪梅 |
| | 张峰 | 冯扬 | 王勤全 | 万晖 | 孟祥意 | 马兰 | 汤斌 | 李增良 | 邓伟 |
| | 刘泉华 | 田永华 | 蔡颖斌 | 门陶 | 李晓良 | 郭昕 | 齐春东 | 温亮 | 宋媛媛 |
| 2007级 | 安兴 | 昂清 | 常仁 | 陈德峰 | 陈宇翔 | 崔斌 | 党华 | 窦长江 | 冯定伟 |
| | 冯远 | 冯志成 | 郭慧杰 | 郝承祥 | 何楠 | 何魏 | 胡宇 | 浣汀 | 黄丹 |
| | 黄辉 | 贾建光 | 郎俊 | 李大朋 | 李建科 | 李智信 | 梁四洋 | 刘安邦 | 刘策伦 |
| | 刘磊 | 刘朋樟 | 刘阳 | 刘志哲 | 卢继华 | 陆顶洪 | 石秀民 | 司黎明 | 宋玉坡 |
| | 孙国营 | 孙晗伟 | 田并 | 田现忠 | 王崇 | 王皓磊 | 王堃 | 王群 | 王彦华 |
| | 吴强 | 谢尔曼 | 许世超 | 闫朝星 | 杨静 | 杨静 | 杨淼 | 杨楠 | 杨颐 |
| | 王竹萍 | 姚国伟 | 叶有时 | 禹雯阳 | 袁磊 | 张庆兴 | 张卓 | 侯跃辉 | 史少辉 |
| | 双志伟 | 宋敬群 | | | | | | | |
| 2008级 | 郇浩 | 韩航程 | 李相如 | 马承光 | 秦国杰 | 彭洲 | 柳树林 | 庞浩 | 毕福昆 |
| | 解延安 | 田甜 | 曹佳 | 殷代强 | 王俊岭 | 刘腾飞 | 罗雨 | 周新鹏 | 葛仕奇 |
| | 路向阳 | 薛斌 | 苏建勋 | 范哲意 | 姜兴德 | 王超 | 孙英钦 | 蔡雨辰 | 李锐 |
| | 庞存锁 | 田小平 | 吴洋 | 梅哲 | 林涛 | 张树琪 | 吴莎莎 | 焦继超 | 梁超杰 |

续表

| 2009级 | 李正岱 | 牟进超 | 杜鄗致 | 罗海坤 | 洪永彬 | 龙杨喜 | 彭洲 | 吕争 |
| --- | --- | --- | --- | --- | --- | --- | --- | --- |
| | 罗晨 | 袁博 | 龙杨喜 | 庞浩 | 刘佳 | 张昭 | 郁浩 | 张伟达 |
| | 那兴宇 | 杨明林 | 张雷 | 吴海霞 | 赵三元 | 周新鹏 | 秦国杰 | 姜兴德 | 解延安 | 张伟达 |
| | 倪吉庆 | 尹非 | 杨阳 | 洪永彬 | 蔡雨辰 | 王俊岭 | 林涛 | 路向阳 | 边明明 |
| | 杨德伟 | 张波 | 高魏 | 刘佳 | 焦继超 | 黄超 | 罗海坤 | 庞存锁 | 刘飞峰 |
| | 刘率锶 | | | | | | | |
| | 范星宇 | 钟东 | 郑乐 | 马超伟 | 伍月干 | 马静艳 | 王达伟 | 龙杰 |
| | 刘泳庆 | 鲁振兴 | 罗晓斌 | 庞娜 | 任百玲 | 汪月清 | 魏子翔 | 杨文付 |
| | 熊竹林 | 张莽瑞 | 赵国强 | 杨昌盛 | 杨凝 | 吴建光 | 张炜 | 毛鹏 |
| | 杨志良 | 赵莉芝 | 高源 | 朱思衡 | 卜红霞 | 范远障 | 周扬 | 朱丹 |
| | 朱建锋 | 杨昂 | 刘永旭 | 郭亮 | 李昕 | 陈潜 | 张康 | 孙景乐 |
| | 刘晴 | 张春玲 | 谢小刚 | 孙世国 | 李洋 | 田静 | 董锡超 | 屈若媛 |
| | 张红亮 | | | | | | | |
| 2010级 | 曹华伟 | 陈松景 | 王朝民 | 黄亚丽 | 刘锋 | 王才 | 马翠梅 | 李兴明 |
| | 刘升恒 | 汪俊 | 王妮炜 | 张晓强 | 孙昱 | 沈清 | 章学静 | 王昊飞 |
| | 马亚辉 | 李林涛 | 赵帝 | 左薇 | 王志明 | 杨刚 | 李英贺 | 李春霞 |
| | 郭亮 | 杨雷 | 丛鹏宇 | 韩宇 | 苟铭江 | 王保宪 | 梁芙莉 | 毛聪 |
| | 刘斌 | 高原 | 齐耀辉 | 何燕玲 | 杨准 | 吴京辉 | 徐黄晖 | 王锐 |
| | 闫广禄 | 陈存香 | 白皓东 | 吕长伟 | 韩敏 | 杨静林 | 陈津 | |

续表

| 级 | | | | | | | | | | |
|---|---|---|---|---|---|---|---|---|---|---|
| 2011级 | 韩磊 | 张云佐 | 王迎雪 | 高红伟 | 吴比翼 | 荣政 | 刘翼 | 宋政育 | 刘小宁 | |
| | 韩晓冬 | 崔诵祺 | 许春冬 | 刘金波 | 高鹏 | 史君宇 | 吴臻志 | 闫雯 | 阮航 | |
| | 牛景颀 | 方嘉聪 | 杨立东 | 卢宏达 | 苟晓鸣 | 王崇磊 | 陈晨 | 赵哲 | 殷丕磊 | |
| | 时鹏飞 | 任世杰 | 周园 | 屈泉西 | 刘自成 | 王阳 | 丁帅 | 范花玉 | 张天 | |
| | 王腾 | 田露 | 曹猛 | 王焕菊 | 南方 | 夏乾斌 | 钱通 | 冯景 | 张新禹 | |
| | 杨泽毅 | 史德生 | 邓俊 | 王志成 | 彭福来 | 甄洁 | 申宇瑶 | 景凯 | 朱茂 | |
| 2012级 | 庞晶 | 王正正 | 王春立 | 孙旭敏 | 王倪 | 修丽梅 | 万嘉月 | 吴爽 | 刘天冬 | |
| | 孙成 | 郭一超 | 马瑛 | 郭大路 | 王斌斌 | 鲍爱达 | 李衡 | 熊娴 | 杨晨 | |
| | 韩龙飞 | 姬祥 | 张益豪 | 李奇峰 | 陈德福 | 汪宏宇 | 齐全文 | 王牌 | 刘硕 | |
| | 魏龙超 | 龙哲仁 | 史平彦 | 程航 | 熊荔 | 蔡兆涛 | 马俊涛 | 王水根 | 张洪纲 | |
| | 康学净 | 贾一 | 郝海东 | 卢秋沉 | 丁茹 | 刘箭言 | 杨培尧 | 师皓 | 姜元 | |
| | 常诚 | 杜昌湉 | 闫毅 | 王伟 | 薛丕博 | 马越 | 李嘉桐 | 田野 | 李元吴 | |
| | 尹伟 | 葛建军 | | | | | | | | |
| 2013级 | 焦龙龙 | 林浩宇 | 肖钰 | 罗雪丞 | 王铁丞 | 管凝 | 林玉洁 | 张玉萍 | 杨柱 | |
| | 孙寿浩 | 张黎明 | 刘凡 | 庞阳阳 | 严阳阳 | 赖哲武 | 柯晟 | 赵哲 | 刘长江 | |
| | 李啸 | 赵鹏飞 | 刘燕婧 | 汪淑梦 | 张婉君 | 郑浩 | 史平彦 | 吕鹏 | 敖东阳 | |
| | 李章峰 | 郝靖玮 | 马朝辉 | 王维 | 高寒 | 王飞 | 沈大海 | 孙雨泽 | 王晶阳 | |
| | 陈倩柔 | 姜昊 | 徐源 | 闫肃 | 刘兆矣 | 袁伟杰 | 刘彬 | 李玮 | 徐嘉岑 | |
| | 刘望桐 | 孔蓓蓓 | 郑海涛 | 张懋 | 史树理 | 职如昕 | 马娟 | 赵俊霖 | 周智超 | |
| | 邵圣慧 | 刘迟 | 李满然 | 沈雷 | 刘兴斌 | 李謦德 | 孙刚 | 马龙 | 袁大森 | |

续表

| 级 | | | | | | | | | | |
|---|---|---|---|---|---|---|---|---|---|---|
| 2014级 | 曾正新 | 侯彦飞 | 王帆 | 王旭东 | 戴谡 | 赵添晓 | 高晓铮 | 郭立勇 | 李昂 | |
| | 刘珣 | 尉烨 | 刘喆 | 王贵恩 | 张鹏飞 | 史玥婷 | 徐文生 | 李安安 | 张智京 | |
| | 郭哲 | 黄思路 | 赵赫 | 赵晓彤 | 伍坚 | 尹建勇 | 边珺 | 宋玮 | 臧家伟 | |
| | 陈振洪 | 龚辰 | 李季 | 李明迅 | 徐开江 | 张毅 | 邓云开 | 郝媛媛 | 罗怡然 | |
| | 施巧霖 | 吴志坤 | 袁正坤 | 梁炳峰 | 吕彩霞 | 杨钧智 | 张祖禹 | 冯肇 | 高强 | |
| | 郭海超 | 黄祖镇 | 李欣 | 刘晗 | 王文正 | 吴鑫 | 许胜新 | 闫亮 | 郑继红 | |
| | 周超 | 庄乱 | 高文斌 | 靳松 | 陆绍中 | 苗夏箐 | 尚华涛 | 武进敏 | 向锦志 | |
| | 赵志纯 | 仲易 | 唐平 | 王佳童 | 蒙艳松 | 王伟 | 徐昂 | | | |
| 2015级 | 崔大圣 | 敬汉丹 | 肖光亮 | 于大森 | 安育龙 | 杨舒 | 赵康 | 常奕 | 悦亚星 | |
| | 蔡津剑 | 高畅 | 韩煜祺 | 孔少洋 | 李建国 | 李卫东 | 李雨晴 | 隆兴望 | 任伟 | |
| | 唐堂 | 肖枫 | 谢昂 | 杨发伟 | 杨梓艺 | 叶昊 | 于含笑 | 张旭 | 江晓东 | |
| | 宋磊 | 王蒙军 | 魏源 | 李博 | 刘德康 | 刘昊 | 罗士荀 | 尹雪 | 刘宗毅 | |
| | 陈知华 | 李东 | 张立新 | 蒋荣雅 | 赵博源 | 刘军 | 罗浩 | 周平源 | 韩子建 | |
| | 黄锦 | 李博豪 | 苗苗 | 熊苗 | 杨宋源 | 赵嘉美 | 李银川 | 李斌 | 刘文超 | |
| | 乔丰帅 | 苏新华 | 常志东 | 何东轩 | 胡雪器 | 李炳沂 | 李梦源 | 卢昭 | 王长红 | |
| | 张成簌 | 郑寒雨 | 周煦 | 朱理辰 | 高宁 | | | | | |

续表

| | | | | | | | | | | | | |
|---|---|---|---|---|---|---|---|---|---|---|---|---|
| 2016级 | 刘阳 | 柳瑞青 | 毛彤 | 马骏驰 | 任世岩 | 张宁 | 陈实 | 皮维超 | 安志嵘 | | | |
| | 程志强 | 李博闻 | 李佳琨 | 刘嘉山 | 孙诗岩 | 谭相冠 | 杨圣智 | 周锦程 | 朱凯强 | | | |
| | 陈志扬 | 崔畅 | 黄靖轩 | 梁艺宝 | 刘晓双 | 陆潞 | 孙艺玮 | 唐玮 | 卫扬铠 | | | |
| | 尤鹏杰 | 远航 | 张晨耕 | 张鸿驰 | 张天意 | 赵旭东 | 谌丽 | 李飞 | 蒋文 | | | |
| | 马淑丽 | 齐保贵 | 杨少博 | 杨小龙 | 张颀 | 曾博文 | 陈超凡 | 丁旭烽 | 马金铭 | | | |
| | 苗红霞 | 史益森 | 宋益恒 | 孙策 | 汪柯 | 周俊伟 | 安建波 | 翟盛华 | 厉志强 | | | |
| | 侍瑞峰 | 张淼 | 黄昱淋 | 刘劲晗 | 乔海东 | 黄立楠 | 梁振楠 | 杨晓波 | 周士超 | | | |
| | 巩世琪 | 何江恒 | 李帅 | 欧晶 | 王赟 | | | | | | | |
| 2017级 | 曹绿晨 | 曾庆运 | 房书韬 | 韩放 | 李雅德 | 刘敏 | 王明明 | 王翊坤 | 钟一鸣 | | | |
| | 邹乐 | 曹宇鹏 | 董建明 | 赵宇 | 李翔南 | 刘鹤 | 刘植鹏 | 王伯武 | 姚晨 | | | |
| | 余诚诚 | 张子岳 | 何唯佳 | 黄晓伟 | 李垫 | 刘松阜 | 常家云 | 胡婷 | 刘欢 | | | |
| | 刘庆庆 | 马云思 | 秦锐 | 于文月 | 郑晨 | 王猛 | 张文博 | 周海军 | 崔铠 | | | |
| | 郭锦鹏 | 李震 | 梁硕政 | 马思奇 | 屈金烨 | 王烽宇 | 徐峰 | 杨桓赫 | 詹青燃 | | | |
| | 张亮 | 张卫东 | 周文仲 | 常渊智 | 丰致鹏 | 冯程昊 | 郝子焕 | 李凌豪 | 李文吉 | | | |
| | 李翔 | 张恒 | 卢佳欣 | 吕晓 | 缪颖杰 | 倪志同 | 孙中兴 | 王晨 | 许健 | | | |
| | 严勤思维 | 张滋林 | | 龚俊 | 戴超 | 张洪大 | 张鹏 | 赵忠文 | 赵一飞 | | | |
| | 高凯 | 周桂 | | | | | | | | | | |

续表

| 2018级 | 程功 | 黄泽平 | 雷蕾 | 缪科 | 孙家星 | 王兵 | 王凯捷 | 武松浩 | 姜作凯 |
|---|---|---|---|---|---|---|---|---|---|
| | 乐园园 | 王雨桐 | 徐明明 | 张生春 | 朱忠博 | 包嘉诚 | 陈彦锡 | 吕奇皓 | 孟晓 |
| | 彭喆 | 肖磊 | 徐雁冰 | 杨诗怡 | 张从博 | 孙匀 | 张思卿 | 董健 | 郎平 |
| | 李瑞 | 廖安文 | 庞栋栋 | 王帅 | 王文彤 | 王长杰 | 魏鑫 | 徐明 | 丁腾 |
| | 张彬超 | 张毅飞 | 赵晓彬 | 周赫 | 何长珊 | 张驰 | 白嘉豪 | 蔡炯 | 方琳琳 |
| | 韩博文 | 胡佳琪 | 黄婉莹 | 季子杰 | 梁灿 | 孟恩同 | 孙颖豪 | 汪文韬 | 王新奕 |
| | 杨子翔 | 岳平越 | 张凯翔 | 张天然 | 赵政 | 朱梦韬 | 陈宇凡 | 韩羽菲 | 黄高娃 |
| | 敬栋麟 | 李冰阳 | 刘昊昆 | 宁锐 | 吴明睿 | 闫伟豪 | 杨碧昕 | 杨义校 | 张昊星 |
| | 张莉婷 | 周妍汝 | 曹雾 | 郭锐 | 林汝梁 | 屈崇 | 王桂强 | 王珣 | 王艳 |
| | 崔东华 | 段崇楼 | 聂晓初 | 彭博 | 沙明辉 | 谭小敏 | 赵媛 | 周克强 | 马勇 |
| | 顾崴 | | | | | | | | |

## 附录12：牵头科研获奖列表（国家级）

| 序号 | 奖项类型 | 获奖等级 | 获奖项目 | 主要完成人 | 授予时间 | 授予单位 |
|---|---|---|---|---|---|---|
| 1 | 全国科学大会奖 | | 新型10公分稳定度振荡器 | 毛二可、王莹、周冬友 | 1978 | 全国科学大会 |
| 2 | 全国科学大会奖 | | 小860雷达改进 | 吴祈耀、李世智、阮龙泉、李德生、邓克勤 | 1978 | 全国科学大会 |
| 3 | 国家发明奖 | 三等奖 | 高稳定本振源 | 毛二可、费元春、韩月秋、周冬友等 | 1982 | 中华人民共和国国家科学技术委员会 |
| 4 | 国家发明奖 | 三等奖 | 10公分微波晶体管压控振荡器 | 费元春、毛二可等 | 1982 | 中华人民共和国国家科学技术委员会 |
| 5 | 国家发明奖 | 四等奖 | 电荷耦合用快慢钟 | 韩月秋、胡杏生、毛二可等 | 1982 | 中华人民共和国国家科学技术委员会 |
| 6 | 国家发明奖 | 二等奖 | 模数混合动目标检测处理机 | 毛二可、韩月秋、肖霞山、林海、周冬友 | 1987 | 中华人民共和国国家科学技术委员会 |
| 7 | 国家发明奖 | 四等奖 | X波段高稳定本振源 | 费元春、陈世伟 | 1990 | 中华人民共和国国家科学技术委员会 |
| 8 | 国家发明奖 | 三等奖 | 小样本脑电信号处理方法及系统 | 吴祈耀、戴银涛 | 1993 | 中华人民共和国国家科学技术委员会 |

续表

| 序号 | 奖项类型 | 获奖等级 | 获奖项目 | 主要完成人 | 授予时间 | 授予单位 |
|---|---|---|---|---|---|---|
| 9 | 国家发明奖 | 三等奖 | 动目标跟踪雷达回波波形分析处理机 | 周冬友、高梅国、何佩琨 | 1995 | 中华人民共和国国家科学技术委员会 |
| 10 | 国家科技进步奖 | 三等奖 | 低相噪高分辨率直接数字频率合成器（DDS） | 安建平、费元春、陈世伟、金松、田正容 | 1997 | 中华人民共和国国家科学技术委员会 |
| 11 | 国家技术发明奖 | 二等奖 | 空天对地探测实时信息处理新技术及应用 | 龙腾、毛二可、刘峰、胡善清、曾大治、陈亮 | 2011 | 中华人民共和国国务院 |
| 12 | 国家技术发明奖 | 一等奖 | 无线电引信量脱靶量测量技术与应用 | 吴嗣亮、毛二可、王旭、魏国华、陈刚、侯舒娟 | 2013 | 中华人民共和国国务院 |
| 13 | 国家技术发明奖 | 二等奖 | 一种天基在轨实时信息处理新技术及应用 | 龙腾、毛二可、陈亮、泽刚、毕福昆、杨柱 | 2018 | 中华人民共和国国务院 |
| 14 | 国家技术发明奖 | 二等奖 | 卫星通信阵列测量技术与应用 | 安建平、王帅、卜祥元、田步宁、邢成文、宋哲 | 2019 | 中华人民共和国国务院 |
| 15 | 国家技术发明奖 | 二等奖 | 天基空间目标广角凝视探测雷达技术及应用 | 崔嵬、吴嗣亮、沈清、田静、侯建刚、郑哲 | 2019 | 中华人民共和国国务院 |

## 附录13：牵头科研获奖列表（省部级）

| 序号 | 奖项类型 | 获奖等级 | 获奖项目 | 主要完成人 | 授予时间 | 授予单位 | 备注 |
|---|---|---|---|---|---|---|---|
| 1 | 发明证书 | | 582低空测高雷达 | 周思永、瞿俊英、王景元、戴润林、李玮、徐吕东、汪泰林、杨玉言 | 1965 | 中华人民共和国科学技术委员会 | |
| 2 | 重大技术改进成果奖 | 四等奖 | HJ-73反坦克导弹无线电遥测系统 | 于任筒、俞宝传、刘凯、李丰修、李任庭、苏广川 | 1980 | 中华人民共和国国务院国防工业办公室 | |
| 3 | 军工产品定型证书 | | 瞄-6雷达动目标显示装置 | 戴润林、陆叔云、毛二可 | 1980 | 炮兵军工产品定型委员会 | |
| 4 | 重大技术改进奖 | 一等奖 | 体育用精密激光测距机 | 高永峰、张前琨、曾禹村等 | 1980 | （不详） | （证书不详） |
| 5 | 技术改进成果奖 | 二等奖 | 色散中频恒虚警电路 | 朱华 | 1981 | 中华人民共和国第五机械工业部 | |
| 6 | 重大技术改进奖 | 二等奖 | 用CCD做对消器的微波雷达动目标显示系统 | 毛二可、韩月秋、邓克勤、胡杏生、肖裔山、费元春 | 1981 | 中华人民共和国国务院国防工业办公室 | |

1069

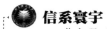

续表

| 序号 | 奖项类型 | 获奖等级 | 获奖项目 | 主要完成人 | 授予时间 | 授予单位 | 备注 |
|---|---|---|---|---|---|---|---|
| 7 | 技术改进奖 | 一等奖 | 10公分微带环流器 | 王建华、丁世昌、崔正勤、毕万钧、冯宝珍 | 1982 | 中华人民共和国兵器工业部 | |
| 8 | 重大技术成果奖 | 四等奖 | 3公分窄脉冲雷达动目标显示系统 | 胡杏生、邓克勤、毛二可、费元春、韩月秋、陈世伟 | 1984 | 中华人民共和国国防科学技术工业委员会 | |
| 9 | 北京市科学技术进步奖 | 三等奖 | 超声、中频调制治疗机 | 刘清水、张朴莲 | 1984 | （不详） | （证书不详）|
| 10 | 科学技术研究成果奖 | 三等奖 | 卡尔曼滤波技术在制导雷达中的应用 | 向茂楠、苏广川、李光宇、张治芳 | 1985 | 中华人民共和国国防科学技术工业委员会 | |
| 11 | 重大科技成果奖 | 三等奖 | 电火工品射频防护率测试法 | 赵汝彭、吴庆丰、陶楚良 | 1985 | 中华人民共和国国防科学技术工业委员会 | |
| 12 | 重大科技成果奖 | 三等奖 | 桥丝功率感测仪 | 陶楚良、赵汝彭、吴庆丰 | 1985 | 中华人民共和国国防科学技术工业委员会 | |
| 13 | 重大科技成果奖 | 三等奖 | TV－AMA－1型电视自动监视报警系统 | 朱贵明、郭志芬 | 1985 | 中华人民共和国国防科学技术工业委员会 | |
| 14 | 重大科技成果奖 | 四等奖 | 多普勒信号处理器和雷达信号模拟器 | 韩月秋、毛二可、戴润林、邬光浩 | 1985 | 中华人民共和国国防科学技术工业委员会 | |

续表

| 序号 | 奖项类型 | 获奖等级 | 获奖项目 | 主要完成人 | 授予时间 | 授予单位 | 备注 |
|---|---|---|---|---|---|---|---|
| 15 | 部级 | 三等奖 | 制导雷达杂波模型及动目标检测技术研究 | 方再根、李在庭、朱秀芳 | 1985 | （不详） | （证书不详） |
| 17 | 电子工业科技进步奖 | 二等奖 | 电磁波综合测试仪 | 万景献、蒋坤华、杜光 | 1986 | 中华人民共和国电子工业部 | |
| 16 | 科技进步奖 | 二等奖 | 模拟电路自动故障诊断实验电路 | 任良、张宝俊、甘淑贞 | 1986 | 中华人民共和国兵器工业部 | |
| 18 | 北京市科学技术进步奖 | 三等奖 | 六单元全向高增益天线阵 | 罗一鸣、田守志、吴禹舟 | 1986 | 北京市人民政府 | |
| 19 | 北京市科学技术进步奖 | 三等奖 | VHF遥测接收机 | 郭志芬、区健昌、于在镐 | 1986 | 北京市人民政府 | |
| 20 | 北京市科学技术进步奖 | 三等奖 | 微机专利信息科研成果管理系统 | 张民杜、刘淑敏 | 1986 | （不详） | （证书不详） |
| 21 | 部级 | 二等奖 | 分米波发射天线 | 蒋镇南、罗一鸣 | 1986 | （不详） | （证书不详） |
| 22 | 部级 | （不详） | DMJ-25电子回旋加速器 | 邓次平 | 1987 | （不详） | （证书不详） |
| 23 | 科学技术进步奖 | 二等奖 | 码捷变相位编码脉冲压缩系统关键技术 | 林茂庸、阮龙泉、熊如眉、杜江凌 | 1988 | 中华人民共和国国家教育委员会 | |

1071

续表

| 序号 | 奖项类型 | 获奖等级 | 获奖项目 | 主要完成人 | 授予时间 | 授予单位 | 备注 |
|---|---|---|---|---|---|---|---|
| 24 | 北京市科学技术进步奖 | 三等奖 | 电磁波半自动综合测试系统 | 蒋坤华，闫振华，王锦昆 | 1988 | 北京市人民政府 | |
| 25 | 部级 | 三等奖 | 微机监控电火工品射频感度测试系统 | 赵汝彭，吴庆丰，陶楚良 | 1988 | 中华人民共和国机械电子工业部 | |
| 26 | 部级 | 三等奖 | 经穴探测保健仪 | 李士功，杨红心 | 1988 | 中华人民共和国机械电子工业部 | |
| 27 | 科学技术进步奖 | 三等奖 | X波段神化镓场效应管压控振荡器及其计算机辅助设计 | 费元春，孙燕玲，丁世昌 | 1988 | 中华人民共和国机械电子工业部 | |
| 28 | 科学技术进步奖 | 三等奖 | X波段高稳定本振源 | 费元春，毛二可，陈世伟，周冬友 | 1988 | 中华人民共和国机械电子工业部 | |
| 29 | 部级 | 二等奖 | 雷达海杂波的数据处理、建模与统计模拟 | 方再根，黄晓梅等 | 1988 | （不详） | （证书不详） |
| 30 | 部级 | 三等奖 | CCD-MTD及MTD跟踪技术在炮瞄雷达上的应用研究 | 肖裔山，胡杏生，韩月秋，周冬友，毛二可 | 1988 | （不详） | （证书不详） |

续表

| 序号 | 奖项类型 | 获奖等级 | 获奖项目 | 主要完成人 | 授予时间 | 授予单位 | 备注 |
|---|---|---|---|---|---|---|---|
| 31 | 科学技术进步奖 | 二等奖 | 图像制导实时识别跟踪系统 | 曾禹村、茅玉龙、吴鹏翼、项海富、葛成岳、郑蕾、强明 | 1989 | 中华人民共和国机械电子工业部 | |
| 32 | 科学技术进步奖 | 三等奖 | 高性能硅霍尔器件 | 李卫、李印增、刘义荣、仲顺安 | 1989 | 中华人民共和国机械电子工业部 | |
| 33 | 科学技术进步奖 | 三等奖 | 导弹俯视跟踪导引头中频接收及其信号处理装置 | 林钢、韩月秋、周冬友、毛二可、邬光浩 | 1989 | 中华人民共和国机械电子工业部 | |
| 34 | 北京市科学技术进步奖 | 三等奖 | RF系列双向高性能电源噪声滤波器 | 区健昌、任凤梅、法桥 | 1989 | 北京市人民政府 | |
| 35 | 部级 | 二等奖 | 高分子膜电容式温敏元件 | 丁世昌等 | 1989 | （不详） | （证书不详）|
| 36 | 科学技术进步奖 | 二等奖 | 智能电视（图像）跟踪器 | 郭志芬、朱贵明、俞兆媛、刘天庆、任世宏 | 1991 | 中国兵器工业总公司 | |
| 37 | 科学技术进步奖 | 二等奖 | 八毫米吸波材料基本测试设备的研究 | 李世智、蒋坤华、陈重 | 1991 | 中国兵器工业总公司 | |

续表

| 序号 | 奖项类型 | 获奖等级 | 获奖项目 | 主要完成人 | 授予时间 | 授予单位 | 备注 |
|---|---|---|---|---|---|---|---|
| 38 | 科学技术进步奖 | 二等奖 | DH-502B型微机监控电火工品直流感度仪 | 吴庆丰、赵汝彭、陶楚良 | 1991 | 中国兵器工业总公司 | |
| 39 | 科学技术进步奖 | 二等奖 | 语音分析与识别工作站 | 高俊、柯有安、王中、俞士良 | 1991 | 中国兵器工业总公司 | |
| 40 | 科学技术进步奖 | 三等奖 | 数字图像压缩编码的研究 | 金振玉、游志刚、张工旗 | 1991 | 中国兵器工业总公司 | |
| 41 | 科学技术进步奖 | 三等奖 | 角噪声处理 | 王中、魏平、俞士良 | 1991 | 中国兵器工业总公司 | |
| 42 | 科学技术进步奖 | 三等奖 | 轴对称卡塞格伦天线低副瓣CAD技术 | 李世智、刘静贞、惠文 | 1991 | 中国兵器工业总公司 | |
| 43 | 部级 | 二等奖 | 柔性信号与模态分析系统 | 王信义、董卫平、林钢、韩月秋、赵波、周冬友 | 1991 | （不详） | （证书不详） |
| 44 | 科学技术进步奖 | 三等奖 | 智能机器人语音技术研究 | 王中、苏广川、柯有安、向茂楠、俞士良 | 1993 | 中国兵器工业总公司 | |
| 45 | 科学技术进步奖 | 三等奖 | 自适应抑制杂波"波形对"优化 | 林茂庸、阮江泉、熊如眉、杜江凌、邓海 | 1993 | 中国兵器工业总公司 | |

续表

| 序号 | 奖项类型 | 获奖等级 | 获奖项目 | 主要完成人 | 授予时间 | 授予单位 | 备注 |
|---|---|---|---|---|---|---|---|
| 46 | 部级 | 二等奖 | 远程反坦克导弹电视导引头原理样机研制 | 邹静涛、袁子怀、朱贵明、秦秉坤、蔡敬、郭志芬、丁汉章、杨焕明 | 1993 | （不详） | （证书不详） |
| 47 | 部级 | 二等奖 | BIT-I智能型多功能电场诱导细胞融合仪 | 李德生、张碧辉、王堃、陈楚楚、刘永善、建、戚叔纬 | 1993 | （不详） | （证书不详） |
| 48 | 部级 | 二等奖 | 无线电引信目标与背景模拟器 | 方再根、张鹏飞、邓克勤、费元春、孙一兰、楼健米、贾水红、黄晓梅 | 1994 | （不详） | （证书不详） |
| 49 | 科学技术进步奖 | 二等奖 | L波段低相位噪声压控振荡器 | 孙燕玲、费元春、杨仕明、王泽生 | 1995 | 中国兵器工业总公司 | |
| 50 | 科学技术进步奖 | 三等奖 | 1.2 GHz低相位数字锁相稳频源 | 费元春、安建平、杨仕明、田正咨、王学毅 | 1995 | 中国兵器工业总公司 | |
| 51 | 科学技术进步奖 | 三等奖 | 高速FFT及信号录取 | 吕锐、毛二可、韩月秋、周崇阳 | 1995 | 中国兵器工业总公司 | |
| 52 | 科学技术进步奖 | 三等奖 | X波段无线电图像传输高频头 | 费元春、杨任明、陈世伟、张国钦 | 1995 | 中国兵器工业总公司 | |

续表

| 序号 | 奖项类型 | 获奖等级 | 获奖项目 | 主要完成人 | 授予时间 | 授予单位 | 备注 |
|---|---|---|---|---|---|---|---|
| 53 | 科学技术进步奖 | 三等奖 | 石油管道运销调度监控系统（PMCS）的汉化 | 匡镜明 | 1995 | 中国兵器工业总公司 | |
| 54 | 部级 | 三等奖 | 带质量块悬臂梁ZNO薄膜微硅加速表 | 张家跃、林鸿溢、康景利、张焱 | 1995 | （不详） | （证书不详） |
| 55 | 科学技术进步奖 | 一等奖 | 低相噪高分辨率直接数字频率合成器（DDS） | 安建平、费元春、陈世伟、金松、田正谷 | 1996 | 中国兵器工业总公司 | |
| 56 | 科学技术进步奖 | 三等奖 | 雷达目标识别理论和方法 | 柯有安、戴润林等 | 1996 | 中华人民共和国电子工业部 | |
| 57 | 部级 | 三等奖 | 典型及复杂形体RCS计算方法的研究 | 高本庆、马积福、张子俊、吴昕 | 1996 | （不详） | （证书不详） |
| 58 | 科学技术进步奖 | 一等奖 | 全数字扩频业务通信系统 | 匡镜明、李鸿屹、刘波涛、游志刚、徐英新、万蕾 | 1997 | 中国兵器工业总公司 | |
| 60 | 科学技术进步奖 | 二等奖 | 机载共形相控阵天线技术研究 | 李世智、刘静贞、徐晓文、杨红心、朱恒 | 1997 | 中国兵器工业总公司 | |

续表

| 序号 | 奖项类型 | 获奖等级 | 获奖项目 | 主要完成人 | 授予时间 | 授予单位 | 备注 |
|---|---|---|---|---|---|---|---|
| 59 | 科学技术进步奖 | 二等奖 | 雷达制导信息处理关键技术 | 龙腾、高梅国、邬光浩、梅士兵、韩月秋、何佩琨、任丽香、黄岩坚、吕锐 | 1997 | 中国兵器工业总公司 | |
| 61 | 科学技术进步奖 | 三等奖 | 高稳定高精度频率源技术研究 | 费元春、安建平、田正容、金松、杨任明 | 1997 | 中国兵器工业总公司 | |
| 62 | 科学技术进步奖 | 三等奖 | 飞行体导引头电磁兼容预测及实验 | 高本庆、宋述显、刘冬成、孙月刚、李镇 | 1997 | 中国兵器工业总公司 | |
| 63 | 科学技术进步奖 | 三等奖 | 自动矢量网络分析仪+误差模型TRL校准技术 | 方子文、沈庭芝、仲里捷 | 1997 | 中国兵器工业总公司 | |
| 64 | 科学技术进步奖 | 三等奖 | 噪声环境下汉语语音识别技术的研究 | 苏广川、杨树林、张峰、王士宏、李健民 | 1997 | 中国兵器工业总公司 | |
| 65 | 国防科学技术奖 | 一等奖 | MNA-Ⅱ吸波涂料及涂装技术研究 | 刘朝辉、胡宗盛、李叶峰、崔正勤、靳育新、翁小龙、陈秀、蔡德忠、朱伟、蒋超、吴英杰 | 1999 | 中华人民共和国国防科学技术工业委员会 | |

续表

| 序号 | 奖项类型 | 获奖等级 | 获奖项目 | 主要完成人 | 授予时间 | 授予单位 | 备注 |
|---|---|---|---|---|---|---|---|
| 66 | 国防科学技术奖 | 二等奖 | 8毫米隐身材料及应用研究 | 于名讯、王清海、李世刚、赵立军、徐平、李世智、娄国伟、毕赤毅 | 1999 | 中华人民共和国国防科学技术工业委员会 | |
| 67 | 国防科学技术奖 | 三等奖 | 多功能动目标跟踪雷达信号处理机 | 高梅国、龙腾、高余庆、张友益、李方慧 | 1999 | 中华人民共和国国防科学技术工业委员会 | |
| 68 | 科学技术奖 | 二等奖 | 八毫米主动寻的信息处理技术 | 龙腾、高梅国、曾涛、何佩琨、李方慧、毛二可、王飞、姜彦生、李眈、戴擎宇 | 2001 | 中国兵器工业集团公司 | |
| 69 | 国防科学技术奖 | 二等奖 | 八毫米主动寻的信息处理技术 | 龙腾、高梅国、曾涛、何佩琨、李方慧、毛二可、王飞、姜彦生、李眈、戴擎宇 | 2001 | 中华人民共和国国防科学技术工业委员会 | |
| 70 | 科学技术奖 | 三等奖 | 宽频带、低相噪波形产生及微波频段声表面波振荡技术 | 费元春、苏广川、杨文革、郭德淳、史强 | 2001 | 中国兵器工业集团公司 | |

续表

| 序号 | 奖项类型 | 获奖等级 | 获奖项目 | 主要完成人 | 授予时间 | 授予单位 | 备注 |
|---|---|---|---|---|---|---|---|
| 71 | 国防科学技术奖 | 三等奖 | 宽频带、低相噪波形产生及微波频段声表面波振荡技术 | 费元春、苏广川、杨文革、郭德淳、史强 | 2001 | 中华人民共和国国防科学技术工业委员会 | |
| 72 | 国防科学技术奖 | 三等奖 | 300 MHz 数字射频存储技术 10～12 GHz 信道化接收机 | 费元春、张俊、周健民、陈颖、孔德昭 | 2001 | 中华人民共和国国防科学技术工业委员会 | |
| 73 | 国防科学技术奖 | 三等奖 | 时域超宽频带计算电磁理论技术及应用 | 高本庆、薛正辉、杨仕明、王加莹、张琰 | 2001 | 中华人民共和国国防科学技术工业委员会 | |
| 74 | 国防科学技术奖 | 三等奖 | 光机扫描红外成像导引头系统 | 刘永昌、李保平、魏光仁、陈耀章、郭志芬 | 2001 | 中华人民共和国国防科学技术工业委员会 | |
| 75 | 国防科学技术奖 | 三等奖 | 多用途电视图像导引头系统 | 李保平、刘永昌、郭志芬、张世敏、巫光华 | 2001 | 中华人民共和国国防科学技术工业委员会 | |
| 76 | 国防科工委科研成果奖 | 一等奖 | 毫米波宽带主动导的导引头技术 | 郝祖全、贺志毅、朱淮城、陆惠义、师占伟、龙腾、严凯、王爱丽、赵铣先、李魏、李长青、高梅国、唐晔、张宏涛、丁良 | 2003 | （不详） | （证书不详） |

续表

| 序号 | 奖项类型 | 获奖等级 | 获奖项目 | 主要完成人 | 授予时间 | 授予单位 | 备注 |
|---|---|---|---|---|---|---|---|
| 77 | 国防科工委科研成果奖 | 二等奖 | 耐高过载毫米波主动寻的/双色红外成像多模制导技术 | 李保平、祁载康、孙厚军、李兴国、王旭东、梁报志、龙腾、康日新、汪劲 | 2003 | （不详） | （证书不详） |
| 78 | 国防科学技术奖 | 三等奖 | 模块化的三种新型实时雷达信号处理机 | 高梅国 | 2004 | 中华人民共和国国防科学技术工业委员会 | |
| 79 | 教育部科学技术进步奖 | 一等奖 | 以电视信号为照射源的隐形目标探测技术及应用研究 | 王越、陶然、卓智海、吴海洲、杨金路 | 2007 | 中华人民共和国教育部 | |
| 80 | 教育部科学技术进步奖 | 一等奖 | 便携式毫米波探测关键技术研究及应用 | 王越、陶然、单涛 | 2008 | 中华人民共和国教育部 | |
| 81 | 国防科学技术进步奖 | 三等奖 | 远程多管火箭炮武器系统指挥通信能力仿真系统 | 安建平、杨杰、王强、刘祈、卜祥元、周荣花、孙焱、汪岩、李国庆、刘莹涛 | 2008 | 中华人民共和国工业和信息化部 | |
| 82 | 国防技术发明奖 | 一等奖 | 无线电矢量脱靶量测量技术与应用 | 吴嗣亮、毛二可、王旭、魏国华、侯舒娟、陈刚 | 2009 | 中华人民共和国工业和信息化部 | |

续表

| 序号 | 奖项类型 | 获奖等级 | 获奖项目 | 主要完成人 | 授予时间 | 授予单位 | 备注 |
|---|---|---|---|---|---|---|---|
| 84 | 国防科学技术进步奖 | 二等奖 | 基于SOC的弹载/机载扩频抗干扰传输技术 | 安建平、王爱华、卜祥元、王帅、杨杰、周荣花、孙磊、汪岩、李国庆、刘宴涛 | 2009 | 中华人民共和国工业和信息化部 | |
| 83 | 国防技术发明奖 | 一等奖 | 空天对地探测实时信息处理新技术及应用 | 龙腾、毛二可、刘峰、曾大治、胡善清、陈亮 | 2010 | 中华人民共和国工业和信息化部 | |
| 85 | 国防科学技术进步奖 | 二等奖 | 基于LTCC的Ku波段相控阵T/R组件 | 费元春 | 2010 | 中华人民共和国工业和信息化部 | |
| 86 | 科学技术进步奖 | 三等奖 | 基于LTCC的Ku波段相控阵T/R组件 | 费元春 | 2010 | 中国兵器工业集团公司 | |
| 87 | 北京市科学技术奖 | 一等奖 | 电磁计算快速精确算法及其应用 | 盛新庆、高本庆、潘小敏、郭琨毅、彭朕、任武 | 2011 | 北京市人民政府 | |
| 88 | 国防技术发明奖 | 二等奖 | 雷达欺骗干扰新技术及应用 | 高梅国、李云杰、刘国满、江海清、傅雄军、毛二可 | 2011 | 中华人民共和国工业和信息化部 | |
| 89 | 军队科技进步奖 | 一等奖 | 雷达探测空间目标增程技术及应用 | 付佗、高梅国、陈德峰、谢民、李云杰、刘国满 | 2012 | 中国人民解放军总装备部 | |

续表

| 序号 | 奖项类型 | 获奖等级 | 获奖项目 | 主要完成人 | 授予时间 | 授予单位 | 备注 |
|---|---|---|---|---|---|---|---|
| 90 | 教育部自然科学奖 | 一等奖 | 分数傅里叶分析理论与方法 | 陶然、王越、邓兵、李炳照、张峰 | 2014 | 中华人民共和国教育部 | |
| 91 | 军队科技进步奖 | 二等奖 | 实践十五号卫星全空域防撞告警雷达 | 吴嗣亮、崔嵬、侯建刚、沈清、郑哲、王菊、张钦、周扬、田静、朱卫 | 2014 | 中国人民解放军总装备部 | |
| 92 | 卫星导航定位科技进步奖 | 三等奖 | 北斗卫星导航手持型用户机研制 | 张磊、刘硕、李健、刘峰、张丽 | 2015 | 中国卫星导航定位协会 | |
| 93 | 国防技术发明奖 | 一等奖 | 一种天基在轨实时信息处理新技术及应用 | 龙腾、毛二可、陈亮、丁泽刚、毕福昆、杨柱 | 2017 | 中华人民共和国工业和信息化部 | |
| 94 | 中国电子学会科学技术奖 | 一等奖 | 天基空间目标凝视探测雷达技术及应用 | 崔嵬、吴嗣亮、沈清、田静、侯建刚、郑哲 | 2018 | 中国电子学会 | |
| 95 | 中国通信学会科学技术奖 | 一等奖 | 卫星通信阵列测量技术与应用 | 安建平、王帅、卜祥元、邢成文、杨凯、林玉洁、宋哲、柯晟、罗士荀 | 2018 | 中国通信学会 | |
| 96 | 中国电子学会自然科学奖 | 二等奖 | 面向分布式网络的鲁棒传输理论与方法 | 费泽松、武楠、邢成文 | 2019 | 中国电子学会 | |
| 97 | 军队科学技术前沿创新专项奖励 | 一等奖 | ××雷达探测××目标××技术及应用 | 付佗、高梅国、陈德峰、曹华伟、屈金佐 | 2019 | 军委科学技术委员会 | |

## 附录14：教学成果获奖列表

| 序号 | 成果名称 | 成果形式 | 成果完成人 | 出版/完成时间 | 获奖时间 | 获奖名称 | 获奖级别 |
|---|---|---|---|---|---|---|---|
| 1 | 重点理工大学培养的人才素质要求与人才培养模式的研究与改革实践 | 教学成果 | 王越、霍雅玲、江丕权、张彦通、郭景文、许茂祖、王秀平 | | 2001 | 国家级教学成果一等奖 | 国家级 |
| 2 | 大学生电子设计竞赛的开展与学生创新能力的培养 | 教学成果 | 王越、韩力、沈伯弘、赵显利、俞信、胡克旺 | | 2005 | 国家级教学成果特等奖 | 国家级 |
| 3 | 信息对抗技术专业创新人才培养方案探索与实践 | 教学成果 | 王越、罗森林、陶然、单涛、刘志文 | | 2009 | 国家级教学成果二等奖 | 国家级 |
| 4 | 基于人才成长规律的本硕博一体化培养方案与实践 | 教学成果 | 崔嵬（参与，序9） | | 2018 | 国家级教学成果二等奖 | 国家级 |
| 5 | "通信号接口"实验改革研究与实践 | 教学成果 | 匡镜明、石岩、范宁军、吕昕、冯淑华 | | 1996 | 北京市教学成果二等奖 | 省部级 |

续表

| 序号 | 成果名称 | 成果形式 | 成果完成人 | 出版/完成时间 | 获奖时间 | 获奖名称 | 获奖级别 |
|---|---|---|---|---|---|---|---|
| 6 | 重点理工大学培养的人才素质要求与人才培养模式的研究与改革实践 | 教学成果 | 王越、霍雅玲、江乐权、张彦通、郭景文、许茂祖、王秀平 | | 2001 | 北京市教学成果一等奖 | 省部级 |
| 7 | 北京理工大学跨世纪本科人才培养模式多样化的改革实践 | 教学成果 | 俞信、于倩、王嘉才、席巧娟、吕昕 | | 2001 | 北京市教学成果一等奖 | 省部级 |
| 8 | 积极开展电子设计竞赛，促进大学生工程素质与能力培养 | 教学成果 | 赵显利、沈伯弘、韩力、于倩、俞信 | | 2001 | 北京市教学成果一等奖 | 省部级 |
| 9 | 建设高水平信号与系统课群的改革与实践 | 教学成果 | 刘志文、张宝俊、沈庭芝、唐晓英、王玉宏 | | 2001 | 北京市教学成果一等奖 | 省部级 |
| 10 | 大学生电子设计竞赛的开展与创新能力的培养 | 教学成果 | 王越、韩力、沈伯弘、赵显利、俞信 | | 2004 | 北京市教学成果一等奖 | 省部级 |
| 11 | 以培养学生创新精神为核心，积极开展实验教学的改革 | 教学成果 | 罗伟雄、李晋炬、丁志杰、韩力、赵宏图 | | 2004 | 北京市教学成果一等奖 | 省部级 |

续表

| 序号 | 成果名称 | 成果形式 | 成果完成人 | 出版/完成时间 | 获奖时间 | 获奖名称 | 获奖级别 |
|---|---|---|---|---|---|---|---|
| 12 | 以大平台、大团队、大项目为依托，教学与科研相结合，培养研究生的创新能力 | 教学成果 | 毛二可、龙腾、高梅国、吴嗣亮、杨静 | | 2009 | 北京市教学成果一等奖 | 省部级 |
| 13 | 信息对抗技术专业创新人才培养方案与实践 | 教学成果 | 王越、罗森林、陶然、单涛、刘志文 | | 2009 | 北京市教学成果一等奖 | 省部级 |
| 14 | 大学课堂教学法和教学质量监控体系的研究与实践 | 教学成果 | 赵显利、何明、龚绍文、韩宝玲、张丽娜 | | 2009 | 北京市教学成果二等奖 | 省部级 |
| 15 | 基于案例教学的程序设计教学方法研究与实践 | 教学成果 | 高飞（参与，序4） | | 2009 | 北京市教学成果二等奖 | 省部级 |
| 16 | 多元密集型创新实践教育方法研究与实践 | 教学成果 | 罗森林、王越、潘丽敏、高平、苏京霞 | | 2013 | 北京市教学成果二等奖 | 省部级 |
| 17 | 基于影视课件理念的课程资源建设模式的创新与实践 | 教学成果 | 梅文博（参与，序2） | | 2013 | 北京市教学成果一等奖 | 省部级 |

续表

| 序号 | 成果名称 | 成果形式 | 成果完成人 | 出版/完成时间 | 获奖时间 | 获奖名称 | 获奖级别 |
|---|---|---|---|---|---|---|---|
| 18 | 以能力培养为核心的计算机公共课分类教学体系研究与课程群改革实践 | 教学成果 | 高飞（参与，序3） | | 2013 | 北京市教学成果一等奖 | 省部级 |
| 19 | 网络空间安全研究型课程教材内容体系建设与应用 | 教学成果 | 王越、罗森林、潘丽敏、刘畅、高平 | | 2018 | 北京市教学成果一等奖 | 省部级 |
| 20 | 用国际实质等效认证对接世界一流专业和课程 | 教学成果 | 薛正辉（参与，序3） | | 2018 | 北京市教学成果一等奖 | 省部级 |
| 21 | 知识架构和工程实践并重的工科专业培养方法 | 教学成果 | 陈志铭、王卫江、王兴华、任仕伟、张蕾、陈越洋 | | 2018 | 北京市教学成果二等奖 | 省部级 |
| 22 | 融合个性和全面发展的"54321"工程与创新教育体系研究与实践 | 教学成果 | 罗森林、王越、潘丽敏、张笈、薛正辉 | | 2018 | 北京市教学成果二等奖 | 省部级 |
| 23 | 电路分析基础课程组 | 课程组 | | | 1987 | 北京理工大学第四届教学优秀奖集体一等奖 | 校级 |

续表

| 序号 | 成果名称 | 成果形式 | 成果完成人 | 出版/完成时间 | 获奖时间 | 获奖名称 | 获奖级别 |
|---|---|---|---|---|---|---|---|
| 24 | 电路分析基础课程组 | 课程组 | | | 1990 | 北京理工大学第六届教学优秀奖一类课奖 | 校级 |
| 25 | 模拟与数字通信电路 | 教学成果 | 韩力、程震先、恽雪如、吴丙申、董荔真 | | 1996 | 北京理工大学第八届优秀教学成果奖集体一等奖 | 校级 |
| 26 | 适应培养跨世纪人才的需求,探索电子线路教学的新模式 | 教学成果 | 郭扶德、伊允香、熊如眉 | | 1996 | 北京理工大学第八届优秀教学成果奖集体一等奖 | 校级 |
| 27 | 电视装调实验改革与实践 | 教学成果 | 苏广川、沈英、马静娴 | | 1996 | 北京理工大学第八届优秀教学成果奖集体三等奖 | 校级 |
| 28 | 加强军工专业重点学科建设,培养国防高级科技人才 | 教学成果 | 吕昕、刘天庆、罗伟雄、刘志文、张宝俊 | | 1998 | 北京理工大学第九届优秀教学成果奖集体一等奖 | 校级 |
| 29 | 电子与信息工程专业改革实践 | 教学成果 | 罗伟雄、韩力、程震先、李亚矩 | | 1998 | 北京理工大学第九届优秀教学成果奖集体二等奖 | 校级 |

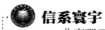

续表

| 序号 | 成果名称 | 成果形式 | 成果完成人 | 出版/完成时间 | 获奖时间 | 获奖名称 | 获奖级别 |
|---|---|---|---|---|---|---|---|
| 30 | 加强电路课群工程综合能力的培养 | 教学成果 | 何佩琨、马淑芬、何丽香、韩月秋、龙腾 | | 1998 | 北京理工大学第九届优秀教学成果奖集体二等奖 | 校级 |
| 31 | 信息工程专业建设 | 教学成果 | 仲顺安、吴海霞、李印增 | | 1998 | 北京理工大学第九届优秀教学成果奖集体三等奖 | 校级 |
| 32 | EDA教学改革实践 | 教学成果 | 崔正勤、陈重、金亚英、魏丹丹 | | 1998 | 北京理工大学第九届优秀教学成果奖集体三等奖 | 校级 |
| 33 | 微波半自动试验测试开发系统 | 教学成果 | 方子文 | | 1998 | 北京理工大学第九届优秀教学成果奖个人三等奖 | 校级 |
| 34 | 教学实验用程控交换机和改进教学法的实验 | 教学成果 | 李忠源 | | 1998 | 北京理工大学第九届优秀教学成果奖青年三等奖 | 校级 |
| 35 | 通过教学与科研紧密结合，更新"高速实时信号处理与EDA技术"教学内容 | 教学成果 | 高梅国 | | 1998 | 北京理工大学第九届优秀教学成果奖青年三等奖 | 校级 |

续表

| 序号 | 成果名称 | 成果形式 | 成果完成人 | 出版/完成时间 | 获奖时间 | 获奖名称 | 获奖级别 |
|---|---|---|---|---|---|---|---|
| 36 | 认真学习，努力提高教学质量 | 教学成果 | 薛正辉 | | 2003 | 北京理工大学第十一届优秀教学成果奖集体 | 校级 |
| 37 | 信号课群综合型、设计型、研究型实验的构建与实践 | 教学成果 | 刘志文 | | 2003 | 北京理工大学第十一届优秀教学成果奖集体 | 校级 |
| 38 | 电子信息领域人才差异化培养模式实践 | 教学成果 | 薛正辉、徐晓文、党华、陆军、吴莎莎 | | 2012 | 北京理工大学第十三届优秀教育教学成果奖二等奖 | 校级 |
| 39 | 基于物理事理人理系统方法论的研究生培养方案与实践 | 教学成果 | 罗森林、潘丽敏、张笈、高平、吴莎莎 | | 2015 | 北京理工大学第一届研究生教育成果奖一等奖 | 校级 |
| 40 | 信息系统安全与对抗实践——新工科生态下IOLS个性化评价在线开发课程建设 | 项目 | 罗森林 | | 2019 | 北京理工大学教育教学建设项目——信息技术与教育教学深度融合专项立项 | 校级 |

续表

| 序号 | 成果名称 | 成果形式 | 成果完成人 | 出版/完成时间 | 获奖时间 | 获奖名称 | 获奖级别 |
|---|---|---|---|---|---|---|---|
| 41 | 突出创新能力培养，强调个性发展和体现全面发展的"54321"创新实践教育保障体系研究 | 项目 | 罗森林 | | 2014 | 北京市教改立项 | 省部级 |
| 42 | 明辨思维型泛工科融合创新人才培养模式探索实践 | 项目 | 龙腾 | | 2018 | 北京市本科教学改革创新项目 | 省部级 |
| 43 | 信息系统与安全对抗导论 | 课程 | 王越 | | 2004 | 国家级、北京市精品课程 | 国家级/省部级 |
| 44 | 数据结构与算法设计 | 课程 | 高飞 | | 2008 | 国家级网络教育精品课程 | 国家级 |
| 45 | 现代通信系统 | 课程 | 刘家康 | | 2009 | 教育部双语教学示范课程 | 国家级 |
| 46 | C语言程序设计 | 课程 | 高飞（参与，序2） | | 2009 | 国家级精品课程 | 国家级 |
| 47 | 电磁场理论 | 课程 | 盛新庆 | | 2010 | 教育部双语教学示范课程 | 国家级 |

续表

| 序号 | 成果名称 | 成果形式 | 成果完成人 | 出版/完成时间 | 获奖时间 | 获奖名称 | 获奖级别 |
|---|---|---|---|---|---|---|---|
| 48 | 计算机原理与应用 | 课程 | 张发等 | | 2010 | 教育部–Intel精品课程 | 国家级 |
| 49 | 信息系统及安全对抗理论 | 课程 | 王越、罗森林 | | 2012 | 国家级精品视频公开课 | 国家级 |
| 50 | 信息系统与安全对抗理论 | 课程 | 罗森林 | | 2013 | 国家级精品课程资源共享课 | 国家级 |
| 51 | 信息系统与安全对抗理论 | 课程 | 罗森林、王越、潘丽敏、高平、吴舟婷 | | 2018 | 国家精品在线开放课程 | 国家级 |
| 52 | 信号与系统 | 课程 | 沈庭芝 | | 2005 | 北京市精品课程 | 省部级 |
| 53 | 通信原理与电路 | 课程 | 罗伟雄 | | 2006 | 北京市精品课程 | 省部级 |
| 54 | 数据结构与算法设计 | 课程 | 高飞 | | 2007 | 北京市精品课程 | 省部级 |
| 55 | 信息系统安全与对抗技术 | 课程 | 罗森林 | | 2008 | 北京市精品课程 | 省部级 |

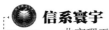

续表

| 序号 | 成果名称 | 成果形式 | 成果完成人 | 出版/完成时间 | 获奖时间 | 获奖名称 | 获奖级别 |
|---|---|---|---|---|---|---|---|
| 56 | 电路分析基础 | 课程 | 仲顺安等 | | 2010 | 北京市精品课程 | 省部级 |
| 57 | 计算电磁学基础 | 课件 | 宋巍 | | 2019 | 北京高校优质本科教材课件 | 省部级 |
| 58 | 信息系统安全与对抗技术 | 课程 | 罗森林 | | 2007 | 北京理工大学精品课程 | 校级 |
| 59 | 电路分析基础 | 课程 | 罗伟雄、邸志峰 | | 2008 | 北京理工大学精品课程 | 校级 |
| 60 | 电工与电子技术 | 课程 | 温照方 | | 2010 | 北京理工大学精品课程 | 校级 |
| 61 | 信息系统安全与对抗技术 | 教学案例 | 罗森林 | | 2019 | 本科生"课程思政"教学设计优秀案例 | 校级 |
| 62 | 信号处理理论与技术Ⅰ、Ⅱ、Ⅲ | 教学案例 | 陶然 | | 2019 | 本科生"课程思政"教学设计优秀案例 | 校级 |
| 63 | 《电路分析基础》 | 教材 | 李瀚荪 | | 1987 | 全国高等学校优秀教材奖 | 国家级 |
| 64 | 《微波天线》 | 教材 | 张德齐 | | 1991 | 全国高等学校优秀教材奖 | 国家级 |

续表

| 序号 | 成果名称 | 成果形式 | 成果完成人 | 出版/完成时间 | 获奖时间 | 获奖名称 | 获奖级别 |
|---|---|---|---|---|---|---|---|
| 65 | 《电磁场与电磁波基础》 | 教材 | 卢荣章 | | 1995 | 国家教委优秀教材一等奖 | 国家级 |
| 66 | 《电路分析基础（第4版）（上、下册）》 | 教材 | 李瀚荪 | | 2007 | 国家级精品教材 | 国家级 |
| 67 | 《模拟电子技术（第2版）》 | 教材 | 王远 | | 2009 | 全国高等学校优秀教材二等奖 | 国家级 |
| 69 | 《信息安全对抗系统工程与实践》 | 教材 | 罗森林、高平、苏京霞、潘丽敏 | | 2012 | | 国家级 |
| 70 | 《信息系统与安全对抗理论》 | 教材 | 王越 | 2014 | | | 国家级 |
| 71 | 《网络信息安全与对抗（第2版）》 | 教材 | 罗森林、王越、潘丽敏、杨静 | | 2015 | "十二五"普通高等教育本科国家级规划教材 | 国家级 |
| 72 | 《信息系统与安全对抗理论（第2版）》 | 教材 | 罗森林、王越 | | 2015 | 国家级规划教材 | 国家级 |
| 73 | 《电子线路》 | 教材 | 梁明理 | 2001 | | 国家级规划教材 | 国家级 |
| 74 | 《数字图像处理与模式识别》 | 教材 | 沈庭芝、王卫江、闫雪梅 | 2007 | | "十一五"国家级规划教材 | 国家级 |

续表

| 序号 | 成果名称 | 成果形式 | 成果完成人 | 出版/完成时间 | 获奖时间 | 获奖名称 | 获奖级别 |
|---|---|---|---|---|---|---|---|
| 75 | 《随机信号分析》 | 教材 | 梅文博 | 2007 | | "十一五"国家级规划教材 | 国家级 |
| 76 | 《离散信号检测与估计》 | 教材 | 马淑芬、王菊、朱梦宇、魏国华 | 2010 | | 高等教育"十一五"国家级规划教材 | 国家级 |
| 77 | 《微波测量》 | 教材 | 汤士贤 | | 1987 | 电子工业部部级优秀教材奖二等奖、国防通信优秀科技图书二等奖 | 省部级 |
| 78 | 《微电子技术应用基础》 | 教材 | 谢君堂、曲杰、陈禾、李卫 | | 2009 | 第三届兵工高校优秀教材二等奖 | 省部级 |
| 79 | 《工程电磁理论》 | 教材 | 楼仁海 | | 1987 | 电子工业部部级优秀教材奖二等奖 | 省部级 |
| 80 | 《现代微波网络导论》 | 教材 | 邓次平 | 1994 | 1995 | 电子工业部特等奖 | 省部级 |
| 81 | 《现代微波网络系统》 | 教材 | 林茂庸 | 1990 | 1995 | 教育部第三届高等学校优秀教材一等奖 | 省部级 |
| 82 | 《信号理论与应用》 | 教材 | 费元春、陈世伟、孙燕玲、杨仕明 | 1994 | 1995 | 电子工业部优秀教材一等奖 | 省部级 |

续表

| 序号 | 成果名称 | 成果形式 | 成果完成人 | 出版/完成时间 | 获奖时间 | 获奖名称 | 获奖级别 |
|---|---|---|---|---|---|---|---|
| 83 | 《通信原理与电路》 | 教材 | 朱华、黄辉宁、李永庆、梅文博 | | 1995 | 电子工业部优秀教材奖一等奖 | 省部级 |
| 84 | 《随机信号分析》 | 教材 | 李卫、刘义荣 | 1998 | 1995 | 电子工业部优秀教材奖二等奖 | 省部级 |
| 85 | 《理论物理导论》 | 教材 | 董荔真、倪福卿、罗传雄 | 1990 | 1995 | 电子工业部优秀教材奖二等奖 | 省部级 |
| 86 | 《信号与系统》 | 教材 | 曾禹村 | | 2004 | 北京市高等教育精品教材 | 省部级 |
| 87 | 《信息系统原理与应用》 | 教材 | 甘切初 | | 2004 | 北京市高等教育精品教材 | 省部级 |
| 88 | 《微波技术基础（第3版）》 | 教材 | 阎润卿、李英惠 | | 2004 | 北京市高等教育精品教材 | 省部级 |
| 89 | 《信息系统安全与对抗技术》 | 教材 | 罗森林 | | 2006 | 北京市高等教育精品教材 | 省部级 |
| 90 | 《电路和电子技术（上、下）》 | 教材 | 李燕民 | | 2006 | 北京市高等教育精品教材 | 省部级 |

续表

| 序号 | 成果名称 | 成果形式 | 成果完成人 | 出版/完成时间 | 获奖时间 | 获奖名称 | 获奖级别 |
|---|---|---|---|---|---|---|---|
| 91 | 《微波固态电路》 | 教材 | 薛正辉 | | 2006 | 北京市高等教育精品教材 | 省部级 |
| 92 | 《信息系统安全对抗理论》 | 教材 | 王越、罗森林 | | 2006 | "十五"期间国防特色专业优秀教材 | 省部级 |
| 93 | 《多抽样率数字信号处理理论及应用》 | 教材 | 陶然 | | 2008 | 北京市高等教育精品教材 | 省部级 |
| 94 | 《数字图像处理及模式识别》 | 教材 | 沈庭芝、王卫江、闫雪梅 | | 2008 | 北京市高等教育精品教材 | 省部级 |
| 95 | 《微机电系统技术基础》 | 教材 | 石庚辰、郝一龙 | | 2008 | 北京市高等教育精品教材 | 省部级 |
| 96 | 《信息系统与安全对抗理论》 | 教材 | 王越、罗森林 | | 2008 | 北京市高等教育精品教材 | 省部级 |
| 97 | 《光电子学导论》 | 教材 | 阎吉祥 | | 2010 | 北京市高等教育精品教材 | 省部级 |
| 98 | 《电磁场理论基础（第2版）》 | 教材 | 陈重、崔正勤、胡冰 | | 2010 | 北京市高等教育精品教材 | 省部级 |

续表

| 序号 | 成果名称 | 成果形式 | 成果完成人 | 出版/完成时间 | 获奖时间 | 获奖名称 | 获奖级别 |
|---|---|---|---|---|---|---|---|
| 99 | 《C++与数据结构（第2版）》 | 教材 | 高飞 | | 2011 | 北京市高等教育精品教材 | 省部级 |
| 101 | 《阵列天线分析与综合》 | 教材 | 薛正辉、李伟明、任武 | | 2011 | "十一五"国防特色学科专业教材 | 省部级 |
| 102 | 《激光原理与技术》 | 教材 | 蔺吉祥 | | 2011 | "普通高等教育'十五'国家级规划教材"项目和"高等教育百门精品课程教材建设计划"选题项目 | 省部级 |
| 104 | 《信息安全对抗系统工程与实践》 | 教材 | 罗森林等 | | 2013 | 北京市精品教材 | 省部级 |
| 105 | 《网络信息安全与对抗》 | 教材 | 罗森林 | | 2013 | 北京市精品教材 | 省部级 |
| 106 | 《Essentials of Computational Electromagnetics》 | 教材 | 盛新庆、宋巍 | | 2013 | 北京市精品教材 | 省部级 |
| 107 | 《理论物理导论（第3版）》 | 教材 | 仲顺安、田黎育、刘义荣、谢君堂 | 2014 | 2014 | 北京市精品教材 | 省部级 |

续表

| 序号 | 成果名称 | 成果形式 | 成果完成人 | 出版/完成时间 | 获奖时间 | 获奖名称 | 获奖级别 |
|---|---|---|---|---|---|---|---|
| 108 | 《数字电路与系统设计（修订版）》 | 教材 | 丁志杰 | 2014 | 2015 | 北京高等教育精品教材 | 省部级 |
| 109 | 《C++与数据结构（第3版）》 | 教材 | 高飞 | | 2015 | 工信部规划教材 | 省部级 |
| 110 | 《信息安全与对抗实践基础》 | 教材 | 罗森林 | | 2015 | 教育部大学计算机课程改革规划教材 | 省部级 |
| 111 | 《计算机网络技术及应用》 | 教材 | 赵娟 | | 2016 | 工业和信息化部"十二五"规划教材 | 省部级 |
| 112 | 《微波固态电路》 | 教材 | 薛正辉、任武、李伟明 | | 2017 | 第六届兵工高校优秀教材一等奖 | 省部级 |
| 113 | 《信息系统与安全对抗——实践篇（第2版）》 | 教材 | 罗森林 | | 2017 | 第六届兵工高校优秀教材一等奖 | 省部级 |
| 114 | 《生物信息处理技术与方法》 | 教材 | 罗森林、潘丽敏、马俊 | | 2017 | 第六届兵工高校优秀教材二等奖 | 省部级 |
| 115 | 《信息系统与安全对抗——技术篇》 | 教材 | 罗森林 | | 2019 | 北京高校优质本科教材课件 | 省部级 |

续表

| 序号 | 成果名称 | 成果形式 | 成果完成人 | 出版/完成时间 | 获奖时间 | 获奖名称 | 获奖级别 |
|---|---|---|---|---|---|---|---|
| 116 | 《通信原理与电路》 | 教材 | 罗伟雄等 | 2007 | | 国防科工委"十一五"国防特色学科专业规划教材 | 省部级 |
| 117 | 《控制系统理论基础》 | 教材 | 陆叔云 | | 1986 | 北京理工大学第二届优秀教材二等奖 | 校级 |
| 118 | 《非线性电子线路》 | 教材 | 董荔真、倪福卿、罗伟雄 | | 1986 | 北京理工大学第二届优秀教材二等奖 | 校级 |
| 119 | 《滤波器综合基础》 | 教材 | 张宝俊 | | 1986 | 北京理工大学第二届优秀教材三等奖 | 校级 |
| 120 | 《半导体专业基础实验》 | 教材 | 刘义荣 | | 1986 | 北京理工大学第二届优秀教材三等奖 | 校级 |
| 121 | 《磁路及带铁芯电路》 | 教材 | 龚绍文 | 1988 | 1988 | 北京理工大学第三届优秀教材三等奖 | 校级 |
| 122 | 《线性电子线路》 | 教材 | 简凤坛、王周、卞祖富 | | 1988 | 北京理工大学第三届优秀教材二等奖 | 校级 |
| 123 | 《谐波与滤波》 | 教材 | 吴鹏翼 | | 1988 | 北京理工大学第三届优秀教材三等奖 | 校级 |

续表

| 序号 | 成果名称 | 成果形式 | 成果完成人 | 出版/完成时间 | 获奖时间 | 获奖名称 | 获奖级别 |
|---|---|---|---|---|---|---|---|
| 124 | 《非线性电子线路分析基础》 | 教材 | 董荔真、倪福卿 | | 1988 | 北京理工大学第三届优秀教材三等奖 | 校级 |
| 125 | 《电磁理论解题指导》 | 教材 | 楼仁海、陈重、崔正勤 | | 1990 | 北京理工大学第四届优秀教材二等奖 | 校级 |
| 126 | 《电路的计算机辅助设计与分析》 | 教材 | 任良、甘淑真 | | 1990 | 北京理工大学第四届优秀教材三等奖 | 校级 |
| 127 | 《半导体物理器件》 | 教材 | 赵显利、谢珺堂 | | 1992 | 北京理工大学第五届优秀教材 | 校级 |
| 128 | 《高频功率电子学》 | 教材 | 蔡宣三、龚绍文 | 1996 | 1996 | 1996年清华大学第三届优秀教材一等奖 | 校级 |
| 129 | 《高等光学教程》 | 教材 | 赵达尊、方俊永 | | 2009 | 校级优秀教材 | 校级 |
| 130 | 《数据挖掘理论与技术》 | 教材 | 罗森林、马俊、潘丽敏 | | 2012 | 校级优秀教材 | 校级 |
| 131 | 《信息系统与安全对抗——技术篇》 | 教材 | 罗森林 | | 2014 | "十二五"规划教材 | 校级 |

续表

| 序号 | 成果名称 | 成果形式 | 成果完成人 | 出版/完成时间 | 获奖时间 | 获奖名称 | 获奖级别 |
|---|---|---|---|---|---|---|---|
| 132 | 《生物信息处理技术与方法》 | 教材 | 罗森林、潘丽敏、马俊 | | 2015 | | 校级 |
| 133 | 《自动控制原理（第2版）》 | 教材 | 王卫江 | | 2016 | | 校级 |
| 134 | 《信号处理理论与技术 I、II、III》 | 教材 | 陶然、郭浩、石岩、赵娟 | | 2018 | 北京理工大学精品教材 | 校级 |
| 135 | 《数字电路》 | 教材 | 丁志杰、张延军、赵宏图、卢继华 | | 2018 | 北京理工大学精品教材 | 校级 |
| 136 | 《C++与数据结构（第4版）》 | 教材 | 高飞、聂青、吴浩、白晓霞、胡进 | 2018 | 2018 | "十三五"第一批校级规划教材 | 校级 |
| 137 | 《ANSYS信号完整性和电源完整性分析与仿真实例（第2版）》 | 教材 | 房丽丽、章传芳 | 2018 | 2018 | "十三五"第一批校级规划教材 | 校级 |
| 137 | 《雷达信号理论》 | 教材 | 林茂庸、柯有安 | 1987 | | | |
| 138 | 《电路实验》 | 教材 | 张维中、龚绍文 | 1997 | | | |

续表

| 序号 | 成果名称 | 成果形式 | 成果完成人 | 出版/完成时间 | 获奖时间 | 获奖名称 | 获奖级别 |
|---|---|---|---|---|---|---|---|
| 139 | 《微波固态频率源：理论、设计、应用》 | 教材 | 罗伟雄、韩力、原东昌、丁志杰 | 1999 | | | |
| 140 | 《测试技术》 | 教材 | 贾民平 | 2001 | | | |
| 141 | 《电气工程基础（上、下）》 | 教材 | 刘笙 | 2002 | | | |
| 142 | 《近代信号处理》 | 教材 | 吴嗣亮、马淑芬 | 2002 | | | |
| 143 | 《电磁兼容原理及应用》 | 教材 | 郭银景 | 2004 | | | |
| 144 | 《分数阶Fourier变换的原理与应用》 | 教材 | 陶然 | 2004 | | | |
| 145 | 《TMS320 C6000系列DSPS原理与应用（第2版）》 | 教材 | 李方慧 | 2005 | | | |
| 146 | 《数字电路：分析与设计》 | 教材 | 丁志杰、赵宏图、梁禄 | 2007 | | | |
| 147 | 《电磁波论述》 | 教材 | 盛新庆 | 2007 | | | |
| 148 | 《多抽样率数字信号处理理论及其应用》 | 教材 | 陶然、张惠云、王越 | 2007 | | | |

续表

| 序号 | 成果名称 | 成果形式 | 成果完成人 | 出版/完成时间 | 获奖时间 | 获奖名称 | 获奖级别 |
|---|---|---|---|---|---|---|---|
| 149 | 《电子技术实验》 | 教材 | 张岩 | 2008 | | | |
| 150 | 《模拟电子技术》 | 教材 | 李燕民 | 2008 | | | |
| 151 | 《数字电子技术》 | 教材 | 梁淼、姜明 | 2008 | | | |
| 152 | 《数字系统电子自动化设计教程CPLD原理与应用》 | 教材 | 梁淼 | 2008 | | | |
| 153 | 《分数阶傅里叶变换及其应用》 | 教材 | 陶然、邓兵、王越 | 2009 | | | |
| 154 | 《超宽带雷达理论与技术》 | 教材 | 费元春、周建明 | 2011 | | | |
| 155 | 《电工和电子技术实验教程》 | 教材 | 李燕民、温照方 | 2011 | | | |
| 156 | 《微波技术基础（第3版）》 | 教材 | 闫润卿 | 2011 | | | |
| 157 | 《电路实验》 | 教材 | 张维中、龚绍文 | 2011 | | | |
| 158 | 《随机信号分析》 | 教材 | 朱华 | 2011 | | | |

续表

| 序号 | 成果名称 | 成果形式 | 成果完成人 | 出版/完成时间 | 获奖时间 | 获奖名称 | 获奖级别 |
|---|---|---|---|---|---|---|---|
| 159 | 《随机信号分析解题指南》 | 教材 | 李永庆、梅文博 | 2011 | | | |
| 160 | 《Android系统原理和实战应用》 | 教材 | 蒋耘晨 | 2011 | | | |
| 161 | 《计算机网络技术及应用》 | 教材 | 高飞 | 2013 | 2012 | | |
| 162 | 《极化敏感阵列信号处理》 | 教材 | 徐友根、刘志文、龚晓峰 | 2013 | | | |
| 163 | 《电工和电子技术学习指导》 | 教材 | 李燕民、温照方、邵志峰 | 2013 | | | |
| 164 | 《电机与控制（第2版）》 | 教材 | 温照方 | 2013 | | | |
| 165 | 《信号与系统学习指导与实验》 | 教材 | 王群 | 2013 | | | |
| 166 | 《生物信息处理技术与方法》 | 教材 | 罗森林、潘丽敏、马俊 | 2013 | | | |

续表

| 序号 | 成果名称 | 成果形式 | 成果完成人 | 出版/完成时间 | 获奖时间 | 获奖名称 | 获奖级别 |
|---|---|---|---|---|---|---|---|
| 167 | 《理论物理导论（第3版）》 | 教材 | 仲顺安、田黎育、刘义荣、谢君堂 | 2014 | | | |
| 168 | 《生物医疗电子系统：能量注入人与无线数据传输》 | 教材 | 周波、陈霏 | 2015 | | | |
| 169 | 《数据挖掘理论与技术》 | 教材 | 罗森林、马俊、潘小敏 | 2015 | | | |
| 170 | 《电机与控制》 | 教材 | 王勇 | 2016 | | | |
| 171 | 《阵列信号处理基础》 | 教材 | 徐友根 | 2016 | | | |
| 172 | 《微电子器件与原理》 | 教材 | 丁英涛 | 2016 | | | |
| 173 | 《计算电磁学基础》 | 教材 | 宋巍 | 2017 | | | |
| 174 | 《语音信号数字处理技术》 | 教材 | 王晶 | 2017 | | | |
| 175 | 《高等电磁场理论》 | 教材 | 徐晓文 | 2017 | | | |
| 176 | 《分数傅里叶变换域数字化与图像处理》 | 教材 | 鲁溟峰 | 2019 | | | |

注：本附录中从序号24开始的项目有部分信息无从核实，可能存在不确实的情况。空缺的栏目一是本身没有此类情况，如获奖等；二是无法查询到准确的信息。

# 结　语

　　岁月不居，时节如流，从1953年建立的雷达设计与制造专业，到2018年的信息与电子学院，悠悠岁月，源远流长。在65年的征程中，一代代五系人艰苦奋斗、逐光前行、勇立潮头、开拓进取，秉承执着坚毅的品格和孜孜以求的精神，艰苦办学、辛勤耕耘，不断实现信息与电子学院的新跨越与大发展，不断在电子信息领域创造新成就、夺取新胜利，创造了一个又一个辉煌。正所谓：用汗水浇灌收获、以实干笃定前行！

　　65年来，信息与电子学院薪火相传、桃李满园。培育了国家最高科技奖军工第一人——王小谟院士及其他5位院士、14位将军、4位IEEE Fellow校友，以及2万余名毕业生，无数英才从这里扬帆起航、奔向远方。他们或扎根中华大地，为祖国辛勤工作，成了国家栋梁；或活跃于世界舞台，为人类文明进步孜孜以求，取得令人瞩目的成就。

　　65年来，信息与电子学院披荆斩棘、成就斐然。创造了我国第一套电视发射接收装置、我国第一部低空测高雷达、我国第一个相控阵雷达技术方案、我国第一部空间交会对接雷达、我国第一部星载空间目标测量雷达，获得了学校第一项国家级教学成果特等奖、学校第一项国家级教学成果一等奖、学校第一项国家技术发明一等奖，获得了学校第一个国防科技创新团队奖、学校第一个全国高校黄大年式教师团队称号，承担了学校第一项国家自然科学基金重大仪器研制专项。

　　65年来，信息与电子学院引领一流、矢志奉献。始终秉承社会主义办学方向，细化和落实学校的办学定位及发展目标，面向国家重大需求和国际学术前沿，聚焦信息与电子领域的学科方向，汇聚了一支结构合理的高水平师资队伍，构筑了一流的科技创新平台，探索了人才培养模式，深化了国际交流与合作，着力促进了学科内涵式发展，推动内外部各学科融合与交叉，着力推进学科的外延和辐射效果，扩大学科领域的应用范围，使信息与电子学院发展成为该领域拔尖

# 结 语

创新人才培养、科学探索和关键技术攻关的重要基地。

如今，伴随着国家发展的三个阶段，依据学校"双一流"建设的总体目标，信息与电子学院已经制定了自己的发展宏图：

——到 2020 年，国家第一个百年奋斗目标实现、全面建成小康社会之际，信息与电子学科总体水平占据国内高校信息科学与技术领域的前列，达到亚洲一流水平，成为具有一流人才、一流平台和一流成果的交叉学科群，为学校 2020 年发展成为亚洲一流理工大学做出突出贡献。

——到 2030 年，国家发展接近基本实现社会主义现代化目标，信息与电子学科主要方向跻身世界一流学科行列，学科群整体实力显著提升，拔尖创新人才的培养成效显著，解决重大问题和原始创新的能力显著提升，服务国家重大需求和经济社会发展的水平显著提高，为使我校发展成为世界一流理工大学做出突出贡献。

——到 21 世纪中叶，第二个百年奋斗目标实现、国家建成富强民主文明和谐美丽的社会主义现代化强国之时，信息与电子学科群总体水平跻身世界一流学科前列，学科群水平整体跃升，学科群综合实力、学术声誉与国际影响力显著提高，师资水平、学术影响力、国际化办学等主要办学指标达到世界领先水平，学科群建设成为服务国防领域和国民经济的信息与电子世界一流学科群。

让我们只争朝夕、不负韶华，拼搏奋斗、再续辉煌！我们坚信：信息与电子学院必将跻身世界一流信息与电子学科行列！